Über den Verfasser

Klaus E. Müller, Prof. Dr., geb. 1935, studierte Musik- und Theaterwissenschaft, Philosophie und Opernregie, Ethnologie, Turkologie mit Islamwissenschaft und Mongolistik in München; Promotion 1964. Wiss. Assistent an den Universitäten Frankfurt/M. und Mainz. Feldstudien in der Türkei, Kurdistan und Nordpakistan. Habilitation 1971. Seit 1971 Prof. für Ethnologie an der Universität Frankfurt/M., seit 1997 am Kulturwissenschaftlichen Institut (KWI) in Essen.

Wichtigste Veröffentlichungen

Geschichte der antiken Ethnographie und ethnologischen Theoriebildung. Von den Anfängen bis auf die byzantinischen Historiographen. 2 Bde., Wiesbaden 1972 und 1980 / Die bessere und die schlechtere Hälfte: Ethnologie des Geschlechterkonflikts. Frankfurt/New York 1984 / Das magische Universum der İdentität: Elementarformen sozialen Verhaltens; ein ethnologischer Grundriß. Frankfurt/New York 1987 / Der Krüppel: Ethnologia passionis humanae. München 1996 / Der gesprungene Ring: wie man die Seele gewinnt und verliert. Frankfurt/M. 1997 / (Hg. zus. mit Jörn Rüsen) Historische Sinnbildung. Problemstellungen, Zeitkonzepte, Wahrnehmungshorizonte, Darstellungsstrategien. Reinbek 1997.

Klaus E. Müller

Geschichte der antiken Ethnologie

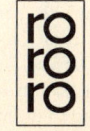

rowohlts enzyklopädie

rowohlts enzyklopädie
Herausgegeben von Burghard König

Veröffentlicht im Rowohlt Taschenbuch Verlag GmbH,
Reinbek bei Hamburg, November 1997
Copyright © 1972 und 1980 by Franz Steiner Verlag GmbH, Wiesbaden
«Geschichte der antiken Ethnographie und ethnologischen Theoriebildung.
Von den Anfängen bis auf die byzantinischen Historiographen», Teil I und II
Umschlaggestaltung Jens Kreitmeyer
(Abbildung: Rom; Die Stadt und das Weltreich)
Satz Aldus (Linotronic 500)
Gesamtherstellung Clausen & Bosse, Leck
Printed in Germany
3990-ISBN 3 499 55589 1

INHALT

III. DAS RÖMISCHE ALTERTUM

Vorwort

Wie viele andere Wissenschaften besitzt auch die Ethnologie ihre Wurzeln in der Antike – tiefer und weitreichender, als heutigen Fachvertretern noch bewußt und den einschlägigen Handbüchern zu entnehmen ist.

Eigentlich aber reichen ihre Grundlagen noch weiter zurück. Die Auseinandersetzung mit fremden, vor allem auch äußerlich abweichend erscheinenden Völkern und andersgearteten Lebensformen (Kulturen), wie sie die Kernproblematik der Ethnologie darstellt, beschäftigte auch «archaische» Gesellschaften schon. Die Maßstäbe, nach denen das geschah, orientierten sich zur Hauptsache an den Kriterien der Identitätsideologie, d. h. schöpften aus den Vorgaben der *ethnozentrischen* Optik: Abweichendes, Anders-, «Fremdartiges» wurde entweder bespöttelt und verhöhnt oder diskriminiert, «herabgesetzt», als Residualform oder Reliktphänomen älterer, «primitiverer» Entwicklungsstadien begriffen. Darüber gaben Mythen, Erzählungen, Einstellungen und Verhaltensweisen Auskunft.

Das setzte sich nahezu bruchlos fort in der ethnographischen Berichterstattung und den Ansätzen ethnologischen Räsonierens in den altorientalischen Hochkulturen: in der Art der Wahrnehmung und – etwa auch bildlichen – Darstellung, der Charakterisierung und den Überlegungen zu möglichen Erklärungen für die beobachteten Unterschiedlichkeiten – bzw. Defiziten, vom eigenen Gesichtspunkt aus.

Die Griechen knüpften an diese Traditionen an. Allein, die sich mehrenden Beobachtungen von Seefahrern und Handelsreisenden, aufgezeichnet in Logbüchern oder Interessierten mündlich weitergegeben, alsbald auch gezielte erd- und naturkundliche Forschungsunternehmungen, trugen zunehmend zur ethnographischen Horizont- und Wissenserweiterung bei. Hinzu kam das neuartige, nicht von ungefähr im *ethnischen und kulturellen Kontaktbereich* Westkleinasiens erwachsene besondere Interesse an Entstehungs- und Entwicklungsfragen unter den ionischen

«Naturphilosophen». Hekataios von Milet und Herodotos von Halikarnassos, die «Gründerväter» der Völkerkunde, wuchsen hier auf. Griechen zwar, doch in steter, unmittelbarer Berührung mit den altorientalischen Kulturtraditionen, Bürger florierender Hafen- und Handelsstädte, waren sie offener für ethnische und kulturelle Vielfältigkeit, waren freier – wenn auch keinesfalls vollends frei – von ethnozentrischer Sichtverschiebung. In beider Werk ist auch die typische Verankerung der Ethnologie in den antiken Wissenschaften vorangelegt: als Teil der Geographie *wie* der Geschichte, von Anbeginn an geleitet von den beiden Hauptbetrachtungsansätzen, Kultur als Ergebnis von *Anpassung* und/oder *historischer Geschehensprozesse* zu verstehen, wie sie die Fragestellung auch in der Folgezeit noch, eigentlich bis zum Ende des 19. Jahrhunderts, bestimmen sollte. Die Theoriebildung selbst freilich blieb in der Antike fast ausnahmslos Sache der Philosophen.

Die hier vorgelegte Darstellung liefert eine erste Gesamtübersicht über die Geschichte der Ethnologie von den Anfängen bis zum Ausgang der Antike. Manchem scheint das vielleicht fernzuliegen. Immer wieder hört man, gerade auch unter Ethnologen, die Meinung äußern, die eigentliche, «exakte» Wissenschaft sei eine Errungenschaft der Neuzeit. Ein wenig – ethnologisch fundierte – Selbstkritik sollte indes lehren, daß auch hier nur wieder, zum Teil jedenfalls, ethnozentrische Optik den Blick verstellt. Es bleibe dahingestellt, wie es um die Wissenschaftlichkeit der modernen Ethnologie tatsächlich bestellt ist. Jeder indes, der sich einigermaßen unvoreingenommen mit der antiken Ethnologie auseinandersetzt, wird mit Überraschung feststellen, wie vieles, was ihm nur allzu vertraut ist, bereits damals die Gemüter beschäftigte. Etliche Gelehrte, eher als Herodot noch Hippokrates, Poseidonios, Plutarch, Varro oder Tacitus, dachten bereits, und oftmals präziser, vor, was heute als Frucht ethnologischen Denkens der letzten hundert Jahre gepriesen wird, entwickelten evolutionistische wie kulturrelativistische Konzeptionen, lieferten Thesen zur Entstehung und Entwicklungsgeschichte von Religion, speziell Geister- und Götterglaube, Idolatrie, Kult, Opferwesen usw. mehr, entwarfen verschiedene Ansätze zur Deutung der Mythen, stellten Überlegungen zur Herausbildung sozialer Institutionen, städtischer Gemeinwesen und des Staats, ja selbst über die Mechanismen und Konsequenzen des Kulturkontakts an, die teils heute noch ihre Gültigkeit besitzen – nur daß *uns* mehr Vergleichs- und Belegmaterial zur Verfügung steht. Einige, wie Herodot, Agatharchides oder Poseidonios, bemühten sich auch redlich im Sinne der Maxime Spinozas, «*humanas actiones non ridere, non lugere, neque detestari, sed intellegere*» (Tractatus politicus I 4). Gleichviel – in jedem Fall hat eine solide Wissenschaftsgeschichte zwingend die Kenntnis ihrer Fundamente, ihres tragenden Sockels zur Voraussetzung.

Allerdings handelt es sich hier nicht um eine Erstveröffentlichung, sondern eine *Neuausgabe* des ursprünglich zweibändigen, erstmals 1972 und 1980 erschienenen Originals. Daß sie zustande kam, ist den vereinten Bemühungen des Franz Steiner Verlags in Stuttgart bzw. Herrn Vincent Sievekings und des Rowohlt Taschenbuch Verlags in Reinbek, hier Herrn Dr. Burghard Königs, zu danken. Freilich machten die Konditionen einer Taschenbuchausgabe erhebliche Kürzungen notwendig. Es entfielen annähernd sämtliche Fußnoten mit den Belegverweisen zur Sekundärliteratur und zusätzlichen Erläuterungen, einige (wenige) Kapitel über Autoren, die für die Ethnologie eher von mittelbarer Bedeutung sind, und aus Band 2 die beiden großen Teile über das christliche Altertum und Mittelalter sowie Byzanz. Dafür sollen jedoch im «Nachwort» wenigstens die Grundzüge des Entfallenen in wenigen Strichen, sozusagen faustskizzenhaft, im Sinne eines Ausblicks zusammengestellt werden. Abgesehen von den genannten Streichungen – die sich insofern verschmerzen lassen, als das möglicherweise Vermißte ja jederzeit noch im Original nachgelesen werden kann – blieb der ursprüngliche Text unverändert.

Kelsterbach, im Frühjahr 1997   *Klaus E. Müller*

I.
ALTVORDERASIEN

1. Die Babylonier

Die großen Völkerbewegungen, politischen Umgruppierungen und Machtkonzentrationen, die im Verlaufe der altvorderorientalischen Geschichte nach und nach über die anfänglichen Stadtstaaten hinaus zu immer umfassenderen Reichsbildungen geführt hatten, sowie die regen Handelsbeziehungen, die man während der Blütezeiten auch bis in fernere Bereiche des östlichen Mittelmeerraumes hin unterhielt, müßten, so sollte man meinen, die länderkundliche Erkenntnis der Mesopotamier entschieden gefördert und den Wunsch nach einer systematischen Betrachtung und Darstellung hervorgerufen haben. Merkwürdigerweise jedoch blieb – jedenfalls der offiziellen Auffassung nach – die Vorstellung, die man sich von der Welt, also auch der Erde, ihrer Gestalt und Einteilung machte, auffallend starr in den Grenzen der überkommenen mythischen Kosmologie befangen. Von bestimmender Bedeutung hierbei war der Glaubenssatz, daß die irdische Sphäre in allem ein Abbild der himmlischen sei: So dachte man sich die Erde in Analogie zum Himmel, der als Halbkugelgewölbe galt, in Form eines umgestülpten, auf dem Weltmeere schwimmenden Rundbootes, wie sie seit dem Altertum noch heute vielfach auf dem Euphrat und Tigris gebräuchlich sind (die sog. «quffa», s. Abb. 1), und nahm an, daß beide auf Pfählen in den Wassern des Ozeans ruhten. Die Erdoberfläche aber gliederte man rein schematisch in vier Quadranten, deren jeder auch später noch, ungeachtet der fortschreitenden Veränderungen im politischen Kräftespiel, je einem der vier alten Großreiche Mesopotamiens zugeordnet wurde, nämlich Akkad (im Süden), Elam (im Osten), Amurru (im Westen) und Subartu (im Norden), ein Einteilungsprinzip, das sich bis in die Anfänge des 2. Jahrtausends v. Chr. (2. Dynastie von Akkad) zurückverfolgen läßt, vermutlich aber darüber hinausreicht.

Dieses also mehr von «schematisch-kosmographischem» denn «empirisch-geographischem» Denken bestimmte und daher stark *geometrisierende* Erdbild liegt nun auch noch einer der ältest erhaltenen Landkarten des Zweistromlandes zugrunde. Es handelt sich um ein Tontafelfragment aus dem 6. Jahrhundert v. Chr., das aber zweifellos eine Abschrift älterer Vorlagen darstellt, deren Gültigkeit man mithin noch zu einer Zeit vertraute, da die neuen Erkenntnisse, welche die ausgreifenden Eroberungszüge der Assyrer unter Tiglatpileser I. (1112–1074 v. Chr.), Assurnasirpal II. (883–859 v. Chr.) und Tiglatpileser III. (745–727 v. Chr.) namentlich über die Nordländer gebracht hatten, noch in lebendiger Erinnerung sein mußten und man sicherlich auch Berichte der phönizischen Seefahrer von ihren großen Handels- und Entdeckungsreisen kannte, zumal es Nebukadnezar II. (604–562 v. Chr.) soeben gelungen war, in einem Feldzug bis an die Grenze Ägyptens die Häfen an der syrisch-palästinensischen Mittelmeerküste der Kontrolle des aufblühenden Neubabylonischen Reiches zu unterwerfen.

Nach der Karte nun (s. Abb. 2) bildet die Erdoberfläche als Ganzes eine kreisrunde Scheibe und wird rings vom «Bitterfluß», d. h. dem stromartig gedachten Weltmeer, umspült. An dessen äußerem Saum waren ursprünglich acht «Bezirke» *(nagû)*, von denen noch vier gut kenntlich sind, in Gestalt gleichschenkliger Dreiecke, mit ihrer Basis jeweils die Peripherie berührend, strahlenartig angesetzt. Das Innere der Kreisfläche wird vom Euphrat, wiedergegeben in Form eines breiten, nahezu geradlinig in nordsüdlicher Richtung verlaufenden Bandes, durchschnitten: er verläßt im Nordwesten das Gebirge, dessen vorgeschobene Tieflandausläufer summarisch eine schlichte Bogenlinie markiert, durchströmt das Stadtareal von Babylon, das ein schmales Rechteck vertritt, und ergießt sich im Süden in die Landschaft «Bît-Jakînu», in die «Sümpfe»; kurz zuvor tritt jedoch aus dem linken Ufer noch ein Seitenarm aus, den ein mächtiger Kanal quer durch das sumpfige Gelände mit dem Ozean verbindet. Kleinere und größere Kreise oder Ovale endlich, die den verbleibenden Raum zu beiden Seiten des Euphratbettes ausfüllen, bezeichnen Städte und bedeutendere Gebietseinheiten: so z. B. das «Land Assur» (rechts neben dem Rechteck Babylons) und die «Stadt Dêr» (am rechten Ufer des erwähnten Euphratarmes).

In großzügigster Weise also und überzeugt von der zentralen Geltung seines Heimatbereichs, faßt der Autor der Karte Mesopotamien als Ökumene schlechthin auf; was darüber hinaus liegt, erscheint einer genaueren Darstellung nicht weiter wert und wird, beinahe spielerisch zu gleich-

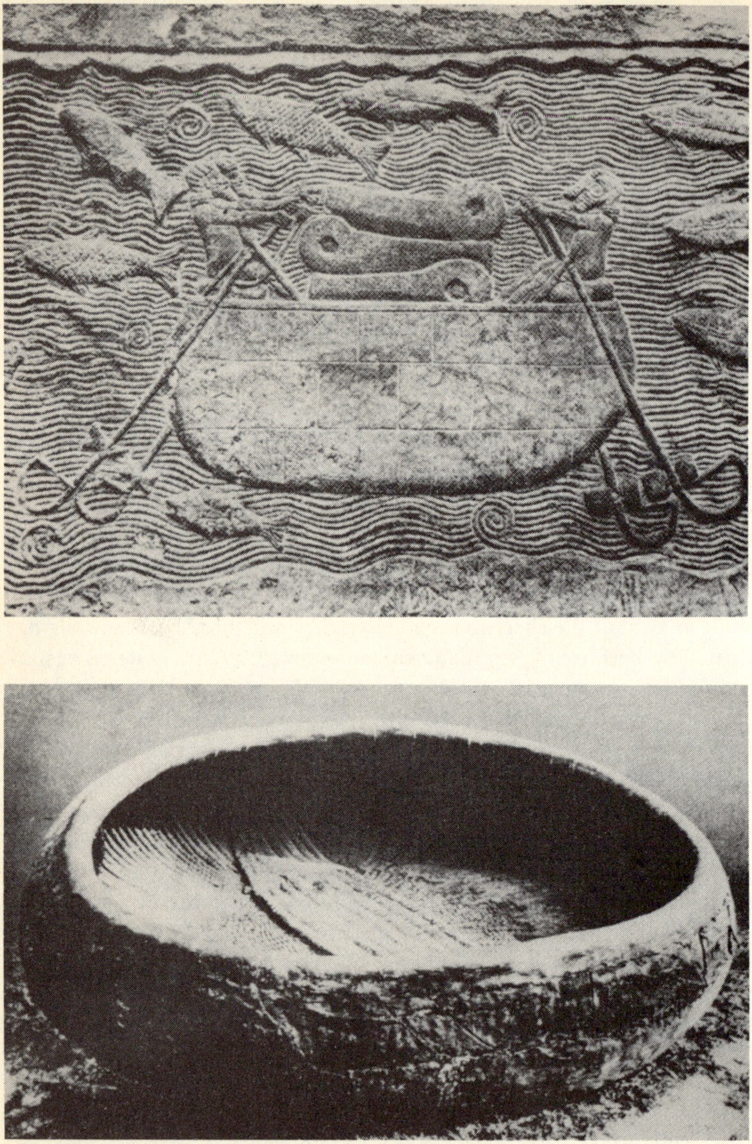

Abb. 1 Antikes und heutiges Rundboot (Quffa) aus Mesopotamien

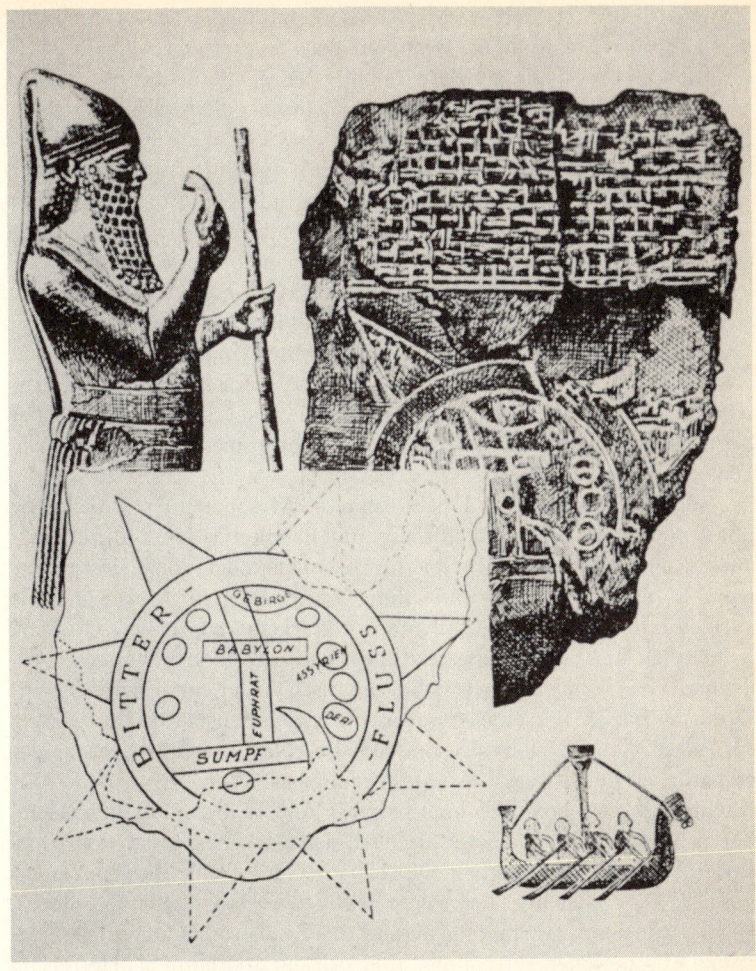

Abb. 2 Babylonische Weltkarte aus dem 6. Jahrhundert v. Chr.

förmigen geometrischen Figuren stilisiert, noch über den erdumspannenden Ozean hinaus an die Peripherie der Welt versetzt. Wie die – leider nur schlecht erhaltene – Beschreibung der acht Außenbezirke auf der Rückseite der Tafel erkennen läßt, verschwimmen die Angaben, die man zu ihrer inneren Beschaffenheit zu berichten wußte, denn auch ins Fabelhafte mythischer Landschaften – wenngleich ihre Entfernungen voneinander wiederum ganz nüchtern und «exakt» in Doppelstunden vermerkt sind: Sie sollen, verrät uns der Text, allgemein unwirtlich und ihr Besuch äußerst gefährlich sein; in einem hause ein «gehörnter Stier, (der) einherläuft und (den Ankommenden) angreift»; im nördlichsten herrsche ewige Finsternis, weil man daselbst «die Sonne nicht sähe», und von einem dritten heißt es, daß dort «der geflügelte (Vo)gel (sein Nest) nicht voll(ende)». Unverkennbar schimmert auch hier noch die uralte Anschauung durch, daß alles Unbekannte, Ferne und Fremde außerhalb des heimischen Lebensbereichs unsicheres, gefahrbringendes Terrain ist, wo Tod und Verderben lauern.

Andrerseits spiegelt die Karte, wenn sie Mesopotamien schlichtweg mit der Gesamtökumene identifiziert und Babylon in deren Mittelpunkt ansetzt, ersichtlich die seit alters im Bewußtsein der Völker fest eingewurzelte ethnozentrische Einstellung wider. Begreiflich also, daß sie auch die ethnographische Anschauung in starkem Maße beherrschte, wie namentlich jene Schilderungen in aller Deutlichkeit zu erkennen geben, die man von Gruppen entwarf, die, gemessen an der entwickelten Zivilisation der Babylonier, eine besonders niedrige Lebenshaltung aufwiesen, sozusagen den «Wilden» des mesopotamischen Altertums jenseits der eigentlichen Kulturwelt. Die beste – wenngleich wenig erwünschte – Gelegenheit, des näheren Bekanntschaft mit Völkern dieser Art zu machen, bot sich natürlich, sobald sie, friedlich oder gewaltsam, babylonischen Boden betraten. Das geschah z. B., als die Gutäer, eine Bergpopulation aus dem Zagros-Gebirge (etwa dem heutigen westpersischen Hochland), gegen Ende des 3. Jahrtausends v. Chr. ins Zweistromland einfielen, das Altakkadische Reich zerschlugen und sich gut 100 Jahre als Herren im Lande zu behaupten vermochten. In den Quellen, die von dem verheerenden Ereignis berichten, werden diese Eindringlinge nun mit äußerster, sicherlich auch vom Haß wegen der erlittenen Schmach bestimmter Abfälligkeit als «Horde von Gutium» bezeichnet, als «ein Volk, das keine Kontrolle verträgt» oder «die Gutäer, Klägliche, die weder Gottesfurcht zeigen noch Kulte und Satzungen recht zu überwachen wissen». Und aus dem Namen der ihnen südlich benachbarten Lullu wurden gar die akkadischen Begriffe «barbarisch» *(lullû)* und «Frechheit, Nichtsnutzigkeit» *(nulliātum / nullâtu)* gebildet. Eine noch deutlichere Sprache offenbaren die Schilderungen der MAR.TU, einer semitischen Beduinengruppe, die rund 100 Jahre nach der Gutäerinvasion, zur Zeit der 3. Dynastie von Ur (2065–1955 v. Chr.), aus der Gegend des heutigen Gabal Bišrī in Syrien nomadisierend ins mittlere und südliche Mesopotamien vorrückten. Die Texte stellen sie mit Verachtung als rohe Barbaren vor, «die keine Häuser kennen, die keine Städte kennen, die Tölpel, die im Hochland wohnen» oder als «die MAR.TU des Hochlandes, die kein Getreide kennen», und demzufolge führt auch der einzelne nur ein erbärmliches Leben, als grobschlächtiger Wilder, «der die Trüffeln am (Rande des) Hochlandes ausgräbt, der das Knie nicht zu beugen weiß, der rohes Fleisch ißt, der zeitlebens kein Haus hat, der nach seinem Tode nicht (richtig)» – d. h. nach babylonischem Ritus – «bestattet wird».

Wie diese Berichte uns zeigen, pflegten die Babylonier also fremdvölkische Lebensformen allein am Maßstab der eigenen zu messen, von deren absoluter Geltung sie, noch ganz in der ethnozentrischen Einstellung befangen, zutiefst überzeugt waren. Je ärmer an Elementen der babylonischen Kultur ein Volk sich erwies, desto niedriger wurde es eingestuft. Fehlten sie ihm aber, wie im Falle der Gutäer oder MAR.TU, nahezu vollends und ermangelte es selbst jener Einrichtungen, deren Besitz man in Babylonien als unerläßliche Voraussetzung für ein menschenwürdiges Dasein betrachtete, also des Bodenbaues, des Kochverfahrens, fester Behausungen sowie geschlossener Siedlungsanlagen und endlich einer – entsprechend der babylonischen – straff hierarchisch geregelten Organisation des Staats- und Religionswesens, so konnte es sich nur um Vertreter des untersten Entwicklungsniveaus bzw. eines extremen Barbarismus handeln. Mit anderen Worten: Nicht die positiven Züge einer Kultur waren für die ethnologische Beurteilung entscheidend, sondern deren *Mangelerscheinungen.* Die Darstellung, von dieser selbstbezogenen Anschauungsweise getragen, verzichtete bewußt auf Objektivität und geriet zur Tendenzschilderung. Beachtet wurde, was den eigenen Anspruch auf Vorrang zu bestätigen schien. Die Gefahr, der Typisierung zu erliegen, lag nah, und tatsächlich geben die obigen Texte, wie das Vorkommen paralleler Wendungen in der ethnographischen Literatur der Griechen und Römer vermuten läßt, bereits Ansätze hierzu durchaus zu erkennen: Um die MAR.TU etwa als echte Barbaren auszuweisen, genügte es offenbar, nur einige Elemente ihrer Kultur zu erwähnen, jene eben, die man als charakteristische Merkmale des Barbarentums ansah, also vor allem die Unkenntnis des Bodenbaus, das Verzehren rohen Fleisches, das Fehlen von Dauerbehausungen (bzw. das Wanderleben) und überhaupt eine ungeregelte, d. h. nicht staatlich organisierte Daseinsgestaltung. Eine gerechte Würdigung oder gar ein Verständnis fremdvölkischer Eigenart war unter diesen Umständen natürlich ausgeschlossen.

Dennoch blieben die Möglichkeiten, welche die Kriege oder der Handel für die Erweiterung des länderkundlichen Horizonts boten, nicht völlig ungenutzt, und es lassen sich sogar bereits die ersten Anfänge einer eigenen geographischen Spezialliteratur beobachten: Schon aus sumerischer Zeit nämlich sind uns Itinerare und Listen bekannt, in denen Namen und Lage verschiedener Länder, Flüsse, Kanäle, Brunnen, Berge und Ansiedlungen gewissenhaft, wenngleich trocken und rein additiv, aufgeführt werden, eine Tradition, die dann später die Babylonier und Assyrer zwar übernahmen und weiter ausbildeten, aber kaum auf eine wissenschaftlich-systematische Darstellung hin fortzuentwickeln vermochten. Die Aufmerksamkeit war offenbar in erster Linie auf praktisch-pragmatische Ziele gerichtet, und es kam lediglich darauf an, verläßliche Orientierungshilfen etwa für militärische Unternehmungen, Verwaltungszwecke oder den Handelsverkehr, wie sie eben selbst einfachere, schlicht topographische Führer dieser Art schon gewähren konnten, zu geben. Und so zeigte man sich denn an eigentlich ethnographischen Fragen auch nur insofern interessiert, als sie diesen vordergründigen Belangen entsprachen: die – im übrigen verschwindend wenigen – Angaben jedenfalls, welche die Texte zur Kultur und Lebensweise eines Volkes enthalten, sind nahezu ausschließlich dessen politischer Struktur, Truppenstärke, Bewaffnung und Kriegstechnik, seiner Vertragstreue, wirtschaftlichen Kapazität und dergleichen mehr gewidmet.

An der Fähigkeit, exakte Beobachtungen anzustellen, mangelte es also nicht; lassen doch auch die bildlichen Darstellungen von Angehörigen fremdvölkischer Nationalitäten, wie wir sie namentlich aus der Zeit der assyrischen Vormacht (1100–612 v. Chr.) besitzen, deutlich erkennen, daß man es durchaus verstand, ja sogar sichtlich bestrebt war, die Betreffenden sowohl ihrer Tracht und Ausrüstung als auch ihrem physischen Typus nach genauestens zu charakterisieren (s. Abb. 3). Um aus diesen Voraussetzungen heraus jedoch eine umfassendere völkerkundliche Betrachtung zu entwickeln, fehlte es eben einfach an der erforderlichen *Einstellung*. Im Banne der beharrlich gewahrten ethnozentrischen Anschauungsweise, seit alters verbunden mit einer ablehnenden Scheu allem Fremden gegenüber und bei den Einwohnern Mesopotamiens zudem

Abb. 3 Elamische Völkertypen (Krieger)

durch den steilen Aufstieg ihres Landes zum stolzen Bewußtsein von der absoluten Geltung ihrer Kultur übersteigert, hatte man für die Lebensäußerungen anderer, vor allem der ihrer Zivilisation nach sehr viel tiefer stehenden Völker kein eigentliches Interesse bzw. nur Verachtung übrig und nahm sie kaum mehr, als es die politische Praxis gebot, zur Kenntnis. Infolgedessen gelang es den Babyloniern auch nicht, ein Volk auf Grund seiner sprachlichen oder kulturellen Einheitlichkeit als solches zu begreifen; sprachen sie von «Völkern», so verstanden sie darunter in der Regel Einheimische bestimmter Landschaften oder gar Angehörige einer Gesellschaftsklasse.

Durch den Traditionalismus in der geographischen Vorstellungsbildung und die Selbstherrlichkeit in der Haltung der Umwelt gegenüber waren der Empirie sonach feste Schranken gesetzt, über die hinaus sie sich nicht zu einer freien, wissenschaftlichen Länder- und Völkerkunde zu entfalten vermochte.

2. Die Ägypter

Ähnlich – weil auf parallelen Voraussetzungen fußend – stellt sich die Situation im alten Ägypten dar. Ihrem ganzen Wesen nach eher einem kontemplativen, mystischen Verständnis der Dinge zuneigend als die semitischen Träger der mesopotamischen Kulturreiche, erscheinen die Ägypter länger und stärker noch als jene in der Vorstellungswelt der überkommenen mythischen Traditionen befangen. So dachte man sich seit der ältesten Zeit, in welche wir Einblick besitzen, den Himmel als Leib der über die Erde, d. h. ihren Gatten, den Erdgott Geb, gebeugten, kuhköpfigen (bzw. gehörnten) Himmelsgöttin Nut/Hathor oder überhaupt in Gestalt einer gewaltigen kosmischen Kuh, beide gestützt und emporgehalten von den Armen des Schu, des göttlichen Repräsentanten der Atmosphäre, und nahm weiter an, daß sich unter der Wölbung, zu Häupten der Menschen, ein unermeßliches Meer – «das Meer, das unter dem Leibe der Nut ist» – befinde, auf dem die Gestirne, deren Bewegungen man sich auf diese Weise zu erklären suchte, in Schiffen oder Barken ihre Bahn zögen (s. Abb. 4). Vermutlich erst später tritt dann die uns schon von den Babyloniern her vertraute, aber auch, wie sich zeigen wird, von den Israeliten vertretene und daher vielleicht entlehnte, bereits rationalistischer anmutende Auffassung hinzu, daß der Himmel eine Feste bilde und von vier jeweils im Osten, Norden, Süden und Westen aufragenden Bergen, Säulen oder allgemein «Stützen» getragen werde. Gegen Ende des ägyptischen Altertums findet sich dann auch in der hermetischen Gnosis noch die Ansicht bezeugt, daß – wie Augustinus (De civitate dei VIII 23) zitiert – «Ägypten ein Abbild des Himmels ist, ja wahrer noch die Übertragung und Herabkunft alles dessen, was im Himmel angeordnet und vollbracht wird, oder, um es noch wahrer zu sagen: daß unser Land der Tempel für die ganze Welt ist». Man wird annehmen dürfen, daß diese Anschauung schon in älterer Zeit zum Glaubenskanon gehörte, da die Hermetik, auf ägyptischem Boden gewachsen, sicherlich aus der einheimischen Tradition schöpfte, wenngleich sie sonst stark im Banne der spätgriechisch-hellenistischen Philosophie, namentlich neuplatonischer, neupythagoreischer und stoischer Spekulationen steht; auch galt ja ihr mythischer Prophet und Begründer Hermes Trismegistos, dessen griechischer Name niemand anderen als Thot, den Gott der Mysterienkunde und Gelehrsamkeit, bezeichnet, als der gesamten uralten Weisheit der Ägypter mächtig und seine Lehre nur als deren weitere Ausbildung.

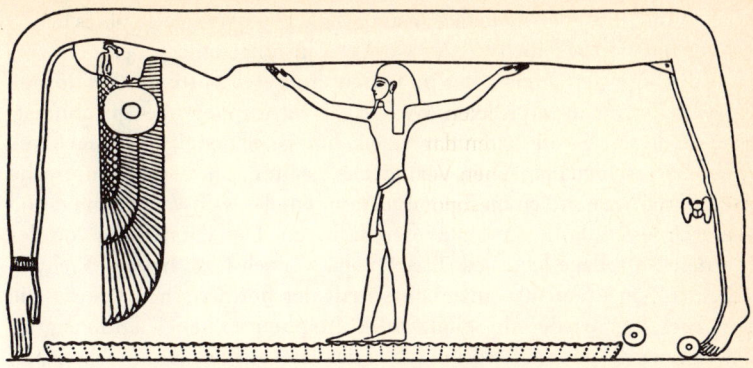

Abb. 4 Der Himmel als Frau, von Schu getragen, daran die Sonne als Käfer oder Scheibe;

unten: der Himmel als Kuh, von dem Luftgott Schu und anderen Göttern gehalten. Am Bauch der Sterne und die Schiffe der Sonne.

Die Erde selbst dachte man sich auf «Balken» ruhend, also als Scheibe, und offenbar rings auch wieder vom Ozean umströmt; jedenfalls wird man den «großen Kreis», der in Texten etwa seit Mitte des 2. Jahrtausends v. Chr. neben anderen Gewässern als fernes Weltmeer genannt ist, wohl in diesem Sinne zu deuten haben. Innerhalb der eigentlichen Ökumene unterschied man dann, wenigstens zu alter Zeit, in der Hauptsache zwei Bereiche, nämlich *im Zentrum* Ägypten, das «schwarze Land», und seine Umwelt, das «rote Land» der Barbaren. Die Vorstellung von der eigenen Mittellage lebte jedoch auch später noch fort. In der «Weltpupille» (Κόρη κόσμου), einer Lehrschrift der hermetischen Gnosis, die sich auch hier wieder als Schatztruhe alteinheimischen Traditionsgutes erweist, wird Ägypten – worauf schon der Titel anspielt – zum «Augapfel des Weltalls» erklärt und im «Herzen» der – hier in Menschengestalt konzipierten – Erde lokalisiert.

Dieser Anschauung lief nun auch bei den Ägyptern wieder ein entsprechendes Selbstbewußtsein parallel. Dieselbe Vokabel, die den Ägypter bezeichnete *(rmṯ)*, bedeutete zugleich auch «Mensch»; beide Begriffe galten mithin als identisch. Man war also der Überzeugung, daß die eigene Lebensführung allein die einzig gültige, wahre Form der menschlichen Existenzverwirklichung darstelle; und nur wer sich zu dieser, der ägyptischen Daseinsordnung bekannte, besaß demzufolge das Recht, sich als Mensch zu bezeichnen. Noch bei Herodot scheint dieser für jede ethnozentrische Standpunktsbehauptung so typische Dünkel in der beiläufigen Bemerkung (II 36) eingefangen: «Es schreiben die Griechen von links nach rechts, die Ägypter aber von rechts nach links, und dabei geben sie vor, sie machten es richtig und die Griechen falsch».

Dem stolzen Bewußtsein von der absoluten Geltung der eigenen Daseinsgestaltung aber entsprach, wie einleitend ausgeführt wurde und schon am Beispiel der Babylonier zu sehen war, seit je eine zutiefst mißtrauische, ablehnende Einstellung allem Fremdartigen gegenüber. Und so fühlte sich auch der Ägypter, bei dem sie zudem noch in besonderem Maße entwickelt erscheint, außerhalb seines gewohnten Existenzbereichs und der selbst gelebten Ordnung von regellosem Chaos umgeben und daher unsicher, ständig von Gefahren bedroht und schutzlos den Einflüssen unheilwirkender Mächte ausgeliefert. Alles Ausland gilt grundsätzlich und offiziell als «übel» *(ḥsj)*, und seine Schrecken kündigen sich bereits in der fremdartigen Zusammensetzung seines geographischen Äußeren an; eindringlich wird in der sog. «Lehre für König Merikarê» (ca. 2070–2041 v. Chr.) gewarnt: «Bedrohlich ist dieses Land, wo der Asiate lebt, durch Wasser geschädigt, unübersichtlich wegen der Wälder, die Wege gefährlich wegen der Berge». Mehr noch galt diese ängstliche Scheu jedoch den Bewohnern der gefürchteten Außenwelt selbst. Bar jeder geordneten Lebensweise, mußten sie, wie man glaubte, von unbeständigem, tückischem Charakter und unberechenbar in ihrem ganzen Verhalten sein. Nicht selten ist auch von grausamer Härte und Erbarmungslosigkeit den Reisenden gegenüber die Rede, wie im Papyrus Anastasi I z. B., wo es heißt:

«Gefährlich ist das enge Tal, weil dort die Beduinen lauern hinter den Büschen, vier bis fünf Ellen groß, mit wildem Gesicht, deren Herzen sich nicht erweichen lassen und die auf kein Flehen hören»; und an anderer Stelle: «Wenn dein Diener um Nahrung für dich bittet, so tun sie so, als seien sie taub, denn sie wollen nicht zuhören und kümmern sich nicht um deine Worte».

Man sah sich im Grunde also rings von einer feindlichen Umwelt umgeben und somit ständig einer latenten Bedrohung gegenüber. Ein interessantes Zeugnis für die Art, wie man dieser nicht nur politisch-konkret, sondern stets auch mystisch-spirituell verstandenen Gefährdung zu begegnen suchte, noch ehe es zum befürchteten Ernstfall einer bewaffneten Auseinandersetzung kam, liefern die sog. «Ächtungstexte», formelhafte Gefäßaufschriften aus der Zeit um 2000 v. Chr., in denen die Völker außerhalb Ägyptens und die Untaten, die sie bei Betreten des Landes begehen könnten, summarisch genannt und a priori mit Acht und Bann belegt werden.

Indessen waren die Ägypter, wie alle Menschen, doch auch auf ihre Umwelt angewiesen. Je weiter die Entwicklung voranschritt, die Lebenshaltung aufwendiger wurde, sich differenzierte und verfeinerte, desto rascher mußte z. B. schon der Bedarf an bestimmten Rohstoffen oder Luxusartikeln wachsen, die das Land selbst entweder gar nicht oder nur in einem Umfange zu stellen vermochte, der den gesteigerten Ansprüchen nicht mehr genügte, so daß man genötigt war, sie auf dem Handelswege zu beschaffen. Hier kam in erster Linie zunächst das südlich benachbarte (und später annektierte) Nubien, und zwar sowohl seiner reichen Eigenvorkommen wegen wie auch als Vermittler von Waren aus dem Inneren Afrikas, in Betracht, das vor allem Mineralien, z. B. Gold, Diorit oder Halbedelsteine, wie Amethyst, Karneol, Malachit und Jaspis, aber auch Akazien- und Ebenholz, Elefantenzähne, Felle, Straußenfedern, Vieh, Weihrauch, Öle und nicht zuletzt auch Menschen selbst als Personal für die Streitkräfte und Ordnungsorgane nach Ägypten lieferte.

Darüber hinaus aber unterhielt man, was besonders eindrucksvoll erscheint, mindestens schon seit Bestehen der 5. Dynastie (ca. 2470–2320 v. Chr.) und über See sogar Handelsverbindungen zur fernen Somaliküste bzw. dem «Lande Punt», aus welchem zur Hauptsache Weihrauch, Myrrhe, Farbstoffe und wieder Gold, Ebenholz, Elfenbein, Felle, Straußenfedern sowie andere Schmuckgegenstände und Rindvieh eingeführt wurden. Im Nordosten dagegen lockten vor allem die ergiebigen Kupfer- und Türkisgruben auf der Sinaihalbinsel und die reichen Nadelholzbestände des Libanon, bei denen es sich jedoch nicht, wie gemeinhin geglaubt wird, um Zedern, sondern in Wahrheit kilikische Fichten *(abies cilicica)* handelte. Man bezog sie zu Schiff über den Hafen von Byblos und hatte insofern einen starken Bedarf an ihnen, als sich ihr Holz ebenso vortrefflich zu Bauzwecken wie zur Herstellung von Särgen und Statuen eignete und zudem noch ein duftendes Öl lieferte, das begehrte Verwendung bei der Mumifizierung fand. Viel weiter als über Nordsyrien und den Euphrat hinaus dürften, wenigstens zu alter Zeit, direkte Beziehungen kaum gereicht haben. Sie entwickelten sich erst mit Beginn des Neuen Reiches, als man begann, eine großangelegte Expansionspolitik zu betreiben, und, über Babylonien hinaus bis an die Grenzen Kleinasiens vorstoßend, in unmittelbare Berührung mit den Mitanni und Hethitern geriet, unter deren Kontrolle sich vor allem auch die Zentren der eisenverarbeitenden Industrie befanden, die damals gerade zunehmend für Wirtschaft und Kriegführung an Bedeutung gewann. Endlich aber muß, archäologischen Zeugnissen und Darstellungen nach, ein lebhafter Handelsverkehr auch nach Westen zu über das Mittelmeer hin bis in die ägäische Inselwelt hinein und namentlich mit Kreta bestanden haben, über den wir allerdings kaum Näheres wissen. Es scheint, daß Ägypten dabei vornehmlich Erzeugnisse der Goldschmiedekunst, Keramik und vielleicht Wein, Olivenöl und Zypressenholz empfing. Laut Herodot (IV 42) fand – freilich erst gegen Ende der Spätzeit – auf Veranlassung König Nechos (609–594 v. Chr.) sogar eine erfolgreiche Umsegelung Afrikas statt; die Schiffe und Seeleute der Expedition waren jedoch phönizischer Herkunft.

Doch all die Erfahrungen, die man auf diese Weise gewann, vermochten die traditionelle Einstellung der Umwelt gegenüber offenbar nicht zu erschüttern und ein echtes Interesse an erd- oder völkerkundlichen Fragen zu wecken. Gleichwohl verstanden es auch die Ägypter – und vielleicht sogar in noch stärkerem Maße als die Babylonier und Assyrer –, gut zu beobachten, und waren durchaus in der Lage, die ethnographische

Eigenart eines Volkes zu erfassen und wenigstens im Bilde festzuhalten, obschon man den Eindruck hat, daß hier eher Dekorationsgründe bestimmend wirkten und die Freude etwa an farbenfrohen, reizvoll-exotischen Motiven den Ausschlag gab. Interessant und bezeichnend wiederum für die selbstbewußte Haltung des Ägypters erscheint, daß manche der Darstellungen einen leisen Humor, ja fast möchte man meinen: die Neigung zur karikaturenartigen Verzeichnung erkennen lassen.

Im einzelnen sah man es vor allem auf die Wiedergabe bestimmter, für typisch gehaltener Merkmale im äußeren Habitus ab und achtete dabei namentlich auf Besonderheiten in der Tönung der Haut, der Farbe und Beschaffenheit des Haares, der Körpergröße, auch der Haltung, dann der Tracht, dem Kopfputz, der Bewaffnung oder der sonstigen Ausrüstung. So treten uns beispielsweise die Tehenu, Stammesgruppen der westlichen Wüstenstriche, auf den Denkmälern mit rotbrauner Haut, Penisfutteral, Hundeschwanz, Kreuzband über der Brust, Bart und Skalplocke entgegen; die ihnen benachbarten Libu dagegen, vermutlich die Vorfahren der heutigen Berber, erscheinen auf den Darstellungen von bleicher Farbe, mit blauen Augen, Vollbart und lockigem Haar, also deutlich als Vertreter einer anderen Rasse charakterisiert, und ähnlich werden uns auch unter den Seevölkern aus dem fernen Nordwesten des Mittelmeerraumes die Peleset und Zakar als hochwüchsige, schlanke und bartlose Menschen mit einer niedrigen Sturmhaube auf dem Kopf und darauf einem Federkranz vorgestellt; der Kreter wiederum verrät sich durch seinen Zipfelschurz, eine enge Taille, lange schwarze Locken und eine Reihe von Waren und Ornamenten, die ihm beigegeben und für seine Heimat typisch sind; den Asiaten des Vorderen Orients erkennt man an seiner gelblichen Hautfärbung, dem langen, von einem Bande gehaltenen Haupthaar, dem üppigen Bartflor und einem tieffallenden Rock, während die Hauptzüge des Hethiters endlich durch einen massigen Körperbau und ein schwammiges Gesicht mit fliehender Stirn, Bartlosigkeit, offenes, herabwallendes Haar, dessen Ansatz die Schläfen freiläßt, sowie eine Schmuckscheibe im Ohr wiedergegeben werden (s. Abb. 5).

Das Bemühen, ein fremdes Volkstum sowohl seinem physischen wie ethnographischen Erscheinungsbilde nach möglichst treffend zu charakterisieren, ist also unverkennbar und verdient vollste Beachtung. Auf der anderen Seite darf jedoch nicht übersehen werden, daß sich die Ägypter durch die einseitige Herauszeichnung nur weniger, eben für *typisch* gehaltener Merkmale nicht nur der Versuchung zur *Typisierung* aussetzten, sondern ihr, wie man deutlich den Eindruck hat, sogar bereits ganz

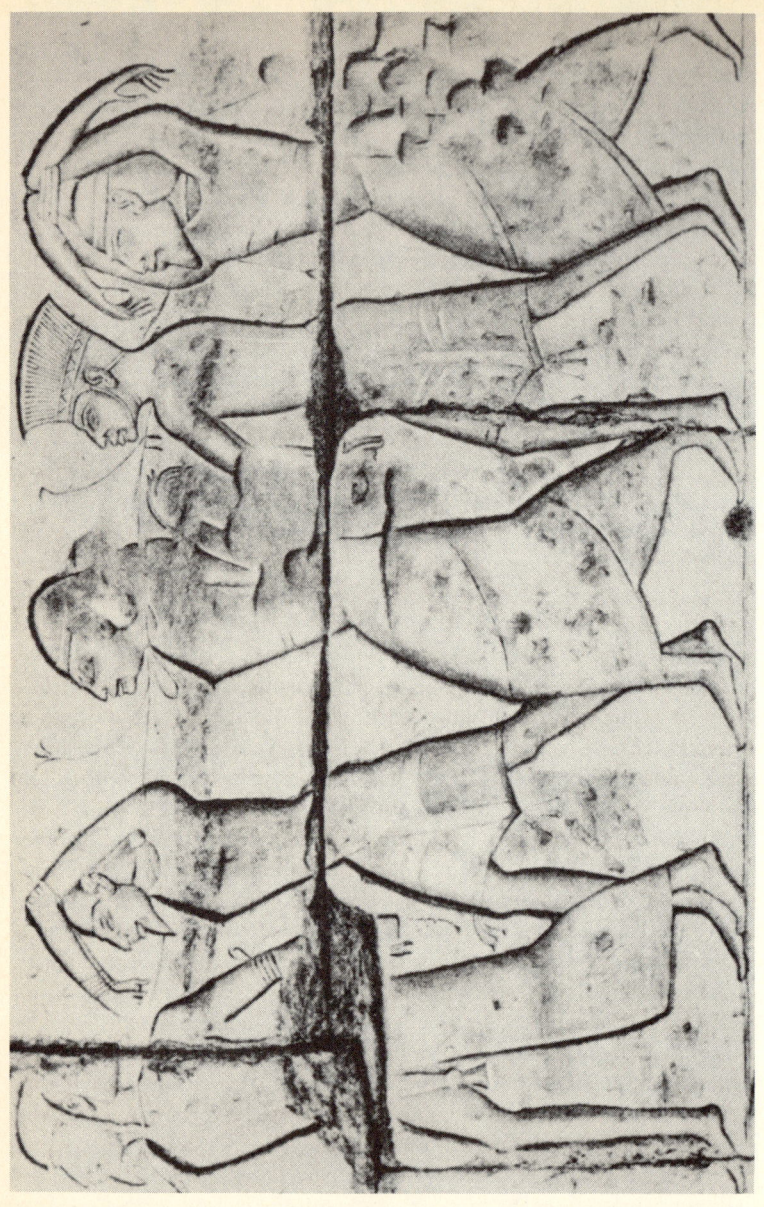

Abb. 5 Kanaanäische Völkertypen (Gefangene), von links nach rechts: (Libyer), Beduine, Hethiter, Philister, Amoriter. – Aus dem Tempel Ramses' III. (1168–1137 v. Chr.) zu Medinet Habu

bewußt nachgaben, indem sie in ihren Darstellungen darauf abzielten, die einzelnen Völker *typenmäßig* zu erfassen bzw. Typen wie *den* Kreter, *den* Asiaten oder *den* Hethiter formelhaft allgemein herauszustilisieren. Unbestritten indessen muß bleiben und demgegenüber anerkannt werden, daß den Ägyptern auf diese Weise, indem sie die Völker ihrer Hautfarbe nach, ohne sich von Variationserscheinungen beirren zu lassen, generell in große, überregionale Einheiten von Schwarzen (Neger), Braunen (Ägypter, Nubier u. Verwandte), Gelben («Asiaten») und Weißen (Libu, «Europäer») zu scheiden wußten, ein entscheidender Schritt auf dem Wege zu einer *systematischen Rassengliederung* der Menschheit gelang.

Besaß man also durchaus die Gabe, anthropologische wie ethnographische Besonderheiten scharf zu erfassen und entsprechend im Bilde wiederzugeben, so muß es als um so erstaunlicher erscheinen, daß sie in der literarischen Berichterstattung gar nicht oder nur kaum zur Entfaltung kam. Hier begnügte man sich in der Regel damit, lediglich die Namen der Völker zu nennen, wie schon in den *«Ächtungstexten»* und später dann vor allem auf den Siegesdenkmälern des Neuen Reiches, wo Listen bis zu Hunderten, schlicht aneinandergereiht, aufgeführt sind. Was darüber hinaus, und selten genug, namentlich in Itineraren und Reiseschilderungen, die auch in Ägypten bereits seit alter Zeit abgefaßt wurden, an zusätzlichen Angaben Erwähnung fand, diente – wie bei den Babyloniern – allein praktischen Zwecken und beschränkte sich auf Hinweise, die vor allem für den Handelsverkehr, die Kriegführung oder die Außenpolitik von Interesse waren.

Die – sehr kurzen – inschriftlichen Berichte des Herchuf z. B., der während der 6. Dynastie (ca. 2320–2160 v. Chr.) mehrere Handelsdelegationen nach Nubien bis in die Gegend von Kerma (südlich des 3. Katarakts) hinein leitete, wo die Ägypter eine wichtige Faktorei unterhielten, bieten zwar einige wenige Distanzvermerke, knapp gefaßte Notizen zur Topographie sowie Feststellungen zur erfolgreichen Durchführung der einen oder anderen Mission, geben aber keinerlei ethnographische Beobachtungen wieder. Auch der Reisebericht des Wenamon, eines Tempelbeamten, der unter Ramses XI. (ca. 1100–1070 v. Chr.) nach Byblos entsandt worden war, um Holz für die fällige Erneuerung der Prachtbarke des Amon von Theben einzukaufen, enthält nichts Nennenswertes in dieser Hinsicht, sondern geht ganz in der bewegten Schilderung der zahlreichen Abenteuer und Mißhelligkeiten auf, die der Geistliche aus dem Nilland auf seinem Weg zu bestehen hatte. Immerhin vermittelt er dabei

jedoch einigen Einblick in die innere Situation Ägyptens gegen Ende des
Neuen Reiches, seine – stark geschwächte – Position in der Kräftegrup-
pierung Vorderasiens und die Verhältnisse in der Handelsschiffahrt zur
damaligen Zeit.

Eine gewisse Ausnahme unter den Literaturdenkmälern dieser Art
stellt bestenfalls noch die berühmte Reiseerzählung des Sinuhe dar. Sinuhe lebte zur Zeit der beiden ersten Pharaonen der 12. Dynastie, des
Amenemhet I. (1991–1962 v. Chr.) und seines Sohnes und Mitregenten
Sesostris I. (1971–1928 v. Chr.). Den letzteren auf einem Feldzug nach
Libyen als Gefolgsmann begleitend, war er eines Abends zugegen, als
diesem die Nachricht von der Ermordung seines Vaters überbracht
wurde. Sinuhe, der offenbar Grund hatte zu befürchten, der Mitschuld
am Tode des Amenemhet I. verdächtigt zu werden, ergriff noch in derselben Nacht die Flucht. Er überquerte das Delta und erreichte glücklich die
Sinaihalbinsel, wo er vorübergehend bei einem Beduinenstamm Aufnahme fand. Dann trieb es ihn wieder weiter. Was er auf seinem Weg
jedoch alles sah und erlebte, erfahren wir nicht; lakonisch heißt es im
Text: «Ein Fremdland übergab mich dem anderen.» So gelangte er über
Byblos hinaus bis in den südlichen Teil Palästinas hinein, wo er sich endlich sicher fühlte und gerne der Aufforderung eines dortigen Stammes-
oberen folgte, sich seinem Verbande anzuschließen. Und hier wird uns
nun einmal die Gelegenheit geboten, näheren Einblick in die Lebensverhältnisse eines fremden Volkes zu nehmen:

Der Häuptling, berichtet Sinuhe voller Dankbarkeit, «setzte mich an die Spitze
seiner Kinder und vermählte mich mit seiner großen Tochter. Ich durfte mir
einen Teil seines Landes auswählen, von dem Erlesensten seines Besitztums, an
der Grenze eines anderen Landes. Es war ein gutes Land und hieß Jaa. Es gab dort
Feigen und Weinstöcke, und es hatte mehr Wein als Wasser. Es war reich an
Honig und hatte viel Öl und alle Früchte auf seinen Bäumen. Gerste gab es dort
und Weizen sowie unzähliges Vieh. Viel ward mir auch zuteil aus Liebe zu mir
(?). Er machte mich zum Anführer eines Stammes von dem Erlesensten seines
Landes. Man backte mir Brot und gab mir Wein, gekochtes Fleisch und gebratene
Vögel zur täglichen Ernährung, abgesehen von dem Wild der Wüste: Das fing
man für mich und legte es mir vor, außer dem, was meine Hunde noch brauchten.
Man machte mir viele [...] und Milch in jeder Zubereitung. Ich verbrachte viele
Jahre, und meine Kinder wurden Starke, und ein jeder von ihnen ward der Be-
zwinger seines Stammes».

Wie man sieht, will Sinuhe mit seinem Bericht anscheinend nur zeigen,
daß es ihm gutging und seine Wirte von der größten Gastlichkeit waren.

Seine Schilderung beschränkt sich daher auf die – rein materiellen – Vorzüge, die er genoß, die wirtschaftliche Blüte des Landes, die seine Ver-
sorgung mehr als sicherte, und seine soziale Vorrangstellung, die ihm
mancherlei Privilegien einräumte. Keinesfalls aber – und das ist wichtig –
geht es ihm darum, ein detailliertes Gesamtbild von der Kultur des
Volkes zu entwerfen, um dadurch in seinen Lesern etwa Interesse und
Verständnis für fremdvölkische Lebensformen zu wecken. Daß er sich
der ägyptischen Daseinsordnung auch weiterhin zutiefst verbunden und
in seinem palästinensischen Asyl doch nur unter Barbaren fühlte, erhellt
aus dem Schluß der Erzählung mit aller Deutlichkeit.

Man hatte bei Hofe inzwischen festgestellt, daß ihn keine Schuld am
Tode Amenemhets I. traf. Sesostris I., dem sein Schicksal nicht verborgen geblieben war, forderte ihn daher in einem Brief auf, unbesorgt wieder heimzukehren, und zwar mit dem bezeichnenden Hinweis:

«Heut hast du begonnen alt zu sein; du hast deine Manneskraft verloren und hast
des Tages gedacht, da man begraben und zur Ehrwürdigkeit geleitet wird. Ein (?)
Abend wird dir gewidmet (?) mit Zedernöl und mit Binden von der Hand der Tait
[= Neith, Göttin der Weberei]. Man macht dir den Leichenzug am Tage der
Bestattung: der Himmel ist über dir und du liegst in einem Schlitten. … Nicht
wirst du dann in der Fremde sterben, nicht werden dich die Asiaten bestatten, und
man wird dich nicht in ein Widderfell legen».

In die Ewigkeit konnte eben nur eingehen, wer nach ägyptischem Ritus
bestattet war, der den Ägyptern – wie wir es entsprechend ja auch bei den
Babyloniern schon festgestellt haben – als einzig gültige Form einer ord-
nungsgemäßen Grablegung galt. Sinuhe zögerte denn auch nicht, das
großherzige Angebot anzunehmen. Er verließ seine barbarischen Angehörigen, nachdem er sein gesamtes Besitztum seinem ältesten Sohne ver-
macht hatte, und kehrte in die Heimat zurück, wo ihn König und Königin
huldvoll zur Audienz empfingen. Man schnitt ihm das Haar, kämmte,
salbte und kleidete ihn wieder wie einen Ägypter ein, so daß er sich – in
des Wortes unmittelbarer Bedeutung – wieder *als Mensch unter Menschen* fühlen durfte.

Barbare war also auch für den Ägypter, wer außerhalb der ägyptischen
Lebens- und Glaubensordnung stand. Ernste Zweifel an der Richtigkeit
dieser seit alters traditionellen Auffassung scheinen sich erst während
des Neuen Reiches geregt zu haben, als ägyptische Heere auf breiter
Front weit über die Landesgrenzen hinaus nach Osten zu in den Kernbe-
reich Vorderasiens vorstießen und man enger als bisher mit Völkern in

Berührung geriet, die über eine ähnlich entwickelte Organisation des Daseins verfügten, ebenfalls Macht und Reichtum besaßen und den Ägyptern zudem noch in manchem überlegen waren. Deutlich klingt dieser Gesinnungswandel z. B. in dem berühmten Hymnus Pharao Echnatons (1364–1347 v. Chr.) auf seinen Gott Aton an, wo es heißt:

«Die Länder Syrien und Nubien und das Land Ägypten – du hast jedes an seine richtige Stelle gesetzt und versorgst sie mit dem, was sie brauchen. Jeder seiner Bewohner hat seine Nahrung, und ihre Lebenszeit ist festgesetzt. Die Zungen sind verschieden mit ihren Sprachen und somit auch ihrem Wesen; ihre Haut ist verschieden, da du eben dadurch die fremden Völker unterscheiden wolltest. Du hast einen Nil in der Unterwelt geschaffen und läßt ihn aufsteigen, wenn du willst, um die Ägypter zu erhalten. Aber du schaffst auch das Leben der fremden Völker, denn du hast auch einen Nil im Himmel eingerichtet, der zu ihnen herunterkommt und der auf den Bergen Wellen schlägt wie das Meer, um ihre Felder an ihren Orten zu bewässern. Wie wirksam sind doch deine Pläne, du Herr der Ewigkeit!»

Echnaton setzt sich also, und offenbar ganz bewußt, über das herkömmliche Dogma von der Kulturlosigkeit der Barbaren hinweg und bekennt sich entschieden zur *grundsätzlichen Gleichrangigkeit aller Völker* – allerdings: vor Gott! Man wird indessen annehmen dürfen, daß diese Einsicht nur auf wenige, verständigere Geister beschränkt blieb. Weiter reichende Konsequenzen, eine Liberalisierung in der ethnologischen Urteilsbildung etwa oder gar Ansätze zu einer wissenschaftlichen Völkerkunde, lassen sich jedenfalls auch in der Folgezeit nicht erkennen. Die Macht der Tradition, in der Breite noch ungebrochen, gab die Erkenntnis nicht frei aus der Umklammerung der altüberlieferten Anschauungsformen.

Ob die Ägypter bereits auch urgeschichtliche Spekulationen angestellt und sich Gedanken über die Entstehung von Kultur und Religion gemacht haben, die den Vorstellungskreis der überkommenen Heilsbringermythologie überschritten, muß zumindest als äußerst zweifelhaft erscheinen. Etwa seit dem 1. Jahrhundert v. Chr., da sich das uralte Mysterienwesen im Zuge des voranschreitenden panmediterranen Synkretismus aufs neue zu beleben begann, bemächtigte sich, inspiriert und getragen vor allem von den Neupythagoreern und Neuplatonikern, der griechisch-hellenistischen Geisteswelt eine ausgesprochene Orientschwärmerei. Man verklärte die orientalischen Mythentraditonen zu Weisheitslehren von tiefem, mystischem Offenbarungsgehalt und hielt sie selbst für den Urquell aller wissenschaftlichen Erkenntnis, aus dem

auch die griechischen Denker ihre wesentlichsten Einsichten geschöpft
hätten – was man durch den Nachweis zu stützen suchte, daß die Erhabensten unter ihnen, wie z. B. Pythagoras, Thales, Solon, Platon oder
Demokrit, bei den Tempelgelehrten in Persien, Babylonien und Ägypten
in die Schule gegangen seien. Indessen wissen wir jedoch, daß es die
ägyptischen Priester jedenfalls, auf die es hier ankommt und die sich u. a.
nach dem Zeugnis des (Neuplatonikers!) Porphyrios (ca. 234–305
n. Chr.) über ihre geistlichen Verpflichtungen hinaus tatsächlich – «immer spekulierend, immer aber von Erfahrungen ausgehend» (De abstinentia IV 8) – wissenschaftlichen Studien gewidmet haben sollen, in
Wahrheit wohl nur in der Astronomie, Arithmetik und Geometrie – deren Erfindung sie stolz für sich in Anspruch nahmen (Diogenes Laertios I
11. Vgl. a. Herodot II 109) – sowie vor allem auch in der Medizin (vgl.
Herodot II 84) zu nennenswerteren Leistungen gebracht haben. Um so
überraschender also, wenn wir im Geschichtswerk des Diodoros von
Agyrion in Sizilien (1. Jh. v. Chr.) eine angeblich von den Ägyptern
selbst geschaffene Entwicklungslehre der ägyptischen Kultur- und Religionsgeschichte überliefert finden (vgl. I 43; 14; 86–87). Diodor hat,
und das scheint seine Glaubwürdigkeit zu verbürgen, in der Tat das
Nilland bereist (vgl. I 44; 69; 83), führte auch Befragungen unter der
Geistlichkeit durch (vgl. III 11) und versichert (I 69) zudem, «nur das
mitzuteilen, was in den Heiligen Büchern der ägyptischen Priester verzeichnet ist und wir selbst sorgfältig geprüft haben». Dennoch aber muß
seinen Angaben mit der größten Reserve begegnet werden. Seine Schriftstellerei ist nicht frei von der Orientschwärmerei seiner Zeit und stellt,
was schwerer wiegt, überdies eine der typischen, flüchtig zusammen-
geschriebenen Kompilationen dar, wie sie im Verlaufe der römischen
Antike immer mehr auf den Büchermarkt kamen. Und hier darf nun seit
langem als feststehend gelten, daß er den Inhalt des I. Buches, wo er
Ägypten behandelt und die Entwicklungslehre wiedergibt, fast geschlossen aus der Ägypten-Monographie (den Αἰγυπτιακά) des Hekataios von
Abdera (um 300 v. Chr.) übernahm, der, wie wir wissen, wiederum stark
von dem großen griechischen Urgeschichtstheoretiker Demokritos von
Abdera (ca. 460–370 v. Chr.) abhängig war. Er hatte dessen – allgemein
gefaßte – Entwicklungslehre an den Anfang seines Werkes gestellt, so
daß sie mit dem übrigen auch an Diodor überging, wo sie im 8. Kapitel
des I. Buches Aufnahme fand. Vergleicht man nun diese mit der angeblich ägyptischen Entwicklungslehre, so ergeben sich derart schlagende
Übereinstimmungen, daß man die letztere wohl kaum als Geistesfrucht

der Ägypter selbst, sondern in Wahrheit nur als den Versuch des Hekataios von Abdera betrachten kann, die allgemeine Theorie Demokrits auf den besonderen Fall der ägyptischen Geschichte zu übertragen – wofür sich überdies noch eine Reihe weiterer Argumente von ähnlicher Aussagekraft ins Feld führen ließe.

3. Die Israeliten

In Mesopotamien wie Ägypten also standen die im stolzen Bewußtsein eines beispiellosen Aufstiegs vollzogene Absolutsetzung der eigenen Daseinsordnung, ihre mythische Traditionalisierung und nahezu ungebrochene Behauptung über Jahrtausende hin einem wesentlichen Wandel in der Einstellung der fremdvölkischen Umwelt gegenüber, und damit Fortschritten in der ethnologischen Urteilsbildung, unüberwindlich im Wege. Demnach wird man sie am ehesten dort zu erwarten haben, wo annähernd dieselben bildungsmäßigen Voraussetzungen zu einer weiterführenden Spekulation vorhanden, die äußeren Verhältnisse jedoch nicht stabil und zu wechselvoll waren, um Entwicklungen wie im ägyptischen oder mesopotamischen Falle voll ausreifen zu lassen, d. h., wo Bedingungen galten, wie sie im vorderasiatischen Altertum der palästinensische Spannungsraum zwischen den beiden Großmächten im idealen Maße zu erfüllen vermochte.

Seit den ältesten Zeiten schon boten Kontaktnahmen vor allem zwischen Gruppen mit stark voneinander abweichenden Formen der Lebensführung eine günstige und zweifellos auch genutzte Gelegenheit, vergleichende Beobachtungen anzustellen und so das eigene ethnographische Vorstellungsbild in einigen Punkten zu korrigieren, in anderen um neue Züge zu bereichern, und zwar um so mehr, je dauerhafter und intensiver sich die wechselseitigen Beziehungen gestalteten. Entsprechendes dürfen wir also auch für die viehzüchterischen Vorfahren der Juden voraussetzen, die, als sie in Kanaan einzogen und sich dort bleibend niederließen, schon um des friedlichen, gedeihlichen Nebeneinanders willen gezwungen waren, sich mit der bäuerlichen Welt der alteinheimischen Landesbewohner auseinanderzusetzen. Die ihnen zunächst fremdartig erscheinenden Phänomene forderten eine Erklärung heraus, die es erlaubte, sie irgendwie mit der bisherigen Auffassung in Einklang zu brin-

gen. Spuren dieses Prozesses sind uns an zahlreichen Stellen des Alten
Testamentes erhalten; sie lassen erkennen, wie nachhaltig man den Gegensatz zwischen den unterschiedlichen Wirtschafts- und Lebensweisen
empfand und wie sehr er das Denken beschäftigte. Von den Ergebnissen,
zu denen man dabei gelangte, wird noch die Rede sein.

Je mehr die Israeliten in die entwickelteren Daseinsformen ihrer
neuen Umwelt hineinwuchsen, desto stärker waren sie den Einflüssen
der mächtigen Kulturreiche Mesopotamiens und Ägyptens ausgesetzt
und mußten deren Anziehungskraft auf die Dauer erliegen. Man ging
zur Seßhaftigkeit über und faßte allmählich auch in den Städten Fuß,
den Brennpunkten der Handelsbeziehungen, der Wissensvermittlung
und der politischen wie geistlichen Machtentfaltung. Die ursprünglichen Stammestümer schlossen sich zu umfassenderen Verbänden,
Staatswesen und endlich, gegen Ende des 2. Jahrtausends v. Chr., unter
dem Benjaminiten Saul zu einem überregionalen Königreich zusammen. Innerlich gefestigt, vermochte sich Israel auch nach außen hin
eine Machtposition zu schaffen, die ihm – wenigstens vorübergehend –
eine weltpolitische Bedeutung verlieh und zu einer wesentlichen Intensivierung seiner Umweltbeziehungen beitrug. Der Handel gewann an
Umfang und verfügte bald, so unter Salomon (ca. 961–922 v. Chr.) und
vor allem mit Hilfe der benachbarten Phönizier, über Verbindungen bis
in die entferntesten Bereiche der Ökumene hin. Man begann, in größeren Zusammenhängen zu denken; und hatte man sich ursprünglich,
noch in enger umgrenztem Raume, im Grunde zunächst nur mit der
bäuerlichen Lebenswelt der kanaanäischen Altsassen arrangieren müssen, so galt es nun, sich auf höherer und weiterer Ebene mit den mannigfachen Einflüssen und Anregungen, die in Palästina zusammenlie-
fen, sowie zahlreichen Völkern und Kulturen der unterschiedlichsten
Art auseinanderzusetzen. Der ewige Wandel der stets wechselvollen politischen Geschicke des Landes, eine Folge seiner Mittellage zwischen
den beiden großen Machtzentren Vorderasiens, ließ es dabei jedoch
nicht zur Herausbildung derart fester, unerschütterlicher Vorstellungen
wie in Mesopotamien und Ägypten kommen, sondern zwang zu stetiger
Neuorientierung. Und so vermochten die Israeliten denn auch ihrer
ethnographischen Umwelt mit unbefangenerem und größerem Interesse zu begegnen und die Schranken der ethnozentrischen Anschau-
ungsbindung eher zu überwinden.

Gleichwohl blieb das Bild, das man sich vom Aufbau der Welt, ihrer
Gestalt und Einteilung machte, in seinen Hauptzügen jedenfalls, von der

traditionellen, mythisch-kosmologischen Auffassung bestimmt. Man
glaubte, daß die Erde – wie es ja auch der babylonischen Vorstellung
entsprach – in Form einer runden Scheibe, getragen von sieben oder
zwölf Pfeilern, auf den Wassern des Ozeans ruhe. Ihr Zentrum sah man
wieder durch den eigenen Lebensbereich Palästina umschrieben, während die Hauptstadt Jerusalem selbst mit dem Tempelberg Zion, den man
als höchste Erhebung überhaupt betrachtete, im engeren Sinne den
eigentlichen Mittelpunkt der Ökumene darstellte: «Das Land Israel»,
heißt es auch in einer außerbiblischen Überlieferung, «liegt im Herzen
der Welt, Jerusalem liegt im Herzen des Landes, der Tempel liegt im
Herzen Jerusalems, und der Schrein des Bundes ist inmitten des Tem-
pels. Neben der Lade aber ist der Grundstein der Welt». Und wie die
Babylonier faßten auch die Israeliten die irdische Ordnung als Abbild der
himmlischen auf. «Jahwes Palast», hoch aufgewölbt über dem Erdkreis
inmitten der Wasser und mit seinen Rändern die Horizontlinie berührend, ruhte, der Feste hienieden gleich, auf Säulen im Weltmeer; seinem
«gebälkten Obergemach» (Psalm 104,3) entsprach der heilige Tempel zu
Jerusalem, in welchem der Schöpfer auf Erden residierte. Solcherart ausgezeichnet, beanspruchte Israel auch, den ersten Rang unter den Völkern
einzunehmen, und huldigte seinen Königen, den Gesalbten Gottes, als
den eigentlich legitimen Beherrschern der Welt. Die ethnozentrische
Selbstüberhebung erscheint also keineswegs aufgegeben; nur sucht man,
da es an den erforderlichen politischen Voraussetzungen mangelt, den
Anspruch auf rein religiöse Argumente zu gründen.

Wenn dieses seiner ganzen Formgebung nach mithin mythische Weltbild als solches zunächst noch ohne engeren Anhalt an die konkreten
Verhältnisse innerhalb der überschaubaren Wirklichkeit konzipiert war,
so läßt sich doch andrerseits auch bereits das Bestreben erkennen, wenigstens einzelne seiner Züge auf die Gegebenheiten der näheren Umwelt
zu beziehen und eine exakt-geographische Grundlage der Erdanschau-
ung zu gewinnen. Zwei der vier – ursprünglich zweifellos rein mythisch
gedachten – Paradiesesströme (vgl. 1. Mose 2,10–14) z. B., Hiddekel
(hiddẹkẹl) und Phrath (perāt), erscheinen schon in der Genesis mit dem
mesopotamischen Flußpaar Tigris und Euphrat identifiziert (vgl. 1. Mose
2,14), und demzufolge wurde dann auch der Garten Eden, den man zuerst
noch unbestimmt irgendwo im Osten vermutet hatte (vgl. 1. Mose 2,8),
im armenischen Hochgebirge, der nördlichen Peripherie des israelitischen Gesichtskreises, lokalisiert. Aber auch für die anderen beiden paradiesischen Ströme, Pischon (pîšôn) und Gihon (gîhôn), war man, wie der

Kontext (1. Mose 2,11–13) zeigt, sichtlich bemüht, reale Entsprechungen zu finden, mußte sie jedoch, da sich in der engeren, überwiegend ariden Umgebung über Euphrat und Tigris hinaus kaum Passendes anbot, in den ferneren Randbereichen Vorderasiens suchen, wo die Kenntnisse bereits ins Ungewisse verschwammen. Es läßt sich daher nicht mehr mit Sicherheit sagen, auf welche Flüsse man sie genau bezog, zumal auch ihre Namen – die beide etwa mit «Quellsprudel» zu übersetzen sind – keinen näheren, geographischen Anhaltspunkt bieten. Spätere Exegeten, frühchristliche Autoren und neuzeitliche Gelehrte wollten sie auf Nil (Gihon) und Ganges (Pischon) gedeutet wissen, einer anderen Auffassung nach könnten aber auch Karcheh und Karun gemeint sein, nördliche Zuflüsse des gemeinsamen Unterlaufes von Euphrat und Tigris, die früher, da der Persische Golf noch tiefer nach Mesopotamien hineinreichte, beide ein eigenes Mündungsbett besaßen.

Mit der voranschreitenden Ausweitung des geographischen Horizontes im Zuge des politischen Aufstiegs, der Intensivierung und dem Ausbau der Handelsbeziehungen während der Königszeit sowie nicht zuletzt auch durch die Nachbarschaft zu den Phöniziern gewannen die ersten, noch vagen länderkundlichen Vorstellungen immer mehr an Profil und wuchsen mit der zunehmenden Fülle der neuen Erfahrungen allmählich zu den Umrissen eines exakteren Erdbildes zusammen, das nahezu die gesamte Mittelmeerwelt umspannte: Im Süden durch Nubien und Südarabien, im Osten durch Elam begrenzt, erstreckte es sich nach Westen zu über Ägypten, Libyen und das spätere Punien auf der einen, sowie Zypern, Kreta, Rhodos, die Ägäischen Inseln und den Peloponnes auf der anderen Seite bis hin zum fernen Tartessos in Spanien und erreichte im Norden die anatolische Schwarzmeerküste, im Nordosten den Herrschaftsbereich der Meder. Vor allem über den kleinasiatischen Raum scheint man – wohl durch babylonisch-assyrische Vermittlung – gut informiert gewesen zu sein und näheren Einblick in die ethnischen Zusammenhänge besessen zu haben, da man hier gleich eine ganze Reihe von Völkern namentlich kannte: so u. a. die Kimmerier (*gōmer*, assyr. *gimirraia*), die späteren Moscher (*mešek*, assyr. *mušku*) und Tibarener (*tubāl*, assyr. *tabal*), die Phryger bzw. «Skythen» ('*aškenaz*, assyr. *aškūza/isgūza*) und die ionischen Griechen (*jāwān*, assyr. *iawāni/iamāni*, altpers. *yāunā*).

Von entscheidender Bedeutung aber für die Geschichte der ethnologischen Theoriebildung erscheint nun, daß man – erstmals, soweit sich sehen läßt – von diesen neuerworbenen Voraussetzungen aus den wahrhaft groß angelegten Versuch unternahm, die Völker der Erde sowohl ihrem *physischen Äußeren* als auch ihrer *Herkunft* bzw. *ethnischen Zugehörigkeit* und *Verbreitung* nach in einheitliche Gruppen zu gliedern, um so eine systematische Erklärung für die beobachteten Unterschiedlichkeiten zu gewinnen. Man ging dabei, was interessant für das Verständnis des Ganzen ist, von dem seit alters aus der Familien- und Stammestradition her geläufigen und noch heute im Geschichtsdenken vieler Naturvölker fest verankerten Prinzip der genealogischen Abstammungsfolge aus, indem man die einzelnen Völker jeweils als Nachkommenschaften verschiedener Repräsentanten eines einzigen menschlichen Urgeschlechtes zu bestimmen suchte. Einen allgemeinen Überblick über den Gesamtverlauf der Entwicklung bietet bekanntlich die sog. «Völkertafel» im 10. Kapitel der Genesis, der sich an mehreren anderen Stellen desselben Buches dann im besonderen noch die Stammesregister der Kainiten (4,17−22), Sethiten (5,3−32), Semiten (11,10−32), Nahoriten (22,21−24), Keturaiten (25,1−4), Ismaeliten (25,13−15), Esauiten bzw. Edomiten (36,1−5; 9−43) und Jakobiten bzw. Israeliten selbst (46,8−25) anschließen.

Nach biblischer Darstellung zerfällt die Geschichte der Menschheit in zwei große Phasen: eine vorsintflutliche und eine nachsintflutliche Epoche. Von den beiden − noch unmittelbar von Adam und Eva abstammenden − Geschlechtern der ersteren jedoch, den Kainiten und Sethiten, vermochte sich allein Noah aus dem Hause Seth mitsamt seinem Anhang über die Flutkatastrophe hinüberzuretten, so daß der genealogische Aufgliederungsprozeß, der zur Herausbildung der Jetztzeitvölker führte, im Grunde erst mit ihm und seinen Nachfahren einsetzte, unter denen seine drei Söhne Sem, Japhet und Ham denn auch als die eigentlichen Stammväter der Menschheit gelten.

Von Sem nun, dem *ältesten* der Brüder, werden u. a. − es genügt zum Verständnis des Ganzen, nur einige der Hauptentwicklungslinien herauszustreichen − die Elamiter *(!ᶜêlām)*, Babylonier bzw. Nachfahren des Arpachsad *(ᵓarfakšad)*, Assyrer *(ᵓaššûr)* und Aramäer *(ᵓārām)*, also die Völker im weiteren Umkreis Mesopotamiens, abgeleitet, und unter diesen von Arpachsad − mithin den Semiten Babyloniens − dann über Selah, Eber, Peleg, Reu, Serug, Nahor, Tharah, Abram/Abraham, Isaak und Jakob *(Israel)* die Israeliten selbst. Auf Japhet, den *zweitältesten* Sohn des Noah, sollen u. a. die Kimmerier *(gōmer)* und mit diesen auch die Phryger *(ᵓaškenaz)* als eines ihrer Nachfolgegeschlechter, ferner die Skythen *(māgog)*, Meder *(mādai)*, Tibarener *(tubāl)*, Moscher *(mešek)*, die tyrsenische Bevölkerung der ägäischen Inselwelt und die Ionier *(jāwān)* samt ihren Nachkommen, den Einwohnern von Zypern, Rhodos, des Peloponnes und des spanischen Tartessos, zurückgehen. Hier handelt es sich also um Völker des nördlichen und nordwestlichen Raumes der Ökumene. Von Ham endlich, dem *jüngsten* der drei Brüder, läßt das Geschlechterregister der Genesis die Kuschiten *(kûš)*, die Ägypter *(miṣrajjîm)*, Kanaanäer *(kenaʿan)* und Libyer *(pûṭ)*, von den Kuschiten dann wiederum die Sabäer *(sebâ')* und andere Gruppen Südarabiens und von den Ägyptern u. a. die Philister und Kreter *(kaftôr)* abstammen, also vor allem die Völker im Süden und Südwesten des Erdkreises.

Nach altisraelitischer Auffassung also erscheint ein Volk durch die Summe all derer umschrieben, die sich von *einem gemeinsamen Ahnen* ableiten und demzufolge auch nach seinem Namen benannt werden. Alle Menschen aber bilden zusammen, da sie sämtlich Abkömmlinge des Urpaares sind, eine geschlossene Völkerfamilie. Die Sonderstellung der eigenen Gruppe tritt nur insofern hervor, als Jahwe es war, der Adam und Eva erschuf, und die israelitsche Genealogie über Abraham, Tharah, Nahor, Serug, Reu, Peleg, Eber, Selah und Arpachsad auf Sem als den *ältesten* der Söhne Noahs zurückgeführt wurde.

Überblickt man die Aufstellung als Ganzes, so fällt auf, daß die Einteilung nur sehr unzureichend an der sprachlichen Differenzierung der Völker, einem der markantesten Merkmale ethnischer Zugehörigkeit, orientiert ist, obwohl man auch sie, wie sich bei Behandlung der Turmbaulegende noch zeigen wird, durchaus in die kulturgeschichtliche Spekulation miteinbezog. Im wesentlichen scheint man mehr von geographischen Gesichtspunkten ausgegangen zu sein, daneben aber auch stellenweise sogar historische Zusammenhänge berücksichtigt zu haben. So läßt sich die Auffassung etwa, welche die Kanaanäer zu Nachfahren der Ägypter erklärt, vermutlich darauf zurückführen, daß Kanaan vor der Einwanderung der Israeliten Jahrhunderte hindurch politisch und kulturell von Ägypten abhängig bzw. stark beeinflußt war, und ähnlich könnten die «Söhne» Javans als Handels- und Kolonisationsgebiete der Griechen verstanden werden: auf Zypern hatten bereits die Achäer feste Niederlassungen gegründet, deren Seeherrschaft dann unter dem Ansturm der Dorer zerbrach, die sie u. a. aus der Ägäis, Rhodos und dem Peloponnes verdrängten – und Tartessos bildete seit der Wende vom 7. zum 6. Jahrhundert v. Chr. einen wichtigen Außenposten des griechisch-ionischen Handels.

Darüber hinaus aber ließ man sich, wie außerbiblische Traditionen lehren, bei der Gliederung der Völkerwelt nicht zuletzt offenbar auch von rassischen Kriterien leiten. So heißt es in einer Parallelversion zu 1. Mose 9,18–19:

«Der Herr segnete Noah und seine Söhne durch seine Gaben. Er segnete den Sem, des Kinder sind schwarz, aber lieblich, und verlieh ihnen das ganze [!] bewohnte Land. Er segnete Ham, des Kinder sind schwarz wie die Raben, und verlieh ihnen das Ufer des Meeres. Er segnete Japhet, des Kinder sind weiß und schön, und verlieh ihnen die Wüsten und Felder» [1].

Und wie treffend man in der Tat anthropologische Merkmale zu erfassen vermochte, erhellt noch deutlicher aus einer anderen Überlieferung, die sich auf die Erzählung 1. Mose 9,20–27 bezieht und – zugleich unter Beigabe eines erklärenden, naiv moralisierenden Aitions – ein äußerst plastisches Bild von der äußeren Erscheinung Hams und seiner Nachkommen entwirft:

«Dafür, daß Ham mit seinen Augen die Blöße seines Vaters geschaut hatte, wurden seine Augen rot, dafür, daß er mit seinen Lippen darüber gesprochen hatte, wurden seine Lippen schief, dafür, daß er sein Angesicht nicht abgewandt hatte, wurden die Haare seines Kopfes und seines Bartes wie versengt; dafür, daß er seines Vaters Blöße nicht zugedeckt hatte, sollte er selber nackend herumgehen mit bloßer Scham; denn dies ist des Herrn Gesetz: Maß für Maß» [2].

Hiernach verstand man also unter den Hamiten vor allem auch die negriden Bevölkerungen Nordostafrikas; ob schon von Anfang an, muß allerdings ungewiß bleiben.

Endlich scheint die Dreiteilung der Völkerwelt in die Japhetiten im Norden, die Hamiten im Süden und die Semiten im dazwischenliegenden Zentralbereich aber auch an den unterschiedlichen Klimaverhältnissen der einzelnen Räume orientiert zu sein und so eine – freilich noch vage und erst in Umrissen konzipierte – Vorform der späteren griechischen, namentlich von Hippokrates entwickelten Gliederung der Erde in bestimmte, im wesentlichen aber drei ihrem Klima nach differenzierte Zonen darzustellen, nämlich eine nördliche, kalte und feuchte, eine südliche, heiße und trockene und eine mittlere, gemäßigte Region.

Ein Zeugnis dafür, daß man sich indessen auch Gedanken über die sprachliche Sonderung der Völker gemacht hat und versuchte, sie auf

1 Bin Gorion, 168.
2 Bin Gorion, 162.

irgendeine Weise zu begründen, liefert die Legende vom Turmbau zu Babel (1. Mose 11,1−9), in der zugleich eine Erklärung für das Auseinandersiedeln der ersten Geschlechter und ihre Ausbreitung über die Erde enthalten ist: Als Abkömmlinge ein und desselben Stammelternpaares hatten die Menschen, wie die Erzählung berichtet, noch «*eine* Sprache und *einerlei* Worte». Um ihre Geschlossenheit zu wahren, faßten sie, auf ihrer Wanderung nach Mesopotamien gelangt, den Entschluß, sich ein festes Zentrum zu schaffen und eine Stadt mit einem Turme zu bauen, dessen Spitze bis an den Himmel hinanreichen sollte. Jahwe aber, der ihrem Treiben mit Mißtrauen folgte und Argwohn hegte, daß der Erfolg ihres Vorhabens die Menschen nur zu Vermessenheit und Frevelmut herausfordern werde, fuhr herab aus der Höhe, verwirrte ihre Sprache und zerstreute sie über alle Länder hin. − Beides also, die sprachliche Differenzierung wie die räumliche Verteilung der Völker, vermochte man sich noch nicht anders als mit Hilfe einer ätiologischen Motivierung rein mythologischer Natur zu erklären! Immerhin wird jedoch auch hieraus wieder ersichtlich, daß man überhaupt ein Interesse für historische Ursprungsfragen besaß.

Eine weitere, deutliche Bestätigung dieses Eindrucks vermittelt nicht zuletzt auch eine Reihe von Angaben zur Entstehung und Entwicklung der Kultur, die zu erkennen geben, daß man sich auch in diesem Punkte eine feste, wenngleich noch stark in der mythischen Vorstellungswelt verankerte Ansicht gebildet hatte. Bezeichnend genug für die Wirklichkeitsferne der biblischen Urgeschichte ist ja allein schon die Annahme, daß Gott die Vegetation vor der Sonne erschuf[3], deren Licht und belebende Wärme doch, wie eine eingehendere Naturbetrachtung leicht hätte lehren können, zur Entfaltung der Wachstumskräfte ganz unerläßlich sind!

Der Paradieseserzählung zufolge lebten Adam und Eva zunächst *als Sammler* und ernährten sich allein von den Früchten, die ihnen der Garten in verschwenderischer Fülle zum Genusse darbot. Ursprünglich *nackt gehend*, trugen sie, durch den Sündenfall ihrer Blöße bewußt geworden, als erste Bekleidung *Feigenblattschurze*. Nach der Vertreibung aus dem Paradies wechselten sie dann zur *Felltracht* über, d. h.: sie machten sich nun mit der *Jagd* oder gar *Viehzucht* vertraut. Bestimmter wird jedoch ausgesprochen, daß sie jetzt auch den *Feldbau* in Angriff nahmen,

3 1. Mose 1,11−18.

der in der Folge von Kain – also dem ältesten ihrer Söhne! – übernommen
und weiterbetrieben wurde, während Abel sein Leben, wie es heißt, als
«Schafhirt» fristete. Wenn die Überlieferung in diesem Zusammenhang
nun hervorhebt, daß Gott allein auf das Opfer des letzteren mit Wohlge-
fallen herabsah, so muß darin nicht unbedingt, wie man häufig zu glauben geneigt war, eine Spitze wider Kain als Vertreter des Bauerntumes
enthalten sein; denn ganz ungeachtet der Tatsache, daß er schon als der
älteste Sproß Adams und Evas ausgezeichnet erscheint, lassen spätere
Erzählungsmomente doch deutlich den Eindruck entstehen, daß man
dem Bodenbau durchaus nicht ablehnend gegenüberstand, ja ihm sogar
innerhalb der eigenen Wirtschaftsgeschichte eine Vorzugsstellung einräumte: «Isaak», wird z. B. berichtet, «säete in jenem Lande [Gerar] und
erntete in jenem Jahre hundertfältig»[4], und unter den Gütern, die er in
seinem Segensspruche (irrtümlich) für Jakob – also die Israeliten überhaupt – von Jahwe erbat, sind als erste ein ertragreicher Boden, frucht-
bringende Niederschläge und Überfluß an Getreide und Wein genannt.
Jakob aber, entnehmen wir einer anderen Stelle, die zugleich den interes-
santen Versuch enthält, Angehörige zweier verschiedener Kulturstufen
ihrer Wesensart nach voneinander abzuheben, führte ein seßhaftes Dasein und war von friedfertiger Sanftmut erfüllt, während sein Bruder
Esau, den er mit List um den Segen des Vaters betrogen hatte, unstet als
Jäger die Steppe durchschweifte und einen ebenso rauhen und ungezü-
gelten wie arglosen Charakter besaß. Als ausgesprochene *Hirtennoma-
den* erscheinen nach Abel dann eigentlich erst die Nachfahren des Kainiten und Lamech-Sohnes Jabal, der, wie es heißt, «der Stammvater der
Zeltbewohner und Viehzüchter wurde». Sonst finden sich an weiteren
Fortschritten in der Entwicklung der Kultur im besonderen nur mehr die
Einführung der Musik und *Metallurgie* erwähnt; erstere führt die Tradition auf Jubal, einen Bruder des Jabal, und letztere auf beider Halbbruder
Thubalkain zurück: «den Stammvater aller derer, die Erz und Eisen bearbeiten»[5].

Sind es im Grund also auch nur einige wenige, zudem ihrem Inhalte
wie ihrer historischen Bedeutung nach kaum näher bestimmte, allgemein gehaltene Angaben, die uns hier, mehr beiläufig in die Erzählung
eingestreut, gemacht werden, so reichen sie doch immerhin aus, zumin-

4 1. Mose 26,12.
5 1. Mose 4,19–22.

dest in Umrissen zu erkennen, wie sich die urgeschichtliche Entwicklung nach altisraelitischer Auffassung vollzog. Es scheint, daß man im
wesentlichen *drei* große Etappen unterschied:

1. In der ältesten Zeit lebten die Menschen als Sammler und ernährten sich rein vegetarisch; anfangs noch nackt gehend, trugen sie später,
als erste Umhüllung, aus Blättern geflochtene Schurze.

2. Nach der Vertreibung aus dem Paradies gingen sie dann zu Jagd,
Viehzucht und Bodenbau über, wobei jedoch im einzelnen unklar bleibt,
ob diese neueren Produktionsweisen entwicklungsgeschichtlich aufein-
anderfolgten oder gleichzeitig Aufnahme fanden; die Ernährung wurde
nunmehr durch Fleischkost ergänzt, und an die Stelle der vegetabilischen Tracht trat die Fellbekleidung.

3. Mit der zuletzt erzielten Herausbildung der handwerklichen und
künstlerischen Fertigkeiten endlich glaubte man die Entwicklung zur
Hauptsache abgeschlossen: die wichtigsten Voraussetzungen für die Lebensführung der altorientalischen Völker waren geschaffen!

Interessanterweise geht die Gliederung also von rein wirtschaftlichen
Gesichtspunkten aus, ein Prinzip, das auch, wie sich im weiteren Verlaufe der Darstellung zeigen wird, die Urgeschichtstheorien der Griechen und Römer bestimmte, ja selbst in der neuzeitlichen Ethnologie bis
in die Gegenwart hinein seine Gültigkeit zu behaupten vermochte. Alle
grundlegenden Entdeckungen werden bereits in der vorsintflutlichen
Epoche angesetzt und neben Gott auf einzelne Stammesheroen zurückgeführt, deren nahe Verwandtschaft mit den älteren mythischen Heils-
bringergestalten, wie sie uns aus der Glaubenswelt der Naturvölker so
gut vertraut sind, noch deutlich genug hervortritt. Besondere
Beachtung aber verdient, daß man die Entwicklung im *evolutionisti-
schen* Sinne zu deuten versuchte! Im übrigen ist anzunehmen, daß man
sich bei der Aufstellung sicherlich nicht zuletzt auch von konkreten ethnographischen Beobachtungen oder Berichten leiten ließ: einfacher organisierte und weniger ausgestattete Gruppen konnten, wie das ja noch
bis ins 20. Jahrhundert hinein in der modernen Völkerkunde geschah,
leicht als zurückgeblieben und somit Vertreter älterer oder ältester Kulturstufen aufgefaßt werden.

Endlich gilt es die Aufmerksamkeit noch auf einen besonderen Zug
des israelitischen Urgeschichtsbildes zu lenken, der schon insofern bedeutsam erscheint, als er später im Gedankengut zahlreicher Dichter
und Philosophen der Antike wiederkehrt, um dann im 18. Jahrhundert,
namentlich bei Rousseau, auch in die kulturhistorische Spekulation der

Neuzeit Eingang zu finden: die Anschauung nämlich, daß die Menschen der Urzeit bei aller Dürftigkeit ein paradiesisches, gottnahes Leben führten und erst, als sie sich versündigt und mit ihrer Unschuld auch die göttliche Fürsorge eingebüßt hatten, gezwungen waren, selbst für ihren Unterhalt aufzukommen, so daß man die Entwicklung, die damit begann, als Strafgericht und Summe aller Mühsal empfand. Jahwe flucht dem gefallenen Menschen: «So soll nun der Acker verflucht sein um deinetwillen; unter Mühsal sollst du dich von ihm nähren dein Leben lang. Dornen und Gestrüpp soll er dir tragen, und du sollst das Kraut des Feldes essen. Im Schweiße deines Angesichtes sollst du dein Brot essen, bis du zum Erdboden zurückkehrst, dem du entnommen bist»[6].

Zum Abschluß sei noch einmal hervorgehoben, daß die Israeliten also, soweit sich jedenfalls sehen läßt, als erste den bedeutungsschweren Versuch unternahmen, *alle* Völker der Erde ihrer Verbreitung, ethnischen Zugehörigkeit und Physis nach in geschlossene Gruppen zu gliedern und in einen einheitlichen, entwicklungsgeschichtlichen Zusammenhang zu stellen.

4. Die Phönizier

Der Traditionalismus, der die ethnologische Anschauung der altvorderasiatischen Hochkulturvölker in so starkem Maße beherrschte, konnte, wie soeben am Beispiel der Israeliten zu sehen war, entscheidend allein durch eine zügige Ausweitung des geographisch-ethnographischen Gesichtskreises gebrochen und überwunden werden, in deren Zuge sich die Betrachtung vor eine wachsende Anzahl neuer, fremdartiger Phänomene gestellt und zur Auseinandersetzung herausgefordert sah.

Noch ehe die Phönizier zu ihren großartigen Handels- und Entdeckungsreisen ansetzten, deren Gewinne für die länder- und völkerkundliche Erkenntnis dann bei der Herausbildung des entwickelteren ethnologischen Vorstellungssystems ihrer israelitischen Nachbarn ihre ersten Früchte trugen, war den minoischen Kretern (und ihren ägäischen Vasallen) in nur wenig geringerem Umfang bereits Ähnliches gelungen: Etwa

6 1. Mose 3,17–19.

seit dem frühen 2. Jahrtausend v. Chr. schon im Besitze einer bedeuten-
den Flotte, hatten sie es vermocht, die ägäische Inselwelt unter ihre politische Botmäßigkeit zu zwingen und eine blühende Handelstätigkeit zu
entfalten, die – neben Beziehungen zu Ägypten, den phönizischen Küstenstädten und Zypern – vor allem die Küstenbereiche des zentralen und
westlichen Mittelmeerraumes erfaßte und u. a. über feste Stützpunkte
auf Sardinien, den Balearen, in Massalia (lat. Massilia, heute Marseille)
und in Südspanien verfügte.

Um die nämliche Zeit jedoch rückten die Achäer von Norden her in
Griechenland ein, setzten sich im Osten, vor allem aber auf dem Peloponnes fest und begannen nun, den minoischen Einfluß allmählich von den
Küsten über die Inseln zurückzudrängen, bis sie endlich, gegen 1400
v. Chr., stark genug waren, Kreta selbst zu erobern. Die Erfahrungen
und Kenntnisse ihrer seetüchtigen Vasallen nutzend, gelang es ihnen,
deren Seeherrschaft zu übernehmen und nicht nur ihrem vollen Umfang
nach zu behaupten, sondern nach Osten zu sogar noch um einiges auszubauen: Sie brachten Zypern in ihre Hand und verschafften sich so eine
entscheidende Ausgangsbasis für intensivere Handelskontakte mit dem
hethitischen Kleinasien, den syrisch-phönizischen Küstenstädten und
Ägypten. Nach kaum dreihundertjähriger Blütezeit jedoch fand ihre
Herrschaft unter den Erschütterungen, welche die Völkerbewegungen
um 1200 v. Chr. im gesamten Ostteil des Mittelmeerraumes auslösten
und nicht zuletzt auch den Untergang des Hethiterreiches herbeiführten,
ein jähes Ende. Ihre Stammsitze in Griechenland gingen an die Dorer
verloren, die nun ihrerseits, auf den Spuren der Achäer, über die Ägäis
nach Kreta vorstießen.

Man wird sicherlich voraussetzen dürfen, daß die Erfahrungen und
Beobachtungen, welche die ägäisch-kretischen und später achäischen
Seefahrer und Kaufleute auf ihren Reisen gesammelt hatten, bereits wesentlich zur Korrektur und vor allem Erweiterung des geographischen
Weltbildes, zumindest bei den Arrivierten der damaligen Zeit, beitrugen; einen entscheidenden, sichtbaren Wandel in den Auffassungen leiteten jedoch offenbar erst die Unternehmungen der Phönizier ein, deren
Expeditionen nun schon ein größeres, kühneres Ausmaß erreichten und
denen wir, was für die Geschichte der länderkundlichen wie völkerkundlichen Berichterstattung besonders wichtig erscheint, vermutlich auch
die ersten regelrechten Schiffstagebücher verdanken, Vorläufer der
späteren ionischen Periploi (περίπλοι, sing. Periplous, περίπλους,
«Umschiffung»), in denen alle für beachtenswert angesehenen Wahrneh-

Abb. 6 Phönizische Handelsniederlassungen im Mittelmeerraum

mungen während der Reise gewissenhaft aufgezeichnet und so einer wissenschaftlichen Auswertung zugänglich und nutzbar gemacht wurden.

Die Phönizier fuhren bereits im 2. Jahrtausend v. Chr. zur See, waren
jedoch durch die kretische und achäische Seeherrschaft im wesentlichen
zunächst auf die ostmediterranen Küstengewässer und den Verkehr mit
Ägypten eingeengt. Als dann die Vormachtstellung der Achäer zerbrach,
sahen sie, nunmehr ohne nennenswerte Konkurrenz, ihre Chance gekommen und vermochten in der Tat binnen kurzem den Überseehandel
des gesamten Mittelmeerraumes nahezu ausschließlich unter ihre Kontrolle zu bringen. Auf ein weitangelegtes System von Niederlassungen,
Kolonien und Faktoreien gestützt, die sie etwa seit 1100 v. Chr. in rascher
Folge u. a. in Ägypten, auf Zypern, Rhodos und anderen Inseln der Ägäis
(z. B. Thasos, Kythera, Melos, Thera), weiter auf Kreta, Sizilien, Malta,
Sardinien, Korsika, den Balearen, dann an der nordafrikanischen Küste
– so Utika, Karthago, Leptis Magna, Hippo, Hadrumetum und, jenseits
der Straße von Gibraltar, Tingis (Tanger) und Lixos – sowie in Südspanien gegründet hatten, wo namentlich Cadiz und Tartessos, letzteres vermutlich an der Mündung des Guadalquivir in der Gegend von Asta Regia
gelegen, Bedeutung erlangten (s. Abb. 6), vermittelten sie den Warenaustausch von Britannien und Nordwesteuropa über die Mittelmeerlän-

der bis nach Südarabien und die ostafrikanische Küste, ja vielleicht sogar
Indien hin, oder wo immer man das Goldland Ophir suchen will, mit dem
Seeleute König Hirams I. von Tyros (ca. 969–936 v. Chr.) nach Aus-
kunft des Alten Testamentes für Salomon Handel trieben.

Von dem weltumspannenden Umfang und der Intensität dieser Handelsbeziehungen sowie dem Reichtum der phönizischen Städte vermag
man noch heute einen lebendigen Eindruck aus Schilderungen der israelitischen Propheten zu gewinnen, welche die Prachtentfaltung der Phönizier gerne als warnendes Beispiel einer allzu diesseitsgerichteten Einstellung und sträflicher Vermessenheit beschworen, die unausweichlich
zum Untergang führen müsse. So heißt es bei Hesekiel etwa, der dieser
Überzeugung wohl die stärksten Worte geliehen hat, zur Charakterisierung von Tyros (27,1–25):

«Und es erging das Wort Jahwes an mich folgendermaßen: Du aber, o Menschen-
sohn, stimme über Tyros ein Klagelied an und sprich zu Tyros: Die da wohnt an
den Zugängen des Meeres, die mit den Völkern handelt nach vielen Küsten hin:
So spricht der Herr Jahwe: Ja, Tyros, du dachtest: Ich bin die vollendete Schönheit! Mitten im Meere ist dein Gebiet; deine Erbauer haben dich wunderschön
gemacht. Aus Zypressen vom Senir [Hermon] bauten sie alle deine Planken;
Zedern vom Libanon nahmen sie, um den Mast auf dir anzufertigen. Aus Eichen
von Basan [nordöstlich des Tiberias-Sees] machten sie deine Ruder; dein Verdeck
machten sie aus Buchsbaumholz von den Inseln der Kittiter [Zypern] mit Elfenbein ausgelegt. Byssus mit Buntstickerei aus Ägypten war der Stoff, den du aus-
breitetest, daß er dir als Wimpel diene; blauer und roter Purpur von den Küsten
Elisas [Peloponnes] war deine Decke. Die Bewohner von Sidon und Arvad [phö-
niz. Städte] dienten dir als Ruderer; deine Kundigsten, o Tyros, die sich in dir
befanden, waren deine Steuerleute. Die Vornehmsten von Gebal [phöniz. Stadt]
und seine Kundigen waren es, die das Leck in dir ausbesserten; alle Seeschiffe
samt ihren Matrosen waren bei dir, um deinen Handel zu betreiben. Paras und
Lud und Put waren in deinem Heere als deine Krieger; Schild und Helm hingen
sie in dir auf, sie verliehen dir Glanz. Arvaditer (und dein Heer?) waren an deinen
Mauern ringsum und (tapfere Krieger?) waren auf deinen Türmen. Ihre Schilde
hingen sie rings an deinen Mauern auf; sie machten deine Schönheit vollkommen. Tarsis [Tartessos] handelte mit dir wegen der Menge von allerlei Gütern.
Silber, Eisen, Zinn und Blei brachten sie auf deinen Markt. Javan [Ionier], Thubal
und Mesech (Tibarener und Moscher, Nordostanatolien], die trieben Handel mit
dir; Sklaven und eherne Geräte lieferten sie dir als Ware. Die vom Haus Tho-
garma [Südarmenien] brachten Gespanne und Reitpferde und Maultiere auf deinen Markt. Die Dedaniter [Arabien] trieben Handel mit dir. Viele Küsten waren
dir als Handelsgebiet unterworfen; Elfenbeinhörner und Ebenholz entrichteten
sie dir als Tribut. Aram handelte mit dir wegen der Menge deiner Erzeugnisse;

karfunkelroten Purpur, Buntstickerei, Byssus, Korallen und Jaspis brachten sie auf deinen Markt. Juda und das Haus Israel trieben Handel mit dir. Weizen von Minnith [Ostjordanland] und (Balsam? Wachs?) und Honig und Öl und Mastix lieferten sie dir als Ware. Damaskus handelte mit dir um die Menge deiner Erzeugnisse, wegen der Menge von allerlei Gütern, mit Wein von Helbon und Wolle von Zachar. (Dan und Javan?) von Usal [Arabien] brachten sie auf deinen Markt; kunstvoll bearbeitetes Eisen, Kassia und Kalmus lieferte man dir als Waren. Dedan trieb Handel mit dir in Satteldecken zum Reiten. Arabien und alle Fürsten von Kedar, sie waren als Händler mit Lämmern und Widdern und Böcken unter deiner Botmäßigkeit: darin handelten sie mit dir. Die Händler von Saba und Raema [Südarabien] trieben Handel mit dir. Die beste Sorte von Balsam sowie allerlei Edelsteine und Gold brachten sie auf deinen Markt. Haran [nordsyr. Stadt] und Kanne und Eden, die Händler von Seba, Assur, Kilmad trieben Handel mit dir. Sie handelten mit dir in Prachtgewändern, in Mänteln von blauem Purpur und Buntstickerei und (mit buntgewebten Decken?) und in gewickelten und festgedrehten Schnüren auf deinem Markte. Tarsisschiffe (trugen?) deine Waren; und du wurdest voll gefüllt und überreich inmitten des Meeres».

Die Ursache für die unerhört rasche und weitausgreifende Expansion des phönizischen Handels, von dessen Vielfalt und Reichtum uns der Text noch einen so malerischen Eindruck vermittelt, mag zwar zur Hauptsache, aber sicherlich nicht allein im Zusammenbruch der achäischen Seeherrschaft zu suchen sein. Man wird etwa annehmen dürfen, daß die Phönizier daneben auch Nutzen aus den Erfahrungen der sog. Seevölker zogen, Gruppen der mittelmeerischen, den Achäern teilweise botmäßigen Seefahrerpopulationen, die, durch die ethnischen Umwälzungen um 1200 v. Chr. in Bewegung geraten, einen Angriff auf Ägypten unternommen und sich, von Ramses III. (1184–1153 v. Chr.) bei Pelusium entscheidend geschlagen, nach Palästina und Syrien zurückgezogen hatten und – so z. B. die Peleset (Philister) – dort ansässig geworden waren. Auch wissen wir, daß es die Phönizier verstanden hatten, sich die astronomischen Erkenntnisse der Babylonier zunutze zu machen, d. h. ihre Navigation an den Sternen zu orientieren, wodurch sie in der Lage waren, sich von den Küsten zu lösen, bei Nacht zu segeln und vor allem auch ausgedehntere Unternehmungen in noch unbekannte Gewässer zu wagen.

Eine revolutionäre und zugleich ihre kühnste Leistung in dieser Hinsicht gelang ihnen mit der Umschiffung des afrikanischen Kontinents. Laut Herodot, der uns von dem denkwürdigen Ereignis berichtet, wurde die Expedition auf Initiative des ägyptischen Königs Necho (609–593 v. Chr.) hin unternommen:

Der Pharao, so erfahren wir, schickte nämlich «Phoiniker mit einer Flotte aus und gab ihnen den Auftrag, den Rückweg durch die Säulen des Herakles [= die Straße von Gibraltar] zu nehmen und also durch das Mittelländische Meer nach Ägypten zurückzukehren. So fuhren denn die Phoiniker durch das Rote Meer nach Süden fort. Als der Herbst kam, gingen sie ans Land, bebauten das Feld, an welcher Stelle Libyens sie sich nun gerade befanden, und warteten die Ernte ab. Hatten sie geerntet, so fuhren sie weiter. So trieben sie es zwei Jahre lang, und im dritten Jahre bogen sie bei den Säulen des Herakles ins nördliche Meer ein und gelangten nach Ägypten. Sie erzählten – was ich aber nicht glaube, vielleicht erscheint es anderen eher glaublich –, daß sie während der Umschiffung die Sonne auf einmal zur Rechten [!] gehabt hätten. So wurde zum ersten Male bewiesen, daß Libyen ganz vom Meere umgeben ist» (Herodot IV 42–43).

Mag uns auch heute diese – allein schon ihrer Konzeption nach großartige – Pionierfahrt nahezu unvorstellbar erscheinen, so besteht doch im Grunde kaum Anlaß, in Zweifel zu ziehen, daß sie wie angegeben geschah und glückte. Ob sie indessen auch den ethnographischen Gesichtskreis in irgendeiner Weise erweiterte, läßt sich nicht mehr erkennen.

Anders jedoch im Falle einer zweiten, ähnlich kühnen Expedition, die der Karthager (bzw. griech. Karchedonier) Hanno rund 100 Jahre später (um 520 v. Chr.) in entgegengesetzter Richtung unternahm und von der uns nun erstmals – wenngleich nur in griechischer Abschrift – ein regelrechter Reisebericht erhalten ist, der zwar nicht eben viele, aber für die Art der Betrachtung doch recht charakteristische völkerkundliche Beobachtungen wiedergibt.

Hanno, der uns als König und Feldherr vorgestellt wird, hatte nach Kap. 1 des Periplous von den Karthagern den Auftrag empfangen, durch die Straße von Gibraltar hindurch- und die westafrikanische Küste entlangzusegeln, um dort Kolonien zu gründen und, wie es scheint, schon bestehende zu verstärken; er rüstete zu diesem Zwecke eine Flotte von 60 Fünfzigruderern aus und führte angeblich ganze 30000 Menschen mit, Männer wie Frauen. Die Gegenden, die man während der ersten Tage der Reise jenseits der Säulen des Herakles berührte, waren den Phöniziern offensichtlich noch gut vertraut; außer einigen dürftigen Hinweisen zur Küstengliederung, Fauna und Flora finden sich in dem Berichte hierzu eigentlich nur die Namen der Niederlassungen und Heiligtümer aufgezählt, die man von Tag zu Tag angelegt hatte (Kap. 2–5). Erst als die Flotte die Küstenniederung südlich des Hohen Atlas, und damit wohl weniger bekannte Landstriche, erreichte, werden auch ethnographische Beobachtungen in die Darstellung aufgenommen:

«Wir gelangten», heißt es im Text, «an einen großen, aus dem Inneren Libyens
heranfließenden Strom namens Lixias [der heutige Draa]. An seinen Ufern
weideten die Lixiaten, ein nomadisches Volk (νομάδες ἄνθρωποι) ihr Vieh
(βοσκήματ'). Wir verweilten für einige Zeit bei ihnen, gewannen sie zu Freunden
und brachten dem Gotte Ammon Opfer dar. – Jenseits der Lixiaten hausten die
Äthiopen, ungastliche (ἄξενοι) Menschen, deren Land reich an wilden Tieren ist
und von hohen Bergen durchzogen wird, in denen der Lixias entspringen soll. Sie,
und namentlich die ‹Ammonier› genannten unter ihnen, verehren den Ammon,
der bei ihnen die Bezeichnung ‹Ammacha› trägt. Rings in den Bergen sollen auch
Troglodyten [= «Höhlenbewohner»] leben, die angeblich von fremdartigem Körperbau (ἀλλοιομόρφους) sind und rascher als Pferde zu laufen vermögen» (Kap.
6–7).

So knapp der Exkurs auch gehalten ist, vermittelt er doch immerhin
einen Eindruck davon, worauf es den Phöniziern bei der ethnographischen Berichterstattung offenbar im wesentlichen ankam: Als Handels-
volk waren sie vor allem natürlich daran interessiert, freundschaftliche
Beziehungen aufzunehmen; es erschien daher wichtig festzuhalten, ob
die Bevölkerung, der sie begegneten, hierzu Bereitschaft zeigte oder ihnen feindlich – bzw. «ungastlich» – gegenübertrat. Darüber hinaus galt
die Aufmerksamkeit, mehr als dem sonstigen Kulturbesitz, auffallenden
Besonderheiten, mit deren Schilderung man nicht zuletzt auch daheim,
wie man sicher sein durfte, das Publikum auf das wirksamste zu faszinieren vermochte.

Drei Tagereisen südlich der Lixias-Mündung wurde dann mit Kerne,
auf einer Insel, die den Angaben zufolge vermutlich in der Bucht zu suchen ist, in der sich der heutige Saguia el Hamra ins Meer ergießt, die
letzte Kolonie gegründet, und es begann nunmehr die eigentliche Entdeckungsfahrt (Kap. 9–18). Das Land, bemerkt der Bericht, «war überall
von Äthiopen bewohnt, die» – wie auch hier wieder eigens notiert wird –
«vor uns flohen und jeden Kontakt mit uns zu vermeiden suchten» (Kap.
11). Kap Verde umrundend, segelten die Phönizier so die Küste von
Oberguinea entlang, des Nachts von dem erschreckenden Schauspiel gewaltiger Gras- und Waldbrände und ununterbrochenen Flöten- (αὐλῶν),
Becken- (κυμβάλων) und Trommelklängen (τυμπάνων) in Atem gehalten, und gelangten schließlich an einen himmelhoch aufragenden,
feuerspeienden Berg namens «Götterwagen» (Θεῶν Ὄχημα), den
Monte Sagres-Kakulima an der Sierra Leone oder, wie andere meinen,
gar den Kamerunberg bei Duala (Kap. 12–16). Drei Tagereisen nach
Passieren des Vulkanes endlich erreichten sie dann eine weite Bucht, wo

sie noch ein besonderes, in der Folge vieldiskutiertes Erlebnis erwarten
sollte, mit dem die Expedition ihren Abschluß fand:

In der Tiefe dieser Bucht, so heißt es, lag eine Insel mit einem See darauf, in dem
sich abermals eine Insel befand, – «voll von wilden Menschen (μεστὴ ἀνϑρώπων
ἀγρίων) mit dichter Körperbehaarung (δασεῖαι τοῖς σώμασι) und der Mehrzahl
nach Frauen. Unsere Dolmetscher nannten sie ‹Gorillen› (Γορίλλας). Wir verfolgten sie, konnten jedoch keinen der Männer, die sich als äußerst geübt im
Klettern erwiesen und durch Steinwürfe verteidigten, einfangen, so daß alle ent-
kamen. Indessen gelang es uns aber, dreier Frauen habhaft zu werden. Sie setzten
sich jedoch unseren Leuten, die sie mitzuschleppen versuchten, durch Beißen und
Kratzen derart zur Wehr, daß wir sie töteten und abbalgten, um wenigstens ihre
Häute nach Karthago heimzuführen, zumal wir unsere Reise nicht weiter fortzusetzen vermochten, da unsere Vorräte zur Neige gingen» (Kap. 17–18).

Es ist vielfach vermutet worden, daß man die «wilden Menschen» dieser
Schilderung wohl als Anthropoïden, wie sie noch heute in den Küsten-
wäldern der Sierra Leone und Westliberiens heimisch sind, aufzufassen
habe, und auch Savage, der den Gorilla im Jahre 1847 am Gabun entdeckte, gab ihm ja schon aus dem nämlichen Grunde den Namen. Allein,
dieser Annahme stehen doch recht schwerwiegende Bedenken gegenüber: Einmal hätten die Weibchen sowohl der Schimpansen wie der Go-
rillas, an die hier zu denken wäre, bei der Kraft, die sie besitzen, den
Phöniziern während des Handgemenges sicherlich sehr viel übler mitge-
spielt, als es offenbar der Fall war, nicht zu vergessen auch, daß sie ihren
Männchen im Klettern keineswegs unterlegen sind und, hätte es sich
tatsächlich um Menschenaffen gehandelt, von diesen zweifellos verteidigt worden wären. Ferner leben beide Gruppen bekanntlich in der Regel
nicht in größeren Herden, wie hier beschrieben, sondern Kleinfamilien
zusammen, und nicht zuletzt vermißt man auch weitere Hinweise auf
ihre besonderen Kennzeichen, etwa die Größe des Gorilla (bis zu 2 m!),
seinen charakteristischen Haarkamm oder beim Schimpansen das Laufen
auf allen vieren, Merkmale, die den Phöniziern doch bestimmt aufgefallen und in der Berichterstattung kaum unterschlagen worden wären. Es
dürfte sich daher wohl tatsächlich um Menschen gehandelt haben, und
zwar, wie vermutet wird, vielleicht um Pygmäen, da diese unter den afrikanischen Völkern als einzige mit den «Gorillen» des Periplous deren
hervorgehobene rassische Besonderheit, die dichte Körperbehaarung,
teilen. Jedenfalls vermochten die Phönizier auch hier nicht Fuß zu fassen
bzw. eine Verbindung, wie sie wohl wünschten, anzuknüpfen; und wieder ist festzustellen, daß bevorzugt in die Darstellung Aufnahme findet,

was von exotischem Reiz oder überhaupt als ungewöhnlich erscheint.
Immerhin gelangten auf diese Weise neben den – überwiegend – länderkundlichen auch einzelne der ethnographischen Beobachtungen in den
Bericht, der sich im übrigen bis in die Römerzeit hinein als Hauptquelle
für die Verhältnisse an der Westküste Afrikas allgemeiner Anerkennung
erfreute.

Eine zweite, nicht minder kühne Entdeckungsfahrt – und offenbar
gleichfalls auf Staatsbeschluß unternommen – führte karthagische Seeleute etwa zur selben Zeit (um 500 v. Chr.) unter Leitung eines Mannes
namens Himilko nach Norden zu um die Iberische Halbinsel herum und
an der Westküste Frankreichs entlang bis zu den Britischen Inseln – vermutlich in erster Linie, um nach einer Möglichkeit Ausschau zu halten,
den teuren Binnenlandhandel des britannischen Zinns über Frankreich
und Spanien auf dem Seewege zu umgehen. Leider sind uns jedoch von
dem Reisebericht dieser Expedition nur einige wenige, verderbte und zudem einer späteren, griechischen Bearbeitung entnommene Reste überliefert, und überdies noch in einer arg kompilatorischen Küstenbeschreibung Europas aus dem 4. nachchristlichen Jahrhundert, nämlich dem – in
iambischen Trimetern verfaßten! – geographischen Gedichte «Ora maritima» des heidnischen Römers Avienus (um 350 n. Chr.).

Daß diese, und mehr noch die zahllosen anderen, weniger aufwendigen Unternehmungen der Phönizier, entscheidend jedenfalls zur Aus-
formung des *geographischen* Weltbildes der Antike beitrugen, unterliegt, auch wenn sich der Gang der Entwicklung für uns noch im Dunkel
der Geschichte verliert, kaum einem Zweifel und erhellt schon allein daraus, daß so wesentliche Begriffe wie «Ozean», «Asien» und «Europa» im
Griechischen, dem sie die Nachwelt verdankt, ursprünglich Lehnwörter
phönizischer Herkunft darstellten. Auf welche Art und in welchem Umfange jedoch die neuen Erkenntnisse Einfluß auf das Denken und vor
allem die traditionelle Vorstellungswelt der Phönizier selbst gewannen,
läßt sich mangels ausreichender Quellen nicht mehr des näheren bestimmen. Ihre Tempel jedenfalls, die in vertrauter Weise als mikrokosmische
Abbilder des makrokosmischen Weltaufbaus galten, waren noch ganz
aus dem Geiste jener mythischen Kosmologie heraus geschaffen, deren
Hauptzüge uns bereits von den Babyloniern und namentlich auch Israeliten her geläufig sind: Das Dach repräsentierte das Firmament, der Boden
die Erde; zwei Säulen zu seiten des Eingangs entsprachen den Himmels-
stützen, und ein künstlicher See, im Vorhof des Heiligtums, symbolisierte das Weltmeer.

Auch die Reste einer phönizischen *Urgeschichte*, die uns Philon von Byblos (ca. 64–140 n. Chr.), angeblich nach einem Werke des Phöniziers Sanchuniathon (11. Jh. v. Chr.), eines Priesters aus Berytos, in seiner leider nur fragmentarisch bei Eusebios von Caesarea (ca. 263–339 n. Chr.) in dessen «Praeparatio evangelica» (I 9–10. IV 16) überlieferten «Geschichte Phöniziens» (Φοινιϰιϰὴ ἱστοϱία od. Τὰ Φοινιϰιϰά) erhalten hat, erscheinen noch ganz im Banne der traditionellen, mythischen Anschauungsweise konzipiert und verraten darüber hinaus übrigens deutliche Beziehungen zu den entsprechenden Auffassungen der Israeliten – die sie indessen in der Detailliertheit der Ausführung an Reichhaltigkeit übertreffen. Auf Grund dieser Übereinstimmungen, der genannten Eigennamen, der Zusammensetzung der Götterwelt, ja überhaupt dem Charakter des Ganzen sowie vor allem von Paralleltexten, die bei den Ausgrabungen in Ugarit zutage gefördert wurden, darf heute als ausgemacht gelten, daß es sich hier in der Tat um phönizische Vorstellungen handelt.

Nach den Fragmenten bei Philon/Eusebios beschränkte sich die Darstellung des Sanchuniathon, im Gegensatz zu dem umfassenderen System in der Genesis, allein auf den Werdegang des phönizischen Volkes und seiner Kultur; wie dort wird der Gesamtverlauf jedoch auch hier wieder entsprechend der genealogischen Abstammungsfolge mythischer Vorzeitgeschlechter gegliedert und verdankt die entscheidenden, zur stufenweisen Aufwärtsentwicklung führenden Fortschritte den Erfindungen einzelner, besonders schöpferischer Heroengestalten.
Anfangs, so heißt es nun, lebten die Urahnen der Phönizier einzig von den wildwachsenden Kräutern des Feldes, bis sie Aion darauf brachte, ihre schmale Kost durch den Genuß von Beeren und Obst zu ergänzen. Unter den Nachfahren des Aion-Geschlechtes ging man dann dazu über, sich zusätzlich auch von Fleisch zu ernähren, und es gelang drei Männern, deren Namen Philon mit den griechischen Begriffen «Phos», «Pyr» und «Phlox» (= «Licht», «Feuer» u. «Flamme») wiedergibt, erstmals, auf künstliche Weise (durch Reiben) Feuer zu gewinnen und so in den Dienst des Menschen zu stellen. Einige Generationen später wiederum lehrte Usoos, ein Abkömmling der Feuerheroen und Jäger, die Häute des erlegten Wildes zur Kleidung zu nutzen, und schiffte als erster mittels eines rohen Baumstamms aufs offene Meer hinaus, während sein Bruder Samemroumos, der Überlieferung nach der Begründer von Tyros, die Errichtung von festen Behausungen aus Rohr, Binsen und Papyrus ersann. Im weiteren Verlauf der Entwicklung erfanden dann Agreus und Halieus, dem Geschlechte des Samemroumos entstammend, fortschrittlichere Jagdmethoden sowie die Fischerei, die in der Folge von Chusor, dem der Text auch die Entdeckung der Eisenbearbeitung zuschreibt, durch Erkundung verfeinerter Fangverfahren und den Ausbau der Hochseeschifffahrt noch vervollkommnet wurde. Technites und Geinos (oder?) Autochthon

führten das Ziegelbrennen und die Dachdeckerei, Agros und Agroueros (oder Agrotes), zugleich die Begründer des Bodenbaus, die Anlage von Höfen, Umfassungsmauern und Krypten ein, während Amynos und Magos die ersten Dorfgemeinschaften schufen und die Menschen in der Viehzucht unterwiesen, Misor und Sydyk den Nutzwert des Salzes erkannten, des ersteren Sohn Taaut die Schriftzeichen entwarf, die Dioskuren («oder Kabiren oder Korybanten oder Samothraken»), Nachfahren des Sydyk, die Verwendung großräumiger Transportschiffe aufbrachten und endlich deren Abkömmlinge den Gebrauch der Heilkräuter lehrten (Eusebios: Praeparatio evangelica I 10,4 ff).

Sanchuniathon unterscheidet also in seiner, gegenüber den spärlichen Angaben des Alten Testamentes so erstaunlich detailliert gegliederten und ebenfalls wieder durchgehend *evolutionistisch* konzipierten Entwicklungslehre

A. eine Phase der aneignenden Nahrungswirtschaft, ihrer Stufenfolge entsprechend unterteilt in
1. ein niederes Sammlertum, ausschließlich auf dem Genuß von Wildkräutern basierend;
2. ein höheres Sammlertum, gekennzeichnet durch die zusätzliche Verwertung von Beeren und Früchten in der Bestreitung des Unterhalts;
3. eine niedere Jagd (+ Feuergewinnung, später Erfindung der Tierfellbekleidung, des Baumbootes und der ersten künstlichen, zunächst noch aus pflanzlichem Material hergestellten Behausungen);
4. eine höhere Jagd und parallel dazu
5. eine niedere Fischerei; sodann
6. eine höhere Fischerei (+ Ausbildung der Hochseeschiffahrt, der Entdeckung der Eisenbearbeitung, des Ziegelbrennens und der Dachdeckerei), der
B. die Phase der pfleglichen Nahrungswirtschaft folgt, auf Ackerbau und Viehzucht gegründet, während welcher es nach und nach zur Entstehung geschlossener, von Mauern umfriedeter Gebäudekomplexe und Dorfanlagen, weiter der Salzgewinnung, dann der Schrift, großräumiger Transportschiffe sowie endlich der Heilkunde kommt.

Es handelt sich also um ein zwar rein spekulatives, aber doch äußerst durchdachtes System, das, bedenkt man sein Alter, größte Bewunderung verdient. Wieder, wie schon im Falle der israelitischen Urgeschichtslehre, orientiert sich die Gliederung zur Hauptsache an den Etappen der wirtschaftlichen Entwicklung. Bezeichnend für die geographische Lage wie die Geschichte Phöniziens ist das besondere Interesse, das der Fischerei und der Schiffahrt geschenkt wird. Parallel zur biblischen Auffassung könnte man annehmen, daß vielleicht auch in der – originalen – Darstel-

lung Sanchuniathons ursprünglich die Ansicht vertreten war, daß die
Menschen, nach einem anfänglichen Stadium schutzloser Nacktheit, als
erste Bekleidungsstücke zunächst einmal Schurze aus Blatt- bzw. Faser-
materialien trugen und erst später, mit dem Aufkommen der Jagd, zur
Felltracht übergingen. Überhaupt möchte man meinen, daß beide Systeme, der Übereinstimmungen wegen, die sie zweifellos teilen, eines
nahe verwandten, wenn nicht gemeinsamen Ursprungs sind. Noch ganz
in der traditionsgläubigen Anschauung befangen, vermochte auch Sanchuniathon die wesentlichen Fortschritte in der Entwicklung der Lebensführung nicht anders denn als Schöpfungen mythischer Kulturheroen zu
begreifen. Hier sollte der entscheidende Durchbruch erst den Griechen
gelingen – nicht zuletzt aber auf Grund einer umfassenderen Länder-
und Völkerkunde, deren maßgebliche Voraussetzungen sie zur Hauptsache wohl den Entdeckungs- und Handelsreisen der Phönizier verdankten.

II.
DAS GRIECHISCHE ALTERTUM

1. Homer und Hesiod

1. Homer (ca. 9. Jh. v. Chr.)

Das Überlieferungsgut der ältesten griechischen Dichtungen, die wir besitzen, der Epen Homers und Hesiods, reicht noch in die Blütezeit der phönizischen Seeherrschaft hinab. Man darf daher annehmen, daß ein Großteil der hier erhaltenen länder- und völkerkundlichen Angaben, wie sie vor allem Homer in so reichlicher Fülle bietet, auf Berichte phönizischer Schiffer und Kaufleute zurückgeht. Scheint es doch auch, als sei das poetische Rankenwerk, das sie umwirkt, nicht selten mit dem buntesten Seemannsgarne durchflochten und als spiegelten die farbigen Schilderungen von den wunderbaren Abenteuern der homerischen Helden jene Mirakelwelt wider, welche die Reisenden der damaligen Zeit, da alles Ferne und Fremde noch von Zauber und Unheil umwittert galt, in der Phantasie ihrer Hörer entstehen ließen, wenn sie in den Schenken der Hafenstädte, auf Märkten oder im Freundeskreise von ihren Erlebnissen und Beobachtungen erzählten und dabei – einer vermutlich uralten und bei Anlässen dieser Art überall auf der Welt beliebten Gepflogenheit folgend – sicherlich ebenso häufig wie gern um des höheren Reizes willen Wirkliches mit Unwirklichem mischten und ihren Darstellungen so Züge des Märchen- und Fabelhaften verliehen.

Neben diesen Geschichten literarisch-phantastischen Charakters, die einst vielleicht allgemein an den Küsten der Mittelmeerländer in Umlauf waren und wegen ihres faszinierenden, exotischen Kolorits zur dichterischen Verarbeitung besonders anregen mochten, findet sich in den Gesängen Homers aber auch eine Vielzahl praktisch-nautischer Angaben enthalten, die der Art ihrer Abfassung nach bereits deutlich an die Sprache der späteren, schriftlich überlieferten Seefahrtberichte und Periploi erinnern, deren typischer Aufbau und Ausdrucksstil demnach wohl schon – wie im Kapitel über die Phönizier angedeutet – in den Schiffstagebüchern der damaligen Zeit im wesentlichen zur Ausbildung gelangt waren. Hierher gehören etwa die Ich- oder Wir-Form, in der beispielsweise die Reiseerzählungen des Menelaos und Odysseus wiedergegeben sind, stereotype Wendungen wie «von da aus segelten wir weiter nach...», «darauf erreichten wir...» u. ä., die häufigen Entfernungsvermerke nach Tag- und Nachtfahrten und überhaupt schon der ganze Charakter der verschiedenen Küstenbeschreibungen, die sich mit ihren detaillierten Hinweisen zur Landemöglichkeit bzw. Gestadegliederung, Beschaffenheit der Häfen, Trinkwasserversorgung, den Windverhältnissen usw. manchmal in der Tat wie Auszüge aus regelrechten Portulanen lesen. So wird, um nur einiges herauszugreifen, auf der Insel Pharos etwa eines «sicheren Hafens» gedacht, «allwo die Schiffer gewöhnlich frisches Wasser sich schöpfen» (Od. IV 358 f), oder ein «trefflicher Hafen» bei der «Feste der Lästrygonen» gerühmt,

«den ringsum
Himmelanstrebende Felsen von beiden Seiten umschließen,
Und wo vorn in der Mündung sich zwo vorragende Spitzen
Gegeneinander drehn, ein enggeschlossener Eingang!
Meine Gefährten lenkten die gleichgezimmerten Schiffe
Alle hinein in die Bucht und banden sie dicht beieinander
Fest; denn niemals erhob sich eine Welle darinnen,
Weder groß noch klein; rings herrschet spiegelnde Stille»
(Od. X 87 ff).

Ähnlich empfiehlt sich ein Hafen vor der Bucht der Kyklopen:

«Kein Schiff bedarf da der Fessel,
Weder geworfener Anker, noch angebundener Seile,
Sondern es läuft auf den Sand und ruhet, bis es dem Schiffer
Weiter zu fahren beliebt, und günstige Winde sich heben»
(Od. IX 136 ff).

In anderen Fällen wird vor den Gefahren einer Landung an bestimmten, felsigen Küstenstrichen gewarnt, wie z. B. dem Phäakengestade:

«Graunvoll donnerte dort an dem schroffen Gestade die hohe
Fürchterlich strudelnde Brandung, und weithin spritzte der Meerschaum.
Keine Buchten empfingen, noch schirmende Reeden die Schiffe,
Sondern trotzende Felsen und Klippen umstarrten das Ufer»
(Od. V 402 ff).

Neben diesen und anderen, mehr navigationstechnischen Hinweisen sind in den Gesängen Homers aber auch zahlreiche geographische Angaben und Schilderungen enthalten, deren Trefflichkeit schon die Bewunderung der antiken Gelehrten erregte, unter denen Eratosthenes etwa, Hipparch und Strabo den Dichter gar zum Archegeten der wissenschaftlichen Erdbeschreibung erkoren. Das Weltbild jedoch, das die Epen – nur vage allerdings und kaum mehr als die äußersten Umrisse bietend – widerspiegeln, baut sich noch ganz aus Elementen der mythischen Überlieferung auf, wie sie uns bereits aus den kosmologischen Vorstellungen der zu Anfang besprochenen altvorderasiatischen Hochkulturvölker vertraut sind: Unter der ehernen oder eisernen Kugelschale des Himmels ruht die Erde, ein unermeßliches Rund, auf den Wassern inmitten des Ozeans, der sie in Gestalt eines gewaltigen und, wie es verschiedentlich heißt, «tiefhin sich ergießenden» (βαθύρροος) Stromes umkreist[1] – woraus man den Schluß ziehen könnte, daß ihr Rücken als aufgewölbt galt, d. h. sie in etwa wieder die Form eines umgestülpten Rundboots besaß, wie sie ihr die Babylonier gegeben hatten, die desgleichen ja auch das Weltmeer schon als einen einzigen, den sog. «Bitterfluß» auffaßten. Und in denselben Rahmen fügt sich nicht minder entsprechend die Vorstellung ein, daß die Himmelsfeste von «mächtigen Säulen» (κίονας μακράς) getragen werde (Od. I 53f), wobei bedeutsam erscheint, daß die Vokabel, die Homer zur Bezeichnung der «Säulen» verwendet (κίων), *semitischen* Ursprungs ist. Es sieht demnach ganz so aus, als seien wesentliche Züge der Konzeption – denn in manchem könnte es sich durchaus auch um gemeinmittelmeerische Anschauungen handeln – als Lehngut vorderorientalischer Herkunft zu betrachten, das den Griechen der homerischen Zeit, wie hier wohl am ehesten zu vermuten steht, von den Phöniziern übermittelt wurde. Ungewiß bleibt, wo der Dichter sich das Zentrum der Erde dachte; versucht man jedoch, nach seinen Angaben eine Karte zu zeichnen – gerät der Olymp in den Mittelpunkt.

Ist auch der äußere Rahmen, der Aufbau der Welt, nur schattenhaft also und den Konturen nach vage wiedergegeben, so stellt sich die Handlung selbst, deren ferne Kulisse er lediglich bildet, um so bewegter und farbiger dar und enthält, wo der Zusammenhang die Gelegenheit bot, neben den geographischen nun auch eine Reihe nicht minder beobach-

---

1 So z. B. Ilias VII 422. XXI 195.

tungskundiger und ebenso detailsinniger wie lebensvoller *ethnographischer* Angaben und Schilderungen. Ein Beispiel dieser Art liefert die knappe, aber bemerkenswert eingehende Beschreibung von der Daseinsweise der riesenwüchsigen Kyklopen:

«Und zum Lande der wilden gesetzelosen Kyklopen
Kamen wir jetzt, der Riesen, die im Vertraun auf die Götter
Nimmer pflanzen noch sä'n und nimmer die Erde beackern.
Ohne Samen und Pfleg entkeimen alle Gewächse,
Weizen und Gerste dem Boden und edle Reben, die tragen
Wein in geschwollenen Trauben, und Gottes Regen ernährt ihn.
Dort ist weder Gesetz noch öffentliche Versammlung,
Sondern sie wohnen all' auf den Häuptern hoher Gebirge
In gehöhlten Felsen, und jeder richtet nach Willkür
Seine Kinder und Weiber, und kümmert sich nicht um den andern»
(Od. IX 106–115).

Und wenig später heißt es, mit einer Präzision, die alle Bewunderung verdient, zur Viehhaltung und Milchverarbeitung des Volkes:

«Alle Körbe strotzten von Käse; Lämmer und Zicklein
Drängeten sich in den Ställen, und jede waren besonders
Eingesperrt: die Frühling' allein, allein auch die Mittlern,
Und die zarten Spätling' allein. Es schwammen in Molken
Alle Gefäße, die Wannen und Eimer, worinnen er melkte.
· ·
Jetzo saß er und melkte die Schaf' und meckernden Ziegen
Nach der Ordnung, und legte den Müttern die Säugling' ans Euter;
Ließ von der weißen Milch die Hälfte gerinnen und setzte
Sie zum Trocknen hinweg in dichtgeflochtenen Körben;
Und die andere Hälfte verwahrt' er in weiten Gefäßen,
Daß er beim Abendschmause den Durst mit dem Tranke sich
                              löschte» (Od. IX 219 ff).

Es handelt sich also um eine Schilderung, die voll lebendiger Anschaulichkeit im ganzen, dabei exakt im Detail, und zwar straff gefaßt, aber doch reichhaltig genug ist, um einen umfassenden Eindruck von der Lebensführung der Kyklopen zu vermitteln, und zu einem Großteil bereits die Elemente enthält, die auch in späteren Beschreibungen dann als unerläßlicher, traditioneller Grundbestand einer ethnographischen Monographie immer wiederkehren.

Zunächst einmal wird der Physis der Kyklopen gedacht und hervorgehoben, daß sie von riesenhaftem Wuchs sind. Künstliche Behausungen, erfahren wir weiter, besitzen sie nicht, sondern suchen in hochgelegenen Höhlen Unterschlupf. Ihren täglichen Unterhalt bestreiten sie zum einen aus den Erträgen einer im übrigen recht entwickelten und offenbar auf Ziegen- und Schafhaltung spezialisierten Viehzucht (mit Anlage von Ställen oder Pferchen [σηκοί] und Milchverarbeitung), zum andern, wie es scheint, durch Einsammeln wildwachsender Getreide (Weizen, Gerste) und Früchte (Trauben); denn der Bodenbau, so versichert der Dichter ausdrücklich, ist ihnen fremd. An Hausgeräten wird eine Reihe von Gefäßen, darunter auch Körbe, zur Aufbewahrung von Milch und Käse erwähnt. Ihrer Sozialordnung nach leben sie in polygynen (vgl. Vers 115) Kleinfamilien; darüber hinaus existiert keine Form höherer gesellschaftlicher Organisation – da es schon an den (nach griechischer Auffassung!) hierzu notwendigen Voraussetzungen, den «Gesetzen» (θέμιστες) sowie Institutionen zur Wahrung derselben, den «öffentlichen Versammlungen» (ἀγοραὶ βουληφόροι), fehlt. Und ganz geläufig endlich fügt sich in dieses Bild einer ungesitteten, grobschlächtigen Gesellschaft dann auch der an anderer Stelle noch eingeflochtene Vermerk von der *Gottlosigkeit* des Volkes, der Polyphem mit den höhnenden Worten Ausdruck verleiht:

«Wir Kyklopen kümmern uns nicht um den König des Himmels,
Noch um die seligen Götter; denn wir sind besser als jene!»
                                                    (Od. IX 275 f).

Im wesentlichen also geht Homer, mit einer einleitenden Gesamtcharakterisierung beginnend, auf die körperliche Erscheinung der Bevölkerung, ihre Wirtschaft, die Wohn- und Siedlungsweise, das Geräteinventar, die Sozialordnung und die Glaubensbekundung ein, Punkte, die er demzufolge doch offenbar als die repräsentativsten Äußerungsformen einer Kultur ansah und denen er daher auch sonst – neben anderen ähnlicher Art, wie der Tracht oder Bewaffnung – immer wieder seine besondere Aufmerksamkeit schenkte.

Darüber hinaus scheint er jedoch gerade in der Kyklopen-Schilderung mit dem Bestreben, eine möglichst anschauliche Darstellung von der Lebensweise des Volkes zu geben, sichtlich zugleich auch die Absicht verbunden zu haben, das Typische einer zutiefst stehenden Gesellschaft überhaupt zu treffen bzw. eine *Typisierung* zu schaffen. Und es dürfte kein Zufall sein, daß Homer, um den gewünschten Eindruck zu erzielen, nahezu vollzählig dieselben Mängel herausstreicht, die weiland die Babylonier schon den Gutäern und namentlich MAR.TU als Indizien

ihres extremen Barbarismus vorgerückt hatten: Hier wie dort wird
nämlich im Einklang hervorgehoben, daß es sich um unzivilisierte, roh
geartete Gruppen handle, die hoch im Gebirge lebten, weder von künstlichen Behausungen noch geschlossenen Siedlungen wüßten, denen der
Bodenbau unbekannt sei und die eine höhere, auf ein geregeltes Über-
einkommen gegründete Gesellschaftsorganisation ebensowenig wie
eine – immer im Sinne des Betrachters natürlich – gültige Glaubensordnung besäßen. Die Kyklopen werden dann zusätzlich noch des Kannibalismus geziehen (vgl. Od. IX 288 ff); doch wenn wir erfahren, daß Polyphem die erschlagenen Griechen roh verschlang, so erinnert auch dies
letzten Endes wieder an einen typischen Zug des babylonischen Barba-
ren-Bildes: die Angabe nämlich, daß eine Gruppe wie die MAR.TU
z. B. das Fleisch der erbeuteten Tiere ungekocht zu verzehren pflege. –
Man möchte meinen, daß hier eine Art Modellvorstellung von der Lebensweise extrem niedrig stehender Populationen zugrunde liegt, die
sich anscheinend schon früh unter den staatstragenden Völkern des
mittelmeerischen Altertumes herausentwickelt hatte und allmählich
Gemeingut geworden war – um sich dann, wie im weiteren Verlaufe der
Darstellung zu sehen sein wird, auch später noch, bis in die ausgehende
Antike hinein, in dieser oder ähnlicher Form in der ethnographischen
Literatur zu behaupten.

Freilich sind die völkerkundlichen Schilderungen Homers weniger um
ihrer selbst willen, etwa um der sachlichen Information des Hörers oder
Lesers zu dienen, eingeführt, sondern wurden in erster Linie natürlich als
poetischer Dekor, zur farbenreicheren Ausstattung und Belebung der
Szenerie des Erzählten, verwandt, so daß es dem Dichter auch nicht unbedingt auf eine allzu getreue Wiedergabe ankommen mußte. Und so
handelt es sich auch in dem berühmten «Schiffskatalog» der Ilias
(II 494–785) und der anschließenden Truppenrevue der trojanischen Alliierten (II 815–877), wo geradezu eine Art Völkerschau Griechenlands
und Westanatoliens gegeben wird, wohl eher um den Wunsch, ein im-
posantes Gemälde von dem überwältigenden Heeresaufgebot und der
weitreichenden Macht der beiden Kriegsgegner zu entwerfen, als den
Versuch, eine exakt ethnographische Gliederung der Bevölkerungsverhältnisse in den genannten Bereichen zu liefern. Immerhin jedoch zeugt
auch diese Darstellung wieder für die Kenntnisfülle Homers und seine
besondere Gabe, im Ganzen stets auch das Einzelne scharf zu erfassen
und gebührend sichtbar zu machen.

Dort aber, wo sein Blick über die engeren Grenzen der ihm vertrauten

ionisch-ägäisch-griechischen Umwelt hinausschweift, verlieren sich
seine Vorstellungen dann rasch ins Zwielicht mythischer Ferne. Nur
vage z. B. vermag er die Erde in eine östliche und eine westliche Sphäre
und ihre Völker insgesamt in

«Alle, die morgenwärts und wo die Sonne sich umdreht
Wohnen, oder da hinten, gewandt zum nächtlichen Dunkel»,

zu scheiden (Od. XIII 240 f). Weit entrückt, am Gestade des Ozeans,
haust seiner Auffassung nach ein «Geschlecht kleiner Pygmäen»
(ἄνδρες Πυγμαῖοι), das sich immer wieder der gefährlichen Angriffe
alljährlich einfallender Kranichschwärme zu erwehren hat (vgl. Il. III
3–7) und bereits unverkennbar an die später in der antiken und mittelalterlichen Ethnographie so beliebten Fabelvölker am Rande der Welt
erinnert. Die westliche und östliche Peripherie der Ökumene glaubt er
von den auf ähnliche Weise mythenumwobenen Äthiopen bewohnt,

«Die zweifach geteilt sind, die äußersten Menschen,
Gegen den Untergang der Sonnen und gegen den Aufgang»
(Od. I 23 f).

Sie genießen den trauten Umgang der Götter, die bei ihnen zum Mahle
einkehren, und gelten dem Dichter als herrliche, «unsträfliche» (ἀμύμο-
νες) Wesen[2] – nicht anders als auch die «trefflichen» (ἀγανοί) Hippemolgen («Rossemelker») und von Milch sich ernährenden Abier im hohen Norden, die er als die «gerechtesten» (δικαιότατοι) der Sterblichen
feiert[3]: Hier wiederum haben wir es unzweifelhaft mit der idealisierten
Vorstellung ferner, an der Schwelle vom Diesseits zum Jenseits der Seligen lebender Gruppen zu tun, die uns ebenfalls später noch häufig begegnen wird und ja bereits im Paradieses-Mythos der Genesis anklang, dem
zufolge die ersten Menschen in einem Garten, den man sich ursprünglich
irgendwo, weithin entrückt, gegen Osten gelegen dachte, ein reines,
gottnahes Dasein führten.

Im übrigen hat man den Eindruck, daß Homer sich bemüht hielt, Angaben zum Brauchtum, die eines delikateren oder gar abstoßenden Charakters waren, tunlichst zu vermeiden. Sein Hauptinteresse galt eben
ganz der ritterlich-aristokratischen Welt des achäischen Heldenzeitalters

2 Vgl. Ilias I 423 f u. Odyssee I 21 ff.
3 Ilias XIII 5 f.

mit seinen ruhmreichen Kriegstaten, Kabalen und galanten Aventiuren, deren Verklärung, dichterisch unnachahmlich beschworen, keinerlei Profanierung vertrug, die von seinem – vorwiegend wohl höfischen – Publikum nur als Geschmacksverletzung empfunden worden wäre.

2. Hesiod (ca. Ende des 8. Jhs. v. Chr.)

Was uns Homer verschweigt, die Anschauungen und das Brauchtum des Volkes, bieten die Dichtungen Hesiods, dessen Herz für den Landmann schlug, in überraschender Fülle. Hier sehen wir uns in eine sehr viel derbere, mehr erdhafte Vorstellungswelt von stellenweise geradezu bizarr und urtümlich anmutender Roheit versetzt, die in manchem bekanntlich deutliche Übereinstimmungen mit Zügen altorientalischer Mythentraditionen erkennen läßt und wertvolle Einblicke in die bäuerliche Glaubenssphäre der vorindogermanischen Einwohner Griechenlands vermittelt.

Wesentlicher für unseren Zusammenhang ist jedoch der in die Darstellungslinie der «Werke und Tage» (Ἔργα καὶ ἡμέραι) eingeordnete Versuch des Dichters, ein allgemeines Bild vom Entwicklungsverlauf der Kulturgeschichte zu geben. Interessant und bedeutsam erscheint, daß er dabei, entsprechend den Systemen, die bisher zur Behandlung gelangt sind, den äußeren Entfaltungsprozeß zwar durchaus wieder evolutionistisch deutet, in allem profanen Fortschritt aber nur ein verderbenbringendes Übel erblickt und so die Gesamtentwicklung moralisch als einen einzigen Abstieg beurteilt, der die Menschen aus der Höhe reiner Glückseligkeit, der Sphäre lauterer Tugend, Stufe um Stufe bis in die tiefste Finsternis der Verworfenheit und Entartung hinabgeführt habe. Mag Hesiod auch im einzelnen seinen Stoff der Überlieferung des Volkes entnommen und die Weltalterlehre, die den äußeren Rahmen der Darstellung bildet, aus älteren, möglicherweise orientalischen Traditionen übernommen haben, so verrät das Ganze doch zu sehr die Meisterhand des Genies, um nicht als eigene, schöpferische Leistung voll anerkannt und gewürdigt zu werden.

Selig beschwerdelos, glücklich und ohne Vergehen, so heißt es, lebten die Menschen des ersten, des «Goldenen Zeitalters» der Geschichte, das der Dichter mit den begeisterten Worten besingt:

«Golden war das Geschlecht der redenden Menschen, das erstlich
Die unsterblichen Götter, des Himmels Bewohner, erschufen.
Jene lebten, als Kronos im Himmel herrschte als König,
Und sie lebten dahin wie Götter ohne Betrübnis,
Fern von Mühen und Leid, und ihnen nahte kein schlimmes
Alter, und immer regten sie gleich die Hände und Füße,
Freuten sich an Gelagen, und ledig jeglichen Übels
Starben sie, übermannt vom Schlaf, und alles Gewünschte
Hatten sie. Frucht bescherte die nahrungsspendende Erde
Immer von selber, unendlich und vielfach. Ganz nach Gefallen
Schufen sie ruhig ihr Werk und waren in Fülle gesegnet,
Reich an Herden und Vieh, geliebt von den seligen Göttern.
Aber nachdem nun dies Geschlecht in der Erde geborgen,
Wurden sie zu Dämonen nach Zeus', des erhabenen, Willen,
Herrliche, weilen auf Erden, sind Hüter der sterblichen Menschen,
Und sie wahren das Recht und wehren frevelnden Werken.
Luftig als Nebel durchschweifen sie alle Weiten der Erde,
Segen spendend. Und dies ist nun ihr königlich Anrecht»
                                        (Werke und Tage 109–126).

Hesiod entwirft also hier, in deutlichem Anklang an die biblische Genesis, das lichtübergossene Bild eines seligen, wahrhaft paradiesischen Urzustandes: Der Gunst der Götter teilhaftig, leben die Menschen glücklich
und ohne Mühsal dahin. Ihre – vegetabilische – Nahrung bringen sie
wieder durch Sammeln ein, sind darüber hinaus aber bemerkenswerterweise bereits im Besitze von Haustieren. Nach ihrem Tode, der sie
schmerzlos im Schlafe ereilt, verwandeln sie sich – und hier wird geradezu eine Art *Theorie zur Entstehung des Manismus* gegeben – in
hilfreiche, freilich im Luftbereich residierende Ahnengeister, mit der
Aufgabe betraut, für die Wahrung des Rechts und die Wohlfahrt ihrer
Nachgeborenen Sorge zu tragen.

Im folgenden zweiten, dem «Silbernen Zeitalter» setzt dann bereits
mit zunehmender Gleichgültigkeit in Sachen des Kultes und einer wachsenden Respektlosigkeit gegenüber den Göttern die sittliche Entartung
ein:

«Wieder ein andres Geschlecht, ein weit geringeres, schufen
Silbern die ewigen Götter, die hoch den Himmel bewohnen,
Weder an Wuchs dem goldnen vergleichbar noch an Gesinnung.
Hundert Jahre wuchs das Kind bei der sorglichen Mutter
Fröhlich, betreut empor, unmündig im eigenen Hause.
Reifte es aber sodann und erlangte die Blüte der Jugend,

Lebten sie nur noch wenig und kurz und leidenbeladen
Durch ihren Unverstand; den frevlen Übermut konnten
Untereinander sie nicht bezwingen und wollten die Götter
Nicht verehren und nicht an Altären den Seligen opfern,
Wie es örtlicher Brauch den Menschen; und darum verbarg nun
Zeus auch diese voll Zorn, weil keinerlei Ehrenbezeugung
Sie den seligen Göttern, den Himmelsbewohnern, erwiesen.
Aber nachdem nun dies Geschlecht in der Erde geborgen,
Werden sie unterirdisch und selige Wesen geheißen,
Zweiten Ranges, doch stehen auch sie trotz allem in Ehren»
                          (Werke und Tage 127–142).

Über die Wirtschaft in dieser Epoche erfahren wir also nichts. Die Lebensdauer ist kürzer bemessen, und infolge des um sich greifenden Frevelmutes stellen sich bereits die ersten Beschwernisse ein. Ob der Ausdruck «im eigenen Hause» (ᾧ ἐνὶ οἴκῳ) den Schluß erlaubt, daß man inzwischen gelernt hat, Hütten bzw. Häuser zu bauen, soll zumindest dahingestellt bleiben. Sterben die Menschen, so fahren – und hier wird sozusagen der zweite Teil der obigen Theorie zur Entstehung des Manismus nachgeliefert – ihre Seelen nunmehr unter die Erde, um dort, zum Segen der Irdischen, fortan ihres Amtes als chthonische Ahnengeister zu walten.

Im dritten, dem «Erzenen Zeitalter» kommen die ersten Geräte von Erz und damit zugleich auch Waffen von vernichtender Schlagkraft auf. Furchtbare Kriege werden entfesselt, die den moralischen Niedergang nur um so rascher voranschreiten lassen:

«Nun ein anderes, drittes Geschlecht der redenden Menschen
Schuf Kronion aus Erz, in nichts dem silbernen ähnlich,
Eschenentsprossen und wild und fürchterlich. Diese betrieben
Ares' Jammergeschäfte und Frevel. Früchte des Feldes
Aßen sie nicht, ihr Herz war löwenmutig und steinern,
Ungeschlachte; gewaltig war ihre Stärke, unnahbar
Hingen aus ihren Schultern die Hände an riesigen Gliedern.
All ihre Waffen waren aus Erz und ehern die Häuser,
Erz ihr Ackergerät; noch gab es kein schwärzliches Eisen.
Diese, gebändigt nun von ihren eigenen Händen,
Stiegen hinab in die Moderbehausung des schaurigen Hades
Ruhmlos. Der schwarze Tod, so schlimm und entsetzlich sie waren,
Packte sie, und sie schieden vom strahlenden Lichte der Sonne»
                          (Werke und Tage 143–155).

Den Menschen dieser dritten Epoche ist der *Bodenbau* also bereits bekannt, und sie betreiben ihn, wie es heißt, mit ehernem Ackergerät.
Gleichwohl verschmähen sie jedoch, was zu dieser Angabe in einigem
Widerspruch steht, die «Früchte des Feldes» bzw. – um die Vokabel, deren sich Hesiod hier bedient, genauer wiederzugeben: das «Getreide»
(σῖτον), und ernähren sich mithin einzig von Fleisch. Es scheint, daß der
Dichter zwischen dem – ausschließlichen – Fleischgenuß und der Mord-
sucht, Kriegswütigkeit und Hartherzigkeit einen ursächlichen Zusammenhang sieht, ein Gedanke, der später eine zentrale Bedeutung erlangen sollte.

Mit dem vierten, dem «Eisernen Zeitalter» endlich, der Gegenwart
Hesiods, da die profane Entwicklung zwar ihren Höhepunkt, der moralische Verfall jedoch sein äußerstes Ausmaß erreicht hat, ist für den Dichter die letzte Phase der Menschheitsgeschichte heraufgezogen, deren
Verderbnis, Entartung und Gottlosigkeit er voll leidenschaftlicher Bewegung mit breitem Pinselstrich ausmalt:

«Jetzt ja ist das Geschlecht ein eisernes; niemals bei Tage
Ruhen sie von Mühsal und Leid, nicht einmal die Nächte,
O die Verderbten! da senden die Götter drückende Sorgen.
. . . .
Nicht ist der Vater dem Kind, das Kind dem Vater gewogen,
Nicht dem Wirte der Gast, Gefährte nicht dem Gefährten,
Nicht ist der Bruder lieb, wie er doch früher gewesen;
Bald versagen sie selbst den greisen Eltern die Ehrfurcht,
Schmähen sie noch und schwatzen mit ihnen häßliche Worte.
Frevler! sie wissen nichts von Götteraufsicht, sie geben
Nicht den greisen Eltern zurück die Pflege der Kindheit.
Faustrecht gilt, der eine verheert des anderen Wohnsitz.
Keiner wird mehr geschätzt, der wahr geschworen, und keiner,
Der gerecht und gut. Den Übeltäter und Frevler
Ehrt man weit höher, es herrscht das Recht der Fäuste und keine
Ehrfurcht und Scham. Der Schlimme verletzt mit betrüglichen Worten
Einen edleren Mann und bekräftigt es noch mit dem Eide.
Mißgunst folgt den Menschen, den unglückseligen, allen
Zankend und schadenfroh mit scheelen, boshaften Augen.
Nun zum Himmel hinauf von der pfadüberzogenen Erde
Beide, die schöne Gestalt in lichte Gewänder verhüllend,
Eilen hinweg von den Menschen hinauf zur Sippe der Götter
Scham und gerechte Vergeltung; was bleibt, ist trauriges Elend
Bei den sterblichen Herrschern. Da hilft nichts gegen das Unheil»
                                  (Werke und Tage 176–201).

Zuvor jedoch, ehe diese letzte Phase mit all ihrem Unheil hereinbricht, findet sich zwischen das «erzene» und «eiserne» noch ein weiteres, ein Heroenzeitalter eingeschoben, das seinem ganzen Charakter nach deutlich den düster beschworenen Rhythmus des unaufhaltsam voranschreitenden Niederganges sprengt und daher schon zu der Vermutung führte, es handle sich hier um eine spätere Interpolation:

«Aber nachdem auch dies Geschlecht [4] in der Erde geborgen,
Schuf noch ein anderes, viertes auf vielernährender Erde
Zeus, der Kronide, und dies Geschlecht war gerechter und besser,
War ein göttlich Geschlecht von Helden, und man benannte
Halbgötter sie, dies Vorgeschlecht auf unendlicher Erde;
Aber der schlimme Krieg und das arge Gewimmel der Feldschlacht
Im kadmeiischen Land beim siebentorigen Theben
Tilgte die einen im Kampf um Oidipus' weidende Herden
Oder lenkte die andern in Schiffen über die schwarzen
Schlünde des Meeres nach Troia der lockigen Helena wegen.
Wahrlich, dort umhüllte die einen das Ende des Todes.
Andern, fern von den Menschen, gewährte Leben und Wohnsitz
Zeus, der Kronide, und ließ sie hausen am Rande der Erde,
Auch den Unsterblichen fern, und Kronos wurde ihr König;
Und dort wohnen sie nun mit kummerentlastetem Herzen
Auf den seligen Inseln und bei des Okeanos Strudeln,
Hochbeglückte Heroen; denn süße Früchte wie Honig
Reift ihnen dreimal im Jahr die nahrungspendende Erde»
                              (Werke und Tage 156–173).

Kämpfer zwar, doch «gerechter und besser» als die finsteren Recken des vorangegangenen «Erzenen Zeitalters», werden die Helden dieser Epoche also, soweit sie nicht auf der Walstatt bleiben, fernhin *ans Ende der Welt* entrückt, auf die «Inseln der Seligen» (ἐν μακάρων νήσοισι), wie es wörtlich heißt, wo sie, gleich den Äthiopen Homers, unter göttlicher Leitung ein *paradiesisches* Leben führen. Ihr Dasein entspricht sonach im Grunde ganz dem der Menschen des «Goldenen Zeitalters», das ja zudem desgleichen unter der Herrschaft des Kronos stand. Man gewinnt den Eindruck, als handle es sich hier um eine ursprünglich vielleicht gesonderte Vorstellung, welche die *Idealisierung des Urzustandes* mit dem Glauben verband, daß Reste jener «unsträflichen» ersten Menschen noch an der Peripherie der Erde unberührt fortexistierten, und die dann aus

4 Die Menschen des «Erzenen Zeitalters».

Gründen, die sich heute unserer Einsicht entziehen, in die Darstellung
Aufnahme fand und so den Zusammenhang stören mußte. Erscheint
doch die Ordnung des Ganzen schon dadurch, daß diese Epoche als einzige gegenüber den anderen nicht nach einem Metall benannt ist, deutlich genug durchbrochen.

Für Hesiod stellt die Geschichte sich also als ein einziger, wenn auch
rhythmisch in mehrere Phasen gegliederter Verfallsprozeß dar, und der
Dichter bietet all seine Kraft auf, dieser Anschauung mit der Gewalt seines Wortes überzeugend Ausdruck zu verleihen. Eine genauere Bestimmung des äußeren, auch hier wieder evolutionistisch gesehenen Werde-
ganges bleibt jedoch demgegenüber nahezu ganz außer acht. Eine klare
Linie ist daher nicht zu ziehen. Erkennbar wird nur, daß

1. die Menschen der Urzeit zwar zum überwiegenden Teil wohl vom
Einsammeln wildwachsender Vegetabilien lebten, daneben aber bereits
auch Haustiere hielten und daß

2. erst später dann, offenbar in Verbindung mit der Erz- und Eisen-
verarbeitung, allmählich der Bodenbau aufkam.

Bemerkenswert erscheint, daß Hesiod den Versuch unternimmt, eine
Erklärung für die Herkunft und Existenz der niederen, unterhalb der
olympischen Götterwelt residierenden Jenseitsmächte zu geben – wenngleich dies noch mehr aus der traditionellen Vorstellungsweise heraus
geschieht, zu der er sich ja auch sonst im ganzen bekennt: die Entwicklung wird nur kaum von den Menschen, sondern im wesentlichen von
Zeus bestimmt, so daß auch die moralische Deszendenz der nachurzeitli-
chen Geschlechter letzten Endes nur seinem Willen entspricht.

Wie an einzelnen Stellen seiner Dichtungen deutlich wird, hat Hesiod
indessen die Begebenheiten, von denen er singt, das ferne, mythenum-
fangene Urzeitgeschehen, das Wirken und Walten der Götter und die
Geschicke der frühen Heroengeschlechter, vor dem – freilich noch vagen
– Hintergrunde eines gleichwohl konkreten geographischen Weltbildes
gesehen, dessen Konturen gegenüber Homer bereits merklich an Bestimmtheit und Schärfe gewonnen haben. So faßte er die Erde zwar nach
wie vor noch als runde Scheibe auf[5], die von dem auch hier wieder als
gewaltigem Strome gedachten Okeanos rings umflutet wird[6] und deren

5 Vgl. Theogonie 117.
6 Vgl. Theogonie 242. 959. Werke und Tage 566.

Mittelpunkt Delphi bildet, wußte jedoch, wie aus dem Flußgötterkatalog der «Theogonie» (337–345) hervorgeht, den Umfang der eigentlichen Ökumene schon wesentlich exakter durch den Nil im Süden, den Phasis (Rion) im Osten, den Istros (Donau) im Norden und den Eridanos (Po oder Rhône) im Westen zu umgrenzen, deren Namen hier erstmals begegnen – Homer kannte den Nil noch allein unter der umschreibenden Bezeichnung «Aigyptos» (vgl. Od. IV 477. 581). Zugleich – und das verdient nicht minder Beachtung – tritt damit, nämlich in der Verwendung von Flüssen als geographischen Ordnungsgrößen, bereits ein Gliederungsprinzip in Erscheinung, das dann in der entwickelteren Länderkunde der späteren Zeit noch eine entscheidende Rolle spielen sollte.

Darüber hinaus aber hat Hesiod nach einem Zeugnis des Ephoros (bei Strabo VII 3, 9) sogar eine Art Erdbeschreibung, eine «Periodos» (bzw. Γῆς περίοδος, «Umwanderung der Erde»), verfaßt, von der uns neben dem wenigen, das sich aus dem Ephoros-Bruchstück ermitteln läßt, ein größerer Teil in einem Papyrusfragment (Pap. Oxyrhynchos 1358 F 2) erhalten ist. Es dürfte sich dabei jedoch kaum um eine selbständige Schrift, sondern vielmehr eine Partie aus dem III. Buche der – nur unvollständig überlieferten – «Frauenkataloge» gehandelt haben, wo von der Verfolgung der Boreaden die Rede war, die dem Dichter allem Anscheine nach den Anlaß zu seiner Darstellung bot. Und in dieser ersten – wenn wir so wollen – literarisch faßbaren Periodos des griechischen Altertums ist die geographische Orientierung nun interessanterweise im wesentlichen nach *ethnographischen* Gesichtspunkten vorgenommen: an Stelle der Landstriche nämlich, welche die Erzählung im Verlaufe des Geschehens berührt, sind fast durchgehend nur die Namen ihrer Einwohner aufgeführt. So finden im Süden etwa u. a. die Libyer, Äthiopen, Makrokephalen («Großköpfe») und Pygmäen, im Norden die «rosselmelkenden» – hier erstmals namentlich genannten – Skythen (Σκύθας ἱππημολγούς, bzw. «Galaktophagen» bei Strabo) und Hyperboreer Erwähnung. Freilich scheinen damit, wohl um einen möglichst wirkungsvollen Eindruck von der Weltweite des geographischen Schauplatzes der Begebenheiten, von denen der Mythos berichtet, zu vermitteln, in erster Linie wieder Vertreter der fernhin, am Rande der Erde hausend gedachten Fabelbevölkerungen berücksichtigt zu sein, wie – neben den Hyperboreern und «Großköpfen» – ganz sicher im Falle der Äthiopen, Pygmäen und «Rossemelker» (Hippemolgen), die in dieser Rolle ja schon bei Homer auftreten. Und so wird man es auch nicht anders als im Sinne

einer bewußten Idealisierung ihrer Lebensführung zu verstehen haben,
wenn sie etwa als «demutsvoll» (ὑφειμένιοι), «gottesfürchtig» (εὐσε-
βέως) oder – so die Äthiopen – «hochgesinnt» (μεγάθυμοι) und – wie die
Hyperboreer – «ritterlich» (εὐΐππων) gerühmt werden.

Bleiben mithin die Anschauungen Hesiods wie Homers auch im wesentlichen noch mehr oder weniger in der traditionellen Vorstellungsweise befangen, so zeichnen sich doch an einzelnen Stellen ihrer Schilderungen bereits deutlich erkennbar die ersten Umrisse einer empirischen
Länder- und Völkerkunde ab, die in der Folge dann, mit der Entwicklung
der ionischen Naturwissenschaften, alsbald eine großartige Ausbildung
erfahren sollte.

2. Von Anaximander bis Aischylos

Vorbemerkung

Nach dem Zusammenbruch der achäischen Seeherrschaft zunächst auf die heimischen Küstengewässer verwiesen, stiegen die Griechen, dank ihrer günstigen Lage, jedoch rasch zu einem der wichtigsten Handelspartner der Phönizier auf und vermochten über diese auch mit den ferner gelegenen Bereichen des Mittelmeerraumes Kontakte zu pflegen, von ihren Erfahrungen und Beobachtungen zu profitieren und, wie es scheint, sich ihre überlegenen nautischen Kenntnisse schon bald zu eigen zu machen: Etwa seit der Mitte des 8. Jahrhunderts v. Chr. nämlich begannen sie, mehr und mehr Unternehmungen größeren Umfangs zu wagen, deren Erfolg gar die phönizische Vormachtstellung zur See ernstlich zu gefährden drohte.

Die ersten entscheidenden Schritte in dieser Richtung taten bekanntlich die ionischen Griechen auf den ägäischen Inseln und an der Westküste Kleinasiens, deren Sitze mit dem asiatischen Hinterland und dem Zugang zum Mittelländischen sowohl wie zum Schwarzen Meere ihren Einwohnern ja auch geradezu ideale Voraussetzungen zur Anknüpfung von Handelsbeziehungen boten. Wohl um einer Kraftprobe mit den Phöniziern aus dem Wege zu gehen, denen sie sich zu Anfang natürlich noch kaum gewachsen fühlten, richteten die Ionier dabei ihr Interesse zunächst einmal in der Hauptsache nach Norden zu auf die pontischen Küstenbereiche: Nachdem gegen Ende des 8. und zu Beginn des 7. Jahrhunderts v. Chr. mit Abydos (vor 700), Parion (um 710) und Kyzikos (um 677) die ersten Stützpunkte an den Dardanellen und am Marmarameere gewonnen waren, stießen sie bereits um 647 bis an die Bug-Mündung vor, wo in Olbia eine ihrer bedeutendsten Kolonien auf skythischem Boden entstand, der sich in der Folge sodann, im Verlaufe nur weniger Jahrzehnte, eine Reihe weiterer Gründungen – darunter um 630 Sinope und Trapezunt – rings um den Pontos Euxeinos herum anschloß. Der Versuch, etwa um die gleiche Zeit auch an der Südküste Kleinasiens Fuß zu fassen, scheiterte offenbar an der bewaffneten Gegenwehr der Assyrer. Nichtsdestoweniger gelang es jedoch, über See in direkte Handelsbeziehungen mit dem entfernten Ägypten einzutreten, deren günstige Entwicklung alsbald zur Errichtung einer ganzen Fülle ionischer Faktoreien in den Deltaniederungen führte.

Als die kühnsten ionischen Seefahrer, die auch vor einer offenen Herausforderung der Phönizier (bzw. Karthager) nicht mehr zurückschreckten, feiert die antike Überlieferung in diesem Zusammenhang die Einwohner der nördlich der Hermon-(heute Gediz-)Mündung am Eingang des Golfes von Smyrna (heute Izmir) gelegenen Stadt Phokäa (heute Foça). Laut Herodot (I 163) benutzten sie statt der sonst üblichen runden Handelsschiffe die an sich mehr zu Kriegszwecken gebräuchlichen, schnelleren Fünfzigruderer und waren so als erste ihrer Landsleute, wie Herodot hervorhebt, auch in der Lage, zu Unternehmungen größeren Stils auszuholen, die nun vor allem in westlicher Richtung erfolgten. Um 600 v. Chr. stießen sie bis an die Küste Südfrankreichs vor, wo sie, nach zahlreichen Niederlassungen an der Adria, auf Korsika und an den Gestaden Etruriens und Liguriens, mit Massalia eine der auch kulturgeschichtlich fruchtbarsten griechischen Kolonien im barbarischen Ausland gründeten. Von hier aus gelang es ihnen dann noch während der ersten Hälfte des 6. Jahrhunderts v. Chr., nach und nach auch die ost- und südspanischen Häfen anzusegeln, sich dort ebenfalls an mehreren Stellen festzusetzen und endlich sogar mit Tartessos Handelsverbindungen aufzunehmen, von dessen Reichtümern schon etliche Jahrzehnte zuvor durch den Samier Kolaios, den widrige Winde auf einer Reise nach Ägypten um 640 v. Chr. bis in die Straße von Gibraltar hinein verschlagen hatten, erstmals direkte Kunde nach Ionien gedrungen war (vgl. Herodot IV 152). Wie es scheint, lebte der Unternehmungsgeist der Phokäer dann später noch bei den Einwohnern Massalias fort: Gegen Ende des 6. Jahrhunderts v. Chr. brach der Massaliote Euthymenes zu einer Expedition an die Westküste Afrikas auf, die ihn vermutlich bis an die Mündung des – von ihm offenbar für den Oberlauf des Nil gehaltenen – Senegal führte; leider ist jedoch der Bericht, ein Periplous (des Äußeren Meeres), in dem er seine Beobachtungen schriftlich niedergelegt hatte, so gut wie ganz verlorengegangen. Ein anderer Bürger der Stadt, Meidokritos mit Namen, soll den Nordatlantik befahren und die Britischen Inseln erreicht haben, und von Pytheas, der dann als erster eine regelrechte Forschungsreise ins Nordmeer unternahm, wird noch ausführlich die Rede sein.

Um dieselbe Zeit zeigten sich aber auch die Perser, damals gerade dem Höhepunkt ihrer Macht zustrebend, an einer systematischen Erkundung der Ökumene interessiert, wozu sie freilich in erster Linie wohl mehr rein vordergründige, d. h. ihren imperialistischen und handelspolitischen Zielen dienende Motive bestimmt haben werden. In diesem Sinne jedenfalls sandte, wie Herodot (IV 44) uns berichtet, Dareios I. (522–486 v. Chr.), dem überhaupt die Entdeckung «des größten Teiles von Asien» (τῆς δὲ ’Ασίης τὰ πολλά) zu danken sei, den Karer Skylax von Karyanda und andere, «zu deren Aufrichtigkeit er Vertrauen hatte», mit dem Auftrage aus, das östlich seinem Reiche angrenzende Indus-Gebiet zu erforschen. Daß der König gerade einen karischen Schiffer – denn um einen solchen handelte es sich, da die Expedition auf dem Wasserwege erfolgen sollte – zur Durchführung des Unternehmens heranzog, erscheint nicht von ungefähr: werden die Karer doch, die einstmals eines der Hauptkontingente des kretisch-ägäischen Flottenvolumens gebildet hatten, auch von der späteren Überlieferung noch als erfahrene Seeleute gerühmt.

Die Reise selbst nun dürfte bereits etliche Jahre vor 500 v. Chr. stattgefunden und annähernd zweieinhalb Jahre gedauert haben. Skylax und seine Begleiter segelten zunächst von Gandhara aus den Kabul und Indus abwärts, darauf an der westpakistanischen Südküste entlang zum Persischen Golf, umschifften sodann den Süden der Arabischen Halbinsel und durchfuhren endlich das Rote Meer bis zur Landenge von Suez hinauf – von wo, wie Herodot (IV 44) erinnert, seinerzeit Necho die Phönizier zur Umsegelung Libyens ausgesandt hatte.

Wie Euthymenes legte auch Skylax wieder seine Beobachtungen in einem – leider desgleichen bis auf nur wenige Bruchstücke verschollenen – Reisebericht nieder, der zumindest seiner äußeren Anlage nach offensichtlich noch ganz im Stile der älteren phönizischen Schiffstagebücher gehalten war und wohl als Periplous des Inneren (= Mittelländischen) wie des Äußeren (= ozeanischen) Meeres zu denken ist. Dadurch wurde die gebildete Welt der damaligen Zeit erstmals mit einem großen Teile des bis dahin noch nahezu unerforschten Indien bekannt, erfuhr von der Existenz des Persischen Golfes sowie der Tatsache, daß Arabien im Süden umschiffbar sei, und erhielt neue Erkenntnisse zur Beschaffenheit des Roten Meeres vermittelt. Bedeutsamer für unseren Zusammenhang erscheint jedoch, daß Skylax wenigstens inhaltlich über die trockene Log-

buchführung der Phönizier hinauszugelangen versuchte, indem er seinen Bericht neben eingehenderen Schilderungen des Landschaftscharakters auch mit einer Fülle ethnographischer Beobachtungen anreicherte: Soweit sich den Fragmenten entnehmen läßt, wartete er bei der
Beschreibung Indiens etwa mit detaillierten Angaben zu den Erzeugnissen des Landes, seiner Flora und Fauna auf, nannte die Völker, die er
sah oder von denen er hörte, einzeln beim Namen, ging des näheren auf
ihre Sprache, Tracht, Lebenshaltung und Sitten ein, ja wußte, wie aus
einem Hinweis bei Aristoteles (Politik VII 14 1332 b, 12 ff) erhellt, gar
Herrscher und Beherrschte somatisch voneinander zu scheiden. Gleichwohl verfehlte er nicht, seiner sachlichen Schilderung auch mythische
Lichter aufzusetzen und wieder einer Reihe von Fabelvölkern, wie der
«Schattenfüßler» (Skiapoden), «Großköpfe» (Makrokephalen) und
«Einäugigen» (Monophthalmen), Erwähnung zu tun, was freilich in
seinem Falle nicht sonderlich überraschend erscheint, da Indien ja der
herrschenden Auffassung seiner Zeit zufolge nahe dem Rande der Ökumene lag.

Es gilt als ausgemacht, daß der Periplous des Skylax von Karyanda,
den man den «eigentlichen Begründer der geographischen Schriftstellerei» genannt hat, von entscheidender Bedeutung für die Entwicklung
der ionischen Ethnographie war und nach Form wie Inhalt im Grunde
wohl auch die Vorlage für die «Erdbeschreibung» des Hekataios von
Milet bildete, mit der die systematisch betriebene, wissenschaftliche
Länderkunde der Antike einsetzt. – Dareios I. indessen nutzte die Erkenntnisse der Reise auf seine Weise: kurz nach Abschluß der Expedition fiel er mit bewaffneter Macht in die Gebiete Indiens ein, die Skylax
und seine Begleiter erkundet hatten (vgl. Herodot IV 44).

Von einer zweiten größeren Entdeckungsreise, welche die Perser ins
Werk setzen ließen, hören wir zur Zeit Xerxes' I. (486–465 v. Chr.).
Ein vornehmer Jüngling aus dem königlichen Geschlechte der Achämeniden, Sataspes mit Namen, hatte der Tochter eines persischen Großen
Gewalt angetan. Um ihn vor dem Tode am Pfahl, der ihm zur Strafe
bestimmt war, zu retten, schlug seine Mutter, eine Schwester Dareios'
I., vor, man solle ihm als Sühne zur Auflage machen, die Umsegelung
Libyens zu wagen. Xerxes erklärte sich einverstanden, und Sataspes begab sich nach Ägypten, bemannte ein Schiff und stach – in *westlicher*
Richtung – in See. Er passierte die Säulen des Herakles, umschiffte das
Kap Cantin (oder K. Spartel) und drang, monatelang unterwegs, auch
tatsächlich bis tief in den Süden der Westküste Afrikas vor. Dann je-

doch kehrte er, offenbar von den Strapazen der Reise zermürbt und ohne
alle Hoffnung, daß es ihm noch gelingen werde, das vorgeschriebene Ziel
der Expedition zu erreichen, wieder um und segelte auf dem Wege, den er
gekommen war, nach Ägypten zurück. Ob er seine Beobachtungen
schriftlich, etwa in Form eines Periplous, niedergelegt hat, ist nicht überliefert. Herodot, dem wir die Kenntnis des Ganzen verdanken, weiß nur
von einem mündlichen Bericht vor dem König, dessen Inhalt ihm anscheinend von einem Manne aus Samos vermittelt wurde, wohin sich ein
Eunuche des Sataspes nach dem Scheitern des Unternehmens geflüchtet
hatte. In dem einzigen, aber um so interessanteren Auszug, den Herodot
daraus mitteilt, erzählt der Perser,

«ganz hinten in Libyen seien sie an einem Volk von kleinen Menschen vorüberge-
kommen. Mit Palmenblättern seien sie bekleidet gewesen, seien in die Berge ent-
flohen, sobald das Schiff gelandet sei, und hätten ihre Städte im Stich gelassen.
Sie seien hineingegangen, hätten aber alles unversehrt gelassen und nur Weide-
tiere genommen».

Dem gestrengen Xerxes jedoch erschien die Schuld des Sataspes durch
den Teilerfolg seiner Reise nicht zur Genüge gesühnt, und er überant-
wortete ihn, seinem ursprünglichen Richterspruche gemäß, dem grausamen Tode am Pfahl (Herodot IV 43).

Von größeren Entdeckungsreisen *zu Lande* ist auch zu frühgriechi-
scher Zeit noch kaum die Rede. Stellten sich doch unter den damaligen
Voraussetzungen dem Landreisenden schon in unvorhergesehenen Ter-
rainbarrieren, wie Gebirgszügen, Sumpflandschaften oder Wüstenstri-
chen, und vor allem auch den mannigfachen Gefahren, die aus dem Kontakt mit feindseligen Völkern erwuchsen, mehr als dem Seefahrer, schier
unüberwindbare Hindernisse entgegen, denen man sich nur ungern freiwillig aussetzen mochte. Riskierte es aber einer und kehrte dann auch
tatsächlich wieder wohlbehalten nach Hause zurück, so wird sich die Fabel alsbald seiner Erzählungen wie seiner Gestalt bemächtigt haben, um
sie nach und nach in die Ferne der mythischen Unwirklichkeit zu entrük-
ken – wie offenbar im Falle des Ioniers Aristeas von Prokonnesos (einer
Insel und milesischen Kolonie im Marmarameer): Ihm, der Überlieferung zufolge einem apollinischen Wundertäter, soll es im 7. oder 6. Jahrhundert v. Chr. gelungen sein, durch den südrussischen Raum bis ins
Innere der westsibirischen Steppen hinein vorzudringen, und was er dort
sah und erlebte, so heißt es, habe er in einem Werk mit dem Titel «Ari-
maspeia» beschrieben, aus dem uns Herodot, dem wir auch hier wieder

die ausführlichsten Nachrichten verdanken, den folgenden – nicht ohne
Reserve zum besten gegebenen – Auszug erhalten hat:

«Nun berichtet aber des Kaystrobios Sohn Aristeas aus Prokonnesos in einem
epischen Gedicht, wie er, von Phoibos [= Apollon] begeistert, zu den Issedonen
gewandert sei. Jenseits der Issedonen, erzählt er, wohnen die Arimaspen, Menschen mit einem Auge, jenseits der Arimaspen goldhütende Greife und jenseits
der Greife die Hyperboreer, die an ein Meer grenzen. Von diesen Völkern sei
eines nach dem anderen gegen seine Nachbarn zu Felde gezogen, nur nicht die
Hyperboreer. Zuerst seien von den Arimaspen die Issedonen aus ihrem Lande
vertrieben worden, dann von den Issedonen die Skythen, dann, von den Skythen
gedrängt, hätten die Kimmerier ihr Land am Südmeer[1] verlassen müssen» (Herodot IV 13).

Wie leicht zu durchschauen, spiegelt der Bericht jene gewaltigen ethnischen Verschiebungen wider, die in letzter Konsequenz dann um die
Mitte des 8. Jahrhunderts v. Chr., die unmittelbaren Lebensinteressen
der ionischen Griechen bedrohend, zum Einbruch der Kimmerier in
Kleinasien führten und deren historische Kausalität, der auch später noch
für die großen Völkerbewegungen dieses Raumes so typische Wellen-
charakter, hier zum ersten Male und mit bemerkenswerter Schärfe erfaßt
ist, wenn sich ihre eigentlichen Urheber auch noch ganz, zu den Schemen
peripherer Fabelwesen verflüchtigt, im Zwielicht der mythischen Ferne
verlieren.

Allmählich, wie bei aller mangelhaften Überlieferung doch deutlich zu
sehen ist, beginnen also in frühhellenischer Zeit die Umrisse, ja schon
bestimmte literarische Grundformen einer exakteren länderkundlichen
Schriftstellerei immer stärker hervorzutreten, zu Anfang noch in sichtlicher Abhängigkeit von den Arten und Möglichkeiten der Verkehrsfüh-
rung: Die Schiffahrt, welche die größten Entfernungen – und sicherer als
auf dem Landwege – zu bewältigen gestattete, bewegte sich während des
Altertums in der Hauptsache an den Küsten entlang, deren Profil die
verläßlichste Orientierungshilfe bot, und auch später, als die Navigationstechnik weiter fortgeschritten und die Fähigkeit erlangt war, sich
nach dem Stand der Gestirne zu richten, wich man, zumal es nur wenige
Völker in der Nautik annähernd so weit wie die Phönizier gebracht haben
dürften, bis auf Ausnahmen kaum von der herkömmlichen Praxis ab. So
erklärt es sich, daß die antiken Reiseberichte, von den ältest erhaltenen

1 Das Schwarze Meer.

Zeugnissen an, in der überwiegenden Mehrzahl Küstenbeschreibungen, oder doch Darstellungen sind, die im Aufbau deren Kompositionsprinzipien befolgen; denn der Einfluß, den die Periploi auf die literarische Formgebung der länderkundlichen Schriftstellerei ausübten, war so groß, daß er nicht selten auch auf Schilderungen des Binnenlands übergriff. Im Vordergrund der Betrachtung stehen daher selbst später noch häufig Gesichtspunkte, die eigentlich mehr für die praktische Schiffahrt Bedeutung besaßen: so Angaben zum Küstenverlauf, den Landemöglichkeiten bzw. der Lage und Beschaffenheit der einzelnen Häfen, den Windverhältnissen und der Witterung, Hinweise auf Einmündungen größerer Flüsse und deren Beschiffbarkeit, weiter Empfehlungen zur Nahrungs- und Frischwasseraufnahme wie endlich aber auch – wohl in erster Linie zu Handelszwecken – Anmerkungen zur Lebensführung der küstennahen Bevölkerungen, ihrer räumlichen Verteilung, politischen Gruppierung, Einstellung den Fremden gegenüber usw. – womit freilich die ersten entscheidenden Ansätze zur Entwicklung einer systematisch-ethnographischen Berichterstattung schon gewonnen waren. Wie schon erwähnt, überschrieb man im Griechischen Werke dieser Art gemeinhin mit der Bezeichnung «Periplous» (περίπλους, plur. «Periploi», περίπλοι, zu deutsch: «Umschiffung»), an deren Stelle aber gelegentlich auch der Ausdruck «Paraplous» (παράπλους, plur. «Paraploi», παράπλοι, etwa «Vorüberfahrt») treten konnte. Über ihre vermutlich ursprüngliche, noch in erster Linie praktisch-nautischen Zwecken dienende Gestalt informierten uns bereits der Reisebericht des Hanno und Passagen aus den Gesängen Homers. Mit Skylax von Karyanda, der – soweit zu erkennen – als erster das Bedürfnis empfand, über die Grenzen des Logbuchprinzips hinaus eine allgemeinere länderkundliche Darstellung zu geben, setzt dann gegen Ende des 6. Jahrhunderts v. Chr. eine zunehmend nach wissenschaftlichen Gesichtspunkten angelegte geographisch-ethnographische Berichterstattung ein. Daneben freilich behaupteten sich, unter der Bezeichnung «Limenes» (λιμένες), wörtlich «Häfen», dem Sinne nach etwa zu übersetzen mit «Hafenverzeichnis», auch weiterhin Formen des alten, also rein auf die Belange der Seefahrt zugeschnittenen Typs.

Noch zu frühhellenischer Zeit dürften aber auch bereits Beschreibungen einzelner Länder und Örtlichkeiten, die sog. «Periegesen» (περιηγήσεις, sing. «Periegese», περιήγησις, «Herumführung», ion. a. «Umriß») oder – nach der späteren alexandrinischen Terminologie – «Chorographien» (χωρογραφίαι, «Länderbeschreibungen») und «Topographien» (τοπογραφίαι, «Ortsbeschreibungen»), verfaßt worden sein, wie sie ja in etwa schon im «Schiffskatalog» der Ilias (II 494–785) und der anschließenden Truppenrevue der trojanischen Alliierten (II 815–877) oder dem Arimaspen-Epos des Aristeas vorgebildet erscheinen. Und bald darauf können wir uns auch bereits die ersten umfassenden Erdbeschreibungen, sog. «Ges Periodoi» oder einfach «Periodoi» (περίοδοι, sing. «Periodos», περίοδος, wörtl. «Umwanderung»), entstanden denken, worunter man zunächst die kartographische Darstellung der Ökumene und den ihr zur Erläuterung beigefügten Text, dann aber auch selbständige literarische Werke verstand. Ansätze hierzu ließen ja schon die Dichtungen Hesiods erkennen. Im 5. Jahrhundert v. Chr. jedenfalls muß es, Hinweisen Herodots zufolge, bereits eine ganze Reihe solcher Periodoi gegeben haben. Der Versuch, eine wissenschaftlich-systematische Erdbeschreibung zu liefern, glückte jedoch offensichtlich erst Hekataios von Milet (um 500 v. Chr.), dem eigentlichen Begründer der Länder- und Völkerkunde, von dem noch ausführlich die Rede sein wird. Zu spätantiker Zeit erweiterte sich dann auch der Begriff «Periegese» allmählich zu der globalen Bedeutung der Periodos.

So vollzog sich um die Mitte des 1. Jahrtausends v. Chr. in Ionien der entscheidende Übergang von der schlichten Betrachtung zur systematischen Erforschung der menschlichen Umwelt, ein Wandel, der nicht nur die Länder- und Völkerkunde, sondern nahezu alle Bereiche der Natur (griech. «Physis», φύσις) erfaßte und neben der ethnologischen auch für die Erkenntnis überhaupt von schlechthin revolutionierender Bedeutung war. Die Fesseln der traditionsgläubigen Anschauung sprengend, suchten die ionischen «Physiker» die Erscheinungen der Welt nun nicht mehr auf das willkürliche Wirken und Walten einer unbestimmbaren Fülle persönlich gedachter Geistmächte zurückzuführen, sondern erstmals rein rational als einen geordneten, auf einen der Natur inhärenter, ein ewig gültiges Gesetzesgefüge gegründeten Funktionszusammenhang von Ursache und Wirkung zu begreifen, geschaffen und getragen von einer zum Prinzip dieser Ordnung verflüchtigten, schemenhaft-abstrakten göttlichen Allkraft. In den Mittelpunkt ihres Interesses rückte daher an Stelle des Wie das Warum, die Frage nach der *Kausalität* des Geschehens, womit nicht nur die Voraussetzungen der Naturwissenschaften und der exakten Philosophie, sondern auch der Geschichtswissenschaften und so auch der *Völkerkunde* endgültig erworben waren!

1. Anaximandros von Milet (ca. 611–547 v. Chr.)

Erstmals und bahnbrechend zugleich schuf sich der neuartige Erkenntniswille der Ionier in den kühnen Konzeptionen des Milesiers Anaximander Ausdruck, der – mehr noch als sein Lehrer Thales von Milet (ca. 624–546 v. Chr.) – als der eigentliche Begründer der griechischen Naturgelehrsamkeit und Philosophie bezeichnet werden darf. Er entwarf als erster eine rein physikalische Kosmogonie, faßte in diesem Sinne die Welt als ein gesetzmäßig geordnetes Ganzes auf und suchte die Beweise dafür auf dem Wege der *Empirie* zu erbringen. Für den nüchternen Rationalismus wie den imponierenden Weitblick dieses Denkers zeugt schon allein seine Theorie zur Entwicklungsgeschichte der Tiere und Menschen. Hier lehrte er nämlich, vermutlich durch Beobachtungen am Mäanderschlamm und der Küste bei Milet zu seinen Überlegungen angeregt, die Lebewesen, ursprünglich aus dem Feuchten entstanden, seien zu Anfang von fischartiger Gestalt und einem stacheligen Panzer umhüllt gewesen; als unter der Sonnenbestrahlung jedoch ihr existenzerhaltendes Element mehr und mehr der Verdunstung erlag, hätten sich Teile von ihnen aufs Trockene begeben, dort dann, nach Ausbildung der Geschlechtsreife, ihre Schutzhüllen abgeworfen und so das Aussehen der heutigen landbewohnenden Tiere und Menschen erlangt. Eine Bestätigung seiner These von der animalischen Abkunft des Menschen schöpfte Anaximander auch aus der Erwägung, daß der Mensch in seiner ursprünglichen Gestalt gleich den Tieren über die Fähigkeit verfügt haben müsse, sich schon bald nach der Geburt selbst ernähren zu können, da er ja sonst wohl längst ausgestorben wäre. Und ebensowenig, wie er Prometheus oder einen Gott für den Bildner des Menschen hielt, glaubte er, daß die Vorgänge in der Natur das Werk bestimmter göttlicher Mächte seien: Nicht Zeus, so lehrte er z. B., lasse es regnen, donnern und blitzen, sondern der Regen entstehe aus den feuchten, von der Sonne emporgesogenen Dünsten der Erde; der Donner rolle, wenn Luft, von einer Wolke umschlossen und auf das dichteste zusammengeballt, sich gewaltsam befreie, und der Blitz bezeichne den (helleren) Riß, der sich dabei in der (dunkleren) Wolkendecke bilde – Ansichten, die dann von den späteren ionischen Naturphilosophen noch wesentlich ergänzt und weiter ausgebaut wurden.

Bedeutsamer für unseren Zusammenhang erscheint jedoch, daß Anaximander, wiederum als erster, wie die Überlieferung ihm nachrühmt, «es wagte, die Ökumene zeichnerisch darzustellen», und zwar auf einer – vermutlich metallenen – Tafel (ἐν πίνακι), d. h. unter den Griechen den

ältest bekannten Versuch unternahm, eine *Karte der gesamten Erdoberfläche* zu entwerfen, also die Verteilung ihrer Land- und Wassermassen,
den Verlauf der einzelnen Küsten, die Lage der wichtigsten Ortschaften,
Flüsse und Gebirgszüge sowie die Sitze der verschiedenen Völker und
dergleichen mehr im Bilde wiederzugeben. Diese großartige Leistung
konnte ihm um so eher glücken, als er ja in Milet, dem Venedig der Antike,
das damals gerade die höchste Entfaltung seiner Handelstätigkeit erlebte
und seine Schiffe bis in die entferntesten Bereiche der mittelmeerischen
Welt entsandte, schlechterdings ideale Bedingungen zur Einziehung der
ihm erforderlichen Auskünfte vorfand. Wie vor ihm auch Thales und nach
ihm Anaximenes von Milet (ca. 588–524 v. Chr.), Anaxagoras von Klazomenai (ca. 500–428 v. Chr.) und vor allem Hekataios von Milet, der seine
Darstellung dann einer eigenen, laut Überlieferung «in staunenswertem
Maße» verbesserten und erweiterten Weltkarte zugrunde legte[2], nahm er
dabei jedoch nach wie vor an, daß die Erdoberfläche kreisförmig sei, rings
vom Ozean umströmt werde und ihren Mittelpunkt im Heiligtum zu
Delphi besitze. Dem Kenntnisstande seiner Zeit entsprechend dürften den
größten Teil der Mittelmeerraum und die pontischen Gebiete beansprucht
haben. Möglich ist, daß er, ähnlich wie später – und sicherlich exakter –
Hekataios von Milet, bereits die Ökumene in eine nördliche kalte (Europa)
und eine südliche warme (Asien) Hälfte schied, getrennt durch eine von
den Säulen des Herakles durch das Mittelmeer bis zur Mäotis verlaufende
Linie (s. Abb. 7). Der Erde als Ganzem aber gab er die Gestalt eines flachen,
dreimal so breiten wie hohen Zylinders und lehrte bzw. suchte mathematisch zu erweisen, daß sie – und dies dürfte überhaupt seine revolutionärste
Entdeckung sein – frei inmitten des kugelförmig gedachten Weltalls
schwebe, festgebannt kraft des nach allen Seiten hin gleichmäßigen Ab-
standes zum Sphärenmantel. Anaximenes, Herakleitos von Ephesos (um
500 v. Chr.) und Anaxagoras faßten sie jedoch, wie noch Thales, demgegenüber auch ihrem Gesamtaufbau nach weiterhin als Scheibe auf und
nahmen an, daß sie, vom Halbrund des Firmamentes überwölbt, entweder
– so Thales – auf den Wassern des Ozeans oder – so Anaximenes und
Anaxagoras – auf der infolge ihres Gewichtes unter ihr zusammengepreßten Luft oder – so Heraklit – auf festem Erdreich ruhe, freilich auch ihren
Vorstellungen nach im Zentrum des Alls. Etwa um die gleiche Zeit sollen
aber dann die Pythagoreer – wenn nicht schon Pythagoras (ca. 582–507

---

2 Eratosthenes bei Strabo I 1, 7 u. Agathemeros: Geographiae informatio I 1.

Abb. 7 Die Erdkarte Anaximanders von Milet (Rekonstruktionsversuch)

v. Chr.) selbst – oder, wie andere überliefern, Parmenides von Elea (ca. 530–450 v. Chr.) bereits die Ansicht vertreten haben, daß die Erde *kugelgestaltig* sei.

Das Geschehen in der Welt aber leitete sich nach Anaximander aus der nimmer ruhenden, unendlichen Bewegung der Dinge ab und unterlag, von der alles durchwaltenden, naturimmanenten Gesetzesordnung in seinem Entwicklungsverlaufe bestimmt, einem ewigen, in rhythmischer Wiederkehr sich vollziehenden Wandel von Werden und Vergehen, Aufstieg und Untergang.

2. Herakleitos von Ephesos (um 500 v. Chr.)

Einer ähnlichen Geschichtsauffassung huldigte auch Heraklit. Konsequenter vielleicht noch als Anaximander vertrat er die Lehre, daß die Formen des Seienden einer stetigen Umwandlung ausgesetzt sind, immer aufs neue sich bildend und wieder vergehend, den Wellen des Wassers vergleichbar: «Alles fließt», so faßte er der Überlieferung nach dieses ewige Auf und Ab in der Welt der Erscheinungen bündig in einer berühmt gewordenen Formel zusammen, «und nichts hat Bestand» (πάντα ῥεῖ καὶ οὐδὲν μένει). Als das treibende, die permanente Bewegung beherrschende Prinzip – und zugleich auch den Urstoff des Seienden – sah er bekanntlich die Wärmeenergie bzw. das «Feuer» an, das, wie er meinte, einander entgegenstrebende Kräfte in sich vereinige, deren Widerstreit einen fortwährenden Wechsel von Spannungen und deren Ausgleich – eben den Wandel der Formen – ins Leben rufe. Und diesen Prozeß dachte er sich nicht nur in der Natur, sondern auch in der Geschichte wirksam:

«Kampf (πόλεμος) ist der Vater von allem, der König von allem; die einen macht er zu Göttern, die andern zu Menschen, die einen zu Sklaven, die andern zu Freien».

Indessen handelte es sich seiner Ansicht nach dabei nicht um ein buntes Mosaikspiel blind waltender Zufälligkeiten, sondern er war vielmehr zutiefst von der Überzeugung durchdrungen, daß eine alles durchgreifende, ewig gültige Gesetzmäßigkeit, der «Logos», auch als «Schicksal» (εἱμαρμένη) oder «Notwendigkeit» (ἀνάγκη) umschrieben, das Geschehen bestimme, welche die einander widerstreitenden Kräfte im Gleichgewicht halte, so daß die Welt, bei aller Veränderlichkeit ihrer Erscheinungen, doch ein geordnetes, harmonisches Ganzes darstelle. Gleichwohl glaubte er an eine Entwicklung der Dinge, nahm jedoch wie Anaximander an, daß sie sich in einem ununterbrochenen Kreislauf von Werden und Vergehen vollziehe, in einer unendlichen Folge von Weltzeitaltern, zu deren Ende die Welt jeweils von einem gewaltigen Brande vernichtet werde, um alsbald wieder neu zu erstehen. Nicht die freie Entfaltung der schöpferischen Kräfte des Menschen also schuf nach der Auffassung des Philosophen von Ephesos die Kultur in all ihren mannigfaltigen Äußerungsformen, sondern der waltende Logos verlieh ihr Gestalt und die wechselnde Vielfalt, bestimmte, in rhythmischer Wiederkehr, den Aufstieg und verhängte den Untergang. Und wie sein Wirken die Welt erhält, bedarf auch die menschliche Gesellschaft, um von Bestand zu sein, einer festen, die verschieden gerichteten Strebungen der einzelnen auf eine einheitliche Lebensführung verpflichtenden Gesetzesordnung.

Diese Einsichten berührten jedoch, wie Heraklit mehrfach und bitter beklagt, seine Zeitgenossen nur kaum oder gar nicht. Sie blieben den Grundsätzen der Überlieferung in der Mehrzahl unbeirrt treu, befangen vor allem in der Vorstellungswelt der alten Dichter, die der Philosoph voller Ingrimm allesamt zu Lügenschmieden erklärte, die es – so Archilochos und selbst Homer, dessen Weisheit er andernorts rühmt – verdienten, ihrer Fabeleien wegen, welche die Gemüter der Menge in Fesseln schlügen, mit Ruten gezüchtigt zu werden. Ihm konnten die Praktiken der Volksreligion, wie namentlich die Bilderverehrung, das Opferwesen und die orgiastischen Fruchtbarkeitsfeste, nur müßiger Zauber sein, Blendwerk einer irregeleiteten Phantasie, den Menschen die reine Schau der Wahrheit verwehrend, die seiner geläuterten Auffassung nach allein in der Erkenntnis des Weltgesetzes zu suchen war, dem es einzig zu huldigen galt; denn ihm nur räumte er Göttlichkeit ein, und unter ihm, dem Logos, so lehrte er, sich nachgerade zu pantheistischer Gläubigkeit erhebend, sei Zeus zu verstehen, die alles durchwaltende, geistig-schöpferische Wirkkraft, als ewig und eins zu begreifen, auch wenn sie in vielerlei Gestalt in Erscheinung trete:

«Gott (ὁ θεός) ist Tag und Nacht, Winter und Sommer, Krieg und Frieden, Sättigung und Hunger. Er wandelt sich aber wie das Feuer, das, wenn es mit Räucherwerk vermischt wird, nach dem Duft, den ein jegliches ausströmt, benannt wird».

Wie gerade der letztere Vergleich zu erkennen gibt, deutete Heraklit also die Götter der Volksreligion, seinem Pantheismus entsprechend durchaus konsequent, offenbar als verschiedenartige Manifestationsformen des einen Allgotts und faßte so auch, wie aus einem anderen Bruchstück seiner Lehre hervorgeht, Dionysos und Hades, die er als *eines* Wesens bezeichnet, als Prinzipien des Lebens und des Todes auf. Er lehnte mithin die überkommenen Vorstellungsweisen nicht als solche grundsätzlich ab, sondern wollte sie nur in einem tieferen, philosophischen Sinne, d. h. allegorisch verstanden wissen!

3. Xenophanes von Kolophon (ca. 576–480 v. Chr.)

Wie Anaximander und Heraklit bekannte sich auch Xenophanes wieder,
der Stifter der eleatischen Schule, zur Weltalterlehre, suchte sie aber
nun, entschiedener noch als die Genannten empirisch verfahrend, in
höchst bemerkenswerter Weise bereits vorwiegend auf naturkundliche
Beobachtungen zu gründen:

«Xenophanes glaubt, daß eine Vermischung der Erde mit dem Meere stattfinden
und daß jene im Laufe der Zeit von den feuchten Elementen aufgelöst werden
würde. Er behauptet, er habe Beweise dafür, weil mitten im Binnenlande und auf
den Bergen Muscheln gefunden würden, und er sagt, daß in Syrakus in den Stein-
brüchen Abdrücke von Fischen und Robben gefunden seien, in Pharos aber ein
Abdruck einer Sardelle in der Tiefe des Gesteins und auf Malta Abdrücke von
allen möglichen Seetieren. Er sagt, dies sei geschehen, als alles voreinst zu
Schlamm geworden war und daß der Abdruck in dem Schlamm dann hart geworden sei. Es würden aber sämtliche Menschen umkommen, wenn die Erde in das
Meer rutsche und dann zu Schlamm würde. Danach aber beginne sie wieder mit
ihrer Entstehung, und diesem Wandel seien sämtliche [sukzessive aufeinander-
folgenden] Welten unterworfen».

Die vernichtende Katastrophe tritt also hier, entgegen der Auffassung
Heraklits, durch Überflutung der Erde – die er sich übrigens nach unten
zu bis ins Unendliche hinabreichend dachte – oder deren Absinken ins
Weltmeer ein. Mögen bei all diesen Konzeptionen letzten Endes auch
mythisch-eschatologische Vorstellungen von einem durch Sintbrand
oder Sintflut herbeigeführten Weltuntergang mit hereinspielen, so verdient doch der Versuch, ihnen eine rationale Erklärung abzugewinnen,
immerhin als ein entscheidender Schritt auf dem Wege zur Entmytholo-
gisierung der Erkenntnis gewürdigt zu werden.

Innerhalb der einzelnen Weltperioden aber vollzog sich die Entwicklung der Kultur dann, wie wir einem überlieferten Ausspruch des Philosophen entnehmen dürfen, jeweils auf geradlinig-*evolutionistische*
Weise:

«Die Götter haben den Sterblichen nicht von Anfang an alles offenbart, sondern
erst nach und nach finden diese suchend das Bessere».

Der Fortschritt gründet sich also zu einem guten Teil auf die *schöpferischen Bemühungen des Menschen*, und in diesem Zusammenhang wies
Xenophanes – wohl unter anderem – auf die Erfindung des Geldes durch
die Lyder hin. Als erster, soweit wir zu sehen vermögen, scheint er mit-

hin den ionischen Rationalismus konsequent auch auf die Geschichtsbetrachtung übertragen und so einer wissenschaftlichen Kulturgeschichtsforschung die Wege geebnet zu haben.

Schon aus diesem Grunde mußte er auch der mythischen Überlieferung und dem Volksglauben überhaupt mit erklärter Skepsis begegnen. Ähnlich wie Anaximander bereits deutete er die auffallenderen Erscheinungen in der Atmosphäre etwa, welche die Menge dem Herkommen nach als Manifestationen göttlicher Wesenheiten verehrte, als bloße Folge rein physikalisch-meteorologischer Vorgänge: Die Gestirne samt Sonne und Mond, die Kometen und Meteore, die Blitze, der Regenbogen (die Iris) und selbst das St.-Elms-Feuer (die Dioskuren) seien, so lehrte er z. B., in Wahrheit auf nichts anderes als die Bewegungen und mit wechselnder Intensität erfolgenden Zusammenballungen feuriger – und daher leuchtender – Dunst- oder Wolkenmassen zurückzuführen. Gestalten und Fabelwesen, wie die Giganten, Titanen und Kentauren, tat er als «Phantasiegebilde der Alten» (πλάσματα τῶν προτέρων) ab. Vor allem aber geißelte er den Anthropomorphismus in der traditionellen Gottesanschauung, den Wahn, «die Götter würden geboren und hätten Gewand, Stimme und Gestalt ähnlich wie sie selber» – nämlich die Menschen, wofür er, gleich Heraklit, wieder in erster Linie die Dichter, allen voran Homer und Hesiod, verantwortlich machte.

Der Mensch, will er sagen, erschuf die Götter nach *seinem* Bilde. Und diese Einsicht nun auch auf die mannigfaltigen Glaubensformen der nicht griechischen, barbarischen Religionen übertragend, gelangte er zu dem folgerichtigen Schlusse, daß die einzelnen Völker demgemäß ihren heimischen Göttern auch immer nur die eigenen, ihnen vertrauten Züge verliehen:

«Die Äthiopen», führt er zum Beweise an, «stellen sich ihre Götter schwarz und stumpfnasig vor, die Thraker dagegen blauäugig und rothaarig.»

Und an einer anderen Stelle setzt er mit geradezu sokratischem Spotte hinzu:

«Wenn Ochsen, Pferde oder Löwen Hände hätten und damit malen und Werke wie die Menschen schaffen könnten, dann würden die Pferde pferdeähnliche, die Ochsen ochsenähnliche [und die Löwen, wie sinngemäß zu ergänzen, löwenähnliche] Götterbilder malen und solche Gestalten schaffen, wie sie selber haben».

Damit war schon zu Beginn der griechischen Philosophie eine der wesentlichsten Erkenntnisse der Religionswissenschaft gewonnen, deren

Gültigkeit, im 19. Jahrhundert bekanntlich vor allem von Ludwig Feuerbach (1804–1872) wieder mit Nachdruck vertreten, in ihrer grundsätzlichen Bedeutung jedenfalls auch heute noch anerkannt ist. – Man wird wohl voraussetzen dürfen, daß sie auch für Xenophanes bereits im erweiterten Umfange galt, d. h. die Übertragung der Gesellschaftsordnung, der Außenkultur und der Lebensführung überhaupt, also der gesamten menschlichen Daseinsverhältnisse auf die Götterwelt mit einschloß.

4. Theagenes von Rhegion (um 500 v. Chr.).

Nur wenig später, nachdem Xenophanes seine revolutionäre und aus *ethnologischen* Überlegungen heraus entwickelte Kritik an den herkömmlichen Göttervorstellungen formuliert hatte, gelang – möglicherweise unter dem Einfluß der zündenden Ideen des Kolophoniers – Theagenes von Rhegion, der Überlieferung nach der Begründer der Homer-Philologie, ein theoretischer Entwurf von ähnlich weit reichender Bedeutung.

Der Gelehrte, dessen Gestalt und Lebensumstände sich ganz im Dunkel der Geschichte verlieren, ließ es sich nämlich nicht genügen, die homerischen Gesänge allein von der kühlen Warte des Philologen aus zu studieren, sondern suchte darüber hinaus zu einem tieferen Verständnis ihres Inhaltes vorzudringen, indem er, dem Ansatz seines Zeitgenossen Heraklit entsprechend, doch eher mit dem Ziele, die Ehre des Dichters zu verteidigen, statt sie anzugreifen, und konsequenter wohl als der Naturphilosoph, die Ansicht verfocht, jene Passagen der Epen, die man ihrer freizügigen und burlesken Behandlung der Götterwelt wegen zunehmend als allzu trivial und wenig ziemlich empfand, seien in Wahrheit *allegorisch* gemeint und demzufolge auch nur so zu verstehen. In diesem Sinne sah er z. B. in der im XX. Buche der Ilias geschilderten Beteiligung der Götter am Schlachtgeschehen auf symbolisch-poetische Weise das Ringen der einander widerstrebenden Kräfte der Natur und der Geistesgaben des Menschen mit seinen niederen Leidenschaften zum Ausdruck gebracht:

«Die Lehre von den Göttern überhaupt», heißt es hierzu im Scholion B zur Ilias (XX 67), «betrifft das Schädliche und ebenso das Unziemliche. Denn er [Porphyrios?] behauptet, daß die Mythen von den Göttern (τῶν θεῶν μύθους) unziemlich seien. Gegenüber solchem Urteil suchen die einen auf Grund des Wortlautes

[?] eine Lösung der Schwierigkeit in der Meinung, daß alles allegorisch gesagt sei von der Natur der Elemente (ἀλληγορίαι πάντα εἰρῆσθαι νομίζοντες ὑπὲρ τῆς τῶν στοιχείων φύσεως), so z. B. bei den [feindlichen] Begegnungen der Götter. Sie behaupten, daß ja auch das Trockene mit dem Feuchten und das Warme mit dem Kalten kämpfe und das Leichte mit dem Schweren. Auch habe das Wasser die Fähigkeit, das Feuer auszulöschen, das Feuer die, das Wasser austrocknen zu lassen. Und ebenso liege sämtlichen Elementen, aus denen das Weltall bestände, ein Gegensatz zugrunde, und teilweise unterliege dieses auf einmal dem Untergang; das Ganze aber bleibe in Ewigkeit. Schlachten aber lasse der Dichter stattfinden, indem er das Feuer Apollon und Helios wie auch Hephaistos nenne, das Wasser Poseidon und Skamandros, den Mond Artemis, die Luft Hera u. dgl. In ähnlicher Weise gebe er zuweilen auch geistigen Eigenschaften und Zuständen Namen von Göttern; so sage er für die Einsicht (φρόνησις) Athene, für den Unverstand (ἀφροσύνη) Ares, für die Begierde (ἐπιθυμία) Aphrodite, für die Vernunft (λόγος) Hermes. . . . Diese Art der Rechtfertigung [des Dichters] ist uralt; sie stammt von Theagenes von Rhegion, der zuerst über Homer geschrieben hat».

Um der Unversöhnlichkeit von Feuer und Wasser, die einander von Natur aus stets mit Vernichtung bedrohen, allegorisch Ausdruck zu verleihen, lasse Homer, so deutete Theagenes also, als Repräsentanten der Elemente Apollon (Helios?) und Hephaistos auf der einen wider Poseidon und (den Flußgott) Skamandros auf der anderen Seite zu Felde ziehen. Hera, die Atmosphäre verkörpernd, befehdet die Mondgöttin Artemis wohl, da die Luft dem sie durchschreitenden Nachtgestirn Widerstand leistet. Athene, die göttliche Manifestation der Besonnenheit und Einsicht, kreuzt mit Ares die Waffen, den Zügellosigkeit und Kriegswut regieren, und streckt ihn, wie es in dem obigen Texte weiter heißt, nieder, «weil alles Schlechte zu Boden und in die Tiefe geworfen wird», während Hermes endlich, der Gott der Vernunft, die leichtfertige Vergeßlichkeit in Gestalt der Leto bekämpft (vgl. Il. XX 72).

Mit diesem, für die Anschauung der damaligen Zeit gewiß recht kühnen, aber doch eindrucksvollen und namentlich von den gebildeten Verehrern des Dichters zweifellos mit Beifall aufgenommenen Versuch sicherte sich Theagenes in der späteren Überlieferung einen festen, anerkannten Platz als Archeget der allegorischen Homerinterpretation und tat damit überhaupt den ersten entscheidenden Schritt zur Mythendeutung ganz allgemein, wie sie von nun an die Geister bis in die ausgehende Antike hinein in zunehmendem Maße beschäftigen und eine ebenso reiche wie vielförmige Entfaltung erfahren sollte.

5. Anaxagoras von Klazomenai (ca. 500–428 v. Chr.)

Mit dem Aufstieg Persiens zur beherrschenden Weltmacht des östlichen Mittelmeerraumes hatte die Stunde der Ionier, denen es erstmals gelungen war, die Naturanschauung aus der Umklammerung des Mythos zu lösen und dank ihrer genialen, binnen kürzester Frist zu höchster Blüte entfalteten schöpferischen Initiative Ideen von schlechthin grundlegender Bedeutung für die nachfolgende Kultur- und Geistesgeschichte des Abendlandes zu entwickeln, geschlagen: 545 v. Chr., nach der Eroberung Lydiens (547/46 v. Chr.) durch Kyros den Älteren (559–530 v. Chr.), fallen ihre Städte unter das Joch der neuen Herren Kleinasiens; ein Aufstand endet nach zähem, langwierigem Ringen (500–494 v. Chr.) mit einer vernichtenden Niederlage und der vollständigen Zerstörung Milets (vgl. Herodot V 97–VI 32). Der Angriff der Perser auf Griechenland selbst, wiewohl mit überlegenem Aufgebot vorgetragen, konnte jedoch, wie weidlich bekannt, vermöge des heldischen Widerstands der Verteidiger gebrochen und siegreich abgewehrt werden. Athen aber, in dem Kampf ohnegleichen zur politischen Führungsmacht der Hellenen emporgestiegen, blühte alsbald auch zur geistigen Metropole des im Bewußtsein seiner nationalen Einheit erstarkten Volkes auf, dem «Hauptsitz der Weisheit» (πρυτανεῖον τῆς σοφίας), wie es bei Platon (Protagoras 337 D) heißt, oder, wie Thukydides (II 41) sagt, zur «Bildungsstätte von Griechenland» (τῆς Ἑλλάδος παίδευσις), in welcher das Erbe der ihres Mutterbodens beraubten ionischen Wissenschaft Aufnahme und begeisterte Pflege fand und so auch zur Entfaltung der klassisch-griechischen Geisteskultur wesentlich beitrug.

In mehr als äußerlichem Sinne gelangte der bedeutsame Übergang sichtbar nun auch dadurch zum Ausdruck, daß Anaxagoras von Klazomenai, einer der letzten großen ionischen Denker, gegen Ende der Perserkriege, etwa um 462 v. Chr., seine Heimat verließ und nach Athen übersiedelte, um sich dort dauerhaft niederzulassen. In stiller Zurückgezogenheit, ganz seiner Arbeit gewidmet, lebte und lehrte er daselbst, bewundert und anerkannt von den aufgeschlosseneren und überragendsten Geistern der Stadt, unter denen ihm Männer wie Perikles und Euripides ihre persönliche Freundschaft schenkten, nahezu 30 Jahre lang, bis er um 432 v. Chr. auf Betreiben eines gewissen Diopeithes, wohl eines Sprechers der damals ihrer Masse nach noch weitgehend altgläubigen Bürgerschaft, seiner naturwissenschaftlich-aufklärerischen Theorien wegen des Atheismus angeklagt wurde und sich zur Emigration gezwungen sah.

Die wenigen ihm noch beschiedenen Jahre verbrachte er dann, hochgeehrt von den dortigen Einwohnern, in Lampsakos am Hellespont.

Den größten seiner Vorgänger gleich, ließ sich auch Anaxagoras wieder in seiner Erkenntnis überwiegend von rein rationalistischen Gedankengängen leiten und zielte in seinem Bemühen, Einsicht in den Aufbau der Welt, die Beschaffenheit der Dinge und den Wandel der Formen zu gewinnen, nahezu ausschließlich auf die Ergründung der – im damaligen Sinne – «physikalischen» Ursachen der Erscheinungen ab – was ihm Platon und Aristoteles mit dem tadelnden Hinweis, er habe die gestaltende Kraft des teleologischen Prinzips nicht gebührend erkannt, zum Vorwurf erhoben[3] und in der Nachwelt den Ruf des φυσικώτατος unter den alten Philosophen eintrug, des entschiedensten Verfechters der Ansicht, daß alles Werden und Geschehen einzig als Folge bestimmter, naturinhärenter und unveränderlich waltender Gesetzmäßigkeiten zu erklären sei.

Für einen Denker wie ihn, der u. a. den Mond für bewohnt und eine Art Abbild der Erde, die Sonne und die übrigen Gestirne aber für nichts anderes als glühende Gesteinsmassen hielt und auch für die meteorologischen Vorgänge in der Atmosphäre wieder nur rein physikalische Beweggründe gelten ließ, mußten daher erst recht die Vorstellungen der traditionellen Religion suspekt, als Gespinste der Volksphantasie oder bestenfalls poetisch-metaphorische Einkleidungen der eigentlichen Wahrheit erscheinen. Und so schreibt denn – neben Theagenes – auch ihm die Überlieferung zu, als erster die in den homerischen Gesängen geschilderten Ereignisse als dichterischen Ausdruck des Widerstreites der moralischen Kräfte im Menschen gedeutet zu haben. Aus einem im Scholion BT zur Ilias (XVII 547 ff) erhaltenen Fragment erfahren wir zudem, daß er, ähnlich wie Xenophanes bereits, in der Götterbotin Iris nur die mythische Verkörperung des – seiner Meinung nach durch den «Widerschein der Sonne in den Wolken» hervorgerufenen – Regenbogens sah; und wenn von seinen Schülern und Anhängern berichtet wird, sie hätten seinen «Weltgeist» (Νοῦς) mit Zeus gleichgesetzt und Athene für nichts weiter als die göttliche Personifizierung der handwerklichen und künstlerischen Fertigkeiten erklärt, so dürfte auch dies wohl auf Anschauungen des Anaxagoras selbst zurückgehen.

Daß sich der große Gelehrte über seine naturwissenschaftlichen Studien und mythologischen Betrachtungen hinaus aber auch Gedanken

---

3 Platon: Phaidon 96 Aff. Aristoteles: De partibus animalium IV 10. 687 a, 7 ff.

über das Werden und die Entwicklung der Kultur gemacht hat, erhellt
aus einem Fragment bei Plutarch, wo es heißt:

«In Kraft und Schnelligkeit stehen wir den Tieren nach, allein wir benutzen die
uns eigene Erfahrung (ἐμπειρία), Gedächtniskraft, Weisheit (σοφία) und Kunstfertigkeit (τέχνη), und so zeideln (βλίττομεν) und melken wir und bringen auf
alle Weise ihren Besitz in unsere Scheuern»[4].

Dank seiner besonderen Geistesgaben und der ihm angeborenen Geschicklichkeit also gelang es dem Menschen, seine anfängliche Hilflosigkeit gegenüber den Widrigkeiten und Fährnissen der Umwelt mehr als
auszugleichen, indem er, aus Beobachtungen und Erfahrungen in der
Natur seine Lehren ziehend, den Tieren etwa Praktiken vor allem der
Nahrungsgewinnung absah und – dies der entscheidende Gesichtspunkt –
die so erworbenen Kenntnisse dann auf *systematisch-empirische* Weise
ständig weiter vervollkommnete: der animalische Säugevorgang gab die
Idee zum Melken und damit zur Viehhaltung ein, und von den Bienen
ließ man sich zur Entwicklung der Imkerei inspirieren. Darüber freilich,
wie sich Anaxagoras die Abfolge der einzelnen Entdeckungen dachte, ist
uns nichts überliefert.

Der Werdegang der Kultur vollzieht sich mithin in streng *evolutionistischem* Sinne und erfolgt, bezeichnend für das mechanistisch-kausale
Denken des Philosophen, mit geradezu gesetzesmäßiger Notwendigkeit
aus den besonderen Anlagen des Menschen heraus: «weil er Hände
habe», soll Anaxagoras in diesem Sinne auch einmal geäußert haben, «sei
der Mensch das klügste der Lebewesen», d. h. imstande, kraft seines ma-
nuellen Geschicks neue, über die Grenzen der animalischen Existenz hin-
ausführende Fertigkeiten zu entwickeln und so zu immer höheren Daseinsformen aufzusteigen.

Entschiedener noch als Xenophanes also wollte Anaxagoras die Kultur
als eigenschöpferische Leistung des Menschen aufgefaßt wissen und erzielte damit einen weiteren, wesentlichen Fortschritt auf dem Wege zur
exakten Erforschung ihres Entwicklungsverlaufs und dem Aufbau einer
wissenschaftlich-ethnologischen Theoriebildung.

4 De fortuna, c. 3.

6. Empedokles von Akragas (ca. 494–434 v. Chr.)

Wie sehr, trotz der umwälzenden Erkenntnisse der ionischen Philosophie, die Tradition im Hellas der damaligen Zeit selbst die erhabensten Geister noch zu beherrschen imstande war, gewinnt auf besonders anschauliche Weise in der Gestalt des Sizilianers Empedokles Ausdruck. Auf der einen Seite zwar entschiedener Verfechter einer rationalistisch-mechanistischen Naturerklärung und erfolgreicher Arzt, neigte der wohl zwielichtigste Denker des Altertums auf der anderen doch auch einer mystischen, aus orphisch-pythagoreischen Vorstellungen schöpfenden Religiosität zu und gab sich gar als Seher und Wundertäter!

Vor allem aber gelangte seine Befangenheit in überkommenen Anschauungsformen, was für uns von Belang ist, in seiner Lehre vom Verlauf der Geschichte zur Geltung, den er, weniger an die verwandten Auffassungen Anaximanders, Heraklits oder des Xenophanes denn die volkstümlichere Darstellung Hesiods anknüpfend, wieder als eine ewige Folge zyklisch einander ablösender Weltalter deutete. Den Gang der Entwicklung innerhalb der einzelnen Zeitläufe selbst führte er dabei auf zwei, ihrem Wesen nach antagonistische Urprinzipien zurück, nämlich die – einigende – Kraft der «Liebe» (Φιλία) und die – zersetzende – Macht des «Streites» (Νεῖκος). Zu Anbeginn eines jeden Äons nun herrschte seiner Überzeugung nach jeweils allein die «Liebe». Die Menschen kannten, wie Empedokles schwärmt, während dieser seligen Urzeitepochen

«noch keinen Gott des Krieges oder des Schlachtengetümmels, keinen König Zeus oder Kronos oder Poseidon, sondern einzig die Königin Kypris [= Aphrodite]»; und an anderer Stelle: «Bäume, die immer Blätter und Früchte trugen, strotzten da in der Überfülle ihrer Fruchtlast über das ganze Jahr hin»; auch «waren alle Geschöpfe, wilde Tiere wie Vögel, zahm und zutraulich gegenüber den Menschen», denn diese verfolgten sie nicht, sondern lebten ausschließlich von vegetabilischer Nahrung.

Allmählich aber kam dann der «Streit» auf, gewann immer mehr, die waltende Eintracht langsam zersetzend, an Einfluß und Macht, um endlich, unter dem Heraufbeschwören eines allgemeinen Chaos, den Sieg zu erringen – worauf in der Folge alsbald die «Liebe» wieder erstarkte und sich der ganze Prozeß in nämlicher Weise aufs neue vollzog, auf Grund, wie der Philosoph allem Anschein nach lehrte, einer unveränderlich gültigen Gesetzmäßigkeit (der ἀνάγκη).

Ähnlich, wie Heraklit es sah, faßte auch Empedokles also die Weltge-

schichte als einen ewigen Wechsel von Werden und Vergehen auf, dessen
eherner Rhythmus mithin den Geschicken der Menschen immer wieder
den gleichen Ablauf bestimmte und so der menschlichen Initiative und
Schöpferkraft kaum – wenn überhaupt – größeren Raum zu freier, den
Gang des Geschehens wesentlich mitgestaltender Entfaltung beließ; und
ganz wie Hesiod begriff er die Entwicklung, die dem paradiesischen Goldenen Zeitalter folgte, moralisch als einen einzigen, von stetig sich stei-
gernder Zwietracht, wachsendem Haß und der Entfesselung furchtbarer
Kriege unaufhaltsam vorangetriebenen *Verfall* der ursprünglichen Ordnung bis zur endgültigen, alles zerstörenden Auflösung hin.

Mit dieser, zutiefst pessimistischen Auffassung nun verband der Philosoph, anknüpfend an seine romantische Schilderung der seligen Urzeit,
zugleich auch eine Theorie zur Geschichte der Opferformen. Seiner Vorstellung nach, die uns Theophrast überliefert, suchten die Menschen
jener friedvollen ersten Epochen nämlich die «Liebe», die sie regierte,
zunächst einzig

«mit frommen Gaben huldvoll zu stimmen, mit gemalten Tieren und wundersam
duftenden Salben, durch Spenden von lauterer Myrrhe und wohlriechendem
Weihrauch, den Boden mit Weihegüssen von gelbem Honig benetzend. Da wurde
nicht ein Altar mit greulichem Stierblut besudelt, denn einem andern Wesen das
Leben zu rauben und seine edlen Glieder hinunterzuschlingen, galt bei den Menschen der damaligen Zeit als der größte Frevel».

Von rein vegetarischer Kost sich ernährend, brachten die ersten Menschen also auch nur unblutige Gaben, d. h. zur Hauptsache Vegetabilien
und Tiere einzig auf symbolisch-bildliche Weise, dar – nicht anders, als es
Empedokles selbst zu halten pflegte, der, wie berichtet wird, in Olympia
z. B. einmal «einen Stier aus Honig und Mehl» stiftete. Erst später, als
die Macht des «Streites» zu wachsen begann und mit den Kriegen das
Töten aufkam, ging man, so ist zu ergänzen, dann auch zu blutigen Tier-
opfern über, ein Vergehen, das dem frommen Denker um so verabscheu-
ungswürdiger erscheinen mußte, als er sich mit den Pythagoreern zur
Seelenwanderungslehre bekannte, bzw. an die Einkörperung menschlicher Seelen auch in Tierleibern glaubte. Mithin läßt sich folgern, daß
Empedokles zwischen der Lebensform einer Entwicklungsstufe und ihrer
Opferpraxis eine genetische Beziehung annahm!

Für einen so gläubigen und im religiösen Leben seiner Heimat auch
aktiv tätigen Mann, wie es Empedokles war, kam ein grundsätzlicher
Zweifel an der Existenz der traditionellen Götter- und Geisteswelt natür-

lich kaum in Betracht; doch besaß er als Naturgelehrter von überragendem Rang Einsicht genug, um sich nicht vorbehaltlos auch zu den äußeren Vorstellungsformen zu bekennen, in denen sich die Volksanschau-
ung bewegte, sondern suchte wieder, was ihm unzulässig erschien, zu
tilgen oder allegorisch auszudeuten. In dieser Hinsicht stritt er – gleich
Xenophanes, und vielleicht sogar im Anschluß an ihn – vor allem wider
den Anthropomorphismus in der herkömmlichen Theologie und führte
so beispielsweise zum Wesen der Allgottheit, einer Art leitendem geistigen Prinzip in der Welt, aus:

«Ist sie doch nicht mit menschlichem Haupt an den Gliedern versehen und aus
den Schultern schwingen sich nicht zwei Arme [wörtl. «Zweige», κλάδοι] empor,
noch sind ihr Füße, noch hurtige Knie, noch ein haariges Schamglied zu eigen,
sondern da ist nur ein heiliger, unaussprechlicher Geist (φρήν), der mit schnellen
Gedanken den gesamten Kosmos durcheilt».

Die großen Götter der griechischen Volksreligion aber wollte er, wie ähnlich ja schon vor ihm mehrfach geschehen, als himmlische Repräsentanten namentlich der Elemente und Naturkräfte aufgefaßt wissen, indem er
Zeus (auch Hephaistos) etwa mit Feuer und Äther, Hera (oder Hades) mit
der Luft, Hades (oder Hera) mit der Erde, Nestis – eine sizilianische Lo-
kalgottheit – mit der Feuchtigkeit, Eris mit dem «Streit» und Aphrodite/
Kypris mit der «Liebe» identifizierte. Er bestritt deren Existenz also keinesfalls, sondern setzte sich lediglich für ein tieferes, religionsphilosophisch geläutertes Verständnis des traditionellen Glaubens ein, dessen
überkommenen Formenbestand er mithin in vielem durchaus für nichts
weiter als menschliches Phantasiewerk hielt und so, bei aller Vorsicht
und Scheu, doch auch seinen Teil zu einer kritischen Betrachtung des
mythischen Vorstellungsgutes beitrug.

7. Hekataios von Milet (um 500 v. Chr.)

Das große und seiner rationalistischen Zielsetzung nach ebenso neuartige wie bahnbrechende Interesse der Ionier an der Erforschung der Natur weckte mit voranschreitender Entwicklung und ohne Zweifel entscheidend gefördert durch die weitreichenden Verbindungen, die sie in
alle Richtungen hin unterhielten, mehr und mehr auch ihren Sinn für
Fragen der Länder- und Völkerkunde. Hatten Frühere, Reisende etwa
wie Aristeas von Prokonnesos und Skylax von Karyanda, noch einzelne

Räume oder Küstenstriche beschrieben und die Philosophen selbst sich in
erster Linie um die Erkenntnis des kosmischen Ganzen bemüht, so tritt
uns in Hekataios von Milet ein Mann entgegen, der, mit seinem Blick die
gesamte Erdoberfläche zu umspannen suchend, nunmehr den Menschen
und seine Lebensverhältnisse in den Mittelpunkt der Betrachtung rückte
und es als erster – nach dem Ansatze Anaximanders – unternahm, eine
zusammenfassende Darstellung der Ökumene zu entwerfen.

Das geschah in seiner «Erdbeschreibung» (Περίοδος γῆς), in welcher
er eine wesentlich verbesserte und erweiterte Auflage des anaximander-
schen Kartenentwurfes gab und – dies das entscheidende Novum – dabei
den erläuternden Begleittext, in der Absicht, möglichst den gesamten
geographisch-ethnographischen Wissensstoff seiner Zeit zu verarbeiten,
so ausführlich gestaltete, daß er zu einem selbständigen literarischen
Werk, einer Art erster *Allgemeiner Völkerkunde*, gedieh. Die traditionellen Formen lokaler Einzeldarstellungen, topographische Schilderungen, Periploi und Periegesen, verbanden sich darin zu einer neuen,
geschlossenen Einheit, deren Anlage und ganzer Charakter, soweit aus
den Fragmenten der Periodos noch zu ersehen, deutlich erkennen lassen,
daß es ihrem Schöpfer kaum mehr um die Schaffung etwa eines umfassenderen Handbuchs für die Praxis in Handel und Verkehr noch auch den
Wunsch, zu unterhalten und die Phantasie der Leser durch die Wiedergabe exotischer Merkwürdigkeiten zu fesseln, ging, sondern er vielmehr,
beseelt von dem Geiste echt ionischen Erkenntnisstrebens, auf nichts Geringeres als eine systematische, wissenschaftlich-exakte *Erforschung der
fremdvölkischen Umwelt* abzielte.

Aus diesem Grunde war es ihm denn auch in erster Linie um eigene
Erkundung (ἱστορίη) und Anschauung (ὄψις) zu tun, weshalb er eine
Reihe erstaunlich ausgedehnter – und zweifellos äußerst beschwerlicher
– Reisen unternahm, über deren Ablauf im einzelnen und Gesamtum-
fang sich zwar nichts Gewisses mehr ausmachen läßt, die ihn aber doch
mit Sicherheit nach Ägypten (vgl. Herodot II 143) und weiter vermutlich
zu den ionischen Kolonien am Schwarzen Meer, in Teile des von den
Persern beherrschten Vorderasien (Babylonien), nach Nordafrika, Spanien, Südfrankreich (Massalia) und Italien, ja vielleicht sogar – mit dem
Heere Dareios' I. – nach Skythien führten. Daneben zog er, und namentlich dort, wo ihm die Möglichkeit fehlte, sich selbst an Ort und Stelle zu
informieren, Auskünfte bei anderen Reisenden, also vornehmlich Seefahrern und Kaufleuten, ein, wozu ihm in den Hafenstädten, die er berührte, wie daheim in Milet allzumal reichlich Gelegenheit zu Gebote

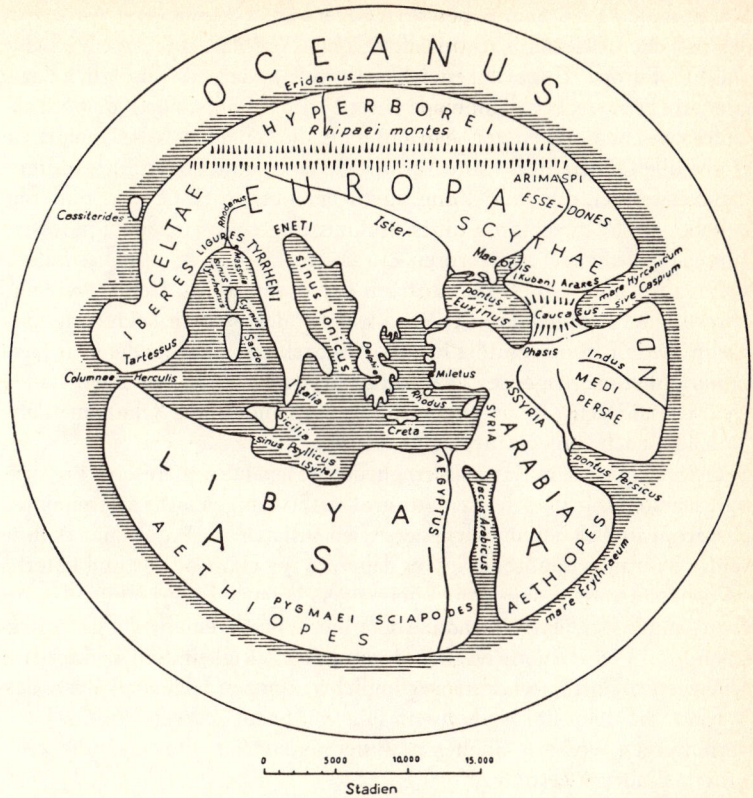

Abb. 8 Die Erdkarte des Hekataios von Milet (Rekonstruktionsversuch)

stand, und schöpfte darüber hinaus natürlich auch literarische Quellen
aus, wie die Periploi des Euthymenes und Skylax von Karyanda und
eventuell schon den Expeditionsbericht des Hanno.

Auf diese Weise gewann er ein Weltbild, das die bisherigen Vorstellungen bereits wesentlich an Genauigkeit übertraf. Gleichwohl dachte
auch er sich die Erde noch als eine runde, rings vom Okeanosstrome
umflutete Scheibe, die er, wie vermutlich ja schon Anaximander, im großen zunächst wieder, eine Linie ziehend, die von den Säulen des Herakles
durch das Mittelmeer, den Bosporus und das Schwarze Meer, weiter dem

Phasis folgend, bis zum Kaspischen Meer, einem vermeintlichen Arme des östlichen Ozeans, hin verlief, in eine nördliche und eine südliche Hälfte – Europa (Εὐρώπη) und Asien (Ἀσίη) – schied. Zusätzlich dazu gliederte er sie jedoch dann ein zweites Mal, im Süden durch den Nil als Teiler zwischen Libyen und Asien und im Norden den Istros (Donau), in vier große Quadranten auf, ja schuf, wie es scheint, sogar noch weitere Untereinheiten, offenbar – wohl mehr geometrischen Gesichtspunkten zuliebe – in Rechteckform, deren Abgrenzungen im einzelnen indessen zumeist strittig und für unseren Zusammenhang auch ohne besondere Bedeutung sind. Ob er das Zentrum der Erde noch in Delphi, wie ein Hinweis bei Agathemeros (I 2) nahelegt, oder aber in seiner Heimat suchte, wofür immerhin die bevorzugte Stellung spräche, die er Ionien seiner günstigen Lage, seiner reichen Ausstattung und vor allem seines ideal gemäßigten Klimas wegen unter den Ländern der Ökumene dem Anschein nach eingeräumt hat, bleibt dabei ungewiß.

Entsprechend dem Kartenbilde gliederte Hekataios auch seine literarische Darstellung zunächst in zwei große Abteilungen auf, in deren einer er Europa und in deren anderer er Asien behandelte. Wo immer es ihm seine Kenntnis erlaubte, drang er dabei bis ins einzelne vor und lieferte so, als erster, wie gesagt, einen derartigen Versuch unternehmend, eine ebenso umfassende wie gründlich detaillierte Beschreibung der gesamten bekannten Welt seiner Zeit, von deren Reichhaltigkeit die fragmentarischen, etwa ein Drittel des ursprünglichen Ganzen bildenden Reste des Werkes, die über 400 Namen von Flüssen, Seen, Meeren, Inseln, Ländern, Bergen, Völkern, Städten usw. nennen, noch heute einen überzeugenden Eindruck vermitteln.

Allem Anscheine nach begann Hekataios seine Darstellung im äußersten Westen mit Spanien, um dann von hier aus zuerst den Norden in östlicher Richtung bis zum Indus hin abzuschreiten und darauf über die ostmittelmeerischen Länder, Ägypten und Libyen wieder zu seinem Ausgangspunkt an der Straße von Gibraltar zurückzukehren. Im einzelnen verfuhr er dabei so, daß er den Stoff jeweils den gegebenen ethnischen oder politischen Gruppierungen nach, also im Grunde durchaus ethnologischen Überlegungen folgend, zu gesonderten Einheiten, wie Tyrrhenien, Thrakien, Skythien, Ägypten oder Libyen etwa, zusammenfaßte und diese dann, ihrer geographischen Reihenfolge entsprechend, in Form eigenständiger Monographien behandelte: Einleitend in der Regel mit einer Bestimmung der Grenzen, bot er darin zur Hauptsache eine Aufzählung der wichtigsten landschaftlichen Charakteristika,

gegebenenfalls die Beschreibung des Küstenverlaufs, ging auf Fauna und
Flora, auch die Ergiebigkeit des Bodens und seine Schätze ein, nannte
Städte und Häfen, Tempel oder andere bedeutsamere Baulichkeiten usf.,
um endlich zum Abschluß, wie es scheint, ein Bild von der Lebensführung, Beschaffenheit und Art der Bevölkerung selbst zu entwerfen. Und
diesem letzteren, dem eigentlich ethnographischen Teil nun gehörte
spürbar sein Hauptinteresse, da er ihn sehr viel breiter, eingehender und
sichtlich mit besonderer Sorgfalt auszugestalten bemüht war. Ein annähernder, wenngleich nur mittelbarer Eindruck davon läßt sich noch heute
aus Schilderungen Herodots gewinnen, die wie u. a. namentlich die Beschreibung der Skythen und Ägypter, vor allem aber der Libyer, wohl im
wesentlichen zweifellos auf Darstellungen des Vorgängers beruhen.

Um ein konkretes Bild zu vermitteln, sei die Behandlung der Libyer
(Herodot IV 168–199) herausgegriffen. Hier führte Hekataios offenbar
zunächst einmal Volk um Volk der Reihe nach vor (vgl. 168–178.
180–185. 191. 193–196), holte jedoch dann gelegentlich auch zu zusammenfassenden Betrachtungen aus, so über die «Nomaden» insgesamt
(186–190), die Tierwelt (191–192) und Nordafrika ganz allgemein
(197–199). Er gab jeweils die Namen der einzelnen Gruppen an, bestimmte, je nach Vermögen, die Grenzen ihres Siedlungsgebietes, ging
aber auf Fragen der Physis und Sprache nur in Ausnahmefällen ein (vgl.
172. 183). Bei der Wiedergabe des ethnographischen Befundes notierte
er mit Vorrang Erscheinungen der äußeren Lebenshaltung, und nicht
selten solche, die eines auffallenderen Charakters waren und sich ja auch
dadurch schon der Aufmerksamkeit des – häufig zumal nur flüchtig
durchreisenden – Beobachters noch am ehesten mitteilen mußten. Besondere Beachtung schenkte er dabei der Wirtschaft und Art der Ernährung (172. 177. 178. 183. 186. 194. 198f), weniger der Behausung (185.
190. 191), dann der Tracht wie dem weiblichen Putz (168. 176. 189. 194)
und den verschiedenen Formen der Haarbehandlung (168. 175. 180.
191), während Bewaffnung und Kriegführung offenbar kaum Berücksichtigung fanden (174. 193). Im sozialen Bereich ist eigentlich nur die
Eheordnung des näheren berührt (172. 180), verbunden mit vergleichsweise breiten und eingehenden Schilderungen bestimmter, als äußerst
fremdartig und daher wohl typisch barbarisch empfundener Sexualge-
pflogenheiten wie des Ius primae noctis, der Kollektivdefloration bei der
Hochzeit oder der wahllosen Promiskuität (168. 172. 176. 180). Sehr
interessiert zeigte er sich ferner aber auch an Fragen der Glaubenswelt
und des religiösen Brauchtums und gedachte so etwa der Götterlehre

(180. 184. 188), einzelner Festriten (180), der Opferpraxis (188), des Orakelwesens (172), bestimmter Meidungsgebote (186), der Bestattung (190) und bedeutenderer Kultstätten (181). Behandelte er eine Örtlichkeit, an welche sich eine griechische Sage knüpfte, verfehlte er nicht, darauf hinzuweisen (178 f). Des weiteren gilt es hervorzuheben, daß er sich – wenigstens in dem einen oder anderen Falle – anscheinend bereits Gedanken über die Herkunft der Völker machte und sich dabei nicht zuletzt an ihren eigenen Überlieferungen zu orientieren suchte (191. 197). Aus übereinstimmenden Äußerungen bei Herodot und Hippokrates endlich, die nur auf Hekataios zurückgehen können, erhellt, daß ihm, zumindest ahnungsweise, wohl auch schon der Zusammenhang zwischen dem Klima eines geographischen Raumes auf der einen und der Physis und Lebensführung seiner Einwohner auf der anderen Seite bewußt war.

Zuäußerst gegen den Rand der bekannten Welt hin siedelte Hekataios im Westen die Kelten, deren Namen er vielleicht als erster literarisch bezeugte, im Norden die Skythen, im Osten die Inder und im Süden die Äthiopen an. Darüber hinaus jedoch verlor sich sein Blick dann ins Ungewisse mythischer Zwielichtigkeit, und der sonst so nüchterne Mann nahm keinen Anstand, dem überkommenen Glauben zu folgen, daß die ferneren, den ozeanumfluteten Saum der Erde bildenden Striche von Fabelvölkern, wie den Schattenfüßlern, den mit den Kranichen kämpfenden Pygmäen, den Hyperboreern oder den einäugigen Arimaspen, bewohnt seien (s. a. Abb. 8).

Wie gerade die Behandlung der Libyer noch erkennen läßt, ging es Hekataios, und zwar als erstem allem Anscheine nach, der sich diese Aufgabe mit einer derart bewußten Bestimmtheit stellte, bei seinen ethnographischen Forschungen in der Hauptsache darum, das *Typische*, die *Individualität* eines fremden Volkstums zu erfassen bzw. darstellerisch festzuhalten, und das glaubte er methodisch offenbar dadurch am besten erzielen zu können, daß er einmal das Besondere einer Kultur herausstrich und sich zum andern der *vergleichenden* Betrachtung bediente (vgl. z. B. Herodot IV 172. 190. 195. 198). Empfiehlt es sich auch, angesichts unseres begrenzten Einblicks in das tatsächliche Wirken und Schaffen des großen ionischen Gelehrten und zumal wir nicht mit Sicherheit anzugeben vermögen, auf welche Weise genau und in welchem Umfange Herodot Hand an das Werk des Vorgängers gelegt hat, bei einem abschließenden Urteil Vorsicht walten zu lassen, so dürfte ihm doch der Anspruch, der eigentliche, der *wissenschaftliche* Begründer der Völkerkunde zu sein, ohne Zweifel gebühren!

Als überzeugter Empiriker, dem die eigene oder die gesicherte Erfahrung anderer als erste und einzig verläßliche Quelle der Erkenntnis galt, konnte auch Hekataios wieder den Sagen und Mythen von den Ereignissen in grauer Vergangenheit nur mit tiefstem Mißtrauen begegnen und suchte sie daher, sofern er sie nicht verwarf, auf *rationalistische* Weise umzudeuten. Wie genau er es damit nahm, enthüllt ein Satz, mit welchem er vermutlich sein zweites, das Geschichtswerk «Genealogien» (Γε-νεαλογίαι) einleitete und in dem er, seinen Standpunkt in dieser Sache mit nüchterner Schärfe präzisierend, die lapidare Feststellung trifft:

«So spricht Hekataios von Milet: das Folgende gebe ich wieder, wie es meinem Dafürhalten nach der Wahrheit entspricht; sind doch die Überlieferungen der Hellenen, scheint mir, verschiedenster Art und töricht».

So legte er beispielsweise die Erzählung, Herakles habe einst den vielköpfigen und schlangenhaarigen Kerberos überwunden und gefesselt an die Oberwelt heraufgeführt, dahin aus, daß es in Wahrheit eine giftige, in einer Höhle am Vorgebirge Tainaron hausende Schlange gewesen sei, die der vergöttlichte Held bezwang, und man sie «Hund des Hades» nannte, weil sie so viele Menschen durch ihren tödlichen Biß dorthin gesandt habe. Und ähnlich galt ihm auch Geryones, dessen Rinder Herakles auf Befehl des Eurystheus raubte und nach Mykenae trieb, nicht, wie dem traditionellen Glauben nach, als dreileibiger Riese und Herrscher auf dem Fabeleiland Erytheia oder in Spanien, sondern als historischer König von Ambrakia, der seine Herden an den Heros verlor, als dieser ihn mit Hilfe eines Epeier-Heeres bekriegte.

Indessen kam es Hekataios dabei doch auf alles andere als einen radikalen Bruch mit der überkommenen Vorstellungswelt überhaupt an; vielmehr zeigt er sich, wie die genannten Beispiele zu erkennen geben, gerade darin, daß er sie ihrer unwahrscheinlichen Züge zu entkleiden suchte, mit Nachdruck bemüht, ihnen eine begreiflichere, glaubwürdigere Form zu verleihen und sie so nur erneut zu bestätigen: ihrem Kerngehalt nach jedenfalls ließ er sie also durchaus als historische Zeugnisse gelten! Auch an der traditionellen Götterlehre wagte er, der mit Ernst die Behauptung verfocht, sein Geschlecht sei von einem Gotte begründet worden (vgl. Herodot II 143), in keiner Weise zu rütteln; er bezweifelte nicht, daß sich Zeus tatsächlich mit der Sterblichen Danae verband, und war, bei all seiner ethnographischen Wissensbreite, u. a. auch der gläubigen Überzeugung, daß die wesentlichen Errungenschaften der Kulturgeschichte durch die hilfreiche Vermittlung bestimmter Götter oder Urzeitheroen – so der Weinbau in Ätolien durch dessen einstigen Herrscher Orestheus, einen Sohn des griechischen Sintfluthelden Deukalion – zur Kenntnis der Menschen gelangten. Da er demzufolge alle Fragen dieser Art a priori bereits für erledigt ansehen mußte, werden sie sein Interesse auch nicht weiter beschäftigt haben, und in der Tat deutet nichts, soweit wir zu sehen vermögen, darauf hin, daß er sich an irgendeiner Stelle eingehender und im besonderen mit ihnen auseinandergesetzt hätte. Darüber hinaus aber ist, wie schon im vorausgehenden anklang und im folgenden dann noch augenfälliger in Erscheinung tritt, überhaupt zu beobachten, daß die *ethnologische Theoriebildung* während der gesamten Antike bis auf wenige Ausnahmen, etwa Hippokrates und Poseidonios, im Grunde *Sache der Philosophen*, nicht jedoch derer war, die ihnen das Material dazu lieferten, also der eigentlichen Ethnographen, die ihre Aufgabe demnach offenbar allein in der reinen Erkundung und beschreibenden Wiedergabe der fremdvölkischen Umwelt erblickten; – wo sich dennoch auch in ihren Darstellungen hier und da einmal Ansätze zu allgemeineren Überlegungen finden, handelt es sich, sieht man genauer hin, in der Regel zumeist um nichts weiter als Übernahmen aus dem Ideengut der herrschenden Philosophien ihrer Zeit. Und daraus, daß die Betrachtung somit von zwei getrennten Standpunkten aus erfolgte und die Vertreter des einen zudem, die sich der gedanklichen Analyse und Theoriebildung widmeten, kaum einen direkten, aus der unmittelbaren Anschauung selbst heraus gewonnenen Bezug zu den Objekten ihrer Reflexion besaßen, mußten der ethnologischen Erkenntnis natürlich auf die Dauer ernste Gefahren erwachsen, wie jene vor allem, bestimmten philosophischen Überzeugungen zuliebe die Wirklichkeit nur nach Bedarf zu achten oder ihre Gegebenheiten gar gewaltsam zu manipulieren und auf diese Weise schließlich mehr oder weniger der Spekulation zu erliegen.

8. Herodotos von Halikarnassos (ca. 490–430 v. Chr.)

Der Ausbau der alten, in der Hauptsache nach praktischen Gesichtspunkten angelegten und daher in ethnographischer Hinsicht nicht sonderlich reichhaltigen Küsten- und Länderbeschreibungen zu einer einzigen großen darstellenden Völkerkunde der Erde, wie ihn Hekataios als erster auf so imponierende Weise in Angriff genommen hatte, wurde von dessen ionischem Landsmann Herodot mit kongenialem Schwunge weitergeführt, zugleich aber, durch die im Verlauf seines Werkes zunehmend zu beobachtende Verlagerung des Schwergewichts der Betrachtung auf die reine Historie, das Studium der politischen Geschichte, in gewissem Sinne wieder eingeengt bzw. deren größerem Rahmen ein- und untergeordnet. Es handelt sich demzufolge hier weniger um eine dem Entwurf des Vorgängers entsprechende geschlossene Erdbeschreibung als vielmehr – erstmals! – eine Art *Universalgeschichte* mit länder- und völkerkundlichen *Einlagen*, bestimmt, den Leser zum besseren Verständnis der Voraussetzungen und inneren Antriebe des Geschehens mit dessen Schauplätzen und Hauptakteuren vertraut zu machen. Galt uns Hekataios als Archeget der Völkerkunde, so darf daher Herodot mit Fug als «Vater der Historiographie» bezeichnet werden.

Worum es ihm im wesentlichen geht, stellt Herodot in dem berühmten, programmatischen Einleitungssatze seiner «Historien», in der für ihn typischen kühlen Distanziertheit des Empirikers, mit den kargen, doch um so bestimmteren Worten fest:

«Herodot aus Halikarnaß gibt hier eine Darlegung seiner Forschungen (ἱστορίης ἀπόδεξις), damit bei der Nachwelt nicht in Vergessenheit gerate, was durch Menschen einst geschehen ist; auch soll das Andenken an große und wunderbare Taten (ἔργα μεγάλα τε καὶ θωμαστά) nicht erlöschen, welche die Hellenen sowohl als die Barbaren vollbracht haben, und vor allem der Ursachen (αἰτίην) gedacht sein, die zu beider Kriege führten».

Er setzt sich also, unter dem Vorsatz, die Geschicke der Menschen aufzuzeichnen, zuvörderst zum Ziele, Geschichte zu schreiben, legt es aber, indem er des weiteren verheißt, die denkwürdigsten Schöpfungen der menschlichen Erfindungs- und Leistungskraft mit in die Darstellung aufzunehmen, zugleich darauf an, auch *Kulturgeschichte* zu treiben, und beides, wie die Formel Hellenen *und* Barbaren zum Ausdruck bringt, auf *universalhistorischer* Ebene, d. h. unter einem einzigen, einheitlichen Gesichtspunkt zusammengefaßt. Auf der anderen Seite jedoch tritt gerade in dieser Gegenüberstellung wieder ganz deutlich der Antagonismus, der dem Empfinden nach zwischen der eigenen und der fremdvölkischen Außenwelt waltete, in Erscheinung, in dem Herodot ja bekanntlich auch die eigentliche Ursache für den großen Krieg zwischen Griechen und Persern, ja den Gesamtverlauf der Geschichte bis auf seine Zeit überhaupt erblickte, indem er ihn als eine einzige Auseinandersetzung zwischen Europa und Asien begriff und diesen Gedanken zum beherrschenden Leitmotiv seines Werkes erhob. Gleichwohl verstieg er sich nicht dahin, grob-ethnozentrischer Selbstüberhebung zu huldigen, sondern läßt vielmehr – unter dem Einfluß bereits der Sophistik, wie man annehmen darf – spürbar das Bemühen erkennen, zumindest die staatstragenden Völker des Mittelmeerraumes als gleichwertige Größen aufzufassen. Als echter Vertreter ionischer Gelehrsamkeit endlich verpflichtet er sich im Schlußpassus seiner Erklärung, vor allem auch den Beweggründen nachzugehen, die den geschilderten Geschehnissen zugrunde liegen – ein Ziel, dem er freilich zur Hauptsache mehr in historischer denn ethnologischer Hinsicht gerecht zu werden bestrebt war.

Hierzu erschien es ihm nun, gleich seinem Vorgänger Hekataios, als erstes geboten, eigene und möglichst umfassende Nachforschungen an Ort und Stelle zu betreiben (vgl. II 75; 99; 147 f). Er unternahm daher eine Reihe teilweise recht ausgedehnter Reisen (vgl. II 77), über deren genaueren Verlauf und Umfang er sich allerdings kaum mehr als in beiläufigen Andeutungen ausdrückt. Immerhin läßt sich jedoch mit einiger Sicherheit ermitteln, daß er zumindest Kleinasien, Mesopotamien, Syrien, Zypern, Ägypten (vermutlich bis zu dessen Südgrenze hinauf), Libyen bis Kyrene, dann die ionischen Kolonien an der Nordküste des Schwarzen Meeres zwischen dem Bosporus und der Stadt Olbia an der Mündung des Don (Borysthenes), Thrakien, Makedonien, die Inseln des Ägäischen Meeres, den Peloponnes, Teile Mittel- und Nordwestgriechenlands sowie endlich Unteritalien und Sizilien besucht hat. Im wesentlichen also bewegte er sich auf den gebahnten Straßen der zivilisierteren Mittelmeerländer; lediglich von Olbia aus scheint er, mit Handelsschiffen flußaufwärts, den einen oder anderen Abstecher tiefer in eigentliches Barbarengebiet hinein unternommen zu haben (vgl. IV 81). Vor allem aber ist erstaunlich, daß er bei seinem Aufenthalt in Babylonien offenbar nicht die Gelegenheit wahrnahm, auch Persien, dessen Verhältnisse ihn doch, da er ihm eine so eminente Bedeutung für die Geschichte zumaß, ganz besonders interessieren mußten, zu bereisen. Im ganzen gesehen handelte es sich daher nur kaum um Unternehmungen mit ausgesprochenem Entdeckungscharakter.

Gleichwohl vermochte er auf diese Weise, durch die eigene, unmittelbare Anschauung (ὄψις), doch eine unschätzbare Fülle wertvollster Beobachtungen und Eindrücke zu sammeln, die er des weiteren dann, dies an zahlreichen Stellen des Werkes mit spürbarem Stolze ausdrücklich vermerkend, durch gezieltes Ausforschen (ἱστορίη) der Bevölkerung selbst auf das gewissenhafteste zu ergänzen bemüht war (vgl. II 99; 147 f). Ja, damit nicht genug, ging er gar so weit, Bauwerke, deren besondere Großartigkeit ihn faszinierte, im einzelnen abzuschreiten und zu vermessen (so II 127; 148)! Über Gebiete, die er nicht selber sah, scheint er sich wieder bei anderen Augenzeugen, also in der Hauptsache wohl Matrosen und Kaufleuten, informiert oder auch nur aus dem bloßen Hörensagen (ἀκοή) geschöpft zu haben – das letztere, wie er eigens versichert (III 115. IV 16), freilich erst dann, wenn es an allen exakteren Auskünften fehlte.

Im übrigen zog er natürlich durchaus auch literarische Quellen heran, wie Küsten- und Länderbeschreibungen (vgl. IV 36. V 49), Lokalchroniken und Genealogien (vgl. I 5. VI 55), billigte ihnen jedoch gegenüber der eigenen Erkundung an Ort und Stelle sichtlich nur eine sehr untergeordnete Bedeutung zu [171] – bis auf die «Periodos» seines Landsmannes Hekataios: denn einzig mit dieser, die er dem Anscheine nach sogar auf seinen Reisen mit sich zu führen pflegte, setzte er sich des eingehenderen auseinander (vgl. IV 36; 42; 45) und ließ ihrem Verfasser – bei aller Polemik – die seltene Ehre der namentlichen Erwähnung widerfahren (so II 143. V 36; 125 f. VI 137). Ja, es ist anzunehmen, daß Herodot, angeregt durch das Vorbild des Älteren, ursprünglich überhaupt etwas ganz Ähnliches plante und daher auch sein Bestreben rührt, dessen Darstellungen, ungeachtet der Tatsache, daß er sie, wie schon gesagt wurde, weidlich ausschrieb (wenn nicht gar einzelne Passagen wörtlich übernahm), wo immer sich eine Möglichkeit dazu bot, zu korrigieren und zu erweitern, gleichwohl er im äußeren Aufbau seiner Ethnographien ihm offenbar weitgehend folgte; erst unter dem Einfluß seines zunehmenden Interesses an den rein historischen Zusammenhängen wuchs sich sein anfängliches Vorhaben dann über die Erdbeschreibung zur Universalgeschichte aus.

Ließ Herodot schon bei der Lektüre seines Vorgängers kritische Vorsicht walten, so übte er diese Tugend sicherlich auch anderen literarischen Quellen, in ganz besonderem Maße aber, wie man sich immer wieder überzeugen kann, allen mündlichen Traditionen, Nachrichten, die er nicht nachzuprüfen vermochte, und selbst den Auskünften gegenüber, die er durch eigene Befragung erhielt. Angaben z. B., die ihm zweifelhaft, weil zu wenig beglaubigt, erscheinen, weist er als solche aus[5] oder erklärt, ohne des näheren Stellung zu nehmen, daß er nur wiedergebe, was ihm erzählt worden sei[6]. Liegen ihm mehrere, unterschiedliche Ver-

---

5 So III 23; 115 f. IV 16; 32; 96.
6 IV 173; 187; 195. Vgl. II 73.

Abb. 9 Herodotos von Halikarnassos

sionen ein und derselben Frage vor, so referiert er sie gewissenhaft der Reihe nach durch, dem anerkennenswerten Grundsatze folgend, «alles niederzuschreiben, was man mir mitgeteilt hat» (II 123; vgl. II 125; 131 u. III 9), hebt ihre Widersprüche hervor[7], prüft dann, welcher Fassung der Vorzug gebührt[8], bzw. läßt die Entscheidung, wo er die Wahl für zu strittig hält, offen (so I 5 u. IV 96), wie überhaupt Spekulationen auf schwankendem Boden nicht seine Sache sind (vgl. III 115 f. IV 16; 40; 96). Kommen ihm Zweifel an der Richtigkeit des einen oder anderen Berichtes, so ist er, soweit sich ihm hierzu die Möglichkeit bietet, nach Kräften bemüht, sich durch weitere Nachforschungen Gewißheit zu verschaffen (vgl. II 54 f; 104), während er allzu Unglaubwürdiges mit Bestimmtheit zurückweist[9]. Und dies, die umfassende Gründlichkeit und Akribie bei der Materialaufnahme wie die kritische Bedachtsamkeit, mit der er dabei zu Werke ging und so den ersten wesentlichen Schritt auf dem Wege zu einer systematisch-ethnologischen Quellen- und Stoffanalyse tat, darf ihm als kaum geringeres Verdienst denn seine – hierdurch ja wohl auch entscheidend geförderte – Leistung als Geschichtsschreiber angerechnet werden.

Die länderkundlich-ethnographischen Passagen der «Historien» Herodots, die uns hier vor allem interessieren und, wie gesagt, Resten einer zunächst nur in diesem Sinne konzipierten Anlage des Werkes entsprechen könnten, finden sich nahezu ausnahmslos über dessen ersten Teil, die Bücher I–V 27, namentlich aber II-IV, verstreut und fügen sich, aneinandergereiht, in der Tat – bis auf die noch fehlende Behandlung des Westens – zu einer Erdbeschreibung nach Art des Hekataios zusammen, der sich das I 5 gegebene Versprechen voranstellen ließe: «...und will von den kleinen und großen Städten der Menschen, die ich alle besuchte, erzählen», ein Satz, der so recht zur Einleitung einer deskriptiven Behandlung der bewohnten Erde durch einen Reisenden geeignet erscheint. Später, als für Herodot dann mehr und mehr die rein historische Betrachtung zum leitenden Prinzip der Darstellung wurde, löste er wohl die ursprünglich geplante Fassung wieder in ihre Einzelbestandteile auf und gliederte diese in Form kleinerer oder größerer, verschiedentlich auch stark verschachtelter Exkurse, jeweils dort, wo sich aus dem Zusam-

---

7 So etwa IV 81 u. 150.
8 Vgl. II 56; 104; 120. III 2; 9. IV 11; 77 (s. a. I 95. II 106).
9 U. a. I 75; 182. II 121; 123; 131. III 16; 45; 115 f. IV 5; 25; 36; 77; 105.

menhang heraus hierzu die Gelegenheit bot, in den Gesamtablauf der
Erzählung ein. Und diese Technik, die den Aufbau seines Werkes geradezu charakterisiert und als seine eigenste Erfindung gelten darf, sollte
sich über die Antike bis ins abend- und morgenländische Mittelalter
hinin als eines der wesentlichsten Kompositionselemente der Historiographie behaupten.

Eine Reihe dieser Exkurse oder «Logoi» (etwa «beschreibende Erzählungen», «Schriften», «Bücher») erwecken ihrer ganzen Anlage nach den
Eindruck, als seien sie ursprünglich als selbständige Monographien im
Sinne der älteren Periegesen abgefaßt worden, und man hat daran gedacht, daß es sich hier von Hause aus um Texte von Vorträgen handelt,
die der Historiker im Anschluß an seine Reisen über einzelne Länder und
Völker zusammenstellte und dann im Kreise von Freunden und Interessierten daheim zum besten gab.

Solche Stücke dürften vor allem wohl die – größeren – Monographien
über Lydien (I 6–94), Medien und Persien (I 95–177; 201–II 1;
III 1–IV 4; 83–98; 118–144; 200–V 2; 11–28, von hier aus in die griechische Geschichte überleitend), Babylonien (I 178–200), Ägypten
(II 2–182), Skythien (IV 5–82; 99–101; 103–117), Libyen (IV 145–199)
und Thrakien (V 3–10) bilden, über die hinaus das Werk jedoch noch
eine ganze Reihe kleinerer, ihnen teilweise bei- und untergeordneter Exkurse etwa über die Massageten (I 204; 215–216), Arabien (III 8;
107–113), Äthiopien (III 18–20; 114), Indien (III 98–106) und Choras-
mien (III 177) enthält.

Soweit zu sehen, liegt den einzelnen Abhandlungen keinerlei einheitliche Gliederung zugrunde; eine äußere Übereinstimmung läßt sich nur
insofern erkennen, als im wesentlichen immer wieder dieselben Gesichtspunkte, nämlich Fragen der vier Themenkreise Geographie, auffallende Besonderheiten (ϑώματα/ϑωμάσια), Kultur und Geschichte,
berücksichtigt sind, woraus immerhin der Schluß zu ziehen wäre, daß
Herodot ebendiese – möglicherweise in Anlehnung an den Aufbau der
bereits vorhandenen Periegesen – als unerläßliche Bestandteile einer län-
der- und völkerkundlichen Monographie auffaßte. Von einer einheitlichen Handhabung des Stoffes freilich kann auch hier keine Rede sein:
setzte in vielen Fällen schon der Mangel an ausreichender Kenntnis der
Vollständigkeit Grenzen, so mögen in anderen wiederum bestimmte
Überlegungen und Rücksichten, die sich aus den Erfordernissen des
übergeordneten Zusammenhangs der Erzählung ergaben, dazu geführt
haben, eine Auswahl zu treffen bzw. einzelnes breiter auszumalen, ande-

res nur am Rande zu streifen oder überhaupt ganz beiseite zu lassen, wie denn auch die Reihenfolge in der Behandlung der Themen von Darstellung zu Darstellung wechselt. So beginnt beispielsweise der Lydische Logos mit der Geschichte des Landes, die im Ägyptischen den Abschluß bildet, während der geographische Überblick – wie in den Sonderpartien über Griechenland – fehlt, dafür aber (u. a.) im Falle der Skythen und Massageten, von deren Geschichte wir so gut wie nichts erfahren, wieder um so ausführlicher gegeben wird.

Um jedoch nun einen Eindruck von der Arbeitsweise und Darstellungstechnik Herodots direkt zu vermitteln, sei im folgenden einmal des einzelnen der Aufbau seiner Beschreibung Skythiens (IV 5–82; 99–101; 103–117) dargelegt, in der das ethnographische Interesse, jedenfalls unter den größeren Exkursen, wohl noch am stärksten zur Geltung gebracht ist.

Herodot beginnt mit der *Urgeschichte* des Volkes, indem er zunächst, unter Voranstellen einer Angabe der Skythen über ihr Alter (5), deren eigene, rein mythische Überlieferung hierzu referiert (5–7), wobei er zugleich auch die Namensfrage behandelt (6), und darauf die – nicht minder fabelhafte – Version der pontischen Griechen wiedergibt (8–10), nach welcher die Skythen von Skythes, einem Sohne des Herakles, abstammen, den der Halbgott (neben Agathyrsos und Gelonos, den Ahnherren der Agathyrsen und Gelonen) dereinst mit einem Monsterwesen, teils Schlange, teils Weib, in einer Höhle im Innern des Landes gezeugt hatte. Endlich einer dritten «Erzählung» (λόγος) zufolge, der Herodot, wie er mit Nachdruck erklärt, sehr viel mehr Vertrauen entgegenbringt, lebten die Skythen, «ein nomadisches Dasein führend» (νομάδας), ursprünglich «in Asien» und rückten erst später, durch Pressionen seitens ihrer massagetischen Nachbarn bedrängt, in ihre nachmaligen Sitze ein, dabei nun ihrerseits wieder die dort beheimateten Kimmerier vertreibend (11). Zum Beweis für die vermutliche Richtigkeit dieser letzteren Überlieferung beruft er sich nicht übel auf Reste kimmerischer Altertümer und Ortsnamen in Skythien (11–12) sowie den übereinstimmenden Bericht des Aristeas von Prokonnesos, nach dem es freilich nicht die Massageten, sondern die Issedonen waren, welche die Skythen in Bewegung setzten (13).

Nach einem Exkurs über ebendiesen Aristeas (14–15) gibt Herodot dann einen Überblick über die Völkergruppierung zunächst des nördlichen und östlichen Teiles von Skythien, sowie die sich daran anschließenden Bereiche, soweit ihm jedenfalls die Nachrichten darüber glaub-

würdig und vertretbar erschienen (16–27). Neben der genaueren Umgrenzung der Sitze flicht er dabei, mehr beiläufig allerdings, auch bereits
Anmerkungen zur Beschaffenheit des Bodens (18–23. 25), der ethnischen Zugehörigkeit der einen oder anderen Gruppe (17. 18. 20. 21),
ihrer Sprache (23. 24), Physis (23), Nahrungsgewinnung (17–19. 22.
23), Eigenheiten des Brauchtums (23. 26) usw. ein. Insgesamt läßt der
Charakter des Ganzen, die nüchterne, vom Ausgangspunkt einmal nach
Norden, das andere Mal nach Osten schrittweise voranschreitende, kata-
logartige Aneinanderreihung des einzelnen, noch deutlich das ihm zweifellos zugrunde liegende Gliederungsschema der älteren Periegese
durchschimmern; – hier ein Auszug:

«An die Hafenstadt [Olbia] am Borysthenes [Dnjepr] – diese Stadt liegt in der
Mitte des an den Pontos stoßenden skythischen Gebietes – grenzen zunächst die
Kallipiden, hellenische Skythen. Nordwärts von ihnen wohnt ein anderes Volk
(ἔϑνος), die Alizonen. Diese sowie die Kallipiden haben dieselbe Lebensweise wie
die übrigen Skythen, doch bauen und essen sie Getreide (σῖτον), ferner Zwiebeln,
Knoblauch, Linsen und Hirse (κέγχρους). Nördlich von den Alizonen wohnen
die Ackerbauskythen (Σκύϑαι ἀροτῆρες), die das Korn nur zum Handel bauen
und es nicht selbst essen. Nördlich von ihnen endlich wohnen die Neurer, auf
deren Gebiet, soviel wir wissen, unbewohntes Land folgt. Das sind die Völker am
Hypanis [Bug], westlich vom Borysthenes.
Östlich vom Borysthenes kommt vom Meer aus zuerst Hylaia [«Waldland»],
nördlich davon wohnen Ackerbauskythen, von den Hellenen am Hypanis
Borystheneiten genannt; diese Hellenen nennen sich selbst Olbiopoliten [«Olbia-
ner»]. Diese Ackerbauskythen bewohnen ein Gebiet, das sich drei Tagereisen weit
nach Osten bis an einen Fluß Pantikapes [Inguler] und 11 Tagesfahrten auf dem
Borysthenes nach Norden erstreckt. Nördlich von ihnen folgt eine große Wüste.
Dann kommen die Androphagen [«Menschenfresser»], kein skythisches, sondern
ein eigenes (ἴδιον) Volk. Weiter nordwärts ist das Land völlig wüst, und es wohnt
dort, soviel wir wissen, kein Volk mehr.
Östlich von jenen Ackerbauskythen, auf der anderen Seite des Pantikapes,
wohnen dann die nomadischen (νομάδες) Skythen, die weder säen noch pflügen.
Fast das ganze Skythenland ist baumlos, mit Ausnahme von Hylaia. Die Nomaden bewohnen eine 14 Tagereisen weit nach Osten sich ausdehnende Strecke bis
hin zum Gerrhos [Konskaja]» (17–19).

An diese Übersicht schließt sich eine Charakterisierung des Klimas an,
verbunden mit einer kurzen Betrachtung über dessen Auswirkungen auf
die Viehzucht: so glaubt Herodot beispielsweise in der anhaltenden
strengen Kälte die Ursache dafür gefunden zu haben, daß die Rinder in
Skythien entweder gar keine oder nur sehr kleine Hörner tragen (28–29.

31). Es folgen, die Schilderung an dieser Stelle über eine längere Strecke hin aussetzend, ein verhältnismäßig breit angelegter Exkurs über die Hyperboreer – die Herodot für eine reine Erfindung der Dichter erklärt (32–36) – und eine im ganzen recht flüchtige Erörterung über Umfang, Gestalt und Gliederung der drei Kontinente Asien (dies noch am ausführlichsten), Libyen und Europa, also ein Überblick über die gesamte Erdoberfläche (36–45).

Hieran knüpft sich, nach einer allgemeinen Würdigung der besonderen Verständigkeit (σοφίη) der Skythen (46), sodann die Behandlung der Geographie des Landes selbst, bestehend aus einer sehr knapp gefaßten und ganz generellen Charakterisierung seiner Beschaffenheit (47) und einer um so weitläufigeren Darstellung seiner «bedeutendsten» (ὀνομαστοῖσι, 58) Flußsysteme (47–58), deren auffallend gründliche Kenntnis Herodot wohl in erster Linie den Händlern unter seinen Informanten in Olbia verdankte.

Kap. 59–75 endlich folgt mit der Ethnographie der Skythen das eigentliche Hauptstück des Ganzen, wobei, wie schon zu Eingang in Aussicht gestellt wird, freilich das Schwergewicht der Betrachtung vor allem auf die Brauchtümer (νόμαια) gelegt und unter diesen wiederum auch nur eine bestimmte Auswahl getroffen ist, dessen nämlich, was Herodot offenbar als besonders repräsentativ und typisch für das Ethos des Volkes erschien. Seine Schilderungen des einzelnen jedoch sind dafür um so gründlicher, ja stellenweise geradezu staunenswert detailliert gehalten und bestätigen so auf das überzeugendste, daß es ihm in der Tat mit dem Vorsatze ernst war, sich im Bereiche des Möglichen jeweils nach besten Kräften zu informieren.

Der Abschnitt beginnt, um seinen Inhalt des näheren vorzuführen, mit einem Katalog der mächtigsten Götter des skythischen Pantheons (59) und der Behandlung des Kultes, mit dem man sie ehrte, wobei die Aufmerksamkeit Herodots vor allem der Opferpraxis gilt (59–63). Dem schließt sich eine Beschreibung der Kopfjagd und verwandter Erscheinungen an, die, als bezeichnendes Beispiel für die nüchterne Sachlichkeit und Akribie des großen Ethnographen, hier zur Gänze wiedergegeben sei:

«Im Kriege gehen sie folgendermaßen vor: Wenn ein Skythe seinen ersten Feind erlegt, trinkt er von dessen Blut. Die Köpfe aller, die er in der Schlacht tötet, bringt er dem König (βασιλέϊ). Wenn er einen Kopf bringt, erhält er einen Beuteanteil, sonst jedoch nicht. Sie ziehen den Schädeln die Haut ab, indem sie rings um die Ohren einen Schnitt machen, dann die Haare fassen und den Kopf herausschütteln. Mit einer Ochsenrippe wird das Fleisch abgeschabt, dann die Haut mit der Hand gegerbt und, wenn sie weich ist, als Handtuch (χειρόμακτρον) gebraucht. Der Reiter bindet die Haut an den Zügel seines Pferdes und prahlt damit. Wer die meisten hat, gilt für den tapfersten Helden. Vielfach macht man sogar Gewänder (χλαίνας) aus diesen Kopfhäuten, indem man sie zusammennäht wie die Hirtenpelze. Viele häuten auch die rechte Hand ihrer gefallenen Feinde ab samt den Fingernägeln und machen Deckel für ihre Köcher daraus. Die Menschenhaut ist fest und glänzend, weißer und glänzender als fast alle anderen Häute. Manche häuten die ganze Leiche ab, spannen die Haut auf Holz und führen sie auf ihrem Pferde mit.

Das also ist Brauch bei ihnen zulande. Aus den Schädeln selber jedoch, zwar nicht aller Erschlagenen, sondern nur ihrer grimmigsten Feinde, stellen sie Trinkschalen her: Die Teile unterhalb der Augenbrauen werden abgesägt und der Schädel gereinigt. Wer arm ist, legt dann bloß außen ein Stück Rindsfell herum, während der Reiche noch zusätzlich das Innere des Schädels vergoldet und dann daraus trinkt. Sie tun das aber auch mit den Schädeln ihrer Angehörigen, wenn sie mit ihnen verfeindet sind und einer den anderen vor des Königs Gericht zu besiegen vermochte. Kommt dann ein angesehener Gastfreund zu einem, der auf diese Weise erfolgreich war, dann zeigt man ebendiese Schädel vor und erzählt dazu, wie es gelang, des betreffenden feindlichen Verwandten Herr zu werden, und das gilt ihnen als tapfer und ehrenhaft.

Einmal in jedem Jahre läßt jeder Gauherr (νομάρχης) in seinem Gau einen Mischkrug mit Wein bereiten, und alle Männer, die einen Feind erlegt haben, trinken davon. Diejenigen jedoch, die keinen getötet haben, dürfen nicht mittrinken und sitzen unbeachtet beiseite, was die größte Schmach für sie ist. Alle aber, die gleich viele Feinde erschlagen haben, bekommen sogar zwei Becher gereicht und trinken aus beiden auf einmal» (64–66).

Den Gegenstand der sich hieran anschließenden Kapitel bilden Wahrsagerei und Orakelwesen (67–69), die Schilderung der Zeremonie bei Besiegelung der Blutsbrüderschaft (70) und der Totenkult (71–73), aus dessen Darstellung die Beschreibung der Funeralriten zu Ehren der Könige es wieder verdient, besonders hervorgehoben und wörtlich wiedergegeben zu werden:

«Die Grabstätten der Könige befinden sich in der Landschaft Gerrhos, bis wohin der Borysthenes schiffbar ist. Hat der König den Tod gefunden, so hebt man ihm dort eine große, viereckige Grube aus. Darauf legt man seinen Leichnam, nachdem er zuvor mit Wachs überzogen, der Bauch geöffnet und gereinigt, sodann mit gestoßenem Safran, Räucherwerk, Eppich- und Dillsamen gefüllt und wieder zugenäht worden ist, auf einen Wagen und fährt ihn von Stamm zu Stamm. Und jeder, zu dem er gelangt, wiederholt, was zuerst die Königlichen Skythen tun: Alle schneiden sie sich ein Stück von den Ohren ab, scheren die Haare, machen einen Schnitt rund um die Oberarme herum, ritzen sich Nase und Stirn und bohren sich einen Pfeil durch die linke Hand. Dann geht es zum nächsten Stamm, wobei der, den der Tote verläßt, ihm jeweils das Geleit gibt. Endlich, nachdem auf diese Weise alle Stämme durchwandert sind, gelangt der Leichnam nach Gerrhos, dem Gebiet des entferntesten Stammes und Bereich der königlichen Gräber. Dort wird er, auf Streu gebettet, in die Grube gelegt, worauf man Lanzen zu seinen Seiten in den Boden stößt, darüber Stangen anbringt und das Ganze mit Flechtwerk überdacht. Man tötet eine der Frauen des Toten, seinen Weinschenken, Koch, Pferdeknecht, Leibdiener und Nachrichtenträger sowie seine Pferde samt den Erstlingen allen übrigen Viehs und setzt sie in dem noch reichlich verbliebenen freien Raume der Grabstätte bei; des weiteren gibt man auch goldene Schalen mit, während Erz- und Silbergerät dazu nicht verwandt werden. Danach schütten sie einen hohen Hügel auf, bemüht, ihn so gewaltig wie möglich aufzutürmen.

Ein Jahr darauf geschieht folgendes: man erdrosselt von den noch übrigen Dienern des Königs 50 der besten – alles geborene Skythen, da jeder, von dem es der König wünscht, ihm zu dienen verpflichtet ist und man käufliche Sklaven nicht kennt – sowie 50 der schönsten Pferde. Man nimmt ihnen die Eingeweide heraus, reinigt die Bauchhöhle, füllt sie mit Spreu und näht sie wieder zusammen. Dann wird die Hälfte eines Radreifens an zwei Stangen befestigt, mit der Rundung nach unten, und die andere Hälfte an zwei andere Stangen. Nachdem sie auf diese Weise noch eine Reihe weiterer Geräte dieser Art hergestellt haben, treiben sie den Pferden eine dicke Stange bis zum Hals der Länge nach durch den Leib und heben sie auf je zwei der Gestelle, so daß die Schultern auf der einen und das Becken auf der anderen Radhälfte ruhen, Vorder- und Hinterbeine aber frei in der Luft schweben. Dabei legen sie ihnen auch Zaum und Gebißstange an, ziehen den Zaum aber nach vorn und befestigen ihn an einem Pflock. Darauf werden die erdrosselten Jünglinge auf die Pferde gesetzt, und zwar dergestalt, daß eine Stange, mit der man sie längs des Rückgrats bis zum Halse durchbohrt hat, mit ihrem unteren Ende in eine Öffnung jener anderen, quer dazu durch den Leib der Pferde geführten gesteckt wird. Diese Reiter postiert man rund um das Grabmal herum, wonach man sich wieder von dannen begibt» (71–72).

In den Grundzügen ähnlich, wenngleich sehr viel weniger aufwendig, vollzieht sich die Bestattung bei den Angehörigen der breiten Masse des Volkes; Herodot bespricht sie daher nur kurz (73), läßt ihr dafür jedoch wieder eine um so ausführlichere Schilderung der im Anschluß daran vorgenommenen Reinigung folgen: wir erfahren, daß sie mit Hilfe von Hanf geschieht, indem man die Körner der Pflanze – über deren Beschaffenheit und Anbau ein kleiner Sonderexkurs unterrichtet (74) – innerhalb eines eigens zu diesem Zwecke errichteten, filzüberdeckten Kegelzeltes auf glühende Steine streut, so daß sich ein starker, zugleich berauschender Rauch entwickelt, in den man sich hüllt und so die Katharsis erwirkt. Mit Wasser, heißt es ergänzend, pflegen die Skythen sich niemals zu reinigen; denn auch die Frauen verwenden zu ihrer Hygiene nur eine Paste aus dem angefeuchteten Mehl verschiedener duftspendender Hölzer, die auf den Körper aufgetragen und einen Tag später dann wieder, mitsamt dem Schmutz auf der Haut, abgelöst wird (73–75).

Kap. 76–80 folgt abermals ein längerer Einschub, in dem Herodot anhand zweier Beispiele demonstriert, wie wenig geneigt und fähig die Skythen sind, fremdes Brauchtum oder überhaupt andere Formen der Lebensführung zu übernehmen. Eine Erörterung über die Kopfzahl des Volkes (81) endlich sowie, als letztes, eine Würdigung der Mirabilia des Landes – darunter die gewaltigen Ströme und die unermeßliche Weite des Steppenareals (82) – bilden den Abschluß dieses, der Ethnographie der Skythen im eigentlichen Sinne gewidmeten Abschnitts.

Das nächste Stück findet sich dann erst wieder sehr viel später, nachdem Herodot die Vorbereitungen Dareios' I. für den Feldzug gegen die Skythen (514 v. Chr.) und den Anmarsch des Heeres bis zum Bosporus geschildert hat (83–98), eingelegt und setzt sich aus einer Beschreibung der skythischen Schwarzmeerküste (99–100) und einer genaueren Bestimmung der Flächengestalt und der Größe des Landes (101) zusammen, womit also die schon an früherer Stelle (28. 31. 47–58) begonnene geographische Darstellung Skythiens noch einmal aufgenommen wird. Beachtung verdient dabei, daß die Küstenbeschreibung, wiewohl kaum mehr zu praktischen Zwecken gegeben, doch, wie ein Auszug verdeutlichen soll, noch ganz im *Periplous-Stile* gehalten ist – sofern sie nicht überhaupt gar auf eine Vorlage dieser Art zurückgeht:

«Thrakien reicht weiter ins Meer hinaus als Skythien. An der Stelle, wo eine Meeresbucht das Land zurückdrängt, beginnt Skythien. Dort mündet auch der Istros [die Donau], die Mündung nach Südosten gewendet. Ich will nun die Küste des eigentlichen Skythenlandes vom Istros ab beschreiben und ihre Länge bestimmen. Bei der Istrosmündung nämlich beginnt das eigentliche und ursprüngliche Skythien, sich nach Süden zu bis zur Stadt Karkinitis[10] erstreckend. Weiter, an demselben Meere entlang, folgen, bis hin zu der sogenannten rauhen Chersones[11], die Sitze der Taurer. Ihr Land ist gebirgig und springt ins Meer vor. Diese Chersones zieht sich in das nach Osten zu gelegene Meer[12] hinein. An zwei Seiten nämlich ist das Skythenland vom Meere umgeben, im Süden und im Osten, ähnlich wie Attika» (99), usw.

10 Kalančak an der Karkinit-Bai.
11 Küste der Krim bis zur Straße von Kertsch.
12 Das Asowsche Meer.

Kap. 102 kommt Herodot dann vorübergehend wieder auf die bevorstehende Auseinandersetzung zwischen den Persern und Skythen zurück, indem er berichtet, daß die letzteren, durch den Umfang des gegnerischen Aufgebots in Schrecken versetzt, eiligst unter den ihnen benachbarten Taurern, Agathyrsen, Neurern, Androphagen, Melanchlainern, Gelonern, Budinern und Sauromaten um Alliierte zu werben begannen, um darauf, dies zum Anlasse nehmend, erneut zu einem längeren Exkurs auszuholen, in welchem er die genannten Völker, in Form kleiner ethnographischer Einzelstudien, der Reihe nach vorstellt und damit zugleich den Skythischen Logos endgültig abschließt (103–117). Dabei berücksichtigt er im wesentlichen wieder dieselben Gesichtspunkte wie in seiner schon oben besprochenen Periegese des nördlichen und östlichen Teiles von Skythien (16–27), auch hier vor allem Wert auf das Brauchtum legend, namentlich dort, wo es ihm auffallend und ungewöhnlich erschien, und anderes, wie Fragen der äußeren Lebenshaltung, nur flüchtig berührend. Sonst variieren die Stücke, entsprechend den Auskünften, die zur Verfügung standen, und dem Interesse, das Herodot ihnen entgegenbrachte, an Umfang wie Ausarbeitung beträchtlich. So erfahren wir beispielsweise von den Melanchlainern nichts weiter als: «Die Melanchlainer tragen alle schwarze Kleidung; daher der Name des Volkes[13]. Ihre Sitten (νόμοισι) sind skythisch» (107) – d. h., sie bedürfen, da das Brauchtum der Skythen bereits dargestellt wurde, keiner eingehenderen Charakterisierung mehr, während die Behandlung etwa der – den Griechen und ihren pontischen Kolonien schon näheren und daher bekannteren – Budiner demgegenüber so ausführlich und detailreich gehalten ist, daß sie beinahe den Anforderungen einer (kleinen) ethnographischen Monographie gerecht wird:

«Die Budiner sind ein großes, zahlreiches Volk und haben sämtlich ganz helle Augen und feuerrotes (πυρρόν) Haar. Sie haben eine Stadt (πόλις), die aus Holz aufgeführt ist und Gelonos heißt. Jede Seite der Stadtmauer mißt 30 Stadien in der Länge, sie selbst ist hoch und ganz von Holz, wie nicht anders auch die Häuser und Heiligtümer (ἱρά). Zudem befinden sich dort Heiligtümer hellenischer Götter mit hölzernen Götterbildern (ἀγάλμασι), Schreinen (νηοῖσι) und Altären hellenischer Art. Auch feiern sie alle drei Jahre das Dionysosfest und führen bakchische Tänze auf. Die Bevölkerung von Gelonos ist nämlich von Hause aus

---

13 Von griech. *melas* (μέλας), «schwarz», und *chlaina* (χλαῖνα, bzw. ion. χλαίνη), «Oberkleid», «Mantel».

hellenisch: es sind Flüchtlinge aus den Handelshäfen, die sich bei den Budinern angesiedelt haben. Sie sprechen teils skythisch, teils hellenisch. Die übrigen Budiner sprechen jedoch eine andere Sprache als die Geloner und führen auch eine andere Lebensweise. Sie sind Autochthone (αὐτόχθονες) im Lande, Nomaden und das einzige Volk jener Gegend, das Fichtenzapfen zur Nahrung verwendet. Die Geloner dagegen sind Bauern, essen Getreide, legen Gärten (κήπους) an und sind auch in Gesichtsform und Hautfarbe verschieden von den Budinern. Doch bezeichnen die Hellenen auch die Budiner als Geloner, wenngleich es unrichtig ist. Das ganze Land ist dicht mit Wäldern aller Art bewachsen, und mitten im tiefsten Walde liegt, von Morast und Röhricht umgeben, ein großer See, in dem Fischottern, Biber und andere Tiere, die viereckige Köpfe haben, gefangen werden. Mit deren Fell verbrämen sie ihre Röcke (σισύρνας), während sie die Hoden als Heilmittel wider Krankheiten der Gebärmutter verwenden» (108–109).

Die Darstellung umfaßt also doch immerhin Angaben zur Größe des Volkes, seiner ethnischen Zusammensetzung und Zugehörigkeit, der Namensfrage, Physis, äußeren Erscheinung, Sprache, Hausform und Siedlungsweise, der Wirtschaft, Tracht und Religion (Götterglaube, Heiligtümer samt Ausstattung, Feste) sowie endlich der Geographie des Landes und enthält damit bereits, wenn auch zumeist nur kaum mehr als sparsame Hinweise bietend, im wesentlichen – jedenfalls für antike Begriffe – mit die wichtigsten Elemente einer Stammesethnographie, wie sie denn auch in den übrigen Logoi immer wieder Berücksichtigung finden.

So handelt Herodot etwa, um einige der kürzer gefaßten herauszugreifen, in seinem Exkurs über die Karer, Kaunier und Lykier (I 171–176) jeweils zu Eingang deren Urgeschichte ab bzw. versucht, ihre Herkunft zu bestimmen, erörtert (bei Karern und Lykiern) die Frage ihrer Namensbildung, stellt ihre Sprachzugehörigkeit fest, geht auf ihre Geschichte ein und gibt einzelnes aus dem religiösen wie dem profanen Brauchtum wieder, wobei er auch hier sein Interesse vor allem dem ihm ungewöhnlich und einzigartig Erscheinenden schenkt und bei Übereinstimmungen nur eben die Tatsache als solche vermerkt: so, wenn er beispielsweise von den Lykiern sagt:

«Ihre Sitten sind teils kretisch, teils karisch, doch haben sie *einen* eigenen Brauch, der sonst nirgends auf der Welt zu beobachten ist: sie nennen sich nämlich nach ihren Müttern und nicht ihren Vätern» (173).

Der Massagetische Logos enthält, nach einer Bestimmung der Sitze des Volkes (I 204), Angaben zur Wirtschaft und Ernährungsweise, der Tracht, Bewaffnung und Kriegführung, weiter den Sozialinstitutionen, wie der Heiratsordnung und Altentötung, und endlich der Religion bzw.

dem Götterglauben und Opferwesen (I 215–216). Der Thrakische
(V 3–10) informiert wieder über die Kopfzahl des Volkes, die Namensfrage und die politische Gliederung (3), die Heiratsordnung (5–6), einzelnes aus dem Brauchtum, so die Tatauierung (6) und Gepflogenheiten
bei der Geburt (4), ferner den Götterglauben (7) und die Bestattung (4.
8), ja setzt sogar zu einer allgemeinen Charakterisierung der thrakischen
Volksmentalität an (6), während bei der Darstellung Indiens (III 98–106)
schließlich vor allem die Landesnatur (98) samt Klima (104), Fauna
(102–103. 105–106), Flora (106) und Bodenschätzen sowie deren Abbau
(102. 104–106), die Sitze der einzelnen Völker (98. 99. 101. 102), der
Nahrungserwerb (98–100), Sprache (98) und Physis (101), dann die
Tracht und die Arten ihrer Anfertigung (98. 106), die Behausung (100),
des weiteren wieder Heiratsordnung (101) und Altentötung (99) und zuletzt recht ausgiebig auch Mirabilien (102–103. 105–106) behandelt
sind.

Die umfangreicheren Monographien heben sich dann hiervon, wie
schon am Beispiel des Skythischen Logos zu sehen war und entsprechend
auch das Studium des Babylonischen (I 178–200) oder des Ägyptischen
(II 2–182) lehren würde, im Prinzip nur insofern ab, als sie, von Rücksichten abgesehen, die sich jeweils aus den besonderen lokalen Voraussetzungen heraus ergeben, die genannten Elemente im ganzen mit größerer Geschlossenheit aufbieten und ihnen im einzelnen eine breitere
und detailliertere Erörterung widerfahren lassen.

Um eine länder- und völkerkundliche Monographie von annähernder
Vollendung und damit zugleich ein möglichst treffendes Bild vom Dasein
und der Art eines Volkes zu entwerfen, bedurfte es also, haben wir daraus
zu folgern, nach Auffassung Herodots – und, in beschränkterem Umfange, sicherlich auch schon seiner unmittelbaren Vorgänger, wie namentlich des Hekataios – im wesentlichen einer so vollzähligen wie
gründlichen Berücksichtigung ebendieser Gesichtspunkte. Der Übersicht
halber seien sie daher im folgenden noch einmal in Form einer schemati-
schen Anordnung aufgeführt:

A. Geographie
1. Umgrenzung und
2. Beschaffenheit des Landes
3. Klima
4. Flora
5. Fauna
6. Naturprodukte (u. Bodenschätze)

B. Ethnographie
  1. Ethnische Bestimmung
    a) Sitze
    b) Kopfzahl
    c) Namensbildung
    d) Sprache
    e) Physis
    f) Urgeschichte
  2. Ergologie
    a) Wirtschaft und
    b) Ernährung
    c) Siedlungsweise
    d) Behausung
    e) Tracht (u. Schmuck)
    f) Bewaffnung
    g) Handwerkliche Fertigkeiten
    h) Gewerbe
  3. Sozialorganisation
    a) Politische Gliederung
    b) Verwandtschaft
    c) Eheordnung (u. Geschlechtsleben)
  4. Profanes Brauchtum (z. B. Besiegelung der Blutsbrüderschaft, Hygiene, Tatauierung)
  5. Handel
  6. Kriegführung
  7. Religion
    a) Götterlehre[14]
    b) Sonstige Glaubensformen
    c) Art und Ausstattung der Heiligtümer
    d) Feste
    e) Opferpraxis
    f) Orakelwesen
    g) Sonstiges religiöses Brauchtum (z. B. Bestattung, Reinigungsriten, Mumifizieren)
  8. Mirabilien
  9. Geschichte
 10. Allgemeine Charakterisierung

---

14 Die Namen der barbarischen Gottheiten werden von Herodot (wie vor ihm wohl auch schon von Hekataios und anderen Autoren) bekanntlich durchweg in der *interpretatio Graeca*, also mit den Bezeichnungen der ihnen entsprechenden – oder nahestehenden – griechischen Götter, gegeben, wenngleich er gelegentlich auch einmal die einheimischen Begriffe hinzusetzt (so etwa II 42; 144 f; 156. III 8. IV 59).

Herodot selbst jedoch, das wurde schon gesagt und sei hier noch einmal wiederholt, läßt in seinen ethnographischen Exkursen weder diese noch sonst eine irgendwie einheitlich gehandhabte Anordnung des Stoffes erkennen, und es ist anzunehmen, daß von der literarischen Tradition her eben nur in der *Summe* dessen, was es zu berücksichtigen galt, nicht aber zugleich auch in der Art seiner Zusammenstellung, Übereinkunft bestand.

Auf die methodischen Grundsätze, von denen sich Herodot bei der Beschaffung und Aufnahme seines Materiales leiten ließ, wurde zu Eingang des Kapitels schon hingewiesen. Wie die Betrachtung der Darstellungen selbst jedoch zeigte, gab er durchaus nicht alles wieder, was er auf diese Weise zusammengebracht hatte, sondern traf bewußt eine Auswahl. Und aus der – im ganzen übereinstimmenden – Disposition, die er so für den Aufbau seiner Ethnographien gewann, erhellt, daß es ihm, gleich Hekataios, im wesentlichen darum ging, die *besondere Individualität* eines jeden Volkstums darstellerisch auf das überzeugendste in Erscheinung treten zu lassen. Hierzu nun bediente er sich, auch darin seinem Vorgänger folgend, methodisch vor allem des *Vergleichs*, indem er einmal bestehende Übereinstimmungen konstatierte, wobei er es jedoch zumeist bei dem bloßen Hinweis beließ, und zum anderen auf die – auffallenderen – Abweichungen aufmerksam machte, diese dann, da er in ihnen die bezeichnenden und typischen Merkmale einer Kultur erblickte, des breiteren herausstreichend, so, wie schon am Beispiel der matrilinearen Abstammungsfolge der Lykier (I 173) zu sehen war und u. a. auch aus einem Passus wie dem folgenden hervorgeht:

«Die Nomaden [Libyens] begraben ihre Toten wie die Hellenen, *ausgenommen* die Nasamonen, die sie in sitzender Haltung bestatten und genau achtgeben, wann der Tod eintritt. Damit er nicht liegend stirbt, wird der Sterbende aufgerichtet» (IV 190).

Parallelen, die gleich zu mehreren gebündelt auftraten und besonders eindrucksvoller Art waren, suchte er hier und da auch bereits durch die Annahme *kulturhistorischer Zusammenhänge* zu erklären bzw. auf *Entlehnung* oder *Übertragung* zurückzuführen, ersteres etwa im Falle der Übereinstimmungen zwischen der Gewandung der griechischen Athene-Statuen und der Tracht der Libyerinnen:

«Die Kleidung und die Aigis der hellenischen Athenebilder haben die Hellenen den Libyerinnen entlehnt. Nur ist das Gewand der Libyerinnen aus Leder, und die Gehänge an der Aigis sind keine Schlangen, sondern Riemen. Sonst aber bestehen

keinerlei Unterschiede. Sogar der Name deutet darauf hin, daß die Gewandung
der Pallasbilder aus Libyen stammt: die Libyerinnen nämlich werfen über ihr
Kleid ein kahles, rot gefärbtes und mit Troddeln behängtes Ziegenfell; aus dessen
Bezeichnung Aiges haben die Hellenen dann Aigis gemacht» (IV 189).

Auf Übertragung dagegen sollen die Gemeinsamkeiten der ägyptischen
Osirismysterien mit den griechischen Thesmophorien zurückgehen:

«Die Töchter des Danaos waren es, die das Demeterfest aus Ägypten zu uns her-
überbrachten und es die pelasgischen Frauen lehrten. Später, als die Bewohner
des ganzen Peloponnes durch die einwandernden Dorier verdrängt wurden, ging
das Fest wieder verloren; nur die Arkader, der einzige Volksstamm der alten
peloponnesischen Bevölkerung, der sich zu behaupten vermochte, behielten es
bei» (II 171).

Erstreckten sich die Übereinstimmungen jedoch – wie zumeist – nicht
nur auf Einzelheiten, sondern erfaßten darüber hinaus auch das Aussehen und selbst die Sprache zweier Völker, so schien es ihm unabweis-
lich, daß der Grund dafür in einer ursprünglichen, engen Verwandtschaft beider zu suchen sei – so namentlich im Falle der Ägypter und
Kolcher:

«Die Bewohner von Kolchis sind sicher Ägypter; ich habe das bemerkt, noch
bevor man mir Auskunft darüber gab. Um näheres zu erfahren, ging ich in beiden
Ländern der Verwandtschaftsfrage nach. Die Kolcher erinnerten sich lebhafter an
die Ägypter als die Ägypter an die Kolcher. Doch sagten mir die Ägypter, sie
glaubten, die Kolcher stammten von den Soldaten des Sesostris ab. Ich selber
vermutete das auch, da die Kolcher dunkelfarbig (μελάγχροες) und kraushaarig
(οὐλότριχες) sind. Freilich ist das noch kein Beweis; denn es gibt Völker, die es
nicht minder sind; doch kommen noch folgende Gründe hinzu: Von allen Menschen pflegten ursprünglich nur die Kolcher, Ägypter und Äthioper die Scham zu
beschneiden (περιτάμνονται). Die Phönizier und die in Palästina wohnenden
Syrer nämlich geben selber zu, die Sitte erst von den Ägyptern übernommen zu
haben, während die Syrer, die an den Flüssen Thermodon und Parthenios wohnen, sowie ihre Nachbarn, die Makronen, einräumen, sie erst neuerlich von den
Kolchern entlehnt zu haben. Alle diese aber sind die einzigen Völker, bei denen
die Beschneidung üblich ist, und sie alle folgen darin offenbar den Ägyptern nach.
Ob jedoch die Ägypter die Sitte von den Äthiopern übernommen haben oder die
Äthioper von den Ägyptern, kann ich nicht sagen; jedenfalls scheint es sich um
eine uralte Institution zu handeln. Daß die anderen sie aber infolge ihrer Verbindungen mit den Ägyptern von diesen erhalten haben, beweist schon der Umstand,
daß die Phönizier, die mit den Griechen verkehren, es darin den Ägyptern nicht
gleichtun und ihre Kinder nicht beschneiden.

Doch sei noch auf ein anderes hingewiesen, was Kolchern und Ägyptern gemeinsam ist: Beide fertigen die Leinwand auf die nämliche Weise und kommen sowohl in der Lebensführung wie in der Sprache einander nahe» (II 104–105).

Hier schreitet Herodot also über den engeren Vergleich einzelner Elemente oder Elementenkomplexe hinaus zu einer Gegenüberstellung ganzer Völker und ihrer Kulturen fort, ja, in gewissem Sinne ließe sich sein Geschichtswerk vielleicht sogar ganz allgemein als ein einziger, großangelegter Vergleich zwischen der griechischen Welt – die bei allem doch stets die bleibende Orientierungsgrundlage bildet – auf der einen und der (barbarisch-)orientalischen auf der anderen Seite begreifen.

Mit ausgesprochenen Entstehungsfragen hat sich Herodot, wiewohl es ihm bei der Geschichtsschreibung selbst so sehr auf die Erhellung der Ursachen ankam, dagegen, hierin ganz Ethnograph antiker Prägung, nur am Rande beschäftigt. Immerhin zeugen jedoch einzelne Stellen seines Werkes dafür, daß auch ihm, wie Hekataios bereits, der *kausale Zusammenhang zwischen der geographischen Beschaffenheit eines gegebenen Raumes und der Kulturgeschichte seiner Einwohner* durchaus bewußt war. So leitet er die eigentliche, engere Beschreibung der Ägypter beispielsweise mit dem Satze ein:

«Wie der Himmel über Ägypten anders als sonstwo ist und der Strom [der Nil] seiner Natur nach von allen anderen abweicht, so haben auch die Ägypter in Wesen und Brauchtum (ἤθεά τε καὶ νόμους) ganz andere Formen als die übrigen Völker entwickelt» (II 35).

Und an einer späteren Stelle (II 77), wo von ihrer hervorragenden Gesundheit die Rede ist, wird die Vermutung geäußert, daß dies wohl eine Folge des so ausgeglichenen Klimas sei, das eben keinen Wechsel der Jahreszeiten kenne, der die Ursache der meisten Erkrankungen bilde – eine Theorie, die Herodot möglicherweise seinem (jüngeren) Zeitgenossen Hippokrates entlehnt hat. Die unstete, nomadische Lebensführung der Skythen sieht er wesentlich in der flachen Weitläufigkeit und dem verschwenderischen Grasreichtum ihres Siedlungsraumes begründet (IV 47), während er sich die Tatsache, daß die Satrer als einziger aller thrakischen Stämme bis auf seine Zeit ihre Freiheit unangefochten zu behaupten vermochten, neben ihrer Kriegstüchtigkeit vor allem auch aus ihrer geschützten Rückzugslage hoch im Gebirge erklärt (VII 111). Überhaupt scheint er ganz allgemein der Auffassung gewesen zu sein, daß rauhe und unwirtliche Länder zu Härte und Fleiß erzögen, liebliche und reichere dagegen zur Verweichlichung führten: Als die Perser die Vorherrschaft in Vorderasien errungen hatten, äußerten sie, erzählt Herodot

im Schlußkapitel seines Werkes, Kyros gegenüber den Wunsch, aus ihrer
«kleinen und so unfreundlichen» Heimat in gesegnetere und schönere
Gefilde zu übersiedeln, als Preis für den mühsam erkämpften Erfolg; der
König jedoch, weitsichtiger als sie,

«fand diesen Rat nicht rühmenswert und meinte, sie sollten ihren Plan nur ausführen, sich aber darauf gefaßt machen, daß sie aus Herren zu Knechten werden
würden. Weichliche Länder pflegten weichliche Menschen zu erzeugen: Denn
nie würde ein Land zugleich herrliche Früchte und kriegstüchtige Männer hervorbringen.
    Das erkannten die Perser als richtig an und gingen davon; Kyros hatte sie über-
zeugt. Sie wollten lieber», schließt Herodot sein Geschichtswerk ab, «in einem
mageren Lande Herren als in einem üppigen Knechte sein» (IX 122; vgl. VII 102).

Die besten Lebensbedingungen aber scheinen auch Herodot wieder in der
eigenen griechischen Heimat, ja, im engeren Sinne, sogar in Ionien selbst
gegeben, wo ein herrliches, ideal ausgewogenes Klima herrsche, das auf
der ganzen Welt seinesgleichen suche (I 142. III 106), und wo denn auch,
wie er an anderer Stelle hervorhebt, die intelligentesten und verständig-
sten Menschen zu Hause sind (I 60).
    Der Gang der Entwicklung wird also in einem gewissen Umfang durch
die besonderen Gegebenheiten der geographischen Umwelt, d. h. *von
außen* her, bestimmt; die eigentlichen Impulse aber, die ihn vorantreiben
und ihm sein charakteristisches Gepräge verleihen, erhält er nach Herodot *von innen* heraus, aus der *schöpferischen Initiative* und *gestaltenden
Wirksamkeit des Menschen* in der Geschichte. Hier denkt Herodot vor
allem an bedeutsame Einfälle und Erfindungen, und zwar sowohl einzelner Individuen, wie des Glaukos von Chios, dem die Entdeckung des
Eisenlötens gelang (I 25), als auch ganzer Völker: so hätten die Lyder
z. B. als erste Gold- und Silbermünzen geschlagen und sich an Gesell-
schaftsspielen – u. a. dem Würfel- und Knöchelspiel – erfreut (I 94), die
Karer Federbüsche auf ihre Helme gesetzt und die Schilde mit Wappen-
zeichen und Handgriffen versehen (I 171), während die Ägypter wieder
bestimmte Feste und Opferhandlungen aufgebracht (II 49; 58), als erste
Tempel, Altäre und Standbilder in Stein errichtet sowie das Jahr in
12 Monate gegliedert und die Geometrie entwickelt hätten (II 4) und auf
die Babylonier endlich die Sonnenuhr und die Tageseinteilung in 12 Zeit-
abschnitte zurückgingen (II 109). Der auf diese Weise *endogen* gewonnene Fortschritt teilt sich dann allmählich auch anderen Völkern mit,
indem die neuen Errungenschaften entweder von den engeren Nachbarn

entlehnt oder von den Erfindern selbst im Zuge einer Wanderbewegung auf fernere Gruppen *übertragen* wurden und so dort jeweils einen *exogenen* Kulturwandel auslösten, wofür Herodot eine Reihe von Beispielen anführt: Die Perser etwa, notiert er, übernahmen von den Assyrern und Arabern die Verehrung der «Urania» (I 131), von den Medern die Kleidung, von den Ägyptern den Harnisch – und von den Griechen die Päderastie (I 135); die letzteren selbst wiederum verdankten den Karern den Helmbusch sowie das Wappen und den Handgriff an den Schilden (I 171), den Babyloniern die Sonnenuhr und die Tageseinteilung (II 109) und den Ägyptern neben der Geometrie (II 109) und einer Bestimmung zur Offenlegung der Einkommensverhältnisse (II 177) vor allem eine Anzahl religiöser Praktiken und Anschauungsformen, wie einzelne Götternamen (II 4; 43 f; 50), Feste, Opferfeiern und Orakel (II 57 f), die Kulte des Dionysos (II 49) und der Demeter (II 171), die Errichtung von Tempeln, Altären und steinernen Götterbildern (II 4) und vieles andere mehr (vgl. II 51; 82; 123. IV 189). Die Schrift – samt «vielen Wissenschaften und Kunstfertigkeiten» – erhielten sie dagegen *durch den Zuzug* phönizischer Siedler und Kaufleute übermittelt (V 58), und auf entsprechende Weise führten die Lykier, als sie aus Kreta nach Kleinasien einwanderten, Sitten aus ihrer alten in die neue Heimat ein (I 173), wurde die Beschneidung von den Ägyptern auf die Phönizier und Syrer (vielleicht auch Äthioper), dann von den Nachfahren der Sesostris-Truppen, den Kolchern, auf die Makronen und andere Gruppen Nordkleinasiens übertragen (II 104) und fanden endlich ägyptische Lebensformen durch Überläufer Eingang in Äthiopien, um dort, wie Herodot ausdrücklich hervorhebt, in der Tat einen wesentlich veredelnden Einfluß auf die gesamte Daseinsgestaltung auszuüben (II 30; vgl. a. IV 95). Daß gleichartige oder ähnliche Erscheinungen auch unabhängig voneinander entstanden sein könnten, hält er nach alledem offenbar für ausgeschlossen. Im ganzen glaubt er, daß über längere Zeiträume hin selbst die unvorstellbarsten Wandlungen möglich sind (V 9).

Wie sich aus den genannten Beispielen und den ethnographischen Darstellungen Herodots überhaupt ergibt, war er also wohl der Überzeugung, daß als erste, denen es gelang, sich aus der ursprünglichen Primitivität heraus auf ein höheres Zivilisations- und Kulturniveau zu erheben, die staatstragenden Völker des alten Vorderasien zu gelten hätten – allen voran die Ägypter und Babylonier (daneben aber vielleicht auch die Lyder). Von ihnen aus teilte sich dann die Entwicklung, namentlich durch Vermittlung der Phönizier, u. a. vor allem auch den Griechen mit, erfaßte allmählich die Randbereiche des engeren Mittelmeerraumes mit den

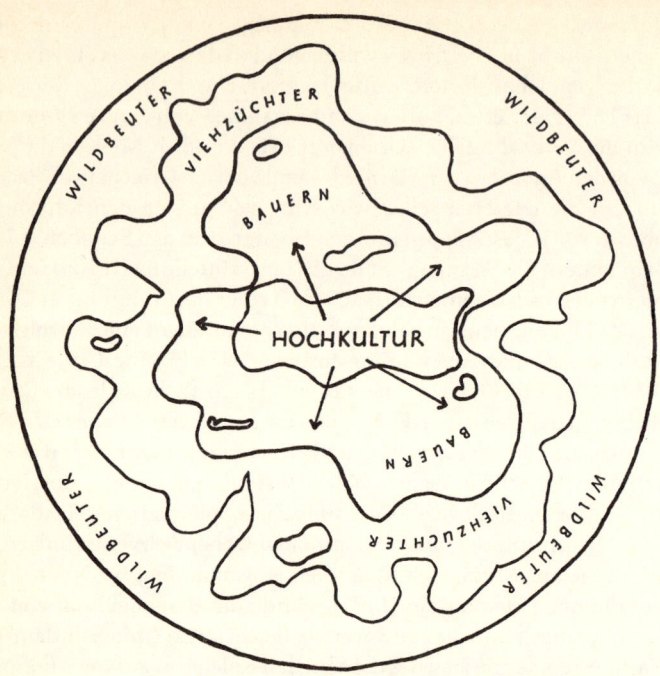

Abb. 10 Schematische Darstellung der globalen Kulturgliederung Herodots

Äthiopern, Libyern, Arabern, Medern, Persern und Thrakern und griff
in Ausläufern weiter darüber hinaus, so die Skythen und andere Völker
des ferneren Nordens und Nordostens erreichend. Nahezu oder gar
gänzlich unberührt blieben nur jene, die in abgelegenen Rückzugsgebie-
ten und an der äußersten Peripherie der Ökumene hausen und somit die
letzten Vertreter des urzeitlichen Barbarentums darstellen. Es sind dies
Sammler-, Jäger- und Fischergruppen, die Herodot wohl zu unterscheiden weiß und deren er etliche aufzählt: So u. a. etwa in Indien die III 98
genannten Sumpfbewohner, die von rohem Fisch, und die Padaier, die
von rohem Fleisch leben und überdies dem Endokannibalismus huldigen
(III 99), die Sammlerbevölkerungen auf den Inseln des Araxes und die
Fischer in seinem sumpfigen Mündungsgebiet, deren erstere sich von
wildwachsenden Wurzeln und Früchten und deren letztere sich wieder
von rohen Fischen ernähren (I 202), im hohen Norden weiter die jägeri-

schen Thyssageten und Iyrken (IV 22) und, westlich von ihnen, als die
ungesittetsten aller, die kannibalischen Androphagen («Menschenfresser»), die weder Recht noch Gesetz kennen (IV 106).

Wie die Babylonier bereits sieht also auch Herodot wieder den extremen Barbarismus wesentlich durch den *rohen* Genuß der Nahrungsmittel, die Menschenfresserei und überhaupt den *Mangel* an allem, was das
Leben der Hochkulturvölker des Mittelmeerraumes ausmacht, charakterisiert, d. h. durch Züge eines quasi *tierhaften* Daseins.

Von dieser untersten Stufe menschlicher Lebenshaltung heben sich
dann – wieder vor allem durch die Art, wie sie die Nahrung gewinnen
und zu sich nehmen, worauf Herodot ja immer besonders zu achten bemüht ist – die *viehzüchterischen* Libyer (IV 186), Massageten (I 215 f)
und Skythen (IV 19; 46) ab, die nun bereits gekochtes Fleisch und dazu
Milch genießen und auch insofern eine deutliche Mittelposition behaupten, als ihnen der Bodenbau fremd ist und sie noch eine Reihe pri-
mitivbarbarischer Traditionen, wie den Endokannibalismus oder die
Promiskuität, pflegen, sonst aber durchaus schon im Besitze entwickelterer Kulturgüter und Erwerbspraktiken sind (z. B. der Metallverarbeitung). Als nächste auf dem Wege zur Hochkultur folgen die *bodenbau-
enden* Gruppen der libyschen und skythischen Barbarenwelt, wie u. a.
die Garamanten und Maxyer auf der einen (IV 183; 191; vgl. 198 f) und
die Kallipiden, Alizonen, Geloner und «agrarischen» Skythen auf der
anderen Seite (IV 17 f; 52 ff; 109), denen endlich als letzte, den Höhepunkt der Entwicklung verkörpernd, die Organisatoren und *Träger der
Staaten und Reiche* im engeren Mittelmeerraum gegenüberstehen: so
namentlich die Ägypter, Babylonier, Phönizier, Lyder, Griechen, Meder und Perser.

Es war also die Auffassung Herodots, auch wenn er sich nicht unmittelbar und ausdrücklich dazu äußert, daß der Entwicklungsverlauf der
Kulturgeschichte sich in den folgenden, uns im wesentlichen bereits vertrauten Etappen vollzog:

1. Wildbeutertum (Jägerei, Fischerei, Sammelwirtschaft);
2. Viehzüchtertum (Hirtennomadismus);
3. Bauerntum (niederer Art);
4. Hochkultur (basierend auf einer entwickelteren Agrarwirtschaft
und ausgewiesen vor allem durch wohlorganisierte Staatswesen, die
Ausbildung höherer Rechtsnormen und differenzierter Religionssy-
steme, die Pflege der Wissenschaften und Künste sowie allgemein verfeinerte Lebensformen).

Aus den Angaben zum letzteren Punkte erhellt schon, daß der kulturhistorischen wohl auch die religionsgeschichtliche Entwicklung parallel lief. Hier jedoch ein klareres Bild zu gewinnen, fällt freilich noch schwerer als im vorausgehenden Falle, da Herodot es nach eigenem Eingeständnis «möglichst» (μάλιστα) vermied, auf Glaubens- und Kulturfragen des näheren einzugehen; wo er es dennoch einmal «nebenbei» (ἐπιψαύσας) schon getan habe, sei es «nur notgedrungen (ἀναγκαίη) der Erzählung zuliebe» geschehen (II 65; vgl. 47 f; 51; 61 f; 81; 86; 171 u. a. St.)[15]. Gleichwohl genügt, was er mitteilt, um zu erkennen, daß von der Höhe der ägyptischen Religion über die Griechen, Perser, Skythen und Massageten bis hinab zu den Androphagen etwa oder anderen Wildbeutergruppen, von denen Herodot uns an Glaubensbekundungen rein nichts zu berichten weiß, ein deutliches Gefälle besteht. Die griechische Religion, deren Entstehungsgeschichte als einzige ausführlicher dargestellt ist, baute sich so beispielsweise zum einen aus der noch unbestimmteren, eher vagen Götterverehrung der pelasgischen Ursassen des Landes (II 51 f) und zum anderen aus einer Reihe von Entlehnungen aus außergriechischen Glaubenssystemen auf: so wurden u. a. von den Libyern der Poseidon-Dienst (II 50) und die Gewandung der Athene-Statuen (IV 189) übernommen, während man von den Ägyptern, wie erwähnt, verschiedene Götterbezeichnungen (II 4; 43 f; 50), Feste, Opferpraktiken, Orakel (II 57 f), einzelne Kulte (II 49; 171), die Verwendung von Tempeln, Altären und Götterbildern (II 4) sowie anderes mehr (vgl. II 82; 123) übermittelt erhielt. Zuletzt wurde von den Griechen selbst, d. h. ihren alten Dichtern wie vor allem Homer und Hesiod, dann noch die eigentliche Theologie, der systematische Ausbau der Lehre vom Ursprung, der äußeren Gestalt, den besonderen Eigenschaften und dem jeweiligen Wirkungsbereich der einzelnen Götter, geschaffen (II 53). Die Religion entwickelte sich also hier im wesentlichen dank der Impulse, die sie von außen, und zwar in der Hauptsache von Ägypten her empfing, zu der Höhe, die sie nach dem Dafürhalten Herodots besaß.

Im übrigen freilich ist er sich durchaus bewußt, daß vieles in der Geschichte der Menschheit auf purem Zufall beruht (I 32), glaubt aber dar-

---

15 Die Verschwiegenheit bezieht sich in erster Linie auf die Mysterienkulte, deren Geheimnisse preiszugeben in der Antike als schwerer Frevel galt. Herodot mußte es hiermit schon insofern um so ernster sein, als er in die Mysterien der Kabeiren eingeweiht, also selbst initiierter Myste war (II 51).

über hinaus auch, daß anderes wieder unmittelbar von den Göttern verhängt wird: so der Untergang Trojas, den er als Strafgericht für den Raub der Helena auffaßt (II 120; vgl. I 1–4).

Den mannigfaltigen, die Entwicklung als Ganzes vorantreibenden und im einzelnen so variabel gestaltenden Tendenzen aber wirkt, wie Herodot als erfahrener Ethnograph wohl weiß, auf der anderen Seite nun als eminent retardierende Kraft der Traditionalismus der Völker entgegen, sich gründend auf jene tief eingewurzelte, nur schwer zu erschütternde Überzeugung, jeweils selbst die allein gültige und einzige vertretbare Lebensordnung geschaffen zu haben und sie daher auch wider alles, was ihren Bestand zu gefährden scheint, unnachgiebig behaupten zu müssen. Aufgefordert,

«sich unter all den verschiedenen Sitten (νόμους) die vorzüglichsten (καλλίστους) auszuwählen, würde jedes Volk, nachdem es alle geprüft, die seinigen allen anderen vorziehen. So sehr sind die Menschen von der Meinung durchdrungen, die von ihnen selbst entwickelten Lebensformen seien jeweils die besten».

Und als einen der vielen Beweise, die sich seiner Versicherung nach dafür beibringen ließen, führt Herodot die folgende Begebenheit an:

«Als Dareios König war, beschied er einmal die Hellenen an seinem Hofe zu sich und fragte sie, zu welchem Preis sie sich dazu bereit finden würden, ihre Väter nach deren Ableben zu verspeisen. Sie entgegneten, daß sie dies um keinen Preis täten. Darauf ließ er Kallatier rufen, einen indischen Volksstamm, bei dem die Leichen der Eltern gegessen werden, und richtete nun an sie, im Beisein der Hellenen, die das Folgende von einem Dolmetscher übermittelt erhielten, die Frage, zu welchem Preis sie sich dazu verstehen würden, die Leichen ihrer Väter zu verbrennen. Die schrien laut auf und hießen ihn, von derart gottlosen Dingen zu schweigen. So also steht es mit den Sitten der Völker, und Pindar hat meines Erachtens ganz recht, wenn er sagt, die Sitte (νόμον) sei aller König»[16] (III 38).

Es sei daher gefährlich und müsse zu ernsten Konflikten führen, meint – und belegt – Herodot, wenn der Versuch gemacht werde, die traditionellen Ordnungsstrukturen abrupt und gar auf gewaltsame Weise umzubilden oder zugunsten neuer, von außen her übernommener Formen ganz fallenzulassen (IV 76; 80; vgl. III 82).

Daraus aber folgt auf der anderen Seite, daß die *Identität* eines Volkstums wesentlich in der *ungebrochenen Treue* seiner Träger zu der *über-*

16 Bei Platon: Gorgias 484 B.

kommenen Lebensordnung beruht; zerfällt sie, so droht auch dem Be-
stande des Ganzen Gefahr. Daneben jedoch hält Herodot, wie mit Evidenz vor allem aus Kap. 144 des VIII. Buches hervorgeht, offenbar noch
drei weitere Kriterien für unerläßlich zur Bestimmung einer Volkseinheit. Er berichtet dort nämlich, daß die Athener dem vermittelnden Vor-
schlag des Makedonenkönigs Alexander I. Philhellen, einen – als sehr
verlockend in Aussicht gestellten – Sonderfrieden mit den Persern zu
schließen, mit dem Einwand begegneten, daß es für sie ein Ding der Un-
möglichkeit wäre, das Griechentum (τὸ Ἑλληνικόν), dem sie durch die
gemeinsame Abkunft, Sprache, Religion und Gesittung verbunden seien,
zu verraten. Das heißt: Ein Volk wird durch die Summe all derer
bestimmt, die derselben *Abstammung* – und damit auch *Physis* – sind,
dieselbe *Sprache* besitzen (vgl. a. I 58 u. II 105) und sich zu derselben
Lebensordnung und *Religion* bekennen. Man begreift, warum Herodot
gerade diesen Punkten in seinen ethnographischen Schilderungen so
große Beachtung schenkt. Die Abstammung sucht er sich dabei nur
scheinbar noch nach dem genealogischen Prinzip zu erklären: Hellen und
seine Nachfahren Doros (I 56) und Ion (VII 94; vgl. VIII 44) z. B. haben
den Hellenen, Dorern und Ioniern ebenso wie der Phönizier (!) Kilix den
Kilikiern (VII 91), der Athener (!) Lykos den Lykiern (I 173. VII 92) und
Lydos den Lydern (I 7. VII 74) nur ihre Namen verliehen; dort, wo von
direkter Abkunft die Rede ist, handelt es sich, sieht man genauer hin, in
der Regel um einheimische Überlieferungen, die Herodot lediglich wiedergibt (vgl. I 171. IV 10). Er selbst nämlich ist sich durchaus schon
bewußt, daß die Völker nur kaum einer einzigen Wurzel entstammen,
sondern vielmehr zumeist aus der Durchdringung und Verschmelzung
mehrerer, teils auch ganz unterschiedlicher ethnischer Komponenten
hervorgegangen sind: so entwickelte sich gerade die stolze griechische
Nation aus dem Zusammenwachsen der Urhellenen mit den Pelasgern
«und vielen anderen Barbarenstämmen» (I 58).

Über Gestalt, Umfang und Gliederung der Erdoberfläche äußert sich
Herodot nur mit Vorsicht; die vorhandenen Kenntnisse, meint er, reichten – vor allem im Westen und Norden – nicht aus, um mehr als die
gröbsten Umrisse anzugeben (vgl. III 115. IV 40; 42; 44 f.). Er wundert
sich daher und spottet auch offen darüber, daß sich andere, so «die Dichter» (II 23. III 115; vgl. IV 8) und Naturphilosophen, die er unbestimmt
mit «die Hellenen» (II 20 f.) oder «die Ionier» (II 15 f.) umschreibt, hierin
so sicher zeigen, als wüßten sie mit absoluter Gewißheit, wie es sich damit in Wahrheit verhalte.

Vor allem bezweifelt er, daß die Erde eine exakte Kreisform besitze, und lehnt auch, weil unbewiesen, die Vorstellung ab, daß der Ozean ein gewaltiger Strom sei, der sie ständig umfließe (II 21; 23. IV 8; 36). Gleichwohl gilt ihm als unbestritten, daß die einzelnen Meere, wie das Rote, das Mittelländische und das Atlantische Meer, miteinander in Zusammenhang stehen und ein einziges, alle Kontinente umspülendes Weltmeer bilden, über dessen Ausdehnung im Norden Europas freilich noch Unklarheit herrsche; – das Kaspische Meer jedoch faßt er, entgegen Hekataios, bereits richtig als *Binnenmeer* auf (I 202 ff; vgl. III 115. IV 45). *Mit* Hekataios dagegen behält auch er die Gliederung der festen Erdoberfläche in drei Kontinentaleinheiten bei, indem er sie zunächst durch eine – in west-östlicher Richtung verlaufend gedachte – Linie von den Säulen des Herakles durch das westliche Mittelmeer, den Bosporus, das Schwarze Meer und den Phasis hinauf wieder in zwei Hälften unterteilt und deren nördliche dann als Europa und die südliche (im Osten) als Asien und, durch den Nil von diesem geschieden, (im Westen) als Libyen begreift. Allerdings macht er auch die Bedenken geltend, die sich dagegen erheben, und gibt zu erkennen, daß ihn das Ganze durchaus nicht befriedigt (II 16. IV 36 ff).

In der Mitte der Erde lokalisiert er, gleich Hekataios, wohl wieder die eigene ionische Heimat, die seiner Beurteilung nach, wie schon erwähnt, ja über die besten, d. h. ideal ausgewogene Witterungsverhältnisse verfügt, während er den Norden allgemein für feucht und kalt und den Süden für trocken und heiß hält (I 142) – und damit zugleich, am Rande, eine Gliederung der Erde nach *Klimazonen* gibt.

Als die letzten, an der äußersten Peripherie der bekannten Ökumene lebenden Völker, von denen man einigermaßen sichere Kunde besitze, führt Herodot im Osten die Inder (III 98; 106), im Süden die Araber (III 107), im Südwesten die Äthioper (III 114), im Westen die Kelten (IV 49) und Kynesier (II 33) und im Norden, in westöstlicher Aufeinanderfolge, die Neurer (IV 17), Androphagen (IV 18), Melanchlainer (IV 20; 101), Thyssageten, Iyrken (IV 22) und Argippäer (IV 23) an, reicht also, vor allem im Norden, in seinen Kenntnissen bereits merklich über Hekataios hinaus. Ansätze zu einer Idealisierung, wie sie die alten Dichter diesen Gruppen in der Regel zuteil werden ließen, klingen jedoch, wenn überhaupt, eigentlich nur mehr in der Charakterisierung der Äthioper erkennbar an, die, von Homer als «unsträflich» und von Hesiod als «hohen Sinnes» gepriesen, Herodot als die «höchstgewachsenen», «schönsten» und «langlebigsten» Menschen auf Erden rühmt (III 17; 20;

114). Möglich auch, daß eine ähnliche Tendenz in seiner Wiedergabe des Berichtes jener ägyptischen Ichthyophagen mitschwingt, die von Kambyses II. (530–522 v. Chr.) nach Äthiopien entsandt worden waren, um das Land für einen geplanten Kriegszug auszukundschaften. Hier heißt es nämlich, daß dem dortigen König die kostbaren Gaben, die ihm der Perser zum Geschenk überreichen ließ, ganz unbekannt waren, so daß er nicht wußte, was er damit anfangen sollte: die Armreifen und eine Halskette von Gold hielt er für Fesseln und den Gebrauch von Myrrhe zur Salbenbereitung für unnütz; als die Reihe an ein Purpurgewand kam und man ihm dazu erläuterte, daß der Purpur eingefärbt werde, meinte er, das sei doch reiner Betrug, der nur Menschen befriedigen könne, die eine betrügerische Gesinnung besäßen; und ähnlich abfällig äußerte er sich auch, als er erfuhr, daß die Perser in der Hauptsache vom Brotgenuß lebten, der den Äthiopern der Darstellung nach damals noch fremd war, indem er erklärte, es wundere ihn nicht, daß man in Persien nicht so alt wie in Äthiopien werde, wenn man sich dort überwiegend von «Dreck» (κόπρον) ernähre (III 17; 20 ff)! – Das klingt doch ganz so, als habe es Herodot hier in der Tat darauf angelegt, die unverfälschte Urwüchsigkeit der reinen Barbaren, die noch gesünder, weil ohne besondere Ansprüche sind, gegenüber den Völkern der Hochkulturwelt mit ihrer raffiniert verfeinerten Lebensführung, ihrer Üppigkeit und all ihrem Luxus, der sie nur verdirbt und verweichlicht, demonstrativ verklärend hervorzuheben.

Für die Überlieferung von der Existenz skurril gebildeter Fabelvölker am Rande der Welt dagegen, von seinen Vorgängern – einschließlich des Hekataios – und vor allem den alten Dichtern noch für bare Münze genommen, hat Herodot nur Spott und Ablehnung übrig. Es erscheint ihm absurd zu glauben, daß es Menschen mit Hundeköpfen oder ohne Kopf, Ziegenfüßige oder solche gebe, die, ohne aufzuwachen, sechs Monate lang schliefen, und er betont jeweils, daß es sich bei Angaben dieser Art immer nur um unkontrollierbare Erzählungen einheimischer Gewährsleute handelt (vgl. IV 25; 191). Auch die Einäugigkeit der Arimaspen, von der die Issedonen berichten, zieht er natürlich in Zweifel und meint, es dünke ihn unvorstellbar, «daß es überhaupt einäugige Menschen gibt, die im übrigen ebenso aussehen wie andere Menschen» (III 116; vgl. IV 13; 27), und die Hyperboreer hält er, wie schon bemerkt, vollends für reine Fabelgestalten poetischer Phantasterei (IV 32; 36).

Ähnlich skeptisch steht er aber auch den mythischen Überlieferungen gegenüber, im allgemeinen die Überzeugung vertretend, daß ihnen zumeist irgendeine, im Laufe der Zeit nur entstellte oder ins Unwirklich-Wunderbare übersteigerte *geschichtliche Begebenheit* aus grauer Vergangenheit zugrunde liege, deren ursprünglichen Kerngehalt man wiedergewinne, wenn man die Erzählungen all ihrer unglaubwürdigen, mirakelhaften Züge und Zutaten entkleide. Wie dabei konkret zu verfahren ist, demonstriert er u. a. auf besonders eindrucksvolle Weise am Beispiel der Gründungslegende des berühmten Zeus-Heiligtums zu Dodona in Epirus:

«Über die Orakelstätten in Hellas und das [Ammon-]Orakel in Libyen erzählt man in Ägypten folgende Geschichte: Zwei priesterliche Frauen – so jedenfalls stellten mir die Priester des Zeus in Theben den Hergang dar – sind einst von Phöniziern aus Theben entführt worden; die eine soll nach Libyen, die andere nach Hellas verkauft worden sein. Und diese Frauen haben die ersten Orakelstätten in den genannten Ländern gegründet. Als ich nun fragte, woher sie denn so Genaues darüber wüßten, meinten die Priester, sie hätten eifrige Nachforschungen nach dem Verbleib dieser Frauen angestellt und hätten zwar sie selber nicht auffinden können, hätten aber später das eben Berichtete über sie in Erfahrung gebracht.

So haben mir die Priester in Theben erzählt. Dagegen erzählen die Priesterinnen in Dodona folgendes: Zwei schwarze Tauben seien einst im ägyptischen Theben aufgeflogen, und die eine sei nach Libyen, die andere zu ihnen nach Dodona geflogen. Sie haben sich auf einer Eiche niedergelassen und wie ein Mensch gesprochen: an diesem Orte solle man ein Orakel des Zeus gründen. Darin hätten die Bewohner von Dodona ein göttliches Geheiß erkannt und hätten danach gehandelt. Die andere Taube, die nach Libyen geflogen sei, habe dort zur Gründung eines Ammon-Orakels geraten. Das ist ebenfalls ein Orakel des Zeus.

So haben mir die Priesterinnen in Dodona berichtet; die älteste von ihnen hieß Promeneia, die zweitälteste Timarete und die jüngste Nikandre. Und die anderen Leute in Dodona, die ebenfalls zum Tempel gehören, haben es mir bestätigt» (II 54 f.).

So weit also zunächst die Überlieferung selbst, deren Varianten, wie man sieht, Herodot gewissenhaft – und sogar unter namentlicher Nennung seiner Gewährsleute – aufführt, um sie im Anschluß daran nun auf seine, die *rationalistisch-historische* Weise zu interpretieren:

«Meine eigene Meinung über die Sache ist folgende: Haben wirklich die Phönizier jene Frauen entführt und die eine nach Libyen, die andere nach Hellas verkauft, so ist meiner Auffassung nach diese zweite nach Thesprotien in Hellas – damals hieß Hellas noch Pelasgien – gekommen. Hier in der Gefangenschaft hat sie dann unter einer wirklichen Eiche einen Tempel des Zeus gegründet, denn natürlich behielt sie Zeus, zu dessen Tempel sie in Theben gehört hatte, auch in

dem fremden Lande im Gedächtnis. Als sie dann die Sprache der Hellenen gelernt
hatte, richtete sie ein Orakel ein und erzählte, ihre Schwester sei von denselben
Phöniziern, die sie entführt hätten, nach Libyen verkauft worden.

Als Tauben aber hat man, wie ich glaube, in Dodona diese Frauen deshalb bezeichnet, weil sie fremd waren und man ihre Sprache der Vogelsprache ähnlich
fand. Wenn die Taube wie ein Mensch gesprochen haben soll, so heißt das, daß sie
die Frau jetzt verstanden. Solange sie ihre fremde Sprache sprach, kam es ihnen
wie Vogelgezwitscher vor; denn wie soll eine Taube wie ein Mensch sprechen!
Und wenn sie die Taube schwarz nennen, so deuten sie darauf hin, daß es eine
Ägypterin war» (II 56 f.).

Phönizische Seeleute waren es weiter auch, welche die Io, laut mythischer Tradition eine Geliebte des Zeus, die von der eifersüchtigen Hera
in eine Kuh verwandelt wurde und irrend bis an den Nil gelangte, in
Argos raubten und nach Ägypten verschleppten (I 1; vgl. 5), und entsprechend soll die phönizische Königstochter Europa nicht von dem
Himmelsgotte in Gestalt eines Stieres, sondern hellenischen – oder kretischen – Freibeutern aus Tyros entführt und nach Kreta gebracht worden sein (I 2; vgl. IV 45). Desgleichen kann es sich für Herodot bei der
Hündin, die der persischen Überlieferung nach den im Kindesalter in
der Wildnis ausgesetzten Kyros säugte, in Wahrheit nur um eine Hir-
tenfrau mit dem Namen Spako gehandelt haben, was im Medischen
«Hündin» bedeute (I 108–122). Hinter Proteus, in der griechischen
Vorstellungswelt ein dem Poseidon untergebener Meergeist, verbirgt
sich ein historischer König von Memphis (II 112; 118), und auch sonst
ist das Bestreben Herodots unverkennbar, Gestalten des Mythos, vor allem aber die Heroen und Helden der Sage, als durchaus geschichtliche
Größen zu erweisen. Das geschieht, indem er einmal ihre ins Fabelhafte
überdimensionierte Erscheinung auf ein menschliches Maß beschränkt
(vgl. II 45) und zum andern ihre angeblich göttliche Abkunft aus der
Erzählung eliminiert: Werden ein Gott und ein Mensch zugleich als Er-
zeuger genannt, erkennt er nur den letzteren als wirklichen Vater an, so
etwa, wenn er den Herakles als Sohn des Amphitryon (II 43 f; 146.
VI 53; vgl. II 145) und die Helena als Tochter des Tyndareos (II 112),
statt beide als Kinder des Zeus bezeichnet; ist jedoch von keinem
menschlichen Vater die Rede, erwähnt er allein die sterbliche Mutter,
wie im Falle des Perseus, den er lediglich auf die Danae (VI 53), oder der
Brüder Minos und Sarpedon, die er einzig auf die Europa zurückführt
(I 173).

Bei all seiner Skepsis aber war Herodot, nicht anders als auch Heka-

taios, doch im Grunde noch ein zutiefst gläubiger Mensch, der sich demzufolge allen Erzählungen gegenüber, die seiner Auffassung nach der
Würde der Götter zuwiderliefen, ablehnend verhielt (vgl. II 47) oder sie
als bloße Volksüberlieferung abtat (so z. B. VII 26; 189; 191. VIII 55),
der es, wie schon erwähnt, nicht über sich brachte, mehr als erlaubt über
die Vorgänge bei bestimmten Mysterienfeiern oder deren heilige Traditionen verlauten zu lassen, der ein Urteil in Fragen des Glaubens, wenn
überhaupt, nur mit Vorsicht fällte (IX 65) – ja der seiner Zweifel wegen,
die ihn gleichwohl befielen, die Götter gar noch um Verständnis und
Nachsicht bat (II 45)!

So sehen wir uns denn insgesamt einem Mann gegenüber, dessen Vorstellungen von der Götterwelt sich zwar zur Hauptsache noch in den
Grenzen des überkommenen Glaubens bewegten, den auf Erden jedoch
ein um so unbeugsamerer Wille zur Erkenntnis vorantrieb. Hier drängte
es ihn über den engen Bereich des Vertrauten in die zwielichtige Sphäre
des kaum erst Erforschten und weiter ins Dunkel des Unbekannten hinaus, war er, vom besten ionischen Geiste erfüllt, keinerlei Schranken zu
dulden bereit und erachtete nur als vertretbar, was er selbst gesehen,
empirisch erkundet oder sich ihm – im Falle von Überlieferungen, einschließlich des Mythos – nach kritisch-systematischer Prüfung als historisch gesichert erwiesen hatte. Von persönlichen Wertungen hielt er sich
dabei, bis auf wenige Ausnahmen (wie z. B. I 196; 197; 199), fern, sichtlich darauf bedacht, gegenüber den Dingen, von denen er schrieb, möglichst Distanz zu bewahren – wohl aus der Befürchtung heraus, die
Objektivität der Darstellung, zu der er sich wie kaum einer der antiken
Autoren verpflichtet fühlte, zu gefährden.

Es gelang ihm, den ethnographischen Gesichtskreis seiner Zeit nicht
nur nach außen hin um einiges zu erweitern, sondern, und dies vielleicht eher noch mehr, ihm durch genauere Bestimmungen, Korrekturen und eine Fülle neuer Details auch im Innern schärfere Konturen zu
verleihen; und dank seines lauteren Ernstes und des hohen Maßes an
Akribie, mit denen er dabei zu Werke ging, darf er noch heute, da gerade die Ausgrabungen im russischen Steppenraum zahlreiche Beweise
für die Richtigkeit seiner Angaben über Skythien liefern, als einer der
verläßlichsten Gewährsleute für die Kultur- und Völkerkunde des Altertums gelten.

Bestimmter wohl auch, als es bei Hekataios der Fall war, tritt in den
Darstellungen Herodots der Mensch, sei es als einzelner oder kollektiv in
Gestalt eines Volkes, in den Mittelpunkt der Betrachtung, während die

Länderkunde, ursprünglich der tragende Schoß der nun zur selbständigen Eigendisziplin aufstrebenden Ethnographie, spürbar an Interesse verliert, ja quasi zur Hilfswissenschaft der Völkerkunde und Geschichtsschreibung degradiert wird: sie verdient nur mehr insofern Beachtung, als sie den Schauplatz des Dargestellten umschreibt und damit zugleich Einsicht in die geographischen Voraussetzungen gewährt, die dem Geschehen zugrunde liegen und der Entwicklung, wenn auch nicht zwingend, so doch in gewisser Weise Richtung und Rhythmus verleihen. Die entscheidenderen Ursachen für den Gang der Geschichte nämlich sieht Herodot – neben dem Eingreifen der Götter – vor allem in den Menschen selbst, ihren Anlagen, ihrer Lebensart und Kultur begründet, deren Kenntnis daher auch eines der Haupterfordernisse des Historikers darstellt, andernfalls es zu Fehleinschätzungen und irrigen Rückschlüssen kommt: laut griechischer Tradition sollen die Ägypter vor alters einmal den Versuch unternommen haben, den Heroen Herakles ihrem «Zeus» zu opfern, was Herodot mit der Begründung zurückweist:

«Wenn die Hellenen dergleichen erzählen, so scheinen sie mir vom ägyptischen Wesen und Brauchtum rein gar nichts zu wissen. Denn wie könnte ein Volk, das außer Schweinen, Stieren und Kälbern – soweit sie rein sind – und Gänsen noch nicht einmal Tiere schlachtet, sich wohl zur Opferung von Menschen verstehen» (II 45)?

Endlich ist eine bedeutende, ja vielleicht die bedeutendste Leistung Herodots auch darin zu sehen, daß er als erster den tieferen *Zusammenhang zwischen der Kultur eines Volkes und seiner Geschichte* erfaßte und so, damit die *Kulturhistorische Völkerkunde* begründend, die ethnographische Schilderung mit der Historiographie zu einer einheitlichen Betrachtungsweise zu verbinden bemüht war. Mochte ihm dies auch im einzelnen nur erst unvollkommen gelingen, so verstand er es doch im ganzen, indem er alles Geschehen thematisch an der einen großen Auseinandersetzung zwischen Morgen- und Abendland orientierte und als einen einzigen, *universalhistorischen* Entwicklungsprozeß begriff, immerhin auf das überzeugendste zum Ausdruck zu bringen!

9. Hippokrates von Kos (ca. 460–370 v. Chr.)

Etwa zur gleichen Zeit gelang es dem großen, ja vielleicht größten Mediziner des klassischen Altertums, Hippokrates von Kos, auch auf dem Wege zur *ethnologischen Theoriebildung* einen entscheidenden Schritt nach vorn zu tun, indem er, in seiner Schrift «Über Winde, Wasser und Ortslagen» (Περὶ ἀέϱων ὑδάτων τόπων) und als erster, wie noch Galenos hervorhebt, die von Hekataios mehr erahnte und bei Herodot nur in Umrissen angedeutete *Wechselbeziehung zwischen der geographischen Disposition eines Raumes und der Natur seiner Einwohner* nicht nur des näheren zu erforschen, sondern auch *systematisch zu begründen* versuchte. Als Arzt konzentrierte er sein Interesse dabei freilich in erster Linie auf die biologischen Belange und die Physis des Menschen.

Die Hauptbedeutung unter den gestaltenden Kräften der Umwelt räumte er dem *Klima* ein, das, wie er meinte, sowohl das Äußere der Völker als auch den Charakter der Länder bestimme: In Gebieten nämlich, in denen es häufigen und starken Schwankungen ausgesetzt sei, falle in der Regel auch die Gliederung des geographischen Milieus mannigfaltiger aus, während dort, wo es kaum einem Wechsel unterliege, im allgemeinen Einförmigkeit herrsche. Es wirkt damit also einmal direkt und zum andern, durch die Gestaltung der Landschaft, auch indirekt auf den Menschen ein, wobei der letztere Gesichtspunkt jedoch, wohl weil für weniger gewichtig erachtet, so gut wie unberücksichtigt bleibt und eigentlich nur am Beispiel der jeweiligen Naturproduktvorkommen – unter denen Hippokrates wieder den Nahrungsmitteln besondere Aufmerksamkeit schenkte – und ihrer Einflußnahme auf die örtliche Lebenshaltung eingehender dargelegt ist (vgl. V 71–79).

Sicherlich nicht zuletzt zu dem Ziele, Anschauungs- und Belegmaterial für seine theoretischen Überlegungen zu gewinnen, hat auch Hippokrates größere Reisen gemacht und neben den östlichen Mittelmeerländern vor allem die pontischen Küstenstriche besucht, über die er ebenso kenntnisreich wie ausführlich berichtet, während ihm der Westen, gleich seinen Zeitgenossen, offenbar noch weitgehend fremd war. Wie scharf er dabei zu beobachten wußte, bezeugen einzelne, der Abhandlung eingelagerte ethnographische Schilderungen wie die folgende, die sich den Darstellungen eines Hekataios oder Herodot durchaus vergleichen lassen:

«Das Land der Phasis-Anwohner ist sumpfig, warm, feucht und waldig. Häufig und zu jeder Jahreszeit gehen dort starke Platzregen nieder. Die Menschen leben in Häusern aus Holz und Rohr, die in den Sumpf gebaut sind, und kommen nur selten zu Fuß in eine Stadt oder an einen Handelsplatz, sondern auf Einbäumen (μονοξύλοις), mit denen sie die dort zahlreich vorhandenen Kanäle aufwärts wie abwärts befahren. Sie trinken stehendes, warmes und infolge der Sonneneinwirkung in Fäulnis übergehendes Regenwasser. Der Phasis hat von allen Flüssen den geringsten Abfluß und die leichteste Strömung. Sämtliche Früchte gedeihen wegen des Überflusses an Feuchtigkeit schlecht, sind zu weich und zu langsam in der Entwicklung und reifen demzufolge auch nicht gehörig aus. Häufig liegt das Land in Nebel gehüllt, der immer wieder den Gewässern entsteigt. Aus diesen Gründen besitzen die Phasianen eine Gestalt, die von dem Äußeren aller übrigen Menschen abweicht: Sie sind überaus groß und derart beleibt, daß man weder eine Ader noch ein Gelenk zu erkennen vermag; ihre Farbe ist bleich wie bei den Gelbsüchtigen, und infolge der feuchten, unreinen Luft besitzen sie eine sehr tiefe und rauhe Stimme. Von Natur aus unbeherrscht, sind sie nicht in der Lage, anstrengende körperliche Arbeit zu leisten» (V 83–84)[17].

Die Lebensführung und die physische Erscheinung der Menschen entwikkeln sich also, versucht Hippokrates deutlich zu machen, zwangsläufig aus den jeweils gegebenen klimatisch-geographischen Umweltbedingungen heraus, in diesem Falle dem Wasserreichtum, der hohen Luftfeuchtigkeit und schwülen Wärme.

Sonst geht er besonders gern natürlich auf Eigenheiten ein, die sein Interesse als Arzt erwecken, wie z. B. die Schädeldeformation der Makrokephalen («Großköpfe») im Hinterland der südöstlichen Schwarzmeerküste, die er knapp, aber exakt auf folgende Weise beschreibt:

«Gleich nach der Geburt modelliert man den noch zarten und bildsamen Kopf des Kindes mit den Händen auf eine längliche Gestalt hin, bandagiert ihn und wendet andere Hilfsmittel an, die dazu führen, daß er die Kugelform aufgibt und in die Länge wächst. Anfangs noch künstlich vorgenommen, weil es so Sitte (νόμος) war, entwickelte sich die Deformierung im Laufe der Zeit dann von selbst und bedurfte keiner gewaltsamen Nachhilfe mehr» (V 81).

Über die Entstehung der Sitte erfahren wir nichts; doch wird ihre Beibehaltung immerhin mit dem bemerkenswerten Hinweis erläutert, daß

---

17 Die Textwiedergabe erfolgt hier wie im folgenden nach der Ausgabe und (nicht immer genauen) Übersetzung von J. Ruder: Des Hippokrates Schrift über die Winde, Wasser und Ortslagen. Sulzbach 1848.

diejenigen, welche die längsten Köpfe besäßen, als die Edelsten im Volke
geachtet würden (V 80).

Die ausführlichste ethnographische Schilderung jedoch ist den Skythen gewidmet (VI 89–113), und auch hier fesseln ihn sichtlich, neben
der Wechselbeziehung zwischen Umwelt und Mensch, wieder Einzelheiten, die, wie die Brustamputation der Amazonen, unmittelbar in seinen
Fachbereich schlagen, ganz besonders:

«In Europa, am Mäotischen Meer, leben die Skythen. Sie werden Sauromaten
genannt und unterscheiden sich von allen übrigen Völkern der Erde: Ihre Frauen
reiten, schießen mit dem Bogen und schleudern Wurfspieße vom Pferde herab
und nehmen, solange sie unverheiratet sind, am Kampfe teil. Zu heiraten aber ist
ihnen nicht eher erlaubt, als bis sie drei Feinde getötet haben, und auch den ehelichen Umgang vollziehen sie erst nach Darbringung der von der Sitte geforderten
heiligen Opfer. Einmal vermählt, greifen sie nur im Falle eines großen, alle Kräfte
beanspruchenden Feldzugs zu den Waffen. Allen fehlt die rechte Brust, die ihnen
im Kindesalter von den Müttern mit Hilfe eines kupfernen und bis zur Glut er-
hitzten Gerätes ausgebrannt wird, um ihre Wachstumskräfte ganz auf die rechte
Schulter- und Oberarmpartie überzuleiten. ... Die sogenannte Skythische
Einöde ist eine baumlose, aber auenreiche und ziemlich wasserhaltige Ebene;
denn sie wird von großen Flüssen durchströmt, die ihr Wasser aus dem Boden
gewinnen. Und dort leben die Skythen; sie werden ‹Nomaden› (Νομάδες) genannt, weil sie keine festen Häuser besitzen, sondern auf Wagen wohnen. Die
kleinsten dieser Wagen haben vier, die anderen sechs Räder. Sie sind mit Filzdek-
ken (πιλοῖς) umkleidet, in Form einstöckiger oder dreistöckiger Häuser gebaut
und schützen vor Regen, Schnee und Winden gleichermaßen. Gezogen werden
sie von zwei oder drei Paar Ochsen, die infolge der Kälte dort keine Hörner tragen.
Auf diesen Wagen nun halten die Frauen [und Kinder] sich auf, während die
Männer zu Pferde reisen, gefolgt von den Viehherden, Rindern und Pferden. Sie
verweilen jeweils so lange in einem Bereich, bis das Vieh die Weide abgegrast hat,
und ziehen dann wieder weiter. Sie ernähren sich von gekochtem [!] Fleisch,
Stutenmilch und Hippake, d. i. Pferdekäse.
      So also verhält es sich mit der Lebensweise (δίαιταν) und den Gepflogenheiten
(νόμους) der Skythen» (VI 89–94).

Mit diesem, in seiner typischen Formelhaftigkeit nun schon klassischen
Schlußsatz schließt der erste, der eigentlich ethnographische Teil der
Schilderung, in dem, wie man sieht, neben einer Sonderbehandlung des
Amazonenphänomens mit der Bestimmung der Sitze, der Namensan-
gabe, einer Charakterisierung des Siedlungsraumes und dem Eingehen
auf die Behausung, die Wirtschafts- und Ernährungsweise sowie die Lebensführung insgesamt im wesentlichen wieder die Hauptpunkte einer

traditionellen Volksethnographie berührt sind. In einem zweiten, *an-thropogeographischen* Teil setzt sich Hippokrates dann des genaueren mit den klimatischen Bedingungen des Landes auseinander und versucht, ihren gestaltenden Einfluß auf die Physis der Skythen zu erweisen (VI 94 ff). Als die schwerwiegendsten Faktoren erscheinen ihm dabei einmal das Fehlen größerer, jahreszeitlicher Witterungsschwankungen und zum andern die Kälte:

«Die Jahreszeiten unterscheiden sich nur kaum voneinander und bleiben sich, bis auf geringfügige Abweichungen, gleich. Infolgedessen stimmen auch die Einwohner ihrem Aussehen nach miteinander überein. Sie ernähren sich stets auf dieselbe Weise, benutzen sommers und winters die nämliche Kleidung, atmen durchgehend eine feuchte und schwere Luft, trinken Eis- oder Schneewasser und kennen keinerlei körperliche Anstrengung. Und in der Tat: wo die Witterung keinen besonderen Schwankungen unterliegt, können weder Seele noch Leib zu höheren Anforderungen gerüstet sein. Aus all diesen Gründen sind sie von schwerer, fleischiger Statur, besitzen feuchte, kraftlose Glieder und einen Unterleib, der alle übrigen Leibeshöhlungen noch an Feuchtigkeit übertrifft; erscheint es doch unvorstellbar, daß in einem Lande mit derartigen Witterungsverhältnissen das Leibesinnere jemals auszutrocknen vermöchte! Wegen ihres fetten und glatten Fleisches aber sehen alle, die Männer sowohl wie die Frauen, einander ähnlich. ... Infolge der Kälte und des Mangels an stärkerer Sonnenbestrahlung ist die Haut der Skythen von feuriger (πυρρόν) Farbe, denn die Kälte brennt, so daß die [ursprünglich] weißliche Tönung ins Rot übergeht» (VI 97–99; 102).

Den Abschluß dieses Teiles bildet dann noch eine längere Untersuchung über eine Reihe physischer Anomalien, wie das mangelnde Zeugungsvermögen, die Unfruchtbarkeit, Zwitterbildungen und anderes, die alle auf die besondere körperliche Beschaffenheit der Skythen und damit wieder auf ihre spezifischen Umweltbedingungen zurückgeführt werden, letzten Endes aber, wie Hippokrates gläubig versichert, «göttlichen Ursprungs» sind (VI 103–113).

Über die Skythen hinaus, denen Hippokrates freilich, wohl weil ihm ihr Beispiel besonders lehrreich erschien, sichtlich mehr Aufmerksamkeit als anderen schenkt, zielt die Darstellung als Ganzes jedoch auf eine *universale*, die gesamte Ökumene umspannende Betrachtung ab und ist dabei interessanterweise, gleich dem Geschichtswerk Herodots, wieder in Form eines großangelegten Vergleichs zwischen Asien und Europa aufgebaut; auch nach der Auffassung des Hippokrates nämlich setzt sich die – runde und rings vom Ozean umflutete – Erdoberfläche aus den beiden, durch eine das Mäotische (bzw. Asowsche) Meer durchlaufende

Linie geschiedenen ostwestlichen Hälften Asien und Europa zusammen
(vgl. V 77).

Auf den ersten Blick hin scheint Asien von der Natur bevorzugt zu
sein: Namentlich in seinem zentralen Bereich, den östlichen Mittelmeerländern, eine ideale Mittellage zwischen den Klimaextremen des hohen
Nordens und tiefen Südens behauptend, zeichnet es sich durch ein angenehm ausgewogenes Wechselverhältnis der jahreszeitlichen Witterungsschwankungen aus, hat daher weder unter sengender Hitze noch
strenger Kälte zu leiden, sondern erfreut sich vielmehr einer gleichbleibend mild-gemäßigten Temperatur und wird überdies durch reichliche
Regenfälle ausgiebig mit Wasser versorgt. Infolgedessen ist es im ganzen
auch von einem einnehmend anmutigen und ausgeglichenen Charakter;
es bringt eine Fülle äußerst ertragreicher Pflanzen und Bäume hervor,
ernährt eine bunte, vielfältige Tierwelt und beherbergt ebenso sanftmütige wie wohlgestaltete Menschen (V 72–75). Auf der anderen Seite jedoch können unter derart paradiesischen Lebensumständen Tugenden
wie Ausdauer, Widerstandskraft und Tapferkeit nur kaum zur Ausbildung gelangen. Im Kriege daher wenig geschickt, ohne Mut und jeden
kämpferischen Elan, lassen sich die Asiaten denn auch um so leichter
unter das Joch despotischer Alleinherrscher zwingen, deren Willkür sich
bei dem anhaltend friedsamen Gleichmut der Untertanen ungehemmt zu
entfalten vermag (V 76; 85–87).

Die Europäer dagegen, und hier vor allem die Griechen, also die eigentlichen «Südeuropäer» (gegenüber den Skythen als «Nordeuropäern»),
deren Klima stärkeren Schwankungen unterliegt, sind, dadurch angeregt
und herausgefordert, eines entschieden beherzteren Charakters, auch
geistig von größerer Beweglichkeit, immer tätig und voller Initiative sowie nur in Freiheit zu leben imstande und daher eher bereit, in den Tod
als in die Knechtschaft zu gehen (V 85; 88. VI 117–118).

Der Methode nach bedient sich also auch Hippokrates wieder zur
Hauptsache der *vergleichenden* Betrachtung, wobei er, um die Individualität einer bestimmten Einwohnerschaft möglichst überzeugend zur Geltung zu bringen, gleich Herodot bewußt nur die schlagendsten Divergenzen ins Feld führt:

«Ich denke», sagt er, «allein diejenigen Völker in die Darstellung einzubeziehen,
die sich ihrer Natur wie ihrem Brauchtum nach sehr erheblich voneinander
unterscheiden, solche aber, die sich weitgehend ähnlich sind, außer acht zu lassen» (V 80).

Zum Schluß seiner Untersuchungen «Über Winde, Wasser und Ortslagen» faßt Hippokrates dann in einer generalisierenden Bilanz die im
einzelnen gewonnenen Ergebnisse noch einmal zusammen und entwirft,
seine Erkenntnisse ins Grundsätzliche erhebend, mit kühnem Strich die
Umrisse, wenn man so will, zu einer Art ersten *Allgemeinen Anthropogeographie*, deren Axiomatik sich im wesentlichen aus den folgenden
Lehrsätzen aufbaut:

1. In tiefliegenden, feuchtheißen Niederungen mit fetten, ertragrei-
chen Böden wachsen dickleibige, fleischige Menschen heran, mit schwarzen Haaren und bräunlichem Teint, die weder Widerstandskraft noch
Mut und nur wenig Handfertigkeit besitzen;

2. karge, rauhe und wasser- wie vegetationsarme Gebiete dagegen
bringen hagere, straffgliedrige und gelblich getönte Menschen hervor,
die tapferer, tüchtiger und technisch geschickter, dabei aber starrsinnig
und anmaßend sind;

3. auf fruchtbaren Hochebenen wieder gedeihen nur große, schlanke
und sanftmütige Menschen, während

4. rauhe und wasserarme Gebirgsregionen zwar ebenfalls hochge-
wachsene, ihrer Natur nach jedoch überaus widerstandsfähige, harte und
wilde Menschen heranreifen lassen.

5. Im ganzen gilt, daß die Menschen dort, wo sie stärkeren Witterungsschwankungen ausgesetzt sind, zu größerer Beweglichkeit neigen
und sich sowohl in physischer wie geistiger und sittlicher Hinsicht (εἶδος/
φύσις/ἦθος) vielfältiger zu entwickeln pflegen, ja daß überhaupt das
Klima unter den Kräften, die den Menschen prägen, den beherrschenden
Einfluß ausübt (VI 120–127).

Daraus – auch wenn die Konzeption insgesamt noch unvollkommen
und kaum hinreichend durchgebildet erscheint – ergibt sich nun aber der
Schluß, daß die Umwelt mit der Natur des Menschen auch seine *Kulturgeschichte*, also sowohl das Schicksal des einzelnen wie das ganzer Völker
mit geradezu *gesetzmäßiger Unabdinglichkeit* bestimmt (vgl. VI 121):
In Asien werden sich die Verhältnisse infolge des gleichbleibend ausgeglichenen Klimas stets auf die nämliche Weise gestalten und daher auch
immer Despoten regieren (V 76); in Europa dagegen, wo eine wechselnde, zwischen stärkeren Extremen schwankende Witterung herrscht
und demzufolge kühne, tatkräftige und ideenreiche Menschen entstehen, wird die Entwicklung voller Bewegung sein und, von schöpferischen
Geistern ständig vorangetrieben, schwungvoll *aufwärtsstreben* – eine
Prognose, deren allgemeinere Gültigkeit zumindest sich ja dann in der

Tat auch bestätigen sollte, wenngleich hierfür wohl eher andere, in erster Linie rein historische Gründe maßgebend waren.

In jedem Falle hat Hippokrates die ethnologische Theoriebildung weit über die bislang nur erst vagen Ansätze hinausgeführt, indem es ihm mit der – im übrigen noch ganz aus dem Geiste der ionischen Naturphilosophie heraus entwickelten – Anthropogeographie gelang, als erster eine überzeugende, zumal auch *empirisch fundierte Theorie zu einer systematisch-exakten Begründung der verschiedenartigen Äußerungsformen der menschlichen Physis und Daseinsgestaltung* zu liefern. Zugleich aber lag hierin, d. h. in dem Versuch, kulturhistorische Phänomene so gut wie allein auf *naturwissenschaftliche* Weise zu erklären, bereits die Gefahr beschlossen, die besondere, wenn nicht überhaupt gar entscheidende Bedeutung der rein geschichtlichen, weitgehend unabhängig von den gegebenen Umweltbedingungen etwa durch größere Völkerbewegungen, Kriege oder revolutionäre Erfindungen ausgelösten und gelegentlich ja auch zu erheblichen Umwandlungen führenden Vorgänge gänzlich zu mißachten und den Gang der Entwicklung quasi zu *mechanisieren* bzw. ihn wie die Menschen, die ihn tragen und formen, als formelhaft funktionierende, d. i. bestimmbare Größen aufzufassen, die sie nicht sind. Nur an einer Stelle (VI 121) deutet Hippokrates einmal an, daß die mißliebigen unter den angeborenen Eigenschaften, wie z. B. die Mutlosigkeit, durch entsprechende Satzung (νόμος), also die freie Entschluß- und Tatkraft des Menschen, überwunden oder doch zumindest unter Kontrolle gebracht werden könnten. Stellen wir ihm den in der Theorie zwar wesentlich unergiebigen, als Historiker aber um so bedeutenderen Herodot gegenüber, so sehen wir in der Einstellung dieser beiden großen Gestalten der ethnologischen Gründerzeit bereits den für die Geschichte der Völkerkunde bis in unsere Tage hinein so typischen wie belastenden Antagonismus zwischen einer naturwissenschaftlichen Orientierung auf der einen und einer historischen (bzw. kulturhistorischen) auf der anderen Seite mit aller Deutlichkeit vorgezeichnet!

10. Aischylos (ca. 524–456 v. Chr.)

Aus der Frühzeit der griechischen Geistesgeschichte bleibt uns zum Schluß dieses Abschnitts, noch auf einen urgeschichtlichen Versuch des großen Tragödiendichters Aischylos hinzuweisen, den er in seinem «Gefesselten Prometheus» entrollt. Unberührt, wie es scheint, von den zün-

denden, aufklärerischen Ideen der ionischen Naturphilosophie, verharrt
er hier, gleich Hesiod, in geradezu majestätischer Gelassenheit noch ganz
in der überkommenen Anschauungsweise der mythischen Vorstellungswelt, teilt aber doch dessen pessimistische Geschichtsbeurteilung nicht,
sondern bekennt sich, im Anklang an die Kulturentstehungslehren der
Israeliten und Phönizier, zu einer absolut positiv verstandenen, in *evolu-
tionistischer* Geradlinigkeit voranschreitenden Aufwärtsentwicklung.
Die entscheidenden Impulse freilich gehen dabei von dem Heroen und
Halbgott Prometheus aus, der sich rühmt, die Menschen in allen wichtigen Kunstfertigkeiten (τέχναι) unterwiesen (506) und ihnen zudem auch
das Feuer gebracht zu haben, dessen Besitz seinen Worten zufolge dem
Dichter offenbar als die grundlegende Voraussetzung zur Herausbildung
höherer Lebensformen galt (109 ff). Anklage erhebend, weil er sich un-
verdient von den Göttern heimgesucht wähnt, rechnet Prometheus dann
in einem leidenschaftlich-bewegten Monolog vor dem Chor der Welt im
einzelnen vor, was sie ihm alles an Gutem verdankt, und enthüllt uns,
wie sich nach Aischylos die urgeschichtliche Entwicklung der Menschheit vollzog:

> «Aber hört die Frevel an,
> Die ich an Sterblichen verübt. Ich gab
> Vernunft den Blöden und des Geistes Kraft.
> Dies soll den Menschen nicht zum Vorwurf sein,
> Um meiner Wohltat willen sag ich's nur.
> Sie sahen zwar, allein sie sahn umsonst,
> Vernahmen das Gehörte nicht, den Schemen
> Des Traumes ähnlich. Eine lange Zeit
> Vermischten sie, nach blindem Ungefähr,
> Die Dinge, wußten nicht aus Ziegeln und
> Aus Zimmerholz im Sonnenlicht zu baun;
> Den regewimmelnden Ameisen gleich
> Vergruben sie in finstre Höhlen sich.
> Auch kannten sie kein sichres Zeichen, nicht
> Des Winters, noch des Blütenlenzes, noch
> Des fruchtbaren Sommers; ohne Kund und Wahl
> Hinlebend, bis ich sie des Sternenheers
> Aufgang und schwererlernten Untergang
> Erkennen lehrte. Auch der Zahlen Kunst,
> Die nützlichste der Künst', erfand ich ihnen,
> Und lehrte sie der Worte sichtbar Bild.
> Der Musen Mutter, die Erinnerung, führt'
> Ich also unter sie, die alles wirkt.

Zuerst auch spannt' ich große Tier' ins Joch,
Die, dienstbar itzt zur Saumlast und zum Zug,
Den Sterblichen der schweren Arbeit Müh
Erleichtern. Rosse zähmt' ich durch das Gebiß;
Am Wagen prangen sie, der Reichen Stolz.
Ja ich erfand, kein andrer tat's vor mir,
Des Schiffers Wagen, der auf weitem Meer
Des Leinens Flügel vor dem Winde wölbt.
So große Dinge lehrt' Elender ich
Die Menschen.
. . . .
Vernimm, und wundre dich noch mehr, die Künst'
Und Kunden jeder Art, die ich ersann.
Zuerst das Größte: lag wo einer krank,
So fand sich ihm kein Heilungsmittel, keins,
Das eßbar wär, in Trank noch Salbe keins;
So dorrten sie aus Mangel der Hilfe
Dahin, bis ich sie lehrte milder Säfte
Vermischung, welche jeder Krankheit steurt.
Die Kunden der Weissagung ordnet' ich:
Bestimmte, welche Träume Wahrheit sähn,
Der Vorbedeutungen verborgnen Sinn,
Und jener Zeichen, die dem Wandelnden
Begegnen; welcher Vögel Flug uns Glück,
Zur Rechten oder Linken schwebend, bringt,
Das lehrt' ich sie, die Sitten jeder Art,
Und Krieg' und Buhlschaft und Verbündungen.
Des Eingeweides Ausspruch, ob es glatt
Und welcher Farb es ist, um angenehm
Zu sein den Göttern, samt der Galle und
Der Leber mannigfaltigen Gestalt.
Die Gliederstück' und Schenkel, eingehüllt
In Fett, verbrannt' ich auf dem Sühnaltar,
Und bahnte so den Sterblichen den Pfad
Der schwererlernten Kunst; von ihrem Blick
Nahm ich den Star, der Opferflamme Glut
Mit Urteil anzusehn. Dem Schoß der Erd'
Entwühlt' ich ihnen neuen Vorteils viel.
Erz, Eisen, Silber, Gold, wer rühmet sich's
Vor mir entdeckt zu haben? wahrlich keiner,
Wofern er nicht mit eitler Zunge schwatzt.
Mit einem Wort, vernimm's, Prometheus hat
Die Menschen jede Kunst allein gelehrt»
                                    (442–506).

Die Urzeit wird also hier alles andere als in dem verklärenden Lichte eines goldenen, paradiesischen Daseins geschildert. Dumpf, wie im Traum wandelnd, vegetierten die Menschen vielmehr nach Art der Tiere dahin, hausten in Höhlen und vermochten die Möglichkeiten, die ihnen die Natur zur Entwicklung bot, nicht zu erkennen. Der Aufstieg aus dieser Tiefe wollte dem Dichter allein durch das Eingreifen einer höheren Gewalt erklärlich erscheinen, die er in dem uralten *Heilbringerheros* Prometheus verkörpert sah. Dieser erbarmte sich nun des traurigen Zustands der Menschen und unterwies sie, nachdem er zuerst ihr Erinnerungsvermögen geweckt, ihre Geistesgaben geschärft und ihnen so die Augen geöffnet hatte, in allem, was – nach Meinung des Aischylos – zum Aufbau einer entwickelteren Lebensführung erforderlich war: in Viehzucht und Bodenbau, in der Holzverarbeitung, im Ziegelbrennen und in der Metallurgie, im Haus- und Schiffsbau sowie in der Seefahrt, in der Stern- und Kalenderkunde, im Rechnen und in der Schrift, der Medizin, dem Orakelwesen und endlich der Opferpraxis.

Eine klare, entwicklungsgeschichtlich gegliederte Folge der einzelnen Fertigkeiten zu geben lag, nach der Art der Zusammenstellung zu schließen, offenbar nicht in der Absicht des Dichters, so daß der Monolog eigentlich nur die Erkenntnis vermittelt, daß sich der Aufstieg auf evolutionistische Weise vollzog und im Grunde allein der hilfreichen Initiative eines Halbgotts zu verdanken ist, also, zunächst jedenfalls, ohne aktive Anteilnahme der Menschen selber geschah, die ja nichts anderes zu tun als nur ihrem Wohltäter in allem zu folgen brauchten. Wie ein Blick in die Überlieferung zeigt, gab Aischylos damit kaum mehr als eine dichterische Verarbeitung dessen, was in dieser bereits, einer echten und zweifellos alten Tradition aus dem Kreise der Heilbringermythen, angelegt war.

Gelegentlich ist auch der Versuch unternommen, durch Angabe ethnographischer Details, in denen der Dichter sich überraschend versiert erweist, die ethnische Zugehörigkeit einzelner Personen oder Gruppen plastischer in Erscheinung treten zu lassen: So vermag in den «Persern» (180 ff) Atossa die beiden Frauen, die ihr im Traume begegnen, auf Grund ihrer Tracht als Griechin und Perserin zu bestimmen, und so bemüht sich Pelasgos, König von Argos, in den «Schutzflehenden» auf entsprechende Weise herauszufinden, welcher Herkunft die vor ihn hintretenden und ihm unbekannten Danaiden (die in Libyen, Ägypten und Äthiopien aufgewachsenen 50 Töchter des Danaos) sind:

«Woher gebürtig soll ich den ungriechischen,
In fremder Kleidung und Verhüllung prangenden
Barbarenschwarm begrüßen? Nicht argolisch ist
Der Weiber Anzug, nicht hellenischem Brauch gemäß;
Und daß dem Land ihr sonder Herold, führerlos,
Niemandem gastbefreundet hier dennoch zu nahn
Getrost gewagt habt, wunderbar erscheint es mir.
Zwar liegen nach der Schutzgewärtigen frommem Brauch
Ölzweige bei euch auf der Kampfgottheiten Herd;
Dies einzig kann entziffern ein hellenisch Aug;
Auf vieles sonst noch raten ließe Tracht und Art.

. . . .

Den Weibern Libyens seid ihr wahrlich ähnlicher,
Doch nun und nimmer unsren hier einheimischen.
Eh' mag der Nilstrom nähren solche Blumenflur,
Der kyprische Zug in euer mädchenhaft Gesicht
Von dem Stempel eingepräget sein, der euch gezeugt;
Für Inder, die nomadisch auf der trabenden
Kamele Saumtierrücken fern das Heideland
Längs Äthiopias Marken scheu durchschweifen solln,
Für mannentwöhnte, menschenbluteslüsterne
Amazonen würd' ich, wärt ihr Bogenschützen, eh'r
Euch halten»   (234–244 u. 279–289).

Die Hauptunterscheidungsmerkmale bilden hiernach für Aischylos also
Physis und *Tracht*. Im übrigen war auch für ihn der ethnographische
Horizont wieder durch die Inder im Osten, die Äthioper im Süden und
Südwesten, die Skythen – neben den bereits mehr oder weniger fabelge-
staltigen («einäugigen») Arimaspen und Hyperboreern – im Norden und
die Ligyer (bzw. Ligurer) im Westen umschrieben[18].

---

18 Vgl. Aischylos: Die Schutzflehenden 284ff. Der gefesselte Prometheus 416ff.
805ff. Der befreite Prometheus, frg. 192. 197. 199.

3. Von Protagoras bis Poseidonios

Vorbemerkung

Nachdem durch die ionische Naturphilosophie die entscheidenden Voraussetzungen zur Begründung einer exakten Völkerkunde geschaffen waren und Männer wie Hekataios von Milet, Herodot und Hippokrates ihren Aufbau mit überzeugendem Erfolge geleistet hatten, setzte, noch während des 5. Jahrhunderts v. Chr., mit jener neuen Art des Philosophierens, deren Vertreter sich selbst als «Sophisten» («Weise», «Lehrer der Weisheit») zu bezeichnen pflegten, eine zweite, nicht minder bedeutsame Etappe ihrer Entwicklungsgeschichte ein, die nun vor allem auch größere Fortschritte in der *Theoriebildung* bringen sollte.

Bewußter und mit entschiedenerem Elan, als bisher geschehen, waren die Sophisten bestrebt, Denken und Einstellung aus der Umklammerung der noch immer weitgehend von mythischen Vorstellungsweisen bestimmten traditionellen Weltanschauung zu lösen und die Erkenntnis allein auf die Ratio, die rein verstandesmäßige, empirisch-kritisch diagnostizierende Reflexion zu gründen. Besonders bedeutsam aber erscheint, daß sie gegenüber den Ioniern, deren Interesse in erster Linie geophysikalischen und kosmologischen Fragen, also der Erforschung der Außenwelt, galt, nunmehr erklärtermaßen *den Menschen* in den Mittelpunkt der Betrachtung rückten, d. h. sich mit Vorrang die Untersuchung all dessen, was die Existenz des einzelnen wie die der Gesellschaft betraf, zur Aufgabe stellten. Die Einsichten, die sie auf diese Weise gewannen, erstrebten sie dabei jedoch nicht um der reinen Erkenntnis willen, sondern suchten sie – auch dies ein neuer und für die Sophistik charakteristischer Zug – durch unmittelbare, aktive Einflußnahme auf Erziehung und Politik auch *praktisch* nutzbar zu machen, was in der Folge alsbald zum

Aufkommen geradezu sozialrevolutionärer Ideen, beispielsweise zur rechtlichen Stellung der Sklaven und Frauen, führte, vor allem aber einen grundlegenden Wandel in der *Barbarenbeurteilung* brachte.

Ursprünglich auf alle nichtgriechischen, als unartikuliertes Stammeln empfundenen Sprachen gemünzt, nahm der Begriff «barbarisch» («stammelnd») alsbald auch die Bedeutung von «roh», «wild», «ungesittet» usw. an, d. h., als Barbaren galten eben, aus der alteingewurzelten ethnozentrischen Einstellung heraus, alle Völker, die keine unmittelbare Verwandtschaft mit den Griechen besaßen, vor allem aber außerhalb ihrer Lebensordnung standen und daher mehr oder weniger als Halb- bzw. Unzivilisierte betrachtet wurden. Ein klassisches Beispiel hierfür liefert eine Passage in der «Anabasis» Xenophons (V 4), wo das extreme Barbarentum der Mossynoiken (im Hinterland der südöstlichen Schwarzmeerküste) mit den bezeichnenden Worten umschrieben ist:

«Die Griechen meinten, dies seien die rohesten und fremdartigsten (βαρβαρω- τάτους) Leute, deren Gebiet sie berührt hätten: ihre Sitten (νόμων) *wichen am meisten* von denen der Griechen ab.»

Mit dieser Anschauung nun räumten die Sophisten entschieden auf, wie mit aller Deutlichkeit insbesondere aus einem Fragment des Antiphon (5. Jh. v. Chr.) erhellt, das einer Schrift mit dem Titel «Die Wahrheit» (Ἀλήθεια) entstammt und in dem für die damalige Zeit zweifellos kühnen Bekenntnis gipfelt:

«Denn von Natur aus (φύσει) sind alle in jeglicher Hinsicht gleich, ob Barbaren oder Hellenen. Das kann man aus dem erkennen, was von Natur für alle Men- schen notwendig ist. Alle haben die Möglichkeit, es sich auf demselben Wege zu verschaffen, und in all diesem ist weder ein Barbare von uns verschieden noch ein Hellene: Denn wir atmen alle durch Mund und Nase in die Luft aus und essen doch alle mit den Händen»[1].

In ihrem Bemühen aber, das Wesen des Menschen, seine Stellung in der Gesellschaft wie innerhalb der Natur und endlich den Göttern gegenüber zu bestimmen, und zugleich auf der Suche nach den bestmöglichen Arten der Daseinsgestaltung, gingen die Sophisten als erste und unter Heran- ziehung auch ethnographischen Vergleichsmaterials aus der Welt der Barbaren konsequenter der Frage nach der Entstehung und dem Entwick-

1 Capelle, 1940: 377. Nestle, 1942: 377.

lungsgange der menschlichen Lebensführung, also den Ursprüngen der einzelnen Formen der Nahrungsgewinnung, der handwerklichen Fertigkeiten, der gesellschaftlichen Institutionen und der Sozialorganisation, des sittlichen Bewußtseins, der Religion, des Rechtswesens, der Staatenbildung usw. nach und wurden so zu den eigentlichen Begründern der Kulturgeschichtsforschung im exakteren Sinne.

1. Protagoras von Abdera (ca. 490–420 v. Chr.)

Die zentrale Bedeutung, die das Studium des Menschen in der sophistischen Philosophie gewann, lag, wie schon in der berühmten, programmatischen Formel ihres ältesten und zugleich prominentesten Vertreters, des Abderiten Protagoras, zum Ausdruck gelangt, wesentlich in der Anerkenntnis seiner schöpferischen Rolle in der Geschichte begründet:

«Der Mensch», überliefert Platon diesen sog. «*Homo-Mensura-Satz*»[2], «ist das Maß aller Dinge, der seienden, daß sie sind, der nichtseienden, daß sie nicht sind.»

Zielt diese Feststellung auch zunächst und in erster Linie auf die Erkenntnispraxis, indem sie die Objektivität der Wahrnehmung grundsätzlich bestreitet und den Sinneseindrücken eine bloß subjektive (und relative) Geltung erteilt, so enthält sie doch damit, *ethnologisch* interpretiert, zugleich den Gedanken, daß der Mensch nicht, wie z. B. Hippokrates lehrte, das Geschöpf, sondern der *Schöpfer* seiner Umwelt und so auch der *Schöpfer seiner Kultur und Geschichte* ist. Und aus dieser Einsicht heraus, aus dem Bedürfnis, sie zu begründen und zu erhärten, mochte der Wunsch dann erwachsen, den Anfängen und dem Werdegang der Kulturgeschichte des genaueren nachzugehen, wie es als erster denn auch Protagoras selbst in einer Spezialabhandlung mit dem Titel «Vom Urzustande» (Περὶ τῆς ἐν ἀρχῇ καταστάσεως) tat, die zwar als Ganzes verloren ist, deren Inhalt aber, wie heute als ausgemacht gilt, wohl im wesentlichen dem entsprach, was Platon im sog. «Mythos des Protagoras» als dessen Auffassung in dieser Sache wiedergibt. Dort heißt es[3]:

2 Theaitetos 152 A.
3 Protagoras 320 D–322 D.

«Es war einmal eine Zeit, da gab es wohl Götter, sterbliche Wesen aber noch nicht. Als aber auch für diese die vom Schicksal bestimmte Zeit (χρόνος εἱμαρμένος) der Entstehung gekommen war, da bildeten die Götter sie im Inneren der Erde aus einem Gemisch von Erde und Feuer und den Stoffen, die sich mit Erde und Feuer mischen. Als sie sie aber ans Licht bringen wollten, gaben sie dem Prometheus und dem Epimetheus[4] den Auftrag, sie auszustatten und jeder einzelnen Art angemessene Fähigkeiten (δυνάμεις) zu verleihen. Da bat Epimetheus den Prometheus, daß er sie austeilen dürfte [folgt die Ausstattung der Tiere]. ... Da nun Epimetheus nicht allzu klug war, merkte er nicht, daß er die verschiedenen Fähigkeiten für die vernunftlosen Wesen völlig verbraucht hatte. Es war aber das Menschengeschlecht noch nicht ausgestattet, und er wußte nicht, wie er ihm helfen sollte. Wie er daher in arger Verlegenheit ist, kommt Prometheus, um sich seine Verteilung anzusehen. Und da sieht er, daß die anderen Lebewesen mit allem wohl versorgt sind, der Mensch dagegen nackt und bloß ist, ohne Schutz seiner Füße, unbedeckt und unbewaffnet. Und schon nahte der vom Schicksal bestimmte Tag heran, an dem auch der Mensch aus der Erde ans Licht treten sollte. Prometheus nun in seiner Not, wie er dem Menschen eine Möglichkeit zu seiner Erhaltung ausfindig machen sollte, stiehlt zusammen mit dem Feuer die technischen Kunstfertigkeiten (τὴν ἔντεχνον σοφίαν) des Hephaistos[5] und der Athene[6] – es war ja unmöglich, daß diese ohne Feuer von jemandem erworben oder gebraucht werden konnten – und schenkt sie dem Menschen. So erhielt nun der Mensch die Kenntnisse zum Lebensunterhalt, aber es fehlte ihm noch die Staatskunst (τὴν πολιτικὴν σοφίαν); denn diese war beim Zeus. Prometheus aber hatte keine Möglichkeit mehr, in die Burg des Zeus einzudringen. ... Und so wurde dem Menschen eine gute Möglichkeit zum Leben zuteil; den Prometheus aber ereilte später die Strafe für seinen Diebstahl.

Als aber der Mensch an der göttlichen Gabe Anteil erhalten hatte, da faßte er zuerst infolge seiner Verwandtschaft (συγγένειαν) mit der Gottheit, als einziges unter den Lebewesen, den Glauben an Götter und unternahm es, Altäre und Bilder von Göttern zu errichten. Dann teilte er alsbald einzelne Laute und Worte zergliedernd ab auf Grund seiner Kunst und erfand Wohnung, Kleidung, Schuhwerk und Decken zum Lager und die Mittel zu seiner Ernährung aus dem Erdreich (τὰς ἐκ γῆς τροφάς). So ausgerüstet, wohnten die Menschen ursprünglich zerstreut; Städte (πόλεις) gab es noch nicht. Daher fielen sie den wilden Tieren zum Raube, weil sie in jeder Hinsicht schwächer als diese waren. Ihre praktischen Kunstfertigkeiten (ἡ δημιουργικὴ τέχνη) reichten zwar für ihren Lebensunterhalt vollkommen aus, aber nicht für den Kampf gegen die Raubtiere. Denn sie besaßen noch keine Staatskunst (πολιτικὴν τέχνην), von der die Kriegskunst ein

4 Bruder des Prometheus (u. Gatte der Pandora).
5 Die Metallverarbeitung.
6 Die Weberei.

Teilgebiet ist. Sie suchten sich daher zu vereinigen und zu retten, indem sie Städte gründeten. Wenn sie aber zusammengekommen waren, taten sie einander unrecht, da sie die Staatskunst noch nicht besaßen, so daß sie sich wieder zerstreuten und zugrunde gingen. Da geriet Zeus in Sorge, daß unser Geschlecht vollkommen ausgerottet werden könnte, und entsandte den Hermes, der zu den Menschen die Scheu und das Recht (αἰδῶτε καὶ δίκην) bringen sollte, damit es Städteordnungen (πόλεων κόσμοι) gäbe und Freundschaft begründende Bande [was auch geschieht]».

Zunächst fällt die mythische Einkleidung des Ganzen auf, die bei einem Sophisten wie gerade Protagoras, den man seiner Schrift «Von den Göttern» (s. u.) wegen des Atheismus zieh, natürlich besonders befremdlich erscheinen muß; sie war jedoch sicher bewußt fingiert: Bevor es zur Wiedergabe des «Mythos» kommt, heißt es bei Platon (Protagoras 320 C), Protagoras habe seine Zuhörer gefragt, ob er seine Lehre nach Art eines Mythos (μῦθον) oder in Form einer gelehrten Abhandlung (λόγῳ) vortragen solle, und, als man ihm selber die Wahl überließ, gesagt: «So dünkt es mich denn anmutiger (χαριέστερον), euch einen Mythos zu erzählen.»

Diesem «Mythos» zufolge gingen die Menschen der Urzeit also nackt, besaßen weder Geräte noch Waffen und waren daher auch nicht in der Lage, sich künstliche Behausungen zu schaffen und sich anders als durch *Wildbeuterei* zu ernähren. Im Vergleich zu den Tieren somit nur unvollkommen zum Kampf wider die Unbilden der Umwelt gerüstet, vermochten sie sich erst und allein dadurch zu behaupten, daß es ihnen rasch (ταχύ, 322 A) gelang, sich des Feuers zu bemächtigen und wichtige Techniken zu entwickeln, wie vor allem Metallverarbeitung und Weberei, die es ihnen gestatteten, ihre angeborene Unzulänglichkeit zu überwinden und zur Fertigung von Kleidern, Wohnbauten und Waffen voranzuschreiten sowie, nicht zuletzt, zum *Bodenbau* überzugehen. Allein, eine ausreichende Existenzsicherung war damit noch nicht gegeben, da sie, zunächst noch zerstreut und in kleinen Gruppen lebend, immer wieder den Angriffen der wilden Tiere zum Opfer fielen und alle Versuche, sich zu größeren, wehrhafteren Gemeinschaften zusammenzuschließen, stets daran zu scheitern pflegten, daß sie sich nicht auf eine einheitliche Sozialordnung zu einigen vermochten; denn hierzu bedurfte es einer entwickelten *Sittlichkeit* und eines ausgebildeten *Rechtsempfindens*, und erst als diese herangereift waren, glückte es dann auch, allgemeingültige Verhaltensnormen zu schaffen und auf deren Grundlage stabile Gemeinwesen von größerem Umfang aufzubauen, d. h.: den *Aufstieg zur Hoch-*

kultur einzuleiten! Soweit sich sehen läßt, lieferte Protagoras damit als erster eine Theorie zur Entstehung des Staates.

Noch vor Erreichen dieser zweiten entscheidenden Stufe seiner Entwicklungsgeschichte soll der Mensch jedoch schon, wie es weiter heißt, zur Religion gefunden haben, und zwar infolge seiner «Verwandtschaft mit der Gottheit» – ein Hinweis, der um so unbestimmter erscheint, als sich der Philosoph in dem Einleitungssatz seiner erwähnten Schrift «Von den Göttern» (Περὶ θεῶν) zu deren Existenz eher skeptisch vernehmen läßt, indem er bekennt:

«Von den Göttern vermag ich nichts festzustellen, weder, daß es sie gibt, noch, daß es sie nicht gibt, noch, was für eine Gestalt sie haben; denn vieles hindert ein Wissen hierüber: die Dunkelheit der Sache und die Kürze des menschlichen Lebens.»

Mit anderen Worten: Er huldigte einem konsequenten Agnostizismus, und man wird daher die «Verwandtschaft mit der Gottheit» wohl als Umschreibung für die Phantasie und die Geisteskräfte des Menschen auffassen dürfen und annehmen können, daß er sich die Religion auf ähnlich psychologische Weise wie sein Schüler Prodikos von Keos entstanden dachte, der, wie im nächsten Kapitel gezeigt werden soll, in den Göttern nichts anderes als die Personifizierungen der dem Menschen nutzbringendsten Naturkräfte sah. Möglich, daß er in diesem Sinne auch die von ihm namhaft gemachten Olympier Hephaistos und Athene als Deifizierungen des Schmiedehandwerks und der Weberei verstand. Jedenfalls ist klar, daß er die Religion nicht einer göttlichen Offenbarung zuschrieb, sondern für *Menschenwerk* hielt.

Insgesamt also vollzog sich die Entwicklung nach Protagoras wieder auf *evolutionistische* Weise und wurde allein von der *schöpferischen Aktivität des Menschen*, d. h. seinem Bemühen bestimmt, die ihm angeborenen Schwächen auszugleichen und sich im Kampf mit den feindlichen Mächten der Natur zu behaupten. Den Höhepunkt bildet der Staat, dessen Stabilität sich auf eine feste, durch Übereinkunft geregelte Gesetzesordnung gründet, die somit auch die Lebensfähigkeit der ihm eigenen Kultur verbürgt.

2. Prodikos von Keos (2. Hälfte des 5. Jhs. v. Chr.)

Neben der profanen Entwicklung beschäftigte man sich in sophistischen Kreisen aber auch, wie schon bei Protagoras anklang, mit Fragen der religiösen Vorstellungsbildung; und daß man hier zu nicht minder bedeutsamen Ergebnissen gelangte, lehrt die Religionsentstehungstheorie des Prodikos von Keos.

Den Gegenstand einer eigenen, als Ganzes wieder verlorenen Schrift des Sophisten mit dem Titel «Die Horen» bildend, baute sie im wesentlichen auf der alten, von Prodikos aber nun sehr viel tiefer und weiter gefaßten Erkenntnis auf, daß sich aller Fortschritt *auf den Bodenbau* gründe. Die umwälzenden Verbesserungen nämlich, die seine Entdeckung den anfangs nur kümmerlich und nach Art der Tiere ihr Dasein fristenden Menschen brachte, hätten diese, so meinte der Philosoph, dahin geführt, in allem, was dem Bodenbau förderlich war, also der Erde, dem Wasser in den Quellen, Flüssen und Seen, den Gestirnen (namentlich Sonne und Mond) und selbst den Jahreszeiten[7], sowie seinen Produkten, den Nahrungspflanzen und Früchten, dem Wein und insbesondere dem Brot persönliche, göttliche Heilsmächte zu sehen und sie als solche dann auch voller Dankbarkeit zu verehren:

«Prodikos von Keos behauptet», überliefert Sextus Empiricus die Theorie des Sophisten, «daß die Menschen der Urzeit Sonne und Mond, Flüsse und Quellen und überhaupt alles, was für unser Leben von Nutzen ist, wegen des von ihnen gespendeten Segens für Götter gehalten hätten, wie z. B. die Ägypter den Nil, und daher sei das Brot für die Göttin Demeter gehalten worden, der Wein für den Gott Dionysos, das Wasser für Poseidon, das Feuer für Hephaistos und dementsprechend jedes Ding, das nützlich war.»

Später aber, als man auf Grund der Initiative und Findigkeit einzelner, besonders befähigter Menschen in den Besitz entwickelterer handwerklicher Fertigkeiten und vollkommenerer Techniken gelangt war, bildete sich dann, durch Analogieschluß, die Anschauung aus, daß entsprechend auch der Bodenbau und mit ihm die Viehzucht, die Imkerei, der Weinbau und alles dergleichen das Werk solcher genialer Erfinder gewesen sein müßten, und man begann nun, an Stelle ihrer Schöpfungen diese selbst zu verehren: so u. a. Demeter und Triptolemos als Begründer des Boden-

---

7 Personifiziert in den Horen (Göttinnen der Vegetation), nach denen das Werk ja genannt war.

baus, Aristaios als Entdecker der Bienen- und Viehzucht und Dionysos und Orpheus als Schöpfer des Weinbaus. Und um sich ihnen für die empfangenen Segnungen darüber hinaus erkenntlich zu zeigen, brachte man ihnen die Erstlinge von allem (ἀπαρχαί) zum Opfer dar, errichtete ihnen Altäre und Tempel und stiftete ihnen Feste und heilige Weihen (τελεταί), d. h., auf dieser, also der zweiten Stufe der religiösen Bewußtseinsentfaltung trat jetzt auch der Kult ins Leben. Mithin wurzelten nach Ansicht des Prodikos letzten Endes *alle* Äußerungsformen des Glaubens *im Bodenbau*:

«Prodikos», weiß noch der frühbyzantinische Philosoph und Rhetor Themistios (ca. 317–388 n. Chr.) zu bezeugen, «bringt jeden frommen Brauch (ἱερουργίαν) der Menschen, auch ihre Mysterien und geheimen Weihen, mit den Gütern des Landbaus in Verbindung; er glaubt ja, daß auch der Glaube an Götter von dort zu den Menschen gekommen sei und überhaupt jede Art von Frömmigkeit».

Kein Wunder daher, daß er wie Anaxagoras, Protagoras, später Euhemeros von Messene und andere der Religionszersetzung geziehen wurde und mit diesen als klassischer Vertreter des Atheismus in die Überlieferung einging.

Zugleich aber maß er dem Bodenbau auch in Hinsicht auf die Entwicklung der Sittlichkeit große Bedeutung bei, indem er der Auffassung war, daß die bäuerliche Tätigkeit, vor allem in Bereichen wie Griechenland, wo der Boden karg und nur mühsam zu bearbeiten sei, wie keine andere den Menschen zu Sorgfalt und Fleiß, Ausdauer, Widerstandsfähigkeit und männlicher Härte erziehe, Ideale, die Prodikos aufs beste in der mythischen Heldenfigur des Herakles veranschaulicht sah und in einer eigens hierzu ersonnenen, den «Horen» eingelegten Parabel vom jungen Herakles am Scheidewege, dem Tugend und Laster in Gestalt zweier Frauen entgegentreten, verherrlichte. Auf ihren disziplinierenden Einfluß hin nahm das Leben allmählich geordnetere Formen an; es gelang, sich auf allgemeinverbindliche Verhaltensnormen zu einigen und sich so mehr und mehr zu größeren Gemeinschaften zusammenzuschließen, aus denen heraus dann zuletzt, nach Schaffung eines einheitlichen, durch Gesetze geregelten Rechtssystems, die Polis bzw. der Staat erwuchs.

Die Entstehung der Religion vollzog sich also, parallel zur profanen, von Prodikos offenbar nur im groben und wohl mehr der historischen Perspektive halber beigezeichneten Entwicklung, deutlich in zwei Etappen:

URZEIT, WILDBEUTERTUM: ohne Religion

I NIEDERER BODENBAU (+ Viehzucht): Verehrung der mit dem Bodenbau
verbundenen *Naturkräfte* und der aus dem Anbau gewonnenen *Produkte*;
kleinere Dorfgemeinschaften ohne einheitlich geregelte Verhaltensformen

II HÖHERER BODENBAU, auf Grund entwickelterer Anbauverfahren und
Techniken: Entstehung des *Götterglaubens* (Verehrung von Schöpfergotthei-
ten), der *Theologie* und des *Kultes*: Errichtung von Heiligtümern, Begründung
des Opferwesens und Stiftung kultischer Feste und Mysterienfeiern;
die Ausbildung einer höheren Sittlichkeit führt zur Konstituierung einer allge-
meinverbindlichen, auf ein einheitliches Rechtssystem gegründeten Lebensordnung, damit zum Aufbau größerer Gemeinwesen bzw. des *Staates* und so
endlich zur HOCHKULTUR

Zur inneren, *psychologischen* Motivierung der religiösen Vorstellungsbildung führt der Philosoph einmal die *Dankbarkeit* der Menschen für
die ihnen durch den Bodenbau zuteil gewordenen Segnungen und zum
andern den genannten Analogieschluß an, dem zufolge die verschiedenen Arten der pfleglichen Nahrungsgewinnung gleich anderen Praktiken
und Institutionen für die Erfindung bestimmter, überragend begabter
menschlicher Schöpfergestalten der alten Zeit gehalten wurden, die man
dann zu Göttern erhob – letzteres eine Ansicht, mit der Prodikos bereits
dem später vor allem von Euhemeros von Messene vertretenen und nach
ihm ja auch so bezeichneten «*Euhemerismus*» vorgriff.

Sein besonderes und erst heute, im Lichte der neueren Ausgrabungsergebnisse voll zu würdigendes Verdienst beruht jedoch mehr noch
darin, daß er als erster, soweit zu sehen, die grundlegende Bedeutung des
Bodenbaus (m. a. W. des Neolithikums) als der entscheidenden Voraussetzung aller höheren Entwicklung (m. a. W. der Hochkultur) klar erkannte und mit Nachdruck verfocht!

3. Kritias von Athen (ca. 460–403 v. Chr.)

Einen weiteren, eher originellen als tiefer greifenden Beitrag zur sophistischen Kultur- und Religionsentstehungslehre leistete auch Kritias von
Athen, ein Onkel Platons und eine der umstrittensten Persönlichkeiten
seiner Zeit: Aus einem der ersten Häuser seiner Vaterstadt stammend
und – jedenfalls den Schilderungen seines großen Neffen zufolge – ein
vornehmer, äußerst begabter und überaus vielseitig interessierter Mann,
war er zu Anfang Schüler des Sokrates, wandte sich aber schon bald mehr

und mehr der aktiven Politik zu, wurde, sich zu einem der radikalsten Gegner der Demokratie entwickelnd, Mitglied des *Rats der Vierhundert* und machte sich zuletzt als skrupelloser Anführer der berüchtigten *Dreißig Tyrannen* und ihres Schreckensregiments einen wenig rühmlichen Namen.

Seine – anscheinend recht fruchtbare – schriftstellerische Tätigkeit, von der uns wieder nur wenige Proben erhalten sind, erstreckte sich sowohl auf Abhandlungen philosophischen und politischen Inhalts als auch Dichtungen (Elegien) und selbst Dramen (Tragödien und Satyrspiele) und weist ihn in der Tat als ebenso federgewandten wie scharfsinnigen Denker, vor allem aber als echten, an allen Fragen der Kulturgeschichte außerordentlich interessierten Sophisten aus. So entwarf er «Politien» Thessaliens, Spartas und Athens, in denen es ihm sichtlich weniger um eine Erörterung der Verfassungen dieser Staaten als vielmehr darum ging, ein möglichst lebendiges, *typisches Charakterbild* ihrer Bevölkerungen zu zeichnen, indem er, wie im Falle der Thessalier, das Verschwenderische ihrer Kleidung und überhaupt ihren Luxus hervorhob oder, so bei Schilderung der Spartaner, deren besonnene Mäßigung, etwa beim Trinken, als den beherrschenden Zug ihres Wesens herausstrich, dies letztere mit den Worten:

«Auch diese Sitte (ἔθος) und Übung ist in Sparta stehend, immer den gleichen Becher zu trinken, der einem den Wein bringt, nicht den Becher weiterzuschenken zum Zutrunk, indem man einen Namen ruft, und nicht nach der rechten Seite im Kreise des Schwarmes [ihn weiterzugeben, wie es in Athen Sitte ist]. Große Trinkgefäße dagegen erfand die lydische Hand, die in Asien geborene, und auch zum Zutrunk aus ihnen zu reizen rechtsherum und mit Namen auszurufen, wem man zutrinken will. Dann nach solchem Trunke lösen sie die Zungen zu häßlichen Reden und sie schwächen auch ihren Körper; vor das Auge setzt sich blicktrübender Nebel, Vergessen schmilzt die Erinnerung aus dem Herzen, der Geist ist schwankend geworden. Die Diener haben ein zügelloses Wesen, und herein bricht hauszerstörende Verschwendung. Aber der Lakedaimonier Jünglinge trinken nur soviel, daß alle den Sinn zu heiterer Hoffnung hinführen und zu Frohsinn die Zunge und zu mäßigem Gelächter. Ein solches Trinken ist dem Körper nützlich, dem Geiste und dem Besitz; schön fügt es sich auch zu den Werken Aphrodites und zum Schlafe, dem Hafen der Mühen, und zu ihr, die von den Göttern den Sterblichen die erfreulichste ist, der Gesundheit, und zur Nachbarin der Frömmigkeit (εὐσεβίης), der Besonnenheit (σωφροσύνην). Denn das Zutrinken aus Bechern über das Maß erfreut zwar für den Augenblick, betrübt aber auf die ganze Zeit gesehen. Der Lakedaimonier Lebensweise (δίαιτα) ist ebenmäßig geordnet: essen und trinken soviel, wie das rechte Maß ist, um zum Denken und Arbeiten Kraft zu haben; da ist kein Tag abgesondert, um einmal den Leib durch unmäßigen Trunk unter Wein zu setzen».

Die kulturelle Entwicklung faßte er im wesentlichen als Folge der *technischen Erfindungen*, also des zivilisatorischen Fortschritts auf, als deren Schöpfer ihm jedoch nicht mehr die Götter oder ihnen verwandte Heroen der mythischen Vorzeit, sondern sterbliche Menschen, und zwar weniger Einzelpersonen als ganze – auch außergriechische – Völker und Staatswesen galten:

«Der Kottabos [griech. Gesellschaftsspiel]», heißt es in einem der Elegienfragmente, «stammt aus sizilischem Lande, das treffliche Kunstwerk, das wir als Ziel in der Tropfen Geschosse hinstellen; auch der Wagen ist sizilisch, der an Schönheit und Pracht die andern übertrifft. ... Thessalisch ist der Sessel (θρόνος), der der Glieder üppigster Sitz ist; des Ruhebettes [besondere] Schönheit schafft Milet und Chios, die meerumflossene Stadt Oinopions; tyrsenisch ist die goldgetriebene Schale, die den Sieg erringt, und alles Erz, welches schmückt das Haus bei allerlei Brauch; die Phönizier erfanden die Buchstaben als Helfer der Gedanken; Thebe fügte als erste den Wagenkorb zusammen, die lastentragenden Kähne aber die Karer, des Meeres Verwalter. Aber das Töpferrad und der Erde und des Ofens Sprößling, das hochberühmte Tongeschirr, nützlich im Dienste des Hauses, erfand sie, die das schöne Siegeszeichen in Marathon errichtet hat [Athen]».

Doch Kritias ging noch weiter. Der Gedanke, daß alle Kultur auf bloßer (bewußter!) Erfindung beruhe, faszinierte und überzeugte ihn offenbar so, daß er ihn schließlich auch für die Entstehung der *Sittlichkeit*, des *Rechts* und der *Religion* geltend zu machen versuchte. Persönlich allerdings wagte er sich nicht direkt in diesem Sinne zu äußern, sondern war diplomatisch genug, seine Ansicht, von welcher er annehmen durfte, daß sie mit Sicherheit die Empörung der nach wie vor einflußreichen altgläubigen Kreise hervorrufen würde, einer Dramengestalt, und zwar dem Sisyphos in seinem gleichnamigen Satyrspiel, in den Mund zu legen, der sie wie folgt zu Gehör bringt:

«Es gab einmal eine Zeit, da war das Leben der Menschen jeder Ordnung bar (ἄτακτος), ähnlich dem der Raubtiere, und es herrschte die rohe Gewalt. Damals wurden die Guten nicht belohnt und die Bösen nicht bestraft. Und da scheinen mir die Menschen sich Gesetze (νόμους) als Zuchtmeister gegeben zu haben, auf daß das Recht (δίκη) in gleicher Weise über alle herrsche und den Frevel niederhalte. Wenn jemand ein Verbrechen beging, so wurde er nun bestraft. Als so die Gesetze hinderten, daß man offen Gewalttat verübte, und daher nur im geheimen gefrevelt wurde, da scheint mir zuerst ein schlauer und kluger Kopf die Furcht vor den Göttern für die Menschen *erfunden* zu haben (ἐξευρεῖν), damit die Übeltäter sich fürchteten, auch wenn sie insgeheim etwas Böses täten, sagten oder [auch nur] dächten. Er führte daher den Glauben ein: Es gibt eine Gottheit (δαίμων), die ewig lebt, voll Kraft, die mit dem Geiste sieht und hört und übermenschliche Einsicht besitzt; sie ist von göttlicher Art und achtet auf alles; was immer unter den Menschen gesprochen wird, das hört sie, und alles, was sie tun, kann sie sehen. Und wenn du schweigend etwas Schlimmes sinnst, so bleibt es den Göttern doch nicht verborgen; denn sie verfügen über eine höhere Erkenntnis. – Mit solchen Reden führte er die schlaueste aller Lehren ein, indem er die Wahrheit mit trügerischem Worte verhüllte. Die Götter, sagte er, wohnen dort, wo es die Menschen am meisten erschrecken mußte, von wo, wie er wußte, die Angst zu den Menschen herniederkommt wie auch der Segen für ihr armseliges Leben: aus der Höhe da droben, wo er die Blitze zucken sah und des Donners krauses Krachen hörte, da, wo des Himmels gestirntes Gewölbe ist, das herrliche Kunstwerk der Zeit, der klugen Künstlerin, von wo der strahlende Ball des Tagesgestirns seinen Weg nimmt und feuchtes Naß zur Erde herniederströmt. Mit derartigen Ängsten also schüchterte er die Menschen ein, wies der Gottheit, ebenso passend wie wohlbedacht, an geziemender Stätte ihren Wohnsitz an und tilgte die Gesetzlosigkeit (ἀνομίαν) kraft der Gesetze. So meine ich jedenfalls, machte jemand zuerst die Menschen glauben, daß ein Geschlecht von Göttern existiere»[8].

Auch nach Kritias also wird die regellose, quasi tierische Lebensführung der Urzeitmenschen, in der allein das Faustrecht regiert, erst überwunden, als es gelingt, eine *einheitliche, auf ein allgemeinverpflichtendes, gesetzlich fixiertes Rechtssystem gegründete Daseinsordnung* zu schaffen. Allein es zeigte sich, daß die hierdurch gewonnene Stabilität der Gesellschaft noch nicht gänzlich gesichert und immer wieder gefährlichen Krisen ausgesetzt war, weil man kein Mittel besaß, der im verborgenen wuchernden Willkür und Gewalttätigkeit entscheidend entgegenzuwirken. Und da nun ersann ein «gewitzter Schlaukopf» allwissende Götter, deren Blick bis in die Herzen der Menschen drang, ihre geheimsten Taten, ja selbst ihr Sinnen und Trachten erfassend, und deren Strafgericht auch den Frevler, der sich unerkannt wähnte, ereilte. Die Macht, deren sie zur Stütze ihres Regimentes bedurften, aber verlieh er ihnen, indem er sie geschickt sowohl mit den segenspendenden, die menschliche Existenz gewährleistenden Kräften der Natur (Wärme, Regen) wie den schreckenerregenden Erscheinungen in der Atmosphäre (Gewitter) verband und sie so einmal der Dankbarkeit und zum andern der Furcht der Menschen versicherte.

8 Überliefert bei Sextus Empiricus: Adversus mathematicos IX 54.

Beide Empfindungen also, die *Dankbarkeit* und die *Furcht* («Heidenangst»!), stellen nach Ansicht des Kritias die tragenden Elemente der
Religion dar; diese, letzten Endes die Frucht einer genialen *Erfindung*,
sollte jedoch weniger, wie man die zweifellos höchst originelle, wenn
auch unerlaubt einseitige Theorie in geradezu marxistischem Sinne
interpretieren könnte, dazu dienen, die Massen einzuschüchtern und
dem Willen der herrschenden Klasse gefügig zu machen, als vielmehr
dem höheren Ziele, die im Menschen vorhandenen zerstörerischen
Kräfte ganz unter Kontrolle zu bringen und so die Existenz und den Bestand der Gesellschaft vollends wider alle Anfälligkeiten zu sichern.

Zwischenbemerkung

Nach der sophistischen Theorie, so läßt sich nach dem Vorausgegangenen resümierend zusammenfassen, erhebt sich der Mensch dank *eigener
Kraft und Initiative* von den primitivsten Anfängen allmählich, Stufe um
Stufe, zu immer höheren Daseinsweisen, baut sich selber die Welt auf, in
welcher er lebt, nicht von Natur aus (φύσει), sondern durch Satzung
(νόμῳ) nach und nach größere Gemeinschaftswesen, Städte und Staaten
begründend, die ihm dauerhafte Existenzsicherheit, verläßlichen Schutz
und damit die Möglichkeit zu weiterer Aufwärtsentwicklung gewähren.

Zur nämlichen Zeit jedoch, da diese Ideen ihren Einfluß mehr und
mehr zu entfalten beginnen, bricht sich in der griechischen Philosophie
eine Auffassung Bahn, die den Menschen zwar ebenfalls in den Mittelpunkt der Betrachtung rückt, ihn aber nicht, wie die Sophisten, zu einer
von Hause aus schwachen und zum Lebenskampfe nur mangelhaft aus-
gerüsteten Kreatur, sondern im Gegenteil zum vollkommensten aller
Geschöpfe erklärt, um dessentwillen und dem zu Liebe und Nutzen die
Welt mit allem, was sie enthält, überhaupt von den Göttern geschaffen
sei.

Einen ersten Hinweis hierauf sieht Sokrates (469–399 v. Chr.) beispielsweise, den Xenophon von Athen (ca. 430–355 v. Chr.) in seinen
«Memorabilien» (I 4 u. IV 3) zum Wortführer dieser Anschauung macht,
schon allein in der ganzen Ausstattung und besonderen Beanlagung des
Menschen gegeben, vor allem auch seinem Vermögen, aufrecht zu
gehen:

«Diese aufrechte Haltung befähigt ihn, weiter vorwärts zu sehen und das besser
zu betrachten, was über ihm ist, und weniger in Gefahren zu geraten. Während
sie [die Götter] den übrigen Kreaturen nur Füße zum Gehen gaben, haben sie dem
Menschen auch Hände verliehen, welche die meisten Dinge hervorbringen, dank
derer wir glücklicher sind als die Tiere. Der Zunge, die doch alle Lebewesen besitzen, haben sie allein beim Menschen die Fähigkeit gegeben, durch Berühren bald
dieses, bald eines anderen Teiles im Munde artikulierte Laute hervorzubringen,
durch die wir einander mitteilen können, was wir wollen. Und was soll ich von
den Freuden der Liebe sagen, die sie den Menschen ununterbrochen bis ins Alter
gewähren, während sie bei den übrigen Lebewesen auf eine bestimmte Jahreszeit
beschränkt sind? Doch genügte es der Gottheit nicht, nur für den Körper zu sorgen, sondern, und das ist das größte Geschenk, sie begabte uns auch mit der
herrlichsten Seele. Denn welches andere lebendige Geschöpf trägt in seiner Seele
eine Ahnung von dem Dasein der Götter, der Ordner des Größten und Schönsten?
Welches Geschlecht außer dem menschlichen verehrt die Götter? Welche Seele
wäre besser befähigt als die des Menschen, sich vor Hunger und Durst, Kälte und
Hitze zu bewahren, Krankheiten zu begegnen, die Kräfte zu üben, sich zur Erweiterung seiner Kenntnisse anzustrengen, welche befähigter, alles, was sie hört,
sieht oder erfährt, dem Gedächtnis einzuprägen? Ist es dir denn nicht sonnenklar,
daß die Menschen im Vergleich zu den übrigen Geschöpfen wie Götter leben, daß
sie ihnen ihrer Natur nach an Leib und Seele weit überlegen sind» (I 4)?

Und wie der Mensch ist auch die Welt, in welcher er lebt, aufs beste und
sinnvollste eingerichtet und zielt in allem nur auf ihn, die «Krone der
Schöpfung», hin: so gewährt uns die Nacht, führt Sokrates weiter aus,
Erholung vom Tagwerk; die Gestirne spenden uns Licht und messen die
Zeit; die Sonne, mehr noch als dies, bringt die Früchte zur Reife und
bewegt sich so, daß ein ausgewogenes, immer erträgliches Wechselverhältnis zwischen Wärme und Kälte herrscht; die Erde stiftet uns Nahrung, deren Gedeihen wieder das Wasser besorgt, das uns darüber hinaus
auch noch unmittelbar zur Erquickung dient, und das Feuer erhellt und
wärmt unsere Häuser und leistet uns überhaupt bei allem, was das Leben
an Verrichtungen und Fertigkeiten erfordert, unschätzbare Hilfe. Endlich sind auch die Tiere von ihrer besonderen Bedeutung:

«Erkennst du denn nicht, fragte Sokrates darauf, daß auch sie um der Menschen
willen entstehen und aufgezogen werden? Denn welches andere Wesen hat von
Ziegen, Schafen, Pferden, Rindern, Eseln und den anderen Tieren so viel Nutzen
(τοσαῦτα ἀγαθά) wie der Mensch? Ich glaube, er hat von ihnen noch mehr Nutzen als von den Pflanzen; jedenfalls hat er Nahrung und Gewinn ebenso von den
Tieren wie von den Pflanzen: Sehr viele Menschen verwenden die Erzeugnisse
des Bodens gar nicht für ihre Nahrung, sondern leben [allein] von ihren Herden,
die ihnen Milch, Käse und Fleisch liefern. Alle aber zähmen und bändigen die

geeigneten Tiere und bedienen sich ihrer Hilfe im Krieg und zu vielen anderen Verrichtungen» (IV 3).

So ist die ganze Welt nur ein freundlicher Garten, dem Menschen von der väterlich-huldvoll sorgenden Gottheit zur reinen Ergötzung beschert!

Die Kultur ist hiernach also nicht eine im harten Kampf mit der Umwelt ertrotzte Schöpfung des Menschen, sondern die schöne Frucht eines *teleologisch* geordneten Heilsgeschehens, ein Göttergeschenk, das es zu rühmen – aber kaum zu erforschen gilt.

Sollte diese Anschauung auch in der Folge, namentlich nachdem Aristoteles, der bedeutendste Teleologe des Altertums, sie noch tiefer begründet und umfassender ausgebaut hatte, eine nicht unbeträchtliche Anziehungskraft entfalten, so vermochte sie doch keinesfalls die von den Sophisten vorangetriebene empirisch-rationalistische Kulturgeschichtsforschung ihrer Überzeugungskraft zu berauben, deren Eindruck selbst einen Dichter wie Sophokles (496–406 v. Chr.), einen im ganzen eher traditionsverbundenen und gläubigen Mann, bezwang, wie der berühmte, im folgenden wiedergegebene Chorgesang aus der «Antigone» zu erkennen gibt, den man geradezu als ein Hohelied auf den schöpferischen Genius des Menschen bezeichnen könnte:

> «Ungeheuer ist viel und nichts
> Ungeheurer als der Mensch.
> Er überschreitet auch das graue Meer
> Im Notossturm
> Unter tosenden Wogen hindurch.
> Erde, der Götter höchste,
> Die Unerschöpfliche, Unermüdliche,
> Bedrängt sein Pflug. Auf und ab
> Ackern die Rosse ihm
> Jahr um Jahr.
>
> Leichtgesinnter Vögel Volk
> Fängt er im Garn,
> Wilder Tiere Geschlechter
> Und Kinder des Meers
> In verschlungenem Netzgeflecht,
> Der kluge Mensch.
> Mit List bezwingt er,
> Was haust auf Höhen
> Und schweift im Freien.
> Dem Pferd mit der mächtigen Mähne,

Dem unbändigen Bergstier
Zähmt er den Nacken
Unter das Joch.

Und die Sprache
Und luftgewirkte Gedanken
Lehrte er sich
Und den Trieb zum Staat
Und Obdach
Gegen ungastlichen Reif vom Himmel
Und Regengeschosse,
Allberaten.
Ratlos tritt er
Vor nichts, was kommt,
Nur dem Tod entrinnt er nicht.
Aber aus heillosen Leiden
Ersann er sich Rettung.

Mit der Erfindung Kunst
Reich über Hoffen begabt,
Treibt's zum Bösen ihn bald
Und bald zum Guten.
Ehrend des Landes Gesetz
Und der Götter beschwornes Recht
Ist er groß im Volk.
Doch nichts im Volk,
Wer sich dem Unrecht gab
Vermessenen Sinns.
Nie sei Gast meines Herdes,
Nie meines Herzens Freund,
Wer solches beginnt» (332–375).

Alles also, was sie besitzen, verdanken die Menschen sich selbst; wie und in welcher Reihenfolge sie freilich das einzelne erlernten, bleibt ebenso unbestimmt wie im «Gefesselten Prometheus» des Aischylos.

Endlich am stärksten unter den dramatischen Dichtern von der sophistischen Kulturentstehungslehre beeindruckt zeigt sich, etwa zwei Generationen später, Moschion (1. Hälfte des 3. Jh. s v. Chr.), ein Tragiker aus der euripideischen Schule, von dem uns eine Darstellung des urgeschichtlichen Entwicklungsablaufes erhalten ist, die jedenfalls deutlich an den «Mythos des Protagoras» anklingt und möglicherweise auch direkt auf dessen Schrift «Vom Urzustande» fußt:

«Den Urzustand des Menschenlebens will ich
Zuerst in meiner Rede euch enthüllen.
Einst war die Zeit, da Tieren gleich der Mensch
In Bergeshöhlen und in sonnenlosen
Felsschluchten wohnte; denn noch war ja nicht
Das dachgeschützte Haus, die weite Stadt (πόλις),
Die steingefügte feste Türme schirmen.
Noch spaltete kein Pflug die dunkle Scholle,
Die heute Frucht und Nahrung sprießen läßt.
Noch keines Winzers fleißig Messer schnitt
Der blühenden Reben Schosse Zeil' um Zeile.
Noch nicht befruchtet, trug die Erde nicht.
Der Leib des Nächsten, den man mordete,
Gewährte ihnen Fleisch und nährte sie.
Recht und Gesetz besaßen keine Kraft,
Gewalt regierte auf dem gleichen Thron.
Des Stärkern Beute ward und Fraß der Schwächre.
Doch als die Zeit, die jegliches erzeugt
Und großzieht, wandelte das Menschenleben –
Ob sie die Sorge des Prometheus weckte,
Ob sie dem Menschen die Notwendigkeit (ἀνάγκην),
Ob sie in langer Dauer und Gewöhnung
Ihm die Natur selbst gab zur Lehrerin –
Da fand man der Demeter milde Speise[9],
Des Bacchus süßen Trank, und auch die Erde,
Die nie zuvor besät ward, pflügte man,
Der Stiere Paare an die Joche spannend.
Man türmte Städte auf und baute Häuser,
Die Schutz gewähren, und gesittet lebten
fortan die Menschen, die einst Wilde waren».

Die ersten Menschen führten also wieder ein wildbeuterisches, tiernahes Leben; sie hausten in Höhlen und Schluchten und waren, vom rohesten Faustrecht beherrscht, Kannibalen. Erst im Laufe der Zeit (χρόνος), eines Faktors, auf dessen Bedeutung für die Geschichte ja schon Herodot (V 9) mit Nachdruck verwiesen hatte, gelang es dann nach und nach, höhere Daseinsformen, basierend auf dem Boden- und Weinbau, der Viehzucht, dem Häuser- und Städtebau sowie einer gehobenen, auf eine institutionalisierte Rechtsordnung gegründeten Sittlichkeit, zu entwik-

9 Das Brot bzw. den Getreideanbau.

keln – ob durch das Bedürfnis, die schöpferische Initiative eines genialen Erfinders (Prometheus) oder das Beispiel der Natur dazu angeregt, läßt der Dichter freilich im ungewissen.

4. Thukydides (ca. 460–400 v. Chr.)

Ähnlich beispielgebend wirkte sich die sophistische Kulturgeschichtsforschung zweifellos auch auf Thukydides aus, den Begründer der exakten Historiographie. Das zeigt sich schon zunächst einmal darin, daß er es für unerläßlich erachtete, seiner Darstellung des Peloponnesischen Krieges eine Art Archäologie von Hellas voranzustellen (I 1–19). Ursprünglich, wie es scheint, gleich einer Reihe weiterer kulturhistorischer Partien des Werkes aus früheren, gesondert betriebenen Studien erwachsen und in der Hauptsache wohl eigene Schöpfung, kam ihr, als bewußt verwandtes Kompositionselement, innerhalb der Gesamtanordnung des Stoffs offensichtlich die Aufgabe zu, einleitend zum tieferen Verständnis des Ganzen deutlich zu machen, daß die auslösenden Kräfte des verheerenden Bruderkrieges in den besonderen Verhältnissen Griechenlands angelegt sind und seine Geschicke daher schon seit jeher auf ähnliche Weise bestimmten.

Dem ebenso durchdachten wie großartigen Gliederungsprinzip entsprechen die Grundsätze, denen sich Thukydides, wie er im Anschluß an die Archäologie erklärt (I 20–22), bei der Aufnahme und Sondierung des Materials verschrieb. Es gelte vor allem, meint er da, nicht alles, was geschrieben stehe oder zu hören sei, kritiklos, ohne genauere Prüfung seines faktischen Aussagewertes zu übernehmen, namentlich dann, wenn es sich um die Darstellungen von Dichtern, die immer gern zu phantasievollen Übertreibungen neigten, oder gar mythische Überlieferungen handle; weiter müsse man sich auch *vor Parteilichkeit hüten* und, immer unter Beachtung größtmöglicher Gewissenhaftigkeit, auszuschöpfen bemüht sein, was nur irgend an Informationen erreichbar sei, die eigene Beobachtung natürlich mit eingeschlossen. So gehandhabt, biete die Historiographie allein die Gewähr, der Wirklichkeit des Geschehens gerecht zu werden – und sei es auch um den Preis, daß die Schilderung selbst dabei ihre äußere Gefälligkeit einbüßt:

«Was aber tatsächlich geschah in dem Kriege», sagt er, «erlaubte ich mir nicht nach Auskünften des ersten besten aufzuschreiben, auch nicht nach meinem bloßen Dafürhalten (οὐδ' ὡς ἐμοὶ ἐδόκει), sondern bin Selbsterlebtem und Nachrichten von andern mit aller erreichbaren Genauigkeit bis ins einzelne nachgegangen. Mühsam war diese Forschung, weil die Zeugen der einzelnen Ereignisse nicht dasselbe über dasselbe aussagten, sondern je nach Gunst oder Gedächtnis. Zum Zuhören wird vielleicht diese undichterische Darstellung minder ergötzlich scheinen; wer aber das Gewesene klar erkennen will und damit auch das Künftige, das wieder einmal, nach der menschlichen Natur, gleich oder ähnlich sein wird, der mag es so für nützlich halten, und das soll mir genug sein! Zum dauernden Besitz, nicht als Prunkstück fürs einmalige Hören, ist es aufgeschrieben» (I 22).

Die Archäologie hebt nicht mit den ältesten Zeiten an, sondern setzt in einem Stadium ein, da die Menschen zwar schon den Bodenbau kannten, ihn aber noch nicht planmäßig und sinnvoll zu nutzen verstanden, d. h. keine Überschüsse zu erwirtschaften vermochten und sich so mehr oder weniger von der Hand in den Mund ernährten; unstet, weil leichter beweglich, waren sie nicht in der Lage, irgendwo dauerhaft Wurzel zu schlagen und eine kontinuierliche, rascher emporstrebende Entwicklung in die Wege zu leiten:

«Es ergibt sich nämlich, daß, was heute Hellas heißt, nicht von alters her fest besiedelt gewesen ist, sondern daß es Völkerwanderungen (μεταναστάσεις) gab früher und die einzelnen Gruppen leicht ihre Sitze verließen unter dem Druck der jeweiligen Übermacht. Denn da noch kein Handel war und kein gefahrloser Verkehr weder über das Meer noch auf dem Land, da alle ihr Gebiet nur nutzten, um gerade davon zu leben, und keinen Überschuß hatten, auch keine Bäume pflanzten bei der Ungewißheit, wann vielleicht ein Feind, zumal auch nichts befestigt war, kommen und ihnen alles wegnehmen würde, und da sie die nötige Nahrung für den Tag überall gewinnen zu können meinten, so fiel es ihnen nicht schwer auszuwandern; und darum waren sie weder durch große Siedlungen (πόλεων) stark noch durch sonstige Kriegsmacht» (I 2).

Zentren dieser ständig fluktuierenden Bewegung bildeten dabei jene Gebiete, die – wie Thessalien, Böotien und der überwiegende Teil des Peloponnes – infolge ihrer reicheren Ausstattung eine besondere Anziehungskraft besaßen, und zwar einmal, weil der Wohlstand, den sie gewährten, ihren Besitzern Macht verlieh, die dann alsbald zu inneren, die gewonnene Stabilität wieder zersetzenden Fehden führte, und zum andern des Anreizes wegen, den sie auf die ärmeren Gruppen der Umgebung ausübten, die, war ihr Angriff erfolgreich, nun ihrerseits den Weg ihrer Vorgänger gingen, um so in Bälde deren Schicksal zu teilen. Einzig in Attika, dessen dürftige Mittel kaum Anlaß zum Aufkommen größerer interner Rivalitäten boten und auch von außen her niemandes Begehr-

lichkeit zu evozieren vermochten, blieb die Kontinuität der seit alters
dort ansässigen Einwohnerschaft gewahrt und konnte sich daher eine
gedeihliche, ungestört voranschreitende Entwicklung entfalten:

«Und das ist nicht der schwächste Beweis für den Satz, daß die andern Gegenden
wegen der vielen Wanderungen nicht ebenso erstarken konnten. Denn aus ganz
Hellas wandten sich die Verdrängten oder Verbannten, immer die Mächtigsten,
nach Athen als einem sicheren Ort, wurden dort Bürger und machten so schon
seit ältester Zeit die Stadt noch größer und volkreicher, weshalb sie von hier aus
auch später in Ionien, da Attika nicht ausreichte, neue Städte gründeten» (I 2).

Im übrigen Griechenland jedoch hielt die Fluktuation der Stammes- und
Völkerbewegungen an; als man zur See zu fahren und in erweitertem
Umfange Handel zu treiben begann, stiegen zwar einzelne der hieran
beteiligten Gruppen infolge des Reichtums, den sie auf diese Weise erwarben, zu größerer Macht als bisher auf und vermochten so auch umfassendere Reiche zu schaffen, wie sie Thukydides in den Königtümern
zur Zeit des Trojanischen Krieges repräsentiert sieht, doch wurden die
Zwistigkeiten damit nicht aufgehoben, sondern lediglich auf eine höhere
Ebene verlagert. Auch dadurch, daß an die Stelle der alten Reiche allmählich bürgerliche Stadtstaaten traten, änderten sich die Verhältnisse nicht:

«Denn sie fügten sich nicht in Gruppen unter das Gebot der mächtigsten Städte,
noch zogen sie selbständig und gleichberechtigt zu gemeinsamen Fahrten aus,
sondern gegenseitig bekämpften sich die einzelnen Nachbarstädte. ... Und alle
Tyrannen, die es in den hellenischen Städten gab, in ihrer engen Sorge bloß für
die eigene Person und die Mehrung ihres Hauses, lenkten ihre Städte so vorsichtig
sie irgend konnten, und keine nennenswerte Tat ward von ihnen vollbracht als
höchstens gegen ihre nächsten Nachbarn. So kam alles zusammen, Hellas lange
Zeit niederzuhalten, daß es gemeinsam nichts Herrliches leistete und die einzelnen Städte sich wenig zutrauten» (I 15−17).

Erst als der Angriff der Perser auf das gemeinsame Mutterland drohte,
gelang es, alle Kräfte zu einem geschlossenen Handeln zu sammeln und
so die Griechen in ihrer Gesamtheit zu einen, ein Erfolg, der in der siegreichen Abwehr des Feindes denn auch seine glänzendste Bestätigung
fand – aber gleichwohl nur von befristeter Dauer war: nach der Beseiti-
gung der Gefahr brach die Allianz auseinander und der Bruderkrieg zwischen Athen und Sparta samt ihren Verbündeten aus (I 18)!
  Die eigentlichen Anlässe dieser dauernden Auseinandersetzungen und
der Uneinigkeit sieht Thukydides wesentlich durch die gegebenen, schier
unüberwindlich erscheinenden Abweichungen der einzelnen Gruppen in

ihrer charakterlichen Beanlagung, der Art ihrer Lebensführung, ihres
Verhaltens, ihrer Anschauungsweise und überhaupt ihrer ganzen Daseinsorganisation, also ihre *habituelle Individualität*, heraufbeschworen,
eine Tatsache, die er namentlich im Falle der beiden Hauptkontrahenten
des Peloponnesischen Krieges, der Athener und Spartaner, deutlich vor
Augen zu rücken, ja geradezu herauszustilisieren bemüht ist: Während
ihm die ersteren nämlich als freiheitlich gesonnen, strebsam und entschlossenen Mutes gelten, immer zu Neuerungen bereit, weltoffen und
ganz ohne Prunkgehabe, voll tätiger Anteilnahme am politischen Tages-
geschehen, dabei gebildet und ebenso auf die Förderung der Wissenschaften wie die Pflege der Künste bedacht, läßt er die letzteren als halbher-
zige, sich in eher kleinlicher «Besonnenheit» verlierende ewige Zauderer
ohne Initiative und Entschlußkraft erscheinen, die, ihrer ganzen Haltung
nach durch und durch altväterisch-konservativ, ja «stumpf» (ἀναίσθη-
τον), in allem peinlich bemüht sind, die überkommene Ordnung zu wahren, und, dieser Einstellung wegen geneigt, sich von der Außenwelt ab-
zuschließen, die Vorgänge außerhalb ihrer engeren Lebenssphäre nicht
mehr richtig zu sehen und zu beurteilen vermögen (I 68–71. II 37–41).
     Die Frage, wie diese *Volkscharaktere* entstanden zu denken sind, erör-
tert Thukydides nicht; es genügt ihm, ihre Bedeutung als tragende Kräfte
im Wechselspiel des Geschehens durch die überzeugende Herausstellung
ihrer Eigenart möglichst glaubhaft in Erscheinung treten zu lassen. Als
Größen von quasi gleichgewichtigem Einflußvermögen auf den Gang der
Entwicklung stehen diesen Fakten *kulturgeschichtlicher* Herkunft aber,
wie zu sehen war, als solche *umweltbedingter* Art die Gegebenheiten der
geographischen Raumverteilung gegenüber, beide freilich einander
durchdringend: auf der einen Seite die reich ausgestatteten Landesregio-
nen mit ihrem ständigen Völkeraustausch, der nur ein ewig wechselndes
Auf und Ab, aber keinen stetig voranschreitenden Aufstieg gestattet, auf
der anderen dagegen die minder begüterten Striche, ohne unmittelbare
Anziehungskraft, daher über längere Zeiträume hin von einer einheitlichen Einwohnerschaft, die ihre Gaben ungestört zu entfalten vermag,
besiedelt und so auf die Dauer günstigere Voraussetzungen für eine gedeihliche, weil kontinuierliche Entwicklung bietend. Sonach ist der Gang
der Geschichte also zu einem wesentlichen Teil nach des Thukydides Ansicht *anthropogeographisch determiniert*; dadurch aber, daß er dieser
Bedingtheit als nicht minder gewichtigen Faktor die Bedeutung der Völkerbewegungen gegenüberstellt, gelingt es ihm gleichzeitig auch, ihre
starre, scheinbar naturgesetzliche Unabdinglichkeit, die ihr nach Hippo-

krates zukam, wirksam zu durchbrechen, d. h.: durch Geltendmachen des *historischen Aspekts* zu überwinden.

Eine stetig voranschreitende Aufwärtsentwicklung, so folgt daraus weiter, vermag sich also nur dort zu vollziehen, wo – dies nun ein typisch sophistischer Gedanke – dauerhaft geordnete und stabile Verhältnisse herrschen; gelangt eine Bevölkerung aber, deren Lebensorganisation diese Bedingung erfüllt, darüber hinaus, etwa durch einen schwungvollen Handel, zu Reichtum und damit zu größerem Einfluß und Macht, so ist sie zuletzt auch imstande, ihre Herrschaft über die Grenzen ihres Landes hinauszutragen und politische Einheiten von überregionalem Umfang zu schaffen.

Die geographische Beschaffenheit eines Raumes, die dadurch hervorgerufene Wechselhaftigkeit bzw. Stabilität der Verhältnisse, die charakterliche wie kulturelle Individualität der Bevölkerung und deren Wirtschaftskraft stellen sonach die Hauptfaktoren des historischen Geschehens dar und sind daher, strebt man ein echtes Verhältnis des Ereignisablaufes an, in jedem Falle exakt zu bestimmen. Gelingt das aber, so erscheint es, da es sich ja um Konstanten handelt, darüber hinaus sogar möglich, aus der Vergangenheit auch auf die Zukunft zu schließen, d. h. annähernd verläßliche *Prognosen* für den künftigen Gang der Entwicklung zu stellen, der sich, wie Thukydides denn auch unmißverständlich erklärt, «dem Wesen des Menschen gemäß (κατὰ τὸ ἀνθρώπινον) immer wieder auf gleiche oder ähnliche Weise vollziehen wird» (I 22). Nicht eigentlich Gesetze zwar, aber doch gewisse Regelläufigkeiten beherrschen also das Geschehen als Ganzes, eine Erkenntnis, die bereits den Ansatz zu einer Art Typologie der geschichtlichen Vorgänge enthält.

Über die Kultur der alten Einwohner Griechenlands informiert Thukydides in der Archäologie nur am Rande; was er aber mitteilt, und das verdient größte Beachtung, sucht er durch Hinweis auf noch vorhandene *Restvorkommen* zu stützen (vgl. I 5ff.) So habe man beispielsweise in früherer Zeit wegen der ständigen Überfälle und Räubereien allgemein Waffen getragen, wie dies noch immer bei den ozolischen Lokrern, Ätoliern, Akarnanen und ihren Nachbarn der Fall sei,

«denn ganz Hellas ging einst in Waffen wegen der mauerlosen Siedlungen und der unsicheren Straßen, und das Leben mit dem Schwert war ihnen vertraut wie den Barbaren. Dieser dort [bei den genannten Gruppen] in Hellas noch lebendige Brauch ist beweisend für die gleichen Gepflogenheiten einst auch aller übrigen» (I 5f).

Ebenso hätten sich ältere Formen der athenischen Körper- und Haartracht noch lange, nachdem sie in Athen selbst bereits außer Gebrauch gekommen waren, «im verwandten Ionien» erhalten, und auch dafür, daß man ursprünglich nicht nackt, sondern gegürtet zu den Wettspielen antrat, weiß er entsprechende Hinweise beizubringen, nämlich die Ring- und Faustkämpfe namentlich der asiatischen Barbaren, bei denen die Kontrahenten gegürtet agierten. «So ließe sich», sagt er, «noch an vielen anderen Beispielen zeigen, wie das alte Hellenentum nach gleicher Sitte lebte (διαιτώμενον) wie die heutigen Barbaren» (I 6) – woraus zu entnehmen ist, daß sich zumindest die Entwicklung der Außenkultur seiner Auffassung nach im großen und ganzen überall auf *übereinstimmende* Weise vollzog.

Nicht zuletzt aber greift er bereits auch auf Ausgrabungsergebnisse zurück; so zum Beweise dafür, daß die Insel Delos einstmals zum Teil von Karern besiedelt war:

«Als die Athener in diesem Kriege Delos reinigten und die Gräber der Toten entfernten, zeigte sich, daß über die Hälfte karisch waren, wie aus der beiliegenden Rüstung und der noch heute üblichen Art der Bestattung hervorging» (I 8).

Der Methode nach bediente sich Thukydides also zur Ermittlung älterer Formen des Kulturinventars, und zwar als erster, soweit sich sehen läßt, keines geringeren Mittels als der in neuerer Zeit von dem englischen Ethnologen Edward Burnett Tylor (1832–1917) wiederbegründeten und als solcher bezeichneten *«Survivallehre»* [10]! Und wenn nicht anders, so schon aus diesem Grunde darf der große Initiator der exakten Historiographie auch den bedeutendsten unter den Wegbereitern der (kulturhistorischen) Völkerkunde zugezählt werden.

5. Demokritos von Abdera (ca. 460–370 v. Chr.)

Die Rationalisierung der kulturgeschichtlichen Forschung durch die Sophisten, der die ethnologische Theoriebildung ihre ersten entscheidenden Ansätze zur Systematisierung verdankt, wurde von Demokrit, durch restlose Tilgung der noch verbliebenen mythisch-traditionellen Vorstellungselemente, kompromißlos weiter vorangetrieben, ja erreichte in des-

10 Vgl. Tylor, 1873: I, 16f.

sen, um eine Reihe neuer, wesentlicher Gesichtspunkte ergänzten und sehr viel detaillierter als bislang gehaltenen Kulturentstehungslehre ihren eigentlichen, auch später in der Antike nicht mehr überschrittenen Höhepunkt.

Auf ausgedehnten Reisen, die ihn u. a. nach Babylonien und Persien, ans Rote Meer, nach Ägypten und Äthiopien geführt haben sollen und vermutlich ebenso naturkundlichen wie ethnographisch-kulturhistorischen Interessen galten, suchte und fand Demokrit wohl die Möglichkeit, seine theoretischen Erwägungen an der Wirklichkeit zu verifizieren bzw. Stoff zu ihrer Stütze zu sammeln. Einer der vielseitigsten Geister seiner Zeit, betätigte er sich in den verschiedensten Wissenschaften und verfaßte eine ansehnliche Anzahl von Schriften, unter denen auch eine «Erdbeschreibung» genannt wird, die aber wieder bis auf wenige Reste sämtlich verlorengegangen sind. Einen bezeichnenden Hinweis auf seine Haltung als Mensch und Gelehrter scheint der ihm zugeschriebene Ausspruch zu liefern, es sei ihm lieber, eine einzige Ätiologie zu ergründen, als König von Persien zu werden.

Die Lehre von den Anfängen und der Entwicklung der Kultur war in einem Werk Demokrits mit dem Titel «Kleine Weltordnung» (Μικρὸς διάκοσμος) niedergelegt; von hier aus gelangte sie, einer noch bis vor kurzem nahezu allgemein vertretenen Auffassung nach, über Hekataios von Abdera (um 300 v. Chr.), einen der letzten Demokriteer, der sie in seine Ägypten-Monographie «Aigyptiaka» übernommen hatte, an Diodor, der sie (I 8) in folgender Gestalt überliefert:

«Von den uranfänglich entstandenen Menschen erzählt man, sie hätten ein Leben bar jeder Ordnung und nach Art der Tiere (ἐν ἀτάκτωι καὶ θηριώδει βίωι) geführt. Einzeln sich auf Nahrungssuche begebend, bestritten sie ihren Unterhalt von Pflanzen, die ihrem Geschmack entsprachen, und wildem Obst. Bei der Abwehr der Tiere, deren Angriffen sie ausgesetzt waren, standen sie jedoch, von der Erfahrung belehrt, daß dies zu ihrer aller Vorteil sei, einander gemeinsam bei und lernten so nach und nach, durch die Furcht zusammengeführt, einander dem Äußeren nach unterscheiden. In der Sprache, die zunächst noch wenig gegliedert und kaum zu verstehen war, gingen sie allmählich zu einer klaren Ausdrucksweise über, vereinbarten für jede Erscheinung eine feste Bezeichnung und versetzten sich so in die Lage, sich über alles einander verständlich machen zu können. Da solche Übereinkünfte aber auf der ganzen Erde zustande kamen, konnte sich, da jede Gruppe bei der Wortwahl nach eigenem Belieben verfuhr, keine einheitliche Sprache entwickeln, sondern es bildeten sich alle möglichen Arten heraus, und aus deren ersten Trägern gingen dann die verschiedenen Völker (ἐθνῶν) hervor.

Diese Menschen der Urzeit nun hatten, da noch keinerlei nützliche Erfindung gelungen war, ein mühseliges Dasein zu führen: nacktgehend, kannten sie weder Feuer noch feste Behausung noch auch die Kunst der pfleglichen Nahrungsgewinnung (τροφῆς ἡμέρου); ja, da sie nicht einmal die Wildfrüchte gehörig zusammenzubringen und für den Notfall zu speichern vermochten, gingen viele von ihnen im Winter immer wieder infolge Hungers und wegen der Kälte zugrunde. Daher kamen sie denn allmählich, durch die Erfahrung (πείρας) gewitzt, darauf, sich während der Winter in Höhlen zurückzuziehen und Vorräte der dazu geeigneten Früchte anzulegen. Und erst als das Feuer in Gebrauch genommen und anderes Nützliche eingeführt war, gelang es dann auch, die technischen Fertigkeiten (τέχνας) und alles, was sonst zum Leben in der Gemeinschaft erforderlich ist, zu erfinden (εὑρεϑῆναι). Somit wurde der Mensch durch seine Notsituation (χρείαν) zum Fortschritt getrieben, die ihn, ein wohlveranlagtes Lebewesen, das Hände, Vernunft und Verstand unterstützen, bei allem zu der jeweils angemessenen Kenntnis gelangen ließ.»

In einer anderen, bei dem Byzantiner Johannes Tzetzes (ca. 1110–1185 n. Chr., Scholien zu Hesiod) erhaltenen und mit dieser zumeist nahezu wörtlich übereinstimmenden, daher auch zweifellos aus der nämlichen Quelle geschöpften Wiedergabe des Textes wird noch ergänzend vermerkt, die Menschen hätten zunächst nicht nur in Höhlen, sondern auch hohlen Bäumen, Felsspalten und dem Dickicht der Wälder vor dem Winter Zuflucht gesucht, und hervorgehoben, daß sie nur in Freundschaft miteinander verkehrten, weder Kriege führten noch überhaupt Gewalttätigkeiten begingen und frei, ohne eine Form der Beherrschung durch andere zu kennen, lebten.

Nach der Auffassung Demokrits führten die ältesten Menschen also ein regelloses und, wie er meint, den Tieren vergleichbares Einzelgängerdasein, in friedlicher Unschuld zwar, doch voller Entbehrungen, da sie sich noch nicht anders als von den wildwachsenden Pflanzen und Früchten, die sie mühsam *durch Sammeln* einbrachten, zu ernähren vermochten, d. h. rein vegetarisch lebten und somit die Jagd noch nicht kannten, weiter weder Kleidung noch Obdach besaßen und auch das Feuer noch nicht in ihre Gewalt gebracht hatten. Allein die *Erfahrung*, daß sie den Angriffen der ihnen überlegenen Raubtiere, die sie ständig mit Vernichtung bedrohten, nur vereint wirksam zu begegnen imstande waren, veranlaßte sie schon bald, sich – anfangs vorübergehend und erst allmählich auf Dauer – zu größeren Gruppen zusammenzuschließen und dort, um sich miteinander verständigen zu können, jeweils übereinstimmende Formen der Ausdrucksweise zu entwickeln. Und aus diesen ersten, durch die gemeinsame Sprache und – wie zu ergänzen – Kultur ihrer Träger als solche bestimmten ethnischen Einheiten, den Urzellen der menschlichen Gesellschaftsorganisation, wuchsen dann mit der Zeit die einzelnen Völker und Völkerfamilien der Erde hervor – die mithin *polyphyletischen* Ursprungs sind.

Indessen, auch nach diesem wichtigen Schritt blieben, vor allem im Winter, die Hilflosigkeit gegenüber den Unbilden der Witterung und die Sorge um die Sicherung der Ernährung. Wieder bedurfte es einiger Zeit, bis man, abermals durch *Beobachtung* und *Erfahrung* belehrt, darauf kam, die natürlichen Schutzmöglichkeiten, wie sie Höhlen, Felsgrotten, hohle Bäume usw. boten, zu nutzen sowie die zur Lagerung geeigneten Vegetabilien in größeren Mengen zu speichern, und sich so, ganz im Sinne der von Julius Lips (1895–1950) entwickelten Theorie, vom niederen Sammlertum auf die Stufe der «Erntevölkerwirtschaft» erhob.[11] Der eigentliche Kulturaufstieg aber setzte erst ein, als es den Menschen gelang, sich das Feuer dienstbar zu machen und eine Reihe anderer, nicht näher bezeichneter Kenntnisse zu erringen, deren Besitz sie in die Lage versetzte, nach und nach alle zu einer fortschrittlichen Lebensführung erforderlichen technischen Fertigkeiten und Praktiken, d. h. nicht zuletzt auch den *Bodenbau* und die *Viehzucht*, zu «erfinden».

Demnach dachte sich Demokrit den Entwicklungsverlauf der Kulturgeschichte zur Hauptsache in drei große Etappen gegliedert:

I   NIEDERES SAMMLERTUM: rein vegetabilische Ernährungsweise; Einzelgänger- bzw. Kleinsthordendasein, Fehlen jeder gesellschaftlichen Organisation, ohne Kenntnis der Kleidung, natürlicher oder künstlicher Behausungsformen und der Nutzung des Feuers
1. Herausbildung größerer Gruppen und Entstehung der SPRACHEN
II ERNTEVÖLKERWIRTSCHAFT: Obdachsuche in Höhlen, Felsgrotten, hohlen Bäumen usw.; Bevorratung der zur Lagerung geeigneten Pflanzen und Früchte
III BODENBAU (+ Viehzucht), basierend auf der Ingebrauchnahme des Feuers und der Entwicklung der handwerklichen Praktiken; Begründung einer festen Gesellschaftsorganisation und geregelten Daseinsordnung (HOCHKULTUR)

Bei der «Erfindung» der technischen Fertigkeiten folgte man, wie ja auch schon Anaxagoras der Auffassung war, wieder dem Beispiel der Tiere:

11 Lips, 1928, 1953.

«Demokritos sagt», überliefert Plutarch, «daß wir Menschen in den wichtigsten
Dingen Schüler der Tiere geworden seien: so der Spinnen beim Weben und Nä-
hen, der Schwalbe beim Hausbau und der Singvögel – wie des Schwans und der
Nachtigall – beim Gesang, indem wir sie imitierten»[12].

Die entscheidenden Antriebe zur kulturschöpferischen Tätigkeit des
Menschen bildeten also einmal seine anfängliche *Notsituation* (χρεία),
der zufolge er sich, um überhaupt bestehen zu können, ständig gedrängt
sah, nach neuen Wegen zur Verbesserung seiner Lebensverhältnisse zu
suchen, dann die aus der bewußten *Beobachtung* heraus gewonnene *Erfahrung* (πεῖρα), die ihn lehrte, Fehler zu vermeiden sowie die vorhandenen Unzulänglichkeiten durch geeignete Maßnahmen auszugleichen,
und nicht zuletzt sein Vermögen, sich die Kunstfertigkeiten der Tiere
durch *Nachahmung* (μίμησις) nutzbar zu machen.

Nachdem es aber auf diese Weise geglückt war, eine gesicherte und
wohlorganisierte Daseinsordnung zu schaffen, als sich eine gewisse
Wohlhabenheit, ja sogar Luxus zu entfalten begannen und die Menschen
in den Genuß der *Muße* gelangten, kamen als letztes endlich die schönen
Künste – so die Musik – und, wie man ergänzen darf, die Wissenschaft
auf.

Irgendwann in der Vorzeit – auf welcher Stufe, bleibt ungewiß –
dachte sich Demokrit auch den Götterglauben entstanden und suchte ihm
in der Hauptsache ebenfalls, wenngleich nicht ausschließlich, wieder eine
rationalistische Erklärung abzugewinnen. So lehrte er einmal,

«daß wir Menschen auf Grund der wunderbaren Vorgänge im Kosmos zu der
Vorstellung von der Existenz göttlicher Wesenheiten gekommen seien: Als die
früheren Menschen [nämlich] die Erscheinungen in der Höhe sahen, wie Donner
und Blitz, das Zusammentreffen von Sternen und die Verfinsterungen von Sonne
und Mond, da gerieten sie in Furcht, weil sie glaubten, dort könnten nur Götter
am Werk sein».

Wie schon Kritias meinte, sprach sich also auch Demokrit dafür aus, daß
es vor allem die *Furcht* vor den schreckenerregenden Vorgängen in der
Natur gewesen sei, welche die Entstehung der religiösen Vorstellungsbildung ausgelöst habe, die somit seiner Auffassung nach im wesentlichen
naturmythologischer Herkunft ist!

---

12 Plutarch: De sollertia animalium, c. 20.

Auf der anderen Seite glaubte er sie mit Prodikos aber, zum Teil jedenfalls, auch auf die *Dankbarkeit* der Menschen für alles ihnen Angenehme zurückführen zu können, das man sich wieder nur durch die Annahme göttlicher Wesenheiten zu erklären gewußt habe:

«Sommer und Winter, Frühling und Herbst und alles Derartige erfolgt von oben, vom Himmel her. Daher hätten die Menschen denn auch, nachdem sie die Urheber hiervon erkannt, diese als Götter verehrt».

Alles andere als rationalistisch mutet dagegen seine Theorie zur Erklärung der Traumoffenbarungen, Weissagungen, Zukunftsvisionen und dergleichen Erscheinungen an, die er nämlich sämtlich von dämonischen Wesenheiten ausgelöst wähnte, die in Gestalt von «Bildern» (εἴδωλα) die Atmosphäre durchzögen:

«Demokrit behauptet», überliefert Sextus Empiricus beispielsweise, «daß an die Menschen gewisse Bilder herankämen, und von diesen seien die einen wohltätig, die anderen bösartig. Daher wünschte er auch, daß ihm glückhafte Bilder begegnen möchten. Sie seien von übernatürlicher Größe, schwervergänglich, aber nicht unvergänglich. Sie verkündeten den Menschen im voraus die Zukunft, indem sie von diesen gesehen würden und Stimmen vernehmen ließen», und auch aus dieser Erfahrung, heißt es weiter, «hätten die Menschen der Vorzeit, denen eben diese Bilder erschienen seien, die Überzeugung gewonnen, es gäbe einen Gott, während es keinen anderen Gott außer diesem gäbe, der eine unvergängliche Natur besäße»[13].

Die Lehre, die bei einem Denker wie Demokrit ein wenig befremdlich erscheint, ist uns im übrigen bekanntlich auch schon für Leukippos (um 450 v. Chr.), seinen Lehrer, bezeugt; Plutarch, der sie ebenfalls – und nicht ohne Spott – anführt, tut sie als bloßen «Volksglauben» (τοὐπιδή-μιον) ab.

Die Systematisierung des Götterglaubens, die Herausbildung der eigentlichen Theologie, schrieb Demokrit jedoch dann, ähnlich wie Kritias, wieder der schöpferischen Initiative und dem Wirken einzelner weniger, über besondere Geisteskräfte verfügender Männer zu.

Im ganzen also macht seine Religionsentstehungslehre, soweit sich jedenfalls nach den erhaltenen Resten urteilen läßt, keinen einheitlichen Eindruck, zumal er, was noch hinzukommt, einzelne Göttergestalten und mythische Vorstellungsbilder auch als bloße *Allegorien* auffassen zu

13 Sextus Empiricus: Adversus mathematicos IX 19.

können meinte und so z. B. die Himmelsspeise Ambrosia für «die Dünste» erklärte, «von denen die Sonne sich nährt», und in der Athene Tritogeneia Homers nichts weiter als die Besonnenheit personifiziert sah.

So schuf Demokrit, Gedanken des Anaxagoras, vor allem aber die bahnbrechenden Theorien der Sophisten mit Konsequenz weiter ausgestaltend, ein System, das dem bis dahin Erreichten gegenüber in der Tat einen großartigen Höhepunkt darstellt und nicht zuletzt auch von der Nachwelt sichtlich als solcher empfunden wurde: baut doch die Mehrzahl der bedeutenderen Kulturentstehungslehren der Folgezeit noch im wesentlichen auf seiner Grundlage auf und galt sein Schöpfer überhaupt, für Epikur so gut wie selbst den Stoiker Poseidonios, als *die* Autorität auf dem Gebiete der Urgeschichtsforschung.

6. Platon (ca. 427–347 v. Chr.)

Der große, vielleicht größte Philosoph des Altertums hat sich zwar immer wieder auch mit der Frage nach dem Ursprung und Entwicklungsverlauf der Kultur auseinandergesetzt, kleidete seine Gedanken dabei aber gern mit der ihm eigenen bildnerischen Gestaltungskraft in mythische Ausdrucksformen, wie er sie in der Überlieferung vorfand, und übte so, die Betrachtung erneut auf ältere, durch die Sophisten und Demokrit bereits überwundene Vorstellungsweisen fixierend, im ganzen einen lähmenden Einfluß auf den Gang der ethnologischen Theoriebildung aus.

So ging er einmal von der auf uraltem Glauben beruhenden Überzeugung aus, daß die Geschichte einem steten Wandel periodisch wiederkehrender *Weltzeitalter* entspricht, deren Ende jeweils, wie er z. B. im «Timaios» ausführt, in Gestalt globaler Naturkatastrophen, zumeist einer gewaltigen Flut oder riesigen Feuersbrunst, über die Menschheit hereinbricht, sie aber gleichwohl doch nicht in ihrer Gesamtheit vernichtet: Bei Überschwemmungen etwa gelingt es den Hirten in den hochgelegenen Gebirgsregionen, bei Bränden Teilen der in den feuchten Niederungen der großen Flüsse oder im Küstenbereich der Meere ansässigen Bevölkerung, sich dem drohenden Untergang zu entziehen (22 C–E; vgl. Kritias 109 D). Und diese wenigen Überlebenden müssen dann, da alles, was vorher errungen war, so gut wie ganz zugrunde gegangen ist und sich auch ihre Erinnerung daran allmählich verliert, jedesmal wieder von vorn, aus den urtümlichsten Anfängen heraus, mit dem Aufsteig zu hö-

heren Daseinsformen beginnen. Nur Ägypten bleibt dank seiner günsti-
geren geographischen Voraussetzungen, wie es heißt, von allen Verheerungen dieser Art verschont und besitzt so als einziges Land eine lücken-
los bis in die ältesten Zeiten hinaufreichende historische Überlieferung
(Timaios 22 D–23 B), alles umschließend, was den Ägyptern an Kunde
zugänglich war: so auch eine Tradition vom Ablauf der griechischen Vorgeschichte, die Solon (ca. 640–560 v. Chr.) nach Platon angeblich einst
bei einem Besuch in Ägypten von einem dortigen Priester erfuhr und die
Kritias nun, in dessen Familie sie sich weitervererbte, der Gesprächs-
runde im «Timaios» (u. teilw. a. im «Kritias») zum besten gibt (20 Dff;
vgl. Kritias 113 A–B).

Hiernach hatten die Götter vor alters die Erde untereinander verlost,
und dabei war Attika (u. desgl. Ägypten) an Hephaistos und Athene gefallen. Diese bevölkerten nun das Land, das seiner *harmonisch ausgewogenen Witterungsverhältnisse wegen* wie kein anderes dazu geeignet
erschien, ein ebenso tüchtiges wie weises Geschlecht zu tragen, mit
«wackeren, ureingeborenen Menschen», die sie «wie die Hirten ihre Herden» betreuten und in allen zur Bestreitung des Unterhalts, insbesondere
aber zum Aufbau eines staatlich organisierten Zusammenlebens und
selbst zum Kriege erforderlichen Praktiken und Kenntnissen unterwiesen. So wuchsen die Athener alsbald zum schönsten, trefflichsten und
tapfersten aller damaligen Völker heran, besaßen, der vollkommensten
Gesetzgebung folgend, die idealste Staatsorganisation und waren daher
auch als einzige in der Lage, den Angriff der Atlanter, die zu jener Zeit
einen Großteil der westlichen Welt beherrschten und ihren Machtbereich noch zu erweitern versuchten, erfolgreich abzuschlagen. Allein,
nicht lange nachdem sie – was, wie es heißt, vor 9000 Jahren geschehen
sein soll – diesen glänzenden Sieg erfochten und sich damit zur führenden und gerühmtesten Nation der Ökumene erhoben hatten, ereilte sie
jählings ihr Schicksal: Von Erdbeben begleitet, wälzte sich eine gewaltige
Flutwelle über die Erde und raffte sie (wie auch die Atlanter) bis auf
einige Hirten im Hochgebirge mit allem dahin (Timaios 23 B–25 D. Kritias 108 E–109 D; vgl. 110 C–113 B). Die wenigen verbliebenen Schäfer
aber vermochten als unwissende, weitab von den Zentren und den dortigen Vorgängen lebende Leute keinerlei Kunde von der großen Vergangenheit auf die Nachwelt zu überliefern:

«Da sie nämlich bis auf einige dunkle Gerüchte die verdienstreichen Taten und
Gesetze (τὰς δὲ ἀρετὰς καὶ τοὺς νόμους) der früher Lebenden nicht kannten

und viele Menschenalter hindurch an dem Notwendigsten Mangel (ἀπορία) litten, so richteten sie ihre Aufmerksamkeit ganz auf diese ihre Bedürftigkeit und
machten sie auch zum Gegenstand ihrer Gespräche, ohne sich um das, was sich
vor ihrer Zeit und vor alters einmal begeben hatte, zu kümmern. Denn die Sagen-
kunde (μυθολογία) und die dem Altertümlichen zugewandte Forschungsbe-
gierde finden sich in den Staaten zugleich mit der Muße (σχολῆς) ein, sobald sich
zeigt, daß bei etlichen für die Lebensbedürfnisse bereits ausgesorgt ist, – früher
jedoch nicht» (Kritias 109 Ef).

Nach Platon – und daß es sich hier um seine eigene Auffassung handelt,
darf als ausgemacht gelten – kann die Entwicklung also, je nach Art der
Katastrophe, die eine Epoche beschließt, von zweierlei Ursprüngen aus
erfolgen: indem sie entweder bei den Fischer- bzw. Bauernpopulationen
der Küsten- und Flußniederungen oder bei den Hirten (bzw. Sammler-
und Jägerbevölkerungen?) im Hochgebirge ihren Anfang nimmt – eine
Überlegung, die freilich nur Ansatz bleibt, da der Philosoph ihre weitreichenden Konsequenzen für den Gang der Kulturgeschichte nicht erkennt
oder ihnen keine besondere Beachtung beimißt. Wie dem aber auch sei,
zunächst, hebt auch er hervor, war das Interesse der Menschen allein auf
die Befriedigung der Elementarbedürfnisse gerichtet, und erst als sie ihr
Auskommen und damit ihre Gesamtexistenz sichergestellt und zu einer
geordneten Lebensführung gefunden hatten, begann sich dann, wie Demokrit bereits lehrte, infolge des *Mußegewinns* auch eine regere Geistes-
tätigkeit zu entfalten, kamen die Wissenschaften (u. Künste) auf. Als
Ganzes aber, und hier leistet Platon wiederum der Anthropogeographie
des Hippokrates Folge, wird die Kulturgeschichte eines Volkes entscheidend von der *geographischen Beschaffenheit seiner Umwelt* bestimmt.
   Doch diese rationalistischeren Motivierungsversuche stellen nur einzelne, wie versprengt erscheinende Sonderschraffuren eines Bildes dar,
das sonst überwiegend von älteren, aus der mythischen Überlieferung
geschöpften Anschauungsformen beherrscht ist: so der Weltalterlehre,
dem Glauben, daß in der atlantischen, der jetzigen vorausgehenden Epoche die Götter auf Erden regierten und die Menschen mit Rat und Tat
beim Aufbau der Kultur unterstützten, sowie der Verklärung der damaligen griechischen Urzeit zu einer Art paradiesischem Dasein und nicht
zuletzt auch von der dem Ganzen zugrunde liegenden Auffassung, daß
die Hellenen allen anderen Völkern gegenüber eine *Vorrangstellung* besitzen und ihr Land sich im *Zentrum* der Welt befindet.
   Eine mit dieser so gut wie übereinstimmende, im einzelnen jedoch
noch detaillierter gehaltene Darstellung vom Gang der Geschichte findet

sich weiter auch im «Politikos» (268 D–274 D) vorgetragen. Wieder geht
Platon zunächst davon aus, daß sich alles Geschehen in eine unendliche
Folge periodisch und mit rhythmischem Gleichmaß einander ablösender
Zeitalter gliedert, die er hier nun des näheren auf die wechselnde Umdre-
hung der Welt zurückführt, die er ihrerseits dadurch ausgelöst glaubt,
daß jeweils zu Anfang und Ende einer Epoche Gott selbst den Umlauf des
Kosmos lenkt, dann aber, nach Verstreichen der «gebührenden Frist»,
davon abläßt – worauf die Bewegung sich umkehrt und in entgegengesetzter Richtung verläuft (269 C). Und in diesem gewaltigen Umschwung, meint er, sei die Ursache für den Ausbruch der vernichtenden
Katastrophen zu suchen, ja er wirke sich darüber hinaus auch auf die
Physis der Lebewesen, die sich dem Untergang zu entziehen vermochten,
in entscheidender Weise aus, dergestalt nämlich, daß diese, nach vor-
übergehendem Stillstand, eine rückläufige Entwicklung zu nehmen be-
gännen: Unter den Menschen würden die alten statt älter zusehends jünger und zuletzt wieder Kinder, um endlich ganz zu vergehen bzw. zu Erde
zu werden, aus der dann zu früherer Zeit, da die geschlechtliche Zeugung
noch unbekannt war, hatte die Gottheit der Welt wieder die ursprüngliche Drehung verliehen, nach Platon jeweils auch alle neuen Geschlechter zum Leben aufstiegen (270 E–271 B).

Die ersten Perioden, da Gott selbst den Umlauf des Kosmos bestimmte,
erschienen dabei wieder jeweils zu durchgehend *paradiesischen* Zeitaltern idealisiert: Die einzelnen Bereiche der Natur und alle Arten der Lebewesen waren je einem der Götter oder einer dämonischen Geistmacht
zur Verwaltung anvertraut, während der Weltenlenker persönlich die
Menschen betreute; diese führten daher ein heiter-friedvolles Dasein
ohne Mühsal, Zank und Gewalttätigkeit, frei auch von jeder familiären
oder gesellschaftlichen Bindung, besaßen, mit einem gleichbleibend milden Klima gesegnet, weder Kleidung noch Obdach und lebten, ebenso
sorglos wie angenehm, vom *Einsammeln* der reichlich und in vielfältiger
Auswahl vorhandenen wildwachsenden Pflanzen und Früchte – kurz:
waren «tausendmal glücklicher daran» als die heutigen Menschen
(271 D–272 C).

Anders jedoch in den hierauf folgenden Zeitaltern, wenn der Schöpfer
– und mit ihm die übrigen Götter – nach der gesetzten Frist von der
Leitung der Welt wieder abließ und deren Umdrehung dann umschlug
und sich in umgekehrter Richtung zu vollziehen begann: Nunmehr
nämlich litten die – sich jetzt auf geschlechtliche Weise fortpflanzenden –
Menschen, die den durch den gewaltigen Umschwung hervorgerufenen

Erschütterungen und Katastrophen zu entkommen vermocht hatten, zumindest zu Anfang bittere Not, fielen, der göttlichen Obhut ermangelnd
und selber zu schwach, sich erfolgreich zu schützen, der rauheren Witterung und den Angriffen der wilden Tiere zum Opfer und hungerten, da
die Vegetation zum größten Teil vernichtet war und sie sich noch nicht
anders als auf die frühere Art zu ernähren verstanden. Das aber jam-
merte endlich wieder die Götter so sehr, daß sich einzelne von ihnen (so
z. B. Hephaistos u. Athene) auf die Erde begaben und – neben Heroen
wie Prometheus, der den Menschen das Feuer brachte – die Sterblichen in
der *pfleglichen Nahrungsgewinnung*, den verschiedenen Handfertigkeiten und Praktiken, dem Aufbau der Sozialorganisation und überhaupt in
allem, was zu den Voraussetzungen einer entwickelteren Lebensführung
gehört, unterwiesen[14].

Indessen, je länger die der ursprünglichen zuwiderlaufende Umdrehung des Kosmos währt und je mehr die Erinnerung an das göttliche
Regiment der vorherigen Periode verblaßt, desto unaufhaltsamer schreitet zugleich, und hier nimmt Platon die alte *Deszendenztheorie* Hesiods
und anderer auf, auch der Verfall der bestehenden Weltordnung fort,
entarten, der Verderbnis erliegend, die Menschen in wachsendem Maße,
bis sich die Gottheit zuletzt, um dem Äußersten entgegenzuwirken, wieder entschließt, selbst das Geschehen zu lenken, das Steuer herumwirft
und das All in die ursprüngliche Umdrehung zurückzwingt, worauf sich
die frühere Ordnung der Dinge alsbald wiederherstellt (272 D–274 D;
vgl. Kritias 121 A–C).

Diesen seinen früheren, noch überwiegend am Mythos orientierten
Entwicklungstheorien gegenüber trägt Platon jedoch dann in seinem
Alterswerk, den «Gesetzen» (Leges Buch III, Kap. 1–5), eine Lehre vom
Gang der Kulturgeschichte vor, die geradezu radikal rationalistischen
Überlegungen folgt und wie in Anlehnung an die Auffassungen der So-
phisten und Demokrits konzipiert erscheint.

Hier geht er zu Beginn von der Überzeugung aus, daß es seit «unbere-
chenbarer, unermeßlicher» Zeit Tausende und Abertausende von Staaten (πόλεις) – d. h. menschliche Gemeinschaften mit verbindlich gere-

---

14 Vgl. a. Philebos 16 C und Symposion 197 A–B, wo Platon die Kunst des Bogen-
    schießens, die Medizin und das Orakelwesen auf Apollon, die Musik auf die Mu-
    sen, das Schmiedehandwerk auf Hephaistos, die Weberei auf Athene und die Kunst
    des Regierens auf Zeus zurückführt.

gelter Daseinsordnung – der verschiedensten Art gegeben habe, deren
viele wieder vergingen, während andere zu Einheiten größeren Umfangs
zusammenwuchsen oder einem langsamen Schrumpfungsprozeß unterlagen. Gelänge es nun, so meint er, die Ursachen für den stetigen Wechsel (μεταβολῆς) in der Geschichte der Staaten herauszufinden, so müßte
man damit zugleich auch Aufschluß über ihre Erstentstehung und die
Gesetze ihres Entwicklungsablaufes erlangen (676 B–C). Und in dem Bestreben, dies zu ergründen, setzt er zunächst mit einer Untersuchung der
Situation nach einer der großen Überschwemmungskatastrophen an,
fußt also auch hier letzten Endes wieder auf der – jetzt jedoch auffallenderweise nur mehr in vagen Umrissen in Erscheinung tretenden – Weltalterlehre.

Wie der Philosoph ja vor allem bereits im «Timaios» und «Kritias»
ausgeführt hatte, vermochten sich bei einer Überflutung der Erde jeweils
nur einzelne Gruppen der Hochgebirgshirten zu retten. Diese verfügten
nun zwar über gewaltige Räume, sahen sich aber «einer unendlichen,
grauenvollen Verlassenheit» ausgesetzt. Nur kaum um die von den Tief-
landkulturen entwickelten höheren Lebensformen wissend und, da diese
mit ihren Trägern zugrunde gegangen waren und die Erinnerung an sie
allmählich dahinschwand, der Voraussetzungen beraubt, das Verlorene
rasch wiederaufzubauen (677 A–E), blieben sie zunächst auf den Bergen
und führten ihr altes Dasein auf die gewohnte Weise fort, bescheiden,
aber in heiterer Sorglosigkeit, zumal sie sowohl ausreichend Nahrung
besaßen als auch – mit Ausnahme der Metallurgie! – eine Reihe der wichtigsten Handfertigkeiten, wie das Töpfern, Flechten, Weben und Nähen,
beherrschten (678 C–E):

«Zuerst hegten sie des Menschenmangels wegen Liebe und Wohlwollen zueinander, dann gab auch der Lebensunterhalt ihnen keine Veranlassung zum Kämpfen;
denn an Herden hatten sie, wenige etwa im Anfang ausgenommen, keinen Mangel, die ihnen größtenteils fortwährend Unterhalt boten. Denn es fehlte ihnen
durchaus nicht an Milch und Fleisch, und außerdem verschafften sie sich durch
die Jagd keine schlechte oder dürftige Nahrung. Auch an Gewändern, Decken,
Wohnungen und an das Feuer vertragenden und es nicht vertragenden Gerätschaften hatten sie die Fülle; denn die Künste des Formens sowie alle mit Flechten
sich beschäftigenden bedürfen im geringsten nicht des Eisens. Diese beiden Arten
der Kunstfertigkeit (τέχνα) verlieh aber Gott (θεός) den Menschen, alles Erwähnte sich zu verschaffen, damit das Menschengeschlecht, wenn es in eine solche Notlage käme, des Gedeihens und der Zunahme sich erfreue. In solcher Lage
waren sie daher nicht besonders bedürftig, noch durch Dürftigkeit untereinander
in Streit zu geraten genötigt; reich jedoch wurden sie wohl, als Gold- und Silber-

lose, was damals bei ihnen der Fall war, nicht. Eine Vereinigung aber, mit der weder
Reichtum noch Dürftigkeit (πενία) verbunden ist, diese dürfte wohl ziemlich der
ehrenwertesten Gesinnungen sich erfreuen, denn in ihr erzeugen sich weder Frevel
noch Ungerechtigkeit, weder Scheelsucht noch Mißgunst. Gut also waren sie aus
diesen Gründen und wegen ihrer sogenannten Einfältigkeit; hielten die Einfältigen
doch das, was da für schön und was für verwerflich erklärt wurde, in Wirklichkeit
dafür und fügten sich diesem Glauben. Denn keiner hegte aus Schlauheit, wie jetzt,
den Argwohn einer Täuschung, sondern indem sie das über Menschen und Götter
Ausgesagte für wahr hielten, richteten sie danach ihr Leben ein: darum waren sie
durchaus so beschaffen, wie wir eben sie schilderten» (678 E–679 C).

Gesellschaftlich waren sie vorerst nur in Kleinfamilien organisiert, in
denen der Vater jeweils die absolute Autorität besaß (679 D–680 E). Mit
der Zeit jedoch, als sie zum Bodenbau übergingen, fanden sich an verschiedenen Stellen mehrere dieser Kleinstverbände zu größeren Gruppen
zusammen, die nun, zum Schutze wider die wilden Tiere, den gemeinsamen und durch den fortschreitenden Zuzug anderer sich ständig erwei-
ternden Wohnbereich mit festen Mauern umschirmten, so daß sich allmählich stadtartige Siedlungsanlagen zu entwickeln begannen. Dabei
blieben die einzelnen Familienverbände zunächst allerdings noch ihren
überkommenen Lebensgewohnheiten, Sitten (νόμους) und religiösen
Traditionen treu und folgten auch jeweils nur den Weisungen ihrer eigenen Oberen (680 E–681 C). Und daraus ergab sich als nächstes sodann die
«Notwendigkeit» (ἀναγκαῖον), um der Stabilisierung der Gemeinschaft
willen nach einer einheitlichen Daseinsordnung zu suchen. Das geschah,
indem man bestimmte Männer zu Delegierten erkor und mit der Aufgabe betraute, die verschiedenen Formen der Lebensführung miteinander zu vergleichen und herauszufinden, welche ihrer Elemente ihnen als
beste und besonders zum Aufbau einer allgemeingültigen Verfassung
geeignet erschienen. Diese wurden darauf den Häuptern der Einzelgruppen zur Begutachtung vorgelegt, die sie, soweit sie ihre Billigung fanden,
nun zu Gesetzen mit einer für alle verbindlichen Geltung erhoben und so
die ersten umfassenderen, staatsmäßig organisierten Gemeinwesen
schufen, zu deren Leitern sie Könige oder aristokratische Obrigkeiten
bestellten (681 C–D). Endlich, als die Schrecken der Flutkatastrophe allmählich aus der Erinnerung schwanden, trauten sich die Menschen dann
auch wieder in die Tieflandbereiche hinab, gründeten dort aufs neue
Städte und Staaten (681 E–682 C) und erlebten alsbald einen ähnlich
glänzenden Aufstieg wie die Völker der großen, von der Vernichtung
betroffenen Vorzeitkulturen (682 C ff).

Der Mythos tritt hier also deutlich zurück und erscheint auch dort, wo er sich in einzelnen, den ehemals beherrschenden Leitmotiven wie der Weltalterlehre, der Idealisierung der Urzeit[15] und dem Glauben, daß die wichtigsten Errungenschaften Geschenke der Götter seien, noch immer behauptet, spürbar abgeschwächt. Um so helleres Licht aber fällt dafür nun auf die *eigenschöpferische* Leistung des Menschen selbst, der sich aus der relativen Urtümlichkeit des Berghirtentums jeweils zu höheren Daseinsformen erhob, indem er kraft eigener Initiative zum Bodenbau überging, gesetzliche Regelungen entwarf, die dem abweichenden Verhalten der Einzelgruppen eine einheitliche und stabile Ordnung verliehen und so das Zusammenleben in größeren Gemeinschaften ermöglichten, sowie sich Städte und endlich Staaten schuf. Neben dem allgemeinen Rationalismus in der Gedankenführung erinnert vor allem auch die These vom schrittweisen Zusammenwachsen der ursprünglich noch kleineren zu immer umfassenderen Verbänden deutlich an Demokrit; anderes, wie die Hervorhebung der «*Notwendigkeit*» und in gewissem Sinne auch der «*Furcht*» (φόβος) als wesentlicher Stimulantien bei der Herausbildung verschiedener Praktiken und Institutionen wie überhaupt der Zuschnitt des Ganzen auf die soziale, in der Schöpfung des Staates gipfelnde Entwicklung könnte auch in Anlehnung an die sophistische Tradition konzipiert sein.

Zugleich wird mit der Physis und dem Charakter des Menschen der Gang der Kulturgeschichte jedoch, wie Platon schon früher lehrte und hier wiederaufgreift, entscheidend auch von der jeweils gegebenen *Beschaffenheit der geographischen Umwelt* bestimmt:

«Denn auch das, Kleinias und Megillos, entgehe unserer Aufmerksamkeit nicht, daß manche Gegenden vor anderen geeignet sind, bessere oder schlechtere Menschen zu erzeugen, welchen man nicht Zuwiderlaufendes verordnen darf: einige derselben sind infolge der Stürme aller Art und der Hitze unzuträglich oder günstig, andere infolge des Wassers; wieder andere infolge der aus dem Boden kommenden Nahrung selbst, welche nicht bloß den Körpern Besseres oder Schlechteres gewährt, sondern auch nicht minder in den Seelen dergleichen hervorzubringen vermag» (747 D–E).

15 Vgl. a. Leges 713 B–E, wo es sich allerdings wieder – wie der Vergleich mit Timaios 23 B–25 D, Kritias 109 B–D und Politikos 271 D–272 C lehrt – um die vorsintflutliche Urzeit handelt.

So bewege man sich in Thessalien auch, weil es dort eben sei, bevorzugt zu Pferde, heißt es an anderer Stelle, während die Kreter sich demgegenüber, infolge des durchgehend gebirgigen Charakters ihrer Heimat, zu guten Fußgängern und Läufern entwickelt hätten und so im Kampfe vorwiegend leichte Waffen benutzen würden (625 C–D).

Im übrigen aber war der Philosoph nicht zuletzt auch der – im Grunde wieder typisch sophistischen – Überzeugung, daß die Geschicke der Menschen wesentlich von der Art und Weise ihrer *Erziehung* (παιδεία) abhingen:

«Der Mensch aber ist, wie wir sagen, ein zahmes Geschöpf, dessenungeachtet pflegt er zwar, wird ihm eine richtige, mit glücklicher Naturanlage verbundene Erziehung zuteil, zu dem gottähnlichsten und zahmsten Geschöpf zu werden, zu dem wildesten aber, was die Erde erzeugt, wenn seine Erziehung keine genügende oder keine passende war» (Leges 766 A)[16].

Bei allem Rationalismus, der die in den «Gesetzen» entwickelte Kulturentstehungslehre des greisen Philosophen weithin beherrscht, blieb Platon also doch letzten Endes in den Vorstellungen der mythischen Weltanschauung verwurzelt und rühmte daher, wie in der oben gegebenen Schilderung aus den «Gesetzen», auch immer wieder die lautere Frömmigkeit der ersten Menschen, weil sie noch «das über Götter und Menschen Ausgesagte für wahr» gehalten und «ihr Leben danach eingerichtet» hätten (Leges 679 C), während er den Unglauben seiner Zeit auf das heftigste zu geißeln bemüht war, ja meinte, daß man jene, die ihn schürten, geradezu «hassen» (μισεῖν) müsse (a. a. O. 887 C–E). Zwar wußte er wohl, daß die Überlieferungen, weil aus längst versunkenen Epochen herrührend und in der Regel nur mündlich tradiert, vielfach nur in Bruchstücken auf uns gekommen und häufig verworren und dunkel sind[17], ließ sich aber auch hierdurch nicht in der Überzeugung erschüttern, daß sie desungeachtet absolutes Vertrauen verdienten, und faßte sie demzufolge als historisch-verläßliche Quellen zur Ur- und Frühgeschichte auf.

Daneben aber, und dem gebührt wieder unser besonderes Interesse, versuchte er, sei es in geographischer oder kulturhistorischer Hinsicht, die Verhältnisse der Vorzeit gleich Thukydides auch aus ihren vermeintlichen *Restvorkommen* in der Gegenwart, also mit Hilfe der *Survival-*

---

16 Ähnlich Politeia 424 A und Leges 695 A–B. 746 E–747 D.
17 Vgl. Timaios 20 E. 21 D. 23 B–C. Kritias 109 D–E. Politikos 269 B.

lehre, zu erschließen: So meinte er z. B. in der großen Anzahl noch er-
haltener Quellheiligtümer in Attika einen Hinweis auf den einstigen
Wasserreichtum des Landes und im Vorhandensein alter Holzbauten auf
den Höhen einen Beweis für deren ehemals sehr viel dichtere Bewaldung
sehen zu dürfen, führte die kriegerische Ausrüstung der Athenestatuen
zum Beleg dafür an, daß früher auch die Frauen am Kampfe teilnahmen
und gleiche Rechte wie die Männer genossen, oder schloß von den Men-
schenopfern der barbarischen Völker auf einen einstmals allgemein ge-
übten Kannibalismus zurück [18].

An der Ethnographie selbst scheint Platon indessen kein größeres
Interesse genommen zu haben; aus einer Reihe von – zumeist freilich
kürzeren – Angaben und Hinweisen zur Kultur der einzelnen hellenischen Gruppen sowie verschiedener außergriechischer Völker [19] erhellt
jedoch, daß er auch hier gleichwohl über beachtliche Kenntnisse verfügte. Die Barbaren suchte er dabei zwar von den Hellenen, die ihrer
Abkunft nach einander verwandt, daher eines Stammes (οἰκεῖον καὶ
συγγενές) und im Besitze desselben Glaubens seien, als Fremde
(ὀθνεῖόν τε καὶ ἀλλότριον) zu scheiden und meinte, daß zwischen beiden «von Natur aus Feindschaft» (πολεμίους φύσει) bestehe (Politeia
470 C–471 A), verband aber damit kein Werturteil, sondern gestand den
ersteren durchaus bedeutsame Leistungen und bewunderungswürdige
Taten zu (Phaidon 78 A); im übrigen war er sich bewußt und wies mit
Nachdruck darauf hin, daß es unter den im einzelnen häufig so verschieden gearteten und in der Mehrzahl auch gar nicht miteinander verwandten Barbarengruppen zu differenzieren gelte und demzufolge nicht ange-
hen könne, sie schlechtweg als eine einheitliche Völkerwelt zu begreifen
(Politikos 262 C–E). Jenseits von ihnen aber dachte auch er sich wieder
die zuäußerst gelegenen Randbereiche der Erde von seligen Wesen besiedelt, denen ein Leben ohne jede Beschwernis und von länger als sonst bei
den Sterblichen währender Dauer beschieden sei und die sich, gleich den

18 Kritias 110 B–C; E–111 D. Leges 782 B–C. Vgl. Timaios 24 A–B.
19 Vgl. etwa Timaios 21 E. Gorgias 470 E. 483 D–E. 524 D–525 A. Politikos 262 C–D.
 290 D–E. Menexenos 239 D–240 D. 241 A–E. 243 B. 245 C–D. Politeia
 435 E–436 A. 452 C. 470 C–D. 544 D. 553 C. 566 C. Leges 637 D–E. 656 D–657 A.
 674 A–B. 680 B–C. 685 B–E. 686 A. 692 E–693 A. 693 D–694 B. 694 C–695 B.
 695 C–696 A. 697 C–698 A. 698 B–E. 699 E. 747 B–D. 799 A–B. 805 D–E. 819 A–E.
 870 A–B. 887 E. 953 D–E. Briefe II, 311 A. VII, 332 A–B. 332 E–333 A. VIII,
 353 A–B. 353 E.

Äthiopen Homers, des trauten Umgangs der Götter erfreuten (Phaidon 111 A–C).

Nahm Platon also auch zuletzt noch die Erkenntnisse der Sophisten und Demokrits in seine ethnologischen Überlegungen auf, so vermochte er sie doch nicht aus eigener Kraft heraus fortzuentwickeln, sondern ordnete sie vielmehr nur dem erweiterten Kosmos seiner im ganzen aus den Tiefen des Mythos geschöpften, geschichtsmetaphysischen Weltanschauung ein.

7. Xenokrates von Kalchedon (ca. 396–314 v. Chr.)

Unter den Schülern Platons ragten, «nach Fleiß wie Gelehrsamkeit»[20], vor allem zwei Männer hervor, von denen der eine, Aristoteles, alsbald eine eigene Entwicklung zu nehmen und die Gedanken des Lehrers auf selbständige und kongeniale Weise um- und weiter auszubilden begann, während der andere, Xenokrates, sich mehr im Ordnen und der Verwaltung des platonischen Erbes hervortat.

Hierzu mochte er sich um so eher berufen fühlen, als er, nach dem Tod des Speusippos (339 v. Chr.) zu dessen Nachfolger aufgestiegen, 25 Jahre lang, bis zu seinem eigenen Ende, als Scholarch der Akademie amtierte. Von überaus würdevoller, achtunggebietender Erscheinung, hohem sittlichem Ernst, großer Konzentrationsfähigkeit und unermüdlicher Arbeitskraft, kam er der selbstgestellten Verpflichtung, sich ganz der Wahrung und Pflege der gewaltigen philosophischen Hinterlassenschaft des Meisters zu widmen, zeit seines Wirkens ebenso aufopfernd wie gewissenhaft nach, indem er bei all seinem Schaffen ständig bemüht war, die leitenden Ideen des platonischen Lehrsystems immer wieder und noch klarer herauszustreichen, den Sinngehalt dunkler Zusammenhänge durch geschickte Interpretationen deutlich zu machen, flüchtig Skizziertes breiter auszugestalten oder Fehlendes aus dem Geiste des Lehrers heraus zu ergänzen. Dadurch dem Ganzen eine faßlichere, weil exakter durchsystematisierte, wohlgegliederte Form verleihend, wurde Xenokrates zum Begründer des eigentlichen Platonismus und so nicht zuletzt auch zum Wegbereiter des späteren Mittel- und Neuplatonismus.

Seine zahlreichen und wieder bis auf geringfügige Reste verlorenen

---

20 Cicero: Academica I 4.

Schriften, deren Umfang Diogenes Laertios in seinem Verzeichnis (IV 11–14) auf nicht weniger als 76 Titel – darunter allerdings einig Dubletten – beziffert, beschäftigen sich mit nahezu allen Problembereichen der klassisch-griechischen Philosophie und lassen dabei ein besonderes Interesse für Fragen der Mathematik, Logik, Erkenntnistheorie und vor allem Ethik erkennen. Für unseren Zusammenhang von größerer Bedeutung ist in erster Linie jedoch sein – für die Folgeentwicklung überaus einflußreicher – Versuch, den platonischen Ansatz, die traditionellen Glaubensinhalte durch philosophische Interpretation zu legitimieren, der ihm auch hier zum Ausgangspunkt dient, über die bloße Kommentierung hinaus zu einem geschlossenen theologischen Lehrsystem auszubauen.

Als Haupt der geistigen Kräftehierarchie galt ihm der – männlich gedachte und durch die Zahl Eins symbolisierte – «Nous» (Weltgeist), den er mit Zeus, also dem Himmels- und Hochgott der Volksreligion, identifizierte. Ihm folgte, dem Range nach untergeordnet und von weiblicher Wesenheit, als zweithöchste spirituelle Potenz die «Psyche» (Weltseele), die Urkraft aller Bewegung und damit zugleich das leitende Prinzip des gesamten Geschehens im innerweltlichen Daseinsbereich. Im Gegensatz zur lauteren, fest in sich ruhenden Einheit des «Nous» war sie bereits schwankender Art, umschloß das Gute sowohl wie das Böse und wurde daher von Xenokrates auch als «Zweiheit» (Δυάς) gefaßt, verkörpert in Isis, die zwar stets ihrem Gatten Osiris (dem Guten) in liebender Sehnsucht zugeneigt ist, sich aber dennoch nicht ganz dem Einwirken Typhons (des Bösen) zu entziehen vermag, der dem Mythos zufolge, der somit hier eine *religionsphilosophisch-allegorische* Exegese erfährt, mit Osiris um ihren Besitz ringt. Unterhalb dieser beiden höchsten Prinzipien setzte sich das geistige Kraftpotential in stetig sich verringernder Dichte sodann über die Planeten und das Fixsternsystem (bzw. deren göttliche Repräsentanten) bis zu den Elementen herab fort.

Besonderes Interesse aber verdient, daß der Philosoph, als erster eine regelrechte *Dämonologie* entwickelnd, nun auch die niederen Geistesmächte der Volksreligion in sein theologisches System zu integrieren versuchte. Er scheint sie, wie ähnlich bereits Hesiod[21], als Manen der Toten verstanden zu haben und wies ihnen als Herrschaftsbereich den sublunaren, d. h. zwischen der Sphäre des Mondes (bzw. der Mondgöttin) und der irdischen Welt gelegenen Raum zu. Während ihres Daseins

---

21 Vgl. Werke und Tage 121 ff.

als Seelen im Menschen nun nahmen sie, entsprechend der «Psyche» im
Ganzen des Kosmos, zunächst eine Mittelstellung ein; ihrer geistigen
Substanz nach gut, waren sie zugleich durch den Leib, der sie umschloß
(bzw. durch ihre Verbindung mit der Materie), ständig den Verstrickungen des Bösen ausgesetzt. Gelang es ihrem Träger im Verlauf seines Lebens, seinen Anteil am «Nous» in sich zum leitenden Prinzip zu erheben
und so die Seele aus den Banden der Sinnlichkeit zu befreien, stieg diese
nach seinem Tode als Dämon in den genannten Bereich unterhalb der
Mondsphäre auf und führte dort eine Zeitlang ein Zwischendasein, bis
endlich das rein Geistige ihres Bestandes wieder in der umfassenden
Gottheit des «Nous» (bzw. Zeus) und ihr restliches Wesen in der Substanz des Mondes aufging. Jene Seelen jedoch, die während ihrer Einkörperung den Verlockungen des Fleisches erlagen, wurden zu bösen Dämonen und mußten sich daher noch einmal – oder auch mehrfach, wenn sie
abermals der Verstrickung verfielen – in menschlichen Leibern reinkarnieren, um die versäumte Läuterung nachzuholen.

Damit war der uralte Volksglaube an die Existenz von guten und bösen
Geistern philosophisch sanktioniert. Zu ihnen, als den ihm am nächsten
stehenden unter den überirdischen Wesenheiten, hatte der Mensch denn
als einzigen auch, so folgerte Xenokrates weiter, einen unmittelbaren
Kontakt, während er die Mächte der höheren Sphären nur durch ihre
Vermittlung zu erreichen vermochte. Ergo – dies der entscheidende
Schluß – können die Vorstellungen von der Art und dem Walten der
Götter aus keiner anderen Erkenntnisquelle als *den Erfahrungen mit den
Dämonen* geschöpft sein. Und hieraus ergab sich nach der Überzeugung
des Philosophen auch die Erklärung für die Anstößigkeit so zahlreicher
Mythen: Die Gewalttätigkeiten, zügellosen Leidenschaften und ab-
schreckenden Ausschweifungen, die dort den Himmlischen nachgesagt
wurden und ihrem lauteren, allen Verstrickungen des irdisch-leiblichen
Daseins enthobenen Wesen zutiefst widerstreiten, bezogen sich ursprünglich in Wahrheit allein auf die niederen, dämonischen Mächte,
von denen man sie dann im Laufe der Zeit, der Einsicht in die Zusammenhänge des Geistigen allmählich verlustig gegangen, fälschlich auf die
Götter übertrug. Das aber heißt, daß die mythischen Überlieferungen
und Vorstellungsweisen nicht als Hirngespinste oder Versinnbildlichun-
gen bestimmter Erscheinungen und Vorgänge in der Natur zu deuten,
sondern als Schilderungen konkreter Begebenheiten und Verhältnisse in
der Welt der Dämonen zu begreifen sind, also der Wahrheit entsprechen
und demzufolge auch absolut Glauben verdienen. Alles dagegen, was die

höheren Geistesmächte und ihr Wirken anlangt, konnte, weil der unmittelbaren Anschauung unzugänglich, stets nur auf symbolische Weise ausgedrückt werden und bedarf daher der – sonach allein hier als gerechtfertigt erscheinenden – allegorischen bzw. genauer, in dem von Xenokrates selbst verstandenen Sinne: der *philosophisch-allegorischen* Interpretation[22].

Es versteht sich, daß diese Art der Überlieferungsausdeutung, die zweifellos eine Reaktion auf den Rationalismus des 5. Jahrhunderts darstellt, unter den glaubenstreuen Denkern dankbarste Aufnahme fand; ja, wie noch zu zeigen sein wird, wurde sie auch später – und insbesondere die Dämonologie des Xenokrates – immer wieder als willkommene Waffe wider alle aufkommende Kritik an der traditionellen Religion verwandt: so von Vertretern der Stoa (Poseidonios), dann natürlich den Platonikern überhaupt, vor allem aber den Neuplatonikern, sowie den Anhängern der ihnen nahestehenden Schulen. Endlich sollten sich ihrer zuletzt, wenngleich in umgekehrter Stoßrichtung und mit dem Ziele, das, was sie zu verteidigen bestimmt war, ad absurdum zu führen, auch die Apologeten und Religionstheoretiker des Frühchristentums bedienen.

8. Aristoteles (ca. 384–322 v. Chr.)

Größeres Interesse sowohl an der Länder- wie Völkerkunde, als wir es bei Platon feststellen konnten, zeichnete seinen bedeutendsten Schüler Aristoteles aus, der die Philosophie wieder in engerem Zusammenhang mit den Naturwissenschaften betrieb und in beiden gleichermaßen Überragendes leistete.

Gleich Herodot (IV 36) polemisierte er gegen die ältere ionische Vorstellung, daß die Erde kreisförmig sei, und gab ihr eine längliche Flächenausdehnung, deren Umfang er im Verhältnis der Länge zur Breite etwa auf 5:3 bemaß. Weiter gliederte er sie zwar im großen und ganzen in eine nördliche (Europa) und eine südliche Hälfte (Asien), als deren Grenze ihm der Kaukasische Isthmus mit den beiden Meeren zu seinen Seiten galt, zerlegte aber die letztere gelegentlich dann noch einmal in zwei gesonderte, durch die Landenge von Suez geschiedene Unterpartien, nämlich das eigentliche Asien und Libyen, und faßte damit wohl

---

22 Vgl. Xenokrates bei Plutarch: De defectu oraculorum, c. 13–15.

auch Afrika als einen selbständigen Erdteil auf[23]. Wie andere vor ihm
von der *Kugelgestalt* der Erde ausgehend[24], setzte er mit diesen voraus,
daß der bekannten, von uns bewohnten und auf der nördlichen Hemisphäre lokalisierten Ökumene eine entsprechend beschaffene auf der
südlichen gegenüberliege, beide nach ihm allerdings als Inseln gedacht[25]
und getrennt durch das «äußere Meer» (ἡ ἔζω θάλασσα). Und im Zusammenhang damit bekannte er sich natürlich auch zur *Klimazonentheorie*, d. h. war der Meinung, daß die bewohnbaren Striche jeweils die
mittleren, gemäßigten Breiten zwischen den kalten Polarbereichen im
Norden bzw. Süden und dem zentralen Hitzegürtel der Wendekreise im
Süden bzw. Norden einnähmen[26]. Die günstigsten klimatischen Bedingungen herrschten demnach in der Mitte der Ökumene, und dort setzte
er denn auch wieder die *Griechen* an, hiermit zugleich, wie noch zu zeigen sein wird, ihren Vorrang in jederlei Hinsicht allen übrigen Völkern
unserer Welt gegenüber begründend[27].

Das bedeutete nun aber keinesfalls, daß er die Barbaren pauschal ge-
ringgeschätzt und kaum der Beachtung für würdig befunden hätte, im
Gegenteil: Er war sich bewußt und wies darauf hin, daß man aus dem
vergleichenden Studium der von ihnen geschaffenen Lebensordnungen
wertvolle Lehren zur Gestaltung der eigenen ziehen könne[28]. Und wohl
auch zu diesem Zwecke nahm er ein Vorhaben von wahrhaft giganti-
schem Ausmaß in Angriff, das auf nichts Geringeres als eine Art *allgemeiner beschreibender Völkerkunde* der gesamten Ökumene hinauslief.
Ein erster Teil des – von Philipp II. von Makedonien (359–336 v. Chr.)
finanziell unterstützten und von Aristoteles natürlich nicht allein, sondern zusammen mit einem Stabe von Schülern und Mitarbeitern unternommenen – Riesenwerkes, die «Politien» (Πολιτεῖαι), zielte auf eine
Erfassung aller griechischen Stadtstaaten von Kleinasien bis Südfrankreich ab und bestand in einer Sammlung von 158 «Verfassungen», während ein zweiter den «Brauchtümern der Barbaren» (Νόμιμα βαρ-

---

23 Meteorologie I 13. 350a, 18 ff. Vgl. Historia animalium VIII 12. 596b, 31 ff. 597a,
    14 ff; 19. 601b, 17 ff; 20. 603a, 25 f; 28. 606b, 17 ff. Politik VII 7. 1327a, 24 ff.
24 Wofür er eigentlich als erster überhaupt einen überzeugenden Nachweis zu führen
    vermochte: vgl. De caelo II 4. 287a, 5 ff; 13. 294a, 8 ff; 14. 297b, 30 ff. Meteorolo-
    gie II 7. 365a, 26 ff.
25 Meteorologie II 5. 362b, 28 ff.
26 Meteorologie II 5. 362a, 31 ff.
27 Politik VII 7. 1327b, 20 ff; vgl. I 2. 1252b, 5 ff. III 14. 1285a, 20 ff.
28 Rhetorik I 4. 1360a, 33 ff.

βαρικά), also der außerhellenischen Welt, gewidmet war. Unter «Politien» verstand der Philosoph dabei jedoch weniger Verfassungen im engeren staatsrechtlichen Sinne als vielmehr die Lebenshaltung (den βίος) einer organisierten Gemeinschaft als Ganzes (vgl. Politik IV 11. 1295a, 25 ff). Infolgedessen war auch im ersteren Falle möglichst alles berücksichtigt, was das Dasein der – jeweils in Form einer gesonderten Monographie vorgestellten – Stadtstaatentümer umschloß, von der materiellen Ausrüstung wie der Wirtschafts- und Ernährungsweise über die Sozialorganisation, das herrschende Recht, die Gesittung und das traditionelle Brauchtum bis hin zur religiösen Praxis, dem mythischen und profanen Überlieferungsgut samt Sprichwörtern, Volksliedern und mundartlichen Eigenheiten und endlich der Ortsgeschichte. Um so bedauerlicher, daß dieser wie auch der zweite Teil des Gesamtwerks wieder nahezu ganz verlorengegangen bzw. nur in wenigen Resten erhalten sind. Danach zu urteilen, besaßen die Barbaren-Darstellungen einen mit denen der «Politien» im wesentlichen übereinstimmenden Aufbau; nur daß hier noch die – in der ethnographischen Literatur der Antike spätestens seit Herodot ja durchaus traditionelle – Erörterung des ethnischen Ursprungs der einzelnen Völker hinzukam, ja überhaupt, wie es scheint, der Geschichte mehr Breite eingeräumt wurde, namentlich dort, wo es sich um quasi benachbarte Gruppen, so u. a. die Lykier, Tyrrhener und Thraker, handelte, deren Geschicke mit denen der Griechen seit alters auf die eine oder andere Weise enger verflochten waren. Immer aber dürfte es dabei weniger um eine rein ethnographische Bestandsaufnahme als vielmehr darum gegangen sein, den *besonderen Charakter* einer jeden Kultur und ihrer Träger zu treffen. Das Material zu den Darstellungen schöpften der Meister und seine Mitarbeiter in beiden Fällen, insbesondere aber im ersteren, neben schriftlichen Quellen offensichtlich und nicht zum geringsten Teile auch aus eigenen, auf gezielten Forschungsreisen gesammelten Erkundigungen und Beobachtungen.

Weiter verdient der Beachtung, daß Aristoteles darüber hinaus den Versuch unternahm, die verschiedenen Kulturen der Erde auf Grund eines einheitlichen Gliederungsprinzips systematisch zu differenzieren und hierbei, wie noch heute in der Ethnologie allgemein, von den Übereinstimmungen in den *Wirtschaftsweisen* der einzelnen Völker ausging, so im Ansatz bereits eine regelrechte *Typenlehre* auf ethnoökonomischer Basis entwickelnd:

«Nun gibt es aber viele Arten von Nahrung», heißt es dazu in der «Politik», «und infolgedessen auch vielerlei verschiedene Lebensweisen (βίοι) bei Menschen und Tieren; denn da es unmöglich ist, ohne Nahrung zu leben, so sind es eben die Unterschiede der Nahrung, welche auch die Unterschiede der Lebensweisen bei den Lebewesen hervorgebracht haben. Von den Tieren nämlich leben die einen herdenweise und die anderen vereinzelt, je nachdem das eine oder das andere ihnen für den Gewinn ihrer Nahrung zuträglicher ist, insofern sie teils von Fleisch, teils von Pflanzen, teils von beidem sich nähren. Und so hat denn die Natur dem Zweck der leichteren Gewinnung und besseren Auswahl dieser Nahrungsmittel gemäß auch ihre Lebensweise gesondert. ... Und ähnlich steht es auch mit den Menschen; denn gar sehr verschieden sind auch deren Lebensweisen. Die trägsten nämlich von ihnen sind Nomaden (νομάδες), denn diesen wird ihre Nahrung von den zahmen (ἡμέρων) Tieren ohne alle Mühe in untätiger Muße zuteil; und nur wenn es für ihre Herden nötig wird, wegen der Weide den Aufenthalt zu wechseln, sind sie selber genötigt, mit fortzuziehen, so daß sie gleichsam einen lebendigen Ackerbau (γεωργίαν ξῶσαν) treiben. Andere sodann leben von der Jagd, und wieder die einen von dieser und die anderen von jener Art derselben, die einen vom Raub, die anderen, welche an Seen, Sümpfen, Flüssen oder fischreichen Meeresküsten wohnen, von der Fischerei, noch andere endlich von der Jagd auf Vögel und wilde Tiere. Der größte Teil der Menschen aber lebt vom Ackerbau und der Zucht von Früchten. Und das sind denn nun wohl die sämtlichen Lebensweisen, die eine unmittelbar-natürliche Tätigkeit betreiben und nicht durch Tausch- und Handelsverkehr Nahrung schaffen: das Nomaden-, das ackerbauende, das Räuber-, das Fischer- und das Jägerleben, nur daß auch noch manche, um sich das Leben angenehmer zu machen, mehrere dieser Lebensweisen miteinander verbinden, indem sie dem Mangel da, wo er hervortritt und das Sichselbstgenügen stört, abhelfen, wie z. B. das Nomaden- und Räuberleben oder die Landwirtschaft mit der Jagd; und ähnlich steht es mit der sonstigen Verbindung dieser oder jener der angegebenen Lebensweisen miteinander: worauf gerade das Bedürfnis (χρεία) hindrängt, darauf richten auch die Menschen ihre Art zu leben» (I 8. 1256a, 20 ff).

Als *Grundtypen* des menschlichen Nahrungserwerbs unterscheidet Aristoteles also, nicht anders, als das – im groben zumindest – noch heute geschieht, einmal das *Wildbeutertum*, als dessen Repräsentanten er, auffallenderweise unter Übergehung der Sammler, die Fischer und Jäger aufführt und zu dem er des weiteren auch die «*Raubwirtschaft*» zählt, um einen von dem deutschen Ethnologen Heinrich Schurtz (1863–1903) in ähnlichem Sinne verwandten Begriff[29] zu benützen, der somit hier bereits antizipiert erscheint; ferner das *Hirtennomadentum* und den *Bo-*

29 Schurtz, 219 f.

denbau. Diese stellen jedoch weder isolierte noch unvereinbare Größen dar, sondern können sich, wobei wieder das *Bedürfnis* dazu als treibende Kraft genannt ist, durchaus miteinander verbinden, so daß – und auch darauf hat Schurtz hingewiesen – die verschiedensten Arten von «*gemischten Wirtschaftsformen*»[30] entstehen, die dann zugleich offenbar, weil reichere Unterhaltsmöglichkeiten gewährend, einer höheren Entwicklungsstufe entsprechen.

Wie schon in der erwähnten Lokalisierung der Griechen im Zentrum der Ökumene und dem Postulat ihres Vorrangs gegenüber allen übrigen Völkern deutlich zum Ausdruck gelangte, war der Philosoph jedoch trotz seines umfassenden ethnographischen Überblicks in keinerlei Weise geneigt, von der traditionellen Selbstüberheblichkeit abzurücken und die Barbaren als den Hellenen wennschon nicht ebenbürtige, so doch gleichwertige Menschen anzuerkennen, sondern machte sich vielmehr zum Anwalt der Meinung, daß sie, als Unfreie, «von Natur aus desselben Schlags wie die Sklaven» seien, bestimmt, von den Freien – resp. den Griechen – beherrscht zu werden[31]. Als typische Charakteristika des extremen Barbarismus galten auch ihm, wie aus einem Hinweis in der «Nikomachischen Ethik»[32] erhellt, neben der «tierischen Roheit» im allgemeinen wieder vor allem der Genuß *rohen* Fleisches und das Vorkommen *kannibalistischer* Praktiken.

Gruppen, bei denen dergleichen noch üblich war, könnten ihm wohl als letzte Vertreter der urzeitlichen Menschheit erschienen sein; denn auch er hielt für ausgemacht, daß die höheren Lebensformen der Hochkulturvölker sich erst allmählich, als Folge eines von den primitivsten Anfängen aus nur langsam voranschreitenden Wachstumsprozesses, zu dem, was sie seien, entwickelt hätten[33]. Freilich ordnete er den Gang der Geschichte dabei wieder gleich Platon in den umspannenden Rahmen der *Weltalterlehre* ein, suchte jedoch die großen Erdkatastrophen gegenüber dem Lehrer auf eine mehr naturwissenschaftliche Weise mit dem periodischen Auftreten gewaltiger geologischer Umwälzungen zu begründen[34]. Von diesen Verheerungen indes wurde niemals, wie auch Aristo-

---

30 Schurtz, 240.
31 Politik I 2. 1252b, 9; 8. 1256b, 24 f. VII 10. 1330a, 25 ff; vgl. I 3. 1253b, 20 ff; 5. 1255a, 2 ff. III 14. 1285a, 20 ff.
32 VII 4. 1148b, 20 ff.
33 Politik II 8. 1268b, 36 ff.
34 Vgl. Meteorologie I 3. 339b, 19 ff. De caelo I 3. 270b, 16 ff.

teles annahm, die gesamte Menschheit betroffen, da sich immer einzelne
Gruppen dem Untergang zu entziehen vermochten. Und aus diesen ethnischen Ureinheiten, denen an Erbe nichts als eine Reihe mündlicher,
namentlich mythisch-religiöser Traditionen geblieben war, wuchsen
dann jeweils, sich im wesentlichen auf die nämliche Weise wie ihre Vorgänger in den früheren Perioden von der untersten Stufe an allmählich
zu höheren Daseinsformen erhebend, neue Geschlechter hervor, um,
nachdem sich ihr Schicksal erfüllt, wieder zum größten Teil der Vernichtung anheimzufallen. So entspricht die Entwicklungsgeschichte der
Menschheit und ihrer Kultur einem unendlichen Kreislauf mit der ewig-
gleichförmigen Wiederkehr allen Geschehens, und demzufolge, meint
Aristoteles, müsse auch davon ausgegangen werden,

«daß alle Kunstfertigkeiten (τέχνης) und Arten der Philosophie bereits oftmals
erfunden (εὑρημένης), ihren Möglichkeiten nach ausgeschöpft worden und dann
wieder untergegangen seien»[35].

Wie er sich den kulturhistorischen Entwicklungsverlauf jeweils im einzelnen dachte, bleibt unbestimmt, da er sich hierzu, bis auf die Entstehung des
Staates, von der noch die Rede sein wird, in keiner der erhaltenen Schriften
ausführlicher und im Zusammenhang geäußert hat. Lediglich im «Protreptikos» heißt es einmal, recht summarisch:

«Die jüngste unter den menschlichen Beschäftigungen ist die genaue Erforschung
der Wahrheit. Denn nach den Verheerungen der Sintflut sahen sich die Menschen genötigt, zuerst über ihren Lebensunterhalt nachzudenken; dann, als sie
über reichere Mittel verfügten, bildeten sie die Künste der Unterhaltung aus wie
die Musik und ähnliche, und erst, als sie mehr als das Notwendige (ἀναγκαῖα)
besaßen, versuchten sie in dieser Weise zu philosophieren».

Wie oben schon anklang, wird also auch hier zunächst und vor allem
wieder die *Bedürftigkeit*, der die Menschen zu Anfang ausgesetzt waren
und die sie beständig nach neuen Wegen zur Verbesserung ihrer Verhältnisse suchen ließ, als die entscheidende Antriebskraft zur Entwicklung
höherer Daseinsformen bezeichnet; daß es zu deren Herausbildung eines
gehörigen Zeitraums bedurfte und dabei die sich bietenden Möglichkeiten durchaus nicht immer voll ausgeschöpft wurden, deutet Aristoteles
anderwärts an[36]. Als sich mit der hinreichenden Sicherung des Auskom-

35 Metaphysik XII 8. 1074b, 1 ff.
36 Politik II 5. 1264a, 1 ff.

mens dann ein gewisser Wohlstand einzustellen begann und man *Muße* zu anderen als den zur Erhaltung des Lebens unbedingt erforderlichen Dingen fand, kamen als letzte und höchste Errungenschaften Kunst und Wissenschaft auf[37]. Sonach schafft der Mensch seinen Aufstieg *allein aus eigener Kraft* heraus, und nimmt man hinzu, daß er bei der Erfindung verschiedener seiner Techniken, wie ebenfalls im «Protreptikos» nachzulesen, von Beobachtungen in der Natur ausging[38], so wird deutlich, daß sich Aristoteles in alledem aufs engste an die Kulturentstehungslehre Demokrits anschloß!

Darüber hinaus jedoch war er – gleich Platon – auch wieder der festen Überzeugung, daß die Entwicklung einer Kultur sehr wesentlich von der *Beschaffenheit ihrer geographischen Umwelt* mitbestimmt werde. So sah er etwa einen Zusammenhang zwischen der Ausstattung eines Landes und der Wirtschaftsweise seiner Einwohnerschaft auf der einen und der dort herrschenden Staatsorganisation auf der anderen Seite; – die Demokratie z. B. gedeihe am besten auf der Grundlage des Bauern- oder Viehzüchtertums:

«Denn weil sie [eine Bevölkerung, die von der Landwirtschaft lebt] nicht viel Vermögen besitzt, hat sie nicht die Muße, häufig Volksversammlungen zu halten; weil sie aber doch andererseits das Nötige hat, so ist sie auch eifrig über ihrer Arbeit und begehrt nicht nach fremden Dingen, sondern hat mehr Lust zu arbeiten, als den Staat zu verwalten und zu regieren, wo nicht etwa die Staatsämter großen Gewinn bringen. Denn nach Gewinn trachtet die große Masse mehr als nach Ehre[39].
Nächst der Ackerbau treibenden Menge ist das beste demokratische Volk ein solches, welches Viehzucht treibt und vom Ertrag seiner Herden lebt; denn diese Beschäftigung steht in vieler Hinsicht dem Ackerbau nahe, und für den Kriegsdienst sind gerade diese Leute am meisten geübt ihren Lebensgewohnheiten nach und geeignet durch ihre Leiber, weil sie imstande sind, unter freiem Himmel zu leben»[40].

Und auf ähnlich, man muß schon sagen: naive Weise glaubte er auch eine Verbindung zwischen einem Land, das sich besonders zur Pferdezucht eigne und daher den vermögenden Kreisen den Aufbau einer starken

---

37 Vgl. Politik III 5. 1278a, 9 ff. VII 9. 1329a, 1 f.
38 Nestle, 1953: 17. Desgleichen Meteorologie IV 3. 381b, 6 ff.
39 Politik VI 4. 1318b, 10 ff.
40 Politik VI 4. 1319a, 20 ff.

Reiterei gestatte, und der Entstehung der Oligarchien sehen zu können[41].

An einer anderen Stelle unternimmt er einmal sogar, ausgehend von den *klimatischen* Unterschieden zwischen den einzelnen Erdbereichen und sichtlich in Anlehnung an Hippokrates, den Versuch, eine Art *Allgemeiner Völkerspychologie* zu entwickeln, deren Orientierungspunkte im wesentlichen die Kälte der nördlichen und die Hitze der südlichen Breiten bilden und die ihm zugleich zum Beweise der These dient, daß Hellas, als Land der gemäßigten Mitte, die günstigsten Voraussetzungen besitze und demzufolge auch die vortrefflichsten Menschen und die vollkommenste Lebensordnung hervorgebracht habe:

«Die Völkerschaften nämlich, die in den kalten Gegenden Europas wohnen, sind zwar voll Mut (θυμός), aber weniger mit Denkvermögen (διάνοια) und Kunstfertigkeit (τέχνη) begabt. Daher behaupten sie zwar leichter ihre Freiheit, aber sie sind zur Bildung staatlicher Gemeinwesen untüchtig und die Herrschaft über Nachbarvölker zu gewinnen unvermögend. Die Völker Asiens dagegen sind mit Denkvermögen und Kunstfertigkeit begabt, aber ohne Mut. Daher leben sie in Unterwürfigkeit und Sklaverei. Das Geschlecht der Griechen endlich, wie es örtlich die Mitte zwischen beiden einnimmt, vereinigt auch die Vorzüge beider, denn es ist voll Mut und zugleich mit Denkvermögen begabt. Daher erhält es sich nicht bloß fortwährend frei, sondern auch am meisten in staatlicher Ordnung und würde die Herrschaft über alle anderen Völker zu gewinnen imstande sein, wenn es zu einem einzigen Staat verbunden wäre»[42].

Wie das Wesen wird natürlich auch die Physis des Menschen vom Klima geprägt: So verdanken z. B. die Einwohner Skythiens ihr glattes Haar der bei ihnen vorwaltenden Kälte und Feuchtigkeit, während die Äthioper und ihre Nachbarn infolge der Hitze und Trockenheit, der sie beständig ausgesetzt sind, Kraushaar besitzen[43].

Entsprechende Feststellungen finden sich auch in den – pseudoaristotelischen – «Problemata» ausgesprochen, einer Sammlung gemischter, in der Hauptsache naturwissenschaftlicher Abhandlungen, die, wenngleich von einem späteren Autor verfaßt, doch viel Echtes enthält. Nur erscheinen die Zusammenhänge hier noch schärfer, ja geradezu formelhaft her-

---

41 Politik IV 3. 1289b, 35 ff. VI 7. 1321a, 5 ff.
42 Politik VII 7. 1327b, 23 ff; vgl. III 14. 1285a, 20 ff. Historia animalium VIII 28. 606b, 17 ff.
43 De generatione animalium V 3. 782b, 33 ff; vgl. a. Historia animalium III 9. 517a, 18 ff, wo eine knappe Charakterisierung des negriden Typus gegeben ist.

auskontrastiert: Die besten Voraussetzungen zur Entfaltung aller dem
Menschen einwohnenden Möglichkeiten und einer optimalen Daseinsgestaltung sind, so heißt es in Übereinstimmung mit der von Aristoteles in
der «Politik» geäußerten Auffassung, allein in den mittleren, gemäßigten
Breiten der Ökumene (gleich Hellas) gegeben, während die Völker in den
nördlichen und südlichen Bereichen der Erde in zunehmendem Maße,
d. h., je mehr zur Peripherie hin sie leben und unter deren extremen
Bedingungen leiden, sowohl ihrem kulturellen wie physischen Habitus
nach der Entartung erliegen und in den Randzonen endlich gar Ähnlichkeit mit den Tieren besitzen; wie die Kraushaarigkeit wird so auch die
Krummbeinigkeit der Äthioper (und Ägypter) – die man wohl mit einer
entsprechend «verdrehten» Gesinnung verband – als eine durch die über-
mäßige Hitze des Landes hervorgerufene *Verunstaltung* aufgefaßt[44].

Abgesehen von diesen, den morphologischen Bildekräften des Organischen zuwiderlaufenden und nur durch die extremen Witterungsverhältnisse in den peripheren Bereichen der Ökumene bedingten Deformie-
rungserscheinungen ist jedoch alles in der Natur nach des Aristoteles
Überzeugung auf stetige Vervollkommnung hin angelegt, wird also seiner
Entelechie nach vom Prinzip der *Teleologie* beherrscht, deren Endziel er,
entsprechend der dem Sokrates in den «Memorabilien» Xenophons (I 4 u.
IV 3) zugeschriebenen Lehre, bekanntlich in der Vollendung des Menschen, «des edelsten aller Lebewesen», erblickte[45], auf den ihm so auch die
gesamte Schöpfung ihrem ganzen Aufbau nach hinorientiert galt: glaubte
er doch erkennen zu können,

«daß die Pflanzen um der Tiere und die Tiere um der Menschen willen da sind, die
zahmen sowohl zum Gebrauch als auch zur Nahrung und von den wilden, wo
nicht alle, so doch die meisten zur Nahrung und zum sonstigen Lebensbedarf, um
Kleidung und Gerätschaften von ihnen zu gewinnen. Denn wenn die Natur nichts
zwecklos und vergebens tut, so ist hiernach notwendig anzunehmen, daß sie selber dies alles der Menschen wegen gemacht hat» (Politik I 8. 1256b, 15 ff).

Der Mensch aber, seiner Anlage nach (als ξῷον πολιτικόν) von Natur
aus zu einem geordneten Zusammenleben in der Gemeinschaft bestimmt, vollendet sich erst, wenn er zum Bürger der Polis aufgestiegen,
d. h. zum Schöpfer und Träger des Staates geworden ist[46].

---

44 Problemata XIV 1 ff. 909a, 10 ff.
45 Politik I 2. 1252b, 30–1253a, 31; vgl. Protreptikos bei Nestle, 1953: 16 ff.
46 Politik I 2. 1253a, 5 ff; vgl. III 6. 1278b, 19 ff.

Diesen dachte sich Aristoteles durch schrittweise *Agglutinierung* ursprünglich kleiner zu immer größeren Sozialeinheiten entstanden: An den Beginn der Entwicklung setzte er die *Familie* oder Hausgemeinschaft (οἰκία), deren mehrere sich dann mit der Zeit zu Dorfgemeinden (κῶμαι) verbanden, aus deren Zusammenschluß endlich als letzte und höchste Form der Gemeinschaftsbildung der – anfangs, wie es «noch jetzt» bei vielen Barbarenvölkern der Fall sei, von Königen regierte – *Staat* (bzw. die πόλις) erwuchs[47],

«welcher, wie man wohl sagen darf, das Endziel (τέλος) völliger Selbstgenügsamkeit (αὐτάρκεια) erreicht hat, indem er zwar entsteht um des bloßen Lebens, aber besteht um des vollendeten Lebens willen. Darum, wenn schon jene ersten Gemeinschaften naturgemäße Bildungen sind, so gilt dies erst recht von jedem Staat; denn dieser ist Endziel von jenen» (Politik I 2. 1252b, 27 ff).

Er gründet sich auf eine festgefügte, von einem gesetzlich sanktionierten Rechtssystem getragene Verfassungsordnung[48], die seinen Bestand garantiert und daher, wenn notwendig, nur geringfügig und mit äußerster Vorsicht korrigiert, als Ganzes aber möglichst unverändert erhalten werden sollte, damit ihre Stabilität gesichert bleibe[49].

Der – mithin auf *evolutionistische* Weise erfolgende – Aufstieg des Menschen wird also zwar als dessen eigene Leistung, als die Frucht seiner schöpferischen Aktivität und unermüdlichen Strebsamkeit anerkannt, erscheint jedoch, anders als die Sophisten und Demokrit ihn verstanden, zugleich auf Grund der Teleologie, die ihn leitet, in seinem Gesamtverlauf *a priori vorausbestimmt*, d. h., der Mensch ist sowohl Beweger als auch Bewegtes im Werdegang seiner Geschichte. Den Höhepunkt der Entwicklung aber repräsentieren, wie das nun schon so oft zu sehen war, auch für Aristoteles wieder die staatstragenden Hochkulturen des zentralen Mittelmeerraumes: «Derjenige», sagt er, «welcher den Staat zuerst wirklich ins Leben rief, war damit der Urheber der höchsten Güter» (Politik I 2. 1253a, 30). Wer jedoch außerhalb der geordneten Welt einer staatlich organisierten Gemeinschaft, d. h. auf den unteren Stufen des Barbarismus lebt, also seine Vollendung als Mensch noch nicht zu erreichen vermochte, kann keinen Anspruch darauf erheben, als solcher bezeichnet zu werden, und führt, weil noch ohne Kenntnis von Recht und

47 Politik I 2. 1252b, 9 ff.
48 Vgl. Politik III 6. 1278b, 10; 9. 1280b, 9 ff; 16. 1287a, 18 ff.
49 Politik II 8. 1269a, 8 ff.

Gesetzen und der Tugend (ἀρετή) ermangelnd, als «das ruchloseste, wildeste und in bezug auf Geschlechts- und Gaumenlust schlimmste von allen Lebewesen», ein quasi animalisches Dasein[50].

Mehr beiläufig nur äußert sich Aristoteles im Rahmen seiner Staatsentstehungslehre auch einmal zur Herausbildung des Götterglaubens, ihn – zumindest seiner formalen Ausprägung nach – wie im Ansatz bereits Xenophanes als fortschreitende Übertragung der auf Erden herrschenden Verhältnisse auf die Welt der Himmlischen deutend: Wie nämlich die Familien zunächst von dem Ältesten, die Dorfgemeinschaften dann von einem Häuptling und die Staaten zu Anfang von einem König regiert worden seien, so habe sich in Parallele dazu allmählich die Vorstellung ausgestaltet, daß auch die Götter einem königlichen Regiment unterstünden, ein den Menschen entsprechendes Aussehen besäßen und überhaupt ihr Leben auf eine ähnliche Weise wie diese verbrächten[51]. Ihrem inneren Erfahrungsgehalt nach aber führte er die Religion – dies in einem Bruchstück des verlorenen Dialogs «De philosophia» – zum einen auf *visionäre Erlebnisse* im Traum oder in der Ekstase und zum andern auf die *Betrachtung der Gestirne* zurück, deren harmonischer Reigen einen so gewaltigen Eindruck auf die Menschen ausübe, daß sie nicht anders könnten, als hierin das Walten überirdischer Mächte zu sehen:

«Die Vorstellung der Menschen von Göttern entspringt einer doppelten Quelle: den Erlebnissen der Seele und der Anschauung der Gestirne. Erlebnisse der Seele sind Zustände der Begeisterung und prophetischer Ahnung, die sich auf Grund von Traumerfahrungen einstellen. Denn wenn die Seele im Schlafe für sich ist, dann sondert sie ihre eigene Natur ab, ahnt das Zukünftige und sagt es voraus. In dem gleichen Zustand befindet sie sich auch, wenn sie sich im Tod vom Körper trennt. Das hat schon Homer beobachtet, der in seinem Gedicht den sterbenden Patroklos die Tötung Hektors und (den sterbenden) Hektor das Ende des Achilleus voraussagen läßt[52]. Infolgedessen kamen die Menschen auf den Gedanken, es gebe eine Gottheit, ein Wesen, das an sich der Seele gleiche und alles wisse. Die andere Quelle aber ist die Anschauung der Gestirne: denn wenn sie bei Tage den Umlauf der Sonne und bei Nacht die wohlgeordnete Bewegung der übrigen Gestirne betrachteten, so kamen sie zu der Meinung, eine Gottheit sei die Ursache dieser schönen Bewegung und herrlichen Ordnung»[53].

50 Politik I 2. 1253a, 3 f; 32 ff.
51 Politik I 2. 1252b, 24 ff. Metaphysik XII 8. 1074b, 5 f.
52 Ilias XVI 851 ff u. XXII 358 ff.
53 Nach Nestle, 1953: 31 f; vgl. 32 f.

In den Mythen glaubte Aristoteles neben ihrem, teils, wie oben schon angemerkt, noch aus früheren Zeitaltern überkommenen religiösen Vorstellungsgut mitunter auch Überlieferungen *historischer* Art enthalten. Er warnte zwar davor, ihre «Weisheit» allzu wörtlich zu nehmen, zumal sie häufig recht dunkel sei und unsere Fassungskraft übersteige[54], zögerte jedoch nicht, Hellen und Ion, die sagenhaften, göttlichen Geschlechtern entsprossenen Stammväter der Hellenen und Ionier, als geschichtliche Größen anzuerkennen[55], und nahm auch sonst keinen Anstand, mythische Erzählungen, ja überhaupt die mündliche Tradition als Quellenmaterial für seine kulturhistorischen Darstellungen, wie sie vor allem wohl in dem großen ethnographischen Sammelwerk reichlich geboten waren, zu verwerten. Weitere Hinweise auf die Verhältnisse zu früherer Zeit suchte er daneben dann auch wieder aus dem vergleichenden Studium der noch vorhandenen *Restvorkommen*, sei es an Brauchtümern, Sozialinstitutionen oder Formen des materiellen Kulturinventars, zu gewinnen, sich dabei nach der Faustregel richtend, daß eine Erscheinung stets um so älter sein müsse, je einfacher und gröber konturiert sie befunden werde[56]. So war schon die Rede davon, daß er die ursprüngliche Organisations- und Regierungsform des Staates noch in den Königtümern der Barbaren erhalten sah, und ein andermal griff er entsprechend als Belegbeispiel für die Anfänge des Handels auf deren schlichten, überwiegend auf Naturalien und Gebrauchsgütern basierenden Warenaustausch zurück, der ihm als Relikt aus der Zeit der Dorfgemeinschaften galt[57]. Besondere Beachtung aber verdient nicht zuletzt auch seine Erkenntnis, daß man «die Dinge», um sie begreifen zu können, in jedem Falle «ihrer Entstehung und ihrem fortschreitenden Wachstum nach» zu studieren habe[58], d.h., ethnologisch verstanden: daß die angemessene Beurteilung einer Kulturerscheinung die *Kenntnis ihrer Entwicklungsgeschichte* voraussetzt!

Wesentlich diesem, im besten Sinne thukydideischen Grundsatz, seiner Empirie und seinen großen Gaben als Systematiker, Eigenschaften, in denen er seinem Lehrer entschieden voraus war, wird es Aristoteles zu danken gehabt haben, daß er den gewaltigen Versuch, eine Völkerkunde

---

54 Metaphysik III 4. 1000a, 9 ff.
55 Metaphysik V 28. 1024a, 32 ff.
56 Politik II 8. 1268b, 39 ff.
57 Politik I 9. 1257a, 15 ff.
58 Politik I 2. 1252a, 25 f.

der gesamten Ökumene zu schaffen, mit Erfolg zu bewältigen vermochte. Blieb er auch sonst der mehr spekulativen, metaphysischen Geschichtsinterpretation Platons im ganzen noch treu, so gelang es ihm doch mit den «Politien» und «Brauchtümern der Barbaren», der Konzeption wie der Leistung nach, einen der bedeutsamsten Fortschritte des Altertums auf dem Gebiet zumindest der *Ethnographie* zu erzielen.

9. Theophrastos von Eresos (ca. 370–287 v. Chr.)

Nachdem Aristoteles gegen Ende seines Lebens, von politischen Gegnern der Gottlosigkeit angeklagt, Athen hatte verlassen müssen, um sich dem Prozeß zu entziehen, und nach Chalkis (auf Euböa) emigriert war, wo er kurz darauf starb, wurde zu seinem Nachfolger im Amt des Scholarchen der von ihm begründeten Peripatetischen Schule sein – wohl bedeutendster – Schüler Theophrast bestimmt, «ein Mann», wie es bei Diogenes Laertios heißt, «von höchster Einsicht und unermüdlicher Arbeitsamkeit» und zugleich, wie Cicero rühmt, «einnehmend in seinen Reden sowie rechtlich und offen in seinem Verhalten»[59].

Im Anschluß an Aristoteles, dessen Auffassungen ihm als überzeugtem Peripatetiker überhaupt allgemein als verbindlich galten und die er, wie Xenokrates die platonische Philosophie, lediglich weiter auszubauen bemüht war, verfocht auch er – und wohl ebenfalls in der Hauptsache auf naturwissenschaftliche Argumente gestützt – die *Weltalterlehre*, d. h. teilte die Ansicht, daß die Erde in periodischer Folge von gewaltigen Verheerungen heimgesucht werde, denen jeweils nur wenige Menschen entgingen, deren Schicksal immer das gleiche war: von den urtümlichsten Anfängen an in stetig voranschreitendem Maße allmählich zu höheren Daseinsformen sich zu erheben – um zuletzt, bis auf geringfügige Reste, einer erneuten Vernichtung zum Opfer zu fallen. Genaueres hierüber wissen wir jedoch nicht, da die Schrift, in der er sich damit befaßte, verlorengegangen ist. Das jeweilige Entwicklungsniveau der Kultur scheint er dabei wieder am Stand der *Erfindungen* gemessen zu haben, denen er, wie Diogenes Laertios (V 47) belegt, jedenfalls eine eigene – gleichfalls verschollene – Abhandlung widmete, die immerhin sein Interesse an Fragen der Urgeschichte bezeugt.

59 Diogenes Laertios V 36. Cirero: Academica I 9.

Ein weiterer, besonders eindrucksvoller Beweis dafür aber ist vor allem auch seine *Entstehungsgeschichte des Opferwesens*, die ursprünglich in einer Schrift «Über die Frömmigkeit» (Περὶ εὐσεβείας) stand, aus der sie später von Porphyrios (ca. 234–305 n. Chr.) exzerpiert bzw. in dessen Werk «Von der Enthaltsamkeit» übernommen und uns auf diese Weise – wenigstens im Auszug – erhalten wurde. Dort heißt es:

«Es mag wohl, wie Theophrastos sagt, eine unzählbare Reihe von Jahren sein, seitdem jedenfalls der geistig gebildetste Menschenstamm (γένος), der das hochheilige, vom Nil geschaffene Land bewohnte, zu opfern begann, und zwar, die Sache, wie man zu sagen pflegt, am rechten Ende fassend, zuerst den Gottheiten der Himmelskörper. Die Weihgabe bestand nicht aus Myrrhen, auch nicht aus dem Gemisch von Kasia, Weihrauch und Safran; denn dergleichen kam erst viele Menschenalter später auf. Und wie hätte auch der Mensch, der damals noch, überall umherschweifend, unter vieler Mühsal nach seinem notdürftigen Unterhalt spähte, die Tropfen jener seltenen Harze den Göttern weihen sollen? Nicht diese Dinge opferte man also vormals, sondern Kräuter (χλόης), indem man gleichsam den Flaum der zur Zeugungskraft sich entwickelnden Natur mit den Händen abnahm. Denn wie die Bäume früher als die Tiere, so hat die Erde lange vor den Bäumen die jährlich neu entstehenden Kräuter hervorgehen lassen. Von diesen pflückte man Blätter und Wurzeln [zur eigenen Nahrung], die Stengel der Gewächse aber verbrannte man, weil man durch diese Ehrenbezeugung die augenfälligen Gottheiten der Himmelskörper begrüßen und ihnen ewige Feuerehren widmen wollte. Jene Gottheiten sind es ja auch, denen in den Tempeln ewiges Feuer, als ihrem Wesen am meisten ähnlich, unterhalten wird. Weil nun die Erdgewächse in Rauch (θυμίασις) aufgingen, so bildete man nach diesem Worte auch die Bezeichnungen für die Räuchergefäße (θυμιατήρια), das Opfern (θύειν) und die Opferhandlungen (θυσίας). Nur infolge eines Mißverständnisses dieser alten Wörter nennen wir, seitdem wir in die spätere Verkehrtheit verfallen sind, die vermeintliche Götterverehrung durch Tieropfer ‹Thysia›. Die Alten aber nahmen eine Übertretung des Herkommens so ernst, daß sie gegen diejenigen, welche die ursprüngliche Opferweise aufgaben und eine neue einführten, Flüche aussprachen und demgemäß dem jetzt gebräuchlichen gewürzhaften Räucherwerk den Namen ‹Aroma› (ἄρωμα), ‹Fluchbeladenes› (ἀρασαμένους), gaben. Die Ursprünglichkeit der genannten Opfer aus Pflanzenstengeln einzusehen genügt die Erwägung, daß an vielen Orten noch bis auf den heutigen Tag gewisse Arten von wohlriechenden Hölzern zerhackt geopfert werden.
Darauf, als die Erde nach dem anfänglichen Kräuterwuchs bereits Bäume hervortrieb und die Menschen zuerst die Eichelfrucht genossen, zündete man von dem Eßbaren, seiner Seltenheit wegen, nur wenig und zumeist die Blätter der Eiche den Göttern zum Opfer an. Später, als die Menschheit schon zu milderen Nahrungsmitteln und zu Opfern von Getreide überging, sagte sie: ‹Genug von der Eiche›!

Von den Feldfrüchten (Δημητρίου καρποῦ) nun kam nächst den Hülsenfrüchten zuerst die Gerste zum Vorschein, und anfänglich streuten die Menschen die
ganzen Körner bei ihren ursprünglichen Opfern; später aber, als das Schroten der
Gerste und das Zermalmen der Nahrungsmittel aufkam, da hielt man einerseits
die hierzu dienenden Werkzeuge, welche dem menschlichen Dasein eine solche
gottgesandte Förderung gewährten, geheim und behandelte sie als heilig, andererseits begann man damals zuerst, da das [sprichwörtliche] ‹Mühlenleben› dem
früheren gegenüber glücklich gepriesen wurde, von dem zermalmten Getreide
eine Weihgabe den Göttern in das Feuer zu legen. Daher kommt es, daß wir noch
jetzt zum Beschluß der Beiopfer geschrotete Körner gebrauchen; und überhaupt
legen wir durch den üblichen Opferritus ein tatsächliches Zeugnis für die allmäh-
liche Entwicklung der Opferarten ab, – freilich ohne uns der Gründe für die einzelnen Bräuche bewußt zu werden.
Als nun nach jenen Vorstufen sowohl Gerste wie sogar Weizen reichlicher wurden, da wurden dann endlich von Fladen und allen übrigen Dingen Weihgaben zu
den Opfern hinzugefügt. Vielfach brachten die Menschen jener Zeit Blumen herbei, nicht minder häufig eine Mischung von anderem Lieblichen, was in dem
damaligen Lebenszustand vorhanden war und durch seinen Duft der göttlichen
Empfindung angemessen schien. Die Blumen wand man zu Kränzen, die Wohlgerüche weihte man in das Feuer, und als später die Flüssigkeiten des Weines, des
Honigs und des Öls für den menschlichen Bedarf entdeckt worden waren, brachte
man auch von diesen den Göttern als ihren Stiftern Weihgaben dar. Für all diese
alten Opfer scheint der Festzug des Helios und der Horen, wie er noch jetzt in
Athen begangen wird, einen Beleg zu liefern: werden doch dort üppige Gräser
und Kräuter, eine Fülle von Kernobst, Hülsenfrüchte, Eicheln, Erdbeeren, Ger-
sten- und Weizenkörner, Feigen, Gersten- und Weizenmehlkuchen, Opferfladen
und ein Topf [mit weiteren Speiseopfern] einhergetragen.
Als nun aber die Menschen bei ihren Opferweihen immer weiter von dem Herkommen abwichen, da wurde endlich auch die Sitte der entsetzlichsten Opfer
eingeführt, so durch und durch grausam, daß die vormals über unser Geschlecht
ausgesprochenen Flüche jetzt eingetroffen zu sein schienen: die Menschen fingen
nämlich an zu schlachten und die Altäre mit Blut zu benetzen, seitdem sie in
schweren Prüfungen der Hungers- und Kriegsnöte Blut gekostet hatten»[60].

Dabei handelte es sich nicht nur um Tier-, sondern auch Menschenopfer,
wie Theophrast in einem anderen Fragment bei Porphyrios am Beispiel
der Ägypter erläutert: Bei diesen nämlich wurden den Göttern ursprünglich ebenfalls allein

60 Porphyrios: De abstinentia II 5–7.

«Feldfrüchte zum Opfer dargebracht. Im Laufe der Zeit jedoch, als die Pflege der Frömmigkeit von einigen versäumt wurde, auch Getreidemangel eintrat und sie, weil keine regelmäßige Nahrung zu finden war, sich dazu fortreißen ließen, das Fleisch ihrer Mitmenschen zu essen, da zuerst brachten sie, mit vielen Bußgebeten die Gottheit anflehend, Opfer aus ihrer Mitte den Göttern dar, nicht bloß die Schönsten und Edelsten, die sich unter ihnen fanden, den Göttern weihend, sondern auch über die Schönsten hinausgreifend nach anderen ihres Stammes. Daher kommt es, daß bis auf den heutigen Tag nicht nur in Arkadien am Lykäenfest und nicht nur in Karchedon [Karthago] dem Kronos von der gesamten Gemeinde Menschenopfer dargebracht werden, sondern daß man auch an anderen Orten zu regelmäßig wiederkehrenden Zeiten als Erinnerung an die frühere Übung die Altäre mit dem Blut von Stammesgenossen besprengt, obwohl an ebendiesen Orten die fromme Vorschrift von der Teilnahme an den heiligen Handlungen mittels der den geweihten Bezirk abgrenzenden Weihwassergeräte und durch Heroldsruf einen jeden ausschließt, der in Blutschuld verwickelt ist. Von hier aus nun ging man dazu über, die Leiber der Tiere als Ersatz für die eigenen zum Opfer zu nehmen.» Und weiter «wurden die Menschen, da sie das den Göttern Geopferte nicht verächtlich behandeln wollten, darauf geführt, von demselben zu kosten, und von diesem Anfang aus hat sich das Genießen von Fleisch unter den Menschen als nachträgliche Zugabe zu der Getreidenahrung verbreitet»[61].

Die Entwicklung des Opferwesens vollzog sich also, und damit zugleich wohl auch die der gesamten Kulturgeschichte, in unmittelbarer Abhängigkeit von den jeweils herrschenden und Stufe um Stufe vervollkommneten Arten der Nahrungsgewinnung, deren Theophrast im wesentlichen drei, nämlich eine *niedere* sowie eine *spezialisierte Sammelwirtschaft* und den *Bodenbau*, unterscheidet. Schematisch gegliedert, ließe sich das Ganze sonach in etwa wie folgt zusammenfassen:

I NIEDERES SAMMLERTUM, auf dem Genuß von Feld- und Buschpflanzen basierend; Opferung von den Stengeln der zur Nahrung dienenden Vegetabilien

II HÖHERES SAMMLERTUM, auf den Genuß von Eicheln (und Obst?) spezialisiert; Opferung von Eicheln und Eichenblättern (bzw. Obst)

III BODENBAU: Anbau von Hülsenfrüchten, Gerste und Weizen; Opferung von

1. Produkten des Bodenbaus, nämlich:
   a) Getreidekörnern (u. Hülsenfrüchten)
   b) Mehl

---

61 Porphyrios: De abstinentia II 27.

   c) Brot bzw. Kuchen (daneben Blumen u. a. aromatischen Pflanzenstoffen)
      sowie
   d) (Honig) Öl und Wein [62]
2. Menschen und später, als Ersatzopfer (!),
3. Tieren (wodurch man auf den Fleischgenuß kam)

Wie unschwer zu sehen, ist das System am Ideal der vegetarischen Lebensweise orientiert: erst Hungersnöte, ein dadurch wohl hervorgerufener sittlicher und religiöser Verfall sowie vor allem der Krieg haben die Menschen das Töten von Tieren und ihresgleichen gelehrt. Dennoch vertritt Theophrast damit doch nicht, wie – neben Hesiod – mit besonderer Eindringlichkeit Empedokles, an den dieser Zug, ja die Theorie insgesamt erinnert und auf den er sich überdies auch einmal direkt bezieht [63], die Ansicht, daß sich die Menschheit allein während der – als paradiesisch empfundenen – Urzeit im Zustand lauterer Frömmigkeit und moralischer Reinheit befand, um in der Folge dann in zunehmendem Maße der Verderbtheit anheimzufallen, sondern deutet das Aufkommen von Blutvergießen im Leben wie am Altar eher als beklagenswerte Ausnahmeerscheinung einer im übrigen sich wieder auf *evolutionistische* Weise vollziehenden, stetig, Stufe um Stufe, voranschreitenden Entwicklung im allgemeinen.

Daß dieser letzten Endes wieder ein *teleologisches* Prinzip innewohnte und ihr Ziel die Vervollkommnung des Menschen war, galt natürlich auch Theophrast als ausgemacht – nicht anders als die von Aristoteles (im Anschluß an Hippokrates u. a.) vertretene Lehre, daß sie daneben, zum Teil jedenfalls, örtlich von den geographisch-klimatischen Gegebenheiten der Umwelt abhängig sei, deren Einwirkungen auf die Ausbildung der Pflanzen- und Tierwelt er etwa in den «Ursachen der Pflanzen» (II 1–7; 13) untersuchte und für den Menschen im Proömium zu den «Charakteren» zumindest indirekt zugab.

Der Methode nach ging Theophrast, und das gilt es hervorzuheben, bei seinen kultur- und religionshistorischen Studien neben dem Auswerten

---

62 In dieser Reihenfolge, wie aus einem weiteren Fragment bei Porphyrios (De abstinentia II 20) erhellt, wo es ein wenig ausführlicher als in der oben im Text wiedergegebenen Darstellung zur Entwicklung der Trankopferspenden heißt: «Die alte Opferweise war an vielen Orten eine sogenannt ‹nüchterne›, d. h. die Libationen bestanden aus Wasser. Darauf folgte die Honigspende, denn diese Flüssigkeit fanden wir Menschen als Frucht der Bienenarbeit zuerst zur Hand; dann die Ölspende und zu allerletzt die später aufgekommene Weinspende».
63 Bei Porphyrios: De abstinentia II 21.

schriftlicher Quellen gleich Aristoteles in besonderem Maße, wie aus dem obigen Texte ersichtlich, wieder von *Resterscheinungen (Survivals)* früherer Entwicklungsstufen, vor allem Brauchtümern und sprichwörtlichen Redensarten, aus, ohne jedoch, soweit zu erkennen, zugleich auch die Mythen in diesem Sinne auszuschöpfen, obwohl er sie sonst an sich, einzelnen Hinweisen nach, durchaus rationalistisch zu deuten bemüht war, indem er z. B. in dem Feuerspender Prometheus den «ersten Lehrer der Menschheit» dargestellt sah.

So wird man abschließend sagen dürfen, daß Theophrast, der sich im übrigen gleich seinem Lehrer zur Empirie als der conditio sine qua non der exakten Erkenntnis bekannte, bei allem Schematismus, der seine Entwicklungsgeschichte des Opferwesens beengt, doch die religionsethnologische Forschung schon dadurch, daß er sie systematisch betrieb, sehr wesentlich förderte.

10. Dikaiarchos von Messene (2. Hälfte des 4. Jhs. v. Chr.)

Als der bedeutendste Kulturhistoriker des Peripatos aber wird wohl Dikaiarch zu bezeichnen sein, der als junger Mann noch Aristoteles hörte, um später dann selbst zu einem der gefeiertsten Wissenschaftler des Altertums aufzusteigen. Wie die meisten Gelehrten aus der Schule des großen Philosophen besaß auch er eine breite Interessenstreuung und tat sich neben der Kulturgeschichtsforschung u. a. vor allem in der Geographie, Staatslehre, Philosophie und Literaturwissenschaft hervor, dabei stilistisch äußerst gewandt und mehr praxisbezogen als sein Zeitgenosse Theophrast.

Als Geograph stellte er – wohl als einer der ersten – in Griechenland planmäßig trigonometrische Höhenmessungen an und schuf eine (verlorene) «Erdbeschreibung» (Περίοδος γῆς) mit begleitendem Kartenwerk, die schon insofern gegenüber allen früheren Versuchen der Art einen wesentlichen Fortschritt darstellen mußte, als darin erstmals das neue und reiche, während der Makedonenfeldzüge eingebrachte länderkundliche Material verarbeitet war. Ähnlich wie Aristoteles, und gleich diesem von der *Kugelgestalt* der Erde ausgehend, zerlegte er dabei die – wieder streifenförmig gedachte (bekannte) – Ökumene in einen nördlichen und einen südlichen Teil, bestimmte jedoch das Verhältnis ihrer Flächenausdehnung von der Länge zur Breite angeblich auf 3 : 2 und setzte als Grenze zwischen den beiden großen Kontinentaleinheiten nicht mehr

Gewässer, sondern eine imaginäre, von den Säulen des Herakles durch Sardinien, Sizilien, den Peloponnes, Karien, Lykien, Pamphylien, Kilikien und den Taurus bis zum Imaosgebirge (dem Pamir-Karakorum-Massiv) verlaufende Linie an, wie es auch scheint, daß er die *Klimazonentheorie* geographisch exakter zu fassen bestrebt war. Welche Bedeutung man dem Werk auch später noch zuerkannte, erhellt nicht zuletzt schon daraus, daß es selbst Männern wie Eratosthenes und Poseidonios zur Grundlage wie zum Vorbild ihrer eigenen Erdbeschreibungen diente.

Die – für unseren Zusammenhang jedenfalls – wichtigere Leistung Dikaiarchs stellt jedoch zweifellos seine «Kulturgeschichte Griechenlands» (Βίος Ἑλλάδος) dar, in welcher er den Versuch unternahm, die Entwicklung der Griechen und ihrer Kultur von den ältesten Anfängen an bis auf seine Zeit hinauf nachzuzeichnen, und dabei auch eine ausführliche Schilderung der großen Völker Altvorderasiens, die er gleich Platon und Aristoteles wieder für älter als die eigene hielt, einschaltete, um so, wie es scheint, deren bestimmenden Einfluß auf den Werdegang der Hellenen deutlich zu machen. Auch dieses Werk ist uns leider bis auf nur wenige Fragmente verlorengegangen, unter denen sich jedoch, bei Porphyrios (De abstinentia IV 2) erhalten, glücklicherweise gerade die Darstellung der Urgeschichte und der ersten Entwicklungsetappen bis zum Aufkommen des Bodenbaues befindet, die Porphyrios freilich mehr referiert als ihrem Wortlaut nach wiedergibt, und zwar auf die folgende Weise:

«Unter den Geschichtsschreibern Griechenlands ist aber einer der präzisesten und verläßlichsten der Peripatetiker Dikaiarchos; dort, wo er das alte Leben (ἀρχαῖον βίον) Griechenlands schildert und sagt, daß die Alten von Natur aus gut und den Göttern ähnlich gewesen seien und ein so reines Leben geführt hätten, daß man ihr Zeitalter das ‹goldene› genannt habe, im Vergleich zu der heutigen, falschen und faulen Welt, merkt er auch an, daß sie keine Tiere geschlachtet hätten [wobei er sich auf Hesiod: Werke und Tage 116 ff berief, was hier übergangen sei]. Indem Dikaiarchos dies ausführt, sagt er, daß im Zeitalter des Kronos das Leben wirklich so gewesen sei. Um das als wirklich und nicht als bloße Dichtung zu erkennen, muß man das Mythische (μυθικόν) abstreifen und die Sache ganz rationalistisch betrachten (εἰς τὸ διὰ τοῦ λόγου φυσικὸν ἀνάγειν). Allerdings wuchs ihnen ja alles von selbst zu, denn noch taten sie selbst nichts dazu: es gab ja noch keine Kunst des Bodenbaus (γεωργικὴν τέχνην) oder dergleichen. Daher lebten sie noch in Muße, ohne Mühen und Sorgen; und wenn man der Überzeugung der gebildetsten Ärzte beipflichten darf, so waren die Menschen damals auch nicht krank. Man wird nämlich für die Gesundheit kein besseres Rezept finden können als das ihrige, nämlich: den Organismus sowenig als möglich mit überflüssigen Stoffen zu belästigen! Sie hielten darauf, die Körper von diesen frei zu erhalten. . . . Dafür gab es unter ihnen aber nicht Krieg und Aufruhr; denn es gab keinen Preis, um dessentwillen jemand dergleichen hätte erregen sollen, so daß sie das Glück hatten, ihr Leben hauptsächlich aus Muße, Sorglosigkeit in bezug auf ihre notwendigen Bedürfnisse, Gesundheit, Friede und Freundschaft bestehen zu sehen. Ihre Nachkommen aber begehrten mehr und verfielen dadurch schweren Leiden, so daß ihnen das frühere Leben nun beneidenswert erschien. Daß aber die Einfachheit jener Lebensweise keinerlei besondere Zubereitungen nötig machte, wird durch das spätere Sprichwort ‹Genug von der Eiche!› hinlänglich bewiesen; denn eben wer die Grenze des Genügenden zuerst überschritt, wird das Wort wohl ausgesprochen haben.

Dann folgte das Nomadenleben (νομαδικὸς βίος), wo man schon mehr Besitztum erwarb und Tiere verzehrte; denn das erstere hielt man für unschädlich, die letzteren aber für wild und Schaden bringend. So zähmten sie denn die einen und die anderen töteten sie; und mit diesem Leben begann dann auch der Krieg. Und, fügte er [Dikaiarch] hinzu, das sagen nicht wir, sondern diejenigen, welche die Geschichte des Altertums geschrieben haben. Sobald man nämlich Besitztümer für wertvoll hielt, trachtete man nach ihnen um der Ehre willen, häufte sie auf und reizte sich so gegenseitig; andere besaßen sie, um zu besitzen.

Als in dieser Weise einige Zeit vergangen war und man immer auf das, was nützlich (τῶν χρησίμων) erschien, gesonnen hatte, kam man in das dritte, das Zeitalter des Bodenbaus. Indem Dikaiarchos in dieser Art die alte Geschichte der Griechen durchgeht, preist er das Leben der ältesten Zeiten, in denen die Enthaltung vom Fleischgenuß noch allgemeingültig war, als das glücklichste».

Dikaiarch orientierte sich also hier zunächst einmal ganz bewußt an der Überlieferung vom «Goldenen Zeitalter», postulierte dabei jedoch, daß ihr ein historischer Kern innewohne, der sich herausschälen lasse, wenn man die Erzählung nur ihres mythischen Beiwerks entkleide, d. h.: Der Mythos besitzt eine faktische Aussagekraft und stellt so, rationalistisch interpretiert, eine verwertbare Quelle der kulturhistorischen Forschung dar. In diesem Sinne suchte er denn auch die Idealisierung der Urzeit, die er mit so viel Überzeugung vertritt, dadurch plausibler zu motivieren, daß er ihr entschiedener, als dies vor ihm geschehen war, eine rein moralische und damit vernunftmäßig einsichtige Begründung verlieh, indem er das paradiesische Dasein der ersten Menschen gerade auf ihren *Mangel* zurückführte, der sie zu sorgloser Genügsamkeit erzog und ihnen eine unerschütterliche Gesundheit beschied. Auf diese Weise gelang es ihm, die These des Urbarbarismus mit der traditionellen Verklärung der Urzeit in Einklang zu bringen: zwar nicht, wie bei Hesiod z. B., im Überfluß schwelgend, sondern sich ganz im Gegenteil vielmehr auf das bescheidenste – und wieder rein vegetarisch – vom Ertrag der wildwachsenden Vegetabilien und Früchte, also als *Sammler*, ernährend, führten die

Menschen zu Anfang doch insgesamt ein preisenswert glückliches Dasein.

Das änderte sich dann jedoch, als sie zum Fleischgenuß übergingen, d. h. – wie die Stelle wohl zu verstehen ist – sowohl als *Jäger* (u. Fischer?) wie *Viehzüchter* zu leben begannen. Nunmehr nämlich gelangten einzelne in zunehmendem Maße zu *privaten Besitztümern* größeren Umfangs, was wiederum den Neid und die Habgier der anderen weckte, so daß es, da man sich ja inzwischen mit dem Töten vertraut gemacht hatte, alsbald zu blutigen und endlich gar kriegerischen Auseinandersetzungen kam.

Hierauf folgte als dritte Entwicklungsstufe, die Dikaiarch somit – abgesehen von Herodot vielleicht – als erster von der Phase des Hirtennomadentums schied, der *Bodenbau*, mit dem zugleich auch, wie man ergänzen darf, die Voraussetzungen zum Aufbau umfassenderer, ortsfester Sozialeinheiten, letzten Endes also des Staates und damit der *Hochkultur* geschaffen waren.

Der Mensch, ständig bemüht, seine Verhältnisse durch die Entwicklung «nützlicherer», vollkommenerer Daseinsformen zu heben, bewältigte sonach seinen Aufstieg, den er freilich, und hier scheint Dikaiarch über die ähnliche Einstellung Theophrasts noch hinausgegangen zu sein, um den Preis einer zunehmenden Demoralisierung erkaufte, allein aus *eigener Kraft*, dabei im wesentlichen drei, in *evolutionistisch* verstandener Folge aufeinander aufbauende Etappen durchschreitend:

I SAMMLERTUM, auf dem ausschließlichen Genuß von Vegetabilien basierend

II JÄGER- (Fischer-?) und VIEHZÜCHTERTUM, Anwachsen des Privateigentums

III BAUERNTUM, Ausbildung größerer Gemeinwesen bzw. des Staates und der HOCHKULTUR

Damit handelt es sich bei dem Ganzen im Grunde nur um eine Variation des bereits gängigen, vor allem von den Sophisten und Demokrit entworfenen und von (dem späten) Platon und Aristoteles dann in mehr oder weniger abgewandelter Form übernommenen Systems; erinnert man sich an des letzteren Typologie der Hauptarten des menschlichen Nahrungserwerbs, so wäre auch denkbar, daß Dikaiarch sich bei seiner Gliederung unmittelbar von hierher bestimmen ließ, d. h. darauf ausging, die aristotelische Einteilung in eine *entwicklungsgeschichtliche Abfolgeordnung* zu bringen. Daß er sich dabei wieder der für die Kulturhistoriker

seiner Schule typischen Methode bediente und zur Beweisführung sowohl auf die mythische wie überhaupt die mündliche, namentlich aber
die sprichwörtliche Tradition berief, klang schon im obigen Texte an, und
man wird voraussetzen dürfen, daß er in diesem Sinne auch den Brauchtümern Beachtung schenkte. Aus einem Hinweis bei Cicero[64] geht weiter
hervor, daß er in einem besonderen Werke «Über den Untergang der
Menschen» der Frage nachging, «wie ganze Menschengeschlechter mit
einem Schlage vernichtet worden sind, dadurch daß Sintfluten, Pestepi-
demien, Verödungen, plötzlich auftretende Tierplagen und dergleichen
mehr über sie hereinbrachen»; ob das im Rahmen der platonisch-peripa-
tetischen Weltalterlehre geschah, muß freilich dahingestellt bleiben. Sicher wissen wir dagegen indes, daß er – und zweifellos nach dem Vorbild
seines Lehrers – wenn nicht mehrere, so doch zumindest eine, nämlich
die «Politie der Spartaner» (Πολιτεία Σπαρτιατῶν) verfaßte, in welcher
er neben dem politischen Aufbau des Staates wieder zugleich auch eine
Schilderung seiner Gesellschaftsorganisation und überhaupt der ganzen
Art der lakedaimonischen Lebensführung bot[65].

In alledem offensichtlich Hervorragendes leistend, genoß Dikaiarch
über seine Verdienste als Geograph hinaus auch als Kulturhistoriker
noch über Jahrhunderte der Folgezeit hin allgemein Achtung und Anerkennung. Namentlich aber sein Periodisierungssystem der griechischen
Urgeschichte sollte sich als geradezu beispielgebend für die Nachwelt erweisen, was nicht zuletzt schon allein daraus erhellt, daß es die Billigung
von Männern wie Poseidonios und dem großen römischen Gelehrten
Marcus Terentius Varro fand, der es praktisch in seine «Kulturgeschichte
des römischen Volkes» (De vita populi Romani) übernahm und ihm damit nur einen noch breiteren, über die eigentliche Antike hinausführenden Einflußbereich erschloß; – ja man kann sogar sagen, daß es sich im
Grunde bis in die ersten Dezennien des 20. Jahrhunderts hinein, und hier
insbesondere im Rahmen der sog. *«Kulturkreislehre»*, zu behaupten vermochte.

64 De officiis II 16.
65 Cicero: Ad Atticum II 2.

11. Palaiphatos (4. Jh. v. Chr.)

Wohl ebenfalls aus der Schule des Aristoteles stammte auch ein Mann namens Palaiphatos, von dessen Lebensumständen wir zwar wieder nichts Näheres wissen, der aber unser Interesse um so mehr verdient, als er, vermutlich als einziger aus der Gefolgschaft des großen Denkers, den bedeutsamen Versuch unternahm, die von diesem wie Theophrast und Dikaiarch zu beiläufig gehandhabte Praxis der peripatetisch-rationalistischen Mytheninterpretation ihren Grundlagen und methodischen Prinzipien nach allgemeiner und zugleich systematisch zu fassen, um sie so zu einer quasi eigenständigen Fachdisziplin innerhalb der Kulturgeschichtsforschung auszubauen.

Das geschah nun in einer Schrift mit dem Titel «Über unglaubliche Geschichten» (Περὶ ἀπίστων), die ursprünglich fünf Bücher umfaßte, heute aber nur mehr in einem – allerdings noch recht umfangreichen – Auszug erhalten ist. Dort führt Palaiphatos, einleitend die theoretischen Voraussetzungen seiner nachfolgenden Darlegungen erläuternd, zunächst im Proömium u. a. aus:

«Das vorliegende Buch habe ich über unglaubwürdige Begebenheiten geschrieben. Gibt es doch Leute, die, unzugänglich vernünftigen Erwägungen, alles, was man ihnen sagt, für wahr halten. Andere dagegen, die sich durch ihre Tätigkeit im praktischen Leben ein nüchternes Denken angewöhnt haben, sind so mißtrauisch, daß sie überhaupt nicht glauben wollen, es sei an solchen wunderbaren Dingen etwas Wahres. Ich bin nun der Ansicht, daß alles, wovon man spricht, auch geschehen ist. Denn es konnten doch nicht bloße Namen (ὀνόματα) entstehen, ohne daß sich an sie eine Überlieferung (λόγος) knüpfte, sondern zuerst war ein historischer Vorgang (ἔργον) da, der dann den Anlaß für eine Überlieferung bildete. Alle die körperlichen Bildungen (εἴδη καὶ μορφαί), die der Sage nach in früherer Zeit existierten, jetzt aber nicht mehr vorkommen, sind überhaupt niemals in Erscheinung getreten. Denn wenn etwas zu irgendeiner Zeit möglich war, so ist es auch jetzt und in Zukunft möglich. ... Von den Ereignissen (γενομένων) aber haben die Dichter und Chronisten einige ins Unglaubhafte und Wunderbare verzerrt, um das Staunen ihres Publikums hervorzurufen. So ist es denn meine Überzeugung, daß derartige Berichte nicht den Tatsachen entsprechen. Ich bin aber auch zu der Erkenntnis gekommen, daß man nicht von etwas sprechen könnte, wenn es nie geschehen wäre. Darum habe ich viele Länder besucht und bei älteren Leuten nachgefragt, was sie über die einzelnen Tatsachen noch vom Hörensagen wüßten. Das Ergebnis meiner Erkundigungen lege ich in diesem Buche nieder. Die Örtlichkeiten, um die es sich dabei handelt, habe ich selbst gesehen und auf ihre Beschaffenheit hin geprüft. Was ich schreibe, beruht also nicht auf sekundärem Material, sondern auf eigener Forschung».

Palaiphatos ist also grundsätzlich der Auffassung, daß *allen* Überlieferungen ein *historischer* Kern innewohnt, und um diesen herauszuschälen, gelte es, das mythisch-poetische Rankenwerk, das ihn umschlingt –
und darunter versteht er vor allem jene Motive, für die sich in der Wirklichkeit der erlebten Gegenwart keine glaubhaften Entsprechungen finden lassen – wieder abzustreifen: ganz so, wie auch Dikaiarch es empfahl.
Zur Verifizierung dessen, was er auf diese Weise glaubte als den ursprünglichen Bestand einer Erzählung erschlossen zu haben, aber hielt er
es dann für unerläßlich, sich an die Schauplätze der geschilderten Ereignisse selbst zu begeben, Befragungen unter den Einheimischen, namentlich den älteren, durchzuführen und überhaupt die Verhältnisse dort des
genauesten auf Übereinstimmungen mit dem Milieu des Mythen- oder
Sagenberichts hin zu überprüfen. Sich persönlich nun, wie er versichert,
dieses methodisch so ansprechenden, weil empirisch fundierten Verfah-
rens nach Kräften bedienend, erachtete er sich bei seinen Untersuchungen denn auch für genügend gerüstet, jeweils mit Sicherheit sagen zu
können, was an einer Überlieferung wahr (ἀληθές) oder falsch bzw. erdichtet, also unglaubwürdig und somit entbehrlich sei.

Im einzelnen lassen sich mehrere Erklärungsvarianten unterscheiden.
So liebt er es einmal, Mythen auf einstige Redensarten, die man später
nicht mehr verstanden und dann dichterisch weitergebildet habe, zurückzuführen: Aktaion z. B., den Artemis, als er sie beim Jagen im Bad über-
raschte, der Überlieferung nach in einen Hirsch verwandelte, worauf ihn
seine eigenen Hunde zerrissen, galt Palaiphatos in Wahrheit als leidenschaftlicher Jagdliebhaber, der sich durch den aufwendigen Besitz seiner
Meute finanziell ruinierte, so daß die Leute ihn zu verspotten pflegten, er
sei seinen Hunden zum Opfer gefallen – woraus dann allmählich der
nachmalige Mythos entstand (c. 6); und entsprechend faßte er auch die
Erzählung von Diomedes auf, von dem es heißt, er habe seine Pferde mit
Fleisch gefüttert, bis ihn Herakles, der ihm die Rosse raubte, zuletzt
selbst seinen Tieren zum Fraße vorwarf (c. 7). In Fällen, wo sich gerade
keine passende Redensart fand, schreckte Palaiphatos übrigens auch
durchaus nicht davor zurück, eine solche, wie sie seiner Überzeugung
nach ja ursprünglich existiert haben mußte, schlichtweg zu fingieren
(vgl. c. 3; 18; 28; 39; 40; 42 u. a. St.).

War in den Mythen von Tieren die Rede, die sich wie Menschen ver-
hielten, so lag dem desgleichen ein Mißverständnis zugrunde, d. h., er
nahm an, daß es sich hier zu Anfang tatsächlich um Menschen gehandelt
habe, die nur den Namen von Tieren getragen hätten und daher später

irrtümlich mit diesen identifiziert worden seien: Pasiphaë z. B., die Gattin des Minos, des sagenumwobenen Königs von Kreta, verliebte sich nicht, wie die Überlieferung will, in einen wirklichen Stier, sondern einen anziehenden Höfling mit Namen Tauros («Stier», c. 2), wie auch der Stier, der die Europa entführt haben soll, in Wahrheit ein Kreter des gleichen Namens aus Knossos war (c. 15). Der Drache, aus dessen Zähnen, von Kadmos ausgesät, angeblich geharnischte Recken entstanden, sei, so Palaiphatos an anderer Stelle, ursprünglich ein thebanischer König namens Drakon («Drache») gewesen, der eine Sammlung von Elefantenzähnen besaß (c. 3; 4), und entsprechend glaubte er auch den teumesischen Fuchs, von dem es heißt, er habe die Einwohner Thebens durch Menschenräuberei in Schrecken gehalten, als einen Thebaner deuten zu können, der seiner Durchtriebenheit wegen von den Mitbürgern nur als Fuchs bezeichnet wurde (c. 5), während ihm der Krebs (griech. καρκίνος, *karkinos*), der laut Tradition der lernäischen Hydra im Kampf gegen Herakles beistand, als ein im Solde des Königs Lernos stehender Kondottiere und das Untier selbst als eine mythische Umdeutung der Feste des Herrschers galt, die mit 50 Hopliten besetzt war: fiel einer von diesen unter den Streichen des Herakles, sprangen sogleich zwei andere für ihn in die Bresche (c. 38). Weiter sollen die Hekatoncheiren («die Hundertarmigen»), riesenwüchsige Monsterwesen, die den Göttern die Titanen überwinden halfen, ihren Namen nicht einer tatsächlichen Vielgliedrigkeit, sondern der – von Palaiphatos fingierten! – Stadt Hekatoncheiria verdanken (c. 19), wie desgleichen auch die vermeintliche Dreiköpfigkeit («dreiköpfig» = griech. τρικάρηνος, *trikarenos*) des Königs Geryones und des Unterwelthundes Kerberos, der Palaiphatos zufolge jenem gehörte, nur die Mißdeutung des Namens der – gleichfalls fingierten! – Stadt Trikarenia sei, der beide seiner Auffassung nach entstammten (c. 24). In der Skylla endlich sah er die verdunkelte Erinnerung an ein berüchtigtes Piratenschiff dieses Namens (c. 20).

An anderer Stelle versuchte er auch, eine Erklärung für die Verwandlung von Menschen in Tiere zu liefern. Hier soll es sich nämlich um Jäger gehandelt haben, die ein Raubtier bis in eine Höhle hinein verfolgten und dort dann von diesem, im Kampf unterliegend, verschlungen wurden, so daß ihre Begleiter, als sie wenig später die Höhle erreichten und nur mehr das Tier daraus hervortreten sahen, nun des Glaubens gewesen seien, in diesem eine Verwandlungsform ihres Kameraden vor sich zu haben (c. 13; 14).

Mehr noch als diese, eher naiv-rationalistisch zu bezeichnende Deutungsweise verdient jedoch eine andere Art der Erklärung unser Interesse, bei der Palaiphatos von der beachtenswerten Überlegung ausging, daß manche der so befremdlich anmutenden Züge einer Erzählung nur diesen Eindruck erweckten, weil sie den Lebensverhältnissen einer früheren, teils kaum mehr bekannten Epoche entsprächen und daher auch einzig aus deren Voraussetzungen heraus, also durch eine *kulturhistorisch-ethnologische* Interpretation, zu verstehen seien. Die Kenntnisse, deren es dazu namentlich auf dem Gebiet der Kulturgeschichte bedurfte, scheint Palaiphatos, wie aus zahlreichen Stellen des Textes ersichtlich, durchaus besessen zu haben, ja gelegentlich zeigt er sich gar in Fragen der Länder- und Völkerkunde (vgl. c. 16; 19; 28; 31; 32) wie selbst der Zoologie (vgl. c. 2; 24) recht gut informiert. Trotz alledem nahm er freilich auch hier keinen Anstand, seine Belege, wo es ihm an sonstigen Zeugnissen fehlte, frei zu erfinden.

Die Überlieferung, Amphion habe durch den Klang seines Saitenspieles bewirkt, daß sich die Steine für die Mauern von Theben von selber zusammenfügten, führte er so beispielsweise darauf zurück, daß es damals noch keine klingende Währung gab (vgl. a. c. 23; 37) und man daher den Künstler nur für ein Präsent materieller Art oder um den Preis einer entsprechenden Gegenleistung, d. h. in diesem Falle der Ummauerung Thebens, zum Vortrag zu gewinnen vermochte (c. 41). Überhaupt galt es Palaiphatos als ausgemacht, daß die Kultur sich aus den einfachsten Anfängen heraus (vgl. c. 6; 38) erst allmählich zu ihrer nachmaligen Höhe erhoben habe; und je dürftiger die Verhältnisse waren, so wertete er nun diese Überlegung für die Exegese der mythischen Überlieferung aus, desto leuchtender mußten sich jene, die sich durch bahnbrechende Erfindungen um den Fortschritt und die Wohlfahrt der Ihren verdient gemacht hatten, in Erscheinung setzen, um erst recht dann in der Vorstellung späterer Geschlechter zu übermenschlichen Heroen und Halbgöttern aufzusteigen. So soll sich in der Gestalt des Lynkeus z. B., der ein so scharfes Auge besaß, daß er damit bis ins Innere der Erde zu blicken vermochte, eine verdunkelte Erinnerung an den Entdecker des Bergbaus und seine Grubenlampe erhalten haben (c. 9); Aiolos, von Homer als Beherrscher der Winde besungen, war in Wahrheit der Begründer der Sternkunde und Meteorologie und dem Odysseus auf dessen Reisen als eine Art «Navigationsoffizier» zu Diensten (c. 17); die Hexe Medea dagegen, die es verstand, alte Leute durch Abkochen wieder jung zu machen, kann Palaiphatos zufolge nur die Erfinderin des – für gesundheitsfördernd gehaltenen – Dampfbads und eines Haarfärbemittels gewesen sein,

das den ergrauten Haaren der Alten die Jugendfarbe zurückgab, und endlich Pandora führte in ihrer berüchtigten Büchse, die angeblich alle Übel
der Welt enthielt, in Wirklichkeit Schminke mit sich – was heute, wie der
Gelehrte mit einem Seitenhieb auf die Damen seiner Zeit vermerkt, ja
bereits allgemein zur Gewohnheit geworden sei und schon nicht mehr als
unschicklich gelte (c. 34)!

Im Grunde ging Palaiphatos mit alledem keine bis dahin noch unbe-
schrittenen Wege; sein besonderes Verdienst ist vielmehr darin zu sehen, daß er als erster den Versuch unternahm, der vor ihm doch eher
unkontrolliert gehandhabten kulturhistorisch-rationalistischen Interpretation des mythischen Überlieferungsstoffs klar definierte Kriterien
abzugewinnen, d. h. ihr eine exakte Systematisierung und damit die
Weihe der Wissenschaftlichkeit zu verleihen. So erreichte sie denn auch
mit ihm unbestreitbar ihren Höhepunkt in der Antike, und wenn er
gleich darin des Guten zuviel tat, daß er ihr Allgemeingültigkeit zubilligen wollte und den Anspruch erhob, mit ihrer Hilfe tatsächlich *jedes*
Motiv und *jede* Erzählung der mythischen Tradition sinnvoll deuten zu
können, so wird man doch sagen dürfen, daß ihm mit seiner Schrift
«Über unglaubliche Geschichten» so etwas wie eine Art erster *Allgemeiner Mythologie* gelang.

Bei allem Rationalismus erlag Palaiphatos jedoch kaum der Versuchung, mit den ihm als ungereimt bzw. bloße Fabelei erscheinenden Zügen der Mythen auch deren religiösen Gehalt in Frage zu stellen, sondern
war vielmehr, wie er ja im Vorwort seines Werkes schon anklingen läßt,
bemüht, zwischen naiver Gläubigkeit auf der einen und entschiedener
Gottlosigkeit auf der anderen Seite eine eher vorsichtige Mittlerposition
zu beziehen. Nichtsdestoweniger ging seine Kritik an den Vorstellungen
der Volksreligion doch recht weit: Götter wie Aiolos etwa (vgl. c. 17) oder
Boreas – den er mit geradezu lässigem Freimut als einen «ehrenwerten
Mann» bezeichnet (c. 22) – galten ihm nur als sterbliche Menschen, die
ihre Erhöhung allein ihren Verdiensten verdankten, die sie sich um die
Menschheit erworben hatten, und mit Spott auch bedachte er, was er an
den Göttergeschichten für reines Phantasiegespinst hielt: Sollte tatsächlich Zeus es gewesen sein, der die Europa in Stiergestalt nach Kreta ent-
führte, so wäre ihm sicherlich, meint er z. B. einmal, eine bequemere
Möglichkeit eingefallen (c. 15)! Die Existenz zumindest der höchsten
Olympier blieb jedoch unangetastet – und damit zugleich der *euhemeristische* Ansatz in seiner Betrachtung eingeschränkt.

12. Der Periplous des Pseudo-Skylax (um 350 v. Chr.)

Im vorangegangenen ist immer wieder zu sehen gewesen, daß zahlreiche
Autoren sich beim Aufbau ihrer länder- und völkerkundlichen Darstellungen wesentlich vom Kompositionsprinzip der alten Periploi bestimmen ließen. Ein direkteres Zeugnis für die anhaltende Pflege dieses literarischen Genres zu dieser Zeit besitzen wir darüber hinaus jedoch noch
in einem Werk mit dem Titel «Des Skylax von Karyanda Umschiffung
der Ökumene Europas, Asiens und Libyens», das indessen mit Sicherheit
nicht aus der Feder des genannten berühmten Seefahrers stammt, sondern vielmehr als eine – stellenweise zudem recht flüchtige und unge-
schickte – Kompilation älterer und jüngerer Bestandteile aus der Zeit um
die Mitte des 4. Jahrhunderts v. Chr. zu betrachten ist. Auszüge aus dem
Periplous des echten Skylax könnten dabei allerdings durchaus mitver-
wandt worden sein, so daß es vielleicht auf diese Weise zu der fälsch-
lichen Namensübertragung kam. Indizien dafür wären jedenfalls eine
Reihe vorhanden. Sonst lassen sich vor allem Spuren einer Benutzung
des Hekataios von Milet und seines jüngeren Zeitgenossen Phileas von
Athen erkennen.

Zwar weitgehend nur in einem recht mangelhaften Überlieferungszu-
stand erhalten, vermag die Schrift, schon des beträchtlichen Umfangs
und ihrer detailreichen Breite wegen, doch insgesamt einen guten Einblick gerade in den Aufbau und die ganze Art eines klassischen Periplous
zu vermitteln. In 98, teilweise nur kaum oder ungenügend aufeinander
abgestimmte Kapitel gegliedert, erfaßt sie, trotz des umspannenden Titels, eigentlich des genaueren allein die Gestade des «Inneren», d. h. des
Mittelländischen Meeres und setzt mit der Beschreibung selbst bei den
Säulen des Herakles (bzw. der Straße von Gibraltar) ein. Von dort aus
bewegt sich die Schilderung zunächst in westöstlicher Richtung die europäischen Mittelmeerküsten entlang bis in den Pontos hinein, den sie,
nacheinander die Uferstriche von Thrakien, Skythien, der Krim, Kaukasien und Nordkleinasien berührend, umläuft, wird dann um Kleinasien
herumgeführt, folgt weiter der syrisch-phönizischen Küste nach Süden
zu, dreht darauf an der Mündung des Nils wieder nach Westen ein und
kehrt so, am Gestade Nordlibyens entlang, an ihren Ausgangspunkt zur
Straße von Gibraltar zurück, um endlich in einem Paraplous der west-
afrikanischen Ozeanküste bis Kerne – jener kleinen, heute offenbar land-
fest gewordenen Insel, auf der einst Hanno eine Handelsniederlassung
gegründet hatte – ihren Abschluß zu finden.

Wie die älteren Periploi war die Schrift zweifellos in erster Linie für
rein praktische Zwecke bestimmt, d. h. sollte Kapitänen und Handelsreisenden eine verläßliche Orientierungshilfe bieten. Infolgedessen hatte
sich die Darstellung auf den Küstenbereich zu beschränken und mit besonderer Sorgfalt all das zu berücksichtigen, was für die Schiffahrt Bedeutung besaß. So werden denn auch z. B. stets die Distanzen, abwechselnd in Tages- und Nachtreisen oder Stadien angegeben, notiert und
finden sich Hinweise auf die Gestalt der Gestade, das Hervortreten von
Halbinseln und Vorgebirgen, auf Einbuchtungen und Meeresbusen,
Flußmündungen usw., im letzteren Falle verbunden mit Anmerkungen
zur Schiffbarkeit des Flusses bzw. zum Segeln stromaufwärts, wie auch
sonst verschiedentlich der Frage günstiger oder ungünstiger Fahrteig-
nung der Gewässer Beachtung geschenkt ist. Weiter zeigt sich der Verfasser bemüht, die einzelnen Häfen wenigstens kurz ihrer Kapazität nach
zu charakterisieren und wartet mit Tips für die Möglichkeiten, die Art
und den Umfang des örtlichen Handels auf. Nicht zuletzt aber kenn-
zeichnen neben der Anlage des Ganzen auch schon bestimmte stereotype
Gepflogenheiten im Ausdruck das Werk als echten Vertreter der traditionellen Periplous-Literatur: so der häufige, uns von Homer her bereits
vertraute Gebrauch der ersten Person, die Verbindung der einzelnen
Darstellungteile durch Wendungen wie «von dort aus» (ἐντεῦθεν) oder
«sodann» (εἶτα) und endlich der trockene, durch lose Aneinanderreihung
gewonnene Beschreibungsablauf.

Die Küstenlandschaften selbst werden sodann, wie ebenfalls schon seit
alters die Regel bildend, den Bevölkerungen nach oder auf Grund ihrer
geographischen Gliederung in einzelne Abschnitte aufgeteilt, begrenzt
durch die jeweiligen Nachbargruppen, Städte und ihren Einflußbereich,
Gebirgszüge, Flüsse und sonstige natürliche Scheidelinien. Und auch
dies, daß gelegentlich Digressionen ins Hinterland bzw. nach bestimmten, bedeutsameren Ansiedlungen daselbst sowie umgekehrt vom Innern
zur Küste hin eingestreut sind, entspricht nur dem gängigen Schema
eines klassischen Periplous. Dabei wird jedoch kaum, und das mag in dem
speziellen Zuschnitt des Werkes auf rein praktische Belange begründet
liegen, des näheren auf Fragen von allgemeinerem Interesse, sei es der
Geographie im besonderen, der Zoologie und Botanik oder der Ethnographie und Kulturgeschichte, eingegangen, und in den wenigen Fällen, wo
der Verfasser tatsächlich einmal eine derartige Anmerkung einfließen
läßt, bleibt er knapp und lakonisch, indem er z. B. die Völker nur gerade
ihrem Namen nach aufführt und bestenfalls noch einige dürftige Notizen

zur Siedlungsweise, der Gründungsgeschichte einzelner Städte (bzw. Kolonien) anknüpft oder auf die Existenz von Kultstätten lediglich hinweist.

Zur Veranschaulichung und namentlich zur Demonstration der mageren Rolle, welche die Ethnographie hier zu spielen verurteilt ist, seien im folgenden zwei Passagen des Werkes wiedergegeben:

«An Thrakien schließen sich die Sitze der Skythen an, bei denen sich die griechischen Städte Tyris-Potamos, Nikonion-Polis und Ophiousa-Polis befinden. Nahe bei Skythien, auf einem felstigen Vorsprung der Landfeste, der weit ins Meer hinein vorragt, wohnen die Taurer. In Taurien befinden sich griechische Niederlassungen in Cherronesos-Emporion, Kriou-Metopon und auf dem taurischen Vorgebirge. Darauf folgen wieder Skythen und die griechischen Städte Theudosia, Kytaia, Nymphaia, Pantikapaion und Myrmekion. In gerader Richtung beträgt die Entfernung zwischen dem Istros [der Donau] und Kriou-Metopon drei Tages- und Nachtfahrten, der Küste entlang jedoch das Doppelte, da sich dort ein Golf befindet. In diesem Golf liegt eine öde Insel, die ‹weiße› (Λευκή) genannt, die dem Achilleus geheiligt ist. Von Kriou-Metopon nach Pantikapaion beträgt der Seeweg einen Tag und eine Nacht, von Pantikapaion bis zur Mäotischen See 20 Stadien. Es heißt, die Mäotische See sei halb so groß wie der Pontos [das Schwarze Meer]. Fährt man auf geradem Wege in die Mäotische See ein, hat man zu seiner Linken die Skythen: sie erstrecken sich nämlich vom Äußeren Meer [dem Ozean] oberhalb Tauriens vorbei bis zur Mäotischen See hin» (c. 69).
«Vom Tanais [dem Don] an beginnt Asien, und das erste Volk hier sind die Sauromaten am Pontos, die von Frauen regiert werden (ἔθνος γυναικοκρατούμενον). Auf sie folgen die Mäoten. Nach den Mäoten kommen die Sinder; denn diese erstrecken sich bis ins Hinterland der Mäotischen See. Dort findet man die griechischen Städte: Phanagorou-Polis, Kepoi, Sindikos-Limen und Patous. Nach Sindikos-Limen kommen die Kerketen. Nach den Kerketen kommen die Toreten mit der griechischen Stadt Torikos und ihrem Hafen. Nach den Toreten kommen die Achäer, nach den Achäern die Heniocher …» usw. (c. 71).

Man sieht: Die ethnographische Berichterstattung ist hier zu beinahe nichts anderem als einer blutleeren Aneinanderreihung von bloßen Völkernamen degeneriert, deren Träger kaum mehr als lebendige Individualitäten, sondern eher als lediglich topographische Größen wie Städte, Flüsse und Vorgebirge fungieren. Und damit wird eine deutliche Verarmung gegenüber den älteren Periploi sichtbar, jenen etwa, aus denen die Schilderungen Homers geschöpft sind, oder dem Seefahrtbericht des echten Skylax von Karyanda. Kommt noch hinzu, daß es sowohl der ursprüngliche Kompilator als auch seine Überarbeiter offenbar nicht verstanden, die verschiedenen Quellen, aus denen die Schrift zusammengesetzt ist, kritisch aufeinander abzustimmen, so daß sich die Angaben häufig als allzu sorglos übernommen und daher unzuverlässig erweisen. Die – wieder nur knappe – Beschreibung des Westens z. B. entspricht einem Kenntnisstande, der inzwischen längst durch gründlichere Forschungen überholt war: So werden die Ligurer etwa neben den Iberern westlich der Rhone angesetzt (c. 3), ihre Sitze dabei, wiewohl durch neuere Beobachtungen bereits ziemlich sicher bestimmt, noch allzu ungenau und weiträumig angegeben (c. 4) und die Kelten an der Südküste Galliens ganz ignoriert. Andere Anachronismen, so die Erwähnung nicht mehr bestehender Ortschaften wie der um 400 v. Chr. zerstörten Städte Himera und Naxos (c. 13), dann überhaupt die Schilderung politischer Zusammenhänge, als gehörten sie der lebendigen Wirklichkeit an, obwohl sie bereits Geschichte geworden waren, und ähnliches dieser Art ließen sich anreihen.

Mit alledem indessen stellt das Werk keine Ausnahmeerscheinung, sondern im Gegenteil den Beginn einer Entwicklung dar, deren eigentlicher Aufschwung sich dann allerdings erst, wie noch zu sehen sein wird, in der Römerzeit und während der Spätantike vollziehen sollte.

Zwischenbemerkung

Werke wie der Periplous des Pseudo-Skylax dürfen zweifellos als bezeichnende Beispiele für den fortschreitenden Niedergang und den allgemeinen Verarmungsprozeß der beschreibenden Länder- und Völkerkunde der Griechen um diese Zeit gelten, die, wie im vorausgehenden zunehmend deutlich wurde, nach ihrem großartigen Anlauf im Gefolge der ionischen Handels- und Kolonisationstätigkeit mehr und mehr ins Stagnieren geriet und zum Schluß dann im wesentlichen nur noch aus dem zu schöpfen vermochte, was Generationen zuvor schon Männer wie Hekataios, Herodot, Hippokrates und andere zur Darstellung gebracht hatten. Eine Wende war, wenn überhaupt, nur von umfangreichen Neuentdeckungen, d. h. einer entscheidenden Ausweitung des geographischen Horizonts, zu erwarten, ähnlich jener, der die Ethnographie ihren eigentlichen Ursprung und ersten Aufstieg verdankte. Und eine solche vollzog sich nun, zumindest in östlicher Richtung, gegen Ende des 4. Jahrhunderts v. Chr. in der Tat: als Frucht des wahrhaft epochemachenden Siegeszugs Alexanders des Großen (336–323 v. Chr.) über Vorderasien hinaus bis nach Baktrien und Indien hinein.

Ist es ja überhaupt unbestreitbar, daß – neben dem Handel – während des Altertums (u. a. später noch) gerade Eroberungskriege immer wieder sehr wesentlich zur Förderung der länder- und völkerkundlichen Erkenntnis beigetragen haben, so handelte es sich doch im Falle Alexanders nicht, wie sonst in der Regel, um die mehr oder weniger rein zufällig gewonnene Ausbeute eines im übrigen allein auf militärisch-politische Ziele hin angelegten Großunternehmens, sondern, und das verleiht dem König seine höhere Bedeutung auch für die Geistesgeschichte, das Ergebnis eines durchaus bewußt angestrebten und mit umsichtiger Sorgfalt geplanten Forschungsbemühens. Hierzu wohl sicherlich nicht zuletzt entscheidend von seinem Lehrer Aristoteles angeregt, führte er stets einen ganzen Stab von Gelehrten aller Art mit sich, darunter – neben Historiographen, Philosophen und Traumdeutern (zur Befragung der einheimischen Geistlichkeit) – Ärzte und namentlich Techniker, wie Bergbau- und Bewässerungsspezialisten, um die Erkundung der durchzogenen und neu erschlossenen Gebiete ebenso gründlich und fachgerecht wie umfassend vornehmen zu können. In der Praxis wurden dabei, über die Untersuchung der jeweiligen Lagerumgebung hinaus, auch Exkursionen größeren Stils, verbunden zumeist mit einem gezielten Forschungsauftrag, unternommen, sei es zu Lande – so z. B. nach Hyrkanien und Skythien hinein, oder zu Wasser, wie die berühmte, im folgenden noch gesondert zu behandelnde Expedition des Nearch, bei der es Alexander u. a. auch um die Frage nach den Grenzen der Ökumene und den Zusammenhang der Weltmeere ging, ein Problem, das ihn insbesondere auch die Erkundung des Kaspischen (von ihm für einen Arm des Ozeans gehaltenen Meeres) vorantreiben ließ und dessen endgültige Lösung er sich wohl von einer geplanten Umschiffung der arabischen Halbinsel und Afrikas versprach, zu deren Durchführung ihm jedoch dann sein vorzeitiger Tod die Möglichkeit nahm. Abgesehen von den Spezialaufgaben einer jeden Unternehmung waren auf ausdrücklichem Wunsch des Königs, neben der rein landeskundlichen Erforschung der durchreisten Gebiete, immer auch deren *ethnographische* Verhältnisse zu beachten, also Erkundigungen über die Anzahl, jeweilige Stärke und Art der Bevölkerungen, ihre genauen Sitze, die Lebensführung, das Brauchtum, die Gesellschaftsordnung und überhaupt ihre gesamte Kultur – nicht zu vergessen die Kriegstüchtigkeit und Bewaffnung! – einzuziehen und endlich zuletzt die gesammelten Beobachtungen in einem förmlichen Expeditionsbericht schriftlich niederzulegen. Darüber hinaus suchte man natürlich auch die Gesandten, die Alexander ihre Aufwartung machten, und namentlich solche aus Ländern, die man noch nicht erreicht hatte und später zu erobern gedachte, nach Möglichkeit auszuforschen oder sich aus der älteren Literatur zu informieren: Gelegenheit dazu bot jedenfalls eine anscheinend recht stattliche Bibliothek, die der König offenbar bei all seinen Unternehmungen mit sich zu führen pflegte und in welcher die Gelehrten in seinem Gefolge ihre Klassiker, wie vor allem den Herodot oder Xenophon[66], zur Genüge studieren bzw. ihre Kenntnisse jederzeit auffrischen konnten.

Letzten Endes, so läßt sich vermuten, dürfte Alexander mit alledem – neben der rein militärischen und kolonisationspolitischen Aufklärungsarbeit, die dabei natürlich auch eine Rolle spielte – nichts Geringeres als eine wissenschaftliche, natur- wie kulturkundliche Bestandsaufnahme der *gesamten* Erde im Sinne gehabt haben, d. h., er verfolgte ein Ziel in etwa gleich dem, wie es Aristoteles, von dem er möglicherweise die Idee übernahm, schon mit dem Aufbau seiner «Politien»-Sammlung zu verwirklichen gesucht hatte. Trug er sich doch, wie wir wissen, mit dem Gedanken, im Laufe der Zeit *alle* Völker unter sein Zepter zu beugen und die *ganze* Welt zu beherrschen[67].

Blieb diese kühne Vision auch durch den jäh hereinbrechenden Tod ihres Schöpfers die politische Erfüllung versagt, so lebte doch die ihr parallel gehende geistige Initiative des großen Königs, der Wille zur totalen Erforschung der Erde, in der Folge noch auf das fruchtbarste weiter: Im Osten, unter seinen Erben, führten die Seleukiden seine Bemühungen in Richtung auf das Kaspische Meer, Indien und den Persischen Golf mit besten Erfolgen fort, während im Süden, von Ägypten aus, unter der Ägide der Ptolemäer die Erkundung des Roten Meeres und der angrenzenden Küstenlandschaften Arabiens und Ostafrikas entscheidend vorangetrieben, ja selbst Expeditionen in den inneren Sudan hinein unternommen wurden und im Westen, etwa zur gleichen Zeit, der Massaliote Pytheas zu seiner denkwürdigen Entdeckungsfahrt in die Nordsee ansetzte.

Durch alles dies nun: die Fülle der neuen, staunenswerten und faszinierenden Beobachtungen, rasch verbreitet zudem durch die schriftlichen Berichte der Gelehrten und Militärs aus dem Stabe Alexanders, und nicht zuletzt auch die Aura des Abenteuerlichen, die den Aufbruch

66 Vgl. Arrian: Anabasis II 7.
67 Arrian: Anabasis IV 7. V 26. Plutarch: Alexandros, c. 27.

ins Unbekannte umfing, wuchs das Interesse der gebildeten Kreise sowohl wie der bürgerlichen Öffentlichkeit an der Welt der Barbaren mächtig mit einem Mal wieder an und führte zu einer entscheidenden Förderung namentlich der Darstellenden Völkerkunde – mit getragen zum Teil von den hervorragendsten Geistern ihrer, der «hellenistischen» Zeit. Dabei ist, wie im folgenden noch zu sehen sein wird, mehr als bisher der Wille zu spüren, sich mit den fremdartigen Erscheinungs- und Daseinsformen außerhalb der eigenen Lebenssphäre möglichst unvoreingenommen und sachgerecht, unter weitgehender Anerkennung ihrer Selbstwertigkeit, auseinanderzusetzen und in zunehmendem Maße auch die Frage nach ihrer Entstehung zu stellen, d. h. *theoretische* Erörterungen, im Gegensatz zur klassischen Praxis, in größerem Umfang und ganz bewußt in die ethnographische Schilderung mit einzubeziehen.

Endlich aber besitzt Alexander auch insofern Bedeutung für die Entwicklung der Ethnologie und das Anrecht, als Initiator einer neuen Epoche der Geistesgeschichte gefeiert zu werden, als er sich in seiner Politik, die er geradezu als die ihm persönlich bestimmte Mission auffaßte, die einander widerstrebenden Kräfte im Leben der Völker durch die Einigung aller Nationen in Frieden und Freundschaft nach Möglichkeit auszugleichen und zu harmonisieren, ähnlich wie sich vor alters schon Echnaton von der festen Überzeugung leiten ließ, daß die Menschen ohne Unterschied Kinder Gottes, also allesamt *Brüder* seien, und damit zu einem wesentlichen – wenngleich theoretisch bereits von den Sophisten geforderten – Wandel in der inneren Einstellung gegenüber den Barbaren beitrug – der sich in der Folge dann namentlich über die Stoa bis ins Christentum hinein auswirken sollte.

13. Nearchos von Lato (2. Hälfte des 4. Jhs. v. Chr.)

Das bedeutendste, weil ergiebigste der auf Geheiß Alexanders betriebenen Forschungsunternehmen stellt zweifellos die nach Erreichen des Indus-Deltas (i. J. 325 v. Chr.) befohlene und von Nearch, einem ebenso fähigen wie aufgeschlossenen Offizier von kretischer Herkunft, als Admiral geleitete Schiffsexpedition zur Erkundung des Seewegs von Indien durch den Persischen Golf zur Euphrat- und Tigrismündung dar, von deren wissenschaftlicher Ausbeute wir uns auf Grund der – wenn auch wieder nur fragmentarisch überlieferten – Berichte verschiedener ihrer Teilnehmer, vor allem aber aus den Resten einer Reisebeschreibung des Flottenchefs selbst, noch in etwa ein gutes Bild zu machen vermögen.

Die Schrift Nearchs, aller Wahrscheinlichkeit nach eine spätere, wohl
erst nach dem Tode Alexanders vorgenommene breitere Ausarbeitung
des ursprünglichen Schiffsjournals, trug nach den (schwankenden)
Zeugnissen ihrer Exzerptoren vermutlich den Titel «Indische Küstenfahrt» (Ἀνάπλους, a. Παράπλους od. Περίπλους τῆς Ἰνδικῆς) und
findet sich, neben Auszügen bei Strabo, insbesondere im XV. Buche (einzelnes a. in B. XI und XVI), und einigen wenigen anderen Autoren,
glücklicherweise zu großen Teilen gerade auch ethnographischen Inhalts
noch in den «Indischen Nachrichten» (c. 18–42, verschiedenes a. in der
«Anabasis») Arrians erhalten.

Deutlich erkennbar schimmert dabei auch hier zunächst in einer Fülle
rein praktisch-nautischer Anmerkungen, wie Entfernungsbestimmungen bzw. Angaben zur Dauer der Fahrtzeit vom einen zum anderen
Punkt, Beschreibungen des Küstenprofils und der vorgelagerten Inseln,
Hinweise auf günstige oder ungünstige Landemöglichkeiten, Charakterisierung der Häfen und dergleichen mehr, das Gerüst des zugrunde liegenden Logbuchs noch durch. Dafür ein Beispiel:

«Sobald der Wind sich gelegt hatte, liefen sie wieder aus, und nach einer Fahrt von
etwa 60 Stadien gingen sie an einer sandigen Küste vor Anker. Nahe der Küste lag
eine öde Insel. Hinter ihr, wie hinter einer Schutzwehr, legten sie an. Domä war
der Name der Insel. Wasser gab es an der Küste nicht; als sie jedoch gegen 20 Stadien in das Binnenland vordrangen, trafen sie auf gutes Wasser. Am folgenden
Tage ging ihre Fahrt in die Nacht hinein bis nach Saranga, 300 Stadien weit, worauf sie an der Küste anlegten und etwa acht Stadien vom Strande entfernt Wasser
vorfanden. Von hier fuhren sie wieder ab und warfen bei Sakala, einem öden
Platz, Anker; und nachdem sie von da aus zwischen zwei Klippen durchgeschifft
waren, die einander so nahe standen, daß die Ruderschaufeln der Schiffe die Felsen auf beiden Seiten berührten, legten sie nach einer Fahrt von etwa 300 Stadien
bei Morontobara an. Der Hafen ist groß, wohlgerundet, tief und vor Wellen gesichert, allein die Einfahrt in denselben ist schmal», usw. (Indike, c. 22).

Sonst scheint das Werk, abgesehen von seinen ethnographischen Schilderungen, auch – wie es ja den Wünschen Alexanders entsprach – reich
an guten und größtenteils zweifellos auf Autopsie beruhenden naturkundlichen Beobachtungen, sowohl physikalisch-geographischer wie
zoologischer, botanischer und selbst klimatologischer Art, gewesen zu
sein, deren stets nüchtern-besonnene und weitgehend erstaunlich exakte

Wiedergabe einigen Sachverstand, vor allem aber ein scharfes Wahrneh-
mungsvermögen und ein lebendiges Interesse an der Forschung überhaupt verrät.

Dieselben Vorzüge nun, namentlich die Akkuratesse des Blicks, dem
selbst kleinere Details nicht entgehen, zeichnen in nicht geringerem
Maße auch die völkerkundlichen Partien des Werkes aus, ja erscheinen
hier noch verstärkt durch die besondere Gabe Nearchs, das Gesehene, wie
aus der Bewegung des Lebens heraus, ebenso augenblicksnah wie anschaulich darzustellen: so etwa den indischen Bogenschützen, dessen allgemeine Beschreibung sich liest, als träte er soeben im Kampfe auf, indem vorgeführt wird, wie er den mannshohen Bogen erst auf dem Boden
aufsetzt, sich dann mit dem linken Fuße, um ihn zu sichern, kraftvoll
dagegen stemmt, darauf die Sehne, so weit er vermag, nach hinten zieht
und einen Pfeil von nahezu drei Ellen Länge abschnellen läßt, der jeden
Schild und Panzer durchschlägt (Indike, c. 16). Auffallend, doch bei der
Flüchtigkeit der Kontakte verständlich ist, daß Nearch – nach den Auszügen Arrians jedenfalls – in der Regel nur Mitteilungen zum äußeren Erscheinungsbild einer Kultur macht, – dabei als Soldat natürlich gern und
mit besonderer Sorgfalt auch der Art der Bewaffnung und Kampfesführung gedenkend. Im übrigen wird, wie ja überhaupt bei den Alten, bevorzugt behandelt, was, weil dem Gewohnten zuwiderlaufend, am meisten
befremdlich anmutet und der Betrachter damit zugleich als bezeichnend
und in hohem Maß *typisch* für die Eigenart eines Volkes ansieht. Bei
Schilderung der Oreiten z. B., einer Küstenbevölkerung zwischen den
Mündungsbereichen der beiden heutigen pakistanischen Flüsse Porali
und Hingol, merkt Nearch zunächst einleitend an, sie wohnten in engen
und stickigen Hütten, geht dann, schon da es zu einem Scharmützel mit
ihnen kam, des genaueren auf ihre Gefechtsgliederung und Bewaffnung
ein, letztere aus dicken, ca. vier Meter langen Lanzen mit hölzernen, im
Feuer gehärteten Spitzen bestehend, die sich jedoch, wie er hinzusetzt,
nur beim Handgemenge, nicht aber im Fernkampf bewährten, und
schließt mit dem Überblick:

Sie «waren am ganzen Körper und insbesondere am Kopf behaart und hatten
Fingernägel ähnlich den Krallen der Tiere. Denn der Nägel, so sagte man, bedienten sie sich wie des Eisens: mit ihnen töteten und zerschnitten sie die Fische
und spalteten damit das weichere Holz, das andere aber mit scharfen Steinen;
denn Eisen besaßen sie nicht. Als Kleidung trugen sie Tierfelle, einige auch die
dicken Häute der großen Fische. ... Diejenigen Oreiten, die vom Meere land-
einwärts wohnen, sind alle wie die Inder gekleidet und wie diese zum Krieg aus-

gerüstet, haben jedoch eine andere Sprache und andere gesetzliche Einrichtungen»[68].

Noch überzeugender aber als in dieser, im ganzen ein wenig zu knapp bemessenen Charakterisierung gelangten die besondere Beobachtungsgabe und lebendige Darstellungskraft Nearchs in seiner Schilderung der sich westlich an die Oreiten anschließenden Ichthyophagen zur Entfaltung, deren Text Arrian wie folgt überliefert:

«Diese Ichthyophagen nähren sich von Fischen, woher sie eben auch ihren Namen [«Fischesser»] haben. Zwar gehen nur wenige von ihnen auf den Fischfang aus, denn nur wenige haben dazu auch Boote und verstehen sich auf die Kunst des Fischfangs, doch liefert ihnen die meisten die Ebbe. Einige haben sich dazu auch Netze gemacht, die gewöhnlich eine Länge von etwa zwei Stadien [ca. 330 m] besitzen. Diese flechten sie aus dem Bast der Palmbäume, indem sie den Bast drehen wie den Lein. Sooft das Meer zurücktritt und das Land verläßt, ist es zwar meistens da, wo das Land trocken liegenbleibt, leer von Fischen; wo es jedoch tiefer liegt und noch Wasser stehenbleibt, dort gibt es sehr viele Fische, die meisten von ihnen zwar klein, doch einige auch größer. Gegen diese werfen sie ihre Netze aus und fangen sie so. Die zartesten verzehren sie roh, so wie sie sie aus dem Wasser ziehen, die größeren und härteren aber trocknen sie an der Sonne. Und wenn sie ganz gedörrt sind, zermahlen sie sie und bereiten Mehl und Brot daraus. Einige backen auch aus diesem Mehl Kuchen. Auch ihr Vieh nährt sich von getrockneten Fischen, denn ihr Land hat keine Weiden und trägt kein Gras. An vielen Stellen fangen sie auch Krebse, Austern und Muscheln. Salz erzeugt das Land von selbst [...] aus eigenem Boden, daraus bereiten sie Öl. Diejenigen von ihnen, die wüstliegende Plätze bewohnen und einen Boden, der keine Bäume hat und keinerlei Anbau erlaubt, leben allein von der Fischkost. Sonst wird das Land nur von wenigen bestellt und der Ertrag nur als Zusatznahrung verwendet; die Fische dienen ihnen statt des Getreides zur Hauptnahrung. Ihre Häuser bauen die Wohlhabendsten von ihnen, indem sie von den großen Walen, die das Meer auswirft, die Knochen sammeln und diese statt des Holzes verwenden; auch die Türen verfertigen sie aus den breiten Knochen der Wale, derer sie habhaft werden. Die meisten aber und die Ärmeren errichten ihre Häuser aus Fischgräten»[69].

Was uns an diesem Bilde, neben der peinlichen Akribie des Blicks und der zwingenden Anschaulichkeit, besonders fasziniert, ist die Folgerichtigkeit, mit welcher Nearch, ohne jede Abfälligkeit auf der einen oder schönfärberische Idealisierung auf der anderen Seite, die gesamte Le-

68 Arrian: Indike, c. 24 f.
69 Arrian: Indike, c. 29.

bensführung des Volkes und die Äußerungsformen seiner materiellen Kultur überzeugend aus der Art und Weise seiner *Nahrungsbeschaffung*, der Fischerei, heraus ableitet und diese wiederum, ebenso konsequent, als das zwangsläufige Resultat der *Umweltbedingungen* darstellt. Gleichwohl macht der Admiral jedoch keinen Hehl daraus, daß ihm die Ichthyophagen (wie die Oreiten) als Vertreter der untersten Entwicklungsstufe der Menschheit erschienen, dies einmal dadurch bekundend, daß er sie «Rohfleischesser» (ὠμοφαγέοντες) nennt und ihrer ganzen Armseligkeit wegen überhaupt als «den Tieren nahestehend» (θηριώδεις) bezeichnet[70], also zwei Merkmale anführt, die dem Altertum ja, wie schon mehrfach zu sehen, als geradezu klassische Indizien des extremen Barbarismus galten, und zum anderen durch die Erleichterung, die er zeigt, als die Flotte ihre als ausgesprochen gefahrvoll empfundene und mit Entbehrungen verknüpfte, fremdartige Sphäre verließ und die zivilisierteren Küstenstriche Südpersiens erreichte, wo den Griechen wieder alles vertrauter zu werden begann.

Endlich findet sich einmal auch ein Vergleich zwischen Völkern, die in ihrem Äußeren gewisse Gemeinsamkeiten aufwiesen, nämlich den (helleren) Nordindern und den Ägyptern auf der einen und den (dunkleren) Gruppen im Süden und den Äthiopern auf der anderen Seite, gezogen, wobei die Erklärung für die Übereinstimmungen sowohl wie für die Unterschiedlichkeiten: die größere Kraushaarigkeit und Stumpfnasigkeit der Äthioper gegenüber den südindischen Bevölkerungen, die Nearch keinesfalls übersah, freilich auf die gewohnt traditionelle Weise wieder in der in Indien und Nordostafrika waltenden Einheitlichkeit der klimatischen Bedingungen bzw. deren Abweichungen gesucht[71], nicht aber zugleich auch erwogen wird, ob vielleicht gar eine historische Beziehung besteht.

14. Kleitarchos von Alexandrien (um 300 v. Chr.)

Neben, vor allem aber dann nach den eigentlichen Expeditionsberichten der Feldzugsteilnehmer selbst entstanden indessen alsbald und in zunehmendem Maße auch, verfaßt von Historikern, die eine Gestalt wie die

---

70 Vgl. Arrian: Indike, c. 27. 33.
71 Arrian: Indike, c. 6.

Alexanders natürlich ungemein faszinieren mußte, zusammenfassende
Darstellungen seines Lebenswegs und der Ereignisse insgesamt. Mit
einem der ersten Versuche dieser Art trat der Alexandriner Kleitarch
hervor, ein Mann von zweifellos hohen literarischen Gaben, wenngleich
in der Wahl seiner Ausdrucksmittel vielleicht ein wenig zu sehr auf
starke Effekte bedacht und so nicht selten zu Pathos, ja Rührseligkeit
und dramatischen Überspitzungen neigend. Begreiflich daher, daß seine
– wieder nur in Auszügen erhaltene – «Alexandergeschichte» zu den
beliebtesten und meistgelesenen Werken ihrer Gattng, der *künstlerischen* Alexanderhistorie, und ihr Schöpfer selbst über Jahrhunderte
hin zu den gefeiertsten Autoren zählte: noch Plinius nennt ihn schlichtweg «den berühmten Schriftsteller», und Quintilianus (ca. 35–100
n. Chr.) achtete ihn gar Männern vom Range eines Herodot und Thukydides gleich[72].
Mit seiner Gelehrsamkeit freilich scheint es weniger weit hergewesen
zu sein; seine geographischen Kenntnisse etwa waren begrenzt, und er
vermochte auch nicht den Beobachtungen anderer mit der gebotenen
Kritik zu begegnen. Gleichwohl besitzt seine Schrift für die Geschichte
der Völkerkunde doch insofern Interesse, als er ihr wieder eine recht
stattliche Anzahl zudem offenbar mit besonderer Liebe ausgearbeiteter
Exkurse, und zwar namentlich solche ethnographischen und kultur-
bzw. religionshistorischen Inhalts, eingelegt hatte. Größere Stücke der
ersteren Art enthielten dabei, dem traditionellen Schema entsprechend,
wohl nach Möglichkeit immer eine Charakterisierung der Geographie
des betreffenden Landes mit Angaben zum Klima, der Flora, Fauna und
allem, was sonst an seiner Ausstattung mitteilenswert erschien, dann
eine Schilderung von den Daseinsverhältnissen und der Lebensführung
der Einwohnerschaft sowie, bei ausreichendem Einblick, einen Abriß
der Geschichte bis zur Eroberung durch Alexander den Großen – alles
das allerdings, zumal Kleitarch offenbar selbst an keinem der Feldzüge
teilnahm, nach schriftlichen Quellen, in der Hauptsache Nearch, aber
auch Herodot, Thukydides und anderen. Ein Eindruck von der Art seiner länderkundlich-ethnographischen Darstellungen läßt sich – freilich
nur mittelbar – in etwa u. a. noch aus der Schilderung Indiens bei Curtius Rufus (um 50 n. Chr.) gewinnen, und zwar nur mittelbar insofern,
als es sich nicht um einen wörtlichen Auszug, sondern mehr eine

---

72 Plinius X 49. Quintilianus: De institutione oratoria X 1, 73 f.

freiere, zudem auch aus anderen Vorlagen (so vor allem Megasthenes) schöpfende Wiedergabe des ursprünglichen Textes handelt.

Zu Beginn wird die Geographie des Landes skizziert, d. h. seine Lage bestimmt, kurz der Oberflächengestaltung gedacht und – dies in einiger Breite – eine Liste und Charakterisierung der größeren Flüsse sowie ein Überblick über die klimatischen Verhältnisse geboten. Dem schließen sich die Angaben zur Produktion (Flachsanbau, Nutzung des Baumbasts), knappe Schilderungen einzelner, besonderer Formen der Tierwelt (Papagei, Rhinozeros, Elefant) und endlich der Hinweis auf den außergewöhnlichen Reichtum des Subkontinents an Gold, edlen Gesteinen und Perlen an, womit die Darstellung bereits in die Ethnographie übergeht, da die genannten Schätze, wie dann im folgenden dargetan wird, sich in entscheidender Weise *prägend auf die Art und den Gesamthabitus der Bevölkerung ausgewirkt* hätten:

«Die Flüsse, die sanften und mäßigen Falles träg dahinschleichen, führen Gold mit sich; Edelsteine und Perlen schüttet das Meer an den Strand. Sie sind für die Einwohner die hauptsächlichste Quelle des Reichtums, besonders seitdem sie den Handel mit diesem verderblichen Luxus auf auswärtige Völker ausgedehnt haben; denn diese Auswürfe der anbrandenden Wogen werden nach Preisen, die sich nach dem Begehr richten, abgeschätzt. Wie überall [!], wirkt auch hier die Lage des Landes auf die Charakterbildung der Bewohner: Den Körper hüllen sie bis auf die Füße in ein feines Linnengewand, um die Füße binden sie Sandalen, um das Haupt ein Leinentuch; an den Ohren hängen Edelsteine, und auch den Unter- und Oberarm schmücken die mit Gold, die sich durch Geburt und Reichtum vor ihren Landsleuten auszeichnen. Das Haupthaar wird öfter gekämmt als geschoren. Immer ungeschoren bleibt das Kinn, die übrige Haut des Gesichtes aber halten sie so, daß sie ganz glatt erscheint»[73]

Zur Ausbildung geradezu hypertropher Formen aber führte diese Neigung zur Prachtentfaltung am indischen Königshofe, dessen Schilderung gleich im Anschluß an den obigen Text erfolgt und ein Gemälde von der Ausstattung des Palastes und vor allem auch dem Leben und Auftreten des Herrschers selbst entwirft, das sowohl seiner detaillierten Anschaulichkeit wie seiner kräftigen, reizvollen Farben wegen mit zu den besten und schönsten Stücken der antiken Ethnographie gehört:

---

73 Curtius Rufus VIII 9, 18 ff.

«Der Luxus der Könige, den sie selbst nur als königliche Pracht bezeichnen, übersteigt alle Üppigkeit anderer Völker. Wenn der König sich öffentlich zu zeigen
geruht, tragen Diener silberne Weihrauchpfannen und erfüllen den ganzen Weg,
den er sich tragen lassen will, mit Wohlgerüchen. Er liegt in einer goldenen, mit
Perlenschnüren behangenen Sänfte; sein Gewand ist mit Gold und Purpur be-
stickt. Der Sänfte folgen Bewaffnete und Leibwächter, in deren Mitte auf Zweigen
Vögel schweben, die man abgerichtet hat, durch ihren Gesang allen Ernst zu ver-
scheuchen. Der Königspalast hat vergoldete Säulen, die in ihrer ganzen Länge ein
aus Gold getriebener Weinstock umzieht, während silberne Bildnisse solcher Vögel, an deren Anblick man sich am meisten erfreut, angenehme Abwechslung in
das Kunstwerk bringen. Der Palast öffnet sich zur Audienz, während der König
sein Haupthaar kämmt und schmückt: Dann erteilt er den Gesandtschaften Be-
scheid und spricht über seine Untertanen Recht. Auch läßt er sich nach Lösung
der Sandalen die Füße mit duftenden Ölen salben. Bei der Jagd besteht sein haupt-
sächliches Geschäft darin, unter den Wünschen und Gesängen seiner Nebenfrauen die in einem Zwinger eingeschlossenen Tiere zu schießen. Die Pfeile sind
zwei Ellen lang und werden mit mehr Anstrengung als Wirkung abgeschossen, da
das Geschoß, dessen Kraft sonst auf der Leichtigkeit beruht, durch unhandliches
Gewicht behindert wird. Kürzere Reisen macht der König zu Pferde; geht der Zug
weiter, so ziehen Elefanten seinen Wagen, und der ganze Körper dieser ungeheuren Tiere ist mit Gold bedeckt. Und damit keine Art der Sittenverderbnis fehle, so
folgt in goldenen Sänften eine lange Reihe von Nebenfrauen. Ihr Zug ist von dem
der Königin getrennt, kommt ihm aber an Üppigkeit gleich. Die Weiber bereiten
das Mahl, desgleichen reichen sie den Wein dar, den alle Inder in reichem Maße
genießen. Ist der König infolge des Weines und der Müdigkeit eingeschlafen, so
tragen ihn die Frauen in sein Schlafgemach, indem sie in einem altertümlichen
Liede die Götter der Nacht anrufen»[74].

Der natürliche Reichtum des Landes führt also zu üppigem Luxus und
verschwenderischem Prunk – deren Folge, wie in der Darstellung unmißverständlich zum Ausdruck gelangt, eine allgemeine «Sittenverderbnis»
ist, ein Urteil, das sichtlich *kynische* Prägung verrät, wie sie im übrigen
auch andere Fragmente Kleitarchs zu erkennen geben, und dessen philosophische Tendenz dann noch deutlicher in einer im Anschluß an die
obige Schilderung gegebenen und ihr mit Geschick als Kontrast gegen-
übergestellten Charakterisierung der so viel schlichteren, stillen und von
lauterem Ernste getragenen Lebensweise der Brahmanen hervortritt:

«Wer sollte nun glauben, daß man inmitten dieser Lüste nach Weisheit strebe?
Ein Stand, den man ‹Weise› *(sapientes)* nennt, lebt in der Wildnis, bäuerlich und

74 Curtius Rufus VIII 9, 23 ff.

einfach. Bei ihnen gilt es für löblich, dem Tode zuvorzukommen, und sie machen es sich zum Gesetz, sich selbst zu verbrennen, wenn entweder ihr Alter ein zu hohes oder ihre Gesundheit hinfällig wird; den Tod abzuwarten, halten sie für eine Schändung ihres Lebens. Und stirbt jemand infolge Alters, so wird seinem Leichnam nicht die geringste Ehre erwiesen; denn sie glauben, das Feuer werde befleckt, wenn es den Körper anders als lebend empfange»; – im folgenden wird dann noch kurz auf ihre Kenntnisse im Kalenderwesen und in der Astronomie eingegangen (Curtius Rufus VIII 9, 31 ff).

So gelungen das Ganze erscheint, so bleibt es, weil weniger zur wissenschaftlichen Information bestimmt denn als Kulisse, als länderkundlich-exotische Hintergrundmalerei zum Auftreten Alexanders in Indien gedacht und mehr zur – wenn auch gehobeneren, belehrenden – Unterhaltung aufgeboten, doch in der Hauptsache Literatur – oder besser noch: wird, da es zugleich mit einer Moral verknüpft ist, zum Traktat, in dem die Ethnographie nur mehr die dienende Funktion einer «ancilla philosophiae» besitzt und damit eine Rolle zugewiesen erhält, die sie in der Folge dann zum Teil in noch stärkerem Maße zu spielen verurteilt sein sollte.

15. Megasthenes (ca. 350–290 v. Chr.)

Alles, was durch den Feldzug Alexanders an Neuem über Indien bekannt geworden war, bezog sich, da der Vormarsch ja schon bald nach dem Überschreiten des Indus wegen drohender Meutereien im Heer am Hyphasis (od. Hypasis, dem heutigen Bias od. Beas, nordöstl. Lahore) sein Ende fand, in der Hauptsache natürlich zunächst auf den Westteil des Landes; Angaben darüber hinaus schöpften allein aus dem Hörensagen. Indessen, nur wenig später, bereits um 300 v. Chr., bot sich einem in seleukidischen Diensten stehenden Griechen mit Namen Megasthenes, den Seleukos I. Nikator (312–281 v. Chr.) als Botschafter nach Pātaliputra (beim heutigen Patna am Ganges) an den Hof Chandraguptas, des Begründers der Maurya-Dynastie, entsandt hatte, in Verbindung mit seiner diplomatischen Mission die beste Gelegenheit, erstmals direkte Erkundigungen auch über den ferneren Osten einzuziehen, und dies um so mehr, als er vermutlich bis etwa 292 v. Chr. an dem Ort seiner Bestimmung verblieb, also hinreichend Zeit besaß, sich mit der Sprache des Landes vertraut zu machen und enge Kontakte zur Bevölkerung selbst anzuknüpfen. Wiewohl gerade auch an Fragen der Völkerkunde auf das

lebhafteste interessiert, scheint er, abgesehen von kleineren Ausflügen
vielleicht, doch kaum über den näheren Umkreis der Hauptstadt hinaus
weiter ins Innere vorgestoßen zu sein; jedenfalls erwecken seine topographischen Kenntnisse zumindest im ganzen nur einen recht dürftigen Eindruck.

Dennoch legte er insbesondere auf die eigene Beobachtung größten
Wert und nahm sie, wo immer sich ihm die Möglichkeit bot, konsequent
und mit Eifer wahr. Sonst dürfte er sich vor allem aus Unterhaltungen
mit Einheimischen, namentlich Beamten und Vertretern der Priesterschaft, informiert, ja einzelnes sogar der indischen Literatur entnommen
haben, während er anderes wiederum nur dem Hörensagen verdankte.
Daneben aber zog er nicht zuletzt natürlich auch die Veröffentlichungen
der Gelehrten und Militärs Alexanders heran, zeigt sich jedoch sichtlich
bemüht, ihre Angaben zu korrigieren und durch neue, auf eigene Anschauung gegründete Nachrichten nach Kräften zu ergänzen.

Die Ergebnisse seiner Beobachtungen und Nachforschungen nun legte
Megasthenes in einer Schrift mit dem Titel «Indische Nachrichten» (Τὰ
Ἰνδικά) nieder, die, leider wieder nur fragmentarisch erhalten, vermut-
lich vier Bücher umfaßte: B. I führte mit einem Überblick über die Geo-
graphie des Landes ein, bestehend u. a. aus der Bestimmung der Grenzen,
Aufzählungen der wichtigsten Gebirge, Flüsse, Städte und Völker (deren
er nicht weniger als 118 genannt zu haben scheint) sowie Angaben zur
Flora, Fauna und den Vorkommen an Naturprodukten und Bodenschätzen; B. II leitete dann bereits in den eigentlich ethnographischen Teil der
Darstellung über und brachte zunächst eine Schilderung der allgemeinen
Lebensweise, der täglichen Gepflogenheiten und des Brauchtums der Inder; B. III schloß sich mit einer Behandlung der Gesellschaftsordnung,
der Geistlichkeit und einer Charakterisierung der von ihr vertretenen
Lehren an, während endlich B. IV der Archäologie, Mythologie und politischen Geschichte des Landes gewidmet war.

In seinem geographischen Überblick hob Megasthenes die besondere
Fruchtbarkeit des indischen Bodens hervor und machte sie, was wieder
Beachtung verdient, neben den Einwirkungen seitens des Klimas für das
üppige Gedeihen, den auffallenden Formenreichtum und die teilweise an
Art wie Größe das Maß des Gewohnten weit übersteigenden Bildungen
in der Pflanzen- und Tierwelt, ja selbst die Physis und Beanlagung der
Menschen verantwortlich, stellte also einen *direkten Zusammenhang
zwischen der Umwelt und der sich in ihren Grenzen vollziehenden Entfaltung des organischen Lebens* her.

Vom Dasein der Inder selbst scheint Megasthenes ein erstaunlich umfassendes Bild geboten zu haben, in dem, soweit sich noch sehen läßt, mehr oder weniger alle Züge der klassisch-griechischen Ethnographie, von der Ernährungsweise bis zur Bestattungspraxis, berücksichtigt waren. Hier auch zeigt sich, daß er nicht allein scharf zu beobachten wußte, sondern das, was er sah, auch ebenso präzise wie anschaulich darzustellen verstand. Als Beispiel dafür sei nachstehend seine Beschreibung der Elefantenjagd wiedergegeben, die uns Arrian wie folgt überliefert:

«Jagd machen die Inder auf alles Wild, wie auch die Griechen; aber ihre Elefantenjagd läßt sich mit keiner anderen vergleichen, weil auch diese Tiere mit keinen anderen Tieren zu vergleichen sind. Sie wählen nämlich dazu einen ebenen, von der Sonnenhitze durchglühten Raum und führen um denselben einen Graben in einem Umfang, der ein großes Heerlager fassen könnte. Den Graben legen sie in einer Breite von etwa fünf und in einer Tiefe von etwa vier Klaftern [1 Kl. = ca. 1,70 m] an. Den Schutt, welchen sie beim Graben herausschaffen, schichten sie an den beiden Rändern des Grabens auf und bedienen sich desselben statt einer Mauer. Für sich selbst errichten sie am Aufwurf des äußeren Grabenrandes Erdhütten und lassen an diesen Öffnungen, durch welche nicht nur Licht für sie einfällt, sondern sie auch die Tiere herankommen und in das Gehege eintreten sehen. Sodann stellen sie innerhalb des Geheges drei bis vier der allerzahmsten Weibchen auf und lassen bloß einen einzigen Zugang über dem Graben offen, indem sie eine Brücke über denselben schlagen, und auf diese häufen sie Schutt und vielen Rasen, damit nicht die Brücke den Tieren so leicht bemerklich werde und dieselben Nachstellung wittern. Die Jäger halten sich nun abseits, in die Hütten am Graben verkrochen. Denn die wilden Elefanten nähern sich bei Tage den Wohnplätzen nicht; nachts dagegen schweifen sie allenthalben umher und weiden rudelweise, den größten und edelsten unter ihnen folgend, gerade wie die Kühe den Bullen. Wenn sie nun, dem Gehege nahe gekommen, die Stimme der Weibchen hören und zugleich Witterung von ihnen erhalten, so rennen sie in vollem Lauf auf den umschlossenen Raum los; und wenn sie dann, am Rand des Grabens herumgehend, zu der Brücke gelangen, so drängen sie sich über dieselbe in das Gehege. Kaum aber haben die Leute bemerkt, daß die wilden Elefanten darin sind, so nimmt ein Teil von ihnen rasch die Brücke weg, ein anderer läuft in die nächsten Dörfer und meldet, daß die Elefanten gefangen seien. Diejenigen, die diese Nachricht hören, besteigen sogleich die herzhaftesten und zugleich zahmsten Elefanten und traben, sobald sie aufgesessen sind, zu dem Gehege. Hier angelangt, beginnen sie jedoch den Kampf nicht auf der Stelle, sondern lassen die wilden Elefanten erst Hunger leiden und vom Durst gebändigt werden. Erscheinen sie ihnen dann genügend geschwächt, so richten sie die Brücke wieder auf und reiten ins Gehege ein. Und da haben anfangs die zahmen Elefanten einen hitzigen Kampf mit den gefangenen zu bestehen; später jedoch werden die wilden, durch

Mutlosigkeit und Hunger zugleich erschöpft, erwartungsgemäß überwältigt»
(worauf sie gebunden und fortgeführt werden)[75].

Von der Bevölkerung insgesamt, ihrem Charakter und der ganzen Art
ihrer Lebensführung entwarf Megasthenes ein nahezu ausnahmslos positiv, ja geradezu schwärmerisch verklärend gehaltenes Bild. Zwar hob
auch er die besondere Putzsucht der Inder, ihren Aufwand an Gold,
kostbaren Steinen und wertvollen Stoffen hervor, betonte aber zugleich
und mit Nachdruck, daß dies in auffallendem Widerspruch zu ihrem
sonstigen, in allem so maßvollen und überhaupt von schlichter Anspruchslosigkeit bestimmten Auftreten stünde – das er im Gegensatz zu
Kleitarch also der Gesamtheit, nicht nur der Minderheit der Brahmanen
bescheinigt. Sie seien, lesen wir weiter, zudem auch überaus ehrlich,
gerade im Umgang, gerecht und wahrhaftig, mieden den Streit und
strebten nach Weisheit – mit anderen Worten: sie führten ein *Idealdasein im kynischen Sinne*! Und um dies noch deutlicher in Erscheinung
treten zu lassen, nahm Megasthenes, hierin nur das Erbe Kleitarchs und
anderer Alexanderhistoriker pflegend, keinerlei Anstand, die Tatsachen
hier und da auch einmal bewußt zu verfälschen, indem er den Indern, in
Huldigung ihrer Enthaltsamkeit, beispielsweise den Weingenuß ab-
sprach, behauptete, daß sie, wegen des Anspruchs aller Menschen auf
Freiheit und Gleichberechtigung, keine Sklaverei duldeten und, weil
ihre Loyalität unantastbar sei, keine schriftlich fixierten Gesetze besäßen, ja sogar vorgab, daß ihnen die Kenntnis der Schrift überhaupt ab-
ginge[76]!
Ihrer Sozialordnung nach setzte sich die Bevölkerung nach Megasthenes insgesamt aus sieben – rangmäßig übrigens durchaus gestaffelten –
«Klassen» oder «Ständen» zusammen, nämlich, so die überlieferte Reihenfolge: 1. den Weisen (od. «Philosophen»), 2. den Bauern, 3. den
Jägern und Hirten, 4. den Handwerkern, Künstlern und Kaufleuten, 5.
den Kriegern, 6. den königlichen Aufsichts- und 7. den höheren Verwal-
tungs- und Regierungsbeamten. Alle waren wenigstens kurz, ihren
wichtigsten Funktionen, Pflichten und Rechten nach, vorgestellt; dafür
als Beispiel die Charakterisierung der zweiten und dritten Gruppe (nach
Strabo):

75 Arrian: Indike, c. 13.
76 Vgl. Strabo XV 1, 53–54. Arrian: Indike, c. 10. Diodor II 39.

«Die zweite und zahlenmäßig am stärksten vertretene Klasse (μέρος) bilden die
Bauern, welche die rechtschaffensten unter den Indern sind. Sie leben frei vom
Kriegsdienst, gehen ungestört ihrer Arbeit nach und kümmern sich weder um die
Stadt noch andere Angelegenheiten von öffentlichem Belang. Oft trifft es sich zur
selben Zeit und am selben Ort, daß hier Soldaten, in Schlachtordnung aufgestellt,
wider den Feind zu Felde ziehen und dort, unter dem Schutze derselben, gepflügt
oder gegraben wird. Das ganze Land gehört dem König, und die Bauern bestellen
es um den vierten Teil des Ertrages.
Die dritte Klasse bilden die Hirten und Jäger, denen es als einzigen erlaubt ist zu
jagen, Herden zu halten und Zugtiere zu verkaufen oder zu verleihen. Zum Ent-
gelt dafür, daß sie das Land von wilden Tieren und den samenfressenden Vögeln
befreien, teilt ihnen der König, da sie nicht ortsgebunden und nur unter Zelten
leben, Getreide (σῖτον) zu. Ein Pferd oder einen Elefanten zu halten, ist jedoch
keinem Privatmann gestattet; beides wird für ein Privileg des Königs erachtet und
fällt in die Zuständigkeit eigens dafür angestellter Beamten»[77].

Von der einen in eine andere Klasse, etwa durch Eheschluß, überzugehen
und damit den Beruf zu wechseln oder überhaupt verschiedene Gewerbe
zugleich auszuüben, war allen verboten – mit Ausnahme der «Philosophen»: «denn diese dürfen es ihrer Tugend (ἀρετήν) wegen»[78]. Und
diese «Tugend» der indischen Weisen und Religiosen, d. h. ihr Asketen-
tum, mußte, weil dem Anscheine nach so ganz den Idealen der kynischen
Lebensauffassung entsprechend, den Griechen natürlich erst recht zu
einer schönfärberischen Verklärung verführen:

«Die Philosophen», schwärmt Megasthenes denn auch hier geradezu, «halten
sich in einem Haine vor der Stadt, und zwar innerhalb eines umfriedeten
Bezirkes, auf. Sie leben auf einfachste Weise, schlafen auf Fellen und Stroh,
meiden den Fleischgenuß und enthalten sich des geschlechtlichen Umgangs.
Ernsten Unterweisungen folgend, teilen sie sich nur denjenigen mit, die es
wünschen. Wer zuhört, darf weder reden noch sich räuspern oder ausspeien;
widrigenfalls wird er, unter dem Vorwurf, sich unbeherrscht verhalten zu haben, für einen Tag aus der Versammlung ausgeschlossen. ... Die Brahmanen
(βραχμᾶνας)», heißt es weiter, «philosophieren niemals mit Frauen, damit
diese nicht, sollten sie schlechten Charakters sein, etwas von den Geheimnissen
an Uneingeweihte verraten können oder, im Falle sie ein ernsthaftes Interesse
aufbrächten, ihre Männer verlassen. Denn keiner, der das Vergnügen und den

---

77 Strabo XV 1, 40–41; zum Ganzen vgl. XV 1, 39–41; 46–49. Arrian: Indike,
    c. 11–12. Diodor II 40–41.
78 Strabo XV 1, 49.

Schmerz wie auch das Leben und den Tod verachtet, will einem anderen untertan sein», usw.[79]

Die Urgeschichte des Landes endlich, die Megasthenes, wie erwähnt, im
IV. Buch seines Werkes dargestellt hatte, scheint, ihren Resten bei Arrian (Indike, c. 7–9) und Diodor (II 38–39) nach zu schließen, kaum Spezifisches geboten zu haben und mehr allgemein gehalten bzw. ganz nach
dem gängigen Schema derartiger Stücke in der älteren Literatur angelegt
gewesen zu sein: Seit alters in ihrer Heimat ansässig und niemals durch
Zuzug von außen verstärkt noch geneigt, anderwärts Kolonien zu gründen, führten die Inder, so Megasthenes, zu Beginn ein ärmlich nomadisches Dasein als *Jäger und Sammler*, ernährten sich von der Rinde der
Bäume und dem rohen (!) Fleisch der erbeuteten Tiere, kleideten sich in
Felle und besaßen weder feste Ansiedlungen noch Kultheiligtümer. Aus
diesem Zustande uranfänglicher Barbarei sich dann zu erheben gelang
ihnen jedoch nicht so sehr aus eigener Kraft als vielmehr dank der Initiative und tätigen Hilfe eines göttlichen *Kulturheroen*, der eines Tages ihr
Land betrat, sie seiner Herrschaft unterwarf und in allem, was zum Aufbau entwickelterer Lebensformen gehört, unterwies. Dieser Gott aber
war – «Dionysos»! Der nämlich habe, heißt es bei Arrian,

«nach seiner Ankunft und nach Bezwingung der Inder Städte erbaut und diesen
Städten gesetzliche Einrichtungen gegeben, sei auch für die Inder, gleichwie für
die Griechen, Spender des Weines gewesen und habe sie mit der von ihm gegebenen Sämerei das Feld bestellen gelehrt, sei es nun, daß Triptolemos[80], als er von
Demeter zur Besamung der ganzen Erde ausgesandt worden war, nicht hierher
gekommen ist oder daß dieser Dionysos, wer er auch sein mag, das Land der Inder
besucht und ihnen den Samen unserer Früchte gespendet hat. Stiere habe zuerst
Dionysos an den Pflug gespannt, habe die Inder so zu Bauern gemacht und sie mit
kriegerischen Waffen bewehrt. Auch die Götter zu verehren habe er sie gelehrt,
und zwar unter anderen vor allem sich selbst: unter dem Schalle von Zymbeln
und Trommeln; weiter habe er sie im Satyrtanz, der bei den Griechen ‹Kordax›
heißt, unterwiesen sowie endlich auch darin, dem Gotte zu Ehren die Haare wachsen zu lassen und die Mitra zu tragen, ferner auch in der Verwendung duftender
Öle zur Körperhygiene. So kam es, daß die Inder noch gegen Alexander zu Trom-
mel- und Zymbelklang in die Schlachten zogen» (Arrian: Indike, c. 7).

79 Strabo XV 1, 59.
80 Griechischer Kulturheros; – wurde, wie im folgenden angedeutet, von Demeter
   ausgesandt, die Menschen im Bodenbau (mit Pflug!) zu unterweisen.

Dionysos war der erste König von Indien; und als er, nach Vollendung seiner Mission, das Land zuletzt wieder verließ, setzte er den getreuesten seiner Anhänger zu seinem Nachfolger ein, von dem das Königtum dann jeweils vom Vater auf den Sohn oder, bei Kinderlosigkeit, auf einen anderen, vom Volke hierzu für würdig befundenen Mann überging – bis auf den «indischen Herakles»: Auch dieser zeichnete sich durch besondere, die Entwicklung weiter vorantreibende Wohltaten aus, säuberte Wasser und Land von allen wilden und gefährlichen Tieren sowie überhaupt allem Bösen, gründete neue, größere Städte und machte sich neben anderem namentlich auch durch die Einführung der Perlfischerei verdient. Er hatte als letzter noch die Herrschaft über die Gesamtheit Indiens inne und genoß gleich Dionysos göttliche Ehren, starb aber gleichwohl eines menschlichen Todes.

Konkretere, verläßliche Anhaltspunkte zur indischen Urgeschichte enthält die Archäologie des Megasthenes also, soweit jedenfalls noch zu sehen, eigentlich gar nicht. Bis auf einzelnes, wie die Baumrindenkost während der ersten Entwicklungsetappe, ist das Bild als Ganzes so allgemein angelegt, daß es sich ebensogut auf jedes andere höherstehende Volk der Erde beziehen ließe, und gibt überdies doch im Grunde nur Vorstellungen wieder, wie sie zum traditionellen Bestand der griechischen Urgeschichtsspekulationen gehörten. Es dürfte sich daher um eine rein literarische Übertragung handeln, die aber immerhin der Überzeugung entsprach, daß sich die kulturhistorische Entwicklung der Menschheit *überall auf die nämliche, evolutionistische Weise* vollzog, in diesem Falle freilich zur Hauptsache noch von einem Gott und einem Heroen in die Wege geleitet, deren Namen zwar ebenfalls griechischer Herkunft sind und die somit zum Beweis für den Glauben vom Ursprung aller Kultur in Hellas eingesetzt scheinen, andererseits aber durchaus auch auf Gestalten der einheimischen Überlieferung, etwa Shiva und Krishna, bezogen sein könnten. In der Verwendung derartiger «Heilbringerfiguren» aus der Volkstradition kündigt sich bereits die um diese Zeit von Kynikern und Vertretern der Stoa in Angriff genommene *Restauration des Mythos* an; da erstere u. a. gerade auch Dionysos und Herakles als solche verehrten, wäre wohl eher an einen Einfluß von ihrer Seite zu denken, wenn auch die Vorstellung vom *Königtum* beider Schöpfergestalten wiederum deutlich an die Lehre der letzteren erinnert, daß alle wesentlichen Errungenschaften der Menschheit, mit deren Hilfe ihr der Aufstieg zu höheren Daseinsformen gelang, von einzelnen, mit besonderer Weisheit begabten Herrschern der Urzeit angeregt und eingeführt wurden.

Insgesamt also mischen sich in der Darstellung des Megasthenes durchaus realistische, auf bester ethnographischer Beobachtung beruhende Züge mit solchen idealisierender Schönfärberei, gängigen Klischees (z. B. dem Rohfleischverzehr der ersten Menschen) und traditionellen Theoremen der griechischen Urgeschichtslehre, denen sich im übrigen noch eine nicht unerhebliche Anzahl von offenkundigen Mißverständnissen, unzulässigen Verallgemeinerungen, ausgesprochenen Übertreibungen und – nicht zuletzt – auch eine stattliche Fülle von Mirabilien, namentlich anatomischer Art, anreihen ließen: So war von «keilköpfigen Panen» und Schlangen, die Rinder und Hirsche samt ihren Hörnern verschlingen, die Rede, fanden die alten Fabeln von den goldgrabenden Ameisen und vom Kampf der Pygmäen mit den Kranichen aufs neue Erwähnung und wurde mit vollem Ernste von den verschiedensten Monstervölkern gehandelt, wie z. B., um nur diese zu nennen, den «Nasenlosen», «Einäugigen», «Langbeinern» und «Schnellfüßlern», «Mundlosen», die sich nur vom Geruche der Speisen ernähren, «Langohrigen» und Leuten, deren Füße nach hinten gekehrt sind und je acht Zehen besitzen. Ein Großteil dieser Geschöpfe, deren einige ja bereits Skylax von Karyanda namhaft zu machen wußte, finden sich übrigens auch in der altindischen Literatur selbst aufgeführt und entsprechend beschrieben, so daß es den Anschein hat, als habe Megasthenes sie nur aus der einheimischen Überlieferurng übernommen und nicht schlichtweg erfunden, wie Strabo (II 1, 9) meint, der ihn deswegen zum «Lügner» (ψευδολόγος) erklärt. Gleichwohl bleibt die Sorglosigkeit, mit der er dergleichen zu akzeptieren bereit war, und bleibt auch der schlechte Dienst, den er der Völkerkunde damit erwies: Denn nicht zum wenigsten und zuletzt ihm ist es anzulasten, daß sich die Fabelvölker alt-mythischer Tradition, deren von vielen längst angezweifelte Existenz sein Zeugnis erneut zu verbürgen schien, von nun an, wie man den Eindruck hat, noch unangefochtener als früher Eingang in die ethnographische Literatur zu verschaffen begannen und dort über das Mittelalter hinaus bis selbst in die beginnende Neuzeit hinein zu behaupten vermochten. Trotz all dieser Mängel muß jedoch anerkannt werden, daß Megasthenes bei seiner Darstellung bewußt darauf absah, eine, wenn auch wieder mehr literarisch gehaltene, so doch im ganzen geschlossene, selbständige ethnographische Monographie eines einzelnen Volkes zu geben und ihm dies ingesamt nicht übel gelang. Verständlich daher, daß sein Werk denn auch nahezu ausnahmslos allen antiken Autoren, die nach ihm über Indien schrieben, zur Grundlage diente.

16. Pytheas von Massalia (um 325 v. Chr.)

Etwa zur selben Zeit, da sich Asien, dank der Initiative Alexanders und
seiner Nachfolger, in zunehmendem Maße, wie im vorausgehenden dargestellt, der gelehrten Erkenntnis erschloß, tat im fernen Europa, angeregt vielleicht durch die Erfolge im Osten, ein einzelner Mann, der Kolo-
nialgrieche Pytheas von Massalia (dem heutigen Marseille), den ersten
und ebenso entscheidenden wie kühnen Schritt zur systematischen Erforschung des hohen Nordwestens der Ökumene, und dies insofern vor
allem, als die – zur See durchgeführte – Expedition in erster Linie unbestreitbar rein wissenschaftlichen Zielen, d. h. namentlich mathematisch-
geographischen und astronomischen Beobachtungen, gewidmet war,
wenngleich nicht ganz auszuschließen sein wird, daß es daneben auch um
Fragen von kommerziellem Belang ging, die für die Massalioten, deren
Existenz seit alters zu einem so wesentlichen Teil auf dem gewinnreichen
Handel mit den Völkern des Nordens beruhte, ja von besonderem, geradezu lebenswichtigem Interesse sein mußten. Bedenkt man, daß Pytheas
offenbar seine Reise aus eigenem Antrieb heraus, und nicht auf höheren
Auftrag hin, unternahm, daß er die Kosten dazu, wenn auch vermutlich
nicht nur, so doch zur Hauptsache aus seinen persönlichen Mitteln bestritt, also ganz als Privatmann fuhr und als solcher keinerlei militärischen Schutz genoß, so wird man ihm zweifellos einen ebenso bewunde-
rungswürdigen Wagemut wie ein seltenes Maß jener Begeisterung, die
den geborenen Forscher beseelt, zubilligen dürfen, so daß es gerechtfertigt erscheint, wenn man ihn bereits mit Entdeckern vom Range eines
Kolumbus oder Vasco da Gama verglich.

Pytheas schiffte sich, um den Verlauf seiner so bedeutsamen Reise zu
skizzieren, etwa um 325 v. Chr. ein, segelte dann zunächst, die Straße
von Gibraltar passierend, um Spanien herum und die Westküste des
europäischen Festlands aufwärts bis zur Bretagne bzw. den ihr vorgelagerten Inselgruppen. Von hier aus setzte er nun nach Britannien über,
das er vermutlich irgendwo im Südwesten der Halbinsel von Cornwall
erreichte und, im Uhrzeigersinne, wohl zur Gänze umfuhr, wobei er genauere Erkundigungen auch über Irland und, sofern er hier nicht zum
Teil wenigstens aus eigener Beobachtung schöpfte, die Hebriden sowie
die Orkney- und selbst die Shetland-Inseln einzog und nach Norden zu
bis zur «Insel Thule» (Θούλη) gelangte, unter der nach aller Wahrscheinlichkeit Island, möglicherweise aber auch Skandinavien zu verstehen ist. Von dort aus, wo er seiner Meinung nach das nördliche Ende der

bewohnbaren Welt erreicht hatte, wieder die Rückfahrt antretend, schloß
er die Umschiffung Englands im Südosten der Insel ab, überquerte, vermutlich von Kent aus, die Straße von Dover und segelte dann noch einmal die holländische und deutsche Nordseeküste hinauf, und zwar in
etwa bis zur Helgoländer Bucht, also nicht, wie man früher annahm, auch
in die Ostsee hinein, um endlich, nachdem er insgesamt einen Sommer
lang unterwegs gewesen war, wieder nach Massalia heimzukehren.

Seine Forschungsergebnisse legte Pytheas in einer Schrift mit dem Titel «Über das Weltmeer» (Τὰ περὶ τοῦ ὠκεανοῦ) nieder, deren – nicht
eben reichliche und zudem fast ausschließlich indirekt oder als Gegenstand der Polemik überlieferte – Reste sich in der Hauptsache bei
Strabo, Plinius, Pomponius Mela, auch Caesar und Avienus erhalten finden; als wörtliches Zitat ist wahrscheinlich nur ein einziges Fragment
anzusprechen. Literarisch wohl wieder nach Art eines Periplous angelegt, bot das Werk, den besonderen Interessen seines Verfassers entsprechend, dem Inhalt nach, wie die vorhandenen Zeugnisse jedenfalls den
Eindruck erwecken, zum überwiegenden Teil naturwissenschaftlich-geo-
graphische und astronomische Beobachtungsdaten: so Messungen der
jeweiligen Sonnenhöhe, Bestimmungen der Tageslängen, Angaben zu
Richtung und Stärke von Meeresströmungen, dem Gezeitenverlauf und
dergleichen mehr, wodurch erstmals gesichertere Anhaltspunkte zur genaueren Fixierung der nördlichen Breitengrade sowie überhaupt einer
exakteren Berechnung des Erdumfanges gewonnen wurden. Sonst trug
er ganz allgemein natürlich entscheidend zur länderkundlichen Erhellung der nordwesteuropäischen Küstengebiete samt ihrer Inselwelt bei
und darf, wenngleich vor ihm bereits die Phönizier und andere Britannien anliefen, doch, zumal ihm als erstem der Nachweis seiner Inselnatur
gelang, als dessen eigentlicher Entdecker gelten. Daneben aber enthielt
sein Bericht durchaus auch Informationen ethnographischer Art, wie er
sie, wenn er vor Anker ging oder während einzelner Ausflüge ins Lan-
desinnere, mit denen sicherlich zu rechnen sein wird, durch stumme Beobachtung wie direktes Befragen der Einheimischen gewann, wobei er
jeweils zwischen dem, was er selber erkundet hatte, und dem, was er nur
dem Hörensagen nach wiedergab, streng zu unterscheiden bemüht war.
Genaueres läßt sich jedoch nicht mehr ermitteln, da die Reste seines
Werkes, wie erwähnt, nur indirekt überliefert bzw. der Masse nach wohl
anonym in den Darstellungen späterer Autoren, die nach ihm den Nordwesten Europas beschrieben, aufgegangen sind. Indessen, so viel ist immerhin kenntlich, daß er im ganzen eine nüchtern-sachliche, möglichst

allein auf gesichertes Tatsachenmaterial gegründete Berichterstattung zu geben und, wie aus dem nachstehenden Zeugnis Strabos ersichtlich, den *kausalen Zusammenhang zwischen der Natur eines geographischen Raumes und der Kultur seiner Einwohnerschaft* deutlich zu machen bemüht war:

«Was jedoch die Himmelserscheinungen und die mathematische Untersuchung betrifft, so scheint er die Verhältnisse einigermaßen zutreffend behandelt zu haben, die in der Nähe der kalte Zone herrschen: daß Kulturpflanzen und Haustiere teils völlig fehlen, teils selten sind, und daß man sich von Hirse, wildwachsenden Kräutern, Früchten und Wurzeln ernähre; wo aber Getreide (σῖτος) und Honig vorhanden sei, braue man daraus ein Getränk. Das Getreide dreschen die Einwohner, weil sie keine klaren Tage haben, in großen Gebäuden, nachdem man dorthin die Garben gebracht hat; denn offene Tennen sind wegen des fehlenden Sonnenscheins und der Regengüsse für sie unbrauchbar»[81].

Verständlicherweise fanden die Leistungen des Massalioten später vor allem bei den Vertretern der mehr naturwissenschaftlich orientierten Geographie, von Eratosthenes bis Ptolemaios, Anerkennung; unter den Ethnographen schätzten und schöpften ihn u. a. der im folgenden zu behandelnde Timaios von Tauromenion, wohl auch Tacitus und namentlich Poseidonios aus, der eines seiner Hauptwerke gar beziehungsvollerweise mit demselben Titel, wie ihn der Bericht des Pytheas trug, überschrieb. Weniger Billigung, ja offene Ablehnung wurde ihm dagegen von seiten des Polybios und dessen Verehrer Strabo zuteil, die seine Mitteilungen schlechtweg für unglaubwürdig und ihn selbst zum Phantasten und Lügner erklärten, ein Urteil, das sich dann, wie es scheint, auch bei anderen festzusetzen begann und so in der Folge allmählich mehr oder weniger Allgemeingültigkeit erlangte. So gerieten seine Forschungen, weil weithin für wertlos gehalten, alsbald in Vergessenheit: Als Caesar sich zum Angriff auf England anschickte, beklagte er, so gar nichts über die Größe der Insel, ihre Beschaffenheit und ihre Bevölkerungen zu wissen[82]! Seine Verdienste vermochten erst in der Neuzeit, da eine angemessene Verifizierung seiner Ermittlungen an der Wirklichkeit möglich war, voll gewürdigt zu werden; danach hat er mit Fug als einer der größten Entdecker und der entscheidende Wegbereiter der ethnographischen Erforschung Nordwesteuropas zu gelten.

81 Strabo IV 5, 5.
82 Caesar: De bello Gallico IV 20.

17. Timaios von Tauromenion (ca. 356–260 v. Chr.)

Einen zweiten, kaum minder bedeutsamen Schritt in der letzteren Richtung stellt die nur wenig nach dem Erscheinen der Pytheas-Schrift entstandene «Geschichte» (Ἱστορίαι) Siziliens des Griechen Timaios von
Tauromenion (heute Taormina) dar. Dem Werk, das über die engere Historie der Heimatinsel seines Verfassers hinaus die Geschicke Griechenlands und Italiens, ja eigentlich der gesamten westlichen Mittelmeerwelt
und ihrer Randbereiche, einschließlich Nordafrikas (Karthago), in die
Betrachtung mit einbezog, war als länderkundliche Grundlegung wieder
eine zwei Bücher umfassende geographische und insbesondere auch ethnographische Beschreibung des Westens vorausgeschickt und damit erstmals eine eigene, in geschlossenem Zusammenhang gebotene *Völkerkunde von Europa* gegeben, wichtig schon insofern vor allem, als Timaios
dabei, wie wir wissen, bereits das Beobachtungsmaterial des Pytheas mit
verarbeitet hatte. Ob er gleich diesem indessen selbst etwa eine oder gar
mehrere größere Forschungsreisen unternahm, bleibt – trotz seiner Versicherung, «die Sitten» der Ligyer (bzw. Ligurer), Iberer und Kelten persönlich erkundet zu haben [83] – ungewiß; jedenfalls sieht es ganz so aus,
als sei er kaum über Griechenland, wo er gut 50 Jahre seines Lebens
verbrachte, und Italien hinausgelangt. Um so gewissenhafter aber
schöpfte er dafür alles, was ihm an schriftlichen Quellen erreichbar war,
aus, zog auch an den Stätten, die er tatsächlich besuchte, in einigem Umfang mündliche Überlieferungen, einschließlich des Mythos, mit heran
und wertete selbst Urkunden und Inschriften aus.

Das – wieder zur Masse verlorene – Werk des Timaios umfaßte ursprünglich 38 Bücher; größere Reste, gerade auch aus den beiden Einlei-
tungsbüchern, auf die es uns hier ja in erster Linie ankommt, finden sich
jedoch glücklicherweise noch, neben Hinweisen bei Polybios und indirekt
Überliefertem bei Autoren wie Pompeius Trogus, Plutarch oder Pausanias, bei Diodor, wenngleich mit Exzerpten anderer Herkunft zum
Teile verschmolzen, erhalten. Soweit hieraus ersichtlich, begann der Historiker den länderkundlich-ethnographischen Überblick mit seiner Heimatinsel Sizilien, schritt dann über Illyrien, die Nordwestküste Italiens
und dessen einzelne Landschaften nach Ligurien fort, gab darauf eine
Beschreibung Galliens, Spaniens, der Balearen und Englands und schloß

83 Bei Polybios XII 28a.

mit einer Schilderung Nordafrikas (Libyens u. Karthagos), Korsikas und Sardiniens. Dem literarischen Aufbau nach waren die einzelnen Regionen dabei jeweils gesondert, in Gestalt mehr oder weniger selbständiger Monographien behandelt, die inhaltlich wie formal ganz der Anlage der länderkundlichen Exkurse bei den klassischen Historiographen entsprachen, ja gelegentlich sogar, indem die Darstellung beispielsweise von den Küsten ausgeht und häufig auch die Landemöglichkeiten, Hafenverhältnisse und dergleichen Berücksichtigung finden, Periplous-Charakter verraten.

Im einzelnen bieten die Schilderungen eine reichlich zwanglose, quasi bunt zusammengewürfelte Folge von Fakten dar, deren «Ordnung», wenn man so will, lediglich darin besteht, daß sich Timaios, soweit durch die Quellenlage hierzu imstande, bemühte, möglichst in jedem Falle den seit den Ioniern traditionellen *«essentials»* bzw. Hauptgesichtspunkten der griechischen Ethnographie gerecht zu werden: indem er z. B. einen Überblick über die Geographie des Landes (seine räumliche Gliederung, das Klima, die Tier- und Pflanzenwelt sowie seine Bodenschätze) gab, der Frage nach dem Namen der Bevölkerung und ihrer Kopfzahl nachging, die Urgeschichte skizzierte und bei Behandlung der Kultur seine Aufmerksamkeit insbesondere der Tracht, der Armatur und Kriegführung, dann der Behausung und Siedlungsweise, den Formen der Nahrungsgewinnung und gewerblichen Produktionstätigkeit schenkte und unter den Sitten zur Hauptsache wiederum nur die auffallenderen Erscheinungen (namentlich aus dem Bereich des Hochzeits- und Bestattungszeremoniells) berücksichtigte sowie endlich gelegentlich auch den allgemeinen Charakter eines Volkes oder einer Einwohnerschaft zu bestimmen versuchte. Als eines der besten der erhaltenen Stücke dieser Art sei im folgenden zur konkreten Veranschaulichung seine Schilderung Korsikas (nach Diodor) wiedergegeben:

LAGEBESTIMMUNG:
«Nach Aithalia [Elba] kommt eine Insel, die ungefähr 300 Stadien von dieser entfernt ist und von den Hellenen Kyrnos genannt wird, von den Römern und den Eingeborenen aber Korsika. Diese Insel hat viele gute Ankerplätze und einen ganz ausgezeichneten Hafen, welcher der syrakusische heißt. Es sind auf derselben auch zwei namhafte Städte, die eine Kalaris [zu lesen: Alalia, heute Aléria], die andere Nikaia [nahe dem heutigen Casamozza].»
URGESCHICHTE:
«Kalaris gründeten die Phokäer, wurden aber, nachdem sie eine Zeitlang daselbst gewohnt, von den Tyrrhenern von der Insel vertrieben. Nikaia aber gründeten die

Tyrrhener, während sie das Meer beherrschten und sich die Inseln vor den Küsten ihres Landes unterwarfen. Eine Zeitlang beherrschten sie alle Städte der Insel und nahmen von den Eingeborenen Abgaben in Harz, Wachs und Honig entgegen, Produkte, an denen auf der Insel kein Mangel herrscht. Sklaven von Kyrnos sollen brauchbarer zur Verrichtung der verschiedenen Dienstleistungen sein als Sklaven anderer Herkunft, da die Natur sie dazu wie geschaffen hat.»
GEOGRAPHIE:
«Die ganze Insel ist sehr groß und zum überwiegenden Teil gebirgig, mit dichten Eichenwäldern bedeckt und von kleinen Flüssen durchströmt.»
ETHNOGRAPHIE:
«Die Nahrung der Eingeborenen setzt sich aus Milch, Honig und Fleisch zusammen, alles Dinge, die das Land sämtlich in Fülle hervorbringt. Im Umgang miteinander beobachten sie, ganz im Gegensatz zu allen andern Barbaren, Recht und Billigkeit: Das Wachs, das sie den Bäumen im Gebirge entnehmen, gehört jeweils dem, der es findet, und niemand macht es ihm streitig. Die Schafe sind durch Zeichen kenntlich gemacht und bleiben ihrem Besitzer, auch wenn sie niemand bewacht, stets sicher erhalten; und desgleichen befleißigen sie sich selbst bei den belangloseren Formen des Zusammenlebens noch einer auf Recht und Gerechtigkeit gegründeten Handlungsweise. Höchst auffallend aber erscheint, wie bei ihnen die Geburten vonstatten gehen: nicht der Wöchnerin nämlich wird nach der Niederkunft Pflege zuteil, sondern dem Manne, der sich, als sei er erkrankt, für eine bestimmte Anzahl von Tagen zu Bett legt und so tut, als sei er tatsächlich von einem Leiden befallen[84]. Sonst wächst auf der Insel auch sehr viel Buchs, der, von besonderer Art, den dortigen Honig ganz bitter macht. Die Sprache dieser Barbaren ist überaus eigenartig und nur sehr schwer verständlich. Ihre Zahl übersteigt die Dreißigtausend» (Diodor V 13–14).

Einmal, bei der Beschreibung der Ligurer, geht Timaios auch über die reine Deskription hinaus und zeigt sich, hierin desgleichen einen Gesichtspunkt beachtend, der bereits Genrecharakter besitzt, sichtlich bemüht, die Physis, das Temperament und überhaupt die ganze Art der Lebensführung des Volkes als Folge seiner *geographischen Umweltbedingungen* zu erklären:

«Die Ligyer ... siedeln in einem rauhen und überaus armseligen Land, dessen Boden den Einwohnern nur bei größtem Arbeitsaufwand und äußerster Anstrengung die zum Leben notwendigen Nahrungsmittel beschert. Sie sind daher von gedrängtem Körperbau und, der beständigen Anforderungen und Mühen zufolge, stark. Weit von aller Bequemlichkeit und üppigem Lebensgenusse entfernt,

---

84 Es handelt sich um einen der ältesten Belege für die sog. *«Couvade»* (bzw. das «Männerkindbett») im Mittelmeerraum!

zeigen sie sich in ihren Bewegungen flink und behend und finden in Kämpfen und Kriegen Gelegenheit, Mut und Kräfte zu stählen. Weil aber die Bewohner jener Gegenden sich ununterbrochen mühen und plagen müssen und der Boden so viel Arbeit beansprucht, haben sie auch ihre Frauen daran gewöhnt, sich an der harten Feldarbeit zu beteiligen» (Diodor IV 20).

Den Bodenbau selbst jedoch – und sicherlich auch alles andere von grundlegender Wichtigkeit für die kulturelle Entwicklung – sah er nach Väterweise noch als Geschenk der Himmlischen an – und glaubte ihn als guter Patriot auf Sizilien entstanden: dies beweise schon, argumentierte er, die (einheimische!) Überlieferung, daß es die Sikuler waren, die als erste den Weizen von Demeter und Kore empfingen, und zur Bestätigung dafür führte er wiederum an, daß beide Göttinnen auf Sizilien die höchste Verehrung genössen und, was besondere Beachtung verdient, dort (bei Leontinoi, heute Lentini) *noch immer wildwachsender Weizen* vorkomme. Ähnlich geht er übrigens auch an anderer Stelle vor, wo er die Behauptung, die Argonauten seien den Tanais (Don) hinaufgefahren, hätten ihre Schiffe über Land zum Nordmeer getragen und wären von dort dann, Europa westlich umsegelnd, durch die Straße von Gibraltar wieder ins Mittelmeer eingelaufen, mit entsprechenden Namensvorkommen an den Küsten, die sie berührten, zu belegen versucht. Die Erfindung der weniger gewichtigen Errungenschaften schrieb er offenbar, hierin wohl den Stoikern folgend, überragenden *Herrschern der Vorzeit* zu: so jedenfalls die Verwendung des Segels und die Kenntnis bzw. Nutzung der Winde dem Aiolos, den er, wie ja bereits Palaiphatos, dann erst, dank seiner Verdienste, in der Erinnerung späterer Geschlechter, also auf *euhemeristische* Weise, zum Gott und Gebieter der Winde aufsteigen ließ.

Im übrigen aber blieb er, wie gerade auch in seiner Geschichtsauffassung zum Ausdruck gelangt, ganz dem traditionellen Glauben verhaftet. Er war zutiefst davon überzeugt, daß nichts ohne den Willen der Götter geschehe, denen der Mensch zu gehorchen und in steter Verehrung zu huldigen habe. Ließ man es daran fehlen oder machte sich gar frevlerischer Vergehen schuldig, hatte man mit Sicherheit ein entsprechendes Strafgericht – in schwerwiegenderen Fällen etwa in Form von Mißwachs, Seuchen oder anderen Katastrophen, zu erwarten; wer sich höher als angemessen erhob, verfiel der Vergeltung, indem er über kurz oder lang um so schrecklicher stürzte. Alles was sich wo immer auch zutrug, besaß für Timaios eine bestimme metaphysische Aussagekraft, war Zeichen, d. h.: brachte eine Botschaft oder Willenserklärung der Jenseitsmächte zum Ausdruck. Die – verlorene – Schlacht an den Thermopylen und der

Erfolg des Tyrannen Gelon von Syrakus über die (mit den Persern verbündeten) Karthager bei Himera (auf Sizilien) z. B. fanden nach ihm zum
nämlichen Zeitpunkt (Spätsommer 480 v. Chr.) statt, weil die Götter den
Griechen zugleich mit der Niederlage zum Trost auch einen der glänzendsten Siege bescheren wollten.

Mit dieser Einstellung, die natürlich keinerlei Raum für Gedanken,
wie sie der Geschichtsauffassung der Sophisten und Demokrits entsprachen, ließ, mußte Timaios verständlicherweise bei den aufgeklärteren
Geistern seiner und der darauffolgenden Zeit auf Widerspruch stoßen,
wobei noch hinzukommt, daß er eines nicht gerade liebenswürdigen,
sondern recht galligen Charakters war, an jedem, und häufig auf eine
eher kleinlich-pedantische Weise, etwas auszusetzen fand und sich in
seiner Kritik wohl auch bis zu persönlichen Ausfälligkeiten verstieg. Daß
man ihm aber trotz alledem eine große Bedeutung beimaß, geht schon
allein daraus hervor, daß sich Polybios, sein zweifellos schärfster Gegner,
in der Breite eines ganzen Buches – des zwölften – seines Geschichts-
werks mit ihm auseinandersetzte! Für die Geschichte der Ethnologie besteht, wie gesagt, sein Hauptverdienst darin, daß er als erster, unter Her-
anziehung aller verfügbaren – wenn auch nicht immer mit der gebotenen
Kritik ausgewerteten – Quellen und vor allem des Pytheas-Materials,
eine Art Völkerkunde von Europa in Angriff nahm, auf der neben anderen (wie Eratosthenes, Pompeius Trogus, Timagenes von Alexandrien u.
Strabo) dann nicht zuletzt auch kein Geringerer als Poseidonios aufbauen
sollte.

18. Epikuros (341–270 v. Chr.)

Mit theoretisch-ethnologischen Fragen dagegen hat man sich auch um
diese Zeit wieder mehr in Philosophenkreisen beschäftigt: so u. a. zunächst Epikur, der, sichtlich im Anschluß an Demokrit allerdings, dessen
Lehre er, zumindest in jungen Jahren, sehr nahestand und ja auch anderes, wie vor allem die Atomtheorie, verdankte, aufs neue die Anfänge der
Kultur und Religion zu bestimmen versuchte. Wo genau und in welchem
Zusammenhang das freilich geschah, läßt sich nicht mehr ermitteln, da
uns an direkten Zeugnissen hierzu so gut wie nichts überliefert ist – bis
auf einige allgemeinere Gedanken, die er, leider nur sehr flüchtig zudem,
in seinem «Brief an Herodotos» bei Erörterung der Frage nach dem Ursprung der Sprache wie folgt entwickelt:

«Wir müssen weiter auch als Grundsatz ansehen, daß die Natur des Menschen (φύσιν) in vielem und vielerlei Stücken von den Dingen (πρατμάτων) selbst belehrt (διδαχθῆναι) und zu lernen gezwungen worden ist und daß die Kraft zu denken späterhin das von ihr Übermittelte genauer erfaßt und weiteres dazu gefunden hat, in manchen Dingen schneller, in manchen langsamer und zu gewissen Zeitperioden und Zeitpunkten größere, zu anderen wieder kleinere Fortschritte gemacht hat. Daher sind auch, wie wir festhalten müssen, die Bezeichnungen (ὀνόματα) der Dinge nicht von Anfang an durch Ursetzung entstanden, sondern die Naturanlagen (φύσεις) der Menschen, die je nach ihrer Volkszugehörigkeit ihnen eigentümliche Empfindungen erfuhren und eigentümliche Vorstellungen in sich aufnahmen, ließen sie dann auch den Luftstrom, der unter dem Eindruck der jeweiligen Empfindungen und Vorstellungen geformt wurde, in eigener Weise ausstoßen, verschieden auch nach den jeweiligen Wohnräumen der Völker. Später werden bei den einzelnen Völkern die ihnen arteigenen Bezeichnungen durch gemeinsame Abmachung festgelegt worden sein, damit ihre gegenseitigen Bekundungen weniger vieldeutig wären und kürzer ausgedrückt werden könnten. Und auch für Dinge, die nicht sichtbar sind, werden Leute, die sich ihrer bewußt werden, aus dem inneren Drang, Laute zu ihrer Bezeichnung auszusprechen, diese eingeführt und weitergegeben haben; andere aber werden sie mit Überlegung angenommen und gemäß der sehr häufigen Veranlassung, sie zu verwenden, in Worten ausgedrückt haben»[85].

Immerhin ist doch hieraus bereits zu ersehen, daß die Fortschritte des Menschen in seiner geistigen wie kulturellen Entwicklung nach Epikur – und, wie gerade die Theorie zur Entstehung der Sprache zeigt, in weitgehender Übereinstimmung mit der Auffassung Demokrits – teils aus der *Erfahrung* heraus, teils durch *eigene Erfindung* und später sogar kraft *willentlicher und wohlüberlegter, ja vereint unternommener Anstrengungen* gewonnen wurden und sich bei den einzelnen Völkern, auf Grund deren *individueller Beanlagung* und *wechselnder Umwelt*, verschiedenartig vollzogen. Und alles, was uns sonst von seiner Kulturentstehungslehre bekannt ist, scheint dies in der Tat dann nur mehr im einzelnen zu bestätigen und zu exemplifizieren.

Wie wir zur Hauptsache aus des Römers Titus Lucretius Carus (ca. 94–55 v. Chr.) Lehrgedicht «De rerum natura» (insbes. V. 922–1158), einer in Verse gegossenen Wiedergabe der Philosophie Epikurs, weiter einer Stelle bei Diodor (I 8) und Exzerpten des Diogenes von Oinoanda (2. Jh. n. Chr.) erfahren, entsprach die Entwicklung nach Ansicht des

---

85 Bei Diogenes Laertios X 75 f.

Philosophen wieder einem allmählich und stetig, von den niedrigsten Anfängen an auf *geradlinig-evolutionistische* Weise voranschreitenden einzigen Aufstieg. Zu Beginn führten die Menschen, wie die übrigen Lebewesen dem Schoße der Erde entsprossen und im ganzen noch kraftvoller als die späteren Geschlechter, ein nahezu tierisches, aber *unverdorbenes* Dasein, gingen nackt, waren unbehaust und somit hilflos den Unbilden und Gefahren der Umwelt ausgesetzt, kannten keinerlei Formen eines geordneten gesellschaftlichen Zusammenschlusses und ernährten sich auf das kümmerlichste vom *Einsammeln* wildwachsender Vegetabilien sowie (!) der *Jagd*. Allmählich kamen sie dann, hiermit den ersten entscheidenden Fortschritt erzielend, darauf, sich in die Felle der erlegten Tiere zu kleiden, schützende Unterkünfte zu schaffen und vor allem: sich das Feuer dienstbar zu machen, auf dessen Grundlage es ihnen alsbald nun gelang, alle die zu einer gehobeneren Lebensführung erforderlichen praktischen Fertigkeiten, wie den Abbau und die Verarbeitung der Metalle, weiter – in dieser Reihenfolge! – das Filzen, Flechten und Weben, die Veredlung der fruchttragenden Bäume, den Bodenbau, die Kalenderkunde, die Schiffahrt und endlich die Schrift und die verschiedenen Arten der Kunst, zu entwickeln, und zwar alles das, wie Epikur offenbar eigens betonte, nicht mit Hilfe der Götter, sondern, angetrieben durch *Mangel und Not* (χρεία), aus der *Erfahrung*, teils auch der *Imitation der Natur* heraus und vermöge der *schöpferischen Initiative und Tatkraft einzelner überragender Männer* (Lucretius V 1105 ff; 1452 f). Parallel dazu bildeten sich mit der Zeit auch, ausgehend von der *Kleinfamilie* (a. a. O., V 1011 ff), Formen einer festen Sozialordnung aus. Mit wachsender Wohlhabenheit, der übrigens zugleich eine zunehmende Verweichlichung und Verderbnis der guten Sitten entsprach, suchten manche indes, allen Besitz in ihre Hände zu bringen und sich zu Alleinherrschern aufzuwerfen, wurden aber später, als ihr Regiment unerträglich schien, wieder vom Volke vertrieben oder erschlagen, worauf man gewählte Obrigkeiten mit der Regierung betraute und zur Wahrung der Ordnung *Recht und Gesetze* schuf (a. a. O., V 1105 ff).

Diesem letzteren Gedanken, der Begründung einer gesetzlichen Regulierung des gesellschaftlichen Zusammenlebens, ist unter den Schülern Epikurs dann Hermarchos von Mytilene (ca. 325–250 v. Chr.), sein unmittelbarer Nachfolger im Amt des Scholarchen, in einem Werk über Empedokles, dessen einschlägige Passagen uns (in mehr beschreibender Wiedergabe allerdings) bei Porphyrios (De abstinentia I 7–12) erhalten sind, im einzelnen – und teils auf abweichende Weise – noch weiter nach-

gegangen. Nicht durch Gewalt, so meinte er, sondern durch weise Vermittlung der Einsicht in das, was die Notwendigkeit zum Nutzen (τὸ
συμφέρον) aller gebiete, sei das Recht ursprünglich in Kraft gesetzt worden, und nur derjenigen wegen, denen diese Einsicht nicht begreiflich zu
machen war, habe man sich auch zur Einführung der Strafen genötigt
gesehen:

«Denn keines der Gesetze, die noch jetzt Geltung haben und deren Wesen ihre
Fortdauer verbürgte, weder ein geschriebenes noch ein ungeschriebenes, kam ursprünglich auf dem Weg der Gewalt zustande, sondern in der Weise, daß diejenigen, die es einführen wollten, sich ihm fügten. Durch geistige Überlegenheit,
nicht durch Körperkraft und gewalttätige Knechtung der Bevölkerung zeichneten
sich die Männer aus, die derartige Einrichtungen für die Menge trafen, indem sie
die einen zum Verständnis ihres Nutzens brachten, den sie vorher nur unbewußt
wahrgenommen und immer wieder vergessen hatten, die andern aber durch die
Höhe der Strafen abschreckten. Denn gegenüber der Unkenntnis des Nützlichen
konnte man sich keines anderen Besserungsmittels bedienen als der Furcht vor
der durch das Gesetz festgelegten Strafe»[86].

Und aus denselben Nützlichkeitserwägungen heraus, d. h. um der Wahrung des gesellschaftlichen Zusammenhalts willen, habe man, führte
Hermarch dann noch weiter aus, auch den Mord unter Strafe gestellt, die
Vernichtung der dem Menschen schädlichen Tiere dagegen erlaubt und
die Tötung der ihm nützlichen zumindest in Grenzen zugestanden – damit sie ihm nicht, durch eine übergroße Vermehrung, zur Gefahr werden
könnten[87]. Und zusätzlich dazu, um den Mord auch von innen heraus als
abschreckendes und möglichst zu meidendes Verbrechen erscheinen zu
lassen, hätten die alten Gesetzgeber den Menschen mit *klugem Bedacht*
den Glauben eingeflößt, daß jeder, der einem anderen das Leben nehme,
grundsätzlich unrein werde und erst ein Sühnopfer ihn wieder von diesem Zustand erlöse[88] – d. h., Hermarch wollte, zumindest in diesem
Falle, die Religion, ähnlich wie Kritias schon, als *bewußte Setzung* aufgefaßt wissen!

Epikur selbst jedoch ging, wie es scheint, noch nicht ganz so weit,
nahm aber doch immerhin an, daß jedenfalls die Vorstellungen drohenden und furchtgebietenden Charakters nichtig seien, da sie aus nichts

86 Porphyrios: De abstinentia I 8.
87 Porphyrios: De abstinentia I 7; 9–12.
88 Vgl. Porphyrios: De abstinentia I 9.

anderem als aus der *Angst* bzw. genauer: einer *irrigen Interpretation schreckenerregender Naturvorgänge* erwachsen wären[89]. Es gelte daher, um den Frieden der Seele zu finden, den zu vermitteln er ja als das Hauptziel seiner Philosophie ansah, sich nicht länger von den alten, nur «die beständige Erwartung und mißtrauische Mutmaßung einer ewigen Pein» erweckenden Mythen ängstigen zu lassen und statt dessen zu einer vernunftgemäßen Erkenntnis der Zusammenhänge in der Natur zu gelangen:

«Denn wenn wir darauf achthaben, werden wir die richtigen Gründe für den Ursprung unserer Gemütsverwirrung (τάραχος) und unserer Angst (φόβος) ausfindig machen und uns von dem Übel befreien, indem wir uns klarwerden über die Ursachen der himmlischen Erscheinungen und aller der sie ständig begleitenden Vorgänge, die den übrigen Menschen den größten Schrecken einflößen»[90].

Gleichwohl aber hielt er doch noch an der Existenz von Gottheiten fest und glaubte sogar, daß sie ihrer ganzen Beschaffenheit nach in etwa dem Menschen, weil dieser von allen Geschöpfen am schönsten gestaltet und allein im Besitz der Vernunft sei, entsprächen, ja selbst dessen geschlechtliche Differenzierung aufwiesen und sich, wenn auch in höchster Vollkommenheit, einer menschlichen – nämlich der griechischen! – Sprache bedienten; nur, meinte er, lebten sie fern der Erde und unbekümmert um ihre Geschicke, leidenschaftslos und frei von allem, was Beschwernis bedeutet, selig und unvergänglich – d. h.: sie führten ein Idealdasein im Sinne der Epikureer!

19. Euhemeros von Messene (um 300 v. Chr.)

Somit dem Prinzip nach zumindest von Epikur nicht bestritten, sollte der Götterglaube jedoch um die gleiche Zeit, da ihm auch Männer wie Timaios noch auf die altüberkommene Weise anhingen, durch den zwar keinesfalls originellen und neuen, dafür aber um so konsequenter durchgeführten Versuch des Sizilianers Euhemeros von Messene, ihn zur Gänze von der ins Überwirkliche gesteigerten Verehrung bedeutender

89 Lucretius V 1169–1240; vgl. I 62 ff. VI 50 ff.
90 Diogenes Laertios X 82.

und ihrer großen, kulturschöpferischen Verdienste wegen in die Überlieferung eingegangener sterblicher Menschen einer fernen Vergangenheit abzuleiten, von Grund auf erschüttert werden.

Dies nun geschah in einer literarisch im Stile der seit dem 4. Jahrhundert v. Chr. so beliebt gewordenen phantastischen Reiseromane und Staatsutopien gehaltenen Schrift mit dem Titel «Heilige Aufzeichnung» (Ἱερὰ ἀναγραφή), die als Ganzes wieder verloren und nur in einigen wenigen Auszügen, neben kleineren Resten und einer Reihe anonymer Bruchstücke in den Werken anderer Autoren vor allem bei Diodor[91] und Lactantius[92], auf uns gekommen ist. Euhemeros gab darin vor, auf weiten Reisen irgendwo südlich Arabiens im Indischen Ozean eine Inselgruppe entdeckt und besucht zu haben, und verstand es, sie selbst sowie ihre Bevölkerung, d. h. deren Lebensführung, gesellschaftliche Einrichtungen, politische Organisation, Religion und Geschichte, unter bedachter Vermeidung aller fabelhaften, hypertrophen und Zweifel erweckenden Züge, auf eine derart realistisch anmutende Weise zu schildern, daß weniger kritischen Geistern – so Diodor – sein Bericht in der Tat glaubhaft erschien. Er behauptete, daß sich die Einwohnerschaft – neben den seit alters dort ansässigen «Panchäern», so genannt nach dem Namen des Hauptteilandes «Panchaia» – aus Indern, Skythen, Kretern und «Okeaniten» zusammensetze, und fügte der Darstellung denn auch mit Geschick u. a. eine Reihe von Elementen und Zügen aus deren heimischem Kulturbesitz ein.

Den Höhepunkt des Ganzen jedoch, mit dem Euhemeros dann zum eigentlichen Gegenstand seines Werkes kam, bildete die Behandlung einer angeblich auf einer goldenen Säule im Tempel des «triphylischen Zeus» auf Panchaia eingegrabenen Inschrift, in welcher der Gott von seinen und den Taten seiner Vorväter Uranos und Kronos Bericht gab. Und auch dadurch, daß er nicht eine beliebige Kunde, sondern ein faktisches Zeugnis in Gestalt eines dauernden Denkmals als seine Quelle vorwies, vermochte der Gelehrte den Anschein der beglaubigten Wirklichkeit nur um so mehr zu bestärken – wenn er daneben freilich ergänzend auch noch aus anderen Dokumenten, wie Urkunden des Tempelarchivs, und der Überlieferung des Volkes geschöpft haben will. Seine rühmlichsten Ta-

---

91 V 41–46. VI 1.
92 Divinae institutiones I 11, 33–35; 45; 46; 63; 65; 13, 2; 14;14, 1–7; 10; 17, 10; 22, 21–26.

ten auf einer Säule oder sonstwie zum Gedächtnis der Nachwelt inschriftlich festzuhalten aber war, wie Euhemeros wußte, Sitte altorientalischer Herrscher – mithin, so erschloß er daraus mit Hilfe eines vollendeten Zirkels, konnten auch der Verfasser des panchäischen Stelentextes und seine Ahnen nur solche, d. h. lediglich Menschen gewesen sein.

Der Bericht des Zeus, eines sterblichen Königs der Vorzeit also, schloß zugleich einen Abriß der Urgeschichte mit ein, in welchem gezeigt war, wie sich die Menschheit, dank seiner Hilfe vor allem, vom Zustand eines anfangs noch ungeordneten, dürftigen und selbst dem Kannibalismus ergebenen Daseins wieder auf *geradlinig-evolutionistische* Weise allmählich zu ihrer nachmaligen Höhe erhob. Die Deifizierung ihrer Führer und Wohltäter setzte dabei erst mit der Verehrung des Zeus, als ihrem überragendsten Vertreter, ein; von Uranos heißt es dagegen noch, er habe «als erster den Himmelsgöttern (οὐράνιοι θεοί) geopfert» und daher auch seinen Namen («Himmel») empfangen. Ob dies jedoch so gemeint ist, daß Uranos mit dem Kult auch dessen himmlische Adressaten ins Leben rief oder Euhemeros deren Existenz als tatsächlich gegeben erachtete, muß dahingestellt bleiben. Einem seiner erfolgreichsten Epigonen, dem «Romancier» Dionysios Skytobrachion (2. od. 1. Jh. v. Chr.), zufolge besaß Uranos, nach ihm der älteste König überhaupt und eigentliche Schöpfer der Zivilisation, nur besondere Kenntnisse in der Astronomie und wurde daher, weil man meinte, er habe seiner Befähigung wegen an der göttlichen Natur der Gestirne teil, nach seinem Tode von der Menge zum Himmelsgotte erhoben[93].

Im einzelnen unterschied Euhemeros selbst zwei Arten der Entstehung des Götterglaubens: einmal die nach ihm so genannte «euhemeristische» im engeren Sinne, also die Deifizierung bedeutender Herrscher der Urzeit seitens der Nachwelt, und zum anderen deren *Selbstvergötterung* noch während ihres Waltens auf Erden; letzteres pflegte ersteres dabei natürlich miteinzuschließen. So richtete sich auch Zeus beispielsweise etliche seiner zahlreichen Kulte höchsteigen ein und gab damit, wie Lactantius überliefert, «*ceteris exemplum ad imitandum*»[94], deren Geschichte und Konsekration, auch wo es sich um außergriechische oder Gottheiten handelte, die in der Inschrift selbst nicht mit aufgeführt waren, Euhemeros ebenfalls, und sei es nur kurz, erörtert zu haben scheint;

---

93 Diodor III 56; vgl. 52 u. 66.
94 Divinae institutiones I 22, 21–26.

doch ist uns davon – wie nicht anders von seiner Behandlung der Heroen-
verehrung, die seine Betrachtung gleichfalls mit einschloß – so gut wie
nichts erhalten geblieben.

Bis auf die Idee der Selbstvergötterung, bei der sich Euhemeros, der
vermutlich den größten Teil seines Lebens in Ägypten verbrachte, am
altorientalischen Königskult orientiert haben könnte, bietet seine Lehre
also nichts eigentlich Neues: Wie erinnerlich, hatten entsprechende Auffassungen u. a. bereits Herodot, Prodikos von Keos und Palaiphatos verfochten. Sein Erfolg, namentlich später dann bei den frühchristlichen
Apologeten (und darüber hinaus bis in die Neuzeit hinein), die im Euhemerismus eine willkommene Waffe zur Bekämpfung des Heidentums
sahen, wird daher wohl eher in der literarischen Überzeugungskraft, mit
welcher er schrieb, seiner Akribie bei der Behandlung des Stoffs, dessen
scheinbar unanfechtbarer Beurkundung sowie der vermeintlichen
Schlüssigkeit seiner Gedankenführung zu suchen sein. Gleichwohl bleibt
anzuerkennen, daß er die Frage nach der Entstehung des Götterglaubens,
in dem er in erster Linie mithin eine rein *historische Bildung* erblickte,
nicht nur wieder mit Nachdruck stellte, sondern ihr dadurch, daß er sie
zum Gegenstand einer eigenen, umfassenden Monographie, ja, wenn
man so will, einer Art «*Allgemeinen Religionsgeschichte*» erhob, auch
erneut Gewicht und Bedeutung verlieh.

Zwischenbemerkung

Letztlich schöpfte, wie man wohl sagen darf, auch die historistische Religionsinterpretation des Euhemeros nur wieder aus einem uneingeschränkten Bekenntnis zu der von den Sophisten und Demokrit so erfolgreich verfochtenen *rationalistischen* Geschichtsauffassung, der jedoch
nun, während sie hier wie gleichzeitig in der Kulturentstehungslehre
Epikurs noch einmal weitreichende Geltung gewann, in der stoischen
Philosophie eine Gegenbewegung erwuchs, die, von wesentlich *restaura-
tivem* Charakter, sie fürs erste auffangen und so einen retardierenden
Einfluß auch auf die Entwicklung der ethnologischen Theoriebildung
nehmen sollte.

So griffen die Stoiker beispielsweise zum einen auf die von Xenophon
bereits dem Sokrates unterstellte und später dann vor allem von Aristoteles und den Peripatetikern vertretene *teleologische* Natur- und Geschichtsinterpretation zurück und erklärten demzufolge auch den Men-

schen wieder zum zentralen Bezugspunkt allen Geschehens und zum höchstentwickelten, vollkommensten Wesen der Schöpfung, um dessentwillen die Welt mit der Gesamtheit ihrer Erscheinungsformen geschaffen und eingerichtet sei. Und daraus nun zogen sie die für die Kulturgeschichtsforschung bedeutsame Schlußfolgerung, daß er, wie mit seinen körperlichen und geistigen Vorzügen, auch von Anfang an schon mit allem, was seine gehobene Lebensführung an Mitteln zur Voraussetzung habe, ausgestattet gewesen sein müsse:

Daher ist es, referiert Philon von Alexandrien (1. Hälfte des 1. Jhs. n. Chr.), selber der Stoa zugetan, diese ihre Einstellung, «denn wahrscheinlich oder vielmehr notwendig, daß die Menschen bereits seit Urbeginn die ihnen eigenen technischen Fertigkeiten (τέχνας) besäßen, nicht nur, weil das methodische Vorgehen (τὸ ἐμμέθοδον) der Vernunft von Natur aus entspricht, sondern auch, weil ein Leben ohne den Besitz dieser Techniken gar nicht möglich wäre»[95].

Setzt man sie aber als a priori gegeben voraus, so erübrigt sich eigentlich die Frage nach ihrer Entstehung – und damit zugleich dem Werden der Kultur überhaupt!

Zum zweiten bildete ein wesentliches Element auch der stoischen Geschichtsphilosophie wieder die *Weltalterlehre*; nur nahm man, im Gegensatz zu Platon und Aristoteles, an, daß die – der durchgängigen Auffassung nach durch Feuer herbeigeführte – Vernichtung gegen Ende einer jeden Epoche total sei und ihr niemand entgehe sowie weiter, daß die Erneuerung sich dann jedoch stets auf die nämliche Weise vollziehe und auch die Menschen, weil ihrer seelischen Substanz nach unsterblich, jeweils wiedergeboren würden, ohne, bis auf Geringfügigkeiten vielleicht (wie Sommersprossen!), besondere Veränderungen in ihrem Wesen oder äußeren Erscheinungsbild zu erleiden; in jeder Epoche trete daher auch ein Sokrates auf, der sich mit einer Xanthippe vermähle und von Männern wie Anytos und Meletos angeklagt werde – kurz: Alles Geschehen nimmt, in immer wiederkehrender, unabänderlicher Gleichförmigkeit, nur den ihm von Anbeginn an vom Schicksal (der εἱμαρμένη) auf ewig vorausbestimmten Verlauf.

Dem zeitlichen Voranschreiten einer jeden Epoche aber entsprach – und auch hierin schlossen sich die Stoiker ja nur einer uralten und längst traditionellen Anschauung an – zugleich ein unaufhaltsamer Nie-

95 De aeternitate mundi, c. 24.

dergang in moralischer Hinsicht, d. h., die Menschen gingen der Unschuld und Lauterkeit, die sie allein während der als *paradiesisch* gedachten Urzeit in vollem Maße besaßen, allmählich verlustig, um zuletzt der so auch als Strafgericht empfundenen Vernichtung anheimzufallen und dann, gereinigt, zu einem neuen Leben in einer gereinigten Welt wiederaufzuerstehen. Und hieraus zog man für die eigene, stoische Praxis die Konsequenz, daß es, um ein ideales Dasein zu führen, gelte, sich nach Kräften eines Wandels im Sinne jenes verlorenen, unverfälschten und, wie man meinte, noch ganz im Einklang mit der Natur stehenden Urzustands zu befleißigen, also möglichst «naturgemäß», d. h. anspruchslos und ohne den Verlockungen der Zivilisation nachzugeben, zu leben, ein Ziel, das im übrigen – wie überhaupt die Ethik der Stoa – auch schon den Forderungen der kynischen Moralphilosophie entsprach und zweifellos auch von hierher auf das wesentlichste inspiriert war. Nur zeigten die Kyniker sich darin noch sehr viel radikaler als ihre im ganzen sublimeren Erben: Sie verwarfen schier alles, was Menschen an Besitztümern zivilisatorischer Art, an gesellschaftlichen wie politischen und gottesdienstlichen Institutionen, an gesetzlichen Regelungen und selbst Werken der Kunst und der Wissenschaften hervorgebracht hatten, als nicht lebensnotwendigen und verderblichen Luxus, hielten daher auch die Bestrafung des Prometheus für nur allzu berechtigt, weil er, als Stifter des Feuers, als der eigentliche Schöpfer der Kultur und damit allen Übels zu gelten habe, predigten ein kompromißloses «Zurück zur Natur», die sie als einzig verpflichtende, absolute Norm anerkannten und suchten – so jedenfalls Diogenes «der Hund» (4. Jh. v. Chr.), ihr extremster Vertreter – ihr Heil in einem von allen Bindungen und Konventionen befreiten, anspruchslosungezwungenen, ja bewußt nach dem Vorbild der Tiere gefristeten Dasein. Kein Wunder also, daß beiden, den Anhängern der kynischen wie der stoischen Philosophie, die zivilisationsarmen Völker außerhalb der engeren Mittelmeerwelt, bei denen sie ihr Ideal noch am ehesten verwirklicht zu finden glaubten, nicht als elende und bedauernswerte Barbaren, sondern im Gegenteil als hochzupreisende letzte Repräsentanten jenes paradiesischen Urzustandes erschienen. Und mehr noch: Unter dem Eindruck des während der hellenistischen Zeit sich mächtig entfaltenden Kosmopolitismus und fasziniert von der alexandrinischen Vision eines alle ethnischen und nationalen Schranken überschreitenden Weltreichs, bekannten gerade die Stoiker sich – wenngleich auch hierzu bereits Ansätze bei den Kynikern nachweisbar sind – zum Postulat von der *grundsätzlichen Gleichrangigkeit aller Menschen* und suchten das, ganz im

Geiste Alexanders des Großen, in der Hauptsache damit zu begründen, daß beide, Hellenen wie Barbaren, mit Vernunft begabt, Abkömmlinge der einen Natur und Geschöpfe ein und desselben Gottes seien.

Und diesen einen Gott nun faßten sie, einem konsequenten *Pantheismus* huldigend, als alles durchwaltende Kraft, als den «Weltgeist» oder das «Weltgesetz» und somit ein Wesen auf, «das alle endlichen Wesen aus sich erzeugt und in sich umschließt, das sie mit seiner Kraft durchdringt, mit seinem unabänderlichen Gesetze beherrscht und so in ihnen allen nur sich selbst zur Erscheinung bringt». Und daher galten den Stoikern denn auch die Götter der traditionellen Religion nur als Personifizierungen der verschiedenen Wirkweisen des einen Allgotts in der Natur, dergestalt, daß er als Zeus vor allem die Welt als Ganzes, als Hera die Atmosphäre, als Demeter die Erde, als Poseidon die Gewässer beherrsche und als Hephaistos etwa die Werkmeisterei der Menschen bestimme. Von der Substanz her fochten sie den Volksglauben also, im Gegensatz zu den Kynikern, die ihn aufs schärfste bekämpften, nicht an, zumal sie auch seine Bedeutung für die Stabilisierung der Sittlichkeit sahen, nur suchten sie seinen Äußerungsformen, d. h. neben den kultischen Praktiken insbesondere den mit ihm verbundenen Vorstellungen und Erzählungen, und namentlich wieder dort, wo diese einen unwürdigen, ihr geläutertes religiöses Empfinden verletzenden Charakter besaßen, durch *allegorische* Ausdeutung einen tieferen, religionsphilosophischen Sinngehalt abzugewinnen.

20. Zenon von Kition (ca. 335–262 v. Chr.)

Die wesentlichsten Gedanken der stoischen Kulturgeschichtslehre finden sich schon im System des Begründers der Stoa, des hellenisierten Phöniziers Zenon von Kition (auf Zypern), ausgebildet: Alles Geschehen vollzieht sich, rhythmisiert durch den ewigen Wechsel der zyklisch einander ablösenden *Weltzeitalter*, nach den Gesetzen der ihm von Urbeginn an unausweichlich bestimmten Schicksalsordnung, und dazu gehört es, daß die Gottheit, der «schöpferische Weltgeist» (λόγος σπερματικός), den – als der Erde entsprossen gedachten – Menschen jeweils gleich zu Anfang ihrer Daseinsperioden die wichtigsten Kenntnisse, Praktiken und Kulturgüter übermittelt, zu denen Zenon bereits auch den *Bodenbau* rechnet – womit eines der entscheidendsten Probleme der klassisch-griechischen Urgeschichtsspekulation, die Frage nach dem Übergang von der aneignenden zur pfleglichen Nahrungsgewinnung, die, wenn auch in mythischer Einkleidung, selbst in den Volksüberlieferungen vom Ursprung der Kultur eine Rolle spielte und in der Weltalterlehre Hesiods doch zumindest noch anklang, einem rein philosophischen Postulat zuliebe nivelliert bzw. gar nicht erst gestellt wird.

Auch der Entstehung des Staates maß Zenon nicht mehr die ihr insbesondere von den Sophisten, Demokrit, Platon, Aristoteles und den späteren Vertretern ihrer Schulen unterstellte, grundlegende Bedeutung für den Aufbau und die Stabilisierung der menschlichen Gesellschaft und Kultur bei; denn Staaten, war seine Ansicht – zu der ihn schon seine Herkunft geführt haben mochte –, errichteten künstliche Schranken zwischen den Völkern und trügen nur dazu bei, die Menschen, die doch alle, Barbaren wie Hellenen, von Natur aus und vor Gott eine einzige große Gemeinschaft bildeten, einander zu entfremden:

«Wir sollten», sagt er in einer Schrift über den Staat, «nicht in Staaten und Bevölkerungen getrennt leben, die je ihr besonderes Recht haben, sondern glauben, daß alle Menschen unsere Volksgenossen und Mitbürger seien; es sollte nur eine Lebensform und nur eine Staatsordnung geben, gleichwie eine zusammenweidende Herde nach gemeinsamem Gesetz aufgezogen wird»[96].

In einer Kritik an den Vorstellungen der Volksreligion endlich hob er u. a. hervor, daß zahlreiche Götter ursprünglich wohl nichts anderes als *Personifizierungen von Naturvorgängen* gewesen und in der Folge dann, einmal im Glauben heimisch, vor allem von seiten der Dichter nur weiter belebt bzw. auf das phantasievollste ausgestaltet und mit einer Fülle von Fabeln und mythischen Wundergeschichten umgarnt worden seien.

21. Kleanthes von Assos (ca. 304–233 v. Chr.)

Nach Zenon befaßte sich unter den Vertretern der älteren Stoa insbesondere auch sein Schüler und Nachfolger im Amt des Scholarchen Kleanthes von Assos – ein ehemaliger «Faustkämpfer», wie Diogenes Laertios (VII 168) überliefert, mit der Entstehung der volksreligiösen Vorstellungsformen; wo genau, ist freilich nicht sicher: vielleicht in seiner Schrift «Von den Göttern» (Περὶ θεῶν). Die Ergebnisse, zu denen er

---

96 Nach Plutarch: De Alexandri Magni fortuna aut virtute I 1.

dabei gelangte, laufen jedoch im Grunde nur auf eine genauere Differenzierung der oben wiedergegebenen Auffassung seines Lehrers hinaus
und bieten zudem, im Vergleich zu den Theorien der früheren Autoren,
nichts wesentlich Neues. Cicero, bei dem sie in einer knappen Zusammenfassung erhalten sind[97], läßt sie den Stoiker Quintus Lucilius Balbus
(um 100 v. Chr.) wie folgt referieren:

«Unser Freund Kleanthes lehrt, daß in der menschlichen Seele vier Gründe für das
Dasein von Göttern sprechen. Als ersten nennt er den soeben von mir dargelegten,
der sich aus der Vorausschau zukünftiger Ereignisse ergibt; der zweite ist die
Betrachtung der großen Vorteile, die uns aus der wohlgeordneten Witterung, der
Fruchtbarkeit des Bodens und zahlreichen anderen günstigen Einrichtungen er-
wachsen. Als dritten Grund nennt er die Dinge, die das Menschenherz mit Schrek-
ken erfüllen: Blitzschläge, Sturmwolken, schwere Gewitter, Schneestürme,
Hagelwetter, Verwüstung, Seuchen, Erdbeben und Erdgetöse, Steinregen und
Platzregen mit blutähnlichen Tropfen, plötzliches Einstürzen und Aufreißen der
Erde, widernatürliche Mißgeburten bei Mensch und Tier, Lichterscheinungen am
Himmel, welche die Griechen Kometen nennen, wir aber Haarsterne.... Durch all
diese Ereignisse in Schrecken versetzt, ahnten die Menschen die Existenz einer
himmlischen und göttlichen Kraft. Als vierten und wichtigsten Grund hierfür
erkannte Kleanthes die gleichbleibenden Bewegungen und die unwandelbare Umdrehung der Himmelskörper, der Sonne, des Mondes und der anderen Gestirne,
auch deren Verschiedenheit, Mannigfaltigkeit, Schönheit und Reihenfolge. Schon
der Anblick dieser Erscheinungen allein verkünde in befriedigender Weise, daß es
sich hier nicht um ein Spiel des Zufalls handeln könne».

Als Stoiker setzte Kleanthes natürlich die Existenz eines die Gesamtheit
des Kosmos durchwaltenden Allgotts voraus, dessen wechselnde Wirkweisen in der Natur die Menschen, weil nicht imstande, hinter der Vielfalt der Erscheinungen das eine, ihnen allen Gestalt gebende und sie
leitende Prinzip zu erkennen, eben nur für die Äußerungsformen einer
Unzahl verschiedener Gottheiten meinten halten zu müssen, wobei sie
seiner Auffassung nach in der Hauptsache auf viererlei Art zu ihren irrigen
Anschauungen gelangten: einmal, wie bei Aristoteles, auf Grund von
Offenbarungserlebnissen, dann, wie bei Prodikos und Demokrit, dem
Bedürfnis folgend, die ihnen *nützlichen Dinge und Einrichtungen* zu dei-
fizieren, ferner, wie bei Kritias und abermals Demokrit, durch die Vergöttlichung der *furchterregenden Vorgänge in der Natur* und endlich,
wieder wie bei Aristoteles, überwältigt von dem großartigen Schauspiel

der *wohlgeordnet in majestätischem Reigen die Erde umkreisenden Sterne.*

Einen Großteil der volksreligiösen Vorstellungen deutete er damit also auf *naturmythologische* Weise, und hier ist insbesondere auch interessant, daß er Dionysos, vor allem aber Apollon und die mit beiden verbundenen Überlieferungen auf die Sonne, der führenden Ordnungskraft (ἡγεμονικόν) in der Welt, und die durch sie hervorgerufenen Erscheinungen zu beziehen versuchte, d. h.: geradezu bereits Ansätze zu einer bevorzugt *solarmythologischen* Mythenexegese erkennen läßt. Sonst bediente natürlich auch er sich wieder ausgiebigst der (stoisch-religionsphilosophischen) *Allegorese.*

22. Philochoros von Athen (ca. 316–266 v. Chr.)

Zur gleichen Zeit wurden jedoch, außerhalb der Stoa, durchaus auch die anderen klassischen Weisen der Mythenauslegung noch weiter gepflegt: so u. a. vor allem von Philochoros von Athen, der schon auf Grund seiner Tätigkeit als praktizierender Seher und Exeget des Sakralrechts ein besonderes Interesse an der Glaubensüberlieferung nahm. Von seiner offenbar überaus reichhaltigen Schriftstellerei – darunter Spezialabhandlungen «Über das Opferwesen» (Περὶ θυσιῶν), «Über die Feste» (Περὶ ἑορτῶν) und «Über die (Bedeutung der heiligen) Tage» (Περὶ ἡμερῶν) – sind jedoch wieder nur verhältnismäßig geringfügige Reste auf uns gekommen.

Wiewohl der Profession nach also Repräsentant der traditionellen Religion, stand Philochoros zumindest etlichen der mit ihr verbundenen Vorstellungsformen doch eher skeptisch denn gläubig gegenüber und neigte, wie seine Deutungsversuche zeigen, in der Hauptsache zu einem streng *rationalistischen* Mythenverständnis: In der «geflügelten Schlange» z. B., auf der Triptolemos der Überlieferung zufolge nach Eleusis kam, um den Einwohnern das Getreide zu bringen, sah er nichts anderes als die verdunkelte Erinnerung an ein drachenförmiges Schiff; Kekrops sei als «zwiegestaltig» bezeichnet worden, weil er von ungewöhnlicher Körpergröße war oder sich als Ägypter zweier Sprachen zu bedienen verstand, und Kore, meinte er, wurde nicht von Hades, dem Gott der Unterwelt, sondern einem gleichnamigen König der Molosser geraubt, dessen Wachhund Kerberos es denn auch war, der den Peirithoos, als dieser mit seinem Freund Theseus die Jungfrau zu befreien ver-

suchte, zerriß[98] – weshalb es im Mythos heiße, daß er auf ewig im Toten-
reiche verblieb und nur Theseus, dem Herakles beisprang, dem Verderben
zu entrinnen und an die Oberwelt zurückzukehren vermochte. Vollends
euhemeristisch aber mutet es an, wenn er den Minotauros als Feldherrn
des Minos mit Namen «Tauros» («Stier») interpretiert (das Labyrinth
deutete er dabei als Gefängnis des kretischen Königshofes). Endlich führte
er, und das verdient größte Beachtung, den rituellen Transvestismus im
Aphroditekult auf Zypern bereits richtig auf die *Bisexualität der Göttin*
zurück.

23. Eratosthenes von Kyrene (ca. 285–205 v. Chr.)

Während sich so also im Bereiche der theoretisch-ethnologischen Spekulation seit dem Auftreten der Stoiker eher eine gewisse Stagnation abzuzeichnen beginnt, drängte auf dem Gebiet der Länder- und Völkerkunde
die durch die Feldzüge Alexanders des Großen und der Diadochen gewonnene und ihre teils planmäßig betriebenen Forschungsbemühungen
noch vermehrte Fülle an neuem Wissensstoff in wachsendem Maße zu
einer grundlegenden Revision der bisherigen Vorstellungen von der
Größe, Gestalt und Gliederung der Erdoberfläche. Und dieser Aufgabe
nun unterzog sich in erfolgreichster Weise der langjährige Leiter der berühmten königlichen Bibliothek zu Alexandrien Eratosthenes von Kyrene.
    Wie die besten unter den Gelehrten des griechischen Altertums war
er, ein Mann von anerkannt hohen Gaben und einer nahezu unbegrenz-
ten Interessensbreite, so gut wie in allen Wissenschaften zu Hause und
verfaßte, der erste auch, der sich selbst als «Philologe» bezeichnete,
Schriften sowohl grammatikalischen, literaturgeschichtlichen, chrono-
graphischen und philosophischen wie mathematischen und astronomischen Inhalts, ja tat sich sogar als befähigter Dichter hervor. Seine zweifellos bedeutendsten Leistungen erbrachte er jedoch als Geograph, hier,
wie noch Plinius (II 108) rühmt, «alle anderen an Scharfsinn und Kenntnissen übertreffend». Bemüht, für die Länder- und Erdkunde, deren
Hauptaufgabe er in der genaueren Ermittlung der Flächenausdehnung

---

98 Die Molosserhunde, eine der berühmtesten Züchtungen des Altertums, zeichneten
    sich vor allem durch ihre ungewöhnliche Größe und Stärke aus.

der Ökumene und deren exakter Übertragung auf die *Kugelgestalt* der
Erde (die natürlich auch ihm als gesichert galt) sah, verläßlichere Kriterien zu gewinnen, führte er systematisch Messungen und mathematisch-
astronomische Berechnungen durch – und gelangte dabei, dies unbestritten sein größtes Verdienst, zu der annähernd richtigen Bestimmung des
Erdumfangs von ca. 39 700 km (252 000 Stadien). Auf der anderen Seite
freilich sollte, wie sich noch zeigen wird, die hierdurch entschiedener als
jemals zuvor zur Geltung gebrachte stärkere Berücksichtigung des *naturwissenschaftlichen* Aspekts der Geographie sehr zu Lasten des seit
alters aufs engste mit ihr verbundenen Ethnographisch-Kulturhistorischen gehen.

Eratosthenes gab seinem geographischen Hauptwerk als erster auch
direkt den Titel «Geographie» (Γεωγαφικά bzw. Γεωγραφούμενα),
also «Erdbeschreibung» (hier jedoch mehr im kartographischen Sinne) –
und wurde damit zum Schöpfer dieses Begriffs. Als Ganzes zwar wieder
verloren, lassen sich doch Aufbau und Inhalt der Schrift dank der Tatsache, daß sich Strabo (B. I u. II) auf das angelegentlichste mit ihr auseinandersetzte, wenigstens den Grundzügen nach noch in etwa rekonstruieren. Danach gliederte sie sich in drei Bücher, deren erstes einen kritischen Überblick über die Geschichte der Geographie von ihren Anfängen
bei Homer bis auf die Gegenwart bot, während das zweite und dritte einer
Erörterung ihrer zentralen Fragenkomplexe (Größe und Einteilung der
Erdoberfläche, Zonenlehre, Ozeanproblematik usw.) gewidmet waren,
einen neuen Kartenentwurf mit mathematisch präziser Fixierung der
Längen- und Breitengrade enthielten sowie – wohl zum Schluß – eine
knappe Beschreibung der einzelnen Länder brachten. An literarischen
Quellen schöpfte Eratosthenes dabei neben den einschlägigen Werken
der Alten alle erreichbaren Reiseberichte und unter den neueren Veröffentlichungen insbesondere die Schriften der Alexanderhistoriker (namentlich die «Indische Küstenfahrt» des Nearchos) für den Osten und
Südosten, des Patrokles für den Nordosten und des Pytheas für den Westen und Nordwesten aus.

Die Ökumene selbst nun faßte auch er zunächst wieder als eine einzige
große, rings vom Ozean umflutete Insel auf, die er, im Anschluß an Dikaiarchos, ihrer Gestalt nach als eine mehr als doppelt so lange wie breite,
«mantelförmige» Fläche begriff und durch einen zentralen Teiler, d. h.
eine von den Säulen des Herakles aus durch die Straße von Messina,
dann, die Südspitze des Peloponnes berührend, durch Rhodos und weiter
den Taurus entlang bis zum Hindukusch hin verlaufende Linie, in eine

nördliche und eine südliche Hälfte schied. Und diese gliederte er nun nicht, wie üblich, in die drei (oder zwei) klassischen Erdteile Europa, Asien und Libyen, sondern, vermutlich mit Hilfe der Meridiane und damit allein auf Grund mathematisch-astronomischer Kriterien, in eine Reihe von exakten Rechtecken (die sog. «Sphragiden», wörtl. «Siegel») auf – womit das Ganze ein mehr als künstliches, rein geometrisches Gepräge erhielt: In einem der Abschnitte waren z. B. Syrien, Arabien, Ägypten und Äthiopien, also ethnisch wie kulturell scharf voneinander geschiedene Gebiete, zusammengefaßt. Das Kaspische Meer faßte er – neben dem Persischen Golf, dem Roten und dem Mittelländischen Meer – im Vertrauen auf die Forschungen des Patrokles als einen *Arm* des Ozeans auf (s. Abb. 12) und verhalf damit der falschen Ansicht zu einer kraft des Gewichts seiner Autorität für nahezu unanfechtbar gehaltenen, Jahrhunderte währenden Anerkennung. Endlich in der Zonenlehre scheint er die Bewohnbarkeit der Erde über die klimatisch gemäßigten Bereiche hinaus auch auf Teile der heißen tropischen Breiten ausgedehnt zu haben.

Alledem gegenüber trat nun die eigentlich ethnographische Darstellung spürbar mehr in den Hintergrund und war wohl in erster Linie im Sinne eines erläuternden – und daher rein deskriptiv angelegten – begleitenden Katalogs zur literarischen Ergänzung und Belebung der Karte gedacht. Jedenfalls bot Eratosthenes hier, wie die Fragmente erkennen lassen, in der Hauptsache nur eine «repräsentative» Auswahl, d. h. nahm lediglich auf, was ihm als besonders wesentlich und somit typisch und wichtig erschien. Beachtung verdient, daß er allen aus der mythischen Überlieferung überkommenen oder einer durch sie bewirkten Verfärbung verdächtigen Berichten, wie den Erzählungen von den mißgestalteten Fabelvölkern an der Peripherie der Ökumene z. B., dabei mit äußerster Skepsis begegnete bzw. sie in der Regel als bloße Phantasiegespinste gar gänzlich verwarf. Wohl unter dem Einfluß der stoischen Philosophie, der er nachweislich nahestand, lehnte er auch die klassische Scheidung zwischen Hellenen und Barbaren ab und empfahl statt dessen, die Menschen allein ihrer «Tugend» (ἀρετῇ) resp. «Schlechtigkeit» (κακία) nach zu klassifizieren, zumal es bei den Griechen ebenso weniger werte wie bei den Barbaren hervorragende Charaktere gäbe und diese nicht minder Großes zu leisten verstünden, wie das Beispiel der Karthager und Römer lehre, deren staatliche Organisation alle Bewunderung verdiene.

24. Agatharchides von Knidos (2. Jh. v. Chr.)

In Alexandrien, der Lehrstätte des Eratosthenes, wirkte, als Philologe, Geograph und Historiker, rund eine Generation später auch Agatharchides von Knidos, ein Mann, der nun wieder mehr, ja ein ganz ausgesprochenes Interesse an der Daseinswelt der Barbaren nahm und dem wir mit die besten, weil genauesten und am lebensvollsten geratenen Völkerschilderungen der ausgehenden griechischen Antike verdanken, die den gelungensten Leistungen seiner Vorgänger (etwa Nearchs) durchaus vergleichbar, wenn nicht zum Teil gar überlegen sind und ihn so zweifellos als den bedeutendsten Repräsentanten der hellenistischen Ethnographie erscheinen lassen.

Besondere Beachtung in diesem Sinne gebührt dabei unter seinen – teilweise recht umfangreichen, zur Hauptsache allerdings wieder verlorenen – Schriften, zu denen u. a. auch eine Geographie und Geschichte Europas, nur in einigen wenigen Fragmenten bei Athenaios erhalten, und ein Werk mit dem gleichen Thema über Asien, aus dem Diodor (neben anderen Stücken) die Beschreibung Arabiens (II 49–54) und Äthiopiens (III 5–10) überliefert hat, zählten, dem Periplous «Über das Rote Meer» (Περὶ τῆς Ἐρυθρᾶς Θαλάσσης), und zwar nicht zuletzt schon insofern, als dieser uns noch in verhältnismäßig ausführlichen und nahezu wörtlichen Auszügen, insbesondere bei Diodor (III 12–48) vorliegt. Das überaus reichhaltige Material, das Agatharchides darin verarbeitet hat, entnahm er, wie wir wissen, zum größten Teil den Berichten namentlich der frühptolemäischen Expeditionen, den sog. «Hypomnemata», die in dem berühmten königlichen Archiv zu Alexandrien aufbewahrt wurden und ihm, vermutlich auf Grund besonderer Beziehungen zum Hofe, offenbar ohne weiteres zugänglich waren. Daneben schöpfte er noch andere literarische Quellen aus und zog auf das ausgiebigste auch Erkundigungen bei Reisenden, Seefahrern, Kaufleuten usw. ein. Der eigenen Anschauung verdankte er dagegen anscheinend nur wenig, da er, wie man annehmen muß, kaum über den engeren Bereich von Ägypten hinauskam.

Seiner äußeren Anlage nach stellt das Werk einen *Periplous* dar. Die Beschreibung, der zunächst eine allgemeinere Übersicht über die Größenverhältnisse und die Gesamtgestalt des Roten Meeres vorausgeht, beschränkt sich, beiderseits jeweils, Abschnitt für Abschnitt, von Norden nach Süden voranschreitend, im wesentlichen auf die Küstenregionen, nur selten einen Ausblick auch in das tiefere Hinterland bietend, und

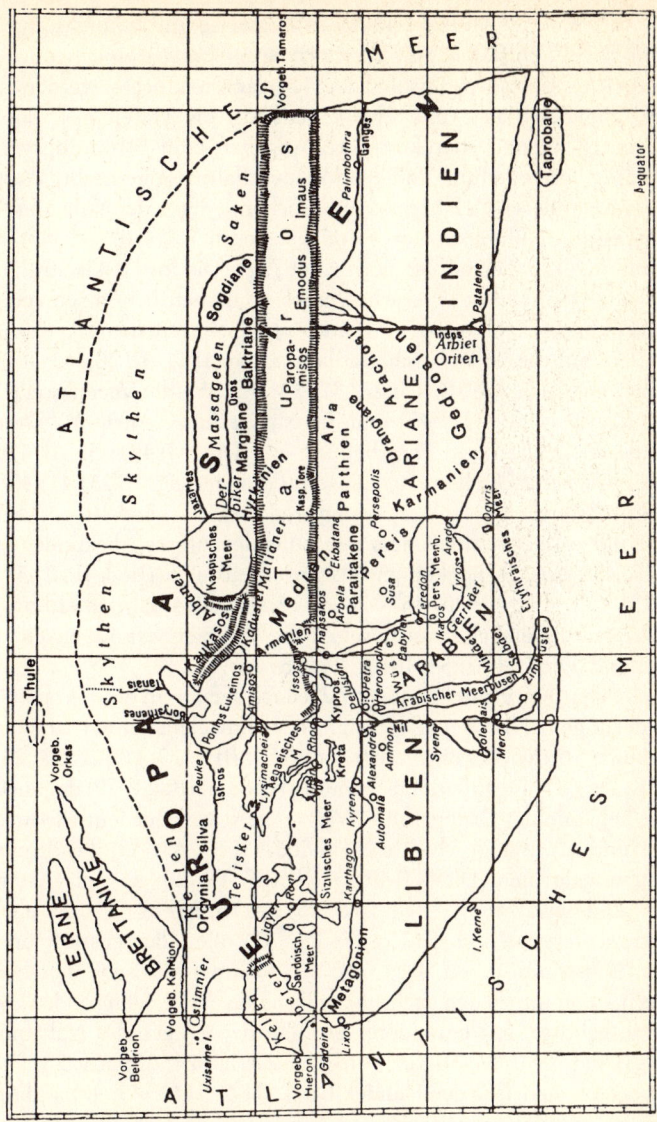

Abb. 11 Die Erdkarte des Eratosthenes von Kyrene
(Rekonstruktionsversuch)

enthält wieder eine Fülle der üblichen Hinweise und Empfehlungen für
die praktische Schiffahrt: So finden sich beispielsweise eingehende Schilderungen des Gestadeprofils und der vorgelagerten Inseln, werden die ins
Meer fallenden Bäche und Flüsse genannt, die Häfen oder sonstige
Landemöglichkeiten charakterisiert, Angaben zum Strömungsverlauf,
der Stärke der Brandung und den Windverhältnisse gemacht, Warnungen vor besonderen Gefahren ausgesprochen, Fragen der Nahrungs- und
Trinkwasseraufnahme erörtert – und, gelegentlich, sogar auch einmal die
Schönheiten der Landschaft gewürdigt (vgl. Diodor III 43). In länder-
kundlicher Hinsicht geht Agatharchides, so namentlich in seinen Periegesen Arabiens (Diodor II 49–54) und Äthiopiens (ebenda III 5–10), u. a.
vor allem auf die Bodenbeschaffenheit (Diod. II 54. III 30; 42; 45), das
Klima (Diod. II 54. III 10; 19; 23; 32; 34; 42; 45), die Vegetation (Diod.
II 49. III 10; 41; 42; 43; 45) und die Naturschätze sowie insbesondere
auch deren Gewinn und Verarbeitung ein (Diod. II 49 f; 52. III 12; 39;
45; 46; 47), zählt Quellen und Flüsse auf (Diod. II 54. III 25; 41; 43; 45),
erwähnt Altertümer, heilige Stätten und Bauten (Diod. III 42; 44; 45)
und schildert, hieran ein geradezu auffallendes Interesse bekundend, teils
mit größter Ausführlichkeit jeweils auch die Fauna (Diod. II 50–51; 53;
54. III 10; 15; 25; 28; 30; 35–37; 41; 42; 43; 47) – dabei allerdings, wie
auch sonst stellenweise, nicht selten die Grenzen zur Fabelwelt überschreitend (Diod. II 50; 54. III 10; 18; 35; 36; 37).

Mehr von Bedeutung für uns sind jedoch seine rein ethnographischen
Schilderungen. Hier berücksichtigt er an Einzelelementen zunächst in
der Hauptsache wieder die Sitze (Diod. II 54. III 8; 15; 18; 21; 23; 24; 25;
26; 28; 29; 31) und äußere Erscheinung (Diod. III 8; 24; 29) der ausführ-
licher behandelten Gruppen und Völker, geht verschiedentlich auch auf
ihre Herkunft und Geschichte ein (Diod. III 20; 43; 45), beschreibt die
Behausungsformen (Diod. II 49; 54. III 15; 19–20; 25), die Arten der
Tracht und Bewaffnung (Diod. III 8; 15; 24; 25; 28; 32; 33), das eheliche
Zusammenleben (Diod. III 15; 17; 24; 32), die Glaubenswelt und das
Bestattungswesen (Diod. III 9; 19; 33), widmet sich, wie dies bei den
Ioniern schon mit zu den wichtigsten Punkten einer jeden soliden Ethnographie gehörte, mit besonderer Sorgfalt den Fragen des Nahrungserwerbs (Diod. II 50; 54. III 8; 15–18; 21; 22; 23; 24; 25; 26 f; 28; 29; 31;
32), berührt mehrfach den Handel (Diod. II 54. III 42; 45; 47) und rundet
die Schilderung des einen oder anderen Volkes endlich, wie uns desgleichen bereits aus der älteren völkerkundlichen Literatur vertraut, auch
einmal mit einer allgemeinen Charakterisierung ab (Diod. III 8; 15; 18;

25). Bezeichnend – weniger für Agatharchides selbst als eigentlich die
gesamte antike Völkerkunde – ist freilich wieder, daß zum überwiegenden Teil nur in die Darstellung Aufnahme findet, was dem Autor, wie er
des öfteren eigens hervorhebt, am «auffallendsten» und daher «bemer-
kenswertesten» erscheint (vgl. Diod. III 5; 6; 18; 33; 35; 38).

Um ein erstes Beispiel seiner Art der Völkerbeschreibung zu geben, sei
zunächst, weil im ganzen umfassender angelegt, ein Auszug aus seiner
Ethnographie der Äthioper (Oberägypten / Nubien), die, wie erwähnt, zu
den Fragmenten aus seinem Werk über Asien zählt, geboten:

«Die meisten derselben [der Stämme Äthiopiens], namentlich aber die Nilanwoh-
ner, sind schwarz von Farbe, stumpfnasig und haben krauses Haar. Was das geistige Wesen betrifft, so sind sie ganz wild und von tierischer Art, weniger jedoch
ihrer Gemüthaftigkeit als ihrem Benehmen nach. Verwildert am ganzen Körper,
lassen sie ihre Nägel den Krallen der Tiere gleich ungehemmt wachsen und zeigen
sich in ihrem Betragen untereinander himmelweit von jeglicher Menschen-
freundlichkeit entfernt. Ihre Stimme besitzt einen scharf gellenden Klang, und
von alledem, was das Leben gesittet macht, wissen sie nichts und stehen daher
auch von unserer Art und Weise zu leben außerordentlich weit ab. Einige von
ihnen sind mit Schilden aus rohen Rindshäuten bewaffnet, andere mit kurzen
Lanzen und wieder andere mit Speeren ohne Wurfriemen und zuweilen auch mit
hölzernen Bogen von [ca.] 2,60 m Länge, mit welchen sie schießen, indem sie mit
einem Fuß darauf treten. Sind aber ihre Pfeile verschossen, so kämpfen sie mit
hölzernen Keulen. Auch ihre Frauen bewaffnen sie, wenigstens bis zu einem gewissen Alter; diese pflegen zudem einen ehernen Ring in der Mitte des Mundes
zu tragen [Lippenschmuck?]. Kleidung kennen einige von ihnen so gut wie gar
nicht, gehen ihr ganzes Leben nackt und schaffen sich nur, aus dem ersten besten
Stoff, bei Bedarf einen notdürftigen Schutz gegen die Hitze. Andere schneiden
den Schafen die Schwänze ab und binden sie um die Hüften, um ihre Scham damit
zu bedecken, während andere sich dazu wieder der Felle von Haustieren bedienen.
Etliche tragen auch Schürzen, die den Körper bis zur Mitte verhüllen und aus
Haaren geflochten sind, wohl weil die dortigen Landesbeschaffenheit wegen die
Schafe keine Wolle besitzen. Zur Nahrung dient einigen die Wasserfrucht, die
wild an den Seen und in den Sümpfen wächst, andere ernähren sich von den
äußersten Sprossen eines sehr weichen Holzes, die sie abpflücken und während
der Mittagshitze auch als Fächer benutzen; einige säen auch Sesam und Lotos,
andere wiederum leben von den zartesten Wurzeln der Rohrgewächse. Nicht wenige von ihnen zeigen sich auch als geübte Bogenschützen und schießen mit großer Geschicklichkeit Vögel, mit denen sie dann ihr Auskommen fristen. Die meisten aber leben allein vom Fleisch, der Milch und dem Käse ihres Viehs.
Hinsichtlich der Götter herrschen unter denen, die oberhalb Meroe's wohnen,
zweierlei verschiedene Ansichten. Sie glauben nämlich, daß ein Teil der Götter
dem Wesen nach ewig und unvergänglich sei, wie die Sonne, der Mond oder das

ganze Weltall; ein anderer aber sei sterblicher Art, und diese Götter seien auf
Grund ihrer Tugend und ihrer Verdienste um die Menschheit göttlicher Ehren
teilhaftig geworden. So verehren sie beispielsweise die Isis, den Pan, den Herakles
und den Zeus insbesondere deshalb, weil sie ihnen als große Wohltäter des Menschengeschlechts gelten. Einige wenige unter den Äthiopern glauben jedoch demgegenüber, daß es gar keine Götter gebe, und lästern daher der Sonne, sobald sie
am Horizont aufsteigt, als der ihnen am meisten schädlichen Kraft und fliehen vor
ihr in die Sümpfe.
Auffallend sind auch [!] ihre Bestattungsbräuche. Einige nämlich werfen die Toten in den Fluß [den Nil] und halten dies für die beste Art der Bestattung, andere
dagegen pflegen sie mit Glas zu umgießen und sodann in ihren Häusern aufzube-
wahren, da die Hinterbliebenen, wie sie meinen, die Züge ihrer verstorbenen
Familienmitglieder kennen müßten und die Verwandtschaft ihre Angehörigen
nicht vergessen dürfe. Andere wieder legen die Leichname in irdene Särge und
begraben sie im Umkreis der Heiligtümer, den Eid, den sie bei den Toten schwören, für den heiligsten haltend.
Die Königswürde verleihen einige dem Schönsten, weil ihnen beides, Herrschaft
wie Schönheit, gleichermaßen als Gaben des Glückes gelten. Andere sprechen
demjenigen die Herrschaft zu, der seine Herden am besten in Ordnung hält, da
nur ein solcher, wie sie der Ansicht sind, auch imstande sei, aufs beste für seine
Untertanen zu sorgen. Wieder andere billigen die Ehre nur den Wohlhabendsten
zu, weil allein diese ihrer Auffassung nach in der Lage seien, dank ihrer reichen
Mittel für des Volkes Wohlfahrt zu sorgen. Noch andere endlich erheben die
Tapfersten auf den Thron, überzeugt, daß nur derjenige die Königswürde verdiene, der im Krieg am erfolgreichsten sei» (Diod. III 8–9).

Die besondere ethnographische Darstellungskunst des Alexandriners
tritt jedoch weniger in allgemeineren Überblicken wie diesem als vielmehr in einer Reihe von Lebensbildern einzelner, kleinerer Gruppen zutage, wie Agatharchides sie in seinem Werk «Über das Rote Meer» vor
allem und in der trefflichsten Weise entworfen hat. Namentlich die
Schilderung der Ichthyophagen rings an den Küsten des Meeres [99], die im
folgenden in Auszügen wiedergegeben sei, aber auch die Charakterisie-
rungen der Troglodyten, nubischer Rinder- und Schafhirtennomaden [100],
der Chelonophagen («Schildkrötenesser») auf den küstennahen Inseln
im Arabischen Meer, weiter der Rhizophagen («Wurzelesser»), Hylo-
phagen («Holzesser»), Spermatophagen («Samenesser»), Kynegen («Jä-

---

99 Diodor III 15–20.
100 Diodor III 32–33. Ihre Nachkommen sollen die Bedja sein, deren heutige Sitze
   sich etwa von der westlichen Nilausbuchtung in Nubien bis zur Küste des Roten
   Meeres erstrecken.

ger»), Struthophagen («Straußenesser»), Akridophagen («Heuschrek-
kenesser») und anderer, wohl sämtlich im oberen Nubien und südlich
davon hausender Völkerschaften samt ihrer spezifischen Arten der Daseinsgestaltung, die er auf das überzeugendste jeweils aus den *Bedingungen ihrer Umwelt* heraus abzuleiten versteht, sind, sowohl was die Genauigkeit bis ins Detail wie die deutliche Abstinenz von Versuchen einer
wertenden Klassifizierung und überhaupt das Verständnis für die Sache
als solche anlangt, geradezu meisterlich zu nennen und überdies von
einer Anschaulichkeit, die der des Nearchos nichts nachgibt und bereits
den Vergleich mit der ethnographischen Schriftstellerei des Poseidonios
aushält – der im übrigen, wie wir wissen, seine Kunst bewußt an den
Darstellungen des Agatharchides zu schulen bemüht war. Die stellenweise erkennbare, verschiedentlich kritisierte Neigung zu Stilisierungen
oder gar einer gewissen «Effekthascherei» stört das Gesamtbild dabei nur
kaum. Hier nun die Schilderung der Ichthyophagen:

«Zunächst wollen wir von den Ichthyophagen erzählen, welche die Meeresküste
von Karamanien und Gedrosien [= Landschaften im Südosten Irans] an bis an den
innersten Winkel des Arabischen Meerbusens bewohnen. . . . Einige der dortigen
Barbaren gehen ganz nackt und haben auch die Frauen und Kinder gemeinsam
sowie eine Herde Vieh. Lust und Unlust kennen sie nur in den leiblichen Dingen,
und Begriffe wie Sittlichkeit oder Unsittlichkeit sind ihnen fremd. Ihre Wohnungen haben sie nicht weit vom Meer an einem felsigen Gestade, das nicht nur tiefe
Höhlungen, sondern auch die verschiedenartigsten Schluchten und sehr enge
Spalten birgt, die, teils gekrümmt, das gesamte Gebiet in die Kreuz und Quere
durchziehen. Diese ihnen von der Natur gebotene Gegebenheit nützend, haben
die Einwohner nun die Mündungen und seitlichen Biegungen mit Steinen verstopft und sich so Anlagen geschaffen, mit deren Hilfe sie den Fischfang so gut wie
mit Netzen betreiben. Wenn nämlich die Flut mit Ungestüm über das Ufer dahin-
braust, was zweimal am Tage geschieht, und zwar zumeist um die dritte und
neunte Stunde, überdecken die Wasser das gesamte Gestade und tragen, in gewaltiger und wiederholter Anströmung, eine schier unglaubliche Menge von Fischen
aller Art auf das Land, die, im Uferbereiche verbleibend, in den Höhlungen und
Schluchten herumschwimmen und dort zunächst noch ihrer gewohnten Nahrungssuche nachgehen. Tritt aber die Ebbe dann ein, so fließt zwar das Wasser
durch die Spalten der Steinsperren ab, die Fische jedoch bleiben gefangen in den
Gängen und Felskammern zurück. Zu diesem Zeitpunkt nun versammeln sich
Männer, Frauen und Kinder wie auf einen Ruf hin am Ufer, bilden einzelne Gruppen und stürzen sich dann, als ob eine Jagd angestellt würde, plötzlich und mit
großem Geschrei gesondert je auf eine bestimmte Stelle. Frauen und Kinder sammeln die kleineren Fische nahe dem festen Lande ein und werfen sie aufs Trok-
kene, während die Kräftigeren unter den Männern sich derer annehmen, die ihrer

Größe wegen schwerer zu überwältigen sind. ... Und diese töten sie nun, ohne alle Hilfe künstlich gefertigter Waffen, lediglich mit spitzigen Bockshörnern und schlitzen sie dann mit scharfkantigen Steinen auf. Lehrt ja die Not (ἡ χρεία) doch die im Naturzustande befindlichen Menschen, sich den gegebenen Umständen anzupassen und alles zu nutzen, was ihren Zwecken nur immer dienlich erscheint.

Haben sie nun einen großen Fang zusammengebracht, so tragen sie ihn fort und legen die Fische zum Rösten auf die nach Süden zu abfallenden Felsen, wo sie, da diese infolge der übermäßigen Hitze schier glühen, schon nach kurzer Zeit gewendet werden können. Danach nehmen sie jedes Tier an der Schwanzflosse auf und schütteln es, so daß sich die Fleischteile, von der Hitze mürbe geworden, ablösen und herunterfallen. Die Gräten aber werden auf einen großen Haufen geworfen und, wie wir noch zeigen werden, als Reserve für den Notfall aufbewahrt. Nun breiten sie das Fleisch auf einem glatten Felsen aus, treten es einige Zeitlang fest zusammen und versetzen es mit den Früchten des Mehlbeerbaums, die ihnen als Würze zu dienen scheinen, so daß das Ganze zu einer klebrigen Masse wird. Daraus formen sie sodann Stücke in der Gestalt von länglichen Ziegeln, die sie abermals in die Sonne legen und endlich, wenn sie trocken genug sind, verzehren, wobei jeder hemmungslos ißt, soviel ihm beliebt und sein Appetit ihm erlaubt...

Zuweilen aber geht eine so starke Flut über das Land hin und hält das Gestade für mehrere Tage bedeckt, daß sich niemand herantraut. Da nun sammeln sie, um dem Mangel an Nahrung, dem sie in solchen Zeiten ausgesetzt sind, zu begegnen, zuerst Muscheln, die dort bis zu einer solchen Größe gefunden werden, daß sie gelegentlich bis zu vier Minen [ca. 3,5 Pfund] wiegen. Ihre Schalen zerbrechen sie, indem sie große Steine darauf werfen; das Fleisch, dessen Geschmack dem der Austern ähnelt, essen sie roh. ... Nehmen aber auch die Muscheln allmählich ab, so greifen sie auf die aufgespeicherten Gräten zurück, lesen die frischen und saftigen aus, spalten sie im Gelenk und verzehren sie so; die härteren werden mit Steinen zerschlagen. Und so leben diese Barbaren denn wie die wilden Höhlentiere.

An trockener Nahrung haben sie also immer Vorrat genug; ihren Trunk aber verschaffen sie sich auf eine höchst auffallende und ganz unglaubliche Weise. Der Fischfang nämlich hält sie immer nur für vier Tage beschäftigt, wobei sie auf das fröhlichste schmausen und einander durch kunstlose Gesänge ergötzen, sich mit ihren Frauen der Kindererzeugung wegen verbinden und sich sonst jeder Mühewaltung enthalten, da ihnen der Tisch ja, ohne daß es einer weiteren Anstrengung bedürfte, immer reichlich gedeckt ist. Am fünften Tage aber laufen sie allesamt, um zu trinken, zum Fuß des Gebirges hin, wo es Süßwasservorkommen gibt, aus welchen die Hirten ihr Weidevieh tränken. Ihr Zug gleicht dabei dem einer Herde von Rindern: alle lassen ihre Stimme erschallen, jedoch nicht in geordnetem Singsang, sondern zu bloßem, leerem Geschrei. Die Säuglinge ruhen auf den Armen der Mütter, die gerade Entwöhnten werden von den Vätern getragen, und die mehr als fünf Jahre Zählenden laufen, fröhlich und scherzend, den Eltern voraus, so voller Freude, als ginge es dem herrlichsten Genusse entgegen; denn ihre so ganz unverderbte Natur findet noch ihr Genügen in der reinen Bedürfnisbefriedigung und verlangt nicht nach Genüssen künstlicher Art. Haben sie aber die Trinkstellen der Hirten erreicht und sich den Magen mit Wasser gefüllt, so kehren sie, vor Schwerfälligkeit kaum in der Lage aufrecht zu gehen, wieder zurück, nehmen an diesem Tage nichts weiter mehr zu sich, sondern liegen nur da, können kaum schnaufen und machen überhaupt ganz den Eindruck von Betrunkenen. Am nächsten Tage aber wenden sie sich wieder dem Verzehr ihrer Fischkost zu. Und diesem Wechsel von Speise und Trank gehen sie, solange sie leben, immer im gleichbleibenden Rhythmus nach...

Diejenigen jedoch, die an den Küsten außerhalb des eigentlichen Meerbusens wohnen, führen eine noch viel auffälligere Lebensweise. Ihnen macht weder der Durst noch sonst eine Empfindung zu schaffen. ... Sie verzehren die Fische, solange sie noch saftig und in nahezu rohem Zustande sind, so daß sie gar kein Bedürfnis zum Trinken, ja nicht einmal der Gedanke daran, ankommt. ... Was aber das Erstaunlichste von allem ist: auch an Fühllosigkeit übertreffen sie alle anderen Menschen so sehr, daß man den Erzählungen darüber kaum Glauben schenken mag. ... Selbst das Fremdartige in der Erscheinung der Seefahrer, die ihre Küsten anlaufen, macht keinerlei Eindruck auf sie: stier und ohne die leiseste Regung, hielten sie ihre Blicke auf die Ankömmlinge gerichtet, als nähmen sie gar niemand wahr. Auch flohen sie nicht, wenn einer das Schwert zog und gegen sie schwang, noch ließen sie sich durch Prügel oder sonstige Mißhandlungen in Erregung versetzen, und auch die Menge, die dabei zusah, gab keinerlei Zeichen des Mitgefühls zu erkennen, ja selbst dann, wenn ihre Frauen und Kinder vor ihren Augen niedergemetzelt wurden, blieben sie noch ruhig und zeigten keine Gemütsbewegung. Und auch im Angesicht von Gefahren, und seien es solche der schrecklichsten Art, verrieten sie keine Empfindung. Wie teilnahmslos standen sie immer nur da, blickten stumpf auf alles, was vorging, und nickten bloß mit dem Kopfe dazu...

Die Wohnungen dieser Gruppen sind keinesfalls alle von gleicher Art, sondern jeweils den Umständen angepaßt: Einige leben in Höhlen, und zwar zumeist solchen, deren Öffnung gegen Norden gekehrt ist und die mehr Schatten und kühlere Luft zu spenden vermögen; denn diejenigen, die sich nach Süden hin öffnen, sind so heiß wie Backöfen und daher für die Menschen unbenutzbar. Dort aber, wo es nicht viele solcher bewohnbarer Höhlen gibt, liest man die Rippen der vom Meer ausgeworfenen Wale, an denen daselbst kein Mangel besteht, zusammen, pflanzt sie in Form zweier Reihen auf, die man dann gegeneinander lehnt, oben ineinander verbiegt und zuletzt mit frischem Seegras durchflicht. Unter diesen Dachgewölben, die sie allein das natürlich Bedürfnis ($τῆς$ $κατὰ$ $φύσιν$ $χρείας$) zu bauen gelehrt hat, ruhen sie während der heißesten Zeit. Die dritte Art, sich einen Unterschlupf zu verschaffen, geht auf folgende Weise vor sich: In jenen Gegenden wachsen sehr viele Ölbäume, deren unteren Teil noch die Flut erreicht; sie sind außerordentlich dicht belaubt, und ihre Frucht besitzt Ähnlichkeit mit der Kastanie. Deren Zweige nun verflechten sie ineinander, so daß ein zusammen-

hängendes schattiges Dach entsteht, unter dem sie dann wie unter einem Zelte leben. ... Endlich sei noch von einer vierten Art der Behausung berichtet: Seit unvordenklichen Zeiten hat sich an verschiedenen Stellen, Bergen gleich, eine riesige Menge Seemoos angehäuft. Und in diese, durch den beständigen Wellenschlag immer dichter zusammengepreßten und durch die Vermischung mit Sand zu einer festen Masse gewordenen Erhöhungen nun treiben sie etwa mannslange Stollen hinein, lassen den oberen Teil als Decke und legen auf Sohlenhöhe längslaufende und einander zugekehrte Verbindungsgänge an. Dort hausen sie dann in Kühle und aller Behaglichkeit. Bei Eintreten der Flut aber springen sie, um auf Fischfang zu gehen, hinaus und kehren, sobald die Ebbe einsetzt, mit der Beute wieder in ihre Höhlen zurück und verzehren, was sie eingebracht haben.
Ihre Toten legen sie während der Ebbe ans Ufer und werfen sie dann, wenn die Flut kommt, ins Wasser: So dienen sie im Tode wieder den Fischen zur Speise, und es vollzieht sich auf diese Weise immerfort ein und derselbe Kreislauf des Lebens.»

Wie schon aus der Art der Schilderung deutlich hervorgeht, verband Agatharchides mit ihr neben dem Wunsch, ein möglichst lebendiges, anschauungsreiches Bild vom Dasein der Ichthyophagen zu liefern, zweifellos auch die Absicht zu zeigen, daß die Kultur eines Volkes jeweils wesentlich aus den *besonderen Gegebenheiten ihrer natürlichen Umwelt* heraus erwächst, d. h. in diesem Falle ihren Charakter zur Hauptsache der Lage am Meer, dem gebirgigen Aufbau der Küsten und der immensen Hitze verdankt. Letzteres, die Kraft der Sonne, macht er, sie namentlich dort, wo sie auf bessere und mehr Wasser führende Böden niederbrennt, zum «eigentlichen Lebensquell» der südlichen Länder erklärend, an anderer Stelle auch einmal in ähnlichem Sinne direkt für die Vielfalt und Farbenpracht der gesamten Natur daselbst, von den Mineralien über die Pflanzen und ihre Früchte bis hin zu den Tieren, verantwortlich (Diod. II 51 ff). Von dem Einfluß gerade des Klimas auf «die Lebensweise und Physis» des Menschen dagegen ist unmittelbar, soweit ich sehe, in den Fragmenten nur zweimal – und lediglich in summarischer Form – die Rede [101]; doch besteht Grund zu der Annahme, daß Agatharchides sich damit allgemeiner und des ausführlicheren bereits in einem der Proömien zu den fünf Büchern seines Werks «Über das Rote Meer» auseinandergesetzt hatte. Besonderen Wert aber legte er, wie ebenfalls im obigen Text schon verschiedentlich anklang, auch auf die Feststellung, daß der Mensch die entscheidenden Impulse zur Entwicklung der ihm eige-

---

101 Diodor III 33; 34.

nen Kultur einer ursprünglichen *Notsituation* bzw. dem daraus resultierenden *Bedürfnis* (χρεία), sie zu überwinden und sich den gegebenen Verhältnissen *anzupassen*, verdanke (Diod. III 15; vgl. 10; 19; 21) und daß er sich dabei wieder weitgehend vom *Vorbild der Natur* selbst, die ihm wie den Tieren in allem eine hilfreiche «Lehrerin» (διδάσκαλος) sei, habe leiten lassen (Diod. II 50; 52. III 10). Ein übriges tue dann die *Gewöhnung* (συνήθεια), die starre Anhänglichkeit an die einmal bestehende Daseinsordnung, die so weit reichen könne, daß man auch die unwirtlichste Heimat nicht mehr verlasse, lieber das Leben hingebe, als es auf eine andere als die überkommene Weise zu führen, und selbst törichte und unsinnige Institutionen getreulich beibehalte (Diod. III 6; 18; 34). Gleichwohl bleibt ein Wandel, wie Agatharchides weiß und belegt, natürlich grundsätzlich möglich; nur bedarf es hierzu, handelt es sich um einen solchen von *endogener Art*, einer *starken Persönlichkeit* (Diod. III 6) oder, geht er auf *exogene* Faktoren zurück, größerer *Veränderungen unter den Nachbarvölkern*: so wurden die «nabatäischen» Araber am Golf von Aqaba beispielsweise, als die Ptolemäer die Wasserstraße samt dem umliegenden Raum ihren Handelsinteressen nutzbar zu machen begannen, von friedlichen Hirten zu gefürchteten Seeräubern (Diod. III 43).

Theoretische Überlegungen fanden also innerhalb der ethnographischen Darstellung Platz, was nur um so mehr verständlich erscheint, als wir von Strabo (XIV 2, 15) erfahren, daß Agatharchides Peripatetiker war. Zugleich aber neigte er auch unverkennbar der epikureischen Lebensauffassung zu, und dies wiederum drückt sich deutlich in seiner – leicht idealisierenden – Barbarenbeurteilung aus: Trotz allen Mangels galt ihm ihr Dasein, weil allein auf die Befriedigung der elementarsten Bedürfnisse ausgerichtet, ohne Verlangen nach mehr, daher gesünder (Diod. III 17) und überhaupt so ganz den Gegebenheiten der Natur angemessen, als preiswert.

Als nüchterner Peripatetiker endlich hielt er den Mythos in seiner überlieferten Form für wenig vertrauenswürdig, ja wandte einige Mühe daran, ihn gar als lächerlich und reine Phantasterei zu erweisen. Und ebensowenig Glauben scheint er auch den Berichten von Fabelvölkern geschenkt zu haben: jedenfalls nennt er, soweit zu sehen, nur einmal eine derartige Gruppe, und zwar die Kynamolgen («Hundemelker») im tieferen Süden Äthiopiens, Menschen, die an sich von der Jagd auf Großwild leben, sich aber in Zeiten der Not – daher der Name – auch von der Milch ihrer Hunde, mit deren Hilfe sie jagen und von denen sie, wie es heißt, ganze «Herden» besitzen, ernähren sollen, was dem Skeptiker Agatharchides noch so eben als annehmbar eingehen mochte.

25. Timagenes von Alexandrien (2. Hälfte des 1. Jhs. v. Chr.)

Ein besonderes Interesse an Fragen der Völkerkunde zeichnet auch den Alexandriner Timagenes aus, einen scharfzüngigen, geistreichen Rhetoriker und vor allem Geschichtsschreiber. Wie aus den Resten seines Werkes, einer Universalhistorie, deren Darstellung zur Hauptsache an der Geschichte der Monarchien entwickelt war und die daher vermutlich den Titel «Könige» (Βασιλεῖς) trug, noch ersichtlich ist, hatte er diesem nämlich, dem traditionellen Aufbau der klassischen Historiographie gemäß, wieder eine Reihe länderkundlich-ethnographischer und kulturgeschichtlicher *Exkurse* eingelegt, von deren Anlage und – teilweise offenbar recht reichhaltiger – Ausstattung wir uns, wenigstens mittelbar, noch in etwa ein Bild aus entsprechenden Partien der «Historiae Philippicae» des Pompeius Trogus (s. u. III, 1, 5), die wesentlich aus den «Königen» des Timagenes geschöpft sind, zu machen vermögen.

Unmittelbar dagegen läßt sich ein Einblick in die völkerkundliche Betrachtungsweise des Alexandriners allein noch aus seiner – bei Ammianus Marcellinus (XV 9) überlieferten – Urgeschichte der Kelten, als dem einzigen mehr oder weniger in seiner ursprünglichen Fassung erhaltenen Stück dieser Art, gewinnen, das schon insofern vollste Beachtung verdient, als hier, auf der Grundlage allen verfügbaren Materials, das Timagenes, wie sein Exzerptor eingangs hervorhebt, «mit griechischem Fleiß» aus den verschiedensten Büchern *(ex multiplicibus libris)* zusammengetragen hatte, quasi ein Katalog der zur damaligen Zeit gängigsten Theorien zur Herkunft der Gallier geboten wird:

«Einige meinen, es handle sich um die Ursassen *(aborigines)* jener Regionen, die sich nach dem Namen eines geliebten Königs ‹Kelten› und nach dem seiner Mutter ‹Galater› nannten, zumal sie ja auch in griechischer Sprache ‹Gallier› heißen; andere dagegen vertreten die Ansicht, sie rührten von Dorern her, die dem älteren Herakles folgten und sich in den Gegenden am Ozean niederließen. Die Druiden wieder erzählen, ein Teil der Bevölkerung sei zwar tatsächlich alteinheimisch *(indigenam)*, ein anderer aber bestehe aus Fremden, die aus entfernten Inseln und den Gebieten jenseits des Rheins, von dort teils durch ständige Fehden, teils durch Überschwemmungskatastrophen vertrieben, erst später nach Gallien kamen. Manche behaupten auch, sie gingen auf eine Handvoll Trojaner zurück, die, nach der Zerstörung ihrer Heimatstadt auf der Flucht vor den Griechen in jene damals noch unbesiedelten Striche versprengt, dort ansässig wurden. Die Einwohner selbst jedoch halten am meisten dafür, – und das gleiche haben wir auch in ihren Inschriften bestätigt gefunden, daß Herakles, des Amphitryon Sohn, der zur Vernichtung des grausamen Tyrannen Geryones und Tauriskos, von denen der eine Spanien, der andere Gallien bedrückte, aus der Ferne heranzog, nach deren Überwindung adligen Frauen beigewohnt und mehrere Söhne erzeugt habe, die dann die Gegenden, über welche sie herrschten, nach ihren Namen benannten. Endlich ist auch von einem asiatischen Volke die Rede, das, um dem Schreckensregiment des Harpalos, eines Statthalters im Dienste des Kyros, zu entgehen, von Phokäa [an der W-Küste Kleinasiens] nach Italien kam und dessen einer Teil Velia in Lukanien, ein anderer aber Massalia im Gebiet von Vienna [dem heut. Vienne, südl. Lyon an der Rhône gelegen] erbaute; ihre Nachfahren gründeten dann noch zahlreiche weitere Städte. Doch damit genug der verschiedenen Meinungen, deren Aufzählung ohnehin leicht Verdruß erweckt! – Kurz: die Entwicklung der dortigen Menschen machte mehr und mehr Fortschritte, und es erblühte alsbald, getragen von den Barden, Euhagen [den Sehern] und Druiden, das Studium der Wissenschaften und Künste. Die Barden besangen zu Saitenspiel die Taten der großen Helden, die Euhagen suchten die Geheimnisse der Natur zu ergründen, während die Druiden, ihnen allen an Geist überlegen, nach dem Vorbild des Pythagoras zu einem gemeinsamen Bunde zusammentraten, philosophische Betrachtungen über das Wesen der Welt anstellten und, die Schranken der Vergänglichkeit überschreitend, die Unsterblichkeit der Seele verfochten.»

Ursprünglich nur einleitender Topos einer ethnographischen Monographie, erscheint die «Archäologie» also hier nun bereits zu einer kleinen Sonderabhandlung ausgebaut, die zugleich bezeugt, daß die Kelten, noch bis vor kurzem – neben Indern, Äthiopern und Skythen – in der Literatur als eine der vier klassischen Randpopulationen der Ökumene fungierend, inzwischen – und zwar vor allem, wie noch zu zeigen sein wird, infolge der römischen Expansionspolitik – voll in den näheren Gesichtskreis der Mittelmeervölker gerückt sind. Und diesen nun wurde, je mehr die Erforschung jener voranschritt, staunend bewußt, daß man es hier mit Menschen einer Kultur zu tun hatte, die in manchem, so insbesondere der Organisation und den gelehrten Interessen der Priesterschaft, kaum dem Bilde, das man sich herkömmlicherweise vom Dasein typischer Barbaren zu machen gewohnt war, entsprach. Es erhob sich daher für Timagenes – bzw. die Autoren seiner Quellen – die Frage, ob es sich in der Tat um solche, also Ureinwohner oder Mischlinge aus Kelten und anderen dortigen, etwa germanischen Gruppen handle, wobei die letztere Hypothese verrät, daß man bereits die engen Beziehungen zwischen beiden Völkern zu sehen begann, oder ob man in ihnen nicht gar die Abkömm-

linge fremder Zuwanderer südlicher Herkunft zu vermuten habe. Der
hieraus als weitere Möglichkeit kombinierten Annahme endlich, daß sie,
und das verdient unsere Aufmerksamkeit, aus einer *Überschichtung* des
autochthonen Substrats durch Gruppen der letzteren Art entstanden
seien, einer Ansicht zudem, die auch den Traditionen der Kelten selber
entsprach, scheint Timagenes dabei den Vorzug gegeben zu haben; doch
wagte er offenbar nicht, eine direkte, eindeutige Entscheidung zu treffen.

26. Polybios von Megalopolis (ca. 200–120 v. Chr.)

Aus der bewegten Zeit jener gewaltigen politischen Umwälzungen, die
sich mit dem Aufstieg der Römer zur imperialen Großmacht in der Mittelmeerwelt vollzogen, ragt fest und stark die Gestalt des Polybios hervor, eines Mannes, dem die hohe Kunst der klassisch-griechischen Historiographie noch ein letztes Mal voll zur Entfaltung zu bringen bestimmt
war, der auf der anderen Seite jedoch, ein Wanderer zwischen zwei Welten, merklich bereits aus der allumspannenden, auf die Erkenntnis der
metaphysischen Sinnzusammenhänge des Daseins zielenden Betrachtungsweise der größten unter den Geschichtsschreibern vor ihm heraus-
zutreten und seinen Blick in stärkerem Maße auf die konkreten Belange
der *politischen Praxis* zu richten beginnt. Sein Entwicklungsgang, seine
Interessen und Tätigkeiten schon zeugen von dieser, für ihn so bezeichnenden Ambivalenz in der Einstellung: Zum einen hoher, namentlich als
Taktiker geschätzter Kavallerieoffizier und Verwalter politischer Ämter,
tat er sich zum andern, und zwar auf den verschiedensten Gebieten, auch
als Wissenschaftler von anerkanntem Range hervor, verfaßte, neben seinem eigentlichen Hauptwerk, den – zu großen Teilen erhaltenen – «Historien» (Ἱστορίαι), u. a. beispielsweise Schriften mathematisch-astronomischen wie militärtheoretischen Inhalts, widmete sich selbst der
Musik und zeigte sich, nicht zuletzt, insbesondere auch der Philosophie
zugeneigt, wobei ihn vor allem die Stoa anzog.

  In erster Linie jedoch und mit ganzem Herzen war Polybios Historiker. Verfügte er auch kaum über die großen Gaben und den Genius eines
Thukydides, so faßte er sein Metier doch nicht als pure, bestenfalls
kunstvolle Wiedergabe von Tatsachen auf, sondern war, wie schon die so
zahlreich in die Darstellung eingeflochtenen Betrachtungen über die
eigentlichen Aufgaben und höheren Ziele der Geschichtsschreibung lehren, vielmehr auf das ernsthafteste bemüht, ihm auch eine tiefere, d. h.

genauer: *moralische* Legitimation zu verleihen, ein Anspruch, dem im Äußeren seines Werks die unbestechliche Sachlichkeit und der nüchterne Rationalismus, die insgesamt die Berichterstattung bestimmen, nur aufs beste entsprachen.

Wichtig war ihm dabei insbesondere der *erzieherische* Aspekt des Geschichtsstudiums, auf dessen Bedeutung er gleich im Einleitungssatz seines Werks mit den Worten verweist:

«Wenn diejenigen, die vor uns Geschichte schrieben, es verabsäumt hätten, ihr Lob zu spenden, so würde es wohl nötig sein, jedermann zum Kauf und fleißigen Studium solcher historischer Schriften anzuhalten, da nichts so belehrend wirkt wie die Wissenschaft von den Taten der Vorzeit» (I 1).

Und in ähnlichem Sinne läßt er sich auch an zahlreichen anderen Stellen vernehmen. Mehr nämlich, heißt es dann später (I 35) weiter, als die eigene Erfahrung, die zwar hinzutreten müsse, aber doch immer die Gefahr der persönlichen Befangenheit impliziere, biete die Betrachtung aus der Distanz heraus, wie sie den Historiker von den Vorgängen seiner Darstellung trenne, die Gewähr, die erforderliche Objektivität sowohl in der Berichterstattung wie in der Urteilsbildung zu wahren, ein Vorzug, der ihm nicht nur in moralischer Hinsicht, sondern, und hier nun verrät er den Standpunkt des Römers, auch aus rein praktischen Gründen äußerst belangvoll erscheint. Denn, so argumentiert er (beispielsweise IX 2) und spricht damit Gedanken aus, die in entsprechendem Sinne ja auch seiner Einstellung zur Ethnologie, als einer *Teildisziplin der Geschichtswissenschaften*, wie man sie in der Antike durchgehend verstand, unterstellt werden dürfen, denn, meint er also, namentlich jetzt, da man so große Erfahrungen in der Kriegführung und Politik zu sammeln beginne, müßten sich gerade die Erkenntnisse einer *pragmatisch orientierten* Geschichtsbetrachtung, d. h. die Lehren, die sie aus den Erfolgen und Fehlern früherer Geschlechter zu ziehen gestatte, ja mit deren Hilfe es zudem möglich sei, sogar *Voraussagen* für den Verlauf zukünftiger Entwicklungsprozesse zu treffen (XII 25), als besonders gewinnreich erweisen, mit anderen Worten: Das Studium der Geschichte darf sein Genügen nicht in weltabgewandter Gelehrsamkeit suchen, sondern ist, weil von hohem praktischem Nutzwert, in den Dienst des Staates bzw. der Politik, sei diese nun friedlicher oder kriegerischer Natur, zu stellen.

Den ersten – und wichtigsten – Schritt zum Verständnis eines historischen oder zeitgenössischen Sachverhalts sieht Polybios in dem Bemühen, die *Ursachen* zu ergründen, denen er sein Dasein verdankt:

«Denn was hilft den Kranken ein Arzt, der die Motive des körperlichen Befindens nicht kennt? Und was taugt auch ein Staatsmann, der nicht zu beurteilen vermag, auf welche Weise, warum und woraus ein jedes Ereignis entsprungen ist? Weder wird jener bei der Heilung des Leibes jemals so, wie er sollte, zu Werke gehen, noch kann dieser, wenn ihm die fragliche Einsicht fehlt, seine Aufgaben im erforderlichen Maße erfüllen» (III 7; vgl. I 1. II 38. III 31. IV 28. V. 105. VI 2. XXXIX 8 u. v. a. St.).

Ein Urteil über die Ursprünge einer Entwicklung oder eines Sachverhalts aber steht und fällt mit der Verläßlichkeit der Prämissen, auf denen es aufgebaut ist – hier also des Faktenmaterials, das den Stoff eines Geschichtsberichts bildet. Daher die Aufforderung an die Historiker, nur wiederzugeben, wessen sie absolut sicher seien, und sich überhaupt eine im strengsten Maß sachgerechte, von Subjektivismen jeder Art wie Verfälschungen des Tatbestandes aus literarisch-stilistischen Gründen nach Möglichkeit freigehaltene Darstellungsweise zum Ziele zu setzen:

«Die Aufgabe des Geschichtsschreibers ist es nicht, seine Leser zu faszinieren, indem er ihnen nur von den großartigsten Begebenheiten berichtet, noch kann sie in der Erfindung erbaulicher Reden oder der Aufzählung aller, auch der nebensächlichsten Geschehensabläufe gesehen werden... sondern sie besteht vielmehr darin, nichts weiter als eine Wiedergabe dessen zu bieten, was in Wahrheit getan und gesprochen wurde, – und sollte es ganz gewöhnlicher Art sein» (II 56; vgl. I 14. XII 11).

Infolgedessen konnte Polybios auch den Mythen und dichterischen Bearbeitungen historischer Stoffe nur mit äußerster Skepsis begegnen, zumal sie, wie er hervorhebt, nicht selten wider die Logik aller menschlichen Erfahrung verstießen, und sah daher – in der Regel zumindest – ganz davon ab, sie als Beleg zu verwenden (vgl. IV 40. XVI 12).

Endlich aber ist Polybios der – wieder auch in ethnologischer Hinsicht bedeutungsvollen – Überzeugung, daß sich wirklich verläßliche und tragfähige Einsichten in die Ursprünge und den Gang der Geschichte nur gewinnen ließen, wenn man größere, im Idealfall jedoch *alle* Zusammenhänge ihres Werdeverlaufs überblicke, d. h.: die Betrachtung *universalhistorisch* angelegt sei:

«Denn denjenigen, die durch die Erforschung eines Teilbereichs der Geschichte eine vollwertige Kenntnis auch des Ganzen zu erlangen vermeinen, scheint es mir geradeso zu ergehen wie Leuten, die glauben, sich aus der Betrachtung einzelner, vom Leichnam eines ehemals wohlgestalteten Menschen abgelöster Körperteile eine angemessene Vorstellung von der Kraft und der Schönheit, die der Verstorbene im Leben besaß, bilden zu können. ... Zwar kann man durchaus von einem

Teil auf das Ganze schließen, doch wird man dabei kaum einen echten Begriff von der Sache oder eine tiefere Einsicht in ihr Wesen zu gewinnen imstande sein. ... Nur die Nebeneinanderstellung und Zusammenschau sämtlicher Teile, unter Berücksichtigung auch ihrer Übereinstimmungen und Unterschiede, können ein solches Ergebnis erbringen» (I 4).

Daher, sagt er an anderer Stelle (II 37), habe er es auch unternommen, keine Einzeldarstellungen, etwa der griechischen oder persischen Geschichte, zu liefern, sondern nach Möglichkeit die Geschicke «aller bekannten Bereiche der Erde in die Betrachtung miteinzubeziehen», ein Vorgehen, das sich schon insofern empfehle, als es der jüngsten, durch die Machtausweitung der Römer in Gang gesetzten Entwicklung entspreche, welche die Schicksale auch der entfernteren Völker immer enger miteinander verflechte: In der Vergangenheit nämlich, so erläutert er diesen Gedanken,

«vollzogen sich die Ereignisse in der Welt so gut wie zusammenhanglos, da sich alles auf räumlich stark voneinander geschiedenen Schauplätzen zutrug. In der Folge aber begannen die Fäden der Geschichte dann mehr und mehr sozusagen in einem Körper zusammenzulaufen, so daß heute bereits das Geschehen in Libyen, Asien, Italien und Griechenland eng miteinander verknüpft ist und sich insgesamt auf ein Ziel hin bewegt» (I 3).

Diesem – schicksalhaft allen Menschen vorausbestimmten – Verlauf der Ereignisse also sollte die Geschichtsschreibung zu entsprechen bemüht sein, indem sie es sich zur Aufgabe mache, «den Weg, den die Vorsehung der Entwicklung gewiesen habe, um sie zur Vollendung zu führen, auf einen Blick hin überschaubar erscheinen zu lassen» (I 4).

Das aber setzt in methodischer Hinsicht eine sowohl der räumlichen Breiten- wie der historischen Tiefenperspektive nach möglichst weitangelegte *vergleichende* Betrachtung voraus, die überhaupt, wie für Polybios feststeht, erst das rechte Verständnis auch für den einzelnen Sachverhalt zu erwirken vermöge (XII 25 b; vgl. XXX 6). Bei der Aufnahme des Materials dazu, forderte er weiter, sei – neben dem kritischen Studium der literarischen Quellen – das Hauptgewicht auf die persönliche Erkundung (αὐτοπάθεια) an den wichtigsten Schauplätzen der Geschichte zu legen; gleichzeitig sollten jedoch immer auch die Entwicklungen innerhalb der Gegenwartspolitik mit berücksichtigt und ausgewertet werden. Da es nun aber die Möglichkeiten eines einzelnen übersteige, in allen Ländern der Erde eigene Nachforschungen vorzunehmen und allen Geschehnissen, zumal wenn es sich um zeitlich einander parallel laufende Vorgänge handle, beizuwohnen, so könne man nicht umhin, ergänzend auch die Beobachtungen anderer, namentlich Reisender, mit heranzuziehen – stets jedoch unter Wahrung des Vorbehalts, «den Berichten kritisch entgegenzutreten und nur den verläßlichen Gewährsleuten Vertrauen zu schenken» (XII 4 c u. XII passim). Vorsicht sei insbesondere Kaufleuten und Händlern gegenüber geboten, da diese, wie er des öfteren anmerkt, es liebten, ihre Erzählungen mit «Erfindungen und Aufschneidereien» (ψευδολογίας καὶ τερατείας) zu würzen (VI 42; vgl. 39 u. a. St.). Alles aber, was lediglich vage und nur schwach gesichert erscheine, solle man am besten unberührt lassen (III 38).

Grundlegend hat jedoch, wie gesagt, immer die eigene Erkundung zu bleiben (so a. V 21), zu deren Aufgaben insbesondere auch die Erforschung der geographischen Gegebenheiten gehört, und zwar einmal, weil deren Kenntnis die unerläßliche Voraussetzung zum genaueren Verständnis einzelner – etwa kriegerischer – Geschehensabläufe bildet, wie zum andern insofern, als Polybios überhaupt, wie noch zu zeigen sein wird, wieder der Auffassung war, daß die Geschichte auch als Ganzes sehr wesentlich von der *Beschaffenheit und den Kräften der Umwelt* mitbestimmt werde. Und dieser Überzeugung nun suchte er, sich um persönliche Erkundung bemühend, wo immer er die Gelegenheit dazu besaß, wie durch seine Darstellungen selbst in der Tat auf das gewissenhafteste Rechnung zu tragen.

Nach der Inschrift auf einer ihm zu Ehren in seiner Heimatstadt Megalopolis errichteten Stele soll Polybios, wie bei Pausanias nachzulesen (VIII 30, 8), «in jedem Lande und auf allen Meeren herumgekommen» sein, was wir jedoch zweifellos als wohlmeinende Übertreibung zu werten haben. Als sicher dagegen darf gelten, daß er Alexandrien kannte (XXXIV 14; vgl. Strabo XVII 1, 12), in Kleinasien war (XXI 38; vgl. IV 38), weiter natürlich auch in Italien reiste, wo er mehrfach die epizephyrischen Lokrer in Bruttium besuchte (XII 5), daß er die Alpen überschritt (III 48) sowie Scipio Aemilianus als Befehlshaber einer Reitereinheit auf seinen Feldzügen in Nordafrika und Spanien begleitete und endlich, mit einer Flotte, die dieser ihm eigens zu diesem Zwecke zur Verfügung gestellt hatte, sogar eine regelrechte Forschungsexpedition zur Erkundung der atlantischen Küstengebiete unternahm, die ihn in südlicher Richtung vermutlich bis zum heutigen Wādī Draa (auf der Höhe der Kanarischen Inseln) und in nördlicher möglicherweise bis hart ans Nordwesteck der Iberischen Halbinsel führte (vgl. III 58 u. XXXIV 15 bzw. Plinius V 1).

Und was er sich so, sei es durch Autopsie, Erkundigungen bei anderen oder die Auswertung literarischer Quellen an Kenntnissen erwarb, arbeitete er nun wieder in Form von länder- und völkerkundlichen *Exkursen* in sein Geschichtswerk ein, wo immer ihm dies zum Verständnis des Geschehensablaufs geboten erschien, zumal er, wie bereits angemerkt, ja auch überzeugt war, daß die Umwelt jeweils einen entscheidenden Einfluß auf den Gang sowohl der kulturhistorischen wie der politischen Entwicklung nehme. An einer Stelle findet sich dieser letztere Gedanke sogar geradezu im Sinne eines kausalen, quasi *gesetzesmäßigen* Zusammenhangs zwischen der geographischen Beschaffenheit eines Raumes und der Natur seiner Einwohner zum Ausdruck gebracht und wird daraus der Schluß gezogen, daß die Divergenzen in der äußeren Erscheinung, der Daseinsgestaltung und Lebenseinstellung der einzelnen Völker wohl in erster Linie aus den unterschiedlichen Bedingungen ihrer Siedlungsgebiete heraus zu erklären seien: So zeigten denn auch die Arkader, um die es hier im besonderen geht, der Unwirtlichkeit ihres Landes zufolge im ganzen ein recht ungeschliffenes, rauhes Gebaren – und würden sich daher, um dem entgegenzuwirken, bewußt so intensiv der Musikpflege widmen (IV 20–21).

In besonderer Weise aber wurde Polybios der Bedeutung, die er der Länderkunde für die Geschichtsschreibung beimaß, in seinem, einleitend zur Behandlung des Krieges zwischen den Römern und (italischen) Kelten gegebenen und vergleichsweise groß angelegten Überblick über die Landesnatur und die Völkerverhältnisse Italiens (II 14 ff) gerecht, der, die Absicht des Verfassers noch einmal *expressis verbis* bekundend, mit den Worten beginnt:

«Von diesen [den ital. Kelten] erscheint es mir passend, eine kurze Nachricht zu geben ... Zuerst aber ist von ihrem Lande, von seiner Beschaffenheit und seiner Lage innerhalb Italiens zu sprechen: Denn so, d. h. wenn die Besonderheiten (ἰδιωμάτων) der Orte und des Landes beschrieben sind, werden auch die einzelnen Ereignisse besser zu verstehen sein» (II 14).

In der darauf folgenden Darstellung selbst wird zunächst, in wenigen, aber klaren Strichen, ein Abriß der Gestalt und geographischen Gliederung Gesamtitaliens geboten und im Anschluß daran dann des näheren auf den keltischen Norden eingegangen. Hier weist Polybios u. a. auf die außerordentliche Fruchtbarkeit der ebenen Strecken hin, informiert über die Hauptarten der Nahrungsgewinnung und zählt, unter Angabe jeweils ihrer Sitze, die wichtigsten Völker auf, um dabei auch kurz ihre «Archäo-

logie» zu skizzieren: Ursprünglich, sagt er, sei die Po-Ebene im Besitz der
Tyrrhener gewesen und hätten die Kelten noch in den Alpen gelebt; eines
Tages jedoch, nachdem man lange hindurch nur im freundschaftlichsten
Verkehr miteinander gestanden, seien die letzteren, angelockt von den
Reichtümern und der Schönheit der südlichen Striche, plötzlich über ihre
Nachbarn hergefallen, hätten sie aus ihren Sitzen vertrieben und nach
und nach ganz Oberitalien bis ins Apenninengebirge hinein und an die
Adria hin besetzt, wobei Polybios des genaueren ausführt, welche Grup-
pen (darunter die Insubrer, Veneter u. Bojer) vor allem an dem – in mehreren Schüben erfolgenden – Vorstoß beteiligt waren und wo im einzelnen sie ansässig wurden. Den Abschluß des Ganzen bildet dann ein
– freilich nur sehr flüchtiger – Überblick über ihre damalige Lebensweise:

«Sie bewohnten aber Dörfer (κώμας) ohne Mauern und besaßen so gut wie gar
keinen Hausrat (κατασκευῆς). Denn da sie nur auf Streu schliefen und in der
Hauptsache Fleisch aßen und sich mit nichts anderem als Ackerbau und Kriegführung beschäftigten, lebten sie, bar jeder sonstigen Kenntnis (ἐπιστήμης) oder
Kunstfertigkeit (τέχνης), nur sehr einfach. Ihr Besitz bestand in Vieh (θρέμ-
ματα) oder Geld, weil sie dies beides ohne Beschwerde immer und überall mit sich
herumführen konnten. Besondere Sorgfalt verwandten sie auf die Pflege des ka-
meradschaftlichen Zusammenhalts (ἑταιρείας); denn wer die meisten Leute um
sich zu scharen und sich zu verpflichten vermochte, war allen anderen an Macht
überlegen und genoß den größten Respekt» (II 17).

An rein ethnographischen Details wird uns also, bei aller Ausführlichkeit
der «Archäologie», im Grunde nur wenig geboten – eine Tatsache, die,
jedenfalls dem Erhaltenen nach zu schließen, in eher noch stärkerem
Maße auch für die übrigen – schon weil zumeist kürzeren – länder- und
völkerkundlichen Einlagen gilt, die, da Polybios mit ihnen in erster Linie
die Absicht verfolgte, den Leser mit dem Schauplatz des Geschehens vertraut zu machen, ja zunächst einmal vor allem rein topographische Gesichtspunkte zu berücksichtigen hatten und dies denn auch zur Hauptsache tun. Gute Beispiele dieser Art – auf die hier lediglich hingewiesen
sein soll – stellen u. a. die Lagebeschreibungen von Psophis (IV 70), Ai-
geira (IV 57), Sparta und Umgebung (V 22; 24), Ambrakia (IV 61), Eryx
(I 55), Karthago (I 73), Sardes (VII 15) und Seleukeia am Orontes (V 59)
wie auch die – immer nur sehr gerafften – geographischen Charakterisie-
rungen Lakoniens, Messeniens und der Megalopolitis (XVI 16–17), Tri-
phyliens (IV 77), Siziliens (I 42), Kampaniens (III 91) und Mediens (V 44.
X 27) dar. Daneben finden sich dann gelegentlich auch Exkurse anderen,
etwa kulturgeschichtlichen Inhalts oder Betrachtungen allgemeiner Art

eingeschaltet, die nicht immer in unmittelbarem Zusammenhang mit der Handlung stehen und wohl mehr zur Belehrung oder gar Unterhaltung des Lesers gedacht sind: so z. B. die bereits erwähnten Ausführungen zur Musikpflege bei den Arkadern (IV 20–21), eine Erörterung über die Verwendung von Lichtsignalen im Krieg (X 43–47), Reflexionen über die Feldherrnkunst (IX 12–21), den raschen Meinungswechsel der Masse (XXVII 9–10) und die strategischen Konzeptionen des Epaminondas und Hannibal (IX 8–9), ein Vergleich zwischen dem griechischen und römischen Lagerbau (XVIII 18), Überlegungen zur Frage der Kriegsmoral (V 9) sowie des Verrats (XVIII 13–15) u. a. m.

Über diese Einzelstudien hinaus aber hatte Polybios in einem besonderen Abschnitt seines Werks (B. XXXIV) auch den Versuch unternommen, eine *Gesamtdarstellung* der Ökumene zu geben, von der uns indessen bedauerlicherweise nur ganz geringfügige Reste erhalten sind. Doch läßt sich aus einer an früherer Stelle (III 37–38) bereits einmal eingeschalteten – freilich erst flüchtigen – Skizze zumindest der äußeren Umrisse seines Weltbilds immerhin so viel entnehmen, daß er – für den im übrigen die Geographie kaum mehr im enger naturwissenschaftlichen, also mathematisch-astronomischen Sinne, sondern allein insofern Interesse besaß, als sie von *praktisch-politischem Belang* war – sich die Erdoberfläche wieder kreisförmig dachte und sie in die drei großen Kontinentaleinheiten Europa (von den Säulen des Herakles bis zum Tanais bzw. Don), Asien (vom Tanais bis zum Nil), und Libyen (vom Nil bis zu den Säulen des Herakles) aufgliederte. Neue Wege ging er dagegen, wie aus Fragmenten des erwähnten Gesamtüberblicks im XXXIV. Buche ersichtlich (XXXIV 1 = Strabo II 3, 1 f), bei der Bestimmung der *Klimazonen*, indem er deren bisherige Anzahl um eine auf insgesamt sechs erhöhte und den äquatorialen Bereich für gemäßigt und daher bewohnbar erklärte.

Der zunächst vielleicht befremdlich anmutende Umstand, daß er sich eigens noch einmal die Mühe nahm, seinem Werk eine gesonderte Darstellung der Gesamtökumene einzulegen, ergibt sich im Grunde nur konsequent aus dessen universalhistorischer Konzeption heraus: Denn wie im einzelnen mußte die Forderung, ein Geschehen stets vor dem Hintergrund seiner geographischen Umwelt zu sehen und seine Bedingtheit durch diese in Erscheinung treten zu lassen, auch und erst recht für das Ganze gelten. Und in der Tat spricht Polybios sich ja auch einmal an einer Stelle, von der bereits kurz die Rede war, mit allem Nachdruck in diesem Sinne aus:

«Denn da wir nicht nach der Art unserer Vorgänger die Geschichte nur eines einzelnen Volkes, etwa der Perser oder Griechen, zu schreiben, sondern vielmehr alle Teile der uns bekannten Erde in die Betrachtung miteinzubeziehen beabsichtigen... so halten wir es für geboten, zu Beginn in Kürze von den wichtigsten der Länder und Völker der Erde, die wir kennen, zu handeln» (II 37).

Nicht minder zwingend aber ergab sich aus der Gesamtkonzeption des Werks, daß Polybios an einer Stelle desselben (VI 3–10) auch eine gesonderte – allerdings recht gedrängte und stark schematisierte – Darstellung der *allgemeinen Urgeschichte* bot, wobei er sich freilich, seinen Intentionen im ganzen entsprechend, zur Hauptsache auf die Entwicklung der Gesellschafts- und Staatsorganisation beschränkte und, wie er eigens hervorhebt (VI 5), auch hier nur berücksichtigte, was ihm im Sinne der von ihm vertretenen pragmatischen Geschichtsbetrachtung als relevant erschien. «Welche Anfänge (ἀρχάς) nun», so geht er sein Thema (VI 5) an,

«setze ich und worauf führen sich meiner Auffassung nach die Ursprünge der Verfassungsordnung (πολιτείας) zurück? Wenn entweder Überschwemmungen, Seuchen, Mißwachs oder ähnliche Ursachen ein Verderben des menschlichen Geschlechtes heraufbeschworen haben, – wir wissen ja, daß etwas Derartiges bereits mehrfach eingetreten ist, und dürfen aus Vernunftgründen schließen, daß sich Entsprechendes auch in Zukunft noch mehrfach ereignen wird, dann also, wenn bei dem gleichzeitig erfolgten Untergang aller Kunstfertigkeiten und Einrichtungen aus demselben, noch verbliebenen Samen mit der Zeit wieder eine Anzahl von Menschen erwachsen ist, dann muß in ähnlicher Weise wie bei den übrigen Lebewesen auch bei den in einer Gemeinschaft zusammengeschlossenen Menschen – und zu einem solchen Zusammenschluß sehen sich jeweils die einander Verwandten schon ihrer angeborenen Schwäche wegen genötigt – derjenige, der die übrigen an Stärke und Mut überragt, die Führung und Herrschergewalt übernehmen, ganz so, wie wir es auch bei den vernunftlosen Wesen beobachten können und dort als das ureigenste Werk der Natur zu betrachten haben, indem immer die Stärksten, wie z. B. bestimmte Stiere, Eber, Hähne und andere Tiere der Art, die Führer sind. Für den Anfang also ist natürlicherweise auch das Leben der Menschen so geregelt, daß sie sich wie die Tiere zusammenscharen und jeweils dem Stärksten und Tapfersten folgen, dessen Kraft dann das Maß seiner Herrschaft bestimmt, die man füglich als Alleinherrschaft zu bezeichnen das Recht hat. Entwickelt sich nun mit der Zeit in einer solchen Gemeinschaft ein vertrautes Zusammenleben, so kommt es zur Urform des *Königtums* (βασιλείας) und erstmals auch zur Erkenntnis dessen, was gut und recht, bzw. was schlecht und ungerecht ist».

Die Könige nun, heißt es weiter (VI 7–9), wandten zunächst ihre ganze
Aufmerksamkeit auf die Sorge um das Wohlergehen aller, räumten sich
selbst dabei noch keinerlei Privilegien ein und befleißigten sich überhaupt eines anspruchslosen, bescheidenen Wandels. Als jedoch der Unterhalt dann allmählich so gut wie gesichert und eine stabile Ordnung
geschaffen war und das Königtum, als Institution inzwischen fest eta-
bliert, immer mehr vom Vater auf den Sohn überging, erlagen die Herrscher sehr rasch den Verlockungen des aufblühenden Wohlstands, gaben
sich einem üppigen, ausschweifenden Leben in Luxus und Schwelgerei
hin und setzten sich so, nun auch den Anspruch auf Sonderrechte erhebend, in zunehmendem Maße vom Volke ab. Das aber entfachte alsbald
den Neid und die Rachsucht der Untertanen – was wiederum auf der
Gegenseite bewirkte, daß sich die Könige, um ihre Position zu behaupten,
zu gewalttätigen *Tyrannen* zu entwickeln begannen, wodurch sich jedoch
die Spannung nur noch verschärfte und die Neigung der Menge wuchs,
sich den Tüchtigsten aus den gleichfalls zum Aufstand entschlossenen
Adelsgeschlechtern anzuvertrauen, die dann, das Volk hinter sich, den
Widerstand organisierten und die verhaßten Despoten stürzten, so daß
die *Tyrannis* nunmehr durch die *Aristokratie* abgelöst wurde. Allein,
nachdem auch hier zunächst wieder alles Bemühen nur der Sorge um das
Gemeinwohl gegolten hatte, verfielen bereits die Söhne der neuen Re-
genten, die ihren Vätern nicht auf Grund besonderer Verdienste, sondern allein auf dem Erbwege folgten, der alten Liederlichkeit. Abermals
breiteten sich Habsucht, Geiz, Völlerei, Prunksucht und dergleichen Laster aus und ließen die Aristokratie auf diese Weise alsbald zur *Oligarchie*
entarten. Jetzt sah das enttäuschte Volk keine andere Möglichkeit mehr,
als sich selbst an die Macht zu bringen: es erhob sich aufs neue und führte
die *Demokratie* ein. Man rief die Ideale der Freiheit, Gleichheit und Brüderlichkeit aus und setzte alles daran, sie beim Wiederaufbau des Staats
zu verwirklichen. Doch auch diesmal erlahmte der erste Schwung, als
sich die neue Ordnung erst einmal gefestigt hatte und allmählich zur
Gewohnheit geworden war. Die Söhne der zu Anfang noch unmittelbar
vom Volk mit der Ausübung der Regierungsgeschäfte beauftragten
Männer wuchsen alsbald wie selbstverständlich in die Ämter ihrer Väter
hinein und zeigten sich immer weniger willens, sie freiwillig wieder auf-
zugeben. Sie scharrten Vermögen zusammen, buhlten um Ehrenstellen,
suchten sich mehr und mehr Privilegien zu sichern und waren auf jede
Weise bemüht, die überkommene Machtposition zur festen, rechtlich
fixierten und ihnen und ihren Nachkommen vorbehaltenen Institution

auszubauen, Widerständen von unten dabei in zunehmendem Maße mit roher Gewalt, ja Brutalität begegnend und so die Demokratie in die *Ochlokratie* überführend, so daß in Bälde nur mehr das nackte Faustrecht galt und Willkür und Zügellosigkeit immer erbarmungsloser um sich zu greifen begannen, bis endlich die Macht, wie zu Beginn, wieder in die Hände eines einzelnen «starken Mannes» gelangte. Und dies, so schließt Polybios seine Betrachtung (VI 9) ab, «ist der Kreislauf der Verfassungsformen ($\pi o\lambda\iota\tau\epsilon\iota\tilde{\omega}\nu \ \dot{\alpha}\nu\alpha\varkappa\dot{\upsilon}\varkappa\lambda\omega\sigma\iota\varsigma$) nach dem Ordnungsprinzip der Natur ($\varphi\dot{\upsilon}\sigma\epsilon\omega\varsigma \ o\dot{\iota}\varkappa o\nu o\mu\dot{\iota}\alpha$), dementsprechend die Arten der Staatsorganisation sich zu wandeln, ineinander überzugehen und wieder zum Anfang zurückzukehren pflegen».

Polybios lehrt also, teils in unmittelbarem Anschluß an Platon (vgl. VI 5), teils Vorstellungen der stoischen Geschichtsphilosophie folgend, einen zyklischen, in den größeren Zusammenhang der *Weltalterlehre* eingeordneten und mit regelhafter Gleichförmigkeit immer wieder die Phasen des Königtums, der Aristokratie und der Demokratie mit ihren jeweiligen Verfallserscheinungen der Tyrannis, der Oligarchie und der Ochlokratie durchschreitenden Entwicklungsverlauf, d. h., wie er an anderer Stelle noch einmal bekräftigt, einer jeglichen dieser Arten der Staatsorganisation ($\pi\tilde{\alpha}\nu \ \gamma\acute{\epsilon}\nu o\varsigma \ \pi o\lambda\iota\tau\epsilon\dot{\iota}\alpha\varsigma$) ist nur eine begrenzte Lebensdauer beschieden und, infolge einer *naturgegebenen Gesetzmäßigkeit* ($\varphi\dot{\upsilon}\sigma\epsilon\omega\varsigma \ \dot{\alpha}\nu\dot{\alpha}\gamma\varkappa\eta$), bestimmt, eines Tages zugrunde zu gehen (VI 57). Diesen Gedanken dann noch um ein Weiteres verallgemeinernd, äußert er sich endlich auch dahin, daß schlechthin alles Geschehen einem ewigen Wandel von Werden und Wachsen ($\alpha\ddot{\upsilon}\xi\eta\sigma\iota\varsigma$), Blühen ($\dot{\alpha}\varkappa\mu\dot{\eta}$) und Wiedervergehen ($\varphi\vartheta\dot{\iota}\sigma\iota\varsigma$) entspreche (VI 51), zeigt sich also einer Auffassung zugetan, wie sie in neuerer Zeit bekanntlich u. a. gerade auch von Leo Frobenius (1873–1938) und Oswald Spengler (1880–1936) vertreten wurde.

Als ebensowenig originell wie in der Entwicklungslehre des Staates, die somit im Grunde kaum wesentlich Neues enthält, aber erweist sich Polybios schließlich auch bei der Darstellung der einem jeden dieser gesellschaftlichen Bildeprozesse vorangehenden Ursprungsphase, also der eigentlichen Urgeschichte der Menschheit selbst: So zeichnet sich hinter seiner einleitenden Andeutung, daß von Zeit zu Zeit gewaltige Naturkatastrophen die Erde erschüttern, denen jeweils nur wenige Menschen entgehen, die dann, da aller Kulturbesitz so gut wie vernichtet ist, immer wieder von vorne beginnen und sich der Wiederaufstieg erst mühsam erkämpfen müssen, unverkennbar die *Weltalterlehre* platonisch-aristotelischer Prägung ab, während die – quasi *sozialdarwinistische* – Auffassung, daß die Menschen der Urzeit ein regelloses, ja tierisches und einzig vom Faustrecht beherrschtes Leben führten, ganz der Theorie der Sophisten (Kritias!) und der Demokrits entspricht, von welch letzterem sie, wie man vermutet, Polybios denn auch wohl in erster Linie entlehnte[102].

Wichtiger aber als der rein abstrakte Erkenntniswert derartiger Einsichten in den generellen Verlauf historischer Entwicklungsprozesse ist für Polybios als überzeugten Pragmatiker natürlich deren konkrete Nutzbarkeit für die politische Praxis, die er hier nun in der Möglichkeit gewährleistet sieht, sowohl die gegenwärtige Situation eines Staates wie dessen zukünftigen Werdegang exakter bestimmen zu können: Befinde man sich beispielsweise im Stadium der Demokratie, so wisse man jetzt, daß in Bälde der allgemeine Verfall hereinbrechen werde, und sei daher imstande, noch rechtzeitig entsprechende Gegenmaßnahmen zu treffen (VI 3; 9). Als das geeignetste Mittel, den verhängnisvollen Geschehenskreislauf zu durchkreuzen, empfiehlt er, eine harmonische Mischung möglichst aus allen Verfassungsformen zu schaffen, wie sie als erster bereits (der spartanische Gesetzgeber) Lykurg (9. Jh. v. Chr.) und später, zu seiner Zeit, die Römer angestrebt hätten (VI 10), d. h., er räumt ein, daß der Mensch durchaus in der Lage ist, aus *eigenem Vermögen* heraus den Gang seiner Entwicklung entscheidend mitzubestimmen.

Endlich hat sich Polybios auch einmal, und zwar in einer Weise, die für seine Einstellung wieder überaus typisch ist, zur *Entstehung der Religion* geäußert:

«Da nun aber die Menge stets leichtfertigen Wesens, voll ungesetzlicher Neigungen, vernunftwidriger Zornwütigkeit und ungehemmter Leidenschaft ist, so bleibt, um sie zu bändigen, nichts anderes übrig, als sie mit der Angst vor einem unbekannten Jenseits und ähnlichen, ebenfalls furchteinflößenden Vorstellungen zu schrecken. Darum scheinen mir auch die Alten den Glauben an die Götterwelt und das Totenreich nicht grundlos und ohne Berechnung in Umlauf gebracht zu haben» (VI 56).

Polybios ist also der Meinung, daß die Religion eine *überlegte Erfindung* darstellt – und schließt sich damit der Theorie des Sophisten Kritias an. Wie dieser, der schon als leitender Staatsmann in erster Linie pragma-

---

102 Sowohl die Urgeschichte wie die Entwicklungslehre des Staates wurden später von Machiavelli so gut wie wörtlich in seine «Discorsi» (I 2, S. 11 ff) übernommen.

tisch zu denken geneigt war, vermag er sie einzig und charakteristischerweise wieder nur unter dem einseitigen Aspekt ihrer Bedeutung für das gesellschaftliche Zusammenleben zu sehen, d. h. begreift sie im wesentlichen als *politisch-pädagogisches Hilfsinstrument* zur Sicherung und Aufrechterhaltung von Sitte und Ordnung. Zum Beweis dafür werden die Römer genannt, deren staatliche Stabilität und Macht er zum Großteil darauf zurückführt, daß hier das private wie öffentliche Leben in einem Maße wie bei kaum einem anderen Volke vom Glauben und aktiven Dienst an den Göttern beherrscht sei, während in Griechenland demgegenüber, wo die religiöse Tradition sich zunehmend aufzulösen beginne, der Verfall unaufhaltsam voranschreite (VI 56).

27. Panaitios von Rhodos (ca. 182–99 v. Chr.)

Im Kreise des P. Scipio Aemilianus war Polybios dem Stoiker Panaitios begegnet, der damals, bevor er dann in Athen den Antipatros von Tarsos als Scholarch der stoischen Schule ablöste, mehrere Jahre in Rom verbrachte und dort sehr wesentlich zur Verbreitung und Anerkennung der stoischen Philosophie beitrug – dabei mittelbar insbesondere auch auf Cicero, der ihn als den «vornehmsten Stoiker» rühmt (Academica II 33), seinen Einfluß ausübend. Für uns besitzt er, der Begründer der sog. «mittleren Stoa», vor allem insofern Bedeutung, als er das Denken seines Schülers Poseidonios, des Vollenders der klassisch-griechischen Ethnologie, in entscheidendem Maße bestimmte, d. h. wir annehmen dürfen, daß dessen Theorien zum Teil auf Gedanken basieren, die bereits bei Panaitios vorgedacht waren.

In erster Linie nun haben wir dies aller Wahrscheinlichkeit nach für die von Poseidonios in so großartiger, systematischer Weise weiter aus- und durchgebildete *Anthropogeographie* in Betracht zu ziehen; denn wie wir wissen, trat auch Panaitios mit Entschiedenheit für die Auffassung ein, daß man die Abweichungen in der Physis und Geistigkeit der einzelnen Völker zu einem sehr wesentlichen Teil aus den divergierenden *Gegebenheiten ihrer geographischen Umwelt* heraus zu erklären habe: «Wie», heißt es bei Cicero, der die Gedanken des Philosophen hierzu – vermutlich nach dessen (verlorener) Schrift «Über die Vorsehung» (Περὶ προνοίας) – referiert, «bringt nicht die Verschiedenheit der Gegenden auch eine Verschiedenheit in der Erzeugung der Menschen mit sich? Dies kann man leicht mit wenigen Worten andeuten, was für ein Unterschied zwischen den Indern und Persern, zwischen den Äthiopern und Syrern an Leib und Geist *(corporibus / animis)* ist, so daß die Mannigfaltigkeit und Verschiedenheit unglaublich groß ist. Hieraus läßt sich ersehen, daß die Lage der Länder einen größeren Einfluß auf die Geburt hat als die Einwirkung des Mondes [im Sinne der Astrologie]»[103].

Und wie aus einem anderen, bei Proklos erhaltenen Bruchstück (unbekannter Zuordnung) weiter erhellt, war er dabei auch wieder der – uns von der älteren Anthropogeographie her bereits vertrauten – Ansicht, daß ein gemäßigtes Klima, wie es in Griechenland, und insbesondere in Attika, herrsche, die günstigsten Voraussetzungen «für die Erzeugung geistig bedeutender Männer» besitze[104]. Möglich übrigens, daß er die Überzeugung hierzu nicht allein aus dem Literaturstudium, sondern gerade auch aus der lebendigen, persönlichen Anschauung schöpfte; wissen wir doch, daß er an der Atlantikexpedition des Polybios beteiligt war und den Scipio auf einer Gesandtschaftsreise in den Orient, die ihn u. a. nach Ägypten, Syrien, Zypern und Westkleinasien (Pergamon) führte, begleitete.

In Rom, und insbesondere unter dem Einfluß seines Freundes Polybios, mag auch sein Interesse für Fragen der menschlichen Entwicklungsgeschichte – namentlich in Hinsicht auf die Entstehung des Staates – geweckt worden sein, wie sie später dann in noch umfassenderer Weise seinen Schüler Poseidonios beschäftigen sollten. Wie abermals Cicero zu entnehmen, der sich hier den Auffassungen des Panaitios weitgehend anschloß, sind die Antriebe zur Gemeinschaftsbildung nach diesem dem Menschen, als einem von Natur aus auf ein Zusammenleben in Gesellschaft hin angelegten Wesen, bereits von Geburt an eingegeben:

Die «Natur verbindet kraft des Logos, d. h. kraft des Denkens und der Sprache, die Menschen untereinander zu einer Lebensgemeinschaft und weckt in ihnen eine über das Tierische hinausgehende Liebe zu den Kindern, sie treibt zu dem Verlangen nach Geselligkeit und Pflege der Verbindung von Mensch zu Mensch, woraus dann das Bestreben erwächst, das zu beschaffen, was zu einer kulturellen Lebensform gehört, und zwar nicht nur für den persönlichen Bedarf, sondern auch für den der Gattin, der Kinder wie überhaupt aller, die er liebt und die zu schützen er

103 Cicero: De divinatione II 96 f.
104 Proklos: In Timaeum commentaria I 50 b.

sich verpflichtet fühlt. Diese Sorge gibt dem menschlichen Geist Auftrieb, es wächst der Mensch mit seinen höheren Zwecken»[105].

Die älteste Form des Zusammenschlusses von Menschen stellt, durch den Fortpflanzungstrieb bedingt, die eheliche Verbindung dar, aus der sich als erstes die *Kleinfamilien*, später die *Sippen*, dann größere Verwandtschaftsverbände und endlich *Staaten* entwickeln:

«Da nämlich der Fortpflanzungstrieb allen Lebewesen von Natur aus gemeinsam ist, so liegt die erste gesellige Vereinigung in der Ehe, die nächste weitere in den Kindern. So entsteht eine Familie, in der alles Gemeingut ist. Die Familie ist die Urzelle der Gemeinde, gleichsam die Pflanzstätte des Staates *(id autem est principium urbis et quasi seminarium rei publicae).* Aus ihr gehen hervor die Verbindungen unter Geschwistern, auf die dann solche unter Geschwisterkindern und deren Nachkommen folgen. Wenn der Kreis sich so weitet, daß ein Haus ihn nicht mehr fassen kann, dann ziehen die Nachkommen wie Siedler aus in andere Häuser. Das führt wieder zu weiteren Ehen und zu Verschwägerungen, aus denen sich dann noch mehr verwandschaftliche Verbindungen ergeben. Aus dieser fortgesetzten Abzweigung und Geschlechterfolge entstehen schließlich Staaten»[106].

Und deren Zusammenhalt beruht nach wie vor zu einem sehr wesentlichen Teil auf den nämlichen Kräften, die schon ihren Keimzellen Stabilität verliehen: der *Liebe* des einzelnen zu seinen Angehörigen und der daraus erwachsenden *Sorge* um ihre Sicherheit und Wohlfahrt, nunmehr erweitert durch das Motiv der «*utilitas*», d. h. die Erwartung, Hab und Gut mit Hilfe des Staates besser schützen und sich erhalten zu können[107]. Darüber hinaus aber gründet sich dieser vor allem auf ein allgemeinverpflichtendes, gesetzlich sanktioniertes Rechtssystem *(ius)*, und wer dies am ehesten zu garantieren imstande erscheint, wird vom Volk in die Regierung berufen; zu Beginn der Entwicklungsgeschichte des Staates fiel dieses Amt, wie auch Panaitios, die Überzeugung des Polybios teilend, der Auffassung war, in der Regel noch einzelnen, die Masse an persönlicher Tüchtigkeit wie moralischer Integrität überragenden Männern zu, mit deren Aufstieg zur Macht sich dann als die erste Form der Staatsorganisation die *königliche Monarchie* etablierte[108].

105 Cicero: De officiis I 11 f.
106 Cicero: De officiis I 53 f.
107 Cicero: De officiis I 53 ff. II 73.
108 Cicero: De officiis II 40 ff; vgl. De re publica I 35, 54; 42, 65; 44, 68 sowie überhaupt I 25, 39 ff.

Insgesamt aber wird die Entwicklung vom Weltenlogos gelenkt, der jedoch mehr die großen Linien des Geschehens bestimmt und so dem Menschen noch hinreichend Spielraum zur freien und schöpferischen Entfaltung seiner Individualität beläßt, ihm gleichzeitig indessen, um deren Mißbrauch zu wehren, mit dem Geschenk der Vernunft auch die Gabe verlieh, Einblick in die höheren Zusammenhänge des Waltens der göttlichen Allmacht zu nehmen, d. h. zu erkennen, daß dieses von Anbeginn an auf die – wiederum *teleologisch* verstandene – Verwirklichung einer *universalen Heilsordnung* hin angelegt ist, so daß er, auf Grund dieser Einsicht, eben dahin geführt wird, nicht unbesonnen zu handeln, sondern sich ganz und bewußt der Vollendung dieses seines eigentlichen Zieles zu widmen. Die im Zusammenhang mit dieser Geschichtsauffassung, wie erwähnt, auch von den Stoikern vertretene Weltalterlehre, also die Überzeugung, daß sich der gesamte Geschehensablauf in eine Folge einander ablösender, in sich geschlossener Zeitalter gliedere, deren jedes sein Ende in einer gewaltigen, alles Leben vernichtenden Feuersbrunst finde, gab Panaitios jedoch offenbar auf.

In seiner Einstellung zur Religion läßt er einen bemerkenswerten Rationalismus durchblicken, indem er die Götter, die ihm als Stoiker wieder nur als Erscheinungsformen der verschiedenartigen Wirkweisen des alles durchwaltenden Weltenlogos oder der Allgottheit gelten, in der Gestalt, wie sie in den Mythen und bei den Dichtern überliefert sind, teils für erfabelt oder in unwürdiger Weise entstellt, teils gar für *euhemeristischen* Ursprungs erklärt und nicht, wie die Stoiker sonst, versucht, durch allegorische Umdeutung aufzuheben, was ihm unglaubwürdig erscheint. Den Kult aber, in dem er, auch hierin Polybios folgend, ein wesentliches Mittel zur *staatspolitischen Erziehung des Volkes* erblickt, empfiehlt er gleichwohl, eben aus diesem Grunde, beizubehalten:

«Es gibt», heißt es an einer Stelle bei Augustin, die auf Panaitios zurückgeführt wird, «drei Klassen von Göttern: die erste ist die der Dichter, die zweite die der Philosophen, die dritte die der Staatsmänner. Die erste Gattung ist läppisch, weil dabei viele unwürdige Erdichtungen mit unterlaufen. ... Werden doch die Götter von den Dichtern so entstellt, daß sie nicht einmal mehr mit guten Menschen sich vergleichen lassen, da sie dem einen Diebstahl, dem andern Ehebruch, wieder andern andere böse und törichte Taten und Worte zuschreiben. ... Die zweite Gattung paßt nicht für den Staat: denn sie umfaßt einerseits manches Überflüssige und andererseits auch manches, was zu wissen dem Volke schädlich ist: z. B. daß Herakles, Asklepios, Kastor und Polydeukes keine Götter, sondern, wie die Gelehrten behaupten, Menschen gewesen und nach der Art des menschlichen

Wesens hinfällig geworden seien, daß der Staat von seinen Göttern keine wirklichen Bilder habe, daß der wahre Gott kein Geschlecht, kein Alter und keine begrenzte körperliche Gestalt habe. . . . Die dritte Gattung von Theologie ist diejenige, welche die Bürger in den Städten und besonders die Priester kennen und ausüben müssen. Sie schreibt vor, welche Götter öffentlich zu verehren seien und welche heiligen Handlungen und Opfer zu vollziehen einem jeden gezieme. Die Theologie der ersten Art paßt sich am meisten dem Theater an, die zweite der Welt, die dritte dem Staat»[109].

Nur der Mantik scheint er, auch dies ganz im Gegensatz zur Haltung der Stoiker sonst, im Kult keinen Platz eingeräumt bzw. mit ablehnender Skepsis gegenübergestanden zu haben[110].

28. Poseidonios von Apameia (ca. 135–51 v. Chr.)

Wie schon mehrfach im vorausgehenden anklang, darf des Panaitios großer Schüler Poseidonios von Apameia, ein gebürtiger Syrer, wohl als der bedeutendste Vertreter der antiken Völkerkunde anerkannt werden – und dies nicht zuletzt auch insofern, als es ihm, wie kaum einem Gelehrten des Altertums sonst, gelang, sowohl in der ethnographischen Darstellung wie in der ethnologischen Theoriebildung gleichermaßen Hervorragendes zu leisten, ja, beide Betrachtungsweisen sogar sinnvoll aufeinander abzustimmen und zu einem einheitlichen Anschauungsganzen zu verbinden. Gleichwohl vermochte er jedoch keine eigentlich neuen, revolutionierenden Ideen zu entwickeln, zumal seinem Denken schon durch das Bekenntnis zur stoischen Philosophie feste Grenzen gezogen waren. Sein besonderes Verdienst beruht vielmehr darin, daß er, bemüht, die Entwicklungslehre der Stoa exakter zu fassen und im einzelnen genauer zu begründen, es auf sich nahm, nicht allein den gesamten, bis auf seine Zeit zusammengebrachten völkerkundlichen Wissensstoff noch einmal aufzuarbeiten und zu durchdenken, sondern auch, und zwar ganz systematisch, eigene Feldforschung zu betreiben, und dabei nun zu Ergebnissen kam, durch welche etliche der bislang geltenden Ansichten teils wesentlich korrigiert, teils erheblich erweitert sowie überhaupt klarer formuliert und überzeugender motiviert wurden. Geradezu besessen,

109 Augustinus: De civitate dei IV 27 u. VI 5.
110 Cicero: Academica II 33. Diogenes Laertios VII 149.

wie Strabo (II 3, 8) bezeugt, die Ursachen einer jeden Erscheinung und aller Vorgänge möglichst genau zu ergründen, gelang es ihm so u. a., wie schon erwähnt, vor allem, die Einflüsse der geograpischen Umwelt auf die Physis, Kultur und Geschichte des Menschen im ganzen umfassender und im einzelnen sehr viel präziser herauszuarbeiten, daneben jedoch erstmals auch die Bedeutung *historischer Bewegungen* für die Entwicklungsgeschichte der Völker voll zur Geltung zu bringen und, wofür uns namentlich seine Kelten-Ethnographie ein überzeugendes Beispiel liefern wird, nicht zuletzt auch ethnische Einheiten als *Individualitäten* zu begreifen und darzustellen.

Ähnlich bedeutsame Leistungen wie in der Völkerkunde erbrachte Poseidonios, einer der letzten und eindrucksvollsten Universalgelehrten des klassischen Altertums, jedoch auch – und dies insbesondere – in der Philosophie und Historiographie sowie weiter auch in den Naturwissenschaften, so namentlich – mit Ausnahme vielleicht nur der Biologie und Medizin – in der Geographie, Meteorologie, Seismologie, Ozeanographie und Astronomie, ja versuchte sich sogar in der Kriegskunde und Politik und zeichnete sich zu alledem noch als glänzender Stilist, Rhetoriker und gefürchteter Meister der Polemik aus. Dieser Universalismus, der, wie noch zu sehen sein wird, überhaupt sein ganzes Denken beherrscht, stellte im Grunde nur die konsequente Folge seiner stoisch-philosophischen Weltanschauung dar, der gemäß er alles Geschehen als eine einzige, aus dem geordneten Zusammenwirken aller Einzelprozesse planvoll sich aufbauende, nach dem Willen und Walten des Weltenlogos (oder Allgotts) sich vollziehende *einheitliche* Entwicklung verstand, wie u. a. sehr schön in einem Auszug bei Sextus Expiricus zum Ausdruck gelangt:

«Von den Körpern sind die einen innerlich geeint, andere bestehen aus zusammengefügten, wieder andere aus getrennten Teilen. Innerlich geeint ist, was von einer einheitlichen Wesensbestimmtheit beherrscht wird wie Pflanzen und Tiere; aus Zusammengefügtem bestehen die Körper, deren Teile nebeneinanderliegen und auf ein bestimmtes Ziel hin zusammenwirken, wie Ketten, Mauerwerk, Schiffe; aus Getrenntem bestehen die Körper, die aus räumlich geschiedenen, gesonderten und selbständig existierenden Gliedern gebildet sind wie Heere, Herden, Chöre. Die Welt kann nur zur ersten Gruppe gehören; das erweist sich durch die Wechselwirkung, die Sympathie, ihrer Teile. Denn mit dem Zu- und Abnehmen des Mondes nehmen auch viele Land- und Seetiere zu und ab und treten Ebbe und Flut in manchen Teilen des Meeres auf. Ebenso haben der Auf- und Untergang mancher Gestirne Veränderungen in der Atmosphäre und mannigfache

Wandlungen in der Luft zur Folge, bald zum Guten, bald zum Ausbruch von Epidemien führend. Daraus sieht man, daß die Welt eine innere Einheit ist»[111].

Ja mehr noch: Poseidonios faßt sie geradezu als *lebendigen Organismus* auf, beseelt von einer schöpferischen – in etwa dem *«élan vital»* Henri Bergsons (1859–1941) vergleichbaren – Lebenskraft (δύναμις ζωτική/ *vis vitalis),* die sich in allen Erscheinungsbereichen der Natur, von der Materie über die Pflanzenwelt, das Tierreich und die menschliche Existenz bis hin zu den Sternen, in jeweils wachsendem Maße zur Geltung bringe und das eigentlich gestaltende, *entelechische* Prinzip alles Seienden und seiner Entwicklungsgeschichte darstelle.

Und diese Auffassung nun auf die Praxis seiner Betrachtung selbst übertragend, zeigte sich Poseidonios stets und in der eindrucksvollsten Weise bemüht, das einzelne, und sei es ein scheinbar bedeutungsloses Detail, bei aller Gründlichkeit der Erforschung, die er gerade hierin bewies, niemals isoliert zu sehen, sondern immer nur in seiner Beziehung zum Ganzen, als integrierendes, *kausal wie final determiniertes* Element des übergeordneten kosmischen Gesamtsystems zu begreifen – d. h. als Historiker *Universalgeschichte* zu treiben:

«Die wahren Historiker», sagt er bei Diodor, «haben den hohen Ehrgeiz, alle Menschen, die ja an der gleichen Abstammung teilhaben, wenn sie auch nach Ort und Zeit geschieden sind, als Glieder ein und derselben Ordnung zusammenzufassen. Sie fühlen sich damit gleichsam als Organe der göttlichen Vorsehung. Denn wie jene die Ordnung der Gestirne, die wir sehen, und die Naturen der Menschen in einer vom selben Logos durchwalteten Einheit verbindet und in ewig gleichem Kreislauf führt, indem sie jedem einzelnen das ihm nach dem Schicksal zufallende Teil zumißt, so legen die Männer, die von der Erde wie von einer einzigen Stadt die gemeinsamen Geschehnisse aufzeichnen, in ihren Werken eine Rechenschaft ab, die das Walten des einen Logos zeigt, und erstatten nach Art einer gemeinsamen Verwaltungsbehörde Bericht über all das, was vollbracht worden ist»[112].

Da er sich hierin, wenngleich weniger der tieferen, metaphysischen Motivierung der universalhistorischen Betrachtung nach als in der Erwartung des allgemeinen Erkenntnisgewinns, den er sich von ihr für das Verständnis der menschlichen Geschichte versprach, eng mit Polybios berührte, dürften es wohl mehr als rein chronologische Gründe gewesen

111 Sextus Empiricus: Adversus mathematicos IX 78–80.
112 Diodor I 1.

sein, die ihn bewogen, sein im ganzen umfassendstes historiographi-
sches Werk mit dem Titel «Geschichte nach Polybios» ('Ιστορίαι μετὰ
Πολύβιον) zu überschreiben. Wie das gesamte Œuvre des großen Gelehrten ist uns indessen auch diese Schrift – deren ursprünglicher Umfang sich auf 52 Bücher belief! – heute nur mehr in einigen wenigen
Fragmenten erhalten, zu denen auch der obige Diodor-Auszug zählt,
der allem Anscheine nach einen Teil ihres Proömiums bildete und damit
einen Abriß des theoretischen Konzeptes und der Prinzipien bot, nach
denen Poseidonios seine Darstellung aufzubauen sich zum Ziel gesetzt
hatte. Soweit noch zu sehen, enthielt auch sie, wohl zur Beleuchtung
der älteren Verhältnisse der menschlichen Entwicklungsgeschichte,
wieder eine Reihe *ethnographischer Exkurse* und lief insgesamt, die
polybianische Lehre vom Werden und Vergehen der Völker und der
von ihnen getragenen Staaten und Zivilisationen aufgreifend sowie in
fernem Anklang an Herodot, auf eine zweifellos großartige Gegenüberstellung der kränkelnden, durch und durch dekadenten und zunehmend verfallenden orientalischen Reiche auf der einen und des auf
Anspruchslosigkeit, Sittenstrenge, Rechtlichkeit und unerschütterliche
Glaubenstreue gegründeten unaufhaltsamen Aufstiegs der Römer auf
der anderen Seite hinaus. Und in ähnlichem Sinne, d. h. ebendieses dialektische Wechselspiel zwischen dem Auf und Ab der Entwicklung zum
Leitmotiv seiner Darstellung wählend, scheint er auch seine «Geschichte des Pompeius» (vgl. Strabo XI 1, 6) gestaltet zu haben – in der
er überdies auch des breiteren auf die Entstehungsgeschichte der Kultur
und Religion einging.
    Aus dieser ganzen, hier nur in Kürze skizzierten universalen Ge-
schichtsauffassung heraus erscheint es nichts weiter als folgerichtig, daß
Poseidonios nach Kräften bemüht war, auch die Barbaren in die Betrachtung miteinzubeziehen, in deren Arten der Daseinsverwirklichung er,
wie sich noch zeigen wird – und ähnlich, wie wir das ja auch heute noch
tun, die ersten Etappen, also gewissermaßen den *Unterbau der Universalhistorie*, repräsentiert sah. Und um hier nun genauere Aufschlüsse,
als die Literatur sie ihm bot, zu gewinnen, unternahm er, gleich Polybios
überzeugt, daß eine befriedigende Sicherheit allein aus der eigenen Anschauung heraus zu erlangen sei, wieder eine Reihe von Forschungsreisen, über deren Anzahl und Ausdehnung wir im einzelnen freilich nur
mehr ungenügend unterrichtet sind. Fest steht jedoch, daß er zunächst,
neben seiner syrischen Heimat selbst, auch deren Nachbarbereiche gekannt hat: so Mesopotamien, wo er u. a. der Naphthafrage nachging

Abb. 12 Poseidonios von Apameia

(vgl. Strabo XVI, 1, 16), Palästina und (Unter-)Ägypten (vgl. Strabo XVI 2, 42–43); in Arabien allerdings scheint er nicht gewesen zu sein, und auch, was er über Skythien, das Kaspische Meer und überhaupt den höheren Norden berichtet, dürfte er, da es im ganzen einen älteren Stand des Wissens verrät, in der Hauptsache schriftlichen Quellen verdanken, eine – verzeihliche – Unzulänglichkeit, die Strabo indessen, unter den Geographen sein entschiedenster Kritiker, gleich zum Anlaß einer scharfen Attacke wider seine wissenschaftliche Glaubwürdigkeit *in toto* nahm (vgl. Strabo XI 1, 6)!

Seine bedeutsamsten Leistungen aber erbrachte er, als Naturforscher wie Ethnograph, im Westen der Ökumene. Hier bereiste er, neben Sizilien, Italien, den Ländern am Adriatischen Meer und Nordafrika, insbesondere Spanien, wo er an einzelnen Stellen, wie vor allem in Gades (Cádiz), länger verweilte und von dort aus dann größere Exkursionen ins Inland, so u. a. nach Turdetanien (hinter der atlantischen Südküste) hinein, unternahm. Im Nordwesten stieß er, und offenbar sogar mehrmals, über Ligurien bis in den Süden von Gallien vor, wo er in Massalia einen gebildeten Gastfreund besaß, der ihm die Gelegenheit zu mehreren Ausflügen ins tiefere Hinterland, um die er auch hier bemüht war, verschaffte und zu Kontakten mit einheimischen Stammeshäuptern verhalf. Außer der eigenen Erkundung konnte er dabei, zumal in Massalia, das ja über weitreichende Handelsverbindungen gerade mit den Völkern im höheren Norden verfügte, auch wertvolle Nachrichten bei anderen einziehen; denn selber dürfte er wohl kaum weiter nördlich als über den Süden des heutigen Frankreich hinaus, und schon gar nicht bis nach Germanien hinein gelangt sein.

Das geographische Weltbild des Poseidonios weicht nur wenig von dem seiner Vorgänger ab und scheint im wesentlichen an den Vorstellungen des Dikaiarchos orientiert. Wichtig ist, daß er – wie die Stoiker ja überhaupt – nach wie vor die Auffassung von der *Kugelgestalt* der Erde vertrat und neben der von uns bewohnten noch mehrere andere, ebenfalls rings vom Ozean umflutete (vgl. Strabo II 3, 5), d. h. also inselartige Ökumenen annahm. Die unsere dachte er sich dabei, wie Agathemeros überliefert, «in der Form einer Schleuder (σφενδονοειδῆ), breit in der Mitte von Süden nach Norden, schmal gegen Osten und Westen, das Südoststück bei Indien jedoch wieder breiter» – letzteres wohl im Anschluß an Eratosthenes. Ihrer inneren Aufteilung nach schied er sie sowohl in eine nördliche und eine südliche Hälfte, getrennt durch einen von den Säulen des Herakles durch das Mittelmeer zum Taurus hin verlau-

fenden Hauptparallelkreis, sowie die drei großen Kontinentaleinheiten
Europa, Asien und Libyen, und setzte, auch dies ganz dem herkömmlichen Schema entsprechend, als die äußersten Gruppen ihrer bewohnbaren Fläche im Osten die Inder, im Norden die Skythen und (im NW)
Kelten, im Westen die Iberer und im Süden die Äthioper an. Im übrigen
war er – wie schon andere (so Polybios) vor ihm – wieder der Ansicht, daß
auch die mittleren, äquatorialen Breiten der Erde, weil gemäßigt, zum
Leben geeignet seien, fügte aber den fünf klassischen Klimazonen noch
zwei weitere, schmalere, zu beiden Seiten der Wendekreise hinzu, die er
der dort herrschenden längeren Zenithstellung der Sonne wegen für heiß
und daher vegetationsarm bzw. wüstenhaft und nur wenig bewohnbar
hielt.

Dies nun, wie überhaupt alles, was die Geographie der Erde samt der
Entfaltung des Lebens auf ihr im weitesten Sinne umfaßte, hatte Poseidonios in seiner Schrift «Über den Ozean und die anliegenden Gebiete»
(Περὶ Ὠκεανοῦ καὶ τῶν κατ᾽ αὐτόν) behandelt. Soweit wir aus den
erhaltenen Auszügen, insbesondere im II. Buch Strabos, noch zu ersehen
vermögen, bot er darin, neben der Erörterung seismologischer Fragen,
des Vulkanismus wie des Gezeitenproblems, unter anderem z. B. den
oben kurz referierten Überblick über die Gliederung der Erdoberfläche
(mit der Verteilung der Land- und Wassermassen) sowie Darstellungen
der einzelnen geographischen Bereiche unter Berücksichtigung etwa ihrer Lage, äußeren Struktur, Vorkommen an Bodenschätzen, der Pflan-
zen- und Tierwelt, der Bevölkerungsverhältnisse usf. – stets, und das ist
bezeichnend für ihn, verknüpft mit dem Ziel, auch die *Ursachen* eines
jeden Phänomens zu ergründen, das heißt, da er den Gestirnen – und vor
allem der Sonne – einen entscheidenden Einfluß auf das irdische Geschehen beimaß, jeweils den Zusammenhang zwischen einem Vorgang oder
einer Erscheinung und einer bestimmten siderischen Konstellation (bzw.
der Art des Sonnenumlaufs) zu erweisen. Gleichwohl wäre es jedoch
übertrieben, wenn man, wie Augustinus (De civitate dei V 2) dies tat,
daraus den Schluß ziehen würde, Poseidonios sei «stark der Astrologie
ergeben» gewesen; denn in erster Linie sah er die Macht der Sterne in
ihrem *Einfluß auf die Klimagestaltung* realisiert, faßte sie also mehr im
Sinne einer allgemeineren Rahmeneinwirkung auf, innerhalb deren gerade er – etwa Hippokrates gegenüber (dessen Schrift «Über Winde,
Wasser und Ortslagen» er übrigens gekannt und benutzt zu haben
scheint) – durchaus auch andere, sei es durch lokale Gegebenheiten oder,
und dies ganz besonders, durch *historische Veränderungsprozesse* her-

vorgerufene Ursachen der verschiedenen Daseinsverhältnisse und Geschehensabläufe gelten ließ. Wie stark er aber doch immerhin von der
Macht der Ausstrahlungskraft und dem Einfluß der Sterne auf die Geschicke der Menschen überzeugt war, lehrt ein Passus bei Cicero (De
divinatione II 89), der, wie man annehmen darf, auf Poseidonios gemünzt
ist:

«Da in den Jahreszeiten und in den atmosphärischen Verhältnissen so starke
Wandlungen und Veränderungen durch die Annäherung und Entfernung der
Gestirne hervorgerufen würden, und da das, was wir vor Augen haben, durch die
Kraft der Sonne bewirkt werde, meinen manche, es sei nicht nur wahrscheinlich,
sondern wahr, daß sich bei den neugeborenen Kindern je nach der Mischung der
Atmosphäre die Bildung von Seele und Leib vollziehe und daß von da aus die
intellektuellen und moralischen Anlagen, Seele und Leib, Lebensführung,
Schicksalsfälle der Menschen und ihr Ausgang bestimmt würden».

Von dieser Annahme eines kausalen Zusammenhangs zwischen den
Vorgängen am Himmel und den irdischen Daseinsverhältnissen aus
suchte Poseidonios nun, und dies ist ein bedeutsamer Schritt, seine Klimazonen nicht nur als solche, d. h. in meteorologischer Hinsicht, sondern auch ihrer Geographie sowie der *Physis und Kultur ihrer Einwohner*
nach als *in sich geschlossene, einheitliche und selbständige Größen* zu
fassen, wenngleich er im ganzen nur drei größere Einheiten, nämlich
einen nördlichen, einen mittleren gemäßigten und einen südlichen Brei-
tenbereich unterschied.

Aufbauend auf dieser seiner *anthropogeographischen Grundkonzep-
tion*, schuf Poseidonios nun zunächst eine *Theorie zur Entstehung der
Rassen* (und der ihnen eigenen Mentalitäten), die mit zu seinen reifsten
Leistungen zählt und daher im folgenden, und zwar nach Vitruv (De
architectura VI 1, 3–11), bei dem sie sich noch am vollständigsten aufbewahrt findet, in einiger Ausführlichkeit wiedergegeben sei:

«Wo die Sonne maßvoll ihre Wärme ergießt, da erhält sie die Leiber in richtiger
Mischung; wo sie am nächsten läuft und alles versengt, da zieht sie durch ihre
Glut die Feuchtigkeit heraus, die zur rechten Mischung gehört; dagegen wird in
den kalten Gegenden, weil sie vom Mittag weit abliegen, die Feuchtigkeit nicht
von der Hitze herausgesaugt, sondern vom Himmel läßt die tauige Luft Feuchtigkeit in den Körper eindringen, macht die Leibesgestalt größer und den Klang der
Stimme tiefer. So kommt es, daß die Völker, die im Norden ihrer Nahrung nachgehen, von folgender Gestalt sind: sie haben mächtige Leiber, helle Hautfarbe
(candidis coloribus), gerades, rötliches *(rufo)* Haar, blaue Augen *(oculis caesis)*
und viel Blut, infolge der Fülle von Feuchtigkeit und des kalten Klimas; die aber

nahe der Mittagsachse und direkt unter der Sonnenbahn wohnen, die haben kleinere Leibesgestalt, braune Hautfarbe, krauses Haar, dunkle Augen, magere
Beine, wenig Blut, – alles infolge des Sonnenbrandes. Wegen ihrer Blutarmut
sind sie darum auch zu feige, um dem Eisen zu widerstehen, dagegen ertragen sie
ohne Furcht Hitze und Fieber, weil ihre Glieder in der Hitze heranwachsen. Entsprechend sind die Körper, die sich im Norden entwickeln, gegenüber dem Fieber
furchtsamer und schwächlich; weil sie aber soviel Blut haben, widerstehen sie
dem Eisen ohne Zagen. . . . Ebenso ist wegen der dünnen Luft bei den Völkern des
Mittags der Geist durch die Hitze geschärft, und sie sind leichter und rascher
beweglich im Fassen von Entschlüssen; die Nordvölker aber, die in sich die dicke
Atmosphäre einsaugen, werden, weil die Luft die Sonnenstrahlung beeinträchtigt, durch die Feuchtigkeit abgekühlt und sind darum von stumpfem Geiste. Daß
das so zu beurteilen ist, kann man sich an den Schlangen klarmachen, die sich
dann, wenn in ihrem Leib von der Hitze die abkühlende Feuchtigkeit aufgezehrt
ist, am schnellsten bewegen, während sie in den kalten Tagen um die Winterson-
nenwende, infolge der Drehung des Himmels abgekühlt, unbeweglich und starr
daliegen. Man darf sich also nicht wundern, wenn das warme Klima den Geist
schärft, das kalte ihn umgekehrt abstumpft. Während aber die südlichen Völker
einen so scharfen Verstand und eine unbegrenzte Findigkeit (sollertia) haben,
unterliegen sie, sobald es auf Tapferkeit ankommt; die aber in nördlichen Regionen geboren sind, treten mit Tatkraft furchtlos zum schwersten Waffengang an,
aber wegen ihrer Geistesträgheit (tarditate animi) stürmen sie ohne Vorbedacht
darauf los, ohne kluges Überlegen, und bringen damit selbst ihre Pläne zum
Scheitern»[113].

Beinahe pflanzengleich also wachsen die Völker aus ihrem Heimatboden
empor, ihrer inneren wie äußeren Beschaffenheit nach von der Geographie und den klimatischen Einwirkungen ihrer Umwelt geprägt. Und da
die gesamte Natur in ihrem Dasein und Werden wiederum vom Walten
des Weltenlogos bestimmt wird, kommt der so sich entfaltenden Existenz
und Geschichte eines jedweden Volkes zugleich auch jeweils eine besondere, feste Funktion und Bedeutung innerhalb dieser höheren, das Geschehen als Ganzes umspannenden Ordnung zu, wie Poseidonios u. a.
am Beispiel der Römer erläutert:

«Wenn nun von der Natur in der Welt das so verteilt ist und alle Völker durch die
Art, wie bei ihnen die Mischung der Elemente des rechten Maßes entbehrt, geschieden sind, hat im Raume des ganzen bewohnten Erdkreises das wahre Zentrum der Welt das römische Volk inne und dort seinen Sitz. Denn die beste zum
Mannestum dienliche Mischung zwischen den zwei Extremen weisen im Glieder-

---

113 Vitruv: De architectura VI 1, 3–4; 9–10.

bau der Leiber wie in der geistigen Kraft die italischen Völker auf. Wie der Jupiter in der Mitte zwischen dem heißesten Gestirn, dem Mars, und dem kältesten, dem Saturn, seine Bahn durchmißt und darum die rechte Temperatur [bzw. Mischung derselben] zeigt, ebenso hat Italien, zwischen der Nord- und Südzone gelegen, durch die Mischung der beiderseitigen Elemente den unbestrittenen Ruhm des rechten Maßes. Deshalb bricht es durch kluges Überlegen immer wieder die Tapferkeit der Barbaren, durch seinen starken Arm die Anschläge der Südländer. So muß man sagen: Der göttliche Geist hat die römische Volksgemeinschaft in einer ausnehmend günstigen und gemäßigten Gegend erstehen lassen, damit sie die Herrschaft über den Erdkreis gewänne»[114].

Einem Manne wie Poseidonios, der als Ethnograph ebenso scharf zu beobachten wie als Historiker Zusammenhänge exakt zu analysieren verstand, mußte sich natürlich dabei auch die Frage stellen, ob und wie sich das Postulat eines örtlich fixierten, anthropogeographisch bedingten Wachstums der Völker mit der Tatsache der in der Geschichte, wie man ja wußte, sich immer wieder vollziehenden mannigfachen ethnischen Verschiebungs-, Überlagerungs-, Durchdringungs- oder Mischungsprozesse vereinbaren lasse bzw. wie hoch man die Bedeutung von Vorgängen dieser Art gegenüber dem ersteren Faktor bei der Genese eines einzelnen Volkes oder einer ganzen Völkergruppierung jeweils zu veranschlagen habe. Daß Poseidonios sich dieser Problematik durchaus bewußt war und sie – im Rahmen seines Systems – auch zu lösen versuchte, deuten immerhin einige Beispiele an.

So war ihm aufgefallen, daß die Armenier, Syrer und Araber, wiewohl in geographischer und klimatischer Hinsicht unter stark abweichenden Bedingungen lebend, doch ihrer Sprache, ihrem Äußeren und ihrer Kultur nach bedeutsame Übereinstimmungen aufwiesen, woraus er die Folgerung zog, daß sie ursprünglich vereint gewesen bzw. aus einem gemeinsamen Stammvolk hervorgegangen sein müßten, eine Hypothese, die er dann noch anhand eines Vergleichs ihrer Namen weiter zu stützen versuchte:

«Das armenische, das syrische und das arabische Volk lassen in Sprache, Lebensweise (τοὺς βίους) und Einzelheiten ihrer äußeren Erscheinung (τοὺς τῶν σωμάτων χαρακτῆρας) eine enge Stammesverwandtschaft erkennen, und zwar vor allem da, wo sie nahe beieinander leben. Zum Beweise dafür dient Mesopotamien, das von allen drei Völkern bewohnt wird und wo die Übereinstimmungen

114 Vitruv: De architectura VI 1, 10–11.

am deutlichsten zutage treten. Und zeichnen sich auch entsprechend der Breiten-
lage zwischen den weiter im Norden und den im Süden sowie zwischen diesen
beiden und den in der Mitte Wohnenden gewisse Unterschiedlichkeiten ab, so
überwiegt doch das allen Gemeinsame. ... Poseidonios vermutet daher, daß auch
die Namen dieser Völker miteinander verwandt sind: denn die von uns [den Grie-
chen] ‹Syrer› Genannten würden sich selbst als ‹Arimäer› und ‹Arammäer› bezeichnen, und dem entsprächen die Namen der Armenier, Araber und Erember»,
deren – bei Homer (Od. IV 84) in dieser Schreibweise erwähnten – Namen er in
‹Aramber› änderte und für eine alte Bezeichnung der Araber erklärte.» Und weiter an einer anderen Stelle: «Er [Poseidonios] behauptet nämlich, daß die drei
benachbarten Völkerschaften stammverwandt (ὁμογενής) seien und daher auch
verwandte Namen besäßen, nämlich als ‹Armenier›, ‹Aramäer› [hier so!] und
‹Aramber› bezeichnet würden; und wie man annehmen könne, daß sie sich entsprechend den zunehmend abweichenden Bedingungen ihrer Breitenbereiche aus
der ursprünglichen Einheit heraus zu drei gesonderten Völkerschaften entwickelt
hätten, so würden sie nun auch statt eines einzigen mehrere Namen führen»[115].

Die Gemeinsamkeiten, die alle drei Gruppen miteinander verbinden, widersprechen also der Tatsache, daß sie unter verschiedenen geographisch-klimatischen Bedingungen leben, nicht: sie formten sich in einer
weiter zurückliegenden Zeit heraus, als die Armenier, Syrer und Araber
noch, ein einheitliches ethnisches Ganzes bildend, geschlossen ein und
dasselbe Territorium bewohnten und so alle gemeinsam dessen Einwirkungen ausgesetzt waren; die Kräfte, unter deren Einfluß sie dann nach
der Aufspaltung in ihren neuen Sitzen gerieten, vermochten sie demgegenüber, sei es in physischer, kultureller oder sprachlicher Hinsicht, nur
mehr geringfügig umzuprägen. Und ähnlich stellt sich die Situation auch
bei den – zur überwiegenden Mehrheit im Nordwesten des alten Kleinasien ansässigen – Phrygern, Mysern, Bebrykern, Mädobithynen, Bi-
thynen, Thynen und anderen (indogermanischen) Gruppen dar, deren
Übereinstimmungen Poseidonios ebenfalls, wie aus entsprechenden, leider jedoch nur sehr kursorischen Hinweisen bei Strabo (VII 3, 2 ff) erhellt, darauf zurückführte, daß sie alle vor alters einem einzigen Stammvolk, nämlich den Thrakern, angehört hätten, die er dann weiter wieder
– über die homerischen Hippemolgen («Rossemelker»), Galaktophagen
(«Milchtrinker») und Abier (Ilias XIII 5 f) – in einen Zusammenhang mit
den Sarmaten und Skythen brachte, der nur erneut seinen großartigen
ethnologischen Weitblick bezeugt. Mit anderen Worten: Poseidonios

115 Poseidonios bei Strabo I 2, 34 u. XVI 4, 27.

ging von der Annahme aus, daß sich ursprünglich an verschiedenen Stellen der Erde einzelne, entsprechend den besonderen anthropogeographischen Voraussetzungen, die dort herrschten, ihrer Artung und ihrem Habitus nach homogene Stammpopulationen herausbildeten, die sich dann, sei es der Übervölkerung wegen oder infolge von Auseinandersetzungen mit anderen, allmählich in weitere Gruppen aufspalteten, dabei jedoch stets, auch unter veränderten Umweltbedingungen, nur oberflächliche Umwandlungen erfuhren und ihre einmal erworbenen Eigenschaften zur Hauptsache beibehielten – d. h.: Poseidonios faßte die Vielfalt der Völkerwelt nicht als von Anbeginn an gegeben, sondern als das Ergebnis eines durch historische Impulse hervorgerufenen, stetig voranschreitenden *Differenzierungsprozesses* auf. Endlich geht, und dem gebührt nicht minder Beachtung, aus den obigen Beispielen auch hervor, daß er seine ethnologische Beweisführung der Methode nach auf eine großangelegte, die Kulturen wie ihre Träger möglichst als Ganzes umfassende *vergleichende* Betrachtung, vertieft durch das Miteranziehen älterer Quellen (Homer), zu gründen bemüht war.

Die Gültigkeit seiner, das theoretische Gerüst seiner Kulturgeschichtslehre bildenden Konzeption eines ständigen, schöpferischen Zusammenwirkens von Kräften der Umwelt und Faktoren historischer Art suchte Poseidonios dann konkret insbesondere auch in seinen ethnographischen Schilderungen in Erscheinung treten zu lassen. Die Beschaffenheit eines geographischen Raumes, der Charakter seiner Vegetation, die Tiere wie die Menschen samt ihrer Kultur wachsen, soweit nicht von außen gewaltsam in ihrer Daseinsentfaltung beeinträchtigt, zu einer quasi *organischen* Einheit zusammen, werden – und zwar, vermöge der Poseidonios in so hohem Maße eigenen, ebenso sachgerechten wie lebensvollen Darstellungskunst, überzeugend – im Grunde nur als verschiedene Ausdrucksformen einer einzigen Gestaltungskraft ausgewiesen: der als Ganzes gefaßten Summe der siderischen Einwirkungen, denen sie ihrer Lage nach ausgesetzt sind, prägend auch, wie vor allem am Beispiel der Keltenbeschreibung zu sehen sein wird, die *Psyche* der einzelnen Völker, die es Poseidonios so, gleich den geographischen Räumen, die sie umschließen, erstmals als *echte Individualitäten* zu begreifen gelingt.

Der äußeren Form nach bot er, wie bereits eingangs erwähnt, seine Ethnographien in der traditionellen Exkursform. Geschlossene Partien größeren Umfangs sind uns jedoch – auch dies wurde schon angedeutet – nur in wenigen Fällen erhalten, und zwar, neben kürzeren Exzerpten bei Strabo und einem längeren Diskurs über die Herkunft der Kimbrer bei

Plutarch (Gaius Marius, c. 11; vgl. Strabo VII 2, 2; 3, 2–3; 4, 3 u. a. St.),
in der Mehrzahl wieder bei Diodor: so seine Schilderungen der Lusitaner
und Keltiberer (V 33–34), der Ligyer bzw. Ligurer (IV 20 u. V 39), der
Tyrrhener (V 40) und, nicht zuletzt, auch seine Keltenbeschreibung (V
24–32; vgl. Strabo IV 4, 2 ff u. Athenaios IV 151 E–152 C).

Es scheint, daß auch Poseidonios wieder dem im engeren Sinne ethnographischen Teil der Exkurse in der Regel zunächst einen kurzen Überblick über die geographischen Verhältnisse des Landes vorausgehen ließ
– doch weniger wohl, um lediglich einem traditionellen Kompositionsprinzip zu genügen, als in der Absicht, auf diese Weise, durch eine einleitend gegebene Charakterisierung der Voraussetzungen, aus denen seiner
Auffassung nach die Einwohnerschaft und ihre Daseinsformen erwuchsen, ein besseres Verständnis für das im folgenden Gebotene zu erwirken. In welchem Maße er auch dabei seine Idee eines kausalen Zusammenhangs zwischen der äußeren Erscheinungswelt eines geographischen
Raumes und den Kräften des Klimas, die ihn beherrschen, zum Ausdruck
zu bringen vermochte, könnte die farbige Schilderung Südarabiens bei
Diodor (II 49–54) lehren – sofern sie tatsächlich, wie einige (u. a. Reinhardt u. Pohlenz) meinen, seiner Feder entstammt und nicht, wie andere
der Auffassung sind, in der uns vorliegenden Form bereits auf Agatharchides zurückgeht: für Poseidonios spräche vor allem die Gesamtkonzeption. Kommt ihm aber die Autorschaft zu, so dürfte er jenem, den er, wie
bei dessen Behandlung schon angemerkt, ja als Vorbild verehrte und sonach auch genauestens kannte, doch wohl einen Großteil des Materials
der Beschreibung verdanken, zumal er Arabien, und erst recht dessen
Süden, kaum selber bereist hat. Jedenfalls soll ein Auszug des Ganzen,
der immerhin stark den Eindruck erweckt, als sei er aus dem Geiste des
Poseidonios heraus konzipiert, hier seine Stelle finden:

«Derjenige Teil Arabiens, welcher an das wüste und wasserlose Land stößt, unter-
scheidet sich von diesem so sehr, daß er wegen der Menge der hier gedeihenden
Früchte und sonstiger Schätze das ‹Glückliche Arabien› genannt wird. Rohr und
Binsen nämlich und das andere Holzwerk sind hier wohlriechend, in so großer
Menge sie auch wachsen, und überhaupt verbreiten Blätter aller Art und das
Harz, welches der Rinde enttropft, mannigfaltige Wohlgerüche. ... Ja sogar der
Boden selbst atmet von Natur her einen Dunst aus, der süßen Wohlgerüchen
gleicht, weshalb denn auch in einigen Gegenden Arabiens, wenn man in die Erde
gräbt, wohlriechende Adern gefunden werden, bei deren Anbruch unerschöpf-
liche Steinbrüche zum Vorschein kommen. ... Es scheint, als ob den weit gegen
Mittag gelegenen Ländern die eigentlichste Lebensquelle, die Kraft der Sonne

nämlich, in reichem Maße mitgeteilt werde und daß dort aus diesem Grunde so viele, mannigfaltige und schöne Tierarten entstehen. ... Aber nicht nur zur Entstehung so wunderbar gestalteter Tiere wirkt in diesen Ländern die Kraft der Sonne, sondern auch zur Bildung von mancherlei Steinarten, ausgezeichnet durch Farbenspiel, Glanz und Durchsichtigkeit. ... Ähnlichen Ursachen schreibt man auch die Färbung des Gefieders der Vögel zu, deren einige ganz purpurfarben erscheinen, andere die mannigfaltigsten Farben in bunter Mischung vereinen; denn sie erscheinen bald feuerfarben, bald safrangelb, bald smaragdgrün und viele auch goldfarbig, je nachdem sie sich so oder so gegen das Licht drehen, und überhaupt zeigen sie sehr zusammengesetzte und schwer zu erklärende Farben. Dasselbe, sagt man, geschehe aber auch durch die Kraft des Sonnenlichts am Regenbogen, wenn er am Himmel steht, und hieraus eben schließen die Naturkundigen, daß es eine verwandte Wärme war, welche von vornherein die bunte Färbung der oben genannten Wesen bei ihrem Entstehen hervorgebracht hat, indem die lebenschaffende Sonne zur Bildung der einzelnen Gestalten mitwirkte. Auch nimmt man überhaupt an, daß auch die verschiedene Färbung der Blumen und der Erde auf dieselbe Ursache und Urheberschaft zurückzuführen sei. ... Wie man nun die Farben auf die Wirkungen des Lichtes zurückführt, so glaubt man, daß der Geruch der Früchte und ihr eigentümlicher Geschmack sowie die Größe und der verschiedene Bau der Tiere und nicht minder auch die eigentümliche Beschaffenheit der Erdarten Wirkungen der Sonnenwärme sind, welche in fruchtbares Erdreich und zeugungsfähiges Wasser einstrahlt und so Lebendiges aller Art hervorbringt. ... Die Ursache aber der besonderen Eigentümlichkeit dieses Landes ist, wie schon gesagt, die Kraft der Sonne, welche durch Erwärmung in festen Zustand versetzt, durch Austrocknung dicht macht und durch ihr Licht hellglänzende Färbung hervorbringt»[116].

Die Keltenbeschreibung, die nun im folgenden, als die bedeutendste und zugleich größte uns von Poseidonios im Zusammenhang erhaltene ethnographische Monographie, in aller Ausführlichkeit vorgestellt werden soll, hebt zunächst – jedenfalls in der Form, in der sie Diodor wiedergibt – mit der genealogischen Abkunft des Volkes und seiner Namenserklärung an:

«Über das Keltenland, so erzählt man, herrschte in alter Zeit ein ausgezeichneter Mann. Dieser hatte eine Tochter von *ungemeiner Körpergröße*, welche auch an Schönheit alle andern weit übertraf. Ihre *Leibesstärke* aber und ihre bewunderte Schönheit machten sie stolz, so daß sie jeden verschmähte, der um sie warb, denn sie hielt keinen derselben für ihrer würdig. Als aber von seinem Zuge gegen den Geryones Herakles in das Keltenland kam und hier die Stadt Alesia gründete, da

116 Diodor II 49–52.

erblickte sie den Heros und bewunderte seine *Tapferkeit* und *Körperkraft* so sehr,
daß sie seine Umarmung eifrig begehrte; und auch ihre Eltern gaben ihre Zustimmung. Herakles nahte ihr also und zeugte mit ihr einen Sohn namens Galates, der
alle seine Stammesgenossen an Hoheit der Seele und an *Leibesstärke* weit über-
ragte. Als er zum Mann geworden und die väterliche Herrschaft übernommen
hatte, unterwarf er sich noch viel benachbartes Land und führte große Kriegstaten
aus. So wurde er seiner *Tapferkeit* wegen sehr berühmt und nannte dann seine
Untertanen nach sich selber Galater (Γαλάτας), und daher hat auch das ganze
Land seinen Namen Galatia» (Diod. V 24).

Es handelt sich also zunächst um eine rein mythische Ursprungserzäh-
lung, die – wohl mit Blick auf das Kolonialgriechentum im Süden des
Landes – eine genealogische Beziehung zwischen den Kelten und Hellenen zu konstruieren versucht. Zu beachten ist, daß Poseidonios mit dem
Hinweis auf die ungewöhnliche Großwüchsigkeit der Frau, ihre und der
beiden Männer physische Stärke sowie deren Tapferkeit bereits hier, und
zweifellos mit Bedacht, wesentliche der von ihm dann im folgenden als
typisch für das Gesamtvolk geltend gemachten Charakteristika in Erscheinung treten läßt, Eigenschaften, die ihm an späterer Stelle (Diod. V
32), wo er die Urgeschichte noch einmal aufnimmt, auch zu einer weiteren, nunmehr historischen (doch offenbar nur vermutungsweise geäußerten) Herkunftsbestimmung dienen:

«Die Allerwildesten (ἀγριωτάτων) unter ihnen sind die, welche weiter gegen
Norden und in der Nachbarschaft des Skythenlandes wohnen; einige derselben
sollen sogar Menschenfresser sein, wie dies denn auch von denjenigen Britanni-
ern gesagt wird, welche Iris [Irland] bewohnen. Da deren *Mut* und *Wildheit* allgemein berufen ist, so sind einige der Meinung, es seien dies diejenigen, welche in
alten Zeiten ganz Asien durchzogen und damals Kimmerier genannt wurden; in
der Länge der Zeit habe sich dies Wort aber in die Benennung Kimbrer verändert.
Und allerdings setzen diese Völker von jeher eine Ehre darein, fremdes Land zu
überziehen und Beute zu machen und alle anderen zu verachten.»

Auf den ersten Teil der Archäologie folgt dann, also noch ziemlich am
Anfang, die geographische Beschreibung des Landes, in der – jedenfalls,
wie auch hier zu bedenken zu geben ist, in der uns überlieferten Form –
zwar die Wechselbeziehung zwischen den Kräften der Witterung, der
Erscheinungswelt der Natur und den Arten der Daseinsentfaltung nicht
annähernd mehr in der totalen und so großartigen Weise wie bei der
Schilderung Südarabiens zum Ausdruck gelangt, aber doch immerhin,
wenigstens was Fragen der menschlichen Lebensführung betrifft, noch
verschiedentlich anklingt; daß Poseidonios indessen auch hier, und ge-

rade hier, den *Zusammenhang zwischen klimatischer Disposition, Psyche und Gesamthabitus der Bevölkerung* zu demonstrieren versuchte, wird, wenn auch nur indirekt, so doch überzeugend genug aus ihrer ganzen Charakterisierung erhellen. Im folgenden nun zunächst die Landesbeschreibung:

«Da wir schon über den Namen der Galater gesprochen haben, so müssen wir auch ihr Land beschreiben. Galatien wird von zahlreichen Völkerstämmen (ἐθνῶν) verschiedener Größe bewohnt. Die stärksten dieser Stämme zählen ungefähr 200 000 Männer, die schwächsten 50 000. ... Da das Land fast ganz unter dem Nordgestirn liegt, so ist es überaus winterlich und kalt. Zur Winterszeit nämlich fallen an umwölkten Tagen anstatt des Regens große Schneemassen, und an heiteren Tagen starrt alles von Eis und entsetzlichem Frost, so daß die Flüsse zufrieren und eine natürliche Brücke bilden: denn nicht nur ein oder der andere Wanderer gehen in geringer Zahl über das Eis, sondern auch ganze Heere zu Zehntausenden ziehen mit Gepäck und schwer belasteten Wagen in aller Sicherheit darüber hin.
Galatien wird von vielen und großen Flüssen durchströmt, die sich in vielfachen Krümmungen durch das ebene Land winden. Zum Teil nehmen sie ihren Ursprung aus tiefen Seen, zum Teil entspringen sie aus Quellen im Gebirge und erhalten auch daher ihre Zuflüsse. Einige derselben münden in den Ozean, andere in das Mittelländische Meer. Der bedeutendste unter den letzteren ist der Rhodanos [die Rhône], der seine Quellen in den Alpen hat und sich in fünf Mündungen ins Meer ergießt. ... Es sind im Keltenland aber auch noch viele andere schiffbare Flüsse, über die zu berichten zu weit führen würde. Aber fast alle gefrieren und erhalten Eisbrücken, und weil das Eis seiner natürlichen Glätte wegen die darüber Gehenden ausgleiten macht, so streuen sie Spreu darauf und können dann sicher hinübergehen.
Etwas Auffallendes [!] und Bemerkenswertes geschieht in den meisten Teilen Galatiens, worüber wir nicht mit Stillschweigen hinweggehen dürfen. Es pflegen nämlich von Nordwesten und Norden so starke und heftige Winde zu wehen, daß sie handgroße Steine vom Boden aufraffen und dichte Staubwolken von Kieseln erregen. Mit rasender Gewalt brausen sie einher, reißen den Männern Waffen und Kleider vom Leibe und stürzen den Reiter vom Pferde herab. *Weil*» –

und hier wird nun ein direkter Bezug zwischen dem Klima, der Vegetation und der Art der Ernährung hergestellt –

«die Witterung viel zu kalt ist, so bringt das Land weder Wein noch Öl hervor, und da also den Galatern das eine wie das andere fehlt, so bereiten sie sich ein Getränk aus Gerste, das sogenannte Bier (ζύθος). Auch trinken sie das Wasser, mit welchem sie die Honigwaben ausgespült haben.
Silber gibt es in Galatien gar nicht, Gold aber in großer Menge, und zwar liefert *die Natur* (φύσις)» –

dies ein weiterer Hinweis auf den kausalen Zusammenhang zwischen der geographischen Disposition eines Raumes und der Kultur seiner Einwohnerschaft –

«der Bevölkerung dieses Metall ohne alle Mühe und Bergbau: Da nämlich der Lauf der Flüsse winkelige Biegungen macht und das Wasser im Anprall an die vorgeschobenen Berghänge große Stücke derselben abreißt, so führt es vielen goldhaltigen Sand mit sich fort. Diesen fangen die damit Beschäftigten auf und mahlen ihn oder zerstampfen die Schollen, welche ihn enthalten; dann lassen sie das Wasser die erdigen Teile herauswaschen und geben das Übriggebliebene in die Öfen zum Schmelzen. Auf diese Weise gewinnen sie große Massen Goldes, dessen sie sich dann zum Schmucke bedienen, und zwar nicht nur die Weiber, sondern auch die Männer: Um die Handwurzeln und Arme tragen sie Spangen und um den Nacken dicke Ketten von massivem Golde, dazu noch ansehnliche Fingerringe und sogar goldene Panzer. Auffallend [!] und bewundernswert ist, was im oberen Keltenlande in den Götterheiligtümern zu geschehen pflegt. In den Tempeln nämlich und Heiligtümern im Lande, die den Göttern geweiht sind, liegt viel Gold offen umher, das den Göttern als Geschenk dargebracht ist, und keiner der Eingeborenen (ἐγχωρίων) wagt aus Götterfurcht daran zu rühren, obgleich die Kelten sonst über die Maßen geldgierig sind» (Diod. V 25–27).

Der natürliche Reichtum an Gold und die Leichtigkeit, mit der es sich, dank der besonderen Gunst der geographischen Gegebenheiten, abbauen läßt, mußten also geradezu, sucht Poseidonios darzutun, zu der so auffallenden, verschwenderischen Putzsucht der Kelten und ihrem «klotzigen» Spendenaufwand im Kulte führen.

   In ihrem Gesamthabitus aber erscheinen sie – ohne daß hierauf, wie gesagt, in den uns vorliegenden Texten *expressis verbis* verwiesen wird – insbesondere *vom Klima* geprägt; denn unverkennbar kehren die nämlichen Züge, die dieses in Gestalt seiner langen, düsteren Winter mit ihrer klirrenden Kälte, den Massen an Schnee und der Gewalt ihrer Stürme beherrschen, auch in dem überwiegend als schroff, ungezügelt und wild geschilderten Wesen der keltischen Menschen und der ganzen Art ihrer Daseinsgestaltung wieder, ja bestimmen in etwa, wie andeutend bereits in der Ursprungsmythe zum Ausdruck kam, selbst deren äußeres Erscheinungsbild:

«Die Galater sind von hohem Wuchse; ihr Fleisch ist von Säften strotzend und ihre Hautfarbe weiß (λευκοί); das Haar ist nicht schon von Natur aus blond (ξανθοί), sondern sie verstärken auch noch durch künstliche Behandlung diese eigentümliche Farbe: Sie netzen nämlich die Haare immerfort mit Kalkwasser und streichen es von der Stirne rückwärts gegen den Scheitel und den Nacken, so daß ihr Aussehen dem der Satyrn und Pane gleicht. Die Haare werden nämlich durch diese Behandlung auch immer dicker, so daß sie sich von einer Pferdemähne nicht mehr unterscheiden. Den Bart scheren einige ganz ab, andere lassen ihn zu mäßiger Größe wachsen. Ihre Edlen (εὐγενεῖς) rasieren sich die Wangen, den Knebelbart dagegen lassen sie lang wachsen, so daß der Mund ganz verdeckt wird. Beim Essen hat daher der Bart mit den Speisen zu tun, und wenn sie trinken, rinnt das Getränke wie durch einen Seiher. ... Die Frauen stehen nicht nur in der *Leibesgröße* den Männern nicht nach, sondern nehmen es auch in der *Stärke* mit ihnen auf. Die Kinder haben unmittelbar nach der Geburt meist weißliche Haare, wenn sie aber älter werden, nimmt das Haar die Farbe an, welche ihre Väter haben. ... Sie selber sind von *furchterregendem* Aussehen, ihre Stimme ist tieftönend und *überaus rauh*. In Gesprächen machen sie nicht viele Worte, vielmehr drücken sie sich rätselhaft aus und deuten vieles nur bildlich und mit halben Worten an, sprechen aber viel und *überschwenglich*, um sich selbst zu erheben und andere herabzusetzen. Sie *drohen* gern und drücken sich *hochfahrend* und *tragisch gespreizt* aus» (Diod. V 28.32.31).

Dem entspricht nun im einzelnen der Kulturausstattung zunächst einmal die Art ihrer Kleidung und Armatur:

«Ihre Tracht geht auf das *Imposante*: buntgemusterte Leibröcke, geblümte Hosen, die sie ‹Braken› (βράκας) nennen; darüber gespangt karierte Umwurfmäntel, im Winter rauh, im Sommer glatt, in dichte, bunte Quadrate geteilt. Als Waffen führen sie mannshohe Schilde mit seltsamen Zieren, wie herausragenden bronzenen Tieren, die nicht nur zum Zierat, sondern auch zur Sicherheit wohl angebracht sind. Eherne Helme tragen sie mit hohen Aufsätzen, die ihren Trägern eine *riesige Erscheinung* geben. Denn da sitzen bald zusammengewachsene Hörner auf, bald Vögel und vierfüßiger Tiere erzgetriebene Bugstücke. Barbarisch seltsam sind ihre Trompeten (σάλπιγγας). Darauf blasen und verbreiten sie weithin einen *rauhen, kriegerisch aufgeregten* Ton. Als Brustpanzer tragen die einen eiserne Kettenhemden, anderen ist genug am Panzer der Natur: sie kämpfen nackt. Statt des Stoßschwertes haben sie lange Degenklingen, eingehängt in eiserne oder eherne Ketten an der rechten Seite. Manche tragen um ihre Röcke gold- oder silberbeschlagene Gürtel. Ihre Lanzen, die sie ‹Lankien› (λαγκίας) nennen, haben ellenlange und noch längere Eisenspitzen von zwei Hand Breite. Denn ihre Schwerter sind nicht kürzer als bei anderen die Speere, und ihre Speere haben Spitzen, länger als sonst Schwerter sind. Diese Spitzen sind entweder geradeaus geschmiedet oder gewindeartig von oben bis unten umgebrochen, um das Fleisch beim Aufschlag nicht nur zu zerschneiden, sondern auch noch zu zerquetschen und die Wunde beim Herausziehen zu zerreißen» (Diod. V 30).

Und ebenso ungeschlacht wie der Zuschnitt der Waffen und so grausam wie ihre Wirkung ist auch die Kampfesführung der Kelten:

«Auf Reisen und in den Schlachten bedienen sie sich des Zweigespanns. Auf dem Wagen steht außer dem Lenker ein Kämpfer. Stoßen sie im Gefecht auf Reiter, so schleudern sie zuerst den Wurfspieß gegen den Feind, springen dann herab und greifen zum Schwert. Einige von ihnen *verachten den Tod* so sehr, daß sie ganz nackt und nur um die Hüften geschürzt in den Kampf gehen. ... In der Schlacht-aufstellung pflegen sie vor die Linie zu treten und die Tapfersten der Gegner zum Zweikampf herauszufordern, indem sie ihre Waffen schwingen, um den Feind zu schrecken. Hat einer ihre Aufforderung angenommen, so preisen sie die Tapfer-keit ihrer Vorfahren und rühmen ihre eigenen Taten, den Gegner aber *schmähen* und *erniedrigen* sie und suchen ihm schon vor dem Kampf durch Wortschwall den Mut der Seele zu nehmen.

Den gefallenen Feinden *hauen sie die Köpfe ab* und hängen sie am Halse ihrer Pferde auf; die blutigen Waffenstücke übergeben sie ihren Knechten und lassen sie unter Kriegsgeschrei und Siegesgesang im Triumphzug einhertragen. Die Trophäen nageln sie dann, wie es die Jäger tun, die auf der Jagd ein Wild erlegt haben, daheim zur Schau über ihren Haustüren an. Poseidonios sagt [dies nach Strabo ergänzt], er habe oft selbst die angenagelten Schädel gesehen und zuerst einen Widerwillen gegen den Anblick empfunden, sich aber später daran gewöhnt und ihn gelassen ertragen. Die Köpfe [dies wieder nach Diodor] ihrer vornehm-sten Feinde balsamieren sie ein und bewahren sie sehr sorgfältig in einer Kiste auf; und wenn sie sie dann den Fremden zeigen, so rühmen sie sich dabei, wie einer ihrer Vorfahren, ihr Vater oder sie selbst diese Köpfe auch um vieles Geld nicht hergegeben haben. Ja einige von ihnen sollen sich gar gerühmt haben, daß sie für einen solchen Schädel ein gleiches Gewicht Gold nicht angenommen hät-ten. Freilich zeigen sie damit eine gewisse Seelengröße (μεγαλοψυχίαν), aller-dings nur eine *barbarischer* Art: denn, die Erinnerungszeichen an tapfere Taten nicht um Geld herzugeben, ist noch kein Edelmut; *tierisch* (θηριῶδες) aber ist es, den Kampf gegen Wesen derselben Gattung noch wider die Toten fortzusetzen» (Diod. V 29. Strabo IV 4, 5).

Die nämlichen Wesenszüge, nämlich *Unmäßigkeit* und ein im ganzen *rohes und wildes* Gebaren, drücken sich dann, wie Poseidonios des weite-ren zeigt, auch in den Tischsitten aus:

«Die Kelten sitzen beim Mahle auf Heulagern vor niedrigen Tischen von Holz. Sie essen nicht viel Brot, aber viel Fleisch, in Wasser gekocht und auf Kohlen oder an Spießen gebraten. Sie genießen die Speise sonst reinlich, aber *wie die Löwen*, indem sie ganze Stücke und Glieder mit den Händen fassen und abbeißen, nur wenn die Zähne versagen, nehmen sie ein kurzes Messer zu Hilfe, das an der Schwertscheide in einem besonderen Futteral steckt. Die Fluß- und Seeanwohner essen auch Fische, gebraten, mit Salz, Essig und Kümmel, den sie auch in ihr Getränk werfen. Öl ist selten bei ihnen, und weil es ihnen ungewohnt ist, lieben sie es auch nicht. Beim Gastmahle sitzen sie im Kreise herum, der durch Kriegs-ruhm, Adel oder Reichtum Hervorragendste in der Mitte, die anderen rangweise.

Hinter ihnen stehen die Schildträger, die Speerträger aber sitzen am anderen Ende und tafeln zur gleichen Zeit in ihrem eigenen Kreise wie die Herren. Die Gefäße, darin die Schenken das Getränk auftragen, gleichen den Ambiken und sind aus Silber oder Ton. Auch für die Speisen haben sie Platten aus dem gleichen Material oder aus Bronze oder aus Holz oder Weide geflochtene Körbe. Das Getränk der Reichen ist Wein, der aus Italien oder Massalia kommt; man trinkt ihn aber *unvermischt* oder setzt, gelegentlich, nur ein wenig Wasser zu. Die Geringeren trinken dagegen ein aus Weizen und Honig gebrautes Bier (ζύθος) und zwar *pur*, das man ‹Korma› nennt. Sie schlürfen zusammen aus einem einzigen Gefäß, Zug um Zug, nicht mehr ein jeder als einen Kyathos auf einmal [0,045 l], das dann jedoch dafür um so öfter» (Athenaios IV 151 E–152 D; vgl. Diod. V 28).

«Dem Weintrunk», heißt es bei Diodor dann noch ergänzend, «sind sie *über die Maßen ergeben*... und trinken *in ihrer Gier so reichlich*, daß sie infolge des Rausches in Schlaf oder *wahnsinnsähnliche Zustände* (μανιώδεις διαθέσεις) verfallen. ... Auch geschieht es bei ihren Gastmählern oft, daß sie um irgendeines unbedeutenden Anlasses willen in Wortstreit geraten, der bis zur Herausforderung und zum Zweikampf führt» (Diod. V 26. 28).

Ähnlich zügellos und von nahezu *ungehemmter Triebhaftigkeit* beherrscht zeigen sie sich, wie Poseidonios in aller Offenheit ausmalt, weiter dann auch in ihrem sexuellen Verhalten:

«Obgleich ihre Weiber ganz wohlgestaltet sind, so halten sie sich doch sehr wenig zu diesen, sondern werden, wie durch *unsinnige Raserei* (λυττῶσιν) zur Umarmung des männlichen Geschlechtes getrieben. Sie pflegen sich, auf Tierhäuten am Boden liegend, mit ihren Beischläfern rechts und links auf der Erde herumzuwälzen und achten, was das Unglaublichste von allem ist, ihrer eigenen Ehre nicht und überlassen die Blüte ihres Leibes bereitwillig anderen; weit entfernt, hierin eine Schande zu sehen, halten sie es vielmehr für entehrend, wenn einer die ihm angetragene Gunst eines anderen verschmäht» (Diod. V 32).

Und endlich, ein letztes Beispiel, prägen sich *Ungestüm* und *barbarische Empfindungslosigkeit* auch sogar noch im Kult, und zwar vor allem der Art, wie die Opfer dargebracht werden, aus:

«Zu ihrer *natürlichen Roheit* (ἀγριότητι) stimmen auch gewisse Opfergebräuche, die eigentlich entsetzliche Frevel gegen die Götter sind. Ihre Verbrecher nämlich halten sie fünf Jahre hindurch eingesperrt und *spießen* sie dann zu Ehren der Götter *auf Pfähle* und *verbrennen* sie nebst anderen Opfergaben auf ungeheuren Scheiterhaufen. Auch ihre Kriegsgefangenen *schlachten* sie den Göttern zu Ehren *wie Opfertiere*. Einige von ihnen töten auch die im Kriege erbeuteten Tiere zugleich mit den Menschen oder verbrennen sie oder geben ihnen sonst einen *qualvollen* Tod» (Diod. V 32).

Dennoch fehlt es auch Barbaren wie diesen nicht ganz an milderen und edleren Zügen, ja, wie Poseidonios gerade als Stoiker spürbar mit Genugtuung konstatiert, selbst nicht an der Einsicht, daß die höchste Entscheidungsinstanz auf Erden letztlich den «Philosophen», d. i. den Weisen und Priestern, gebühre:

«Dabei besitzen sie einen scharfen Verstand (διανοίας) und sind zum Lernen keineswegs ungeschickt. Es gibt bei ihnen auch Liederdichter (ποιηταί), die sie ‹Barden› (βάρδους) nennen. Dieselben tragen ihre Gesänge unter Begleitung von Instrumenten vor, welche der Lyra ähnlich sind, und zwar sind dies teils Lobgesänge, teils Schmählieder. Überaus geehrt sind bei ihnen einige Philosophen (φιλόσοφοι), die auch der göttlichen Dinge kundig sind und ‹Druiden› (δρουίδας) genannt werden. Auch Wahrsager (μάντεσιν) haben sie, denen gleichfalls große Ehre erwiesen wird. Dieselben weissagen aus dem Vogelflug und aus der Beschauung der Opfertiere, und alles Volk glaubt und gehorcht ihnen. . . . Es ist bei ihnen Sitte, überhaupt kein Opfer zu bringen ohne Zuziehung eines Philosophen; denn, sagen sie, man müsse seine Dankbezeugungen den Göttern durch solche Männer darbringen, welche des göttlichen Wesens kundig seien und gleichsam dessen Sprache verstünden, und durch ebenderselben Vermittlung müsse man sich auch das Gute erbitten.
Aber nicht nur in Angelegenheiten des Friedens, sondern auch in den Dingen des Kriegs folgen sie meist dem Rate dieser sowie den Gesängen ihrer Dichter, und zwar nicht nur die befreundete Partei, sondern auch die feindliche: Oft, wenn schon in der Schlachtaufstellung die beiden Heere gegeneinander anrücken mit gezogenen Schwertern und vorgestreckten Lanzen, treten diese in die Mitte und bewegen die Heere vom Angriff abzustehen, gleich als wenn sie durch ihren Gesang wilde Tiere bezauberten. So weicht auch bei den wildesten (ἀγριωτάτοις) Barbaren die Leidenschaft (θυμός) der Weisheit (σοφία), und Ares scheut sich vor den Musen» (Diod. V 31).

In diesem θυμός *(thymos)*, einer nahezu ungehemmten, alles überschäumenden, wilden und wütigen Leidenschaftlichkeit, wie sie ähnlich bereits Aristoteles (Politik VII 7. 1327 b, 23 ff) den Nordvölkern zuschrieb, sieht Poseidonios also, und weiß dies auch darstellerisch überzeugend, in meisterlich schlüssiger Weise darzutun, die beherrschende *seelische Triebkraft* der Kelten, ihr zentrales *Wesensprinzip*, das all ihren Verhaltens- und Äußerungsformen den ihnen eigenen besonderen Ausdruck verleiht. Ein Charakterbild dieser Art zu entwerfen aber konnte ihm gerade im Falle der Kelten um so eher gelingen, als er sich hier einer Lebenswelt und Kultur konfrontiert sah, deren ganze Erscheinung so sehr von den ihm vertrauten Verhältnissen seiner mittelmeerischen Heimat abwich, daß sich ein Gelehrter von seinen Interessen und Geistesgaben

geradezu gedrängt fühlen mußte, die Ursachen dafür zu ergründen. Das
Ergebnis, zu dem er gelangte, stellte eine – wohlüberlegte? – *Typisie-*
rung dar, erwachsen wieder aus ebendiesem Bewußtsein einer wesens-
bedingten, tiefgreifenden Scheidung zwischen Menschen innerhalb und
außerhalb des eigenen Existenz- und Kulturbereichs, und läuft, da die
Charakterisierung sichtlich über die Kelten hinaus auf die Gesamtheit
der nördlichen Barbaren abzielt, letzten Endes auf eine *polarisierende*
Gegenüberstellung beider, der «Kulturvölker» auf der einen und der
«Naturvölker» auf der anderen Seite, hinaus – in einer Beurteilung der
letzteren gipfelnd, wie sie ganz ähnlich noch Ethnologen der neueren
Zeit, teils mit überraschendem Gleichklang, geltend zu machen versuchten. Dieser aber liegt nach wie vor die traditionelle Überzeugung
zugrunde, daß *der Barbarismus mit der Entfernung der Völker vom*
mediterranen Zentralbereich wachse und so seine extremsten Ausbil-
dungsformen an der Peripherie der Ökumene besitze!

Wie oben bereits u. a. am Beispiel der Armenier, Syrer und Araber
gezeigt worden ist, war Poseidonios der Ansicht, daß sich ein Volkstum
seine charakteristische Eigenart, auch wenn es unter anderen Voraussetzungen als denen, aus welchen es einstmals hervorwuchs, zu leben gezwungen sei, im wesentlichen bewahre und in der Regel nur geringfügige, mehr oberflächliche Umwandlungen erfahre. In Fällen jedoch, so
räumte er gleichwohl ein, wo der Wechsel der Umweltbedingungen, in
geographisch-klimatischer wie in ethnographischer Hinsicht, ein radika-
leres Ausmaß besaß oder gar eine Mischung mit absolut anders gearteten
Populationen stattfand, mußten auch die Veränderungen um so extremer sein, ja konnten zu einer regelrechten *Entartung* des ursprünglichen
Volkscharakters führen, wie er an mehreren Beispielen, insbesondere
aber dem der nach Kleinasien ausgewanderten Kelten (bzw. «Galater»
oder «Gallogräker»), nachzuweisen versuchte:

«Unsere Vorfahren» – heißt es bei Livius, wo sich der Gedankengang übermittelt
findet – «hatten es [noch] mit unzweifelhaften, landeseingeborenen *(in sua terra*
genitis) Galliern zu tun; diese hier [die Kelten in Kleinasien] sind schon entartet
(degeneres), ein Mischvolk *(mixti)*: ihrem Namen ‹Gallogräker› entspricht ihre
Wesensart. Ist doch auch bei Pflanzen und Tieren, die den Artencharakter auf-
rechterhaltende Vererbung ohnmächtig gegen die durch Boden und Klima bewirkten Veränderungen. Die Makedonen sind in dem ägyptischen Alexandrien,
Seleukia, Babylon und ihren anderen über den Erdkreis verstreuten Kolonien zu
Syrern, Parthern und Ägyptern entartet *(degenerarunt)*; Massilia ist infolge seiner Lage inmitten gallischer Anwohner beträchtlich durch deren geistige Wesens-

art beeinflußt worden; und was blieb den Tarentinern von der harten und rauhen
Spartanerzucht? Alles entwickelt sich rassiger *(generosius)* an dem Orte seines
Ursprungs; bei Versetzung auf einen fremden Boden verwandelt es seine Natur
nach den Stoffen, die es aus diesem aufnimmt.» Und dann noch einmal des näheren zu den kleinasiatischen Galliern: «Gehärtet durch so viele Leiden [die Kämpfe
mit den barbarischen Völkerschaften Illyriens, Päoniens und Thrakiens] und ver-
roht, hat sie jetzt ein Land aufgenommen, das sie mit einer Fülle aller guten Dinge
mästet. Durch eine gar fruchtbare Ackerflur, ein mildes Klima und die sanfte
Gemütsart der Anwohner ist all ihre Wildheit, die sie mitbrachten, gebändigt
worden»[117].

Aus den rauhen Verhältnissen ihrer Heimat in die liebliche Umwelt der
Mittelmeerländer versetzt, büßen die Nordlandbarbaren also allmählich,
rings von sanftmütigen Nachbarn umgeben und in ungewohntem Überfluß schwelgend, ihre urwüchsig-wilde Wesensart ein und «zivilisieren»
sich, d. h.: *sie passen sich an* – ein Gesichtspunkt, dem ja auch Agatharchides bereits einige Bedeutung beimaß, und erliegen einem *Wandel
durch Akkulturation*! Daneben freilich war Poseidonios sich, wie aus
einer Notiz bei Strabo (VII 3, 7) hervorgeht, durchaus bewußt, daß sich
ein solcher auch ohne Wechsel der Sitze durch stärkere Impulse von außen, wie sie vor allem der Handel vermittle, bei einem Volke vollziehen
könne, erkannte dem aber anscheinend ein weniger großes Gewicht als
der vorgenannten Möglichkeit zu.

Die überzeugende Evidenz, mit der es ihm in der Keltenbeschreibung
gelang, den Charakter, das Äußere und die gesamte Kultur eines Volkes
organisch aus den geographisch-klimatischen Voraussetzungen seiner
Umwelt heraus zu entwickeln, scheint Poseidonios in seinen sonstigen uns
erhaltenen ethnographischen Schilderungen – jedenfalls deren heutigem
Überlieferungszustande nach zu schließen – zwar angestrebt, aber, zumindest in dieser Meisterschaft, nicht mehr erreicht zu haben. Wohl bietet

---

117 Poseidonios bei Livius XXXVIII 17, 9–13 u. 17. Vgl. zu den Kimbrern Poseidonios bei Plutarch: Gaius Marius, c. 26: «So sehr sie sich auf das Ertragen von Frost
verstanden, waren sie doch, wie gesagt, in schattenreichen und kalten Gegenden
aufgewachsen, so wurden sie umgeworfen durch Hitze: sie keuchten [während
einer Schlacht gegen die Römer in Oberitalien], und der Schweiß drang ihnen aus
den Poren», – und entsprechend auch Poseidonios bei Florus III 3: «Durch Schnee
und Eis der Alpen waren sie [die Kimbrer] in die italische Ebene hinabgestie-
gen. ... Wären sie stracks auf Rom gezogen, groß wäre die Gefahr gewesen. Aber
in Venetien, fast der mildesten Gegend Italiens, hat die Weichheit des Bodens und
des Klimas ihre kernige Kraft schlaff gemacht.»

er in seinem völkerkundlichen Überblick über die Pyrenäenhalbinsel z. B. (Diod. V 33–38) die wichtigsten der traditionellen Elemente einer klassischen Ethnographie, von der Urgeschichte und Namensfrage über die Geographie, Tracht, Bewaffnung, Kriegführung, Technik (insbesondere Bergbau und Metallurgie: Diod. V 35–38), Ernährungsweise und selbst Hygiene bis hin zur Gesittung, auf, doch stellt das Ganze eben im Grunde kaum mehr als die Summe seiner Einzelbestandteile dar, und lediglich der – zudem nur andeutungsweise durchgeführte – Versuch zu erweisen, daß die ethnisch disparate Zusammensetzung der Keltiberer aus einer nördlichen (keltischen) und einer südlichen (iberischen) Komponente auch ihren Ausdruck in einem gewissen Dualismus in der Wesensart und der Kultur des Volkes finde (Diod. V 33–34), verrät den Geist, der die Keltenbeschreibung erfüllt. Am ehesten dürfte diesem Ideal noch die Ethnographie der Ligyer entsprechen, die daher ebenfalls und zur Gänze, ihrem Wortlaut bei Diodor nach, im folgenden wiedergegeben sei:

«Nachdem wir nun von den Galatern, Keltiberern und Iberern gesprochen haben, gehen wir zu den Ligyern über. Dieselben bewohnen ein *rauhes* und durchaus *unfruchtbares* Land, und das Leben, das sie führen, ist durch Beschwerden und beständige erschöpfende Arbeit *höchst mühselig und unglücklich*. Da ihr Land nämlich viel Wald trägt, so fällt ein Teil der Bewohner den ganzen Tag Bäume, wozu sie ungeheure und schwere eiserne Äxte mit sich führen. Die anderen bebauen die Erde, was man aber eher ein Steinbrechen nennen kann, so überaus felsig ist der Boden. Denn sie können mit ihren Hacken (ἐργαλείοις) keine Scholle herumbringen, ohne daß nicht ein Stein dabei wäre. Aber trotz dieser Mühseligkeiten überwindet ihre *ausdauernde Arbeit* die Ungunst der Natur. Gleichwohl gewinnen sie bei so viel Mühe und Plage nur spärlichen Fruchtertrag, und den kaum. Die *immerwährende Leibesübung* und die *spärliche Nahrung* machen ihre Körper *trocken und sehnig*. Zu Helfern in ihrer Mühsal haben sie die Weiber, die gewohnt sind *zu arbeiten wie die Männer*. Auch jagen sie beständig, und indem sie viel Wild erlegen, helfen sie damit ihrer Armut an Feldfrüchten auf. Das Leben auf schneebedeckten Gebirgen und die Gewohnheit, unglaubliche Bergsteilen zu ersteigen, macht ihre Leiber *spannkräftig und muskelstark*. Einige von ihnen haben wegen des Mangels an Früchten kein anderes Getränk als Wasser und keine andere Speise als das Fleisch zahmer und wilder Tiere. Auch füllen sie sich den Magen mit Gemüsen (λαχάνων) an, wie sie das Land bietet, welches den geliebtesten unter allen Gottheiten, der Demeter und dem Dionysos, unzugänglich ist. Die Nacht bringen sie auf dem Lande nur selten in einfachen Häusern oder Hütten zu, sondern meist in Felsenhöhlen oder natürlichen Erdlöchern, die hinreichend Schutz gewähren können. Und wie hierin so behalten sie auch in anderen Dingen die alte einfache Lebensart (ἀρχαῖον καὶ ἀκατάσκευον βίον) bei. Im allgemeinen besitzen dort die Weiber *die Stärke und den Mut der Männer* und die Männer *den der wilden Tiere*. Man erzählt, daß in den Kriegszügen oft der größte Galater von einem ganz mageren Ligyer zum Zweikampf herausgefordert und getötet worden sei. Die Rüstung und Bewaffnung der Ligyer ist viel leichter als die der Römer. Sie decken sich nämlich mit einem länglichen Schilde, der nach Art der Galater verfertigt ist, und über ihren Rock, der durch einen Gürtel zusammengehalten wird, werfen sie Tierfelle und ein kurzes Schwert. Einige von ihnen haben aber, seitdem sie einen Teil des römischen Staatswesens bilden, ihre Bewaffnung umgeändert und ihre Beherrscher hierin nachgeahmt. Sie besitzen *Kühnheit* und *mannhaften Mut*, und zwar nicht nur zu Kampf und Krieg, sondern auch in allen Fällen des Lebens, wo Übel oder Gefahren vorhanden sind. Des Handels wegen beschiffen sie z. B. das Sardinische und das Libysche Meer und setzen sich dabei Gefahren aus, in denen keine Hilfe möglich ist; denn sie tun dies in Fahrzeugen, die an Einfachheit noch hinter einem Kahn zurückstehen und mit den sonstigen Behelfen der Schiffahrt so gut wie nicht versehen sind, – und gleichwohl halten sie unbegreiflicherweise die furchtbarsten Stürme aus» (Diod. V 39; vgl. IV 20).

Das Bemühen, die Artung, äußere Erscheinung und Außenkultur des Volkes aus den geographischen Voraussetzungen seiner Umwelt heraus zu erklären, stellt, wie deutlich zu sehen, also auch hier das leitende Prinzip der Schilderung dar: Der Boden, auf dem die Ligyer leben, ist steinig und karg, *so daß* es der größten Anstrengungen *beider* Geschlechter bedarf, um ihn nutzbar zu machen; *da* der Ertrag jedoch, den er bringt, gleichwohl nur bescheiden bleibt, herrscht ständig bittere Armut, *woraus* sich des weiteren wieder *ergibt*, daß die Menschen auf der primitivdürftigen Daseinsstufe der Vorzeit verharren und sich *gezwungen* sehen, ihr Auskommen durch die Erschließung ergänzender Nahrungs- und Erwerbsquellen, wie der Jagd, der Ausfuhr von Holz (?) und dem Handel über See, aufzubessern, *so daß* es, da auch diese Beschäftigungen einen beträchtlichen Aufwand an Entbehrungen und Mühen erfordern, letztlich nur ganz natürlich erscheint, daß die Ligyer, Männer wie Frauen, von hagerer Statur, dabei aber überaus kräftig, tapfer, ausdauernd und widerstandsfähig sind. Und nur auf Grund dieser Eigenschaften, die sie sich sonach, wie auch hier wieder zum Ausdruck gelangt, durch *Anpassung an die Umwelt* erworben haben, gelingt es ihnen, deren Härten zu meistern. Endlich wird – auch dies ein Gedanke, der bereits anklang, ein Hinweis darauf geliefert, wie sich ihr schweres Los in Zukunft zum Besseren wenden könnte: durch den Einfluß ihrer neuen römischen Herren bzw. *Imitation* und *Entlehnung*, wie in Sachen Bewaffnung zum Teil schon erfolgt, d. h.: durch *exogenen Kulturwandel*.

Gleich seinen Vorgängern von Herodot bis auf Agatharchides scheint

Poseidonios in seinen Ethnographien, bis auf das eine vielleicht, daß er die Urgeschichte (mit der Erörterung des Namens) und den geographischen Überblick wohl in der Regel an den Anfang zu setzen pflegte, kein einheitliches, feststehendes Gliederungsschema befolgt zu haben. Auch hat man den Eindruck, daß er nicht unbedingt auf Vollständigkeit aus war, sondern vielmehr und bewußt eine Auswahl traf, dergestalt nämlich, daß er bevorzugt in die Darstellung aufnahm, was seiner Meinung nach am besten dem Wesen des Volkes entsprach, d. h. ihm *typisch* erschien und so seine These von der Einheit von Umwelt, Mensch und Kultur in stärkerem Maße zu stützen vermochte. Auffallend ist, daß er dabei sein besonderes Augenmerk auf die Ergologie, und hier vor allem auf Gewerbe und Technik – wie die Bewaffnung und die Art ihrer Herstellung, überhaupt die Gerätefabrikation, dann den Bergbau und die Metallurgie, das Weben und Färben, die Verwendung von kosmetischen Mitteln und Schmuck, nicht zu vergessen auch die Praktiken des Nahrungserwerbs, und anderes mehr, konzentrierte, also dafür offenbar ein ausgeprägteres Interesse besaß, während Fragen des Brauchtums wie der Glaubenswelt und des Kultes demgegenüber doch eher in den Hintergrund treten. –

Wie Poseidonios im Falle der einzelnen Völker die Darstellung ihres ethnographischen Erscheinungsbildes jeweils zugleich mit der Frage nach den Ursachen seiner Entstehung zu verbinden bestrebt war, so unternahm er nun auch den umfassenderen Versuch, eine *allgemeine Entwicklungslehre der Kulturgeschichte der Menschheit insgesamt* zu entwerfen, deren Umrisse – leider nicht mehr – uns noch am besten aus einer (polemischen) Auseinandersetzung mit ihr bei Seneca kenntlich sind[118]. Dort heißt es zu den Verhältnissen während der Urzeit zunächst:

«Eine gewisse Zeit blieb die menschliche Brüderlichkeit unverletzt erhalten, dann zerschnitt Habsucht das brüderliche Band und wurde selbst für die Menschen, denen sie den größten Reichtum schenkte, Anlaß der Armut. Mit dem Streben nach eigenem Besitz schwand der Gemeinbesitz. Aber die ersten Menschen und ihre unmittelbare Nachkommenschaft folgten unverderbt, im Vertrauen auf die höhere Einsicht des Besseren, der Natur als ihrer Führerin und Gesetzgeberin. Denn es liegt im Wesen der Natur, Geringwertiges dem Überlegenen unterzuord-

---

118 Epistolae ad Lucilium 90; weitere Hinweise und Bruchstücke auch bei Cicero: De inventione I 2. De oratore I 36. Tusculanae disputationes I 62 u. Pro Sestio 42, 91 sowie bei Vitruv: De architectura II 1, 1–7 u. Manilius: Astronomica I 66 ff.

nen. In der vernunftlosen Tierwelt leiten die körperlich größten und wildesten
Tiere ganze Herden. An der Spitze der Rinderherde z. B. schreitet nicht ein dege-
neriertes Stierlein, sondern ein Stier, den Größe und Muskelkraft vor seinen Art-
genossen auszeichnen. Und der gewaltigste Elefant führt die Elefantenherde
an. Bei den Menschen aber steht innere Größe über der Körperkraft. Daher war
Geisteskraft maßgebend für die Führerwahl, und infolgedessen waren stets die
Völker am glücklichsten daran, bei denen sittliche Tüchtigkeit ausschlaggebend
war für die Macht. Nur der vermag mit Sicherheit seinen Willen durchzusetzen,
der seine Gewalt den Geboten der Pflicht unterstellt.

Auf Grund dieser Erkenntnis nimmt Poseidonios mit Recht an, im sogenannten
Goldenen Zeitalter habe die Regierung der Menschheit in den Händen der Weisen
(sapientes) gelegen. Sie zügelten die Gewalttätigkeit, schützten die Schwächeren
vor den Stärkeren, erteilten Ratschläge bzw. Warnungen und lehrten, was nützlich, was unnütz sei. Ihre Klugheit sorgte dafür, daß den Ihren nichts fehlte, ihre
Tapferkeit besiegte Gefahren, ihre Wohltätigkeit bereicherte und verschönte das
Leben ihrer Untertanen. Ihre Befehlsgewalt betrachteten sie als ihre Pflicht, nicht
als Ausdruck der Herrschermacht. Niemand unternahm eine Kraftprobe gegen
den Mann, dem er seine Fähigkeit zu verdanken hatte, und keiner verspürte Lust
oder Antrieb zu Gewalttaten; denn der guten Regierung entsprach der freie Gehorsam der Untertanen, und der König konnte Ungehorsamen nichts Schlimme-
res androhen als seinen Rücktritt vom Amte. Dann aber schlichen sich die Laster
ein, und das Königtum ward zur Tyrannis. Da wurde die Einführung von Gesetzen mehr und mehr nötig, und anfangs gaben die weisen Männer auch sie. Solon,
der in Athen die Rechtsgleichheit zur Basis seiner Gesetzgebung machte, gehörte
zu den berühmten Sieben Weisen.»

Zu Anfang lebten die Menschen also in brüderlicher Eintracht zusammen; sie teilten allen Besitz, waren, weil in ihrem Wandel allein der
Natur bzw. ihrer Einsicht in die höhere Weisheit des Waltens derselben,
zu folgen bestrebt, noch unverderbt und bedurften daher, zumal sie von
Männern («Königen») geleitet wurden, die, im Besitz überragender Geistesgaben, eines unerschütterlichen Gerechtigkeitssinns und seltener
Tapferkeit, den Bestand der Gemeinschaft aufs beste zu wahren wußten,
auch keiner Gesetze: ein Bild, das die Tendenz zur *Idealisierung der Urzeit* deutlich verrät; doch erscheint sie, gemessen an der überschweng-
lichen Art der Verklärung, die Seneca selbst (ebenda) der *aurea aetas*
zuteil werden läßt, gleichwohl gemäßigt. Die Menschen, heißt es z. B.
weiter, pflegten, «wie die wilden Tiere», ihre Nahrung noch roh zu verzehren[119] und hausten, nur mangelhaft wider Hitze wie Kälte, Stürme

119 Vitruv: De architectura II 1, 1.

und Niederschläge geschützt, in dichtem Gebüsch, unter Felsüberhängen, in Höhlen und Grotten oder gar hohlen Bäumen[120]. Indes, diese *Bedürftigkeit* ließ sie, d. h. insbesondere die Weisen (bzw. «Philosophen»), überhaupt erst *erfinderisch* werden oder besser: vermöge des Logos in ihnen, der sie über die Tiere erhob, ihre anfängliche Schutz- und Hilflosigkeit durch *Überlegung und schöpferische Aktivität* schon rasch überwinden, bildete also geradezu die Voraussetzung zu ihrer kulturellen Aufwärtsentwicklung.

Wohl als erstes wurde die *Nutzung des Feuers* entdeckt, ein Fortschritt, der zugleich zum Zusammenleben in größeren Gruppen und damit indirekt auch zur Entstehung der Sprache führte:

«Da entzündeten sich einmal an irgendeinem Orte die besonders zahlreich und dicht stehenden Bäume, von Stürmen und Winden hin und her getrieben und die Zweige aneinanderreibend, und durch das heftige Aufflammen des Feuers erschreckt, flohen die, welche sich rings um diesen Ort befanden. Als sich dies darauf wieder gelegt hatte und sie, wieder näher herzutretend, wahrnahmen, daß die Körper an der milden Erwärmung durch das Feuer eine große Annehmlichkeit empfänden, da warfen sie Holz hinzu und unterhielten das Feuer, führten auch andere herbei und zeigten es ihnen, mit Winken darauf hinweisend, welchen Nutzen sie davon haben würden. Und da bei einer solchen Zusammenkunft von Menschen durch den Hauch Laute verschiedener Art ausgestoßen wurden, so setzten sie durch die tägliche Gewohnheit Wörter, wie sie sich eben dargeboten hatten, fest, und dadurch, daß sie die öfter im Gebrauche vorkommenden Dinge mit Namen bezeichneten, fingen sie dann fortschreitend von selbst zu sprechen an, – und so entstanden die Sprachen»[121].

Gelang dieser erste, entscheidende Schritt mithin durch *Beobachtung* und vor allem *Erfahrung*, so sollte beim nächsten nun, der *Erfindung künstlicher Behausungsformen*, wie auch den folgenden dann die *Imitation der Natur* eine sehr wesentliche Rolle spielen, beides Gedanken, die, ebenso wie die Theorie, daß es die anfängliche Notsituation der Menschen gewesen sei, welche diese ursprünglich zu ihrer kulturschöpferischen Tätigkeit überhaupt erst herausgefordert habe, deutlich Zusammenhänge mit der Kulturentstehungslehre des Demokrit bzw. deren Nachklängen bei Platon, Aristoteles und insbesondere Epikur, erkennen lassen:

120 Seneca: Epistolae ad Lucilium 90, 7; 41.
121 Vitruv: De architectura II 1, 1.

«Als daher wegen der Entdeckung des Feuers zuerst unter den Menschen Zusammenkunft, Unterredung und Zusammenleben entstanden war und mehrere an einem Orte zusammenkamen, welche vor den übrigen lebenden Wesen von der Natur die Gabe voraushatten, nicht vorwärtsgeneigt, sondern aufrecht zu wandeln und die Herrlichkeit der Welt und die Gestirne zu schauen, ferner mit Händen und Gelenken jede beliebige Sache leicht zu behandeln, begannen sie, so in Verbindung getreten, die einen von Laub Dächer zu machen, die andern unter den Bergen Höhlen zu graben, einige, die Nester der Schwalben und deren Bau nachahmend[122], aus Lehm und Zweigen Stätten zu bereiten, wo sie unterkommen konnten. Alsdann andere Wohnungen beobachtend und aus eigener Erfindung Neues hinzufügend, brachten sie von Tag zu Tag verbesserte Arten von Hütten *(casarum)* zustande. Da aber die Menschen von Natur aus auf Nachahmung angewiesen und gelehrig waren, so zeigte täglich, seiner Erfindungen sich rühmend, einer dem anderen die erzielten Vorteile seiner Behausung, und indem sie so durch Wetteifer ihren Erfindungsgeist übten, wurde von Tag zu Tag bessere Einsicht errungen.
Und zuerst errichteten sie gabelförmige Hölzer *(furcis erectis)*, und nachdem sie Zweige dazwischen angebracht hatten, bekleideten sie die Wände mit Lehm. Andere trockneten Lehmstücke und bauten daraus Wände, und nachdem sie diese oben mit Holz miteinander verbunden, bedeckten sie dasselbe zur Abwehr von Regen und Hitze mit Rohr und Laub. Da aber während der Winterstürme diese Dächer den Regen nicht aushalten konnten, leiteten sie dadurch, daß sie durch aufgehäuften Lehm Giebel herstellten, von den schrägen Dächern die Regentropfen ab»[123].

Bedeutsam und wichtig ist, daß Poseidonios diese Entwicklungsabfolge nicht rein spekulativ postulierte, sondern wesentlich auf Grund *empirisch-ethnographischer* Forschung gewann, indem er die mutmaßlich älteren Formen des Hausbaus aus entsprechenden *Restvorkommen*, teils in den Städten der zivilisierten Mittelmeerwelt, insbesondere aber bei den – ihm mithin als *Repräsentanten der «Urkulturen»* geltenden – Barbaren außerhalb ihrer engeren Grenzen erschloß, sich also, wie in ähnlicher Weise schon vor ihm Thukydides, Platon, Aristoteles, Theophrast, Dikaiarch und Timaios, methodisch der *«Survivallehre»* bediente:

«Daß aber diese Einrichtungen aus den beschriebenen Ursprüngen entstanden sind, können wir daraus absehen, daß es auswärtige Völker *(nationibus exteris)* gibt, die bis auf diesen Tag aus solchen Materialien ihre Häuser bauen, wie z. B. in

---

122 Auf ebendies Beispiel hatte ja auch Demokrit schon im besonderen hingewiesen! Offensichtlich sind Kuppelhütten gemeint.
123 Vitruv: De architectura II 1, 2–3.

Gallien, Spanien, Lusitanien und Aquitanien aus eichenen Schindeln oder aus
Strohbedeckung. Bei dem Volke der Kolcher im Pontus, wo es Wald im Überfluß gibt, legt man Stämme der Länge nach rechts und links auf die Erde, mit so
viel Raum in der Mitte, als die Länge der Stämme beträgt; dann werden andere
an den beiden Seiten quergelegt und so der Wohnraum rings umschlossen. Indem sie sodann durch abwechselnd übereinander gelegte Balken auf allen vier
Seiten je die Ecken miteinander verbinden, führen sie Türme in die Höhe aus
lotrechten Baumwänden, wobei sie die Zwischenräume, die bei der groben Dicke
der Balken bleiben, mit Holzscheiten und Lehm verstopfen. Auf dieselbe Weise,
durch Verkürzung der Querbalken, legen sie dann das Dach darüber, indem sie
es stufenweise verjüngen. So führen sie von den vier Seiten eine Pyramide auf,
bedecken sie mit Laub und Lehm und bringen auf Barbarenart einen Plafond
zustande. Die Phryger dagegen, die in Steppen wohnen und wegen der Baumar-
mut des Bauholzes ermangeln, wählen natürliche Hügel, decken sie in der Mitte
auf, ziehen Gänge und schaffen Räume in dem Umfang, wie es die Art des Ortes
gestattet. Darüber verbinden sie Pfosten miteinander in Gestalt eines Kegels,
bedecken sie mit Rohr und Reisig und häufen darüber möglichst hohe Erdmas-
sen. So läßt ihnen die Einrichtung ihrer Häuser ihre Winter am wärmsten, ihre
Sommer am kältesten sein. Auch bei anderen Völkern und an einigen Orten
werden auf gleiche oder ähnliche Art die Hütten (casarum) errichtet. Einige
bauen sich Hütten, die mit Sumpfgras bedeckt sind. Nicht minder können wir
auch zu Massilia Dächer ohne Ziegel bemerken, aus Erde, die mit Spreu verknetet
ist. Zu Athen ist das Dach [eines alten Hauses] am Areopag, als ein Beispiel des
Altertums, bis auf unsere Zeit von Lehm. Ebenso kann uns auf dem Capitol die
Hütte des Romulus (Romuli casa) die Sitten alter Zeiten ins Gedächtnis rufen und
nachweisen, und desgleichen die Strohdächer der Heiligtümer auf der Burg.
Nach diesen Spuren also können wir uns ein Urteil bilden über die Urerfindung
des Hausbaus und den Schluß ziehen, daß sie sich auf diese Weise vollzog»[124].

Abgeschlossen wurde die ganze Entwicklung sodann durch stabilere Bauten aus Stein sowie endlich Luxus- und Prachtgebäude:

«Dann aber geistig sich ausbildend und mit größeren, aus der Mannigfaltigkeit
der Künste (artium) entstandenen Gedanken vorausberechnend, fingen sie an,
nicht bloß Hütten (casas), sondern auch Häuser (domos) mit Grundbau und
Ziegelmauern oder aus Bruchstein gebaut und mit Balkenwerk und Dachziegeln
gedeckt zu errichten, und entwickelten hierauf durch wissenschaftliche Beobachtungen aus schwankenden und unsicheren Urteilen die sicheren Gesetze der sym-
metrischen Maßverhältnisse. Und nachdem sie bemerkt hatten, daß von der
Natur das Bauholz verschwenderisch hervorgebracht werde und daß von ihr
Überfluß an Baumaterial bereit sei, gaben sie, indem sie es verschiedentlich

124 Vitruv: De architectura II 1, 4–6.

verarbeiteten, dem feineren Geschmack des Lebens Nahrung und schmückten es auf kunstvollere Weise und mit allerlei Luxusgütern aus»[125].

Sonach unterschied Poseidonios, eine Darstellung liefernd, deren Fülle an ethnographischem Belegmaterial ebenso wie ihre großartige Akribie im Detail das Erhaltene ursprünglich wohl noch gar überboten, in der Entwicklungsgeschichte der menschlichen Behausungsformen zur Hauptsache fünf Etappen:

1. NATÜRLICHE UNTERKÜNFTE in dichtem Gebüsch, unter Felsüberhängen, in Höhlen und hohlen Bäumen
2. ÜBERGANGSFORMEN: Windschirme aus Zweigen- und Blättergeflechten (in Nachahmung des natürlichen Laubdachs); WOHNGRUBEN (in Nachahmung der natürlichen Höhlen); KUPPELHÜTTEN aus Rutengeflechten mit Lehmbewurf (in Nachahmung der Schwalbennester)
3. RECHTECKHÜTTEN:
   a) mit Wänden aus lehmüberzogenen Rutengeflechten und flachem, mit Laub, Gras, Rohr oder Stroh bedecktem Dach;
   b) mit Wänden aus luftgetrockneten Ziegeln und flachem, mit Laub, Gras, Rohr oder Stroh bedecktem Dach;
   c) mit Lehmgiebeldach
4. RECHTECKHÄUSER, auf festen Fundamenten ruhend, mit Wänden aus gebrannten Ziegeln oder Bruchsteinen und Holzgiebeldach mit Ziegelbedeckung
5. PRACHT- UND REPRÄSENTATIONSBAUTEN

In diesem Fall also dachte Poseidonios sich die Entwicklung, deren Initiatoren für ihn auch hier zunächst wieder die «Weisen» waren[126], in *evolutionistischem* Sinne vollzogen – wenngleich wohl nur mehr im Prinzip, da er die Möglichkeit örtlicher Modifizierungen oder gar Bildungen eigener Art, sei es infolge der besonderen geographischen Gegebenheiten, denen ein Volk sich in seinem Siedlungsraum gegenübersah, oder auf Grund historischer Umwandlungen, durchaus konzedierte. In einzelnen, ihrer Lage und Ausstattung nach begünstigteren Gebieten der Erde – so, wie von Poseidonios am Beispiel der Römer erläutert, in den Mittelmeerländern – konnte sich der Entwicklungsprozeß dabei rascher entfalten, während er in anderen – so den Barbarenbereichen außerhalb der mediterranen Hochkulturzentren – nur zögernd voranschritt oder gar stufenweise stagnierte.

125 Vitruv: De architectura II 1, 7.
126 Seneca: Epistolae ad Lucilium 90, 7.

Wie die Grundformen des Hausbaus wurden dann auch die wichtigsten aller sonstigen Errungenschaften und Institutionen noch während der (späteren) Urzeit von den weisen Führern der damaligen Menschheit entwickelt und eingeführt – oder zumindest doch angeregt: so der Bergbau (entdeckt, als bei einem Waldbrand eine über Tage gelegene Erzader ins Schmelzen geriet), die Fertigung metallener Gerätschaften, darunter Hammer und Zange (wobei Poseidonios der Frage nachging, welches der beiden Werkzeuge als erstes in den Gebrauch kam), ferner Schlüssel und Riegel sowie an weiteren Handwerkstechniken das Töpfern, Spinnen, Weben und Backen – letzteres vor allem wieder in Anlehnung an ein Vorbild aus der Natur:

«Er [Poseidonios] erzählt nämlich, wie der erste Bäcker durch Nachahmung natürlicher Vorgänge zur Backkunst kam: Nimmt der Mensch Getreidekörner in den Mund, so werden sie durch die Härte der aufeinander treffenden Zähne zermahlen; was zur Seite rutscht, bringt die Zunge wieder zwischen die Zähne. Dann wird der Brei mit Speichel vermischt, um leichter durch den glatten Schlund hinunterzugleiten. Kommt er dann in den Magen, wird er dort bei gleichbleibender Wärme verarbeitet; dann erst kommt er dem ganzen Körper zugute. Diesen Vorgang nahm sich der Bäcker zum Muster. Er legte einen harten Stein auf einen ebenso harten – wie bei den Zähnen, wo der unbewegliche Teil [der Oberkiefer] darauf wartet, daß sich der andere in Gang setzt. Dann werden durch gegenseitige Reibung die Körner zermahlen; das wiederholt sich immer wieder, bis die Körner ganz fein zermahlen sind. Darauf feuchtete er das Mehl mit Wasser an, knetete es ständig durch und formte Brot daraus; das buk er anfangs auf heißer Asche und glühenden Ziegelsteinen; mit der Zeit erfand man dann Backöfen und andere Geräte, deren Hitze man beliebig zu regeln vermochte.»

Den *Bodenbau* (den die Bäckerei ja voraussetzt) ließ Poseidonios ebenfalls bereits während dieser ersten, entscheidenden – und noch urzeitlichen – Schöpfungsphase entstehen sowie endlich desgleichen auch Tanz und Musik, die Kriegführung samt ihrem technischen Zubehör an Waffen und sonstiger Ausrüstung, Schiffbau und Schiffahrt (nach dem Vorbild der Fische), Körperhygiene und anderes mehr [127].

Indessen, je mehr es den Menschen auf diese Weise gelang, sich auf ein höheres Lebensniveau zu erheben, ihr persönliches Besitztum an Umfang gewann und sie die Früchte des Wohlstands zu kosten begannen, desto rascher büßten sie auch ihre ursprüngliche Unschuld ein; während

127 Seneca: Epistolae ad Lucilium 90, 8–13; 16; 20–26; 31.

die einen in zunehmendem Maße dem Geiz oder einem schwelgerischen
Luxus erlagen, entbrannten die anderen um so heftiger in Habgier und
Neid, was wiederum Haß und Streitsucht entstehen ließ und so in der
Folge zu einer wachsenden Mißachtung des Rechts und stetig sich stei-
gernden Gewalttätigkeiten führte, ein Prozeß, den die Weisen zwar da-
durch, daß sie den Menschen Gesetze zur Regelung eines geordneten
Zusammenlebens schufen, in gewissen Schranken zu halten, nicht aber
ganz zu verhindern vermochten – d. h.: auch Poseidonios war überzeugt,
daß der äußeren Evolution auf der einen *ein unaufhaltsamer moralischer
Verfall* auf der anderen Seite entspreche!

Schloß er sich hierin, wie überhaupt in der Auffassung, daß der
Mensch die wesentlichsten der ihm eigenen kulturellen Errungenschaften, einschließlich des Bodenbaus, bereits *während der Urzeit* erworben
habe, nur den Urgeschichtsspekulationen vor allem der älteren Stoa, insbesondere wohl des Zenon von Kition, an, so endlich auch darin, daß er
– entgegen Panaitios! – die Entwicklung als Ganzes offenbar wieder in
den größeren Zusammenhang der *Weltalterlehre* einordnete.

Einen wesentlichen, wenn nicht den krönenden Bestandteil seines Ent-
wicklungssystems aber bildete schließlich, woran ihm als Stoiker schon
ganz besonders gelegen sein mußte: die *Entstehungsgeschichte des Götterglaubens*. Entsprach zwar auch hier, was er lehrte, in der Gesamtheit
durchaus dem traditionellen Ideengut seiner Schule, so vermochte er dieses doch, gerade auf Grund seines souveräneren kulturhistorisch-ethno-
graphischen Überblicks, im einzelnen, wie es scheint, wieder um einiges
zu erweitern und zu vertiefen.

Zu Anfang, so sein Gedankengang, dargelegt in einer (verlorenen)
Spezialschrift mit dem Titel «Über die Götter» (Περὶ θεῶν), waren die
Menschen, weil noch im Vollbesitz ihrer natürlichen Unschuld, der Gottheit noch nah, standen in einer innigen, engen Berührung mit ihr und
vermochten ihr Walten daher wie sie selbst noch unmittelbar, rein und
ungetrübt zu erspüren und zu erschauen.

«Von dem Wesen der Götter im allgemeinen und insbesondere von dem des
höchsten Weltenlenkers hat das gesamte Menschengeschlecht, Barbaren so gut
wie Hellenen, als ersten und ursprünglichsten Besitz eine gemeinsame Vorstellung und einen gemeinsamen Begriff, die mit Notwendigkeit, gleichsam wie ein-
gewachsen, in jedem Vernunftwesen vorhanden sind; sie bilden sich auf rein
natürliche Weise ohne sterblichen Lehrer und Mystagogen, ohne Priestertrug
und kultische Zeremonien und haben ihren Grund darin, daß die Menschen mit
den Göttern verwandt sind und es viele äußere Zeugnisse für die Wahrheit gibt,

die schon die ersten, die ältesten Menschen nicht schläfrig und achtlos vorübergehen ließen. Denn diese wohnten ja nicht fern von der Gottheit und nicht außerhalb von ihr; sie waren mitten in ihr erwachsen, hatten in ihr den ganzen Halt, und so konnten sie auf die Dauer nicht ohne Einsicht in ihr Wesen bleiben, zumal sie von ihr Einsicht und Vernunft empfangen hatten. Umstrahlt waren sie ja allseitig von den gewaltigen göttlichen Lichtern des Himmels und der Gestirnwelt; sie erlebten die bunten und so verschiedenen Erscheinungen von Sonne und Mond, Tag und Nacht, sahen unfaßbare Bilder, hörten mannigfache Stimmen von Wind und Wald und Flüssen und Meer, von wilden und zahmen Tieren, und sie selbst brachten den schönsten und deutlichsten Laut hervor, freuten sich an dem stolzen, wissenden Klang der menschlichen Stimme und legten all dem, was ihnen die Sinne zeigten, sinnbildliche Bezeichnungen bei, so daß sie alles, was sie gedanklich erfaßten, benennen und mitteilen konnten, und mit Leichtigkeit hielten sie so die Erinnerung an unzählige Dinge fest und vermochten allgemeine Begriffe zu bilden. Wie sollten sie da ohne Erkenntnis und ohne Vorstellung bleiben von dem, der sie erzeugt, ausgesät und ausgepflanzt hatte, der sie erhielt und ernährte, wo sie doch von allen Seiten her mit der göttlichen Wesenheit erfüllt waren, durch Auge, Ohr und all die anderen Sinne? Sie wohnten auf der Erde, sahen das vom Himmel strahlende Licht, hatten reichlich Nahrung, die in Fülle der göttliche Urvater gespendet und zugerüstet hatte, für die ersten, durch Urzeugung Hervorgegangenen aus dem Mutterschoße der Erde selbst, deren Urschlamm noch weich und fett war und die notwendige Feuchtigkeit enthielt, für die Späteren in Gestalt von selbstwachsenden Früchten, verdaulichen Gräsern nebst süßem Tau und dem Naß der Nymphen, während sie zugleich, wie die Säuglinge die Muttermilch, aus der feuchten Luft das ständig zuströmende Pneuma einsogen, das sie zum Leben brauchten. – Wo sie das alles erfuhren und denkend erfaßten, war es unausbleiblich, daß sie die Gottheit staunend erkannten und mit Liebe umfingen. Mußte nicht der Kosmos selber in seiner unendlichen Vollkommenheit und Schönheit in den Menschen viel unmittelbarer die Gotteserkenntnis wecken, als das irgendwelche irdische Mysterien zu tun vermögen»[128]?

Ursprünglich also war allen Menschen ein und dieselbe, einheitliche (stoisch-pantheistische) Gottesvorstellung gemein, die sich ihnen zum einen aus ihrer Wesensverwandtschaft und noch uneingeschränkten Kommunikation mit der Gottheit, zum andern aus der Betrachtung der ihr Walten bezeugenden wunderbaren Erscheinungswelt und so segensreichen Beschaffenheit der Natur heraus ganz wie von selber vermittelt hatte. Indessen, als mit der voranschreitenden Evolution der Außenkultur der moralische Verfall einzusetzen begann, ging mit der Unschuld auch, sich

128 Poseidonios nach Dion Chrysostomos: Orationes XII 27 ff.

allmählich verdunkelnd, die reine Gotteserkenntnis verloren, und aus
der Unwissenheit, welche die Menschen nunmehr in zunehmendem
Maße umfing, *entartete sodann die Urreligion* in die verschiedenen Anschauungsformen und Praktiken des nachmaligen Volksaberglaubens:

«Die einen Menschen machten bei der bewundernden Betrachtung der Bewegung
der Gestirne diese zu Göttern, indem sie dieselben nach ihrem Laufe so benannten, und beteten die Sonne an, wie die Inder, und den Mond, wie die Phryger.
Andere, welche die zahmen Früchte ernteten, die aus der Erde wachsen, nannten
das Getreide Deo, wie die Athener, und den Weinstock Dionysos, wie die Thebaner. Wieder andere, die auf die Vergeltung des Bösen achteten, vergöttlichten
diese und beteten die Rache und das Unheil an: so haben die dramatischen Dichter
die Erinnyen und Eumeniden, die Rache-, Schutz- und Fluchgeister erdichtet.
Einige Philosophen haben dann gleichfalls entsprechend den poetischen Typen
unserer Leidenschaften die Furcht und die Liebe, die Freude und die Hoffnung zu
Gottheiten gemacht, wie ja auch der alte Epimenides in Athen Altäre des Über-
mutes und der Gewissenlosigkeit errichtet hat. Wieder andere gingen von den
Dingen selbst aus und machten daraus Götter für die Menschen, die sie körperlich
gestalteten: wie Dike, Klotho, Lachesis, Heimarmene, Auxo und Thallo, die atti-
schen Gottheiten. Eine sechste Art, Götter einzuführen und sich zu verschaffen,
ist die Bildung des Systems, nach dem man zwölf Götter zählt. Ihre Abstammung
hat Hesiod in seiner ‹Theogonie› besungen, und dahin gehört auch die homerische
Theologie. Als letzte Gattung (denn sieben gibt es im ganzen) bleibt noch diejenige, welche von den den Menschen durch die Gottheit erwiesenen Wohltaten
ausgeht: demgemäß ... erdichteten sie einige rettende Gottheiten wie die Dioskuren, den Unheil abwehrenden Herakles und den Arzt Asklepios»[129].

Gegenüber der «Uroffenbarung» stellen diese – polytheistischen – Gottesvorstellungen also «*Erdichtungen*» dar, als deren psychologische Beweggründe Poseidonios wieder, neben der Deifizierung der Leidenschaften und Moralkategorien seitens der Philosophen und Dramendichter, in
der Hauptsache die ehrfürchtige *Bewunderung* (vor den Himmelserscheinungen), die *Dankbarkeit* (gegenüber den nahrungspendenden
Kräften in der Natur), die *Angst* (die zur Bildung der Heil- und Schutzgötter führte) sowie, nicht zuletzt, die reine Freude an der freien Entfaltung der *poetischen Phantasie* (die zur Entstehung der Götterwelt Homers und Hesiods beitrug) geltend machte.

Über diese *inneren* Antriebe hinaus sah Poseidonios jedoch ferner auch

---

129 Poseidonios nach Clemens Alexandrinus: Protreptikos II 26, 1–7. Vgl. Aetius I 6,
10 ff. Cicero: De natura deorum II 49–62.

äußere Kräfte, und zwar, entsprechend seiner Theorie zur Genese der ethnischen Individualitäten, im besonderen solche *anthropogeographischer* Art, einen entscheidenden Einfluß auf die Herausbildung der verschiedenen Volksreligionen nehmen. So jedenfalls in Sachen der Wahrsagerei, an deren Berechtigung und Gültigkeit er – entgegen Panaitios – keinerlei Zweifel empfand, fest überzeugt, daß sie dem Menschen verläßliche Einblicke in die Zusammenhänge des Weltgeschehens und das Walten der göttlichen Allkraft zu gewähren vermöge – insofern nämlich, als sie ein letztes Erbstück jener ursprünglichen, reinen Gottesanschauung darstelle, die sich, im Zuge des späteren Differenzierungsprozesses, unter den Einwirkungen der jeweils herrschenden Umweltfaktoren allmählich in die verschiedenartigen Praktiken des rezenten Orakelwesens aufgespalten habe. So lesen wir an einer Stelle bei Cicero, entnommen dem I. Buch seiner Schrift «De divinatione», das, wie in diesem Punkte, so auch überhaupt zu großen Teilen auf des Poseidonios' gleichnamiger Abhandlung «Über die Mantik» (Περὶ μαντικῆς) fußt:

«Und mir scheinen auch aus der Lage der Gegenden, die von den einzelnen [Völkern] bewohnt wurden, die günstigen Gelegenheiten zu den Weissagungen entsprungen zu sein. Denn die Ägypter und Babylonier, die auf den Erdflächen sich weit ausdehnender Ebenen wohnten, haben, da nichts über die Erde emporragte, was der Betrachtung des Himmels hätte hinderlich sein können, alle Sorge auf die Kenntnis der Gestirne verwandt; die Etrusker aber haben, weil sie, von Religiosität erfüllt, eifriger und häufiger Opfertiere schlachteten, sich besonders auf die Kenntnis der Eingeweide gelegt; und weil wegen der dicken Luft bei ihnen vieles am Himmel sich zutrug und aus demselben Grund viel Ungewöhnliches, teils vom Himmel, teils aus der Erde, entstand, manches auch bei der Empfängnis und Zeugung der Menschen oder Tiere, so wurden sie die geübtesten Ausleger von Wundererscheinungen. ... Die Araber aber, die Phryger und Kilikier, die vorzüglich Viehzucht treiben, haben, indem sie Sommer und Winter Felder und Berge durchstreifen, deshalb leichter den Gesang und den Flug der Vögel beobachtet, und derselbe Grund war in Pisidien und hier in unserem Umbrien. Ferner ganz Karien und besonders die vorhin erwähnten Telmessier[130] sind, weil sie sehr ergiebige und höchst fruchtbare Äcker bewohnen, auf denen sich wegen der Fruchtbarkeit vieles bilden und erzeugen kann, in der Beobachtung von Anzeichen sorgfältig gewesen»[131].

---

130 Die Einwohner der südwestkleinasiatischen Küstenstadt Telmessos und ihrer
    Umgebung.
131 Poseidonios nach Cicero: De divinatione I 93–94; vgl. I 2 u. 91–92.

Poseidonios war also, um es noch einmal zusammenzufassen, der Meinung, daß die vielfältigen Formen der Religionen aller rezenten Völker der Erde *Depravationen einer ursprünglich alleinheitlichen, unverstellten Gottesanschauung oder auch reine Erfindungen* seien, entstanden im Zuge eines weltweiten *Differenzierungsprozesses*, als die Uroffenbarung sich mit dem voranschreitenden Sittenverfall allmählich zu verdunkeln und in Vergessenheit zu geraten begann und die Menschen, in Unkenntnis der wahren Zusammenhänge, in den einzelnen Erscheinungen der Natur jeweils das Walten *verschiedener* göttlicher Mächte sehen zu müssen vermeinten. – Und damit nahm er bzw. nahmen die Stoiker überhaupt, abgesehen von Einflüssen auch auf die Religionsentstehungslehre der frühchristlichen Kirchenväter, nichts Geringeres als die «*Urmonotheismus*-Theorie» Andrew Langs (1844–1912)[132] und vor allem (Pater) Wilhelm Schmidts (1868–1954)[133] bereits um gut 2000 Jahre vorweg!

Hat Poseidonios auch, wie bereits eingangs vermerkt, mit alledem der Erkenntnis keine eigentlich umwälzenden, vor ihm noch ungedachten Möglichkeiten erschlossen, ja zeigt er sich, gegenüber den Sophisten etwa oder gar Demokrit, vielmehr zutiefst noch der älteren, zu den Vorsokratikern hinabreichenden Geistestradition der Griechen verhaftet, indem er erneut die Frage nach der Einheit von Mensch und Natur in den Mittelpunkt seiner Betrachtung rückt, so bleibt doch sein Lösungsversuch, die Mannigfaltigkeit der Erscheinungen mit Hilfe einer Art Weltformel nur als verschiedene Ausdrucksformen einer einzigen zentralen Idee, als Elemente eines sinnvoll geordneten, allumspannenden Ganzen zu begreifen, nicht nur als philosophische Leistung, sondern gerade auch in ethnologischer Hinsicht bedeutsam genug: Denn um dies zu erweisen, unternahm er es wie kaum einer vor ihm, das gesamte ethnographische Beobachtungsmaterial seiner Zeit, ergänzt durch die Ergebnisse seiner eigenen, überaus fruchtbaren Feldforschungstätigkeit, noch einmal aufzuarbeiten und, was das Entscheidendere ist, die auseinanderstrebende Fülle der einzelnen Phänomene in einen einzigen, übergeordneten Zusammenhang einzubeziehen, d. h. erstmals umfassend zu *systematisie-*

132 Vgl. insbesondere dessen «The Making of Religion», 1. Aufl.: London 1898.
133 Dargelegt vor allem in seinem Monumentalwerk «Der Ursprung der Gottesidee», 12 Bde., Münster i. Westf. 1912–1955, sowie zahlreichen weiteren, größeren und kleineren Schriften.

ren. Und endlich gebührt ihm nicht zuletzt auch das Lob, der Ethnologie durch die Stellung, die er ihr im Rahmen seiner Gesamtanschauung zuwies, die Bedeutung einer zentralen *Grundlagenwissenschaft* verliehen zu haben, alles Verdienste, um derentwillen es in der Tat gestattet erscheint, ihn als den größten, oder doch einen der größten, unter den Ethnologen des klassischen Altertums anzuerkennen!

III

DAS RÖMISCHE ALTERTUM

1. Von Varro bis Ammianus Marcellinus

Vorbemerkung

Die Erkenntnis, so belehrt uns die Wissenssoziologie, ist wesentlich interessegebunden. Das Interesse, das die Machtexpansion der Römer bestimmte und ihr Dynamik und Stoßkraft verlieh, aber war der Wille zur Weltherrschaft. Von ihm auch empfing daher, was sich an Auseinandersetzungen zwischen Römern und Fremden, insbesondere den eigentlichen Barbaren vollzog, seine charakteristische Prägung. Die Ethnologie, in der Breite ihres ethnographischen Erfahrungshorizontes alle bisherigen Grenzen weit überschreitend, blieb im Innern, im Bereich der theoretischen Reflexion, auf die engen Schranken einer allzu politisch-pragmatischen Zweckorientierung verwiesen. Ihren Vertretern, die sich mehr, als es bei den Griechen jemals der Fall war, mit den Interessen des Staates identifizierten, mangelte es an der kritischen Distanz, aus der heraus sie Entscheidendes zur Überwindung dieses Widerspruchs hätten leisten können. Die Ethnologie verarmte mehr und mehr zur bloßen Statistik und Hilfswissenschaft für die Belange der kolonialen Administration und Außenpolitik.

Wie früher schon fielen auch während der Römerzeit die länder- und völkerkundlichen Entdeckungen zumeist als Begleiterscheinungen der kriegerischen Unternehmungen (bzw. Eroberungszüge) ab, eine Tatsache, der man sich in Gelehrtenkreisen durchaus bewußt war und die man keinesfalls für bedenklich hielt. Mit Vorderasien wurde man vor allem durch die Kriege gegen die Parther und Mithridates VI. Eupator (121–63 v. Chr.) während der ersten Hälfte des ersten Jahrhunderts v. Chr. genauer bekannt, deren siegreicher Ausgang den Römern im Osten die Erweiterung ihres Herrschaftsbereichs zunächst bis Armenien und Syrien, und im Norden bis nach Kaukasien hinein brachte, wodurch nicht nur die dortigen Völker – insbesondere die Iberer und Albaner, wie Strabo (II 5, 12) hervorhebt – zum ersten Mal voll in den Gesichtskreis der Antike traten, sondern auch neues Licht auf die Verhältnisse in den pontischen Steppen fiel. Der nördliche Balkanraum erschloß sich den Römern durch die Kämpfe gegen die Daker, Markomannen, Quaden, Jazyger, Sueben u. a. insbesondere unter Domitian (81–96 n. Chr.), Nerva (96–98 n. Chr.) und Trajan (98–117 n. Chr.). Die genauere Erkundung des Westens leitete Caesar (100–44 v. Chr.) mit der Eroberung Galliens (58–50 v. Chr.) ein. Im Jahr 55 v. Chr. überschritt er, nach einer siegreichen Schlacht gegen die (germanischen) Usipeter und Tenkterer am Niederrhein, erstmals (zwischen Koblenz und Bonn) und zwei Jahre später, nach einem Sieg über die Nervier, Senonen, Treverer und Eburonen, ein zweites Mal (bei Andernach) den Rhein und eröffnete den Römern damit den Zugang zur Welt der Germanen. 15 v. Chr. rückten Tiberius (14–37 n. Chr.) und Drusus ins nördliche Voralpenland (Rätien) ein; 12–9 stieß letzterer dann über den Unterrhein bis tief in das Gebiet zwischen Ems, Weser und Elbe vor und unternahm gar eine Flottenexpedition von der Rheinmündung aufwärts an den Friesischen Inseln entlang bis um das Nordkap von Jütland herum. Nach seinem Tode (9 v. Chr.) setzten Tiberius und später vor allem Germanicus, in Kämpfen gegen die Sugambrer, Cherusker, Chauken, Langobarden, Marser, Brukterer, Chatten u. a., die Eroberungsfeldzüge im Nordwesten Germaniens erfolgreich fort. Im Jahre 74 n. Chr. endlich gelang Cn. Pinarius Cornelius Clemens, dem damaligen Befehlshaber von Obergermanien, die Unterwerfung des Schwarzwald- und Neckarraumes (Agri decumates). Erste Versuche zu einem Sprung über den Ärmelkanal nach Britannien hatte schon Caesar, 55 und 54 v. Chr., unternommen; fester jedoch vermochten die Römer dort erst unter Claudius (41–54 n. Chr.) Fuß zu fassen, der 43 n. Chr., in einem persönlich geführten Feldzug im südenglischen Raum, diesen Teil der Insel bezwang und, durch Erhebung zur «Provinz», dem Reich unmittelbar angliederte. Rund drei Jahrzehnte später wurden die Silurer in Wales unterworfen (74–77 n. Chr.), und es gelang vor allem dem Statthalter Cn. Iulius Agricola, nach Kämpfen mit den Kaledoniern im Norden des Landes, den Machtbereich Roms bis zum Firth of Forth und Firth of Clyde hin auszuweiten (77–83 n. Chr.). Ein neuerlicher Großangriff der Kaledonier gegen den dortigen «Hadrianswall» löst den «Britannischen Krieg» (208–211 n. Chr.) aus, in dessen Verlauf auch das nördliche Schottland erobert wird und Septimius Severus (193–211 n. Chr.), der die Operationen leitet, bis zur Nordspitze Britanniens vorstößt. Spanien war größtenteils – bis auf den gebirgigen Nordwesten – während des «Zweiten Punischen Krieges» (218–201 v. Chr.) an die Römer gefallen, mußte aber immer wieder gegen Erhebungen der einheimischen Völker, wie namentlich der Keltiberer, verteidigt werden. Die Eroberung des noch freien Nordwestens der Halbinsel leitete, im Jahre 61 v. Chr., wiederum Caesar, damals Proprätor in Hispania ulterior, mit einem Feldzug gegen die Galläcer ein; die völlige Unterwerfung der dortigen Völker und damit ganz Spaniens aber glückte, nach zahlreichen, teils von Augustus (30 v. Chr.–14 n. Chr.) persönlich geführten Kämpfen insbesondere mit den Vaccäern, Kantabrern und Asturern, erst 19 v. Chr. Agrippa. Damit waren, im wesentlichen (bis auf Britannien) also bereits zur Zeit des Augustus, nun auch die westliche Welt und ihre Völkerverhältnisse voll ins Licht der Geschichte gerückt, und wir begreifen den Stolz, mit welchem der Kaiser in seinen «Res gestae» die Bilanz über seine Erfolge in diesem Teile der Erde zieht, indem er sich rühmt:

«Von allen Provinzen des römischen Volkes, denen Völker benachbart waren, die unserer Herrschaft nicht gehorchten, habe ich die Gebiete erweitert. Die gallischen und spanischen Provinzen und Germanien, soweit diese Länder der Ozean begrenzt, habe ich von Gades bis zur Mündung des Elbstromes unterworfen. Die Alpen habe ich von der Gegend an, die dem Adriatischen Meer zunächst ist, bis zum Tyrrhenischen Meer unterwerfen lassen, ohne daß ein Volk von mir mit Unrecht bekriegt worden wäre. Meine Flotte ist durch den Ozean von der Rheinmündung gegen Sonnenaufgang bis zum Gebiet der Kimbrer gesegelt, wohin weder zu Lande noch zu Wasser jemals ein Römer vor dieser Zeit gekommen ist, und die Kimbrer, Haruden, Semnonen und andere germanische Völkerschaften derselben Gegend haben sich durch Gesandte um meine Freundschaft und um die des römischen Volkes beworben.»

Durch den Erfolg über die Karthager (146 v. Chr.) faßten die Römer schon früh auch in Afrika Fuß. Auf Wunsch des siegreichen Feldherrn P. Cornelius Scipio Aemilianus unternahm, wie bereits oben erwähnt, der Geschichtsschreiber Polybios mit seiner ihm eigens zu diesem Zwecke zur Verfügung gestellten Flottille eine Expedition zur Erkundung der atlantischen Küsten, die ihn (in südlicher Richtung) vermutlich bis zum heutigen Wādī Draa (auf der Höhe der Kanarischen Inseln) führte. Etwa zur selben Zeit (im 2. Jh. v. Chr.) setzte, wie gleichfalls schon angemerkt, ein – uns sonst kaum bekannter – Eudoxos von Kyzikos zweimal (und jeweils erfolglos) von Gades aus zur Umsegelung Afrikas an, scheint je-

doch nur bis zur Südgrenze Mauretaniens, also noch nicht einmal so weit
wie Polybios, gelangt zu sein. Genauere Kenntnisse über das Innere des
Landes wurden den Römern erst wieder durch ihre im Anschluß an die
Bezwingung Karthagos unternommenen Eroberungskriege gegen die
einheimischen Bevölkerungen im tieferen Hinterlande der Küsten zuteil: so durch die Unterwerfung Numidiens (etwa dem Bereich des algeri-
schen Atlas entsprechend) im «Jugurthinischen Krieg» (111–105
v. Chr.), dann vor allem den Feldzug des L. Cornelius Balbus gegen die
Garamanten (19 v. Chr.), mit Stoß durch die östliche Sahara bis nach
Phazania (d. i. in den Fezzan hinein), einen weiteren, unter Cossus Cornelius Lentulus Gaetulicus, gegen die Gätuler (6 n. Chr.), südliche Nachbarn der Numider, sowie nicht zuletzt durch den Eroberungs- und Er-
kundungszug des C. Suetonius Paullinus, der, nach Zerschlagung eines
Aufstandes der Mauretanier, als erster den Hohen Atlas überwand und
jenseits, das Gebiet der soeben genannten Gätuler durchquerend, bis in
die Randbereiche der nördlichen Sahara hinein vorstieß (42 n. Chr.).
Rund 50 Jahre danach (um 100 n. Chr.) gelangte ein römisches Korps
unter Septimius Flaccus, vom Fezzan aus drei Monate lang in südlicher
Richtung marschierend, vermutlich bis an die Peripherie des Sudan und
erreichte ein Iulius Maternus, wahrscheinlich ein Kaufmann, der den
König der Garamanten auf einem Feldzug nach Süden begleitete, nachdem er seit seinem Aufbruch von Leptis Magna vier Monate unterwegs
gewesen war, gar das – in der Nähe des Tschad-Sees zu lokalisierende,
also bereits zentralsudanische – Land «Agisymba», wo «die Rhinozerosse
ihren Sammlungsort haben»[1].
    Weiter im Osten bot der Besitz von Ägypten, das 30 v. Chr., nach dem
Siege Octavians über Antonius und Kleopatra, römische Provinz geworden war, eine günstige Ausgangsbasis zur näheren Erkundung auch des
Innern von Nordostafrika. Einen ersten wichtigen Vorstoß in dieser
Richtung unternahm 23 v. Chr. der damalige Präfekt von Ägypten Gaius
Petronius, der, zur Abwehr einer äthiopischen Aggression, 10 000 Mann
zu Fuß und 800 Reiter nilaufwärts führte und dabei, nachdem er die
Feinde mehrfach geschlagen hatte, noch um einiges über ihre Hauptstadt
Napata (unweit des 4. Kataraktes), die er gründlich zerstörte, hinausge-
langte. In der Folge, namentlich aber unter Domitian, wurde dann, wie
zahlreiche Inschriften lehren, das Gebiet am oberen Nil bis etwa zur

---

1 Ptolemaios I 8, 4.

Hälfte der Strecke zwischen dem ersten und zweiten Katarakt durch Einrichtung befestigter Stützpunkte weiter gesichert und fester unter römische Kontrolle gebracht. Über die jenseits der Grenzwacht gelegenen Gebiete und den tieferen Süden flossen den Römern immerhin über den offensichtlich sehr lebhaften Handel mit den dortigen Völkern oder durch diplomatische Kontakte, wie sie z. B. zwischen Aurelian (270–275 n. Chr.) und dem Axumitenkönig bestanden, Nachrichten zu. Genaueres dürfte auch während einer regelrechten – und als solcher sehr bedeutsamen – Forschungsexpedition in Erfahrung gebracht worden sein, die Nero (54–68 n. Chr.), der sich mit dem Gedanken an einen Krieg gegen Äthiopien trug, zur Erkundung der Nilquellen ausgesandt hatte; wie Seneca, der den Bericht zweier Teilnehmer hörte, angibt, erreichte man zwar nicht das gesteckte Ziel, drang aber doch, den Weißen Nil aufwärts, so weit südlich wie bis zur Einmündung des Sobat vor, wo Sümpfe den weiteren Vormarsch verhinderten[2].

Die arabische Halbinsel dagegen blieb den Römern weitgehend verschlossen. Ein Versuch des ägyptischen Statthalters Aelius Gallus (25/24 v. Chr.), durch einen einzigen, von Nordwesten her in nordsüdlicher Richtung geführten Vorstoß den Zugang zum Inneren des Landes zu öffnen und vor allem die ihres Reichtums wegen sagenumwobenen und für den Indienhandel so wichtigen Königreiche im Süden unter römische Kontrolle zu bringen, scheiterte letzten Endes an den schweren Belastungen, denen sich die Truppe insbesondere während der Wüstenmärsche ausgesetzt sah und zu einem Großteil erlag. Immerhin wurde Mārib (Mariba, Mariaba od. Marsyaba), die Hauptstadt der Sabäer, erreicht, die Aelius Gallus indessen nur mehr zu belagern, nicht aber zu nehmen vermochte. Im Norden gelang es erst 106 n. Chr., unter Trajan, das Nabatäerreich und 115 n. Chr. Mesopotamien bis zur Einmündung des Euphrat und Tigris in den Persischen Golf zu erobern.

Weitere, die Entdeckungen im Zuge der kriegerischen Operationen ergänzende – und häufig wohl auch zuverlässigere – Nachrichten brachten wieder die Kaufleute (oder offiziellen Handelsdelegationen) mit, die nicht selten den Militärs schon vorausgeeilt waren oder den siegreichen Heeren folgten und sich auf Grund ihrer zumeist engeren Kontakte mit den einheimischen Bevölkerungen einen besseren Einblick in deren Verhältnisse zu verschaffen vermochten. In der Nordsee stießen römische

2 Seneca: Naturales quaestiones VI 8. Plinius VI 35.

Handelsschiffe alsbald über Britannien und die Orkney-Inseln hinaus bis nach Skandinavien vor, und mit der Ostsee – d. h. ihrem südlichen Küstenbereich, der seiner reichen Bernsteinvorkommen wegen lockte – wurde man unter Nero genauer bekannt, zu dessen Regierungszeit (54–68 n. Chr.) es einem römischen «Ritter» *(eques)* gelang, von Carnuntum (in Pannonien) aus über Land nicht nur die Weichselmündung zu erreichen, sondern auch die umliegenden Küstenstriche zu bereisen, um, wie es sein Auftrag war, eine erste unmittelbare Verbindung zu den dortigen Bernsteinsammlern aufzunehmen, die dann in der Folge noch weiter intensiviert und ausgebaut wurde[3]. Größeres Interesse jedoch besaß für den zunehmend verwöhnten Geschmack und das Luxusbedürfnis der Römer der Handel mit den an vielerlei fremdartig-reizvollen und kostbaren Erzeugnissen reichen exotischen Ländern im fernen Osten des Mittelmeerraumes. Dessen Entfaltung begann sich voll noch gegen Ende des ersten Jahrhunderts v. Chr., nach dem Anschluß Ägyptens, das hierzu die ideale Ausgangsbasis bot, zu vollziehen; nach Süden zu, an der ostafrikanischen Küste abwärts, zuletzt die Märkte bis etwa auf der Höhe von Sansibar erreichend, wurde er mit Indien vor allem dadurch möglich und lohnend, daß es dem schon erwähnten Eudoxos von Kyzikos (um d. J. 117 v. Chr.) und wenig später (um 100 v. Chr.) Hippalos, einem sehr erfahrenen ägyptischen Seemann vermutlich griechischer Abkunft, gelungen war, erstmals, unter bewußter Ausnutzung des Südwestmonsuns, über die hohe See nach Indien zu segeln und so die langwierige Küstenschiffahrt und den häufigen Warenumschlag zu umgehen. Zur Zeit des Augustus bestritten dann, wie Strabo (II 5, 12 u. XVII 1, 13) berichtet, bereits ganze Flotten (στόλοι) von Hochseeschiffen den Handel mit Indien, dessen Verbindungslinien sich schließlich über den gesamten indischen Küstenbereich bis zum Ganges-Delta erstreckten – wodurch es (vorübergehend) auch zur Anknüpfung diplomatischer Kontakte kam: jedenfalls wissen wir von Gesandtschaften indischer Herrscher an die Kaiser Augustus und Trajan und einer weiteren eines Königs von Ceylon (Taprobane) an Claudius. Einzelne kühne Seefahrer stießen indessen noch weiter nach Osten vor; so insbesondere ein Alexandros, der als erster (um 100 n. Chr.), die Westküste der «Goldenen Chersones» (d. i. der Halbinsel Malakka) abwärts in südlicher Richtung segelnd, die Straße von Singapur durchfuhr und bis zu einer größeren Hafenstadt

---

3 Plinius XXXVII 11.

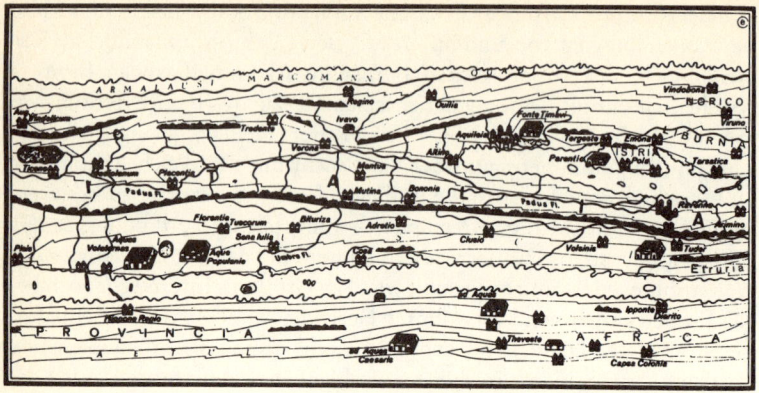

Abb. 13 Tabula Peutingeriana, Ausschnitt (Segment IV)

namens Kattigara (wohl am Mekong-Delta gelegen) gelangte, wo er auch
Näheres über die «Sinen» (Chinesen) in Erfahrung zu bringen vermochte. Und 166 n. Chr., unter Mark Aurel (161–180 n. Chr.), wurde
auf dem nämlichen Wege sogar eine offizielle Delegation an den chinesi-
schen Kaiserhof selbst entsandt, um die Möglichkeit einer direkten Verbindung im Überseehandel zwischen beiden Reichen zu prüfen. Wie aus
den Han-Annalen ersichtlich, erreichte sie sicher ihr Reiseziel und trat,
nach Erledigung ihres Auftrags, auch wieder die Rückfahrt an, doch ist uns
über ihren Erfolg und ihr späteres Schicksal nichts weiter bekannt. Sonst
bestanden – in der Hauptsache indirekte – Kontakte mit den Chinesen
natürlich auch über den Handel (vor allem mit Seide) durch Innerasien.
Alles in allem also hatte der Horizont der Länder- und Völkerkunde
sich während der Römerzeit gewaltig erweitert und war eine Fülle an
neuen Materialien und Erkenntnissen zusammengekommen, deren Umfang und Vielfalt, zudem ständig noch wachsend, anfangs wohl eher ver-
wirrend denn klärend wirken mochte. Verständlich daher, daß sich zunächst das Bedürfnis nach handlichen Gliederungen, allgemeinen Be-
standsaufnahmen und Übersichten der Stoffmassen durchsetzt und das
Interesse sich stärker auf *praktische* Fragen, wie Strecken- und Landver-
messung, Topographie, Bodenbeschaffenheit, Klimaverhältnisse, Wirtschaft, Naturprodukte usw., also Fragen, die aus *den Erfordernissen der
Kriegführung und Verwaltung* erwuchsen, konzentriert. Damit aber

sank insbesondere die *Geographie* wieder zu dem, was sie zu Anfang gewesen war, herab: zur rein *beschreibenden* Wissenschaft, und vermochten sie nur mehr einzelne Männer noch, wie Marinos von Tyros und Ptolemaios, auf das Niveau zu erheben, das ihr die Griechen (namentlich Eratosthenes!) verliehen hatten.

Unter diesen Voraussetzungen erklärt es sich auch, daß – eigentlich als einzige unter den geographischen Disziplinen – gerade die *Kartographie* während der Römerzeit größere Fortschritte machte (Ptolemaios!). Den Anfang bildeten wohl zunächst einzelne, auf der soliden Grundlage der ständig sich mehrenden und weiter verbesserten Streckenvermessungen und topographischen Aufnahmen von Kundschaftern, der militärischen Stäbe und später der Verwaltungsbehörden aufbauende Spezialkarten bestimmter Bereiche, wie sie uns etwa von Armenien mit Transkaukasien und Äthiopien bezeugt sind. Je mehr aber die Grenzen sich weiteten, der Verkehr und die Aufgaben der Administration komplizierter und unübersichtlicher wurden und, nicht zuletzt, mit dem Kaisertum die alexandrinische Reichsidee zu neuem Leben erstarkte, mußte alsbald auch der Wunsch nach einer umfassenden, nach einer kartographischen *Gesamtdarstellung des Imperiums und der Erde* entstehen, wie er seine repräsentativste – und zugleich typische – Realisierung dann in der im Auftrag des Augustus geschaffenen und von ihm herausgegebenen *Weltkarte des Agrippa* fand. Basierend auf den neuesten Daten einer zuvor veranstalteten allgemeinen Vermessung des Reiches und dem umfänglichen Beobachtungs- und Zahlenmaterial, über das die Archive an sich schon verfügten, zeichnete sie sich – entsprechend den praktischen Zwecken, denen sie in erster Linie zugedacht war – vor allem durch eine sehr sorgfältige und ausführlich gehaltene Wiedergabe des *Straßen- und Wegenetzes* sowie exakte *Stations- und Entfernungsangaben* aus – und scheint darüber hinaus auch noch auf das reichste bebildert gewesen zu sein: So enthielt sie z. B., wie sich jedenfalls Hinweisen und späteren, auf ihrer Vorlage fußenden Karten entnehmen läßt, besondere Zeichen etwa für Städte, Häfen, Leuchttürme, Heiligtümer und dergleichen mehr, waren die Wüsten mit Darstellungen der dort lebenden wilden Tiere ausgeschmückt und an den Rändern der Ökumene wieder die Schreckgestalten der klassischen Fabelwesen zu sehen. Sie bot somit, über ihren praktischen Nutzeffekt hinaus, dem Betrachter einen ebenso anschaulichen wie farbenprächtigen Anblick und dürfte überhaupt, ganz wie es dem Geschmack und den Intentionen des Kaisers entsprach, auch mit als Pracht- und Repräsentationswerk gedacht gewesen sein. Kein Wunder daher,

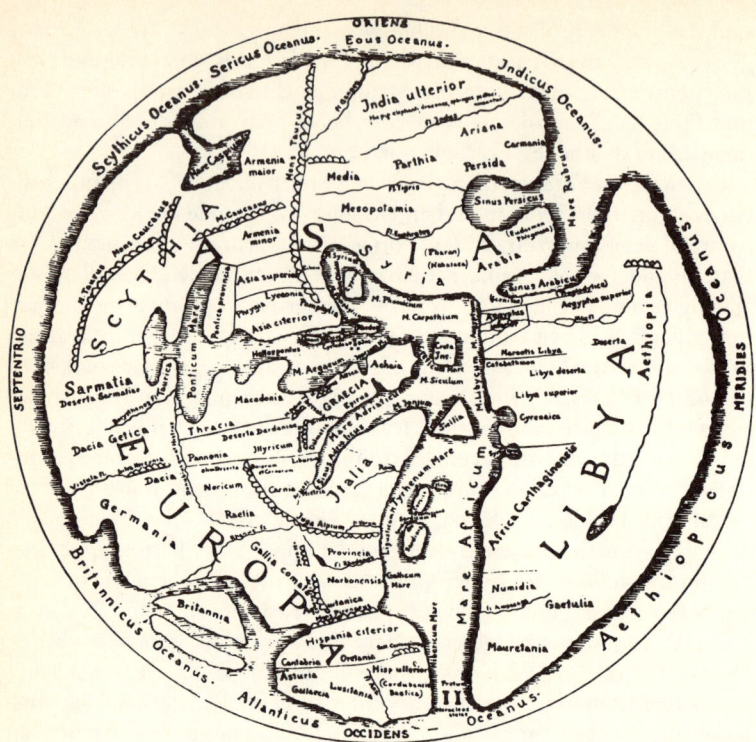

Abb. 14 Die Länderverteilung nach der «Dimensuratio provinciarum» und
der «Divisio orbis» (Rekonstruktionsversuch)

daß sie bis ins Mittelalter hinein (als die ersten Kompaßkarten aufkamen)
den Kartographen als viel bewundertes Vorbild diente. Berühmtestes
Beispiel ist bekanntlich die – um 1500 entdeckte und bis zum heutigen
Tage erhaltene – «Tabula Peutingeriana», eine (wohl zur besseren Verwendung) zur reinen Straßenkarte umgestaltete und in Streifenform gebrachte «Kopie» der Agrippakarte, die etwa in der zweiten Hälfte des
vierten Jahrhunderts n. Chr. entstanden sein muß und noch einen guten
Eindruck auch von dem ursprünglichen Bilderschmuck des ihr zugrunde
liegenden Originals vermittelt (s. Abb. 14).

Wie schon den griechischen Weltkarten seit Hekataios von Milet war auch der des Agrippa ein erläuternder – der literarischen Form nach vermutlich als Periplous angelegter – Begleittext beigegeben, der als Ganzes, gleich dem Kartenwerk selbst, zwar wieder verlorengegangen, aber immerhin noch einigermaßen aus zwei kleineren, gedrängten Zusammenfassungen, der «Dimensuratio provinciarum» und der «Divisio orbis» (letztere später in des Dicuil «De mensura orbis terrae» eingegangen), kenntlich ist (vgl. Abb. 15), die erstmals während des vierten Jahrhunderts n. Chr. bezeugt und wohl in der Hauptsache zu Schulzwecken verfaßt worden sind. Entsprechend der Karte dürfte auch die originale Begleitschrift dann den späteren Erd- und Länderbeschreibungen («Chorographien»), deren bedeutendste noch zur Darstellung gelangen werden, und im einzelnen auch den Periploi, Itinerarien bzw. Reisehandbüchern usw. (zumindest) zur Orientierungsgrundlage gedient haben. Aus dem Ursprung und Zweck dieser Schriften wird es verständlich, daß sie an ethnographischen Details in der Regel kaum mehr als die nackten Namen der wichtigsten Völker, einige Hinweise zur Ausdehnung ihres Siedlungsgebiets und vielleicht noch den einen oder anderen Vermerk über besonders auffallende Erscheinungen ihrer Lebensweise enthalten.

Und schon hieraus wird die Bedeutung ersichtlich, die man der *ethnographischen* Wissenschaft selbst beimaß. Wieder waren es in erster Linie rein praktisch-pragmatische, ja man kann durchaus sagen: *kolonialistische* Zwecke, die sie bestimmten bzw. der Art ihrer Behandlung das Gepräge verliehen: Mußten den Römern doch, auf Grund ihres universalen Machtanspruchs, alle andersstämmigen Völker, die in ihre Interessensphäre gerieten, vorab als *politische* Größen erscheinen, die es nur zu kennen galt, um sie besser beherrschen oder erfolgreicher manipulieren zu können, d. h. mußten Fragen, die diesen Zielen entsprachen, in den Mittelpunkt der Betrachtung treten.

In diesem Sinne ist auch von Bedeutung, daß ein Großteil des ethnographischen Informationsmaterials, über das die römischen Gelehrten verfügten, nicht aus der eigenen Anschauung, sondern Schilderungen der kriegführenden Militärs oder Beamten der Provinzialverwaltung stammte, womit schon von vornherein eine bestimmte Auswahl und Schwerpunktsetzung verbunden war. Neben privaten Briefen, die einzelne Feldzugteilnehmer an Verwandte und Freunde schrieben – wie Cicero etwa von seiner kilikischen Expedition im Jahre 51 v. Chr. an Cato und Atticus –, kommt hier insbesondere die Fülle der offiziellen Bulletins und Berichte in Betracht, welche die Feldherren an den Senat zu richten hatten und die dann in den Archiven abgelegt wurden, wo sie die Histori-

ker nach Belieben auswerten konnten. «Täglich», teilt Cicero einmal mit
Blick auf die *«epistolae ad senatum»* Caesars mit, «melden die gallischen
Briefe und Botschaften uns bisher unbekannte Namen von Völkern,
Gauen und Landschaften»[4]. Nicht selten auch pflegten einzelne Militärs
mit literarischem Ehrgeiz nach Abschluß größerer Operationen deren
Hergang im ganzen, in Form eines – für die breitere Öffentlichkeit bestimmten – Gesamtkriegsberichtes, darzustellen oder überhaupt ihre
Memoiren zu schreiben. Daß sie damit in erster Linie freilich die Absicht
verbanden, ihr Vorgehen in allen Punkten als von der Sache her gerechtfertigt erscheinen zu lassen und ihre Verdienste an den Erfolgen (resp.
ihre Unschuld an den Fehlschlägen) so deutlich wie möglich zur Geltung
zu bringen, versteht sich und verführte sie häufig dazu, auch die hier und
da zur näheren Charakterisierung der bekriegten Barbarenvölker miteinge-
geflochtenen und je nach Interesse dürftiger oder reichhaltiger ausgestatteten ethnographischen Schilderungen in diesem Sinne zu färben
oder gar zu verfälschen – etwa indem man die Masse des Gegners, seine
Wirtschafts- und Kampfkraft, die Qualität seiner Waffen usw. stark
übertrieb. Neben Caesars «Commentarii belli Gallici», dem bekanntesten und glänzendsten Beispiel dieser Art, sind uns solche «Kriegs-
memoiren», die umfangreichere ethnographische Darstellungen oder
auch ganze Exkurse enthielten, u. a. vor allem von Suetonius Paullinus
(mit Nachrichten über Mauretanien), Domitius Corbulo (mit Nachrichten über Armenien), Cornelius Bocchus (mit Nachrichten über Spanien)
sowie anderen, meist neronischen Feldherrn und später auch Kaisern,
wie Trajan (mit Nachrichten über Dakien), bezeugt. Die größeren Einlagen entsprachen dabei – wie desgleichen dann auch die aus ihnen geschöpften ethnographischen Exkurse bei Historikern und Geographen –
dem Aufbau und der inhaltlichen Ausstattung nach zumeist dem
klassisch-griechischen Vorbild.

Eine weitere und weitaus lebendigere und anschauungsreichere Art
der ethnographischen Unterrichtung endlich, als sie die literarische Berichterstattung zu bieten vermochte, lieferten der römischen Öffentlichkeit die *Triumphzüge* der siegreichen Feldherrn durch Rom, bei denen es
den Veranstaltern abermals sehr darauf ankam, Volk und Senat ein möglichst umfassendes und eindrucksvolles Bild von dem Barbarentum wie
der Kampfkraft und Stärke der geschlagenen Feinde zu vermitteln. In

---

4 De provinciis consularibus, c. 22.

Abb. 15 Erstürmung eines Germanendorfes durch römische Legionäre.
Relief an der Colonna Antonina in Rom. 2. Jh. n. Chr.

ausgedehnten, teils mehrere Kilometer langen Schlangen zogen, in ihrer
heimischen Tracht und Aufmachung, die Gefangenen mit Frauen und
Kindern, Fürsten und Königen vor dem Prunkwagen des Triumphators
einher. Auf besonderen Fuhrwerken wurde das Beutegut: Waffen und
sonstiges Kriegsmaterial, Feldzeichen, Silber- und Goldgerät, Kunst-
gegenstände, Kultrequisiten und alle möglichen anderen Gebrauchsgü-
ter aus der Kultur der besiegten Barbaren, mitgeführt; dazwischen
schritten Soldaten mit Tafeln, Plakaten und Transparenten, auf denen
Bildnisse der gefallenen feindlichen Führer und Darstellungen von den
wichtigsten Ereignissen des Feldzuges zu sehen waren: Aufmärsche
etwa, Schlachten, gefährliche Flußübergänge oder Belagerungen, verbunden mit Szenen aus dem täglichen Leben der Gegner zur Charakterisierung ihrer Daseins- und Wesensart, sowie anderes mehr – kurz: wir
können in diesen Spektakeln bereits ohne weiteres *Ansätze zu ethnographischen Schau- und Ausstellungen* sehen!
    Die bedeutendsten kriegerischen Erfolge wurden zudem, sowohl in-
schriftlich wie darstellerisch, zum ewigen Gedenken auf steinernen
Ehrenmalen, wie insbesondere den Triumphbögen, festgehalten, so daß

es auch später noch (und teils bis in die heutige Zeit hinein) möglich war, sich ein Bild von den älteren Lebensumständen des einen oder anderen Volkes zu machen. Wenn auch das Interesse daran, wie noch zu zeigen sein wird, zunehmend verlorenging, blieb doch der unbestreitbare Quellenwert dieser Darstellungen einigen durchaus bewußt, wie u. a. sehr schön aus einem Brief des Manuel Chrysoloras (ca. 1350–1415), eines kaiserlich-byzantinischen Gesandten in Rom, erhellt, wo es heißt:

«Auch gibt es [in Rom] Denkmäler jener allbekannten Männer des Altertums, die der Staat ihnen für ihre Verdienste um das Gemeinwesen gesetzt hat, dazu Siegeszeichen und Triumphbögen, errichtet zum Gedenken an die Triumphzüge. Auf diesen sind Reliefs, die die Kämpfe selbst, die Gefangenen, die Beute, die Erstürmung von Städten, ferner Opfertiere, Altäre, die Opferhandlung und die Weihegaben darstellen, dazu noch Seeschlachten, Schlachten zu Pferd und zu Fuß, kurz gesagt, alle Arten von Schlachten, von Belagerungsmaschinen und Waffen. Auch zeigen die Reliefs die unterworfenen Herrscher, Meder etwa oder Perser, Iberer, Kelten oder Assyrer, jeden in seiner heimischen Tracht, und die unterworfenen Völker, die über sie triumphierenden Feldherren, ihre Quadrigen, den Wagenlenker und die Liktoren, dahinter die Hauptleute und vor ihnen die erbeuteten Rüstungen. Das alles kann man auf den Reliefs ganz naturgetreu abgebildet sehen, daß man glauben könnte, es lebe, und aus den beigegebenen Aufschriften erfährt man, was ein jedes Bildwerk darstellt. Man vermag also genau zu betrachten, was für Waffen und welche Tracht man in alter Zeit trug, wie die Abzeichen der Würdenträger aussahen, wie die Schlachtordnung, die Kampfweise, die Belagerungstechnik und der Lagerbau war... Und auch dabei sind die völkischen Unterschiede genau beachtet. Herodot und noch einige andere Geschichtsschreiber haben sich nach der allgemeinen Meinung [in ethnographischer Hinsicht] ein großes Verdienst erworben. Aber auf diesen Bildern kann man alles leibhaftig sehen, wie die Zustände in jenen alten Zeiten waren und was sich bei den verschiedenen Völkern ereignet hat. Dadurch werden sie mühelos zu einer genauen Geschichtsquelle, oder eigentlich nicht zu einer Geschichtsquelle, sondern, um es so auszudrücken, die Geschichte wird durch sie zur sichtbaren Gegenwart.»

Aber, wie bereits angedeutet: so neuartig und reichhaltig all diese Zeugnisse auch immer erscheinen, so deutlich ist gleichfalls, daß ihre Auswahl doch stets stark von dem Interesse derer abhängig war, die sie zusammengebracht hatten, also in erster Linie der Militärs, der Kaufleute und der Verwaltungsbeamten – von denen nur wenige zudem über gründlichere Kenntnisse in den einheimischen Landessprachen verfügten und daher in der Regel kaum mehr als oberflächliche Eindrücke sammeln konnten. Als bezeichnend in dieser Hinsicht darf gelten, daß wir gemeinhin so wenig über die inneren Verhältnisse, wie beispielsweise die Verwandtschaftsstruktur, das Recht oder den Glauben und Kult, der einzelnen Völker erfahren; gelegentlich wird zwar einiger Götter Erwähnung getan, doch geschieht dies charakteristischerweise zumeist in Form der «*Interpretatio Romana*», d. h., man führte sie unter dem Namen der ihnen vermeintlich entsprechenden *römischen* Gottheiten auf, war also bestrebt, lediglich ihre *Übereinstimmungen* mit diesen zu demonstrieren – und deckte damit gerade das Wesentliche, eben *Abweichende* ihrer Eigenart zu! Überhaupt ist, noch einmal, zu sagen, daß die Römer, von nur wenigen Ausnahmen (so insbes. Tacitus) abgesehen, entweder kein Interesse oder nicht mehr das Vermögen besaßen, den ihnen so überreichlich zu Gebote stehenden Stoff auch wissenschaftlich adäquat zu bewältigen, also der ethnologischen Erkenntnis in einem tatsächlich weiterführenden Maße nutzbar zu machen und so die Ethnologie als Wissenschaft selbst nennenswert fortzuentwickeln. Im Gegenteil: Lieber bediente man sich, auch dort, wo man über ein besseres Wissen verfügte, der älteren, vagen oder gar falschen Vorstellungen weiter, als daß man die Mühe auf sich nahm, exakt zu vergleichen und auszutilgen bzw. richtigzustellen, was auf Grund neuerer Beobachtungen nicht mehr zu halten war, um so insgesamt zu einem vollständigeren und vor allem objektiveren Bild seiner fremdvölkischen Umwelt zu gelangen. Infolgedessen erstarren die Darstellungen, trotz aller Möglichkeiten, mehr und mehr zu einer bloßen Verknüpfung stereotyper (und teils ganz anachronistischer) Klischees, tritt die lebendige Anschauung hinter dem ethnographisch-literarischen Topos zurück. So wird uns etwa der Donauraum nach dem Bilde geschildert, das die Griechen (insbes. Hippokrates) Jahrhunderte früher vom hohen skythischen Norden entworfen hatten: nämlich als unwirtlich, rauh, kältestarrend und – entsprechend! – von wilden, kriegswütigen Barbarenvölkern bewohnt. Ein erstes – und vielleicht das schönste – Beispiel hierfür bietet Vergil (70–19 v. Chr.), dessen im nachstehenden wiedergegebene Schilderung des Karpatengebietes zwar noch Skythien (bzw. Südrußland) miteinbezieht, aber im wesentlichen doch bereits alle Züge enthält, die später dann auch auf Pannonien und den gesamten nördlichen Balkanbereich ausgedehnt wurden:

«Anders geht's zu bei der Skythen Volk, am See des Maeotis
Und wo den gelben Sand hinrollt die strudelnde Donau,
Wo bis unter den Pol der Karpaten Kette sich hinzieht.
Dort verschließt man das Vieh in den Ställen. Nicht zeigen sich Kräuter

Irgendwo auf dem Feld oder Blätter sich an den Bäumen,
Sondern es liegt das Land unter Wällen von Schnee, unter dichter
Decke von Eis, die bis zu sieben Ellen emporsteigt.
Stets ist Winter und stets bläst Frost herwehender Nordwest.

Oft zerspringen Gefäße von Erz, am Leibe die Kleidung
Starrt als Eis, mit dem Beil zerhackt man die flüssigen Weine.
Ganz in festes Eis verwandeln sich steh'nde Gewässer,
Und der zottige Bart sieht aus wie ein starrender Eiszapf.
Unaufhörlich indes flockt Schnee vom bezogenen Himmel.
Schafe versinken darin, die gewaltigen Leiber der Rinder
Stehn umflossen von Reif.

Sonst verlebt untätig das Volk in gegrabenen Höhlen
Unter der Erde die Zeit und wälzt gestapelte Klötze,
Ganze Ulmen zum Herd und übergibt sie dem Feuer.
Hier verbringen im Spiel sie die Nacht, und zu fröhlichem Umtrunk
Schaffen sie künstlichen Wein aus Malz und sauerem Hopfen.
So lebt unter dem Strahl des hyperboreïschen Wagens
Diese verwilderte Horde, gepeitscht vom rhiphäischen Ostwind,
Eingehüllt den Leib in das Fell hellhaariger Tiere.»[5]

Unverkennbar verfolgte Vergil mit dieser, ihm so meisterlich gelunge-
nen Schilderung neben dem Wunsch, ein möglichst lebendiges, an An-
schauungs- und Ausdruckskraft überzeugendes Bild vom Norden und
seinen Menschen zu entwerfen, auch die Absicht, Schauder hervorzurufen: den Schauder vor einer fremden unheildräuend-bizarren Welt
und ihrer rohen, grobschlächtigen Einwohnerschaft – den *Barbaren*.
    Denn nicht anders als Babylonier, Ägypter, Griechen u. a. hielten sich
auch die Römer natürlich wieder, und erst recht nach ihrem Aufstieg zur
beherrschenden Weltmacht, für den Adel der Menschheit und faßten
entsprechend die ihnen eigene Art der Daseinsgestaltung als die entwik-
keltste, als die Höchstform der menschlichen Lebensführung schlechthin
auf. Rom galt als Hort und Zentrum der Zivilisation, und dies nicht zuletzt, wie man abermals zu begründen bemüht war, infolge der *Mittellage Italiens*, die den Völkern der Apenninenhalbinsel ein ideales, zwischen den Extremen des Nordens und Südens optimal ausgewogenes
Klima und damit die besten Entwicklungsbedingungen bot. Mit dem Ge-

5 Georgica III 349–383.

fühl der Überlegenheit aber verband sich, wie ja so oft zu beobachten ist, die Tendenz, die Segnungen der eigenen Lebensart auch anderen mitzuteilen, d. h., der Wille zur Weltherrschaft verschmolz mit einem zweifellos ebenso stark wie ehrlich empfundenen (und ihn zugleich legitimierenden!) *zivilisatorisch-missionarischen Sendungsbewußtsein*, das den älteren Plinius (23–79 n. Chr.) etwa seine Heimat Italien rühmen läßt als ein Land,

«welches zugleich Pflegling und Vater aller anderen Länder ist, ein Land, das nach dem Rate der Götter ausersehen ist, den Himmel selbst noch zu verherrlichen, die zerstreuten Staaten zu einem Ganzen zu verbinden, die Sitten zu veredeln [!], die so verschiedenen und rohen Sprachen so vieler Völker durch Anwendung der Umgangssprache zu vereinigen, mündlichen Verkehr und Veredelung der Menschen selbst [!] herbeizuführen, kurz: das gemeinsame Vaterland sämtlicher Völker des Erdkreises zu werden»[6].

Was Alexander nur erst im Ansatz gelungen war, hatten die Römer endgültig verwirklicht: ein Reich, das Völker der verschiedensten Herkunft, Rasse, Sprache, Kultur und Geschichte zu einem einheitlichen Ganzen, zu einem einzigen *Weltstaat* verband, der seinen Bürgern, über die Grenzen ihrer Volkszugehörigkeit hinweg, ein Leben in Friede und Eintracht (die *«Pax Romana»*) bescherte, den Aufstieg zu einem höheren Zivilisationsniveau bot und – dem Prinzip nach zumindest – gleiche Rechte gewährte. So jedenfalls sah es der Römer, wie u. a. noch sehr schön aus einem Lobgesang des Claudius Claudianus (um 400 n. Chr.) auf Rom erhellt, wo es heißt:

«Sie [Rom] allein hat sich die bewältigten Feinde vereinigt,
Sie, als Mutter das Menschengeschlecht mit einer Benennung
Liebreich, nicht als Herrin, umfaßt, sie alle Besiegten
‹Bürger› genannt, mit treuem Verkehr Entfernte verbunden.
Ihre Gesittung erschuf uns allen gesegneten Frieden,
Daß wir auch in der Fremde der Heimat Ruhe genießen,
Sorglos wandern, wohin es beliebt, nach Thule die Lustfahrt
Richten und uns an Buchten erfreu'n, sonst schaudernd gemieden,
Daß wir bald vom Orontes und bald vom Rhodanus trinken,
Daß wir alle gesamt *ein* Volk sind.»[7]

6 Plinius III 6.
7 Carmina XXIV: De consulatu Stilichonis III 150–159.

In Erweiterung der uralten ethnozentrischen Selbstauffassung von den Römern auf *alle* Reichsangehörigen hielt sich dies «eine Volk» für die *eigentliche Menschheit.* Dem entsprach, daß man den Herrschaftsbereich des Imperiums mit der Ökumene schlechthin, dem *«Orbis terrarum»,* identifizierte. Als Barbaren im strikten Sinn des Begriffs, als Menschen minderer Wertigkeit, galten daher nunmehr *alle außerhalb des römischen Reiches lebenden Völker,* die sog. *«Nationes exterae»* (bzw. *«externae»*), wie beispielsweise die Afrikaner, Araber, Inder, Serer, Skythen oder Germanen. Dem üblichen Vorstellungsschema entsprechend faßte man sie – und insbesondere gegenüber den Griechen und Römern als den erhabensten Repräsentanten der zivilisierten Menschheit – gemeinhin als leidenschaftlich und zügellos, ausschweifend, jähzornig, lügnerisch und unzuverlässig, hart, grausam, gewalttätig, räuberisch und überhaupt ungebildet und unkultiviert auf, mied den Umgang und auch vor allem die Ehe mit ihnen und glaubte sich ihnen gegenüber auch nicht zur Einhaltung von Verträgen verpflichtet.

P. Quinctilius Varus soll, wie Velleius Paterculus (1. Jh. n. Chr.) berichtet, während seiner Statthalterschaft in Germanien zu der Überzeugung gelangt sein, daß die Bevölkerung daselbst «außer der Stimme und den Gliedmaßen nichts Menschliches an sich» habe[8]; Galenos (ca. 130–200 n. Chr.), der große Arzt, fand «die Barbaren seiner Schriften ebensowenig für würdig wie die Ochsen und Schweine», und Libanios (4. Jh. n. Chr.) gar, der gefeierte Rhetor, verwies sie vollends ins Tierreich! Abermals wird die Auffassung deutlich, daß *die Barbarisierung der Völker mit dem Maß der Entfernung wächst, das sie vom Zentrum der Kultur des Betrachters trennt.*

Wesen aber, die jenseits der eigentlich menschlichen, der «zivilisierten» Daseinssphäre lebten und ihrer Art wie Existenzweise nach mehr den Tieren vergleichbar erschienen, konnten auch *keine Geschichte* besitzen und verdienten daher kaum nähere Aufmerksamkeit, zumal die Römer unter Geschichte in erster Linie das *politische* Geschehen verstanden und das Interesse an der Kulturgeschichte, der die Barbaren immerhin noch als mögliche Restrepräsentanten der Urzeit hätten von Bedeutung gewesen sein können, zusehends verlorenging. Wo der Zusammenhang es einmal gebot, Fragen des Ursprungs oder Entwicklungs-

---

8 Velleius Paterculus II 117, 3.

verlaufs einer bestimmten oder der Kultur allgemein zu behandeln, griff man, ohne sich erst zu bemühen, eigene Überlegungen anzustellen, um zu neuen, weiterführenden Erkenntnissen zu gelangen, lieber auf die älteren griechischen Theorien zurück, die so, durch ihre unveränderte Wiederholung über Jahrhunderte hin, ihre lebendige Überzeugungskraft einbüßen mußten und allmählich zu bloßen literarischen Traditionen erstarrten. Entsprechend dem dominierenden Einfluß, den gerade die Stoa auf die römischen Denker besaß, war es, von einzelnen Ausnahmen (Lucretius!) abgesehen, vor allem auch die stoische Kulturgeschichtslehre, der man dabei den Vorzug gab: so – um unter den Philosophen nur diese zu nennen – Cicero (106–43 v. Chr.) etwa, der namentlich aus Panaitios schöpft, oder Seneca (ca. 4–65 n. Chr.), der wiederum weitgehend Poseidonios folgt.

Im allgemeinen jedoch, und auch das ist bezeichnend für die Gesamtsituation, findet die Kulturgeschichte eigentlich weniger das Interesse der Philosophen als vielmehr der Dichter, deren – in erster Linie rein künstlerisch-literarischen! – Intentionen Themen wie die Weltalterlehre oder die Urzeit des Menschengeschlechts schon ihrer poetischen Ausdruckskraft wegen natürlich besonders entgegenkamen. Das klassische Vorbild bot Hesiod, deutlich erkennbar bereits bei Vergil, der in der «Aeneïs» z. B. die Ankunft des Titelhelden in Rom zum Anlaß nimmt, der Erzählung wie folgt einen Abriß der *Urgeschichte von Latium* einzulegen:

«Diese Haine bewohnten einheimische Faune und Nymphen
Und ein Männergeschlecht, aus harten Stämmen geboren,
Roh und ohne Gesetz; sie wußten nicht Stiere zu jochen,
Nicht sich Vorrat zu sammeln und das Erworbene zu wahren.
Nein, sie ernährte der Zweig und der Jagd mühselig Gewerbe,
Bis aus den Höhen des Himmels zuerst Saturnus sich nahte,
Seiner Herrschaft beraubt und fliehend vor Jupiters Waffen.
Dieses rohe Geschlecht, zerstreut auf den Höhen der Berge,
Einigte er und gab ihm Gesetze und nannte die Landschaft
‹Latium›, bergendes Land, weil es ihn sicher verborgen.
Unter seiner Regierung erblühte das goldne, gepriesne
Alter, so herrschte er über die Völker in Frieden und Ruhe.
Dann aber kam eine Zeit geringer an Wert und an Farbe,
Rasende Freude am Krieg und am Streit und wilde Gewinnsucht.
Nun erschien der Ausonen Geschlecht und sikanische Stämme,
Und das saturnische Land hat öfter den Namen gewechselt.
Könige folgten, darunter der rauhe, riesige Thybris,

Und wir Italer gaben nach ihm dem Strome[9] den Namen
Thybris, der Albula hieß; nun schwand der ursprüngliche Name.»[10]

Es handelt sich sozusagen um ein Drama in zwei Akten, denen ein Vor-
spiel vorangestellt ist: In diesem treten zunächst, noch mit Nymphen
und Faunen vereint, aus Bäumen entsprossene Menschen auf, die, auf
den Höhen der Berge hausend (vgl. Platon!), als Sammler *und* Jäger
leben (!), ihre Nahrung noch nicht zu bevorraten wissen (vgl. Demokrit!)
und überhaupt ein *erbärmliches, rohes und jeglicher Regel entbehrendes
Dasein* führen. Auf diese, deutlich an sophistisch-demokriteisch-epiku-
reische Vorbilder erinnernde düstere Urzeitszenerie folgend, hebt dann
«im ersten Akt» die eigentliche Entwicklung, das *«Goldene Zeitalter»*,
an: Saturn, aus dem Himmel vertrieben, nimmt sich, wie weiland Kronos
nach Hesiod, der hilflosen Menschen an, führt sie zusammen und lehrt
sie ein geordnetes, nach Gesetzen geregeltes Leben in der Gemeinschaft,
das ihnen ein heiter-sorgloses Dasein in Eintracht und Friede beschert.
Dann aber, ausgelöst vielleicht – wie aus dem Hinweis auf die Gewinnsucht hervorgehen könnte – durch den wachsenden Wohlstand, setzen
«im zweiten Akt» Uneinigkeit, Krieg und Verderbnis ein, beginnt eine
Zeit voller Schrecken, Mühsal und Unsicherheit, – die jedoch, wie aus
einem anderen Werk des Dichters erhellt, auch Kräfte im Menschen
weckt, die seiner Entwicklung förderlich sind und ihn weiterführen:
Denn die *Sorge (cura)*, die ihn in dieser, dem Jupiter unterstehenden
Epoche ständig bedrückt, läßt ihn – auch dies ein Gedanke, der uns aus
den klassischen Kulturentstehungstheorien der Griechen bereits sattsam
bekannt ist – *erfinderisch* werden:

«Der Vater des Feldbaus [Jupiter]
Wollte nicht leicht den Weg. Er regte als erster die Äcker
An durch Arbeit und Kunst. Er schärfte die Herzen der Menschen
Durch die Sorge: Er wollte sie nicht unter Schimmel erstarrend.
Kein Landbauer bezwang vor Jupiter je das Getreidfeld.
Nicht einmal zu bezeichnen die Flur und mit Grenzen zu scheiden
Galt das Recht. Man erwarb für alle zugleich, und die Erde
Trug, da keiner für sich es begehrt, willfähriger alles.
Er gab tödliches Gift dem schwarzen Schlangengezüchte,
Er hieß rauben den Wolf und die Wog' aufbrausen im Meere,

9 Dem Tiber.
10 Aeneis VIII 314–332.

Nahm den Honig dem Blatt und hielt das Feuer verborgen.
Er auch machte ein Ende, daß Wein in Bächen durchs Land floß:
Daß die Künste des Ackerbaus der Mensch sich erdachte
Schritt für Schritt, daß er jätet' das Kraut in den Furchen des Kornes
Und das in Adern des Steins verborgene Feuer herausschlug.
Da erst fühlte der Fluß den Kahn, gehöhlt aus dem Erlen-
Stamm, der Schiffer verlieh den Sternen Maße und Namen,
Nannte Hyaden sie, Plejaden, die Bärin Lykaons.
Da erfand man, das Wild in der Schlinge zu fangen, mit Mistel-
Leim es zu täuschen, den Wald zu umstellen mit Hunden zur Treibjagd.
Hier fährt einer hinab mit dem Garn in den breiten Gebirgsstrom
Bis auf den Grund, der zieht durch das Meer das triefende Schleppnetz.
Da erfand man die Härte des Beils, die blecherne Säge –
Früher trennte man noch durch den Keil die spaltbaren Stämme –,
Handwerke kamen in Brauch: Die Arbeit bewältigte alles
Mühevoll, und die Not [!], wenn sie drängte in bitteren Stunden.»[11]

Eine im Tenor ganz gleich gestimmte, nur insgesamt vielleicht mehr auf die rein poetische Wirkung hin angelegte, das kulturhistorische Detail weniger beachtende Gegenüberstellung der goldenen Urzeit und der durch Kriege, Laster aller Art, Verschwendung und Luxus verfinsterten Gegenwart finden wir auch bei Tibull (ca. 55–19 v. Chr.)[12]. Ovid (43 v. Chr.–17 n. Chr.) dagegen verfolgt zwar die gleiche Tendenz, rollt aber die Weltalterlehre, in engerem Anschluß an Hesiod, wieder in voller Breite auf, indem er den Gang der Entwicklung zunächst in die vier gro-ßen Etappen des Goldenen, Silbernen, Ehernen und Eisernen Zeitalters gliedert, deren letzteres, seiner Verderbnis wegen, dann Jupiter in der Sintflut ertränkt, worauf als fünfte Epoche der Menschheitsgeschichte, begründet von dem überlebenden Urpaar Deucalion und Pyrrha, die Jetztzeit beginnt (über deren kulturhistorischen Entwicklungsverlauf wir im einzelnen jedoch nichts weiter erfahren)[13].

Stärker noch als in den Gedichten Vergils und Tibulls tritt dabei hier der Wunsch in Erscheinung, die menschliche Urzeit zu einem ungetrübt-paradiesischen Dasein zu *verklären*:

«Erst nun entstand von Gold das Geschlecht, das ohne Gesetz
Willig und ungezwungen verehrte das Recht und die Treue.

11 Georgica I 121–146.
12 Vgl. Tibull: Elegien I 3, 35–52. II 3, 35–46; 63–74.
13 Metamorphosen I 89ff; vgl. XV 96ff. Ars amatoria II 467–480.

Strafe und Furcht waren fern; nicht lasen sie drohende Worte
Am gehefteten Erz, noch stand ein flehender Haufe
Bang vor des Richters Gesicht: Schutz hatten sie ohne den Richter.
Noch nicht hatte, gefällt auf heimischen Bergen, die Fichte,
Andere Welten zu sehn, sich gesenkt in die flüssigen Wogen;
Noch von keinem Gestad', als dem ihrigen, wußten die Menschen.
Noch umgürteten nicht abschüssige Gräben die Städte;
Kein gekrümmtes Horn und keine gerade Drommete
Waren, kein Helm, kein Schwert. In behaglicher Muße vergingen,
Ohne Krieger zu brauchen, die Tage sicher den Völkern.
Undienstbar und verschont von dem Karst und von schneidender Pflugschar
Nimmer verletzt gab alles von selbst die gesegnete Erde,
Und mit Speisen zufrieden, die zwanglos waren gewachsen,
Lasen sie des Erdbeerbaums Früchte auf sonniger Halde
Oder am rauhen Gerank Brombeeren und rote Cornellen
Und von dem ästigen Baume des Jupiter fallende Eicheln.
Da war ewiger Lenz, und gelind mit lautem Gesäusel
Küßte die Blumen der West, die sproßten ohne Besamung.
Nicht vom Pfluge bestellt trug bald auch Halme die Erde;
Ohne zu ruhn ward braun von belasteten Ähren der Acker.
Ströme von Milch nun wallten daher und Ströme von Nektar,
Und gelb tropfte herab von der grünenden Eiche der Honig.»[14]

Darauf setzt dann mit dem Anbruch des Silbernen Zeitalters, in einem
von Epoche zu Epoche sich stetig steigernden Maße, die bekannte Entartung ein, die Ovid mit nicht minder lebhaftem Pinselstrich und ohne
Farben zu sparen auf das eindrucksvollste zur Anschauung zu bringen
versteht. Gegenläufig dazu vollzieht sich der wirtschaftlich-technische
Evolutionsprozeß: Zuerst noch in Höhlen, unter Sträuchern oder hinter
Windschirmen («mit Bast verbundenen Zweigen») Schutz vor der Witterung suchend, ging man allmählich zum Bau von festen Behausungen
über, legte, nach Entdeckung des Bodenbaus und der Viehzucht, ge-
schlossenere, größere Siedlungen an, erlernte den Bootsbau, die Schiff-
fahrt und damit den Handel auch über das Meer und erlangte zuletzt, als
die verhängnisvollste aller Errungenschaften, die Kenntnis der Eisenver-
arbeitung, deren Mißbrauch durch die Entwicklung der Waffentechnik
die Menschen dann vollends ins Unglück stürzte. Erst jetzt, mit der
Freude am Töten, kamen Fischfang und Jagd auf[15]. Über die Antriebs-

14 Metamorphosen I 89–112.
15 Metamorphosen XV 99 ff.

kräfte des Fortschritts erfahren wir nichts; der Gang der Entwicklung lag
für den Dichter anscheinend hinlänglich in der *Teleologie der Weltalterlehre* begründet.

Die einzelnen Etappen der wirtschaftlich-technischen Evolution fanden, wie Ovid in auffälliger Übereinstimmung mit Empedokles und
Theophrast der Auffassung ist, ihren Niederschlag auch in der Entwicklung des *Opferwesens*: Ursprünglich brachte man lediglich Kräuter,
Spelt, Lorbeer, Blumen und Salz dar; als man dann eiserne Waffen besaß
und das Töten aufkam, wurden auch Tiere geopfert – zuerst Schweine
(zur Strafe dafür, daß sie die Äcker durchwühlten), als nächstes Ziegen
(weil sie an den Weinstöcken nagten), darauf Schafe und Rinder (diese
bereits ohne einen begründeten Anlaß); mit der Entdeckung der Schiff-
fahrt und dem auflebenden Überseehandel endlich traten als letztes
Spenden von Myrrhe, Weihrauch, Safran und anderen exotischen Spe-
zereien hinzu [16].

In die vier klassischen Weltalter mit der Jetztzeit als fünftem gliedert
schließlich auch Juvenal (ca. 60–140 n. Chr.) den Entwicklungsverlauf
der Kulturgeschichte. Seine Darstellung ist zwar kürzer gehalten und
weniger detailreich, stimmt aber im ganzen – und insbesondere in der
Moral! – mit der des Ovid überein. Nur erscheint die Urzeit bei ihm
wieder um eine Spur realistischer, als härter aufgefaßt, wenngleich er sie
abermals, zur Kontrastierung mit der Verderbnis und der Verschwendungssucht seiner eigenen Zeit, bewußt *idealisiert*:

«Einst in der Goldenen Zeit war die Keuschheit, so glaub' ich, auf Erden,
Ward wohl auch länger gesehn, als die eiskalte Höhle ein enges
Obdach nur bot, den Herd und den Altar, den Herrn wie die Herde
Gleicher Schatten umfing, als ihr Waldlager damals noch baute
Die in der Wildnis lebende Frau aus Laub und aus Schilf, aus
Fellen des Wilds, das in ihrer Nähe verweilte. Wie war sie
Anders als du, o Cynthia, anders als Lesbia, der doch
Schon eines Vogels Verlust getrübt hat das strahlende Auge,
Sie aber reicht die strotzende Brust ihren kräftigen Kindern,
Derberen Leibes sogar als ihr Eicheln rülpsender Gatte.
Freilich hat damals, als jung noch die Erde, der Himmel noch neu war,
Anders die Menschheit gelebt, nicht Vater und Mutter gekannt noch,
War ja aus Lehm geformt oder Eichenstämmen entsprossen.» [17]

16 Fasti I 337–362. Metamorphosen XV 111–142.
17 Satiren II 6, 1–13 (u. 14 ff).

Diesen im ganzen idyllischen – und zur Hauptsache wohl stoisch beein-
flußten – Schilderungen steht nun in scharfem Gegensatz das Bild gegenüber, das Horaz (65–8 v. Chr.) von der Urzeit entwirft. Deutlich der
demokriteisch-epikureischen Tradition verpflichtet und möglicherweise
sogar direkt an Lucretius anknüpfend, beschreibt er die ersten Menschen
als Wilde rohesten Zuschnitts, die, blind und ungehemmt ihren Leidenschaften ergeben, erbarmungslos, in einem *Kampf aller gegen alle* (was
wiederum auch an die Sophisten, insbes. Kritias, und Polybios erinnert!),
miteinander um die spärlichen Nahrungsgüter rangen und nur aus der
Erfahrung heraus, daß ein derart regelloses, vom nackten Faustrecht beherrschtes Dasein auf die Dauer ihrer aller Untergang sein müsse, darauf
kamen, sich zu größeren Gemeinschaften zusammenzuschließen und
sich vor allem Gesetze *(leges)* zu schaffen, auf Grund deren sie in diesen
Gemeinschaften auch auf geordnete Weise, friedlich und sicher zusam-
menzuleben vermochten:

«Als einst die Lebewesen aus junger Erde gekrochen,
Stummes und grauses Getier, da wurde um Eicheln, ums Lager
Wütend mit bloßen Krallen und Fäusten gerungen und dann mit
Knüppeln, schließlich mit Waffen, die man erfand in den Nöten.
Worte bildete man, um auszudrücken Gefühle.
Von dem Kampf ließ man ab und gründete Städte. Gesetze
Wurden erlassen, zu hindern den Diebstahl, den Raub und Ehbruch.
Denn schon lange vor Helena waren die Weiber des Krieges
Schlimmster Anlaß. Doch unbekannten Todes verstarben
Alle, die maßlose Gier nach Wollust wie Tiere wild stillten,
Die dann der Stärk're zu Boden schlug wie der Stier in der Herde.
Daß man aus Furcht vor Gewalttat Gesetze herausgab, das muß man,
Wenn man das Jahrbuch der Menschengeschichte aufschlägt, gestehen.»[18]

Ähnlich wiederum wie Horaz, nur nicht ganz so schroff, beschreibt endlich zuletzt auch Manilius (1. Hälfte des 1. Jhs. n. Chr.) die Verhältnisse
während der Urzeit, ebenfalls mit allem Nachdruck die Überzeugung
vertretend, daß die Menschen sich erst im Laufe einer *sehr langen* Zeit
(I 79: *«sed cum longa dies acuit mortalia corda»*), durch geduldiges *Er-
proben* aller sich ihnen bietenden Möglichkeiten (I 83: *«et quodcumque
sagax temptando repperit usus»*, vgl. I 95) sowie auf Grund der dabei
gesammelten *Erfahrungen* (I 61: *«artem experientia fecit»*) zu höheren

18 Satiren I 3, 97–109.

Lebensformen zu erheben vermochten, in einem mühseligen, aber *stetig voranschreitenden* Entwicklungsprozeß [19]. Beide, Horaz wie Manilius, verzichten also bewußt auf jede Idealisierung der Urzeit und bemühen im übrigen auch die Weltalterlehre nicht mehr; bei ersterem jedenfalls erscheint sie ganz ausgeschaltet, während letzterer sie, zweifellos mit der Stoa sympathisierend, nur einmal und lediglich andeutungsweise noch anklingen läßt, indem er auf die dereinstige Vernichtung der Welt durch eine gewaltige Feuersbrunst und die ewige Wiederkehr alles Seienden hinweist. [20]

Im ganzen also wird uns nichts Neues geboten. Es sind die längst schon zum allgemeinen Bildungsgut zählenden Vorstellungen, Gedanken und Theorien der Griechen, die, teilweise zur Formel verkürzt und poetisch ornamentiert, immer wieder nur nachgesprochen werden. Überhaupt galt die Überlegenheit der griechischen Wissenschaft so gut wie unangefochten und nahm man die Abhängigkeit, in der man sich ihr gegenüber befand, bereitwillig hin, ohne den Ehrgeiz zu zeigen, sie selbständig fortzuentwickeln oder gar über ihre Erkenntnisse hinauszugelangen. «Die Schriftsteller der Römer», klagt Strabo einmal (III 4, 19),

«ahmen zwar die hellenischen nach, doch ohne viel Glück: denn was sie berichten, entlehnen sie von den Hellenen, von sich selbst aus aber bringen sie keine rechte Wißbegier (φιλείδημον) auf, so daß dort, wo jene versagen, das von diesen Ergänzte unzulänglich erscheint».

Mochten bereits die griechischen oder hellenistisch gebildeten orientalischen Kaufleute, Ärzte, Techniker, Künstler, Adeligen und insbesondere Gelehrten, die, fasziniert von den Möglichkeiten der sich glanzvoll entfaltenden Weltstadt Rom, immer zahlreicher dort ihren Aufenthalt nahmen (man denke nur an Panaitios wie Poseidonios) oder gar in römische Dienste traten (wie Polybios), einen ersten bedeutsamen Einfluß auf die vornehmen Kreise der römischen Bürgerschaft ausgeübt haben, so war es doch vor allem die *Hellenisierung des Unterrichtswesens*, der bevorzugte Rang, den man der griechischen Literatur, Geschichte, Rhetorik, Wissenschaft und Philosophie in der Lehre einräumte, der dem Geistes- und Bildungsgut der Griechen zu der dominierenden Geltung verhalf. Familien, die es sich leisten konnten, hielten sich griechische Lehrer und Hof-

19 Astronomica I 61–98.
20 Astronomica IV 818–865.

meister, wenn nicht gar Philosophen, oder sandten ihre Söhne zum Studium an die klassischen Schulen Athens, auf Rhodos oder zu Pergamon. «Das eroberte Griechenland», heißt es so trocken wie treffend in einem Gedicht von Horaz, «unterwarf sich dem rauhen Sieger und führte die Künste in Latium ein, im Volk der Bauern»[21]. Und die Römer beugten sich um so leichter der Herrschaft des griechischen Geistes, als ihr Stolz davon unberührt blieb: Sie fühlten sich zu anderem berufen, hatten sich andere Ziele gesteckt, *politische* Ziele, von Vergil unnachahmlich in den berühmten Versen verewigt:

«Andre mögen Gebilde aus Erz wohl weicher gestalten,
Dünkt mich, und lebensvoller dem Marmor die Züge entringen,
Besser das Recht verfechten und mit dem Zirkel des Himmels
Bahnen berechnen und richtig den Aufgang der Sterne verkünden:
Du aber, Römer, gedenke die Völker der Welt zu beherrschen,
Darin liegt deine Kunst, und schaffe Gesittung und Frieden,
Schone die Unterworfnen und ringe die Trotzigen nieder.»[22]

Immerhin haben die Römer dank ihres Interesses an der griechischen Wissenschaft und durch die ausgiebige Pflege derselben vieles erhalten und an die Nachwelt vermittelt, was sonst unrettbar verlorengegangen wäre. Die Art und Weise jedoch, in der das geschah, blieb, jedenfalls in der Regel, rein *rezeptiv*, erschöpfte sich in einer zumeist kritiklosen Wiedergabe (wenn nicht gar Auswahl) dessen, was die griechischen Vorlagen boten. Es fehlte eben, wie Strabo mit Recht beklagt, das Bedürfnis, über die bloße Bestandsaufnahme hinaus den *Ursachen* (αἰτίαι) der Erscheinungen nachzugehen, der Antrieb zum *Forschen* (ἱστορίη), der die Griechen groß gemacht hatte und drängte, es nicht mit dem Staunen bewenden zu lassen, sondern nach einer *Erklärung* für das Bestaunte zu suchen. Von einigen wenigen Ausnahmen abgesehen, werden daher, wie schon gesagt, in der wissenschaftlichen Erkenntnis während der Römerzeit wirkliche Fortschritte kaum mehr erzielt.

Selbst in der Länderkunde, in der man, wenigstens dem äußeren Wissensstande nach, noch am ehesten vorangekommen war, bleibt die Abhängigkeit von den Griechen bestehen, werden insbesondere deren – durch die neueren Beobachtungen teilweise faktisch schon überholte – Gliederungsprinzipien und Ordnungsmodelle weiterhin allen Versu-

---

21 Episteln II 1, 159–161.
22 Aeneis VI 847–853.

chen, größere geographische Übersichten und namentlich auch Gesamt-
darstellungen der Ökumene bzw. Erdoberfläche zu geben, treulich zugrunde gelegt – so daß es nicht selten zu argen Entstellungen und Anachronismen kam. Und dies um so mehr, als die Voraussetzungen der
griechischen Einteilungslehren, nämlich die Kenntnis und Pflege der *mathematisch-astronomischen* Geographie, zusehends an Beachtung und
Interesse verloren. Cicero dünkte die Geographie eine «recht dunkle
Wissenschaft» *(obscurior scientia)*[23]; seinen ursprünglichen Plan, eine
«Erdbeschreibung» zu schaffen, gab er später resigniert wieder auf, da er
sich zu einer Auseinandersetzung mit Autoritäten wie Eratosthenes
schlichtweg außerstande sah[24]. Strabo gar ging so weit, die mathema-
tisch-astronomische Geographie gleich ganz aus seiner Betrachtung aus-
zuschalten – allerdings, wie noch zu zeigen sein wird, zugunsten des
historischen Gesichtspunkts. Kein Wunder daher, daß bald auch die *Erdkugellehre* zunehmend auf Unverständnis stieß und sich allmählich wieder die ältere und naivere Vorstellung von der festen Erdoberfläche als
einer inselartig dem Ozean aufruhenden, flachen und kreisrunden
Scheibe, dem «*Orbis terrarum*», durchzusetzen begann. Erst Ptolemaios
(ca. 100–178 n. Chr.), in dem die naturwissenschaftliche Geographie des
Altertums noch einmal einen letzten, genialen Vertreter fand, gelang es,
die Erdkugellehre erneut und überzeugend zur Geltung zu bringen und
damit – allen Bemühungen auch der frühchristlichen Gelehrten zum
Trotz, sie abermals zu verwerfen – einer der kühnsten Konzeptionen der
Griechen endgültig zum Sieg über die altgläubige Reaktion zu verhelfen.

Nicht anders aber pflegte man sich auch in der Ethnographie, bis auf
die neuerlich erst durch die Römer bekannt gewordenen Völkerverhältnisse Germaniens und im Hinterland von Nordafrika, aufs engste an den
griechischen Vorlagen zu orientieren – und abermals ohne der Möglichkeit Rechnung zu tragen, daß sich in der Zwischenzeit vielleicht manches verändert hatte. Infolgedessen blieb die Betrachtung auch später
zumeist noch weitgehend in der älteren ethnographischen Vorstellungswelt der Griechen befangen und herrschte, wie Strabo (III 4, 19) notiert,
sogleich Unsicherheit, wenn der Blick über deren Grenzen hinausging:

23 De oratore I 59 f.
24 Ad Atticum II 4; 6.

«In bekannten und berühmten Ländern nämlich sind Auswanderungen, Teilungen des Gebiets, Veränderungen der Namen und was dergleichen mehr ist, bekannt; denn es wird von vielen besprochen, und besonders von den Hellenen. Über alle barbarische, weit entlegene, ein kleines Gebiet umfassende und zerrissene Völker hingegen sind die Nachrichten weder sicher noch zahlreich; wenn sie aber vollends fern von den Hellenen wohnen, so steigert sich die Unbekanntschaft.»

Im Grunde sind es immer wieder dieselben Autoren, aus denen man schöpft; so – um nur einige der wichtigsten zu nennen – Hanno, Euthymenes und Polybios etwa als Gewährsleute für die westafrikanische Küste, Poseidonios für Spanien und Gallien und für Asien im wesentlichen Herodot, Ktesias, Nearch und Megasthenes. Die Auswahl wird dabei nicht immer und unbedingt von rein sachlichen Überlegungen geleitet, sondern erfolgt recht häufig nach freiem Belieben, aus Gründen des literarischen Geschmacks heraus oder auch unmittelbar unter dem Gesichtspunkt der Publikumswirksamkeit; und so geschieht es mitunter, daß einzelnes falsch zusammengestellt, anderes gekürzt oder auf andere Weise verändert und manches überhaupt unrichtig wiedergegeben wird. Beispiele dafür liefern vor allem die größeren – und in der Regel eben weniger mit dem Auge als «mit der Schere» erarbeiteten – geographisch-ethnographischen Gesamtübersichten, wie wir sie u. a. etwa von Pomponius Mela, Plinius, Dionysios Periegetes und Avienus kennen und wie sie später dann noch im einzelnen zu besprechen sein werden. Im ganzen hebt hier eine Entwicklung an, die sich alsbald immer stärker, und mehr noch als auf dem Gebiete der Länder- und Völkerkunde, deren Beziehung zur Wirklichkeit schon von der Sache her enger war und korrigierend zu wirken vermochte, auch in anderen Bereichen der römerzeitlichen Gelehrsamkeit geltend zu machen beginnt. An die Stelle der eigenen Forschung tritt der Eklektizismus, die Originalität weicht der Kompilation. Menge und Vielfalt des Zusammengetragenen zum Maßstab der Wissenschaftlichkeit erhebend, setzt man seinen ganzen Ehrgeiz darein, einander durch das Aufspüren und Ausbeuten möglichst zahlreicher Quellen an «Gelahrtheit» zu überbieten – was mitunter so weit ging, daß man auch Freunde um Unterstützung beim Exzerpieren bat oder selbst Sklaven dazu heranzog. So entstand, namentlich vom ersten und zweiten Jahrhundert n. Chr. an, eine wachsende Fülle *enzyklopädischer Sammelwerke*, Handbücher, Kompendien und Kataloge teils gemischten, teils überwiegend oder rein antiquarisch-kulturgeschichtlichen, naturkundlichen (botanischen und zoologischen), mythographischen, historischen oder paradoxographischen und anderen Inhalts, von deren Verfassern hier wieder nur einige wenige der bekannteren genannt werden sollen: so Diodor von Sizilien (1. Jh. v. Chr.) vor allem mit seiner Weltgeschichte (Βιβλιοθήκη), dann Claudius Aelianus (ca. 170–240 n. Chr.) mit seinen «Tiergeschichten» (Περὶ ζῴων ἱστορίαι) und «Bunten Geschichten» (Ποικίλη ἱστορία), Athenaios von Naukratis (1. Hälfte des 3. Jhs. n. Chr.) mit seinem «Gelehrtengastmahl» (Δειπνοσοφισταί) und Porphyrios (ca. 234–305 n. Chr.) insbesondere mit seinem Werk «Von der Enthaltsamkeit» (Περὶ ἀποχῆς ἐμψύχων).

Nur mehr zu bloßem Stoff aufeinandergetürmt, zerbrach so, was einstmals, von souveränen Geistern geschaffen, durchdachte Ordnung, System und erhabenes Sinngefüge war, allmählich zu leerem Gestück, das dann, in wechselnder Variierung und Kombination zu immer neuen Kompilationen und Anthologien nur flüchtig zusammengelesen, zuletzt, zertrümmert, verstümmelt und abgenützt, als Erbe des Altertums in die Apologien, Erdbeschreibungen, Kosmographien, Geschichtswerke und andere Schriften der frühchristlichen und schließlich mittelalterlichen Literatur überging.

1. Marcus Terentius Varro (116–27 v. Chr.)

Unter den ersten *genuin römischen* Gelehrten ragt Varro als einer der größten hervor. Schon seine Zeitgenossen erkannten das einmütig an. Cicero z. B., mit dem ihn eine lockere Freundschaft verband, rühmte ihn neidlos als den gelehrtesten und scharfsinnigsten Römer seiner Zeit[25], und ähnlich begeistert äußerten sich später viele andere. Selbst die Christen machten hierin keine Ausnahme, und kein Geringerer als noch Augustinus (354–430 n. Chr.), der ihn für bedeutsam genug hielt, sich gründlicher mit ihm auseinanderzusetzen (worauf noch zurückzukommen sein wird), würdigte ihn mit den lobenden Worten:

«Mag auch seine Sprache nicht besonders einschmeichelnd sein, so ist sie doch in ihrer Gelehrsamkeit und ihrem Gehalt so gesättigt, daß er auf all den Gebieten, die wir die weltlichen, die anderen aber die freien nennen, ebenso der Lehrmeister der sachlichen Dinge ist, wie Cicero die Liebhaber der Wortkunst begeistert.»[26]

25 Academica I 3.
26 De civitate dei VI 2.

Die überragende Gelehrsamkeit Varros, die unter seinen Verdiensten immer wieder an erster Stelle genannt wird und seine Bewunderer so sehr faszinierte, war das Ergebnis nahezu *universaler* Interessen und eines unermüdlichen, von tiefwissenschaftlichem Ernste wie unanfechtbarer Gewissenhaftigkeit gleichermaßen geleiteten Fleißes. Augustinus wieder bezeugt, er habe so viel gelesen, daß man sich wundern müsse, woher er die Zeit zum Schreiben nahm, und doch auch so viel geschrieben, daß kaum jemand imstande sein dürfte, alles zu lesen[27]. Und Isidor von Sevilla (ca. 570–636 n. Chr.) vermerkt dementsprechend, er habe «unzählige Bücher» *(innumerabiles libros)* verfaßt[28].

Mit Ausnahme rein naturwissenschaftlicher Fragen, an denen die Römer ja überhaupt nur mehr ein geringes Interesse besaßen, befaßte sich Varro mit nahezu allem, was die antike Wissenschaft an Fachdisziplinen umspannte, von der Philosophie über die Geographie, Agronomie, Grammatik, Rhetorik und Jurisprudenz bis hin zur Literatur- und Kulturgeschichte, ja versuchte sich sogar als Poet! Allerdings ging er keine eigentlich neuen Wege dabei und vermochte es auch nicht, der Wissenschaft wirklich neue Perspektiven zu weisen. Wie die Gelehrten der Römerzeit überhaupt war er vielmehr bemüht, soweit möglich in allem an die griechische Tradition anzuknüpfen und, sowohl der Methodik wie der Zielsetzung nach dem jeweiligen Vorbild entsprechend, die Erkenntnisse, welche die seiner Auffassung nach bedeutendsten Geister der Griechen in den einzelnen Wissensbereichen errungen hatten, lediglich fortzuentwickeln – sei es am Beispiel speziell römischer Themenkreise oder auch ganz allgemein. Doch trug er damit (wie neben ihm Cicero und andere) sehr entscheidend zur Vermittlung des griechischen Geistesguts an seine Landsleute bei und schuf nicht zuletzt dadurch, daß er als erster die Geschichte der Römer konsequent nach dem Vorbild der Griechen zu erforschen und darzustellen versuchte, die *grundlegenden Voraussetzungen für die Entfaltung der römischen Historiographie und Kulturgeschichtsforschung* – ein Verdienst, das ebenso Bewunderung wie nationale Emotionen entfachte. «Deine Bücher», dankt Cicero ihm nicht ohne Bewegung,

---

27 De civitate dei VI 2.
28 Isidor Hispalensis: Etymologiae sive origines VI 7, 1.

«haben uns, die wir in unserer Stadt wie fremde Gäste umherirrten, gleichsam in die Heimat zurückgeführt, so daß wir endlich erkennen konnten, wer wir sind und wo wir stehen. Du warst es, der uns das Alter der Vaterstadt, die Vergangenheit, das sakrale Recht, die Priesterschaftsordnung, das häusliche Leben, das Kriegswesen, die Verteilung der Länder und Orte und schließlich die Namen, Arten, Aufgaben und Ursachen aller göttlichen und menschlichen Dinge erschlossen hat.»[29]

Die nationale Begeisterung, die hier anklingt, entfaltete sich jedoch nicht nur infolge des Umstands, daß die Untersuchungen Varros zum überwiegenden Teil Fragen des eigenen Volkes und seiner Geschichte zum Gegenstand hatten, sondern lag bereits in der Absicht, die er mit seiner Arbeit verband, von Grund auf begründet: Denn über das rein wissenschaftliche Interesse hinaus bewog ihn die Sorge um den nationalen Bestand und die ferneren Geschicke der Römer, die alte Zeit, da die Welt noch in Ordnung war und Tugend wie sittliche Lauterkeit, Edelmut, Gottes- und Rechtsfürchtigkeit, Zucht, Tapferkeit und Gemeinsinn noch eine unangefochtene Geltung besaßen, heraufzubeschwören, in der Hoffnung, seine Landsleute auf die Ideale, die einst ihre Ahnen groß gemacht hatten, auch fürderhin verpflichten zu können. Tendenz und Thematik stellen also zwei inhaltlich aufeinander bezogene Größen bzw. eine einzige Beziehungseinheit dar, und das gilt es im Auge zu behalten, da ebendieser Zusammenhang, so, wie ihn Varro hergestellt und aufgefaßt hatte, auch in Zukunft und gerade für die römische Historiographie und Kulturgeschichtsforschung *grundlegend* bleiben sollte.

Wie ernst es Varro mit der Aufgabe, die er seiner Wissenschaft gestellt hatte, nahm, erhellt schon allein daraus, daß er auch seine Lebensführung mit ihr in Einklang zu bringen bemüht war. Seinem Wesen nach alles andere als ein kämpferisch-politischer Geist, sondern vielmehr Philosoph und dabei – neben kynischen und neupythagoreischen – noch von stoischen Idealen beherrscht, diente er doch seinem Staate, sich keiner, auch der beschwerlichsten Verpflichtung entziehend, treulich, sowohl als Soldat wie Beamter, und brachte es immerhin zum Volkstribunen, Prätor und Statthalter (vermutlich in der Provinz Asia). Und nicht minder bezeichnend ist auch, daß er Pompeius, an den er die Hoffnung auf Wiederherstellung der altrömisch-republikanischen Ordnung knüpfte, zeit seines Lebens die Treue hielt.

29 Academica I 3.

Bei dieser Inanspruchnahme durch öffentliche Ämter und angesichts auch der Gewissenhaftigkeit, mit der er bei allem zu Werke ging, muß es doppelt erstaunlich erscheinen, daß Varro es in seinem wissenschaftlich-literarischen Schaffen auf ein Œuvre von weit über 70 Titeln brachte, von dem uns jedoch nur ein geringer Bruchteil und dieser zumeist fragmentarisch erhalten ist. Für uns sind dabei in erster Linie natürlich allein seine geographisch-ethnographischen und kulturgeschichtlichen Schriften von Belang.

Wie im Verlaufe der Darstellung bereits mehrfach zur Sprache kam, zählte es, spätestens seit Herodot, zu den Traditionen der antiken Ethnographie, eine Völkerbeschreibung nach Möglichkeit mit der Behandlung des *Ursprungs* («Archäologie»), der «*origo*», des betreffenden Volkes einzuleiten, d. h. ihm durch die Bestimmung seines Standorts in der Genealogie und Geschichte der Menschheit gewissermaßen eine historische Legitimation zu verleihen. Ebendies unternahm Varro nun auch für die Römer, und zwar zunächst in einer gesonderten Schrift mit dem Titel «De gente populi Romani». Wenn auch als Ganzes wieder verloren, ist uns ihr Inhalt dank zahlreicher Auszüge insbesondere im «Gottesstaat» Augustins (B. XVIII) doch noch recht gut überschaubar.

Beachtung verdient gleich als erstes, daß Varro dabei in seinem Bemühen, die Geschichtlichkeit seines Volks im antiken Sinn zu verbürgen, die Abkunft der Römer mit der *Genealogie der Griechen* zu verknüpfen versuchte, da es für ihn schon insofern, als er nichts anderes als die Prinzipien und Tradition der griechischen Historiographie zu wahren bestrebt war, von vornherein feststand, daß den Griechen auf Grund ihrer überragenden Leistungen ein führender Platz unter den Völkern der Erde gebühre und sie sozusagen Geschichte im Übermaße besäßen – denn die Barbaren konnten, wie hieraus (und später noch klarer aus einer Tacitus-Stelle) ersichtlich, als Menschen *ohne* historisch gesicherte Herkunft und eine aktive Anteilnahme am großen Geschehen der Welt *keinerlei Anspruch auf Geschichte* erheben – oder doch nur in dem Maße, in dem ihre Geschicke sich etwa mit denen der hochkulturtragenden Völker des Mittelmeerraumes berührten.

In seiner Gründlichkeit ging Varro bis an den Beginn der Menschheitsgeschichte zurück, deren Gang er im großen und ganzen zunächst in drei umspannendere – und noch sichtlich im Sinne der Weltalterlehre verstandene – Epochen aufgliederte: die erste, lehrte er, erstreckte sich dabei von den Anfängen bis zur frühesten Sintflut *(«ad cataclysmum priorem»)*, die zweite von der Flut, die zur Zeit des Ogygius (griech.

Ogygos), des ältesten Königs von Theben, vom Kopais-See aus einen
Großteil Böotiens und Attikas überschwemmte, bis zur ersten Olym-
piade und die dritte von diesem letzteren Zeitpunkt an bis auf seine
eigene Gegenwart. Die eigentlich römische Geschichte ließ er laut Augustinus bereits mit dem Einsetzen der zweiten Epoche, also den Ereignissen nach der Flut des Ogygius, beginnen[30], so daß er die erste und die
Anfänge der Menschheit vermutlich nur kurz, vielleicht in Form einer
allgemeineren Einleitung, berührt haben wird.

Das chronologische Gerüst des Ganzen lieferten ihm die Herrscher-
listen der für den von ihm postulierten genealogischen Zusammenhang
relevanten alten Königtümer Griechenlands und Oberitaliens, wobei er
sich, wie wir wissen, im wesentlichen an die in der «Chronik» (Χρονικά)
des Kastor von Rhodos (1. Jh. v. Chr.) gebotene Ordnung hielt, jedoch
die assyrische Königstafel, die Kastor noch denen der griechischen Reiche
vorangestellt hatte, fortfallen ließ – möglicherweise, um auch hierdurch
wieder zu dokumentieren, daß die eigentliche Geschichte – und insbesondere die Geschichte der Römer – erst mit dem Auftreten der Griechen
einsetzt. Den Anfang bildete dabei das sikyonische Königtum, gefolgt
von dem der Argiver und weiter dem athenischen Königshaus, von dem
die Entwicklung dann auf die Könige von Laurentum, Latium und Alba
überging, worauf endlich mit der Gründung von Rom und dem Aufstieg
des römischen Königtums die jüngste Etappe begann, mit der Varro,
ohne auf die republikanische Zeit einzugehen, seinen Überblick offenbar
abschloß. Soweit noch zu sehen, schmückte er die an sich trockene Aufzählung, wo es ihm angebracht oder seinen Zwecken nur irgend dienlich
erschien, mit Mythen, Sagen und Erzählungen aus, die sich an den einen
oder anderen Herrscher knüpften.

Mit der Konstituierung der Königsherrschaft zu Rom war für Varro
die Entstehungsgeschichte der Römer zum Abschluß gelangt; ihren Aufstieg zur führenden Macht im Mittelmeerraum und damit zu welthisto-
rischer Geltung während der folgenden republikanischen Ära hatte er
bereits in einer gesonderten Schrift «De vita populi Romani» behandelt,
auf die noch zurückzukommen sein wird. Leitete er ihre Geschichte mithin bis auf die Königschronologien der Athener, Argiver und Sikyonier
zurück, so scheint er doch den Versuch, auch einen *ethnischen* Zusammenhang zwischen Römern und Griechen herzustellen, nicht unternom-

men zu haben. Das Verbindende lag eben seiner Auffassung nach vor allem in der historischen und insbesondere auch *kulturhistorischen Kontinuität* ihrer beider Geschichte, der zufolge sie nur als Träger ein und derselben Entwicklung und somit aufs engste einander zugehörig erschienen. In diesem Sinne war Varro denn auch überzeugt, daß die Götter der Griechen und Römer *identisch* und von ihren Völkern lediglich mit verschiedenen Namen bedacht worden seien. Das Kriterium der Sprache spielte also kaum eine Rolle, und andere, wie etwa Besonderheiten ethnographischer Art, blieben offenbar ebenso außer Betracht. Wesentlicher war der rein historische Ereignisablauf, der die Geschicke beider Völker so unmittelbar miteinander verschlang.

Vermutlich war die Frage nach der *ethnischen Individualität* der Römer in diesem Zusammenhang auch gar nicht zur Debatte gestellt, ein Verzicht, den sich Varro zu leisten vermochte, da er sich mit ebendiesem Problem bereits wenige Jahre zuvor in der schon genannten Schrift «De vita populi Romani» gründlicher auseinandergesetzt hatte. Hier nämlich war es ihm zur Hauptsache darum gegangen, einen möglichst umfassenden Überblick über die *kulturgeschichtliche Entwicklung* der Römer bzw. der Entfaltung der spezifisch römischen Lebensweise *(«vita»)* in all ihren Äußerungsformen zu liefern, um daraus dann ein *Charakterbild des Volkes selbst* zu gewinnen. Erinnert schon dies, dem Aufbau wie der Zielsetzung nach, an die alten peripatetischen «Politien», so weist mehr noch der Titel der Schrift, der so auffallend an den des berühmten dikaiarchischen Werkes, den Βίος Ἑλλάδος (wörtl.: die «Lebensform Griechenlands»), die «Kulturgeschichte Griechenlands», anklingt, darauf hin, daß Varro hier insbesondere von dem Vorbild des Peripatetikers Dikaiarchos ausging, zumal er, wie aus Exzerpten in seiner Abhandlung «Über die Landwirtschaft» (De re rustica I 2, 16. II 1, 3−5) zu ersehen, dessen Hauptwerk nicht nur gekannt, sondern auch gründlich studiert haben muß. Bedauerlicherweise jedoch ist uns auch Varros «De vita populi Romani» (also zu deutsch etwa: «Kulturgeschichte des römischen Volkes») wieder nur fragmentarisch erhalten, so daß sich der Zusammenhang nicht mehr des näheren nachprüfen läßt – wäre die Schrift noch als Ganzes zur Hand, würde sie, wie schon ein Blick auf die folgende Inhaltsangabe lehrt, eine Fundgrube von kaum zu überschätzendem Wert für die Erhellung der altrömischen Lebensverhältnisse darstellen!

Den äußeren Rahmen bildete zunächst wieder ein historischer Aufriß: von den Anfängen Roms über die Vertreibung der Könige bis in die aktuelle Zeitgeschichte (Bürgerkrieg) hinein. Vor diesem Hintergrunde und,

wie er dadurch verdeutlichen wollte, in steter Wechselbeziehung zu den
Veränderungen, die sich in der politischen Szenerie vollzogen, rollte
dann Varro, ebenso detailliert wie umfassend, den Entwicklungsverlauf
der Kulturgeschichte auf. Er gab einen Überblick über den Werdegang
der verschiedenen Formen der häuslichen Lebensführung, von der Art
und Zubereitung der Nahrung über den Wandel in Bekleidung und
Schmuck, dem Geräteinventar und der Weise des Wohnens bis hin zum
Geburts-, Hochzeits- und Bestattungsbrauchtum sowie überhaupt dem
Zusammenleben in der Familie, widmete sich der Entfaltung von Glaube
und Kult und der Geschichte des Priestertums, verfolgte auch die Entwicklung im öffentlich-sozialen und politischen Bereich, wie etwa im
Rechts- und Verfassungswesen, der Ämterordnung oder der Diplomatie,
ging auf die Kriegführung ein u. a. m.

Freilich verband sich auch hier wieder die rein wissenschaftliche Auf-
gabenstellung, die Geschichte der Römer zu rekonstruieren bzw. zu
schreiben und überhaupt die historische Erkenntnis zu mehren, mit der
moralischen Absicht, dadurch zugleich auch erzieherisch Einfluß auf die
nationale Gesinnung des Volkes zu nehmen. Varro erlag der Versuchung, die Verhältnisse während der «Gründerzeit» zu *idealisieren*, um
sie der Gegenwart, die er von Verfall und Verderbnis bedroht sah, um so
überzeugender als Ideal vor Augen führen zu können. Geschickt kontra-
stierend, stellte er der alten Genügsamkeit die zunehmende Üppigkeit
und den Luxus, der Sittenstrenge die Zuchtlosigkeit, der Pflichttreue das
Karrierestreben und dem Gemeinsinn der Väter den rigorosen Eigennutz
seiner Zeitgenossen gegenüber, der die größte Gefahr für den Bestand
und die Stärke des Staates darstelle.

Zweierlei ist es, was hieraus vor allem erhellt: nämlich einmal, daß
Varro von der historischen Bedeutung (und Mission) der Römer zutiefst
überzeugt war, und zum anderen, daß er bei seinen Überlegungen ganz
offensichtlich mit einem bestimmten *Volksbegriff* operiert; denn wie unschwer zu sehen, leitete er das von ihm zum Ideal einer echtrömischen
Lebensordnung verklärte Dasein während der Anfänge Roms von der
Tatsache ab, daß sich damals noch ausnahmslos alle zu einem gemeinsamen und unantastbar gültigen Tugendkodex bekannten, der ihrem Verhalten sowohl untereinander wie im Gesamt des Sozialgefüges eine unerschütterliche, weil moralisch gefestigte Ordnung und damit dem Staate
als Ganzem eine sichere Funktionsfähigkeit, Stabilität und einen lauteren
Charakter verlieh. Und da nun später die Tugendtreue der Alten, wie
Varro erkennen zu können glaubte, mehr und mehr ins Wanken geriet,

so sah er auch den Bestand des Staates in steigendem Maße bedroht. Das heißt: *Ein Volk ist eine Gemeinschaft von Menschen, die eine bestimmte Moralauffassung teilen* bzw. ein Leben führen, das von einer solchen, allen gemeinsamen Moralauffassung geleitet erscheint. Und demzufolge würde die Summe aller von denselben sittlichen Idealen beherrschten Lebensäußerungsformen bis hin zur Staatsorganisation die *Kultur eines Volkes* umschreiben. Beginnt daher ein Volk seine traditionelle Sittlichkeit einzubüßen, so droht auch seiner Gesamtorganisation der Verfall, d. h. besteht die Gefahr, daß es als Volk im *ethnologischen* (nicht im biologischen) Sinne zugrunde geht.

Die Gründe für diese, an sich treffliche These sind wohl zur Hauptsache in der römischen Geschichte zu suchen. Der rasche und imponierende Aufstieg des eigenen Volkes zur führenden Macht im Mittelmeerraum drängte nach einer Erklärung, und die glaubte Varro eben – wie neben ihm zweifellos die Mehrzahl der Gebildeten und Vornehmen Roms – aus einem begreiflichen Nationalstolz heraus allein in der sittlichen Integrität und besonderen moralischen Kraft der alten Römer sehen zu müssen!

Auf der anderen Seite aber wurde dadurch der Blick für die Erkenntnis noch weiterer, beispielsweise *exogener* Komponenten des ethnischen und kulturellen Bildeprozesses verdunkelt. So scheint Varro die Tatsache etwa, daß gerade Kontakte und Impulse *von außen* sehr wesentlich zur erfolgreichen Entwicklung eines Volkes beitragen können, ja daß sie in der Geschichte überhaupt unvermeidlich sind und das Geschick eines Volkes entscheidend mit davon abhängt, wie es mit solchen Einwirkungen fertig zu werden vermag, nicht gebührend gewürdigt zu haben. Die eigene Nation, vor deren überragender Größe alles, was sie nicht unmittelbar betraf, sozusagen hinter den Horizont der Betrachtung versank, gab den allein gültigen Maßstab ab. Und hier, nicht im Verfall der traditionellen Moral, lag die eigentliche Gefahr: Denn wir wissen ja, daß Rom gerade auch daran zerbrach, daß man es nicht verstand, die verschiedenen und vielfältig variierenden Volkskulturen in den einzelnen Provinzen des Reiches miteinander zum Ausgleich zu bringen, und, mehr noch, daß man die Kraft der Barbaren, die von außerhalb zum Angriff ansetzten, nicht richtig – d. h.: nicht *ethnologisch* exakt – abzuschätzen und zu beurteilen vermochte.

War es Varro in seiner «Vita populi Romani» im wesentlichen darauf angekommen, die Entstehungs- und Entwicklungsgeschichte der römischen Kultur nachzuzeichnen, so hatte er es sich in einem weiteren, seinem eigentlichen Hauptwerk, den «Antiquitates rerum humanarum et divinarum», zur Aufgabe gemacht, den gesamten, den profanen wie den sakralen Bereich umfassenden Bestand des traditionellen Kulturbesitzes der Römer noch einmal in einer Art enzyklopädischem Handbuch geschlossen zur Darstellung zu bringen. Auch diese Schrift, die ihrem Autor die größte Bewunderung eintrug und alsbald als *der* Klassiker der römischen Gelehrsamkeit galt, ist nur fragmentarisch erhalten, wobei wir abermals Augustin, der sich wieder im «Gottesstaat» ausführlicher mit ihr auseinandergesetzt hat, die gründlichsten Auszüge und Angaben verdanken, mit deren Hilfe wir uns immerhin noch ein einigermaßen abgerundetes Bild von ihrem Inhalt zu machen vermögen.

Danach umfaßte das Werk 41 Bücher, von denen 25 auf die *res humanae* und 16 auf die *res divinae* entfielen. Der erste Teil, also die profanen Kulturaltertümer, deren Behandlung auch hier an den Anfang gestellt sei, setzte sich dabei, abgesehen von einer allgemeineren Einleitung zu Beginn des Ganzen (B. I), aus vier großen Abteilungen zusammen, deren Umfang jeweils sechs Bücher betrug. Die erste derselben war den *Menschen*, als Schöpfern und Trägern der Kultur, gewidmet («*de hominibus*», – *qui agant*, B. II–VII), die zweite handelte von den *Schauplätzen*, an denen sich die wichtigsten Entwicklungen ereignet hatten («*de locis*», – *ubi agant*, B. VIII–XIII), die dritte von den *Zeiträumen*, in welche diese Entwicklungsprozesse fielen («*de temporibus*», – *quando agant*, B. XIV bis XIX), und endlich die vierte von den *Realien* selbst («*de rebus*», – *quid agant*, B. XX–XXV). Im einzelnen zwar holte Varro gelegentlich wohl auch einmal weiter aus und überschritt die Grenzen seines engeren römischen Heimatbereichs, verlor aber diesen dabei, als den zentralen Bezugsraum seiner ganzen Betrachtung, doch nie aus dem Auge: «Er schrieb ja», bedeutet uns Augustin, «die Bücher über die menschlichen Dinge nicht vom Standpunkt des ganzen Erdkreises aus, sondern nur insoweit sie Rom betreffen»[31].

Viel mehr als den äußeren Aufbau, der jedenfalls schon einen ebenso wohlüberlegten wie straff organisierten Eindruck erweckt, verrät uns Augustinus von diesem ersten Teil allerdings nicht, so daß wir über den Inhalt im einzelnen und die Art, in der Varro ihn darbot, nur Vermutungen anstellen können. Immerhin sind die Rekonstruktionsbemühungen (anhand namentlich nicht ausgewiesener, aber doch aller Wahrschein-

31 De civitate dei VI 4.

lichkeit nach aus Varro geschöpfter Exzerpte), und insbesondere in bezug auf die zweite Abteilung («*de locis*», B. VIII–XIII), auf die es uns hier vor allem ankommt, schon so weit fortgeschritten, daß sich im ganzen doch ein recht klares Bild ergibt.

Im ersten Buch bot Varro, wie schon gesagt, zunächst eine allgemeinere Einführung in den gesamten Fragenbereich der *res humanae* und entwickelte dabei zugleich auch das philosophische Konzept und die Ziele, nach denen er im ganzen vorzugehen gedachte. Buch II–VII, also die erste Tetrade *(«de hominibus»)*, mit der dann die Darstellung selbst begann, war – nach klassischem Vorbild – der römischen *Urgeschichte* gewidmet, die Varro, anhebend mit einer Erörterung über die Ursprünge der alten Latiner (unter vergleichsweiser Miteinbeziehung der übrigen Völker Italiens), über die Gründer Roms und die ältesten Könige, – immer bemüht, mehr die Menschen und ihre Verdienste als die Ereignisse selbst in den Vordergrund der Betrachtung zu rücken, bis zu den Initiatoren und ersten Repräsentanten der einzelnen Institutionen und Ämter der republikanischen Staatsorganisation hinaufreichen ließ. Die zweite Abteilung, Buch VIII–XIII *(«de locis»)*, war vorrangig landeskundlichen Inhalts. Und hier insbesondere scheint Varro den Bogen sehr weit gespannt und über die engeren Grenzen Latiums und Italiens hinaus einen geographischen Überblick über die gesamte Erde gegeben zu haben. Einen – wenn auch nur vagen – Eindruck von dem, was er dabei bot und wie er im einzelnen vorging, läßt sich zumindest indirekt noch aus den späteren Erdbeschreibungen des Pomponius Mela und Plinius gewinnen, die im wesentlichen, – und namentlich was das äußere Gerüst der Darstellung anlangt, auf den sechs Büchern *«de locis»* des Varro basieren. Demnach dürften diese selbst ihrem Inhalt nach folgendermaßen gegliedert gewesen sein: Den Anfang, also Buch VIII, bildete die Beschreibung Roms, in Buch IX–XI war Italien behandelt, Buch XII brachte eine Übersicht über die übrigen Teile Europas, und endlich Buch XIII schloß mit einer Darstellung Asiens und Afrikas ab. Daß Varro dabei – einmal abgesehen von der Sonderbehandlung, die Italien erfuhr – Europa auf der einen und Asien mit Afrika auf der anderen Seite in zwei getrennten Büchern beschrieb, erklärt sich daraus, daß er die Erdoberfläche, im Anschluß an Eratosthenes, wieder in *zwei* große Kontinentaleinheiten schied – eben Europa und Asien / Afrika, als deren Teiler ihm in etwa die Linie vom «Tanais» (Don) bis zur «Gaditanischen Meerenge» (Straße von Gibraltar) galt. Noch bedeutsamer aber erscheint, daß er Europa, – wie ganz ähnlich übrigens auch Polybios schon, einhellig auf *den Nordwesten* der

Ökumene beschränkt (und nicht mehr mit Asien zu einer einzigen nördlichen Hemisphäre verbindet), es also annähernd bereits im heutigen Sinne begreift und ihm, schon als Wiege Roms, ganz sichtlich eine besondere Bedeutung zuschreibt. – Könnte es sein, daß sich hier erstmals, über den Nationalstolz des Römers hinaus, so etwas wie ein *europäisches Bewußtsein* zu entfalten beginnt? Aus der ganzen Geschichtsauffassung und geistigen Weite Varros heraus wäre es jedenfalls denkbar.

Bei der Darstellung selbst folgte er wieder dem Aufbauprinzip der alten Periploi und ging nach den Küsten vor, und zwar zuerst die des Inneren (bzw. des Mittelländischen) und dann die des Äußeren Meeres (bzw. des Ozeans) behandelnd – eine Anordnung, die, wie noch zu zeigen sein wird, auch für die Anlage aller späteren Erdbeschreibungen der Römer im ganzen bestimmend blieb. Wie namentlich aus den einschlägigen Partien bei Plinius noch zu ersehen, bot Varro jedoch nicht nur eine rein geographische Übersicht, sondern wartete darüber hinaus – entsprechend dem Vorbild der antiken Periplous-Literatur – durchaus auch mit Angaben zur *Ethnographie* und *Kultur- bzw. Religionsgeschichte* auf. Selbst Mirabilien scheint er, und vermutlich nicht einmal zu sparsam, mit in die Darstellung aufgenommen zu haben, da sie gerade in den unmittelbarer auf ihm fußenden Chorographien (der oben genannten und anderer Autoren) eine nicht unerhebliche Rolle spielen und wir zudem wissen, daß er sogar eine Spezialschrift zu diesem Thema («De admirandis») verfaßte.

Die Behandlung der einzelnen Küstenabschnitte erfolgte offenbar nach einem bestimmten, immer gleichbleibenden Gliederungsschema. Das sah etwa so aus, daß Varro jeweils die Beschreibung so tief, als es die Quellenlage erlaubte, ins Innere des Landes vorantrieb und dabei, ganz nach dem Vorbild einer klassischen Periegese, zunächst einen *allgemeingeographischen* Überblick über das betreffende Gebiet gab, d. h. seine Grenzen umriß, die wichtigsten Berge, Flüsse, Seen, Häfen, Siedlungen, Straßen usw. aufzählte, die Beschaffenheit des Bodens besprach und die Naturprodukte erwähnte, und sodann auf die *Bevölkerung* des Landes einging, indem er z. B. ihrer Urgeschichte gedachte, Angaben zu ihrer Zahl und der Verteilung ihrer Sitze machte und – dies offenbar nur zumeist sehr kursorisch – wenigstens die Hauptzüge ihrer Lebensweise vermerkte. Neben literarischen Quellen (insbes. Eratosthenes u. Polybios) sowie mündlichen Erkundigungen etwa bei Kaufleuten, Diplomaten oder Offizieren, wozu sich ihm ja gerade in der Hauptstadt die besten Möglichkeiten boten, konnte er dabei auch aus eigenen Beobachtungen und

Nachforschungen an Ort und Stelle schöpfen, da er, sei es als Soldat, Provinzialbeamter oder Tourist, recht weit herumgekommen und so u. a., wie er verschiedentlich selber bezeugt, in Westkleinasien (als Statthalter?), Liburnien (im Norden Dalmatiens), Illyrien, Gallien (am Oberrhein) und Spanien war.

Das besondere Interesse, das Varro gerade auch für die Geographie und ihre Nachbarwissenschaften besaß, zeigt sich auch darin, daß er neben der in den «Antiquitates» gebotenen Erdbeschreibung noch ein gesondertes Werk «De ora maritima» («Über die Meeresküsten») schrieb, das nun, wie schon der Titel besagt, mehr als Periplous im eigentlichen, dem ursprünglicheren Sinne eines solchen gedacht und daher enger gefaßt bzw. unmittelbarer auf die Bedürfnisse der Seefahrt abgestellt war. Doch wird sich die Darstellung sicherlich nicht ausschließlich in Angaben zum Küstenverlauf, den Strömungs- und Windverhältnissen, der Beschaffenheit und Kapazität der Häfen, in Distanzvermerken und dergleichen erschöpft, sondern darüber hinaus auch Hinweise von allgemeinerem, etwa ethnographischem, kulturgeschichtlichem oder politischem Interesse enthalten haben, die hier nur vor dem Hauptanliegen der Schrift, praktisch-nautische Orientierungshilfen zu liefern, mehr in den Hintergrund treten mußten.

Gleich der Erdbeschreibung in den «Antiquitates» ist uns auch das Küstenwerk Varros wieder nur indirekt über die Chorographien Späterer, und zwar abermals insbesondere denen des Pomponius Mela und Plinius, zugänglich, deren Darstellungen neben der ersteren weitgehend, sowohl dem Aufbau wie dem Inhalte nach, auch auf der letzteren varronischen Schrift basieren. Entsprechende Analysen haben ergeben, daß Varro in «De ora maritima» eine Beschreibung der Küsten des *gesamten Erdkreises* gab und sich die Erdoberfläche als eine einzige große, rings vom Ozean umflutete Insel vorstellte – mit Eratosthenes davon überzeugt, daß neben dem Persischen Golf, dem Roten Meer und dem Mittelmeer auch das Kaspische Meer ein *Arm des Ozeans*, also kein Binnengewässer, sei.

Ob sich Varro in den «Antiquitates», etwa bei Behandlung der römischen Urgeschichte (B. II–VII), auch mit der Entstehung und dem Entwicklungsverlauf der menschlichen Kultur allgemein auseinandergesetzt hat, ist nicht sicher; denkbar wäre es jedenfalls, da er gerade an dieser Art Fragen ein großes Interesse besaß und es sich immer wieder zur Aufgabe stellte, Anfänge und Ursprünge der einzelnen Thatsachen des Bestehenden zu ergründen, die Urheber der verschiedensten Dinge, sowie die einzelnen Fortschritte in ihrer Entwicklung bestimmt zu fixieren. Mit Gewißheit läßt sich nur sagen, daß er in einem der sechs Bücher «*De locis*» (Ant., B. VIII–XIII) die Grundthese der Anthropogeographen vertrat, daß *zwischen der Landesnatur eines geographischen Raumes und dem Charakter und der Kultur seiner Einwohnerschaft ein kausaler Zusammenhang* walte – der jedoch, wie er durchaus erkannte und am Beispiel der kleinasiatischen Gallier (resp. der Galater) deutlich zu machen versuchte, jederzeit von *Vorgängen rein historischer Art* durchkreuzt bzw. modifiziert werden könne! Daß sich im übrigen seine Vorstellungen von den Anfängen der Kultur und den wichtigsten Etappen ihres Entwicklungsverlaufes weitgehend mit denen des Dikaiarchos deckten, legt schon die Tatsache nahe, daß er, wie bereits oben erwähnt, dessen «Drei-Stufen-Lehre» zweimal, und mit sichtlicher Zustimmung, in seiner Schrift «Über die Landwirtschaft» referiert, und zwar an der ausführlicheren Stelle wie folgt:

«Es ist anzunehmen, daß sich die menschliche Lebensweise von den ältesten Zeiten bis auf die Gegenwart hin Stufe um Stufe *(gradatim)* entwickelt hat, wie Dikaiarchos schreibt, und daß die Menschen zu Anfang im Naturzustand lebten, indem sie sich einzig von dem, was die jungfräuliche Erde trug, ernährten. Von dieser traten sie dann in eine zweite, die nomadische *(pastoriciam)* Entwicklungsphase ein, während welcher sie auf die nämliche Weise, wie sie von den wilden Bäumen und Büschen Eicheln, Erdbeeren, Brombeeren und Äpfel schlugen oder ablasen, um davon ihren Unterhalt zu bestreiten, auch alle wilden Tiere, derer sie habhaft zu werden vermochten, fingen, einsperrten und zähmten. Als erste machte man sich, wegen ihres Nutzens und ihrer sanften Natur, vermutlich die Schafe dienstbar, da sie leicht zu bändigen sind und für ein Zusammenleben mit dem Menschen besonders geeignet erscheinen – lassen sich doch ihre Milch und der daraus bereitete Käse zur Nahrung und ihre Wolle und Felle zur Kleidung verwenden. Die dritte Stufe endlich erreichten sie mit dem Übergang vom Nomadismus zum Bodenbau *(a vita pastorali ad agri culturam)*, während welcher sie vieles von dem, was sie im Verlaufe der beiden vorhergehenden Entwicklungsetappen erworben hatten, beibehielten und auf der sie lange verharrten, bis es gelang, zur Höhe des gegenwärtigen Lebensstandes aufzusteigen» (De re rustica II 1, 3–5; vgl. I 2, 16).

Wie andernorts noch verschiedentlich durchscheint, faßte Varro die dritte, die ursprüngliche Bodenbauphase als den eigentlichen Höhepunkt der Entwicklung, als eine Art «Goldenes Zeitalter» auf, dessen Ideale der menschlichen Daseinsentfaltung dann später mit dem Übergang zum städtischen Leben und dem Voranschreiten der Zivilisation mehr und mehr *in Verfall* gerieten, d. h., auch er war – und dies sicherlich im Anschluß an die stoische Kulturgeschichtslehre – wieder der Meinung, daß *der ergologisch-zivilisatorischen Evolution (Aszendenz) auf der einen ein stetiger moralischer Niedergang (Deszendenz) auf der anderen Seite entspreche.* Erstere verdankten die Menschen sehr wesentlich ihrer *Vernunft* und ihrem *Geschick («ratio atque ars»)*, Gaben, mit deren Hilfe es ihnen u. a. gelang, bei der Natur in die Schule zu gehen und sich etwa, sei es durch *Imitation* oder *Adaptation*, bestimmte Techniken der Tiere zu eigen zu machen, indem sie z. B. – wie ähnlich ja bereits Anaxagoras, Demokrit, Epikur, Agatharchides und Poseidonios gelehrt hatten – den Bienen den Hausbau und das Einspeichern der Nahrungsmittel absahen[32]. Endlich sei nicht übergangen, daß sich auch Varro als eines wesentlichen methodischen Hilfsmittels zur Erhellung der älteren Entwicklungsetappen (neben der Etymologie) wieder der *«Survivallehre»* bediente, also seine Feststellungen mit Vorkommen zu belegen versuchte, die er, wie beispielsweise die Ziegenfelltracht, sowohl für die Barbaren wie vereinzelt noch für die Griechen und Römer bezeugt fand und daher für *Resterscheinungen* hielt.

Im zweiten, den *res divinae* gewidmeten Teil der «Antiquitates» (B. XXVI–XLI) ging Varro nach den profanen nun auf die sakralen Kulturaltertümer bzw. zur Behandlung der religiösen Erscheinungwelt über und schnitt im Zusammenhang damit, was unsere Aufmerksamkeit in besonderem Maße beansprucht, auch die Frage nach der Entstehung der einen oder anderen Glaubens- und Kultform an. In der Hauptsache aber war es ihm, wie bei der Erörterung der *res humanae* im ersten Teil, auch hier zunächst wieder darum zu tun, eine systematisch geordnete Übersicht über den Gesamtbestand dessen, was die Religion der Römer umfaßte, zu geben sowie, seine wissenschaftlichen Ziele abermals erzieherischen Zwecken verpflichtend, daraus *konkrete Richtlinien für die religiöse Praxis* selbst zu entwickeln. Denn erst, gibt Augustin seine Auffassung wieder, wenn wir uns über das Wesen und die Kompetenzen der einzelnen Götter vollends im klaren sind, «können wir wissen, welchen Gott wir in dieser oder jener Angelegenheit brauchen und anrufen müssen, damit wir es nicht so wie die Possenspieler machen und vom Weingott Liber Wasser verlangen und von den Quellnymphen Wein»[33].

Gleich der Behandlung der *res humanae* war auch der Aufbau der *res*

---

32 De re rustica III 16,4.
33 De civitate dei IV 22.

divinae, – von deren Inhalt wir uns dank der Breite, in der Augustin sich (im «Gottesstaat») gerade mit diesem Teil des Werks auseinandergesetzt hat, ein sehr viel besseres Bild zu machen vermögen, wieder überaus klar und wohlüberlegt gegliedert: Auf eine Einleitung, die ganz allgemein in den Themenbereich der *res divinae* einführen sollte (B. XXVI), folgten, zunächst der äußeren Anordnung nach, fünf größere Abteilungen, die hier allerdings nur jeweils drei Bücher umfaßten. Parallel zum Aufbau des ersten Teiles war deren erste den *Menschen*, d. h. hier den Trägern des Kultes, gewidmet («*de hominibus*», – *qui exhibeant*, B. XXVII bis XXIX), und zwar im einzelnen den Oberpriestern (*pontifices*, B. XXVII), den Auguren (B. XXVIII) und den «Fünfzehnmännern» *(quindecimviri)*, den Exegeten der Sibyllinischen Bücher (B. XXIX); die zweite hatte die *Schauplätze* des sakralen Geschehens («*de locis*», – *ubi exhibeant*, B. XXX–XXXII), nämlich die kleineren Heiligtümer (B. XXX), die eigentlichen Kultbauten bzw. Tempel (B. XXXI) und die offengelegenen religiösen Stätten (B. XXXII) zum Gegenstand; die dritte handelte von den *Zeiten*, zu denen die einzelnen Veranstaltungen durchgeführt wurden («*de temporibus*», – *quando exhibeant*, B. XXXIII–XXXV), und zwar den Feiertagen (B. XXXIII), den Zirkusspielen (B. XXXIV) und den Theateraufführungen (B. XXXV); in der vierten war eine Übersicht über die religiösen *Realien*, also die heiligen Handlungen selbst, geboten («*de sacris*», – *quid exhibeant*, B. XXXVI–XXXVIII), geschieden nach den Weihungen (*consecrationes*, B. XXXVI), den privaten (B. XXXVII) und den öffentlichen Kulten (B. XXXVIII), während endlich die fünfte Triade die *Götterlehre* enthielt («*de diis*», – *quibus exhibeant*, B. XXXIX–XLI), wobei Varro zunächst die «gesicherten» Götter (*di certi*, B. XXXIX), d. h. diejenigen, über die sich Sicheres aussagen ließ, darauf die «ungesicherten» (*di incerti*, B. XL) und schließlich zuletzt die bedeutendsten, also die Hauptgötter des römischen Pantheons (B. XLI), abhandelte.

In letzter Instanz kam es Varro dabei allerdings mehr auf das, was er als seine eigentliche Mission betrachtet zu haben scheint, nämlich den *Gewinn für die Lebenspraxis* an, d. h. hier insbesondere darauf, den Glauben der Väter, den er weniger «durch feindlichen Einfall als durch die Gleichgültigkeit der Bürger» bedroht sah[34] und dessen Bestand seiner Auffassung nach die Stabilität und Größe des römischen Staates verbürgte, seinen Landsleuten erneut in aller Eindringlichkeit zum Bewußt-

---

34 *De civitate dei* VI 2.

sein zu bringen und, durch überzeugend begründeten Aufweis, aufs neue
zu stärken bzw. Anfechtungen jeder Art gegenüber zu feien. An der Existenz der Götter zu zweifeln, zog Varro, von dessen unerschütterter
Gläubigkeit noch Augustinus beeindruckt war[35], keinen Augenblick lang
in Betracht, so daß seine religionshistorischen Studien sowie die Kritik,
die er an einzelnen Vorstellungen oder Praktiken übte, nur auf die *äußeren Ausprägungsformen* der traditionell-religiösen Erscheinungswelt
bezogen sein konnten.

In der *Götterlehre*, auf die es uns hier zur Hauptsache ankommt, unterschied Varro zunächst, sich aufs engste an die von den Stoikern vertretene und insbesondere von Panaitios entwickelte Theologie anlehnend,
drei große Vorstellungskreise: einen solchen «mythischer», einen «physischer» und einen «staatlicher» Art *(genus civile)*, und erläuterte, was er
im einzelnen darunter verstand, nach einem wörtlichen Auszug bei Augustinus wie folgt:

«Mythisch wird die Art genannt, die hauptsächlich bei den Dichtern, physisch,
die bei den Naturphilosophen, und staatlich, die unter dem Volk in Gebrauch ist.
In der ersten finden sich viele Erdichtungen, die gegen die Würde und die Natur
der Unsterblichen verstoßen. Da kommt es z. B. vor, daß ein Gott aus einem
Haupt, ein anderer aus einem Schenkel, ein dritter aus einem Blutstropfen geboren wird. Auch heißt es da, daß Götter gestohlen, Ehebruch begangen, dem Menschen Sklavendienste geleistet haben; kurz und gut, den Göttern werden Dinge
zugemutet, wie sie auf einen gewöhnlichen, ja sogar auf einen ganz verächtlichen
Menschen zutreffen könnten.
Über die zweite Art, die ich dargestellt habe, hinterließen die Philosophen viele
Bücher. Darin steht, wer die Götter sind und wo sie sind, welchen Geschlechtes
und welcher Art; von welcher Zeit an sie Götter sind, oder ob es sie von Ewigkeit
her gab; ob sie, nach Heraklit, aus dem Feuer stammen, oder, nach Pythagoras,
aus den Zahlen, oder wie Epikur sagt, aus den Atomen. Und so enthalten sie noch
mancherlei, was die Ohren leichter innerhalb der Schulwände als draußen in der
Öffentlichkeit ertragen.
Die dritte Art ist die, welche die Bürger in den Städten, vorab die Priester, zu
kennen und zu verwalten haben. Zu ihr gehört, welche Götter jeder öffentlich zu
verehren, welche Bräuche und Opfer er zu begehen hat.
Die erste Theologie eignet sich am besten für das Theater, die zweite für die Welt,
die dritte für die Stadt.»[36]

35 De civitate dei VI 2.
36 De civitate dei VI 5.

Es existiert mithin *eine* Wahrheit, die sich nur in den Gottesvorstellungen der einzelnen Menschen auf jeweils verschiedene Weise bricht. Varro selbst scheint, wie Augustinus ansprechend folgert, der philosophischen Auffassung den Vorzug gegeben zu haben[37]; da ihm aber durchaus bewußt war, daß sie über die Fassungskraft einfacherer Gemüter hinausging, und er auf der anderen Seite die mythisch-poetische für allzu unzuverlässig, wenn nicht gar falsch und nicht selten auch geradezu frevelhaft hielt, propagierte er offenbar als eine Art Kompromiß, der seiner Meinung nach noch am besten den Interessen aller gerecht zu werden versprach, offiziell die *Pflege der traditionellen Staatsreligion* – sich auch hierin nur wieder Panaitios (und Polybios) anschließend: Wie gehobenere Geister in der gelehrten Theologie, so, glaubte er, würde das Volk in den mythischen Göttergeschichten, den Kultfeiern und Festen die Befriedigung seiner Ansprüche finden.

Nach Varros Überzeugung lag also dem Mythos, bei aller Skepsis, die der Formenwahl seiner Bildersprache gegenüber geboten erschien, doch ein *realer Kern*, ein Stück *echten Offenbarungsgehaltes* zugrunde, den herauszuschälen sonach möglich sein mußte. Und daß er in der Tat Versuche hierzu unternahm, Versuche, bei denen er sich zur Hauptsache rein *rationalistischer* Interpretationen bediente, geht aus einer Fülle von Beispielen bei Augustinus hervor, der damit zwar polemische Zwecke verfolgte, aber doch so fair ist, nicht zu verschweigen, daß sich Varro der Unsicherheiten, die jede Erklärung mythischer Vorstellungsbilder notwendig einschloß, nicht nur bewußt war, sondern sie fallweise auch eigens hervorhob.

Um einige konkrete Fälle zu nennen, sei u. a. angeführt, daß er z. B. die zwei Gesichter des Janus, der seiner Auffassung nach die Welt in ihrer Gesamtheit symbolisierte, in Entsprechung zur Bildung des menschlichen Rachenraumes zu deuten versuchte, der sowohl nach vorne als nach hinten zu je eine Öffnung besitze und in seiner Deckenwölbung dem Himmelsrund gleich geformt sei. Die Überlieferung, daß Saturn (bzw. Kronos) statt des Jupiter (bzw. Zeus) einen «Erdklumpen» zum Verschlingen vorgeworfen erhielt, meine nichts anderes, als «daß vor der Erfindung des Pfluges die Früchte beim Säen mit Menschenhänden vergraben wurden», während die Mythe, daß Saturn seinen Vater Caelus (bzw. Uranos) entmannte, besage, «daß die Gewalt über den göttlichen

Samen bei Saturn [also dem Gotte des Ackerbaus] und nicht bei Caelus [dem Himmelsgott] liegt». Proserpina (bzw. Persephone) galt ihm als Sinngestalt der vegetativen Fruchtbarkeitskräfte oder auch unmittelbar des Getreides:

«Als sie einmal», referiert Augustin die betreffende Stelle bei Varro, «zur bestimmten Zeit ausblieb und die Erde über ihre Unfruchtbarkeit trauerte, sei die Meinung entstanden, Orcus [bzw. Hades] habe die Tochter der Ceres [bzw. Demeter], eben jene Fruchtbarkeit, die von *proserpere* [«hervorsprießen»] Proserpina heißt, entführt und bei den Unterirdischen festgehalten. Als man das durch öffentliche Trauer feierte und sich alsbald die Fruchtbarkeit wieder einstellte, sei über die zurückgegebene Proserpina Freude ausgebrochen, und daraus sei diese Feier [die Eleusinischen Mysterien] gebildet worden.»[38]

Hier haben wir es also mit der *Entstehung eines Kultes* zu tun, dessen Ursprung nach der mehr als nüchternen Auffassung Varros auf nichts weiter als die Reaktion der Menschen auf ein unverstandenes Naturereignis zurückgeht. Und darüber hinaus scheint er überhaupt auch ganz allgemein der Überzeugung gewesen zu sein, daß *alle* religiösen Institutionen von Hause aus Menschenwerk, also historische Schöpfungen, seien und überdies erst *nach* den profanen eingeführt worden wären, weshalb er – alles laut Augustin – auch in den «Antiquitates» den *res divinae* die *res humanae* vorangestellt habe[39]. Und nichts anderes als lediglich Früchte der menschlichen Einbildungskraft, geboren aus einer wesentlich *anthropomorphistischen* Anschauungsweise, waren in seinen Augen auch die Vorstellungsformen, in denen sich der Götterglaube (zumindest) der breiten Masse bewegte: «So wie man die Götter», gibt Augustinus seine diesbezügliche Auffassung wieder, «nach Menschengestalt gebildet hat, so habe man auch geglaubt, daß sie sich an menschlichen Genüssen ergötzten!»[40] Das Persönliche aber, was sie auszeichnete, ihre Lebensgeschichte, ihre Charakterzüge, Eigenschaften und überhaupt alle Besonderheiten, die man ihnen im einzelnen zuschrieb – alles das rühre, so lehrte er, diesen Gedanken noch weiterführend, in letzter Instanz aus konkreten Erinnerungen an bestimmte Gestalten der Vorzeit, also *historische* Größen, her, die sich in hervorragender Weise um den Fortschritt der Menschheit verdient gemacht hatten und daher

38 De civitate dei VII 20.
39 De civitate dei VI 4.
40 De civitate dei VI 7.

nach ihrem Tode deifiziert worden seien. Allerdings hat es den Anschein (jedenfalls den Auszügen bei Augustinus nach), als habe sich Varro gerade hierzu weniger in den «Antiquitates» selbst als bereits in der früheren Schrift «De gente populi Romani» geäußert, was für unseren Zusammenhang jedoch nicht von Belang ist.

Um wieder nur einiges anzuführen, soll z. B. Prometheus «der beste Lehrer der Weisheit» gewesen sein und wurden Minerva, Merkur und Herkules unter die Götter erhoben, weil sie die Menschen in einer ganzen Reihe – bei Augustinus nicht näher bezeichneter – Fertigkeiten unterwiesen hatten[41]; Dionysos (bzw. Liber) widerfuhr die nämliche Ehre als Initiator des Weinbaus[42], während Saturn sie der Tatsache dankt, daß er – neben dem Bodenbau – auch die Düngung mit Tiermist erfand[43] – und aus entsprechenden Gründen sollen verschiedene Vorzeitkönige deifiziert worden sein, wie u. a. Argos bei den Argivern, Picus, der erste König der Laurentiner, der sich ebenso als Prophet wie als Krieger hervortat, und Phegeus von Argolis, dem die Überlieferung das Verdienst zuschrieb, die ersten Tempel errichtet und die Berechnung der Zeit durch Einführung eines festen Kalendersystems mit der Einteilung in Monate und bestimmte Jahresabschnitte wesentlich verbessert zu haben.

Im Grunde also handelt es sich bei alledem um nichts eigentlich Neues; wie vielfach schon vor ihm geschehen, ist es Varro lediglich darum zu tun, die allzu menschlich erscheinenden und daher anstößig anmutenden Züge der *volkstümlichen* Göttervorstellungen mit Hilfe der *rationalistischen*, und dabei insbesondere der *euhemeristischen* Exegese als rein formale Äußerlichkeit zu entlarven, deren Kritik zwar berechtigt, ja erforderlich ist, aber doch eben den Kern der Religiosität, den Glauben an das Göttliche selbst, nicht anzutasten vermag. Nebenbei gibt die Art der Interpretation zu erkennen, daß Varro der schöpferischen Initiative einzelner, hervorragend befähigter Menschen für den Entwicklungsverlauf der Geschichte immerhin eine sehr entscheidende Bedeutung beimaß.

Seiner persönlichen, philosophisch geläuterten Auffassung nach war Varro, wie Augustinus bezeugt, des Glaubens, «daß Gott die Seele der Welt sei, die von den Griechen Kosmos genannt werde, und diese Welt

41 De civitate dei XVIII 8.
42 De civitate dei XVIII 12.
43 De civitate dei VII 19. XVIII 15.

selbst sei Gott»[44] – d. h.: er bekannte sich, wie aus seiner ganzen Einstellung heraus ja auch durchaus erklärlich, zu einem *Pantheismus stoischer Prägung*:

«So wie der weise Mensch», referiert Augustinus weiter, «obwohl er doch aus Leib und Geist besteht, trotzdem nur vom Geiste her weise genannt wird, ebenso werde die Welt nur vom Geiste her Gott genannt, obwohl sie aus Geist und Leib bestehe.»[45]

Die übrigen, neben dem einen, alles durchwaltenden Allgott gleichwohl existierenden göttlichen Wesen faßte er als niederen Ranges auf und begriff sie als *«unsterbliche»*, die beiden himmlischen Regionen des Äthers und der Luft bevölkernde «Seelen», denen in den beiden irdischen Daseinsbereichen des Wassers und der Erde als nächstniedere Wesenheiten wiederum eine Fülle *«sterblicher* Seelen» gegenüberstand. Die Mächte der obersten Sphäre, die er «zwischen dem höchsten Kreislauf des Himmels und der Mondbahn» lokalisierte, sah er in den Sternen verkörpert, d. h., sie ließen sich auch mit den Sinnen wahrnehmen, während die in der Luftregion «zwischen der Kreisbahn des Mondes und den Gipfeln der Wolken und Winde» residierenden Wesenheiten, zu denen er die Heroen, Laren und Genien zählte, allein «mit dem Geiste» erfaßt werden könnten[46]. Zu dem, was er im einzelnen unter den «sterblichen Seelen» verstand, liegen uns leider – jedenfalls soweit ich zu sehen vermag – keine näheren Zeugnisse vor.

Auf einen ersten Blick hin mag dies alles als widersprüchlich erscheinen und forderte auch insofern den Spott Augustins und anderer christlicher Autoren (insbes. der Apologeten) heraus. In Wahrheit jedoch bietet Varro damit ja nicht mehr und nicht weniger als einen Aufriß der stoischen Theologie, der, als solcher verstanden, zwar nicht eben originell, aber durchaus in sich sinnvoll und konsequent konzipiert ist: Die «Seelen» oder Götter der Volksreligion stellen nur wechselnde Ausdrucksformen der verschiedenartigen Wirkweisen des alleinen Weltgottes (bzw. der «Weltseele») dar, die, als die Einsicht in diesen Zusammenhang einmal verlorengegangen war, als selbständige Mächte aufgefaßt wurden und im Laufe der Zeit dann alle möglichen menschlichen oder

---

44 De civitate dei VII 6.
45 De civitate dei VII 6.
46 De civitate dei VII 6.

auch rein erfabelten Züge und Schicksale angedichtet erhielten, ja in einzelnen Fällen auch mit historischen Vorzeitgestalten verschmolzen – sofern sie, wie Varro wenigstens für einige von ihnen erwogen zu haben scheint, ihre Entstehung nicht überhaupt erst der Deifizierung geschichtlicher Größen verdankten.

Aufbauend auf der griechischen Tradition, war es Varro, wie abschließend noch einmal hervorgehoben sein soll, gelungen, eine nationale römische Wissenschaft zu begründen und nicht nur mit großem Erfolg, sondern auch einer derartigen Überzeugungskraft zu vertreten, daß sie in dieser Form, sowohl was den thematischen Rahmen wie die interessensmäßige Schwerpunktbildung betrifft, lange Zeit, ja in rein sachlicher Hinsicht noch bis ins Mittelalter hinein, weitgehend bindend und beispielgebend blieb. Das Verständnis der folgenden Entwicklung setzt daher sehr wesentlich die Kenntnis des varronischen Werkes – und nicht zuletzt auch der Intentionen voraus, die Varro mit seiner wissenschaftlichen Arbeit verband!

2. Titus Lucretius Carus (ca. 94–55 v. Chr.)

Es wurde schon zu Eingang dieses Abschnitts gesagt, daß die Römer, trotz der so überaus günstigen Voraussetzungen, die sie auf Grund ihrer weltweiten Machtausdehnung zur ethnographischen Feldforschung besaßen, doch in der *ethnologischen Theoriebildung* gegenüber den Griechen kaum nennenswertere Fortschritte zu erzielen vermochten. Und das trifft insbesondere auch auf den Dichterphilosophen und überzeugten Epikureer Lucretius zu, aus dessen Feder die sowohl ihrem Umfang wie ihrem Detailreichtum nach ausführlichste Kulturentstehungslehre des gesamten Altertums stammt, die uns vorliegt: Denn diese, im Rahmen des Lehrgedichts «De rerum natura» («Vom Wesen der Welt») vorgetragen, stellt – und nichts anderes lag in der Absicht des Dichters – gleich dem Ganzen der Schrift nur eine in lateinische Verse (Hexameter!) gegossene und lediglich geringfügig durch einzelne erklärende Beispiele oder gedankliche Erläuterungen erweiterte Wiedergabe der entsprechenden Auffassung Epikurs dar, wie sie vor allem in dessen Hauptwerk «Über die Natur» (Περὶ φύσεως) niedergelegt war – und fußt damit letztlich, über diese vermittelt, auf der Kulturentstehungstheorie Demokrits!

Das Gedicht von Lucretius ist unvollendet geblieben; von den vorhandenen – von Cicero nach dem Tod des Verfassers herausgegebenen – sechs Büchern behandeln das erste und zweite, aufbauend auf der demokriteisch-epikureischen Atomen-Lehre, die Zusammensetzung der physischen Welt (B. I) und die Ursachen für den Wandel ihrer Erscheinungen und Geschehensabläufe (ausgelöst durch die Bewegungen und Mischungen der Atome; B. II); Buch III ist der Psychologie des Menschen und Buch IV der Erkenntnistheorie (bzw. den Mechanismen des Fühlens, Begehrens, Wahrnehmens und Denkens) gewidmet; Buch V hat, nach einer einleitenden Betrachtung über die Vergänglichkeit alles Bestehenden, das Werden der Welt – von der Bildung der ersten Materie und ihrer verschiedenartigen, irdischen wie kosmischen Erscheinungsformen (Himmelsgewölbe und Sterne) über die Entstehung der Pflanzen und Tiere bis hin zum Auftreten des Menschen – zum Inhalt und schließt, ebenso folgerichtig wie eindrucksvoll, mit der genannten Darstellung des kulturgeschichtlichen Entwicklungsverlaufs; das sechste Buch endlich liefert Erklärungen einzelner – insbesondere meteorologischer – Naturphänomene.

Für unseren Zusammenhang ist also vor allem das V. Buch mit der Entwicklungsgeschichte der Menschheit (925–1457) wichtig. Hier nun heißt es zunächst, daß die ältesten Menschen, wie zuvor schon die Pflanzen und Tiere, noch *unmittelbar der Erde* entstammten und sich erst später auf dem Wege über die geschlechtliche Fortpflanzung weitervermehrten (783–924). Demzufolge führten sie auch zu Beginn ein im ganzen naturverbundenes, noch mehr dem der Tiere entsprechendes Dasein:

«Und das Menschengeschlecht war dort auf den Fluren um vieles
Härter, wie sich's gehört, da hartes Land es geboren,
Und auf mächtigern mehr und festeren Knochen gegründet,
Innen, hindurch durch das Fleisch mit kräftigen Sehnen versehen,
Und derart, daß leicht es sich weder von Hitze noch Kälte
Schaden ließ noch wieder von Neuheit der Nahrung und Seuche.
Viele Lustren der Sonne am Himmel kamen und gingen,
Während sie führten nach Art der schweifenden Tiere das Leben.
Und es war noch keiner ein starker Lenker des krummen
Pfluges, keiner verstand mit Eisen die Scholle zu wenden,
Keiner ein neues Reis in die Erde zu graben und keiner
Altes Geäst dem hohen Baum mit der Hippe zu schneiden.
Was ihnen Regen und Sonne geschenkt, was Erde getragen
Selber, dieses Geschenk befriedigte reichlich die Herzen.
Unter früchtetragenden Eichen pflegten sie ihres
Leibes meist; und wenn jetzt in Winterszeiten du wahrnimmst,

Wie der Arbutus reift mit purpurfarbenen Beeren:
Damals hat zahllos sie getragen die Erde noch größer.
Viel noch zudem trug damals die blumige Frische des Erdballs
Nahrung, harte, jedoch den armen Sterblichen Reichtum.
Doch zu löschen den Durst haben Quellen und Flüsse gerufen.

Konnten auch noch nicht die Dinge mit Feuer behandeln,
Felle verwenden nicht, noch sich kleiden in Rüstung des Raubwilds,
Sondern Haine, hohles Gebirg und Wälder bewohnten,
Unter Gesträuch verbargen sie die struppigen Glieder,
Wenn sie das Peitschen der Winde und Regen zu meiden gezwungen.
Waren auch nicht imstand, das gemeinsame Gute zu schauen,
Wußten Sitten auch nicht noch Gesetz unter sich zu verwenden.
Was einem jeden das Glück zur Beute geboten, das nahm er,
Jeder selber für sich gelehrt zu siegen und leben!
Und in den Wäldern vereinigte Venus der Liebenden Leiber;
Denn das Weib gewann entweder beider Begierde
Oder der gierige Griff des Mannes, sein heißes Verlangen
Oder Geschenke: Erdbeeren, Eicheln, erlesene Birnen.
Und auf Wunderkraft der Hände und Füße vertrauend,
Spürten sie auf und verfolgten die wilden Rudel der Tiere
Mit der Steine Wurf, der Keule schwerem Gewichte.
Viele besiegten, nur wenige mieden sie im Verstecke;
Gleich den borstentragenden Ebern legten die struppigen Glieder
Nackt sie auf die Erde, erhascht von den nächtlichen Stunden,
Rings mit Blättern und Laub sich wärmend in bergender Hülle» (925–971).

Wie deutlich zu sehen, kommt es Lucretius vor allem anderen darauf an
zu zeigen, daß sich das Dasein der ältesten Menschheit in *totaler Abhängigkeit von den Voraussetzungen ihrer natürlichen Umwelt* vollzog:
Ganz wie es der Art der Tiere entspricht, führten die Menschen ein un-
stetes Sammler- und Jägerleben, genossen ihre Nahrung, in Ermangelung des Feuers, noch roh, gingen nackt, besaßen keinerlei künstliche
Behausungen und entbehrten noch jeglicher Sittlichkeit und aller Ansätze rechtlich geregelter Verhaltensformen. Ihr «Geräteinventar» erschöpfte sich in (unbearbeiteten?) Steinen und Knüppeln – bzw., wie es
an späterer Stelle ausführlicher heißt:

«Altertümliche Waffe war Hand, die Nägel und Zähne,
Steine zudem und Äste zugleich, Bruchstücke des Waldes» (1283 f).

Im ganzen fällt auf, daß Lucretius die Urzeit der Menschheit weder in
einem verklärenden noch in einem allzu düsteren Lichte sieht, sondern

augenscheinlich bemüht ist, sie im Gegenteil durchaus tendenzfrei und
möglichst wirklichkeitsnah, d. h.: allein so zu schildern, wie er sie sich
auf Grund nüchterner Wahrscheinlichkeitsüberlegungen eben nur vorzustellen vermochte. Bei den Voraussetzungen, die sie charakterisier-
ten, konnte sie nicht anders als hart sein, war aber gleichwohl erträglich
und bot den Menschen zudem die unschätzbare Gunst einer noch ungebrochenen Gesundheit und kaum beugsamen Widerstandskraft.

Die ersten entscheidenden Fortschritte auf dem mühsamen Wege ihrer
Aufwärtsentwicklung erzielten die Menschen dann wieder, als es ihnen
gelang, sich Unterkünfte oder feste Behausungen, wo immer sie wollten,
zu bauen, die Felle der Tiere zur Kleidung zu nutzen sowie – und dies
insbesondere – sich das Feuer dienstbar zu machen, etwa, wie Lucretius
(nach Epikur bzw. Demokrit) zur Erwägung dahinstellt, nachdem durch
Blitzschlag oder (so ja auch Poseidonios) die Reibung trockener Äste im
Wind ein Waldbrand entstanden war (1091–1101). Trugen ihnen diese
Errungenschaften zwar bereits eine empfindliche Minderung ihrer ur-
wüchsigen Robustheit und Stärke ein, so führten sie auf der anderen
Seite doch erstmals zu *geordneten* Formen des persönlichen wie gesellschaftlichen Zusammenlebens und, im Zusammenhang damit, nicht zuletzt auch zur *Entstehung der Sprache*:

«Darauf nachdem sie Hütten, Felle und Feuer bereitet
Und dem Manne die Frau vermählt freiwillig zu einem
(Bunde folgte und Heim und der Ehe heilige Bande)
Wurden erkannt, sie sahen, wie Nachwuchs ihnen entstanden,
Da hat das Menschengeschlecht zuerst zu erschlaffen begonnen.
Trug das Feuer doch Sorge, daß Kälte die frostigen Körper
Schon nicht mehr unterm Dach des Himmels zu leiden vermochten,
Venus kürzte die Kraft, und die Knaben brachen der Eltern
Trotzigen Sinn gar leicht mit ihrem zärtlichen Schmeicheln.
Damals fingen sie an, auch Freundschaft zu schließen, begierig,
Weder einander – die Nachbarn – zu schaden, noch Schaden zu leiden,
Und empfahlen einander die Kinder und Sippe der Frauen,
Stammelnd indem mit Laut und Gebärde sie gaben sich Zeichen,
Billig und recht sei es, daß sich alle der Schwachen erbarmten.
Freilich konnte nicht ganz überall noch Eintracht entstehen.
Aber ein guter und größerer Teil hielt treulich das Bündnis:
Sonst wäre der Menschen Geschlecht schon damals gänzlich verschwunden,
Hätten die Nachkommen nicht Geschlechter fortpflanzen können.

Aber der Zunge verschiedene Töne zwang die Natur sie
Zu entsenden. Und Brauchbarkeit formte die Namen der Dinge.
Nicht viel anders als jetzt noch eben Ohnmacht der Zunge
Auch die Kinder ersichtlich scheint zur Gebärde zu führen,
Wenn sie bewirkt, daß mit Fingern auf Gegenstände sie zeigen»
(1011–1032).

Damit also war der erste, der entscheidende Schritt getan, war es den
Menschen gelungen, den Bannkreis ihrer Abhängigkeit von der Natur zu
durchbrechen und sich neue und bessere Möglichkeiten der Daseinsbewältigung zu erschließen, d. h. hatten sie sich auf die *Urstufe der Kulturgeschichte* erhoben. Die hierauf aufbauende Entwicklung schöpfte zunächst noch sehr aus der – wahrhaft epochemachenden! – Entdeckung
des Feuergebrauchs und wurde wieder, wie Lucretius hervorhebt (1105
bis 1107), erheblich gefördert durch die schöpferische Initiative und Tatkraft einzelner Männer, «die hervor an Begabung *(ingenio)* ragten und
hatten Beherztheit». So begann man, von der *Beobachtung* inspiriert,
daß auch die Früchte der Pflanzen nur reifen (bzw. genießbar werden),
wenn sie genügend Sonnenwärme empfangen, die Nahrung zu kochen
(1102–1104), und entwickelte die Jagd weiter fort, indem man z. B. Gru-
benfallen anlegte oder gemeinschaftliche Treibjagden veranstaltete, wobei man sich zunächst wieder des Feuers bediente, indem man ganze
Steppen oder Wälder in Brand setzte, und erst später, wie Lucretius
beachtenswert differenziert, dazu überging, «mit Netzen den Wald zu
umstellen und [das Wild mit] Hunden zu hetzen» (1249–1251). Weiter
entstanden in dieser an die Urstufe anschließenden Phase auch *Viehzucht
und Bodenbau* (vgl. 1110) – letzterer einer Überlieferung nach, die Lucretius immerhin als Möglichkeit der Erörterung anheimstellt, in Phry-
gien (II 612 f) und, gleich dem Obstbau (bzw. der künstlichen Befruchtung), abermals in *Nachahmung* beobachteter Vorgänge in der Natur:

«Aber Vorbild der Saat und Ursprung des Pfropfens der Bäume
Selber war es Natur zuerst, die Mutter der Dinge,
Da den Bäumen die Beeren ja und fallende Nüsse
Schwärme von Schössen zu ihrer Zeit darunter erweckten;
Dann hat bekommen man Lust auch, den Sproß zu vertrauen dem Ast an
Und in den Boden zu graben junges Gezweig auf dem Felde.
Darnach versuchten sie andre um andre Pflege des lieben
Gütleins und sahen, daß milder im Grund dann wurden die wilden
Früchte, wenn man ihn hegte und seiner liebevoll pflegte»
(1361–1369).

Im *sozialen* Bereich gewannen die wenigen, welche die Masse der übrigen an Initiative und Schöpferkraft übertrafen und die Entwicklung in
dominierendem Maße bestimmten, zunehmend an Einfluß und Macht,
was in der Folge dann zur Entstehung des Königtums, verbunden mit der
Konstituierung immer umfassenderer gesellschaftlicher Organisations-
einheiten und der Herausbildung großer Vermögen (die später auch in
Gold angelegt wurden), führte:

«Städte begannen zu gründen und auf eine Burg zu errichten
Selber für sich die Kön'ge, für sich eine Schutzwehr und Zuflucht,
Und verteilten das Vieh und den Acker und gaben es ihnen
Nach dem schönen Gesicht eines jeden, nach Kraft und Begabung.
Denn das Aussehen stand sehr hoch und die Kräfte in Ansehen.
Erst hernach ward Vermögen erfunden, entdeckt auch das Gold erst,
Das den Starken und Schönen hat leicht die Ehre genommen»
(1108–1114).

Das Besitztum und die Macht der wenigen Herrschenden aber weckten
auf die Dauer den Neid und die Habgier der vielen; es kam zu Erhebungen und blutigen Kämpfen (1120–1135), die zuletzt zum Sturze des Königtums und zur Errichtung der Volksherrschaft führten:

«Also lagen gestürzt nach der Könige Tode der Throne
Altehrwürdige Hoheit und übermütige Zepter,
Und des erhabensten Hauptes strahlende Zier: besudelt
Unter den Füßen der Masse betrauerte mächtige Pracht sie.
Denn zerstampft wird mit Gier, was vorher allzu gefürchtet.
Und so sank die Macht an schlimmste Hefe und Masse,
Dadurch daß jeder für sich die Herrschaft und Führung erstrebte»
(1136–1142).

Um diesem Machtstreben aller und dem Chaos, das es bei ungehemmter
Entfaltung notwendig hervorrufen mußte, zu wehren, faßte man den
Entschluß, das Zusammenleben vermöge eines umfassenden Rechtssystems und eines Behörden- und Staatsapparats, der seine Geltung zu ge-
währleisten hatte, verbindlich zu organisieren bzw. ihm eine *gesetzlich
geregelte Ordnung* zu geben:

«Drauf hat man teilweis gelehrt, sich Vorgesetzte zu schaffen
Und das Recht zu setzen, daß üben Gesetze man wollte.
Denn der Menschen Geschlecht, nach Faustrecht müde zu leben,
War an Feindschaften krank; um so mehr ist es selber gefallen
Freiwillig unter Gesetze von sich aus und schränkende Rechte.

Seither befleckt die Furcht vor Strafen die Preise des Lebens»
(1143–1151).

Ein weiterer und für die Folgeentwicklung insofern überaus wichtiger
Fortschritt, als er, ähnlich wie die Nutzbarmachung des Feuers (auf der er
letztlich beruhte), wieder eine Reihe anderer Entdeckungen nach sich
zog, gelang dann, und abermals im Anschluß an eine Beobachtung in der
Natur, mit der Erfindung der *Metallurgie*:

«Übrigens: Kupfer[47] und Gold und Eisen wurde gefunden
Und des Silbers Schwere zugleich und des Bleies Befugnis,
Als hatte Feuer verbrannt in Flammen mächtige Wälder.

Was es auch war, aus welchem Grund die flammenden Gluten
Aus mit schrecklichem Prasseln den Wald gezehrt in den tiefsten
Wurzeln hatten und ausgeglüht die Erde mit Feuer,
Damals floß in glühenden Adern, sich sammelnd in hohle
Stellen des Bodens, von Gold ein schmales Gerinnsel und Silber,
Ebenso Kupfer und Blei. Wenn dieses erstarrt sie gesehen
Später in heller Farbe am Boden gleißend erstrahlen,
Hoben sie auf es, entzückt von glatter und schimmernder Schönheit,
Und sie sahen dabei, daß geformt es war nach dem gleichen
Aussehen, wie einer jeden der Lachen gewesen der Eindruck.
Da durchdrang es sie, daß dieses, durch Hitze verflüssigt,
Könnte sich wandeln in jede beliebige Form und Erscheinung»
(1241–1263).

Anfangs erfreuten sich, ihres größeren praktischen Gebrauchswertes wegen, *zunächst* das Kupfer bzw. die Bronze und *darauf* das Eisen noch
einer sehr viel höheren Wertschätzung als die Edelmetalle (1269–1280):

«Früher jedoch war der Bronze Gebrauch[48] bekannt als des Eisens,
Um wieviel handlicher seine Natur und größer der Vorrat.
Mit der Bronze bestellten den Grund der Erde, mit Bronze
Rührten sie auf des Krieges Fluten, schlugen sie weite
Wunden, nahmen sie Vieh und Äcker; denn leicht ist vor ihnen,

47 *Aes*, «Erz», kann sowohl «Kupfer» wie «Bronze» bedeuten; in *diesem* Zusammen-
    hang halte ich jedoch das erstere für wahrscheinlicher und setze daher *hier* «Kup-
    fer» und später dann «Bronze» ein.
48 Hier nun kann dem ganzen Zusammenhang nach in der Tat nur *Bronze* gemeint
    sein.

Die sie bewaffnet, alles gewichen, was wehrlos und bloß war.
Dann sind allmählich hervorgetreten die Schwerter aus Eisen,
Und die Gestalt der bronzenen Hippe verfiel der Beschimpfung,
Und mit Eisen begannen den Grund sie der Erde zu brechen»
(1287–1295).

Wenn man so will, deutet sich bei Lucretius also bereits eine Gliederung der vor- und frühgeschichtlichen Entwicklungsetappen in eine *Stein-*, eine *Kupfer-* bzw. *Bronze-* und eine *Eisenzeit* an, die nun nicht mehr rein spekulativen Charakters und, wie bei Hesiod und Späteren, an die mythendurchwobene Weltalterlehre geknüpft ist, sondern eindeutig auf Grund *historischer* Überlegungen gewonnen erscheint. Ganz der gängigen Tradition dagegen entspricht es, daß auch Lucretius, wie in den zuletzt zitierten Versen schon anklang, wieder den technologischen Fortschritt, und insbesondere die durch die Entdeckung der Metallurgie ausgelöste Entwicklung, quasi zwangsläufig mit einer stetig sich steigernden *Entartung der Sittlichkeit*, zum Ausdruck gelangend vor allem in einer schrankenlosen Entfaltung der Besitzgier, Genußsucht und Freude am Luxus (1416–1435) und einer unaufhaltsamen, schrecklichen Perfektionierung der Kriegstechnik (1296–1349), einhergehen läßt – womit er doch *en passant* die Neigung zu einer – wenn auch gedämpften – *Idealisierung* der älteren, noch schlichteren und unschuldigeren Lebensweisen verrät und abermals den klassischen *Parallelismus von* (ergologisch-zivilisatorischer) *Aszendenz und* (moralischer) *Deszendenz* vertritt!

Zu den neueren, auf Grund der Kenntnis der Metallverarbeitung entwickelten Fertigkeiten zählt nach Lucretius, neben Verbesserungen namentlich in der Geräte- und Waffentechnik ganz allgemein, als eine sehr wesentliche Errrungenschaft auch das *Weben*, dem er als Vorform beachtlicherweise bereits das *Knüpfen* vorausgehen läßt:

«Eher gab es geknüpftes Gewand als gewebte Bedeckung.
Kommt doch gewebtes nach Eisen, da Webstuhl aus Eisen geschaffen
Und nicht auf andere Art so glatte Spulen und Spindeln
Konnten entstehen, und nicht die Schiffchen und klirrenden Kämme»
(1350–1353).

Unter den letzten Entdeckungen von größerer Bedeutung, die den Menschen gelangen, nennt Lucretius schließlich dann noch die genauere Berechnung der Zeit mit Hilfe eines exakten Kalendersystems (wobei man sich wieder an den Umläufen von Sonne und Mond orientierte), die Hochseeschiffahrt, die Dichtung und endlich die Schrift (1436–1445).

Den Abschluß der Darstellung bildet, trotz aller Klagen über den voranschreitenden Sittenverfall, dann noch ein stolzes Bekenntnis zur schöpferischen Tatkraft des Menschen und den großen Erfolgen, zu denen er sich im Laufe seiner Entwicklung mühsam emporrang, also durchaus ein Lob auf die Früchte des Fortschritts:

«Schiffe, Bestellung der Felder, Mauern der Städte, Gesetze,
Waffen, Straßen, Bekleidung, das übrige, was dieser Art ist,
Lohn und Wonnen auch des Lebens alle von grundauf,
Lieder, Gemälde und kunstvolle, wohlgeglättete Bilder
Hat der Bedarf und zugleich die Erfahrung des rastlosen Geistes
Mählich gelehrt die Menschen, die vorsichtig Fortschritte machten.
So zieht mählich hervor ein jedes das Fließen der Zeiten
Allen zunutz, und Verstand bringt es in die Reiche des Lichtes.
Denn sie sahen im Geiste sich eins aus dem anderen erhellen,
Bis in den Künsten [49] sie kamen zum höchsten Punkt der Vollendung»
(1448–1457).

Wie aus einer kurzen, mehr beiläufig eingestreuten Bemerkung hervorgeht, sah Lucretius freilich durchaus, daß ein jeder Versuch zur Erhellung der früheren, noch schriftlosen Etappen der Menschheitsgeschichte problematisch sein mußte, weil die empirische Basis, auf die er sich stützte, einfach zu schmal war:

«Darum kann unsere Zeit, was früher geschehen, nicht sehen,
Außer dort, wo das Denken Spuren davon uns aufweist» (1446 f).

Das heißt, auf die *methodischen* Möglichkeiten, die sich dabei bieten, bezogen: daß sich der Historiker zwar an einzelnen, hier und da noch erhaltenen *Restvorkommen* (einschließlich mündlicher Überlieferungen) zu orientieren vermag, sonst aber zur Hauptsache auf seine Imagination, Denkkraft und Kombinationsfähigkeit angewiesen, also genötigt ist, im wesentlichen theoretisierend vorzugehen!

Im folgenden sei der Entwicklungsverlauf, dessen Aufbau in dem uns vorliegenden Text des Lucretius nicht eben klar gegliedert (und vielleicht auch durcheinandergeraten) erscheint, noch einmal schematisch zusammengefaßt und im einzelnen des genaueren differenziert, wobei die Übereinstimmungen mit der Konzeption Demokrits noch deutlicher werden:

---

49 *Artibus*; es können also auch «Kunstfertigkeiten», «Techniken» oder «Wissenschaften» gemeint sein!

I URZEIT (ältere Steinzeit)
1 Niederes Wildbeutertum auf der Basis von Jagd und Sammelwirtschaft;
  Steine und Knüppel stellen den gesamten Werkzeug- und Waffenbedarf;
  noch keine Kenntnis des Feuergebrauchs, daher Verzehr der Nahrungsmittel
  im Rohzustand; Fehlen jeder Art von Bekleidung und Unkenntnis künstlicher
  Behausungsformen; noch keinerlei Ansätze zur sozialen Organisation (Promiskuität!) sowie zur Ausbildung sittlicher Normen
2 Höheres Wildbeutertum; Aufkommen der ersten Bekleidung (Felltracht) und
  künstlichen Behausungsformen; Ingebrauchnahme des Feuers; Zubereitung
  der Nahrungsmittel mit Hilfe desselben (Kochen, Braten usw.); Anfänge gesellschaftlichen Zusammenlebens (Kleinfamilie, Lokalgruppen, Bündnisab-
  kommen); entwickeltere Jagd- und Fangmethoden (u. a. Fallgruben, Treibjagd); Herausbildung der Sprache

II FRÜHZEIT (jüngere Steinzeit)
  Entstehung der Viehzucht sowie des Boden- und Obstbaus (bzw. Entdeckung
  des Veredelungsverfahrens)

III NEUZEIT (Metall- bzw. Bronze- und Eisenzeit)
1 Aufkommen der Metallurgie (Verarbeitung von Gold, Silber, Kupfer bzw.
  Bronze, Eisen und Blei); Vervollkommnung der Waffen- und Gerätetechnik
2 Bildung umfassenderer Gesellschaftseinheiten mit zentraler Führungsgewalt
  (bzw. Königtum); Städte- und Burgbau; Entstehung großer Privatvermögen
  (z. T. in Gold)
3 Übergang von der Königs- zur Volksherrschaft; Ausbau des Ämterwesens
  und der Staatsorganisation; Einführung einer verbindlichen Rechtsordnung
4 Bevorzugte Verwendung des Eisens (Beginn der eigentlichen Eisenzeit); weitere Perfektionierung der Geräte- und Waffenproduktion und voranschreitende Technisierung der Kriegführung; Entstehung der Weberei
5 Aufkommen der Hochseeschiffahrt, Einführung des Kalendersystems und
  der Schrift, Entwicklung der Künste und Wissenschaften; zunehmende Genußsucht und Luxusentfaltung, verbunden mit einem wachsenden Sittenverfall

Letzten Endes erwächst die Entwicklung *aus der Auseinandersetzung des
Menschen mit der Natur*, der sie geradezu abgetrotzt wird, und bezeichnet den Weg, auf welchem der Mensch, mühsam, doch stetig, in seinem
Bemühen voranschritt, sich von der Abhängigkeit der ihn umgebenden
Umwelt zu lösen und deren Kräfte mehr und mehr beherrschen zu lernen; ganz so wie namentlich Demokrit, dann die Peripatetiker, Epikur
und andere Kulturentstehungstheoretiker der Griechen schon der Auffassung waren, empfing er dabei auch nach Lucretius wieder mit die
wichtigsten Antriebe zur Entfaltung seiner schöpferischen Initiative von

der *Not* und dem *Mangel* (*usus*, wörtl. «Bedarf»), die ihn vor allem zu Anfang bedrückten, lernte vieles aus der *Erfahrung (experientia)* oder durch *Nachahmung (imitatio)* bestimmter Vorgänge in der Natur und profitierte bei allem von der besonderen Schärfe und Kraft seines *Denkvermögens (ratio)*. So ist denn, wie bei der rein materialistischen Einstellung des Dichterphilosophen nicht weiter erstaunlich, der Mensch der alleinige Schöpfer seiner Kultur!

Mit dieser aber konnte einem konsequenten Materialisten, wie Lucretius es war, auch die Religion nur als menschliche Schöpfung erscheinen, und damit als reiner Wahn, der keinerlei Anspruch auf objektive Geltung besaß und überdies mehr Schaden als Nutzen zu stiften vermochte, weil er die Menschen nur verwirrte oder gar in Angst und Schrecken versetzte. Das Verdienst und der Ruhm, das bedrohliche Truggespinst als erster erfolgreich zerrissen, d. h. der rationalistisch-naturwissenschaftlichen Betrachtung der Dinge endgültig zum Sieg über Glaubenszwang und Irrationalismus verholfen und die Menschen von der quälenden Angst vor dem Walten vermeintlich göttlicher Mächte befreit zu haben, kommen nach des Lucretius Auffassung allein Epikur zu, dessen Triumph er (ohne ihn direkt mit Namen zu nennen) in einem eigenen Hymnus verherrlicht, der sich geradezu wie der Lobgesang auf einen Erlösergott liest:

«Als das Leben der Menschen darnieder schmählich auf Erden
Lag, zusammengeduckt unter lastender Furcht vor den Göttern,
Welche das Haupt aus des Himmels Gevierten prahlerisch streckten
Droben mit schauriger Fratze herab den Sterblichen dräuend,
Erst hat ein Grieche gewagt, die sterblichen Augen dagegen
Aufzuheben und aufzutreten als erster dagegen;
Den nicht das Raunen von Göttern noch Blitze bezwangen noch drohend
Donnernd der Himmel; nein, nur um so mehr noch den scharfen
Mut seines Geistes reizte, daß aufzubrechen die dichten
Riegel zum Tor der Natur als erster er glühend begehrte.
Also siegte die Kraft des lebendigen Geistes, und weiter
Schritt er hinaus die flammumlohten Mauern des Weltballs,
Und das unendliche All durchstreift' er männlichen Sinnes;
Bringt von dorten zurück als Sieger, was zu entstehen,
Was aber nicht es vermag, begrenzte Macht einem jeden
Endlich wie sie gesetzt und der tief verhaftete Grenzstein.
Drum liegt die Furcht vor den Göttern unter dem Fuß, und zur Rache
Wird sie zerstampft, uns hebt der Sieg empor bis zum Himmel»
(I 62–79).

Andere allerdings stehen noch ganz auf der Erde, werden, wie es an späterer Stelle heißt, auch weiterhin von Visionen und Träumen geschreckt, und dies insbesondere, weil sie sich nicht dem Zauber der Seher- und Priesterschaft zu entziehen vermögen, der ihre «Heidenangst» nur immer wieder aufs neue entfacht:

«Du wirst selber, zermürbt vom schreckenkündenden Worte
Unserer Seher, von uns zuzeiten dich lossagen wollen.
Freilich: wie vieles allein vermögen vor Augen zu gaukeln
Träume, was schon imstand ist, die Ordnung des Lebens zu stürzen
Und durch Angst dir alles Ergehen tief zu verwirren.
Und mit Recht: denn sähen ein sicheres Ende die Menschen
Ihrer Leiden, so wären in einer Weise sie mächtig,
Abergläubiger Angst zu begegnen und Drohung der Seher.
Jetzt ist nirgends ein Weg zu trotzen, nirgends Vermögen,
Da man ewige Strafen im Tod ja zu fürchten gezwungen» (I 102 – 111).

Um so mehr Grund und Verpflichtung, die Menschen von dem sie terrorisierenden Wahn zu befreien. Das aber kann allein wissenschaftliche Aufklärung leisten, und diese hat auszugehen vorab vom Aufweis der *Motivationen, die zur Entstehung der religiösen Glaubenserscheinungen führen*, was für Lucretius wiederum heißt: sie muß zeigen, daß diese im Grund nur auf mangelnder Einsicht in die wahren Zusammenhänge des Geschehens in der Natur oder deren fehlerhafter Deutung beruhen. Hierzu eine allgemeinere Äußerung des radikalen Materialisten, die ebenso offen wie unmißverständlich ist:

«Und dann das übrige, was auf Erden die Sterblichen schauen
Und am Himmel, wenn oft sie bangen in furchtsamem Geiste,
Und den Mut demütig senken im Schreck vor den Göttern
Und ihn tief zur Erde beugen deswegen, weil die
Fehlende Kenntnis der Ursachen zwingt, die Welt mit der Götter
Macht zu verknüpfen und Kraft über Werke ihnen zu gönnen,
Deren Ursachen sie mit keiner Vernunft zu erschauen
Fähig sind und drum meinen, sie kämen aus göttlichem Willen»
(VI 50 – 57).

Zunächst also sind es – ein uns von den Griechen her bereits sattsam bekannter Gedanke – wieder die *schreckenerregenden* Vorgänge in der Natur, die vor allem zur Entstehung des Götterglaubens beitrugen, und hier insbesondere, wie namentlich ja auch Demokrit und Epikur der Auffassung waren, etwa Gewitter oder Erdbeben:

«Außerdem: wem zieht sich das Herz nicht in Schauern zusammen
Vor den Göttern, wem fahren die Glieder vor Angst nicht zusammen,
Wenn vom schrecklichen Schlag des Blitzes die trockene Erde
Bebt und dröhnender Donner den mächtigen Himmel hindurchläuft»
(V 1218–1221)?

«Schließlich, wenn unter dem Fuß die gesamte Erde ins Schwanken
Kommt und, zerrüttet, die Städte zerfallen und zweifelnd es drohn,
Ist's dann erstaunlich, daß sich der Menschen Geschlechter verachten,
Übrig gewaltige Mächte und übernatürliche Kräfte
Lassen von Göttern drin in den Dingen, die alles regieren» (V 1236–1240)?

Andererseits, meint Lucretius, sei es denkbar, daß der überwältigende
Anblick der Himmelsgestirne und ihres «Reigens» in den Menschen die
Überzeugung von Existenz und Walten überirdischer Mächte hervorrief:

«Außerdem sahen sie klar des Himmels Plan in bestimmter
Ordnung und wechseln im Kreis die verschiedenen Zeiten des Jahres,
Konnten erkennen indes, aus welchem Grund es geschieht, nicht.
Also nahmen sie sich die Zuflucht, alles den Göttern
Zuzuweisen, von ihrem Wink alles kreisen zu lassen.
Und in den Himmel verlegten sie Wohnsitz und Tempel der Götter,
Weil am Himmel dreht, wie man sieht, die Nacht und der Mond sich,
Mond und Tag und Nacht und die strengen Zeichen der Nächte,
Nächtlich schweifende Fackeln des Himmels und fliegende Flammen,
Wolken, Sonne, die Regen, Schnee, Wind, Blitze und Hagel
Und schnell rollendes Dröhnen und mächtiges Grollen des Drohens»
(V 1183–1193).

Neben diesen – durchgehend *naturmythologisch* interpretierten – Ent-
stehungsmotivationen des Götterglaubens führt Lucretius dann als letzte
wichtige Quelle religiöser Vorstellungsbildung noch *Visionen* und
Traumerlebnisse an – eine Möglichkeit, die vor ihm u. a. bereits wiederum Aristoteles, Kleanthes und namentlich Demokrit in Erwägung
gezogen hatten und auf die sich, fast aus den nämlichen Überlegungen
heraus, nicht zuletzt auch Edward Burnett Tylor (1832–1917) zur Begründung seiner Theorie des «*Animismus*», einer der wichtigsten Reli-
gionsentstehungslehren der neueren Ethnologie, berief[50]! Lucretius nun
argumentiert wie folgt:

50 Dargelegt in Tylor, Kap. 11–17.

«Freilich, sahen doch damals schon der Menschen Geschlechter
Wachenden Geistes der Götter herrliches Antlitz und mehr noch,
Wenn sie lagen im Schlaf, von erstaunlichem Wachstum des Körpers.
Denen nun sprachen Empfindung sie zu, darum, weil die Glieder
Sie zu bewegen schienen und auszustoßen erhabne
Worte, entsprechend dem herrlichen Antlitz, den mächtigen Kräften.
Und sie gaben ewiges Leben ihnen, weil immer
Neu das Antlitz wurde ergänzt und immer die Form blieb,
Und dann auch überhaupt, weil mit solchen Kräften Begabte
Nicht leichthin, wie sie meinten, durch Macht besiegt werden könnten.
Und sie meinten, sie stünden weit voran durch Glück ihrer Lage,
Weil die Furcht vor dem Tode nicht einen quälte von ihnen,
Und zugleich, weil im Traum man sie vieles Erstaunliche wirken
Sah und doch keine Mühe sich selber daraus hinzuziehn» (V 1169–1182).

In Buch VI bemüht sich Lucretius dann, getreu seinem Ziel, die Menschen durch Aufklärung von den Zwängen und der Angst zu befreien, in
die sie der Glaube versetzt, den Nachweis zu führen, daß alle die Erscheinungen und Vorgänge in der Natur, an denen sich die religiöse Vorstellungsbildung entzündet (darunter, neben den schon genannten, auch
Regenbogen, Windhosen, Reif, Frost, Seuchen, Magnetismus und Ne-
belphänomene), rein «natürliche» Ursachen haben und ihnen nichts Nu-
minoses innewohnt. Die Tatsache z. B., daß im Gebiet von Cumae (bei
Neapel) sehr häufig Vögel, mitten aus der Bewegung des Fluges heraus,
tot aus der Luft herabstürzten, was sich die dortige Einwohnerschaft damit zu erklären versuchte, daß daselbst der Eingang zur Unterwelt sei,
dem Todesdämonen entstiegen, deren Berührung die Tiere töte, führte
Lucretius – und sicherlich richtig! – ganz einfach auf die starken Schwe-
feldämpfe zurück, die dort an verschiedenen Stellen der Erde entström-
ten (VI 738 ff) – und bekanntlich auch heute noch, so vor allem bei Pozzu-
oli, ebendaselbst zu beobachten sind. «Alles dieses», sagt er, «geschieht
auf ganz natürliche Weise *(naturali ratione)*, und es liegt offen der Ursprung, aus welchem Grund es geschehen» (VI 760 f)! Und daraus folgt
nur, daß er endlich auch Trancezustände bzw. Besessenheitsphänomene,
ähnlich dem Tod der Vögel bei Cumae, durch nichts weiter als die Einwirkung irgendwelcher giftiger Dünste (wie «des Bibergeils schwerem
Duft») verursacht glaubt (VI 788 ff)[51].

---

51 Vgl. a. Cicero: De divinatione I 115: «Ich glaube, daß es auch gewisse Ausdünstun-
gen der Erde gegeben hat, durch die angeweht die Geister Orakel ergossen».

Im ganzen trifft auf Lucretius zu, was schon zu Varro gesagt worden
ist: Im wesentlichen zwar nichts eigentlich Neues bietend, besitzt er jedoch das große Verdienst, uns so wichtige und sonst nahezu gänzlich
verlorene Kultur- und Religionsentstehungstheorien wie die Demokrits
und Epikurs in einiger Ausführlichkeit übermittelt und erhalten zu haben; einzelnes, das wird man ihm sicherlich zubilligen dürfen, mag er
auch selbst hinzugesetzt haben – nur läßt sich dies, schon auf Grund
seiner weitgehenden Identifizierung mit dem Gedankengut seiner Quellen, nicht mehr mit Bestimmtheit von dem aus diesen Geschöpften scheiden.

3. Gaius Sallustius Crispus (86–34 v. Chr.)

Wie einleitend zu diesem Abschnitt schon angemerkt und zu begründen
versucht worden ist, ging das Interesse an theoretisch-ethnologischen
Fragen während der Römerzeit mehr und mehr zurück, und Lucretius
war im Grunde der letzte, der es noch in stärkerem Maße besaß und das
Bestreben zeigt, ein allumfassendes theoretisches System zu entwickeln
– und das wohl vor allem, weil er noch ganz in der Tradition der mehr
natur- und gesellschaftswissenschaftlich orientierten griechischen Philosophie stand, deren Vertretern (insbes. Demokrit u. den Sophisten) wir
ja überhaupt mit die fruchtbarsten Ansätze zur ethnologischen Theoriebildung in der Antike verdanken.

Die *Ethnographie* jedoch erfreute sich auch weiterhin – schon aus
den oben genannten praktisch-pragmatischen Gründen – uneinge-
schränkter Aufmerksamkeit; und hier waren es, neben den Geographen, wieder vor allem die Geschichtsschreiber, die sich ihrer
Pflege in besonderem Maße annahmen, indem sie, dem Exempel ihrer
griechischen Vorbilder folgend, ihren Darstellungen länder- und völkerkundliche *Exkurse* einfügten, um ihre Leser jeweils mit der Umwelt, unter deren Voraussetzungen und in deren Rahmen sich ein bestimmtes Geschehen vollzog, besser vertraut zu machen. Sallust, der
älteste der großen Historiographen der Römer, liefert mit einem Abriß
der Geographie und Geschichte von «Afrika» (= Römisch-Nordafrika)
in seiner Schrift über den Jugurthinischen Krieg (111–105 v. Chr.),
dem «Bellum Iugurthinum» (c. 17–19), gleich ein erstes, lehrreiches
Beispiel hierfür.

Zunächst Prätor (47 v. Chr.), dann Prokonsul (46 v. Chr.) der von

Caesar neugeschaffenen Provinz «Africa nova» (dem ehemaligen Königreich Numidien), besaß er die beste Gelegenheit, sich über die Verhältnisse des Landes, über das er schrieb, persönlich an Ort und Stelle zu informieren, zog jedoch, namentlich zur älteren Geschichte, daneben auch schriftliche Quellen, und zwar, wie er in Kap. 17 hervorhebt, Übersetzungen punischer Autoren heran, deren Angaben er sich, um möglichst sicherzugehen, noch eigens von den Einheimischen bestätigen ließ.

Der Exkurs selbst nun beginnt im Kap. 17 mit einer – sehr flüchtigen – Charakterisierung des Landes (Abgrenzung Afrikas gegenüber den anderen Erdteilen, Küstenverhältnisse, Produktion, Klima und Körperbeschaffenheit der Einwohnerschaft), um dann mit Kap. 18 zur Ur- bzw. Besiedlungsgeschichte überzugehen, die den eigentlichen Hauptteil des Ganzen bildet. Hier heißt es zunächst:

«Ursprünglich wohnten in Afrika die Gätuler und Libyer, wilde und rohe *(asperi incultique)* Menschen, die von Wild, Wurzeln und Gras wie das Vieh lebten. Sie hatten weder herkömmliche Gebräuche *(moribus)* noch Gesetze *(lege)* noch ein Oberhaupt, schweiften unstet einzeln umher und schlugen da, wo sie die Nacht überfallen hatte, ihr Lager auf.»

Den Beginn der Entwicklung bildet also wieder ein extrem primitives, quasi tierhaftes Dasein: Die Menschen leben als Jäger und (!) Sammler, gehen ihrem Nahrungserwerb, wie dies schon Demokrit für die Anfänge der Urzeit hervorhob, noch einzeln nach und kennen (wiewohl von Sallust bereits als Völker bezeichnet bzw. als solche mit Namen genannt) auch insofern noch keinerlei Formen oder gar Normen einer verbindlich geregelten Verhaltens- und Sozialorganisation. Der Aufstieg zu den höheren Daseinsstufen erfolgt nun bemerkenswerterweise nicht von innen heraus, also durch *endogene* Evolution, sondern durch den Kontakt mit entwickelteren, von außen her zuziehenden Völkern, also auf Grund *exogener* Faktoren, und das heißt: durch Überlagerungs-, Mischungs- und Akkulturationsprozesse! Hier tischt uns Sallust allerdings eine recht krause Geschichte auf, die ihm offenbar selbst nicht ganz geheuer erschien, da er zuvor (c. 17) betont, er müsse die Gewähr seiner Angaben den Autoren seiner Quellen überlassen. In diesem Zusammenhang kommt es uns jedoch weniger auf die verbürgte Wirklichkeit der Entwicklung als deren *theoretische Begründung* durch den römischen Geschichtsschreiber an, so daß sie im folgenden ohne weitere kritische Stellungnahme nur einfach wiedergegeben sei:

«Als aber Herkules [so in unmittelbarem Anschluß an das obige Zitat] nach der Sage der Afrikaner [!] in Spanien gestorben war, löste sich sein aus allerhand Völkerschaften *(gentibus)* zusammengesetztes Heer in kurzer Zeit auf, da nach dem Tode des Führers wahllos jeder beliebige den Oberbefehl für sich beanspruchte. Die Meder, Perser und auch die Armenier, die sich unter der großen Menge befanden, setzten nach Afrika über und nahmen Besitz von den Gegenden, die dem Mittelmeer zunächst liegen, die Perser jedoch mehr nach dem Ozean hin. Umgekehrte Schiffsrümpfe waren ihre Hütten *(tuguriis)*, weil sie weder Bauholz im Lande hatten noch solches von den Spaniern kaufen oder eintauschen konnten; der weite Seeweg und die Unkenntnis der Sprache hinderten den Handelsverkehr. Nach und nach vermischten sie sich durch Heirat mit den Gätulern, und weil sie oft, um das Land genauer kennenzulernen, von einer Gegend in die andere gezogen waren, nannten sie sich selbst ‹Nomaden› [bzw. Numider]. Übrigens sind noch heutzutage die Gebäude der Numider auf dem Lande, die sie ‹mapalia› nennen, länglich und haben auf den Seiten eingebogene Dächer *(incurvis lateribus tecta)*, so daß sie einem Schiffskiele ähnlich sehen [Beweisführung mit Hilfe von *Restvorkommen*!]. Den Medern und Armeniern gesellten sich die Libyer zu – diese hausten nämlich näher am Mittelländischen Meer, die Gätuler hingegen näher der Tropengegend, nicht weit von der heißen Zone –, und diese hatten zeitig Städte *(oppida)*; denn, nur durch eine Meerenge von Spanien getrennt, ließen sie sich in Tauschhandel mit dessen Bewohnern ein. Ihren Namen entstellten allmählich die Libyer und nannten sie in ihrer ungelenken Sprache ‹Mauren› anstatt Meder. Der Staat *(res)* der Perser blühte in kurzer Zeit auf; später trennten sie sich wegen der Übervölkerung von ihren Verwandten und nahmen unter dem Namen ‹Numider› von den Gegenden Besitz, die an Karthago grenzten und ‹Numidien› genannt werden. Als sie in der Folgezeit Vertrauen zueinander gefaßt hatten, brachten sie ihre Nachbarn durch Waffengewalt oder Drohungen unter ihre Herrschaft und erwarben sich Ruhm und Ansehen; besonders jedoch die, die bis ans Mittelmeer vorgerückt waren, weil die Libyer weniger kriegerisch waren als die Gätuler. Schließlich kam fast das ganze afrikanische Küstenland in den Besitz der Numider; die Besiegten nahmen samt und sonders den Namen ihrer Überwinder an und bildeten mit ihnen *ein* Volk» (c. 18).

Die Völker Nordafrikas, und insbesondere die Numider, sind also nicht unmittelbar Autochthone, sondern aus einem Verschmelzungsprozeß verschiedenster ethnischer Elemente entstanden und verdanken gerade dieser ihrer gemischtethnischen Abkunft, d. h. der ihnen immer wieder auferlegten Notwendigkeit, *sich mit Neuem auseinanderzusetzen*, ihren Aufstieg zu höheren Daseinsformen, eine Entwicklung, die später dann noch durch die Ankunft der Phönizier entscheidend intensiviert und endlich durch die Machtübernahme der Römer gekrönt und vollendet wurde. Der Überblick schließt, von der Geschichte wieder auf die

Gegenwart Sallusts überleitend, mit einer von Osten nach Westen voranschreitenden, der Form nach an die alten Periegesen erinnernden Aufzählung einiger der wichtigsten Städte, Territorialeinheiten und Völker:

«Wenn man von dem Landstrich Katabathmos, der Ägypten von Afrika trennt, am Meere entlang nach Westen geht, kommt man zuerst nach Kyrene, einer Kolonie der Theräer; dann folgen die beiden Syrten, und zwischen ihnen Leptis, östlich davon die Altäre der Philänen, welche die Grenze des karthagischen Gebietes gegen Ägypten bildeten; sodann andere punische Städte. Das übrige Land bis nach Mauretanien hin gehört den Numidern. Die nächsten Nachbarn der Spanier sind die Mauren. Über Numidien hinaus [gen Süden] sollen die Gätuler teils in Hütten *(tunguriis)* hausen, teils noch roher ohne feste Wohnsitze herumschweifen. Hinter diesen, so heißt es, kommen die Äthioper, dann durch die Sonnenglut ganz ausgedorrte Gegenden. [Nach einigen wenigen Hinweisen zur politischen Machtverteilung schließt Sallust dann mit der stereotypen Formel:] Dies möge über Afrika und seine Bewohner zur Not genügen» (c. 19).

Ähnliche Exkurse enthielten auch die «Historien» Sallusts, ein in der Hauptsache zeitgeschichtliches – und leider wieder nur in Bruchstücken überliefertes – Werk. Großen Ansehens noch bei den späteren Autoren erfreute sich daraus insbesondere eine B. III 63 ff eingelegte Periegese des Pontosraumes[52], die jedoch, jedenfalls nach dem Bild, das die Fragmente vermitteln, kaum mehr als das Übliche bot, angefangen von der geographischen Abgrenzung, der Charakterisierung des Klimas und einem Abriß der Besiedlungsgeschichte bis hin zu einer einfachen Aufzählung der wichtigsten Gebirgszüge, Küstenvorsprünge, Flüsse, Städte und Völker. Doch wird daraus immerhin die Bedeutung ersichtlich, die Sallust noch der Länder- und Völkerkunde für die Geschichtsschreibung beimaß.

52   Avienus: Ora maritima 32 ff.

4. Titus Livius (59 v. Chr. – 17 n. Chr.)

Geographisch-ethnographische Exkurse als Mittel, die lokalen, endogen-
anthropogeographischen Voraussetzungen bestimmter, außerhalb der
engeren Kulturwelt Roms sich vollziehender Geschehensabläufe aufzuzeigen, sind uns auch für Livius bezeugt, der sich eines weit höheren
Ansehens als Sallust erfreute, ja vielen als der größte römische Geschichtsschreiber galt[53]. Entsprechend der Bedeutung, die der Westen
und Nordwesten Europas zu seiner Zeit für die Politik der Römer in zunehmendem Maße gewannen, scheint er sich insbesondere für die dortigen Verhältnisse interessiert oder doch ihnen immerhin die ausführlichsten Exkurse gewidmet zu haben. Jedenfalls ist dem Inhaltsverzeichnis
seines ursprünglich nicht weniger als 142 Bücher umfassenden Riesenwerkes, der «Römischen Frühgeschichte» (Ab urbe condita libri), sowie
einem Hinweis bei Tacitus[54] zu entnehmen, daß er seiner Schilderung
der europäischen Feldzüge Caesars größere landes- und völkerkundliche
Übersichten von Gallien, Germanien und Britannien eingelegt hat, die
nur leider, wie dieser Teil der Schrift überhaupt, wieder verlorengegangen sind.

Soweit man sich hiernach noch ein Bild zu machen vermag, war die
erstere zunächst (Inhaltsnotiz: «praeterea situm Galliarum continet»)
im Anschluß an die Schilderung der Helvetierschlacht im CIII. Buch eingeschaltet, mit dem Livius seine Darstellung der Operationen des Feldherrn auf gallisch-germanischem Boden begann. Der Exkurs über Germanien stand zu Eingang von Buch CIV, einleitend zu dem dort gleich zu
Anfang wiedergegebenen Krieg gegen Ariovist, und schloß, wie ausdrücklich im Inhaltsverzeichnis vermerkt («prima pars libri situm Germaniae moresque continet»), auch eine Behandlung der Lebensweise
und des Brauchtums der Bevölkerung ein. Die britannische Landeskunde
endlich dürfte ihren Platz in Buch CV gefunden haben, wo Livius die
beiden Expeditionen Caesars nach Britannien beschrieb; ihre Existenz ist
uns allein durch den Hinweis bei Tacitus verbürgt, und es scheint, daß sie
nur flüchtig skizziert und im ganzen geringeren Umfangs war, so daß die
späteren Exzerptoren, die erst das Inhaltsverzeichnis anfertigten, es nicht
für erforderlich hielten, ihrer dort eigens Erwähnung zu tun.

53 Vgl. Tacitus: Agricola, c. 10.
54 Agricola, c. 10.

An literarischen Quellen kommen für die livianischen Exkurse in erster Linie Timagenes, Poseidonios und Caesar, die bestinformierten und verläßlichsten Gewährsleute für den Westen in der damaligen Zeit, in Betracht. Einen Beweis dafür, daß Livius gerade auch Poseidonios ausgeschöpft hat, liefert nicht zuletzt schon der Text jener Worte, die er in einem der uns erhaltenen Stücke seines Werks (XXXVIII 17, 2–20) den Konsul Cn. Manlius Volso vor der Schlacht mit den Tolistobogiern (189 v. Chr.) an sein Heer richten läßt: ein Text, dessen Gedankenaufbau so sehr dem Geist des Poseidonios entspricht, daß er nur auf eine Vorlage desselben zurückgehen kann und daher ja auch oben bereits für diesen beansprucht und (im Auszug) unter seinem Namen wiedergegeben wurde. Entlehnte und brachte ihn Livius aber, so mußte er sich auch zu den theoretischen Implikationen, die er enthielt (Entartung eines ursprünglichen Volkscharakters bei veränderten Umweltbedingungen), bekennen! Möglich daher, daß er auch sonst die Auffassungen des Poseidonios teilte.

Wie sein Geschichtswerk scheinen auch seine Exkurse in hohem Ansehen gestanden zu haben; jedenfalls wissen wir, daß sie selbst Tacitus noch so sehr imponierten, daß er, sowohl was den Stil wie den Aufbau anlangt, bei seinen Beschreibungen Britanniens und Germaniens sich wesentlich an ihnen zu orientieren bemüht war.

5. Pompeius Trogus (1. Jh. v. Chr.)

Besser als im Falle des Livius läßt sich die – zweifellos auch größere – Bedeutung eines anderen Historikers seiner Zeit für die Geschichte der römischen Ethnographie ermessen. Als gebürtiger Kelte mußte Pompeius Trogus, um den es hier geht, schon von Hause aus mehr Interesse an der außerrömischen Völkerwelt nehmen, und so mag es kein Zufall sein, daß er als erster unter den römischen Historiographen den Versuch unternahm, eine *Universalgeschichte* zu schreiben, d. h. die Geschichte nicht mehr, wie es der älteren annalistischen Tradition noch bis auf Livius hin entsprach, in der Hauptsache als Geschichte der Römer, sondern als einen weltumspannenden, die Geschicke aller (bedeutenderen!) Völker der Erde miteinander verflechtenden einzigen Entwicklungsprozeß zu begreifen.

Den Mittel- und Hauptteil des Werkes, das ursprünglich 44 Bücher umfaßte und (im Anschluß an Theopompos von Chios) den Titel «Histo-

riae Philippicae» trug, füllt die Geschichte der Makedonen und der hellenistischen Nachfolgestaaten des Alexander-Reichs bis in ihre Eingliederung in das römische Imperium aus; ihr war, sozusagen als tragendes
Fundament, ein Abriß der assyrischen, medischen, altpersischen (einschließlich der skythischen!) und frühgriechischen (einschließlich der si-
zilianischen) Geschichte vorangestellt, während den Abschluß des Ganzen die Geschichte der Parther, als der einzigen Macht, die sich noch
gegenüber den Römern zu behaupten vermocht hatte, sowie, nach einem
kurzen Exkurs über die italische und römische Königsgeschichte, Darstellungen der gallischen, spanischen und nordafrikanischen (punischen)
Geschichte bis zum Anschluß auch dieser Gebiete an das römische Weltreich bilden. Der Barbaren im strengeren Sinne, wie der Skythen und
Gallier, wurde also nur insofern gedacht, als ihre Geschicke mit denen der
bedeutenderen, das Geschehen im großen bestimmenden Völker des
Mittelmeerraumes *in Berührung gerieten*: Wer außerhalb dieses Zusammenhangs stand, der allein zählte, besaß eben *keine* Geschichte!

An literarischen Quellen schöpfte Trogus insbesondere Timagenes sowie weiter Timaios, Polybios und Poseidonios aus. Ihn selber wiederum
exzerpierte Marcus Iunianus Iustinus (3. Jh. n. Chr.), so daß uns sein
Werk, das gegen Ende der Antike verlorenging, bei diesem doch wenigstens in Auszügen erhalten ist.

Entsprechend seinen griechischen Vorbildern kam es auch Trogus —
und sichtlich mehr, als bei den klassisch-römischen Historikern üblich —
darauf an, den Leser jeweils mit der spezifischen Umwelt, unter deren
Voraussetzungen und vor deren Hintergrund sich die einzelnen Ereignisabläufe vollzogen, vertraut zu machen, d. h. der rein historischen
Darstellung immer wieder *Exkurse über die Länder- und Völkerkunde*
der verschiedenen Schauplätze einzulegen. Viele sind uns allerdings nur
mehr durch Hinweis bekannt, da Iustinus, in seinem Bemühen zu kür-
zen, etliche von ihnen gestrichen oder lediglich auszugsweise wiedergegeben hat. Für die erhaltenen ist typisch, daß sie in Aufbau und Art
deutlich die Handschrift sowohl des Timaios wie des Poseidonios verraten.

Mit besonderem Bedacht ging Trogus in seinen Ethnographien auf die
Frage des Ursprungs (der *origo*) der Bevölkerung ein; daneben fanden,
jedenfalls in den ausführlicher überlieferten Stücken und ganz so, wie es
seit alters der Tradition derartiger Exkurse entsprach, zur Hauptsache
wieder die Landesnatur, das Klima, die Sprache, die Tracht, die Art der
Bewaffnung und Kriegführung, dann die Ernährungsweise, das eheliche

und soziale Zusammenleben sowie die Religion und Bestattung Beachtung. Gelegentlich pflegte er das Ganze wohl auch, wie im Falle der Parther-Monographie, mit einer Gesamtcharakterisierung des Volkes zu krönen.

Eines der vermutlich noch am besten erhaltenen und daher lehrreichsten Beispiele für eine ausgesprochene Barbaren-Ethnographie stellt der Exkurs über die Skythen dar, den Iustinus wie folgt wiedergibt:

«Bei der Erzählung der von den Skythen vollbrachten Taten, welche groß und ruhmreich genug waren, muß mit einem Zurückgehen auf ihren Ursprung begonnen werden... Die Skythen sind immer für das älteste Volk gehalten worden, obgleich zwischen den Skythen und Ägyptern lange ein Streit über das Alter ihres Geschlechts geführt wurde [dessen beiderseitige Argumente Trogus, ohne persönlich Stellung zu nehmen, dann im einzelnen darlegt; die der Skythen erwiesen sich jedoch zuletzt als die gewichtigeren]: Da nun die Ägypter durch diese Beweisgründe geschlagen waren, haben die Skythen immer für älter gegolten.

Skythien also, das sich nach Osten hin erstreckt, ist auf der einen Seite vom Pontos, auf der andern von dem Riphäischen Gebirge[55], im Rücken von Asien und dem Flusse Phasis[56] eingeschlossen. Es dehnt sich weit in die Länge und Breite aus.

Die Bewohner haben untereinander keine Grenzmarken; denn sie bauen weder das Land noch haben sie irgendein Haus (domus) oder ein [festes] Obdach (tectum) oder einen [bleibenden] Wohnsitz (sedes), da sie beständig ihre Herden von großem und kleinem Vieh weiden und unbebaute Einöden zu durchschweifen pflegen. Ihre Weiber und Kinder führen sie auf Wagen (in plaustris) mit sich, die sie der Regengüsse und des Winters wegen mit Tierhäuten bedecken und als Häuser (pro domibus) gebrauchen. Ihre Gerechtigkeit hat sich durch den Volksgeist (gentis ingeniis), nicht durch Gesetze gebildet. Kein Verbrechen gilt bei ihnen für schwerer als der Diebstahl; denn da sie ihre Herden von großem und kleinem Vieh ohne den Schutz einer Wohnung halten, was würde ihnen [davon] in ihren Wäldern [? silvas!] übrigbleiben, wenn das Stehlen erlaubt wäre? Nach Gold und Silber trachten sie nicht auf gleiche Weise wie andere Menschen. Sie nähren sich von Milch und Honig. Der Gebrauch der Wolle und Kleider [aus Wollstoff] ist ihnen unbekannt, und obgleich sie von fortwährender Kälte geplagt werden, bedienen sie sich doch nur der Felle von größerem oder kleinerem Wild. Diese Genügsamkeit (continentia) erzeugte bei ihnen auch die Rechtlichkeit (iustitiam) der Handlungsweise, da sie nicht nach fremdem Eigentum begehren; denn da ist Begierde nach Reichtum, wo auch Gebrauch von ihm gemacht wird. Ja, möchte sich doch eine ähnliche Mäßigung und Enthaltsamkeit von fremdem Gute auch

55 Sagenhafter Gebirgszug am Nordrand der Erde.
56 Rion.

bei den übrigen Sterblichen finden! Wahrlich, dann würde nicht eine solche
Menge von Kriegen alle Jahrhunderte hindurch in sämtlichen Ländern fortwährend geführt werden, und Schwert und Waffen würden nicht mehr Menschen
hinwegraffen als das natürliche Todeslos. Ganz wunderbar muß es daher erscheinen, daß die Natur ihnen das verleiht, was die Griechen durch die lange Belehrung
weiser Männer und die Vorschriften der Philosophen nicht erreichen können,
und daß die verfeinerte Bildung *(cultos mores)* bei einer Vergleichung mit dem
ungebildeten Barbarentum *(incultae barbariae)* von diesem übertroffen wird.
Um so viel dienlicher ist jenen die Unkenntnis der Laster als diesen die Kenntnis
der Tugend *(virtutis).*
[Und zum Schluß:] Sie sind ein für Strapazen und Krieg abgehärteter Volksstamm. Ihre Körperkräfte sind ungeheuer. Sie erwerben nichts, was sie zu verlieren fürchten müßten; als Sieger begehren sie nichts außer Ruhm.»[57]

Trotz seines Umfangs ist der Exkurs an rein ethnographischen Angaben
arm (was allerdings auf das Konto Iustins gehen kann); die einzelnen
– und gerade das Äußerste bietenden – Themen: Ursprungsfrage, Bestimmung der geographischen Lage (ohne Eingehen auf die Landesnatur!),
Klima, Lebensweise und Art der Ernährung, Behausung und Tracht,
werden, mit Ausnahme des ersten, nur eben angesprochen und nicht
eigentlich erörtert und bringen zudem auch nichts, was nicht schon in der
älteren Literatur erwähnt worden wäre. Das Bemühen, den Stoff nach
bestimmten Gliederungsprinzipien zu ordnen, deutet sich lediglich in der
Verlagerung der *Origo* an den Beginn und der *Gesamtcharakterisierung*
des Volkes an den Schluß der Darstellung an. Die Absicht, die Trogus mit
seiner Schilderung verbindet, ist eine andere: Ihm geht es vor allem
darum zu zeigen, daß die Skythen noch nahezu unverfälscht *auf natür-*
liche Weise leben und *daher* gesund und stark sind, noch größere Wider-
standskräfte besitzen und – dies insbesondere! – nicht nach mehr Besitz,
als ihr bloßes Dasein erfordert, oder gar Reichtümern trachten und auf
Grund dieser Genügsamkeit wieder ein konfliktlos-friedliches Leben
ohne Habgier, Mißgunst und Feindseligkeit führen, das sie moralisch
weit über die hochzivilisierten Völker erhebt. *Synchronisch* läuft die Betrachtung mithin auf eine kulturkritische *Gegenüberstellung der Natur-*
völker auf der einen und der Kulturvölker auf der anderen Seite hinaus,
während sie ihrer *diachronischen* Perspektive nach wieder der klassischen Auffassung Ausdruck verleiht, daß der zivilisatorische Fortschritt,

57 Iustinus II 1–3.

der letzten Endes zur *Hochkultur* führt, zwangsläufig mit einer *sich entsprechend beschleunigenden sittlichen Entartung* erkauft wird. Die
höchste Moral besaßen daher die Menschen der Urzeit, wie sie deren
letzte Repräsentanten, die Skythen (und andere Barbaren), noch mit am
reinsten verkörpern und wie sie für die höher entwickelten Völker, bzw.
deren Ahnen, nur mehr erschlossen zu werden vermag:

«Italiens erste Bewohner», heißt es z. B. in Hinsicht auf die Urbevölkerung der
Apenninenhalbinsel einmal, «waren die Aboriginer, deren König Saturnus ein
Mann von solcher Gerechtigkeit gewesen sein soll, daß weder irgend jemand unter ihm in Knechtschaft gelebt noch irgendein Privateigentum besessen, sondern
allen alles gemeinschaftlich und ungeteilt gehört habe, als ob alle nur *ein* Erbgut
gehabt hätten.»[58]

Dem Skythen-Exkurs, mit dem Trogus das Barbarentum im strengeren,
entwicklungsgeschichtlichen Sinne des Wortes zu porträtieren versucht,
sei als Kontrast die Beschreibung der Parther gegenübergestellt, eines
Volkes, das nun schon auf einer sehr viel höheren Zivilisationsstufe steht
und sich insofern wie auch seiner äußeren Machtentfaltung nach bereits
durchaus mit den Römern vergleichen läßt:

«Die Parther, in deren Händen jetzt, als hätte zwischen ihnen und den Römern
eine Teilung des Erdkreises stattgefunden, die Herrschaft über das Morgenland
war, waren skythische Verbannte. Dies wird auch durch ihren Namen deutlich
bewiesen; denn in der skythischen Sprache heißen die Verbannten ‹Parther›.
Diese waren sowohl zu der Assyrer als zu der Meder Zeiten unter den Völkern des
Morgenlandes die unbekanntesten. Auch später, als die Herrschaft über das Morgenland von den Medern zu den Persern überging, waren sie gleichsam als na-
menlose Masse eine Beute der Sieger. Zuletzt waren sie den Makedonen dienstbar, als diese das Morgenland besiegt hatten, so daß es jedermann als ein Wunder
erscheint, wie sie durch ihre Tapferkeit zu so großem Glücke gelangt sind, daß sie
die Völker beherrschten, unter deren Herrschaft sie wie ein Sklavenhaufe gestanden hatten [es folgen einige wenige, sehr knappe Notizen über die Anfänge der
parthischen Expansion, zum Klima und zur Regierungsform].
Die Regierung des Volkes war nach dem Abfall von der makedonischen Herrschaft in den Händen von Königen. Der nächste Stand nach der Hoheit der Könige
ist der der Vorsteher *(praepositorum)*; aus diesem haben sie ihre Anführer im
Kriege und ihre Staatslenker im Frieden. Ihre Sprache steht in der Mitte zwischen
der skythischen und medischen und ist aus beiden gemischt. Ihre Kleidung war
ehemals von ihnen eigener Art; nachdem sich aber Reichtum einstellte [!], wie bei

58 Iustinus XLIII 1.

den Medern durchsichtig und wallend. In den Waffen folgten sie vaterländischer und medischer Sitte. Sie haben ein Heer nicht wie andere Völker von Freien, sondern größtenteils von Sklaven, deren Menge, da niemandem die Befugnis der Freilassung gestattet ist und daher alle aus Sklaven geboren werden, von Tag zu Tag wächst. Diesen widmen sie gleiche Sorge wie ihren Kindern und lehren sie mit großem Fleiße reiten und mit Pfeilen schießen. Je wohlhabender einer ist, desto mehr Reiter stellt er seinem König im Kriege... Aus der Nähe in offener Schlacht zu kämpfen oder belagerte Städte zu erobern, verstehen sie nicht. Sie kämpfen, indem die Rosse entweder vorsprengen oder den Rücken kehren; oft auch heucheln sie die Flucht, um die sie Verfolgenden unvorsichtiger gegen Verwundungen zu machen. Das Zeichen wird ihnen in der Schlacht nicht mit der Trompete, sondern mit der Handpauke gegeben. Auch können sie nicht lange kämpfen, doch würden sie unerträglich sein, wenn ihre Ausdauer ebenso groß wäre als ihr Ungestüm und ihre Kraft. Meistens verlassen sie mitten in der Hitze des Kampfes das Treffen und erneuern kurz darauf von der Flucht aus das Gefecht, so daß man, wenn man eben völlig gesiegt zu haben glaubt, dann erst den Entscheidungskampf zu bestehen hat. Als Schutzmittel haben sie selbst und ihre Pferde Schuppenpanzer *(loricae plumatae)*, welche beide am ganzen Körper bedecken. Von Gold und Silber machen sie keinen Gebrauch, außer an den Waffen. Frauen hat jeder des Reizes wechselnden Wollustgenusses wegen mehrere, und kein Vergehen strafen sie härter als Ehebruch. Daher untersagen sie den Frauen nicht nur die Gelage der Männer, sondern sogar ihren Anblick. Fleisch essen sie nicht, außer durch Jagd erlangtes. Jederzeit sitzen sie zu Pferde; auf ihnen liegen sie dem Kriege, auf ihnen Schmausereien, auf ihnen öffentlichen und Privatgeschäften ob, auf ihnen reisen, verweilen, handeln sie und unterreden sie sich. Überhaupt besteht der Unterschied zwischen Freien und Sklaven nur darin, daß sich die Sklaven zu Fuß, die Freien nie anders als zu Pferde einherbewegen. Bestattung ist im allgemeinen das Zerfleischtwerden durch Vögel oder Hunde; erst die bloßen Knochen verscharren sie in der Erde. In den religiösen Angelegenheiten und dem Gottesdienste zeigt sich bei allen eine ganz besondere Ehrfurcht. Der Geist des Volks ist aufgeblasen, aufrührerisch, betrügerisch, frech; denn Gewalttätigkeit teilen sie den Männern, Sanftmut den Weibern zu. Stets sind sie entweder zu äußeren oder zu inneren Unruhen aufgeregt, von Natur schweigsam, fertiger zum Handeln als zum Reden. Daher bedecken sie glückliche und unglückliche Ereignisse mit Stillschweigen. Den Oberen gehorchen sie aus Furcht, nicht aus Achtung. Der Wollust sind sie zügellos ergeben, im Essen aber mäßig. Treue in Reden und Versprechungen kennen sie nicht, außer insoweit sie Vorteil bringt.»[59]

59 Iustinus XLI 1–3.

Sowohl was das Ganze wie die Behandlung des einzelnen anlangt, ist der Parther-Exkurs also zunächst einmal sehr viel ausführlicher als der über die Skythen angelegt. Neben den Themen, die dort schon zur Sprache gekommen waren, werden hier im besonderen noch die Sprache, die Regierungsinstitutionen, die gesamtgesellschaftliche Organisation, der Aufbau des Heeres, das Kriegswesen mit Einschluß der Taktik, dann das Bestattungsbrauchtum und anderes, wie die Bedeutung der Pferde im Leben der Parther, erörtert. Das Hauptgewicht liegt jedoch auch in diesem Fall wieder auf dem Bemühen, über die Schilderung der reinen Lebensführung hinaus auch ein Bild vom *Charakter* des Volkes zu geben. Der aber, das will Trogus zweifellos zeigen, ist ein Ergebnis und Ausdruck der besonderen Stammesgeschichte der Parther: Denn wie diese sich in der Auseinandersetzung wesentlich zweier, einander widerstrebender Kräfte vollzog, nämlich des alten, barbarisch-skythischen Erbes und der Einwirkungen seitens der sehr viel höher entwickelten Meder-Kultur, was sich u. a. noch in der gemischten Sprache, Tracht und Bewaffnung ausdrückt, so verrät auch die *Psyche* des Volkes eine deutliche *Zwiespältigkeit*: Einerseits ungestüm, tapfer und stark, mäßig im Essen, auf die Treue ihrer Frauen bedacht und ohne Verlangen nach Luxusgütern (wie Gebrauchsgerät aus Silber und Gold), sind die Parther doch auf der anderen Seite zugleich auch ausschweifend und unbeherrscht, gewalttätig, ohne Ausdauer, eitel, nicht offen, voller Hinterlist, betrügerisch und stets auf ihren persönlichen Vorteil aus.

Rein von der Konzeption her gesehen, erinnert das alles zwar deutlich an Völkercharakterisierungen, die wir aus der Feder des Poseidonios kennen, und mag auch an ihrem Vorbild geschult sein, doch stehen bei Trogus Kultur und Charakter des Volkes im Grunde ganz unverbunden nebeneinander, sind nicht wie bei jenem so großartig zwingend aufeinander bezogen, daß erstere auch *notwendig* als Folge des letzteren erscheint.

Am äußeren Aufbau fällt wieder auf, daß die *Origo* an den Anfang und die *Gesamtcharakterisierung* des Volkes an den Schluß (der rein ethnographischen Darstellung) gesetzt ist, und ein entsprechendes Bild vermitteln auch die übrigen Exkurse – jedenfalls soweit sie ausführlicher angelegt sind. Zumindest hierin wird man demnach ein feststehendes Kompositionsprinzip sehen dürfen.

Wie aus verschiedenen, offenbar mehr beiläufigen Notizen in den Auszügen Iustins zu ersehen, scheint Trogus sich auch Gedanken über die Anfänge und die einzelnen Etappen der kulturellen Entwicklungsgeschichte der Menschheit gemacht zu haben und dabei zu ganz dezidierten

Auffassungen gelangt zu sein. Wie er sich die Verhältnisse auf der Urstufe dachte, wurde am Beispiel der Urbevölkerung von Italien und der
Skythen schon deutlich: Die Menschen lebten zwar noch überaus primi-
tiv, – aßen, wie wir an anderer Stelle erfahren, ihre Nahrung noch roh
und besaßen noch keinen Bodenbau [60], waren aber dafür noch ganz in die
Daseinswelt der Natur integriert, daher gesünder, stärker und wider-
standsfähiger und kannten weder Selbstsucht noch Habgier und Neid, so
daß sich ihr Zusammenleben bei aller Dürftigkeit insgesamt auf eine ungetrübt friedliche und harmonische Weise vollzog. Und dies um so mehr,
als sie schon damals, wie Trogus im Einklang mit den stoischen Kultur-
entstehungstheoretikern (Poseidonios!) lehrt, unter der Herrschaft
weiser «Könige» (wie die italischen Aboriginer unter der des Saturnus)
standen, die ihre Autorität nicht der Demagogie oder gewaltsamer Usur-
pation der Macht, sondern allein dem Umstand verdankten, daß sie die
anderen noch an moralischer Integrität überragten. Ihre Entscheidungen
konnten daher von vornherein nie einem Zweifel begegnen, so daß es
auch keiner eigenen Rechtsordnung bedurfte:

«Im Anfange war die Herrschaft über Völkerstämme und Völkerschaften *(gentium nationumque)* in der Hand von Königen, die nicht das Buhlen um Volks-
gunst, sondern ihre unter den Guten bewährte Mäßigung zu der Höhe dieser
Würde erhob. Das Volk war durch keine Gesetze *(legibus)* gebunden; die Macht-
ansprüche der Könige vertraten die Stelle der Gesetze.» [61]

Einzelnen dieser Urzeit-Herrscher gelang es nun nach und nach, neue
und immer bessere Techniken der Daseinsbewältigung zu entwickeln
und damit die Voraussetzungen zur Entfaltung höherer Lebensformen
zu schaffen. So sollen z. B. der «baktrische König» Zoroaster (neben der
Magie) die Astronomie, der arkadische König Aristaios die Bienenzucht
mit der Verwendung des Honigs, die Milchverarbeitung und dazu ebenfalls (für die Griechen) die Astronomie und der spanische König Gargoris
wiederum seinerseits auch die Nutzung des Honigs erfunden haben [62].
Auf diese Weise bildeten sich, wie Trogus offenbar der Auffassung war,
an einzelnen Punkten der Erde *dynamische Entstehungszentren* aus, an
denen die Entwicklung rascher als an anderen Stellen voranschritt. Als
eine der wichtigsten Stätten dieser Art galt ihm u. a. Athen:

60 Iustinus XLIV 4.
61 Iustinus I 1.
62 Iustinus I 1. XIII 7. XLIV 4.

Deren Einwohner nämlich «lehrten zuerst die Bearbeitung der Wolle und den Gebrauch des Öles und Weins. Auch das Pflügen und Getreidesäen zeigten sie denen, die sich [noch] von Eicheln nährten. Die Wissenschaften, die Religionsgebräuche, die Beredsamkeit und die Ordnung der bürgerlichen Verfassung haben Athen gleichsam zum Tempel.»[63]

Von Athen (und entsprechend auch von den anderen Zentren) aus breiteten sich die dort entwickelten Techniken und Kenntnisse dann *durch Diffusion* zunächst über Griechenland und darauf allmählich auch über dessen nähere und fernere Nachbarländer hin aus. Im letzteren Falle dachte Trogus wohl insbesondere an Übertragungsvorgänge durch *direkten* Kontakt; jedenfalls wies er den griechischen Kolonisatoren in dieser Hinsicht eine sehr entscheidende Rolle zu, wie er sehr schön am Beispiel der Phokäer, der Begründer der ersten ionischen Kolonien (darunter Massalia/Marseille) an der französischen Mittelmeerküste, erläutert, deren zivilisierenden Einfluß auf seine noch «unterentwickelten» altkeltischen Vorfahren er nicht nur voll anerkennt, sondern in seiner Begeisterung für die griechische Kultur noch stark übertreibt:

«Von diesen [den Phokäern] nun lernten die Gallier nach Ablegung und Milderung ihrer Roheit nicht nur eine gesittetere Lebensweise, sondern auch den Akkerbau und [die Kunst], die Städte mit Mauern zu umgeben. Jetzt gewöhnten sie sich auch, nach Gesetzen, nicht nach dem Faustrecht, zu leben, jetzt auch, den Weinstock zu beschneiden, jetzt, den Ölbaum zu pflanzen; und in so hohem Grade ward sowohl Menschen als Dingen ein großer Glanz verliehen, daß nicht Griechenland nach Gallien ausgewandert zu sein, sondern Gallien nach Griechenland verpflanzt schien.»[64]

Auf diese Weise also, d. h. wesentlich durch *Kontaktmetamorphose* und *Akkulturation*, werden auch die noch minder entwickelten Völker nach und nach mit in den Aufstieg der Zentren hineingezogen. Zugleich damit aber handeln sie sich, und desto mehr, je rascher der Prozeß sich beschleunigt, auch alle die Übel ein, die nach Trogus zwangsläufig aus jeder höheren Zivilisation resultieren: Die Ansprüche wachsen, man strebt nach mehr, als man notwendig zur Erhaltung des Lebens bedarf, beginnt Reichtümer anzuhäufen, was wiederum zu Lasten anderer geht, dadurch soziale Spannungen auslöst und so letzten Endes zu einer permanenten, ständig sich verschärfenden Konfliktsituation führt – alles Erscheinun-

63 Iustinus II 6.
64 Iustinus XLIII 4.

gen, die im Grunde mithin nur eine einzige Ursache haben: den Wunsch nach mehr Besitz, als von Natur aus zum Dasein erforderlich ist, bzw. als Folge davon: die *ungleiche Verteilung des Eigentums*! Und wie im kleinen so auch im großen:

«Herrschende Sitte *(mos)* war es [ursprünglich], die Grenzen des Reiches mehr zu schützen als weiter hinauszurücken. Innerhalb seines Vaterlandes sah jeder sein Reich begrenzt. Zuerst unter allen veränderte Ninus, der König der Assyrer, die alte und den Völkern gleichsam urväterliche Sitte aus bis dahin unbekannter Herrschbegierde. Er überzog zuerst die Grenznachbarn mit Krieg und unterjochte die zum Widerstande noch unfähigen Völkerschaften bis zu den Grenzen Libyens. Freilich waren der Zeit nach Sesostris, König von Ägypten, und Tanaus, König von Skythien, älter, von denen der eine nach Pontos, der andere bis nach Ägypten vordrang. Allein, sie führten in weiter Ferne, nicht in der Nachbarschaft Krieg und suchten nicht Herrschaft für sich, sondern für ihre Völker Ruhm, und zufrieden mit dem Siege, enthielten sie sich der Herrschaft. Ninus [aber] sicherte sich die Größe der von ihm erstrebten Herrschergewalt durch fortwährenden Besitz. Indem er also nach Unterjochung der zunächst Wohnenden, durch diesen Zuwachs an Streitkräften verstärkt, zu anderen fortzog und jeder letzte Sieg ein Hilfsmittel zu einem ihm folgenden neuen wurde, unterwarf er sich die Völker des gesamten Morgenlandes.»[65]

Die ursprüngliche Ordnung, nach der einem jeden Volk ein bestimmter Lebensraum zugeteilt ist, wird dadurch, daß Ninus mehr Land und Macht für die Assyrer beansprucht, als die Sicherung ihres Daseins *von Natur aus* erfordert, gewaltsam durchbrochen. Zu diesem Zweck müssen andere unterdrückt und in ihren Rechten eingeschränkt werden, was wiederum zu Spannungen und Konfliktsituationen führt. Auch internationale Verwicklungen und Feindseligkeiten basieren daher auf einer *die natürliche Ordnung zerstörenden, ungleichen Verteilung des Eigentums*, d. h. gehen in letzter Instanz allein darauf zurück, daß ein einzelnes Volk mehr als den zur Befriedigung seiner Lebensbedürfnisse unerläßlichen Besitz zu gewinnen bestrebt ist, und sind eine *zwangsläufige Folge der höheren Zivilisation* – eine These, die man bereits durchaus als den ersten Versuch einer quasi-marxistischen *Imperialismus-Theorie* werten könnte!

65 Iustinus I 1.

6. Gaius Iulius Caesar (100–44 v. Chr.)

In etwa zur nämlichen Zeit, da Pompeius Trogus in der Abgeschiedenheit
seiner Gelehrtenstube über den Imperialismus theoretisierte und zu dem
Ergebnis kam, daß er wider die natürliche Ordnung der Dinge verstoße
und daher moralisch verwerflich sei, stand Caesar im Felde und prakti-
zierte ihn in einem Maße und mit einem Erfolg wie kaum ein Staatsmann
oder Heerführer vor ihm. War seine Einstellung gegenüber den Völkern,
mit denen er sich dabei, sei es mit Waffengewalt oder auf dem Verhand-
lungsweg, auseinanderzusetzen hatte, auch insofern zuvörderst von
praktisch-politischen Interessen bestimmt, ja mußte es sein, so zeichnet
ihn doch auf der anderen Seite aus, daß er sie *nicht nur* als bloße Objekte
seiner Machtpolitik betrachtete, als reine Barbaren, die keine geschichtliche Geltung besaßen, sondern sie durchaus auch als eigenwertige Größen, als Menschen, ja sogar Partner weniger von geringerer als lediglich
anderer, eigener Art zu würdigen versuchte, die es verdienten, ernst genommen bzw. genauer erforscht – und damit zugleich: besser *verstanden* – zu werden.

Dem entspricht, daß sich Caesar in seinen Völkerbeschreibungen
nicht nur auf seine eigenen Beobachtungen stützte, sondern auch Nachrichten aus zweiter und dritter Hand, ja vermutlich wohl überhaupt alles,
was er an Informationen erlangen konnte, mit zu verwerten bemüht war.
Vieles davon verdankte er zwar wieder, wie er gelegentlich durchblicken
läßt, den Erzählungen von Kaufleuten und Händlern, dürfte aber das
meiste zweifellos von verbündeten oder gefangenen Barbaren sowie seinen Kundschaftern und Spionen erfahren haben. Mitunter, wenn es um
Fragen ging, deren Klärung ihm gerade auch für die wissenschaftliche
Erkenntnis von Bedeutung erschien, stellte er sogar ganz gezielte Ermittlungen *(percontationes)* an. An schriftlichen Quellen benutzte er nach
eigenem Bekunden Eratosthenes «und einige andere Griechen», unter
denen, wie namentlich seine Kelten-Schilderung lehrt, Poseidonios wohl
an erster Stelle rangierte und sein wichtigster Gewährsmann gewesen
sein dürfte. Auch macht ja seine Einstellung zu den Barbaren, von der
oben die Rede war, ganz so den Eindruck, als sei sie vom Geiste des Poseidonios mitinspiriert.

Hatte dieser jedoch die Kelten (bzw. Gallier) noch nicht von den Germanen zu scheiden gewußt, so gelang es nun Caesar, und dies stellt sein
besonderes Verdienst dar, beide Völker ganz klar voneinander zu trennen
und als selbständige Größen verschiedenartiger Ordnung zur Geltung zu

bringen. Darüber hinaus aber, und hierin besteht seine *allgemeinere* Bedeutung für die Geschichte der Völkerkunde, trug er entscheidend mit zur exakten Erforschung der Völkerverhältnisse im Westen und Nordwesten Europas bei.

Entsprechend der literarischen Tradition der antiken Historiographie faßte auch Caesar, abgesehen von kleineren Einzelanmerkungen, die sich nahezu überall eingestreut finden, seine landes- und volkskundlichen Mitteilungen wieder in Form von *Exkursen* zusammen, die – mitunter nicht gerade geschickt, weil ohne direkte Beziehung zum Ganzen oder den Darstellungsfluß allzu abrupt unterbrechend – auch hier wieder zur Hauptsache in der Absicht eingelegt waren, dem Leser topographische Orientierungshilfen zu liefern und ihm das Verständnis für einzelne der bedeutenderen Ereignisse, auf deren «richtige» Einschätzung es Caesar in seinem Bericht über den «Gallischen Krieg» in besonderem Maße ankam, zu erleichtern. Die wichtigsten (und zugleich umfangreichsten) dieser Exkurse nun sind einmal vor allem die große Gesamtcharakterisierung der Gallier und Germanen (De bello Gallico VI 11–24), in der die Lebensformen der beiden Völker *vergleichend einander gegenübergestellt* werden, dann die Sueben-Ethnographie (IV 1–3), eine knappe Skizze der Völkerverteilung an Maas und Rhein (IV 10) sowie eine – ebenfalls sehr kursorische – Übersicht über die Geographie und Ethnographie von Britannien (V 12–14). Bemerkenswert für das Interesse Caesars erscheint, daß er in allen Fällen den Hauptakzent auf die *völkerkundliche* Schilderung legt und die Geographie zumeist nur mit einigen wenigen und kurzen Hinweisen erledigt. Die einzige ausführlichere Stelle in dieser Hinsicht, der Einschub über die Ausdehnung des Herkynischen Waldes und seine Tierwelt (VI 25–28), stammt aller Wahrscheinlichkeit nach von einem (wohl nur wenig jüngeren) Bearbeiter seines Werkes.

Die Beschreibung der Kelten, deren Erörterung uns zunächst beschäftigen soll, verteilt sich im Grunde auf zwei räumlich weit voneinander getrennte Partien, nämlich einmal das berühmte und jedem Lateinschüler bestens vertraute Einleitungskapitel zum «Gallischen Krieg», in dem Caesar, zur allgemeineren Einführung, zunächst einmal die wichtigsten Völker der Gallier samt ihren Sitzen der Reihe nach aufzählt, und zum andern die eigentliche, in B. VI (11–20) abgehandelte Ethnographie, in der sich Caesar daher, da die Demographie bereits vorausgeschickt war, nun ganz auf die Schilderung des gallischen Lebens und seiner Ordnung beschränken konnte. Sie beginnt mit dem typischen Einleitungssatz:

«An diesem Punkt des Berichtes scheint es nicht unangebracht zu sein, die in Gallien und Germanien herrschenden Sitten *(moribus)* zu schildern und aufzuzeigen, wodurch sich diese Völkerschaften *(nationes)* voneinander unterscheiden». Darauf gibt Caesar als erstes, was wiederum für sein Interesse bezeichnend ist, Einzelheiten aus der *Sozialverfassung* der Gallier wieder, die ihm wohl als besonders typisch und wichtig für das Verständnis des Volkes – und damit zugleich auch wesentlich für die Politik, die ihm gegenüber einzuschlagen war – erschienen:

«In Gallien gibt es nicht nur in allen Staaten, Gauen und Gemeinden *(in omnibus civitatibus atque in omnibus pagis partibusque)*, sondern sogar fast in den einzelnen Häusern Parteien *(factiones)*. Ihre Führer *(principes)* sind die Männer, die nach ihrer Meinung das höchste Ansehen genießen und deren Ermessen und Urteil die höchste Entscheidung bei Rat und Tat zusteht. Diese Einrichtung scheint seit altersher deswegen getroffen zu sein, damit nicht ein Mann des Volkes ohne Schutz gegen den Mächtigeren sei. Keiner duldet nämlich, daß seine Schützlinge unterdrückt und gefährdet werden; sonst hätte er bei ihnen keinen Einfluß mehr. Diese Verhältnisse herrschen im allgemeinen in Gallien; alle Volksstämme *(civitates)* nämlich sind in zwei Parteien geteilt» (VI 11).

Diesem, je nach dem Wechsel im politischen Kräftespiel gleichwohl variablen «Parteien»-System (vgl. IV 12) steht an der Basis jedes einzelnen Volkes, als unveränderliche Größe, eine rein soziomorphe Zweigliederung in Herren und Hörige gegenüber:

«In ganz Gallien gibt es zwei Klassen *(genera)* von Menschen, die irgendwelche Geltung und Ehre genießen. Denn das niedere Volk *(plebes)* nimmt beinahe die Stellung von Sklaven ein. Es darf von sich aus nichts wagen und wird auch zu keiner Versammlung hinzugezogen. Da die meisten durch Schulden, durch große Abgaben oder ungerechterweise von den Mächtigeren bedrückt werden, begeben sie sich in den Dienst der Vornehmen *(nobilibus)*, die dann gegen sie dieselben Rechte haben wie Herren gegen Sklaven» (IV 13).

Die Oberschicht setzt sich jedoch nicht allein aus den Herren oder «Rittern» *(equites)*, sondern auch aus den Angehörigen der Geistlichkeit, den Druiden, zusammen – und dies, wie sich Caesar zu zeigen bemüht, weil sie gleich jenen einen sehr erheblichen politischen Einfluß besaßen. Und da es ihm in der Hauptsache auf die Betonung ebendieses Gesichtspunktes ankam, wird er wohl auch auf die Behandlung des zweiten priesterlichen Standes, der Wahrsager, verzichtet haben, die Poseidonios, der mit der Ethnographie allein wissenschaftliche Ziele verband, gewissenhaft

neben den Druiden (und Barden) vermerkt und in ihrer Bedeutung für
das geistliche Leben der Gallier würdigt.

Seinem besonderen Interesse entsprechend streift Caesar in seiner Beschreibung der Druiden auch deren religiöse Funktionen nur mit einigen
wenigen Worten: Sie «versehen den Gottesdienst *(rebus divinis)*, be-
sorgen die öffentlichen und privaten Opfer und legen die Religionssat-
zungen aus *(religiones interpretantur)*». Wichtiger ist ihm, worin ihre
sozialen Funktionen bestehen, welches ihre Bedeutung für das gesellschaftliche Leben der Gallier ist – und das heißt wiederum: inwieweit sie
als Machtfaktoren *Geltung für die Politik der Römer* besitzen. Zunächst
einmal, hebt Caesar allgemein einleitend an, sei festzustellen, daß sie ein
«hohes Ansehen» genössen, und als Gründe dafür führt er im einzelnen
dann an:

«Denn bei allen öffentlichen und privaten Streitigkeiten urteilen und entscheiden
sie. Sie setzen Belohnung und Strafe fest, wenn ein Verbrechen begangen wurde,
ein Mord geschah, Erbschafts- oder Grenzstreitigkeiten ausbrechen. Fügt sich ein
Privatmann oder ein Volk ihrem Entscheid nicht, so schließen sie die Betroffenen
vom Gottesdienst aus. Dies bedeutet bei ihnen die härteste Strafe. Die so Ausge-
schlossenen gelten als gottlose Verbrecher, ihnen gehen alle aus dem Wege, ihre
Annäherung und ihr Gespräch meidet man, um nicht aus der Berührung mit
ihnen Nachteil zu erleiden. Ihnen wird, auch wenn sie darum nachsuchen, kein
Rechtsbescheid erteilt, noch wird ihnen irgendwelche Ehre erwiesen» (VI 13).

Es folgen – kürzere – Angaben zur Bestellung des Oberhaupts der Druiden, ihren alljährlichen Versammlungen und der während derselben ge-
übten Rechtsprechung sowie zum Ursprung ihrer Lehre (sie «soll in Britannien aufgekommen und von dort nach Gallien gelangt sein», VI 13).
An ihr erscheint Caesar besonders bedeutsam, daß sie nicht schriftlich
fixiert wird, wiewohl man sich in allen übrigen Angelegenheiten, öffentlichen wie privaten, durchaus der (griechischen!) Schrift bediene. Er
meint, daß die Druiden damit vornehmlich zweierlei Zwecke verfolgten,
nämlich einmal die *politische* Absicht, sich ihre Machtposition zu erhalten, deren Behauptung sie bei einer allgemeinen Verbreitung ihrer Lehre
gefährdet sähen, und zum andern ein rein *pädagogisches* Ziel:

«Sie wollen nicht, daß die Lehre unter der Menge verbreitet werde, noch daß die
Schüler, sich auf das Geschriebene verlassend, das Gedächtnis weniger übten. In
der Regel geschieht es bei den meisten, daß sie, sich auf das Geschriebene stützend, im Lerneifer und im Gedächtnis nachlassen.»

Sonst, sagt er, würden sie auch «viel über die Gestirne und ihren Lauf, über die Größe der Welt und der Erde, die Natur der Dinge *(de rerum natura)* und über das Walten und die Macht der Götter disputieren» und die Erkenntnisse, die sie dabei gewännen, an die Jugend *(iuventuti)* weitergeben. Auch hier also wieder ein Hinweis auf ihre besonderen erzieherischen Funktionen und damit abermals ein Machtinstrument, mit dessen Hilfe sie wiederum auch ihren politischen Einfluß zu stärken vermochten. Kein Wunder daher, daß viele Eltern, wie Caesar gleich zweimal (VI 13 u. 14) vermerkt, Wert darauf legten, ihre Kinder zu den Druiden in die Lehre zu geben, zumal diese nicht nur ein hohes Sozialprestige, sondern auch besondere Privilegien besaßen: Sie brauchten nämlich weder irgendwelche Abgaben zu zahlen noch Kriegsdienst zu leisten. Gleichwohl war ihre Lehre alles andere als pazifistisch:

«Vor allem wollen sie die Überzeugung hervorrufen, daß die Seelen nicht vergehen, sondern nach dem Tode von einem zum anderen wandern. Sie glauben, daß man vor allem durch diese Lehre, wenn die Todesfurcht beseitigt sei, *zur Tapferkeit angespornt* werde» (VI 14).

Aus alledem folgt, daß die Druiden, ungeachtet ihres geistlichen Standes, eine eminente politische Bedeutung besaßen und daher die größte Aufmerksamkeit der Römer verdienten. Weniger kompliziert lagen die Dinge dafür bei der zweiten Gruppe der Oberschicht, den Adeligen oder «Rittern». Hier konnte sich Caesar kürzer fassen, da ihr sozialer Status schon durch ihren Stand, der ja auch bei den Römern seine Entsprechung besaß, in etwa umschrieben war und ihre Hauptfunktion in der Verantwortlichkeit für die Kriegführung lag, also einen Themenbereich betraf, der ohnehin immer wieder zur Sprache kam. Er begnügt sich daher mit dem sparsamen Hinweis:

«Der zweite Stand *(genus)* ist der der Ritter. Wenn ein Bedürfnis vorliegt oder ein Krieg ausgebrochen ist... stehen diese alle im Felde und haben, wie ein jeder von ihnen durch sein Geschlecht *(genere)* oder seine Mittel einflußreich ist, möglichst viele Gefolgsleute *(ambactos)* oder Hörige *(clientes)* um sich. Darin erkennen sie den einzigen Einfluß und die einzige Macht» (VI 15).

Gleich im Anschluß hieran wendet sich Caesar dann, ziemlich unvermittelt, der *Religion* der Gallier zu. Dabei erscheint wieder typisch, daß er aus dem Brauchtumsbereich, mit dem er beginnt, im wesentlichen und im Vergleich zum übrigen unverhältnismäßig ausführlich eigentlich nur die Menschenopfer erörtert, also herausgreift, was ihm am meisten auf-

fiel und den stärksten Eindruck in ihm hervorrief und er *daher* für besonders bezeichnend für das Wesen des Volkes hielt. Der Form nach verdient
der Beachtung, daß auch hier die Schilderung wieder mit einem kurzen
Einleitungssatz zur allgemeinen Charakterisierung des Gegenstandes
eröffnet wird:

«Das ganze Volk der Gallier ist in hohem Maße religiösen Gebräuchen *(religionibus)* ergeben. Aus diesem Grunde opfern die, welche von schweren Krankheiten
befallen sind und in Kampf und Gefahr schweben, anstelle der Opfertiere Menschen oder geloben deren Opfer und bedienen sich hierbei der Druiden als
Opferpriester. Sie sind nämlich der Ansicht, daß, wenn nicht für das Menschenleben wieder ein Menschenleben hingegeben werde, die waltende Macht der Götter
nicht versöhnt werden könne. Sie haben auch von Staats wegen derartige Opfer.
Andere Stämme haben Gebilde von ungeheurer Größe, deren aus Ruten zusam-
mengeflochtene Glieder sie mit lebenden Menschen füllen; sie werden dann von
unten angezündet, und die von der Flamme Eingeschlossenen werden getötet. Die
Opferung der bei Diebstahl, Raub oder anderen Verbrechen Ergriffenen ist nach
ihrer Ansicht den unsterblichen Göttern angenehmer, aber sooft es an solchen
Menschen fehlt, schreiten sie zur Opferung sogar Unschuldiger» (VI 16).

Die Götterlehre wird nur kurz abgehandelt; denn nach Caesars Eindruck
haben die Gallier von ihren Göttern, – die er durchweg nur unter Verwendung der Namen ihrer vermeintlichen Äquivalente im römischen
Pantheon (Merkur, Apollo, Mars, Jupiter, Dis, Minerva) anführt, «ungefähr dieselbe Vorstellung wie die anderen Völker», was er anhand einiger
weniger Hinweise zu belegen versucht. Einen wesentlichen Unterschied
sieht er lediglich darin, daß sie Merkur (und nicht Jupiter) die höchsten
Ehren erweisen:

«Er hat die meisten Bildnisse *(simulacra)*, ihn halten sie für den Erfinder aller
Künste, ihn für den Führer auf Wegen und Wanderungen, ihm sprechen sie den
größten Einfluß auf Gelderwerb und Handel zu» (VI 17).

Sonst erscheint ihm nur noch erwähnenswert, daß die Gallier der Auffassung seien, «vom Vater Dis», also dem Gott der Unterwelt, abzustam-
men und demzufolge die Zeit nach der Anzahl der *Nächte*, und nicht der
Tage, zu berechnen pflegten (VI 18).
    Endlich zm Schluß geht Caesar dann noch auf eine Reihe von Einzeler-
scheinungen des öffentlichen und privaten Lebens ein und berücksichtigt
auch hier wieder zur Hauptsache nur Phänomene, durch die sich die Gallier, wie er eigens hervorhebt, «allgemein von den übrigen [Völkern]
unterscheiden *(fere ab reliquis differunt)*»; so gleich die Sitte, daß Väter

und Söhne erst von dem Augenblick an gemeinsam in der Öffentlichkeit auftreten dürfen, da die letzteren zu erwachsenen Männern herangereift und tauglich zum Kriegsdienst geworden sind (VI 18). Die Erziehung der Knaben, hat der Leser daraus zu entnehmen, ist wesentlich an den Idealen des männlich-tapferen Kriegertums orientiert, und daß der Mann überhaupt den Ton im Leben der Gallier angibt, erhellt – und wohl nicht unbeabsichtigt – auch aus dem, was Caesar weiter mitteilt:

«Die Männer haben über die Frauen wie über die Kinder Gewalt über Leben und Tod. Wenn ein Familienvater vornehmeren Standes gestorben ist, kommen seine Verwandten zusammen und unterwerfen, wenn etwas bei dem Tode verdächtig erscheint, die Frauen der peinlichen Frage wie die Sklaven und töten sie, wenn etwas erwiesen ist, nach Folterung unter grausamen Martern durch Feuer. Die Leichenbegängnisse [ebenderselben Adeligen] sind im Verhältnis zur Kultur *(cultu)* der Gallier prächtig und kostspielig. Alles, was, wie sie glauben, dem Lebenden teuer war, werfen sie ins Feuer, auch Tiere, und es wurden sogar kurz vor unserer Zeit Sklaven und Hörige *(clientes)*, die, wie bekannt war, ihm besonders lieb waren, nach Beendigung der Leichenfeier verbrannt» (VI 19).

In Vermögens- und Erbschaftsangelegenheiten sind Männer und Frauen jedoch gleichberechtigt (VI 19). An sonstigem teilt Caesar noch mit, daß es, um Verwirrung und Panik im Volk zu vermeiden, verboten sei, Gerüchte über politisch bedenkliche Aktivitäten der Nachbarvölker öffentlich weiterzuverbreiten, und «Staatsangelegenheiten» nur in der Volksversammlung verhandelt werden dürften (VI 20). Damit schließt der Exkurs. Eine generelle Charakterisierung hatte Caesar schon früher (IV 5) geboten, glaubte also wohl, an dieser Stelle darauf verzichten zu können – wie überhaupt das Ganze, insbesondere der Themenanordnung nach, formal keinen unbedingt sinnvoll gegliederten Eindruck erweckt.

Und nicht anders verhält es sich auch bei der gleich im Anschluß an die Behandlung der Kelten gelieferten *Germanen-Ethnographie* (VI 21–24), die zwar, auf Grund der noch ungenügenden Kenntnissituation, im ganzen geringer an Umfang, aber doch schon erstaunlich detailreich gehalten ist, wobei freilich gerade wegen des Mangels an ausreichender und verläßlicher Information den Details gegenüber Vorsicht geboten erscheint. Und in der Tat hat sich inzwischen herausgestellt, daß Caesars Angaben zu den Germanen sehr viel weniger wirklichkeitsnah als seine Mitteilungen über die Gallier sind und er dort, wo es ihm zunehmend an sicherer Kunde fehlte, geneigt war, *Klischeevorstellungen* einzusetzen, mit denen er zudem leichter im Sinne des ihn leitenden Interesses zu verfahren vermochte.

Gleichwohl kommt dem Exkurs insofern der Anspruch auf eine besondere, ja hervorragende Geltung für die Geschichte der Völkerkunde zu,
als er die erste quasi authentische Ethnographie der Germanen darstellt;
und in diesem Sinne besitzt gleich der Satz, mit dem Caesar anhebt und
auf die kulturelle Eigenständigkeit der Germanen gegenüber den Galliern hinweist, geradezu historische Bedeutung: «Die Germanen», sagt er
mit einer Bestimmtheit, die allen Zweifel ausschließt, «unterscheiden
sich wesentlich *(multum differunt)* von dieser [der gallischen] Lebensweise» (vgl. a. I 31). Zur Stütze dafür erwähnt er zunächst, daß sie keinen
den Druiden entsprechenden Priesterstand kennen, kaum Opfer darbringen und an Göttern nur die «sichtbaren», nämlich die Sonne, den Mond
und das Feuer, verehren; andere seien ihnen «nicht einmal vom Hörensagen bekannt». Darauf kommt er auf die Art ihres Lebens im allgemeinen zu sprechen und kehrt dabei wieder heraus, was ihm besonders charakteristisch und daher wesentlich für das Verständnis der Germanen
erscheint:

«Ihr ganzes Leben besteht in Jagd und kriegerischem Treiben *(in studiis rei mili-
taris)*. Von klein auf sind sie auf Strapazen und Abhärtung bedacht. Wer am
längsten keusch blieb, erntet bei ihnen den höchsten Ruhm. Hierdurch werde der
Wuchs gefördert, wüchsen die Kräfte und würden die Muskeln gestärkt. Vor dem
zwanzigsten Lebensjahr Umgang mit einer Frau zu haben, halten sie für die
größte Schande. Dabei gibt es in dieser Beziehung kein Verheimlichen, weil man
in den Flüssen gemeinsam badet und nur Felle oder kleine Pelzüberwürfe trägt,
wobei ein großer Teil des Körpers unbekleidet bleibt» (VI 21) [66].

Die beherrschenden Züge des germanischen Volkscharakters, die Caesar
hier mit nur wenigen, aber festen Strichen herausstreicht, sind also einmal Härte und Widerstandskraft sowie zum andern ein natürlich-unge-
zwungenes, doch gleichwohl von keuscher Enthaltsamkeit bestimmtes
Verhalten gegenüber dem anderen Geschlecht, beides Tugenden, die indessen nicht allein um ihrer selbst willen angestrebt werden, sondern auf
ein höheres Drittes, das eigentliche Lebensideal des Germanen hinorientiert sind: das Ziel, den einzelnen schon von Jugend auf zu einem ebenso
körperlich tüchtigen wie tapferen *Krieger* heranzuziehen. Daß hierin zugleich auch eine gewisse Idealisierung mit anklingt, bestätigt der fol-

---

66 Demgegenüber ist durch Bodenfunde (insbes. Moorfunde) eindeutig belegt, daß
die Germanen nicht nur zu weben verstanden, sondern es in der Fertigung von Textilien sogar überhaupt bereits zu einer beachtlichen Vollkommenheit gebracht hatten!

gende Satz: «Ackerbau betreiben sie nicht mit Eifer, und der größere Teil
ihrer Nahrung besteht aus Milch, Käse und Fleisch» (VI 22), eine Behauptung, die deutlich die Absicht verrät, die Germanen in den größeren
Kreis der (seit alters ja wegen ihrer vermeintlich genügsamen und «na-
turnahen» Lebensweise immer wieder gern idealisierten) nördlichen
Nomadenvölker vom Typus der Skythen einzubeziehen. Und ganz im
Zeichen dieses Bestrebens steht sichtlich auch die folgende Schilderung:

«Keiner hat einen abgegrenzten Grundbesitz oder eigene Felder *(agri modum
certum aut fines proprios)*, sondern die Beamten *(magistratus)* und Fürsten *(principes)* teilen immer für ein Jahr den Sippen und Geschlechtern *(gentibus cogna-
tionibusque)* und anderen Genossenschaften so viel Acker und an der Stelle zu, als
sie für gut befunden haben, und zwingen sie, ein Jahr später anderswohin zu
ziehen. Hierfür führen sie viele Gründe an: Sie sollten nicht, durch anhaltende
Gewohnheit verleitet, das Kriegshandwerk gegen den Ackerbau eintauschen,
sollten nicht danach streben, große Ländereien sich anzueignen, und die Mächtigeren sollten nicht die Schwächeren aus ihrem Besitz vertreiben. Sie sollten ferner nicht zu sorgfältig bauen, um sich gegen Kälte und Hitze zu schützen. Es solle
auch keine Geldgier groß werden, aus der Parteien *(factiones)* und Spaltungen
entstehen. Man wollte das Volk in Gleichheit zusammenhalten, wenn es sehe,
daß sein Besitz *(opes)* dem der Mächtigsten gleiche» (VI 22).

In der Verteilung des Bodens und dem Arrangement seiner Nutzung
sieht Caesar also eine ebenso wohlüberlegte wie gezielte *Erziehungs-
maßnahme* zur Straffung und Stabilisierung der Volksmoral, deren
Ideale – neben Genügsamkeit, Gemeinsinn (im Gegensatz zu den Galliern!) und Gerechtigkeitsstreben – auch hier wieder wesentlich körperliche Widerstandskraft und *Kriegstüchtigkeit* sind. Und gerade die
Bedeutung des letzteren Ideals, einer Größe, die für den römischen Imperialismus ja von evidenter Wichtigkeit war, mit allem Nachdruck herauszustreichen, kommt es Caesar sichtlich auch in den folgenden Ausführungen an:

«Es gilt als höchster Ruhm für die Stämme *(civitatibus)*, möglichst weite Landstriche in ihrem Umkreis zu verwüsten und dort Ödland zu haben. Das halten sie
für ein Merkmal der Tapferkeit, wenn die Nachbarn, aus ihrem Lande vertrieben,
das Feld räumen und niemand wagt, sich in der Nähe anzusiedeln. Zugleich glauben sie, dadurch in größerer Sicherheit zu sein, wenn ihnen die Furcht vor plötz-
lichem Einfall genommen sei. Wenn ein Stamm *(civitas)* einen Verteidigungs-
oder Angriffskrieg führt, werden Obrigkeiten *(magistratus)* gewählt, welche die
Führung in diesem Krieg und Gewalt über Leben und Tod haben. In Friedenszei-
ten gibt es keine gemeinsame Staatsbehörde *(magistratus)*, sondern die Häupt-
linge *(principes)* der Bezirke und Gaue sprechen unter ihren Leuten Recht und

legen Streitigkeiten bei. Raubzüge außerhalb der Grenzen eines jeden Stammes ziehen keine Schande nach sich, und sie rühmen, daß sie zur Übung der Jugend und zur Bekämpfung des Müßigganges unternommen würden» (VI 23).

Wer sich einem «Fürsten» *(princeps)* zum Kriegsdienst verpflichtet, heißt es weiter, leistet ihm unbedingt Gefolgschaft und Treue und würde, bräche er sein Gelöbnis, das Vertrauen aller verlieren und mit allgemeiner Verachtung gestraft werden. Nach einem Lob der germanischen Gastfreundschaft (VI 23), das in diesem Zusammenhang ein wenig unmotiviert erscheint, folgt dann (VI 24) ein abschließender Vergleich zwischen Germanen und Galliern, auf den später (unter einem anderen Gesichtspunkt) noch im einzelnen zurückzukommen sein wird und der, rein seinem Inhalte nach, in der Hauptsache abermals auf die unterschiedliche Kriegstüchtigkeit beider Völker abzielt.

In etwa das gleiche Bild, das Caesar von den Germanen im allgemeinen entwirft, vermittelt auch sein Sueben-Exkurs (IV 1–3), nur daß hier die von ihm als vermeintlich typisch germanisch herausgestrichenen Züge, schon infolge des kleineren Maßstabs, noch um einiges mehr stilisiert und damit die Sueben selbst noch überzeugender in die Völkerwelt des skythischen Nordens eingegliedert erscheinen. Verantwortlich dafür mag neben der Absicht, die Caesar sichtlich auch hier wieder an die Schilderung knüpfte, wohl nicht zuletzt auch der Umstand gewesen sein, daß die Sueben der unmittelbaren Anschauung noch weiter entrückt und somit die Quellen, aus denen Caesar zu schöpfen vermochte, noch zu wenig bestimmt und ausreichend waren. Hier nun ein Auszug aus dem Exkurs, der die eigentliche Beschreibung des Volkes enthält:

«Der Stamm *(gens)* der Sueben ist der bei weitem größte und kriegerischste unter allen Germanen. Sie haben, wie es heißt, 100 Gaue, von denen sie alljährlich je 1000 Mann Bewaffneter zu Kriegszügen aus ihrem Lande führen. Die übrigen Zuhausegebliebenen sorgen für ihren eigenen und deren Unterhalt; sie ihrerseits stehen abwechselnd ein Jahr später unter Waffen, während jene zu Hause bleiben. So wird weder der Ackerbau noch die Kriegsführung und -übung unterbrochen. Privates oder abgesondertes Ackerland gibt es bei ihnen überhaupt nicht, noch ist es ihnen erlaubt, länger als ein Jahr an einem Platz, um ihn zu bestellen, zu bleiben. Sie ernähren sich überhaupt nicht viel von Brot, sondern meistenteils von Milch und Fleisch und treiben auch viel Jagd. Dieses ungebundene Leben stärkt mit seiner Ernährungsweise, seiner täglichen körperlichen Übung und freien Lebensweise – von Kindesbeinen an keine Pflicht und Zucht gewöhnt, tun sie überhaupt nichts, was ihnen nicht paßt – die Körperkräfte und läßt ungeheuer große Menschen heranwachsen. Und sie härten sich so ab, daß sie im kältesten

Klima überhaupt nichts an Kleidung tragen außer Fellen, die wegen ihrer Klein-
heit einen großen Teil des Körpers unbedeckt lassen, und in offenen Flüssen ba-
den... Im Interesse des Staates halten sie es für den höchsten Ruhm, wenn möglichst weite Landstriche an ihren Grenzen unbebaut bleiben. Hierdurch werde
gekennzeichnet, daß eine große Zahl von Stämmen *(civitatum)* ihrer Gewalt
nicht hatte trotzen können» (IV 1; 3).

Das übrige erschöpft sich in einigen Notizen zu Handel, Pferdezucht,
Reittechnik und Kriegführung des Volkes (IV 2), das, zieht man einen
Vergleich zum allgemeinen Germanen-Exkurs, das typisch germanische
Dasein in geradezu idealer Weise verkörpert und demzufolge ganz
zwangsläufig auch als das «kriegerischste» unter allen Germanen-Völ-
kern erscheint.

Überblickt man die Gallier- und Germanen-Ethnographien als Ganzes,
so gewinnt man sehr deutlich den Eindruck, daß Caesar sich zwar ehrlich
bemühte, anschauliche und auch wissenschaftlich gehaltvolle Schilderungen zu liefern, aber in den Völkern, die er beschrieb, eben doch mehr
politische Größen bzw. *Kriegsgegner* sah und insofern geneigt war, stets
eine ganz bestimmte, an den sich hieraus ergebenden Gesichtspunkten
orientierte *einseitige* Auswahl zu treffen, die der objektiven Gesamt-
wirklichkeit nicht exakt gerecht zu werden vermochte. Zum andern ging
es ihm in seinen Berichten konkret auch darum, dem Senat wie der römischen Öffentlichkeit in aller Eindringlichkeit vor Augen zu führen, welche Gefahren dem Römischen Reich wegen der Kriegslüsternheit und
Kampfkraft der dortigen Völker an seiner Westflanke drohten, wie notwendig es daher war, über die Gallier hinaus auch gegen die Germanen zu
Felde zu ziehen, und – dies nicht zuletzt – welchen Dank man ihm selber
für seine Anstrengungen und Erfolge schuldig sei; – kurz: seinen ethnographischen Schilderungen liegen, abgesehen von seinen unmittelbaren
Interessen als Feldherr, auch ganz bestimmte weiter reichende, und zwar
ebenso außen- wie innenpolitisch motivierte, Absichten und Ziele zugrunde, die sie doch hart in die Nähe politischer Zweckberichte rücken
und ihre Glaubwürdigkeit nicht unerheblich einschränken müssen.
Ganz frei von solchen Tendenzen scheint allein der Exkurs über Britannien (V 12–14) zu sein – und dies wohl zur Hauptsache deshalb, weil
die Britischen Inseln damals noch nicht zum unmittelbaren Interessenbe-
reich der Römer gehörten. Er entspricht daher, zumindest dem Prinzip
nach, noch am ehesten den gestrengeren Anforderungen einer in erster
Linie zur wissenschaftlich-sachlichen Unterrichtung bestimmten geographisch-ethnographischen Landeskunde und vermag nur insofern

nicht zu befriedigen, als sein Inhalt zu dürftig ist und er der Form nach
wiederum ganz den Eindruck erweckt, als habe Caesar das wenige, was
ihm an Nachrichten zu Ohren gekommen war, nur eben so aneinandergereiht, ohne sich sonderlich um den Zusammenhang oder eine irgend
geordnete Gliederung zu bemühen. Die Zusammensetzung des Gebotenen läßt dabei noch deutlich erkennen, daß seine Informanten, wie er an
anderer Stelle (IV 20) eigens hervorhebt, zur Hauptsache Händler und
Kaufleute waren:

«Das Innere Britanniens wird von Ureinwohnern bewohnt[67], die Küste aber von
denen, die in kriegerischer Absicht der Beute wegen aus Belgien gelandet (fast alle
diese tragen noch die Namen der Stämme, von denen sie abstammen, ehe sie
hinkamen), nach der Eroberung dort blieben und Ackerbau treiben. Die Bevölke-
rungsdichte ist sehr groß. Die sehr zahlreichen Häuser *(aedificia)* stimmen fast
völlig mit den gallischen überein. Der Viehbestand *(pecoris numerus)* ist bedeutend. Als Geld benutzen sie Kupfer- oder Goldmünzen oder Eisenbarren von be-
stimmtem Gewicht. Im Binnenland wird Zinn gewonnen, im Küstengebiet Eisen;
aber seine Ausbeute ist gering. Es gibt dort eingeführtes Kupfer, Holz jeder Art
wie in Gallien außer Buchen und Tannen. Hasen, Hühner und Gänse zu genießen, ist nach ihrer Meinung nicht erlaubt. Gleichwohl halten sie sich welche aus
Liebhaberei *(animi voluptatisque causa)*. Das Klima ist bei gelinderen Frösten
gemäßigter als in Gallien. [Es folgt (c. 13) ein rein geographischer Einschub mit
Hinweisen auf die Gestalt und Größe Britanniens und einigen wenigen Angaben
zu den umliegenden Inseln (einschließlich Irlands), der hier übergangen werden
kann].
Von allen Bewohnern sind bei weitem die zivilisiertesten *(humanissimi!)* die von
Cantium [Kent], deren Gebiet ganz am Meer liegt. Sie unterscheiden sich in ihren
Sitten nicht viel von den Galliern. Die meisten Binnenlandbewohner bauen kein
Getreide an, sondern leben von Milch und Fleisch und sind mit Fellen *(pellibus)*
bekleidet. Alle Britannier aber bemalen sich mit Waid *(vitro inficiunt)*, der eine
blaue Farbe erzeugt und ihren Anblick im Kampfe um so schrecklicher macht. Sie
tragen langes Haupthaar, sind sonst rasiert, außer eben am Kopf und an der Ober-
lippe. Je zehn oder zwölf haben die Frauen unter sich gemeinsam, besonders Brüder mit Brüdern und Väter mit Söhnen; aber die bei ihnen geborenen Kinder
gelten als Kinder derer, denen zuerst das Mädchen *(virgo)* zugeführt wurde»
(V 12; 14).

Unter den rein ethnographischen Angaben scheinen wieder die auffallenderen bevorzugt zu sein. Als Hilfsmittel zur Differenzierung dient der
Vergleich, und zwar einmal der unmittelbar zwischen den britannischen

---

67 Tacitus: Agricola, c. 11, glaubt nicht an die Autochthonie der Britannier.

und den Festland-Kelten (wie entsprechend zwischen Germanen und Galliern) angestellte und zum andern der hieraus sich mittelbar ergeben-de zwischen diesen insgesamt und den «Binnenlandbewohnern» *(interio-res)* Britanniens, die (als die entlegensten!) sichtlich auf der untersten Stufe rangieren: «Sie bauen kein Getreide an, sondern leben von Milch und Fleisch und sind mit Fellen bekleidet» – d. h., sie gehören, gleich den Germanen, zum «Kulturkeis» der nordisch-«skythischen» Völkerwelt!

Im Hintergrund dieser Vorstellung steht das uralte und bereits klassi-sche Gedankenmodell von den zwei grundsätzlich voneinander geschie-denen Sphären der menschlichen Lebenswelt: dem zentralen *Hochkul-tureal* im Mittelmeerraum auf der einen und dem dieses rings bis an die Peripherie der Ökumene hin umschließenden *Barbarenbereich* auf der anderen Seite. Den Übergang zwischen beiden bilden im Westen die Gal-lier. Durch ihre Vermittlung dringt mittelmeerisches (bzw. römisches) Zivilisations- und Kulturgut mehr und mehr in die Barbarenwelt ein und löst dort eine Folge von Kontaktmetamorphosen aus, die zwar, wie im Falle der Bewohner von Cantium, zur Hebung des Lebensstandards füh-ren, zugleich aber auch unvermeidlich die Zerstörung der ursprünglich-barbarischen Tugenden nach sich ziehen:

«Jetzt noch leben die Germanen in gleicher Mittellosigkeit, Bedürftigkeit und im geduldigen Ertragen von Mühseligkeiten wie früher, haben dieselbe Nahrung und Kleidung. Den Galliern aber führt die Nähe der Provinzen und die Kenntnis überseeischer Erzeugnisse vieles zum Wohlstand und Genuß zu. Nach und nach daran gewöhnt zu unterliegen und in vielen Schlachten besiegt, messen sie sich nicht einmal selber mit den Germanen an Tapferkeit» (VI 24).

Um sich ihre Eigenart und Selbständigkeit zu erhalten, bleibt den Barba-ren, die im Grenzbereich zur Hochkultur leben, daher nur die Mög-lichkeit offen, sich allen Einflüssen seitens der letzteren rigoros zu verschließen, wie Caesar dies neben den Sueben insbesondere von den Nerviern berichtet:

«Als ich mich nach deren Art und Gebräuchen *(de natura moribusque)* erkun-digte, stellte ich folgendes fest: Kaufleute hätten keinen Zugang zu ihnen; sie ließen nicht zu, daß Wein und andere Waren, welche die Üppigkeit fördern, bei ihnen eingeführt würden, weil hierdurch, wie sie glaubten, die Männer verweich-lichten und ihre Tapferkeit nachlasse; sie seien [daher!] unbändige, äußerst tap-fere Menschen; sie verhöhnten und beschuldigten die übrigen Belger, die sich den Römern unterworfen und Vaterland und Tapferkeit von sich geworfen hätten» (II 15).

Auf die Dauer aber, und das klingt ja auch in den Schilderungen Caesars immer wieder an, kann sich kein Volk dem Einfluß eines höher entwik-kelten, mit dem es über einen längeren Zeitraum hin in Berührung gerät, völlig entziehen. Ein echtes, urwüchsiges Barbarentum vermag sich da-her allein dort zu behaupten, wo es an solchen Kontakten noch fehlt – und zwar um so unangefochtener und reiner, je weiter es vom zentralen Ein-flußbereich der Hochkultur abliegt: Von allen Einwohnern Galliens, merkt Caesar in diesem Sinne z. B. an,

«sind die Belger die tapfersten. Sie wohnen nämlich [!] am weitesten entfernt von der Zivilisation und Kultur *(a cultu atque humanitate)* der römischen Provinz» (I 1; vgl. II 4: Nervier).

Und entsprechend ihrer geographisch-räumlichen Scheidung stellen Barbaren und Hochkulturvölker auch ihrem Wesen und der ganzen Art ihrer Daseinsverwirklichung nach zwei von Grund auf verschiedene, ja geradezu *prinzipiell antithetische* Größenordnungen dar, deren Berüh-rung Konflikte auslösen muß und eine Verbindung nur bei gleichzeitiger Zerstörung oder Selbstaufgabe der einen von ihnen (d. h. hier: der erste-ren) als möglich erscheinen läßt. Wesentliche Züge des Barbarentums sind zum einen, wie aus den Schilderungen der Germanen, Sueben und Inland-Britannier erhellt, kein oder nur ein geringes Interesse am Boden-bau bzw. Bevorzugung der Viehwirtschaft (daher Überwiegen von Fleisch und Milchprodukten bei der Ernährung), körperliche Härte und Widerstandskraft (daher nur Verwendung von Fellen zur Kleidung und wenig Sorgfalt beim Hausbau), weitgehend soziale Äquivalenz (daher auch Gemeineigentum an Grund und Boden), Genügsamkeit, sittliche Zucht und Gefolgschaftstreue; zum andern aber, und das entspricht mehr der klassischen Auffassung und steht in einem gewissen Kontrast zu dieser doch sichtlich *idealisierten* Charakterisierung, zeichnen den Barbaren auch wieder, wie der Beurteilung des Sueben-Führers Ariovist zu entnehmen, Eigenschaften wie Ungestüm, Unbesonnenheit, Jähzorn und Grausamkeit, Stolz, Hochmut, ja Arroganz *(arrogantia)*, Prahlsucht und Unzuverlässigkeit aus[68].

Letzten Endes klingt in der ersteren, der idealisierenden Variante der Barbarenauffassung Caesars auch wieder die *Deszendenztheorie* mit an: Der äußere, zivilisatorische Fortschritt, repräsentiert durch die Hochkul-

68 Vgl. I 31–33; 40 ff.

turvölker, impliziert die Zerstörung der ursprünglichen, allein den Not-
wendigkeiten einer noch ungebrochen-natürlichen Lebensweise ver-
pflichteten und daher noch lauteren, idealen Moral der urzeitlichen
Menschheit, repräsentiert durch die Barbaren als ihren letzten noch
überlebenden Erben.

7. Cornelius Tacitus (ca. 55–120 n. Chr.).

Der ersten, zunächst noch von einzelnen kühnen Vorstößen in die Tiefe
des feindlichen Landes vorangetriebenen Erschließung der westlichen
und nordwestlichen Bereiche Europas durch Caesar folgte, mit dem erfolgreichen Abschluß der militärischen Operationen in Gallien, dem
Aufbau einer kolonialen Verwaltungsbehörde und überhaupt der schrittweisen Eingliederung der unterworfenen Bevölkerungen in die römische
Zivilisations- und Lebenswelt, mehr und mehr auch eine Erweiterung
des ethnographischen Erfahrungsbereichs in der Breite. Hinzu kam die
Möglichkeit, durch intensivere, längerfristige Kontakte über die neuen
Grenzen hinweg genauere Erkundigungen über die Verhältnisse auch
jenseits derselben einzuziehen sowie von den gesicherten Basen Galliens
aus zu erneuten Vorstößen sowohl nach Britannien (seit der Mitte des
1. Jhs. n. Chr.) wie in das Innere von Germanien hinein (seit Ende des
1. Jhs. v. Chr.) auszuholen, in letzterem Falle zunächst in Richtung auf
Weser und Elbe, dann, mit bleibenderem Erfolg, auf den Main-Taunus-
und Neckarraum (während der 2. Hälfte des 1. Jhs. n. Chr.). Und in welchem Umfange sich die Kenntnisse der Römer hierdurch seit den Eroberungen Caesars in der Tat erweitert und vervollkommnet hatten – dafür
nun liefern die Schilderungen des Tacitus zur Ethnographie der Britannier (im «Agricola») und Germanen (in der «Germania») die eindrucksvollsten Beweise.

Über das Leben des Tacitus ist nur wenig bekannt. Da sein Vater allem
Anscheine nach Prokurator von Gallia Belgica war, wird vermutet, daß
der Sohn dort zur Welt kam und einen Großteil seiner Jugend ebendaselbst verbrachte. Mit größerer Sicherheit steht jedoch fest, daß er seinen
Wehrdienst am Rhein begann. Man wird daher annehmen dürfen, daß er
nicht unwesentliche Züge des Bildes, das er später in der «Germania»
entwarf, aus den Eindrücken und Erfahrungen schöpfte, die er seit frühe-
ster Kindheit und dann als junger Soldat hier im unmittelbaren Grenzbereich zwischen Galliern und Germanen zu sammeln Gelegenheit hatte.

In das Innere von Germanien selbst dürfte er jedoch kaum gelangt sein. Nach Abschluß seiner militärischen Dienstzeit schlug er, gleich seinem Vater, die höhere Verwaltungslaufbahn ein, wo er rasch reüssierte und es zunächst – neben anderen Ämtern – zum Stellvertretenden Legat *(legatus pro praetore)*, später zum Konsul und zuletzt zum Prokonsul der Provinz Asia brachte. Und diese seine politische Amtstätigkeit, – bzw. genauer: das Engagement und die besondere *Interessenfixierung*, die es notwendig mit einschloß, wird sicherlich nicht ganz ohne Einfluß auf seine Beurteilung der fremdvölkischen Umwelt gewesen sein.

An geschlossenen ethnographischen Darstellungen liegen von Tacitus vor: ein Exkurs über die Juden in den «Historien» (Historiae), eine Länder- und Völkerkunde Britanniens, ebenfalls in Exkursform, im «Agricola» (De vita Iulii Agricolae) und seine berühmte Germanen-Monographie, die «Germania». Letzteres Werk darf mit Fug als die gelungenste und wichtigste der völkerkundlichen Abhandlungen des Tacitus gelten, und dies schon insofern, als es die einzig bekannte *ethnographische Einzelschrift* der lateinischen Literatur und zugleich die vollkommenste Schöpfung ihrer Art in der gesamten Antike darstellt. Über den ursprünglichen Titel herrscht Unsicherheit; der handschriftlichen Überlieferung nach zu urteilen könnte er «Cornelii Taciti de origine et situ Germanorum (resp. Germaniae)» gelautet haben – und hätte damit bereits auf die Hauptthemen angespielt, auf deren Behandlung es Tacitus in erster Linie ankam: den Ursprung und die Sitzeverteilung des Volkes! Abgefaßt und veröffentlicht wurde die Schrift im Jahre 98 n. Chr., also nachdem sich das Neckargebiet (seit 74 n. Chr.) und der Main-Taunus-Raum (seit 83 n. Chr.) bereits fest in der Hand der Römer befanden, so daß Tacitus eine Fülle ganz neuen Tatsachenmaterials zur Verfügung stand, das er, sei es durch Befragen von Feldzugsteilnehmern, Erkundigungen bei Vertretern der inzwischen eingerichteten Besatzungs- bzw. Verwaltungsbehörden oder durch Einsichtnahme in die einschlägigen Heeresberichte und Senatsunterlagen, wozu ihm seine Stellung und guten Verbindungen ja die beste Möglichkeit boten, offenbar auch nach Kräften ausgeschöpft hat. Daneben zog er natürlich auch literarisch-ethnographische Quellen heran, unterließ es jedoch, dem antiken Usus gemäß, in der Regel, seine Gewährsleute beim Namen zu nennen, oder begnügte sich mit allgemeinen Verweisen. In der Hauptsache scheint er hier Caesar, auf den er sich ja auch einmal (Germania, c. 28) direkt beruft, dann die verlorenen «Germanenkriege» (Bellorum Germaniae libri XX) des älteren Plinius, ferner Poseidonios – wenn auch möglicherweise nur

durch die Vermittlung des Livius, den er ebenfalls (Agricola, c. 10) unter
seinen namentlich genannten Gewährsleuten aufführt – und Timagenes
benutzt zu haben. Daß er auch ältere völkerkundliche Werke der Griechen (wie insbesondere Herodot) gekannt und studiert hat, glaubt man
darin sehen zu können, daß die «Germania» (und ähnlich auch seine anderen ethnographischen Darstellungen) ihrem Inhalt wie Aufbau nach
durchaus dem Vorbild der klassisch-griechischen Ethnographien entspricht.

Das alles vermag jedoch weder die Eigenwertigkeit noch die besondere,
ja einzigartige Bedeutung der Schrift in Frage zu stellen, zumal sie sich
auch schon rein äußerlich durch eine ebenso wohlüberlegte wie bis ins
einzelne hinein und auf das kunstvollste durchgeführte Gliederung mehr
als vorteilhaft von ihren vergleichbaren Vorgängerinnen abhebt und
man ihr überdies, wie die Ergebnisse der europäischen Bodenforschung
bezeugen, zumindest eine größere Zuverlässigkeit als den Schilderungen
Caesars zusprechen darf.

Ihrem Gesamtaufbau nach zerfällt die «Germania» zunächst einmal
ganz allgemein in zwei große, deutlich voneinander geschiedene Teile:
einen ersten (c. 1–27), der über die Germanen generell informiert, und
einen zweiten (c. 28–46), in dem Tacitus das im ersten Gesagte dann am
Beispiel einzelner, besonderer Gruppen zu konkretisieren versucht.
Kap. 1 beginnt mit der Abgrenzung des geographischen Rahmens:

«Germanien insgesamt wird gegen die Gallier, die Räter und Pannonier durch die
Ströme Rhein und Donau, gegen die Sarmaten und Daker durch beiderseitige
Befürchtung oder Bergzüge abgegrenzt; die übrigen Gebiete umgibt das Meer,
das breite Landausbuchtungen und unermeßliche Inselräume einschließt; in
neuerer Zeit erst sind dort einige Völkerschaften *(gentibus)* und Könige bekannt
geworden, die ein Kriegszug erschlossen hat [folgt eine kurze Beschreibung des
Flußverlaufs der beiden genannten Grenzströme Donau und Rhein].»

Nachdem so der *Siedlungsraum* der Germanen nach außen hin abge-
steckt ist, wendet sich Tacitus, und entspricht damit wieder dem traditionellen Aufbauschema der klassisch-antiken Ethnographien, als erstem
der *Ursprungsfrage* des Volkes zu:

«Die Germanen selbst sind Ureinwohner *(indigenas)*, wie ich glauben möchte,
und durch Zuwanderung und Aufnahme fremder Stämme *(gentium)* gar nicht
vermischt; denn wer in der Frühzeit *(olim)* sein Wohngebiet zu wechseln suchte,
kam nicht auf dem Landweg, sondern zu Schiff; auch wird der unermeßlich-
grenzenlose und uns sozusagen entgegengesetzte Ozean nur selten von Schiffen

aus unseren Breiten besucht. Wer hätte ferner, abgesehen von den Fährnissen eines schaurigen, unbekannten Meeres, Asien oder Afrika oder Italien verlassen und Germanien ansteuern mögen, das so ungestaltet in seinen Landschaften, rauh in seinem Wetter und unfreundlich in Anbau und Aussehen ist – es müßte denn sein Heimatland *(patria)* sein» (c. 2)?

Die Origo-Frage wird also dahin gehend entschieden, daß die Germanen *Ureinwohner* und mit keinerlei fremdem Blute versetzt, d. h. «reinrassig» sind, was Tacitus, rein spekulativ, mit dem Hinweis auf die abgelegene Lage und die Unwirtlichkeit des Landes begründet. Ihrer eigenen, auf alter Überlieferung (genauer: «Gesängen», *carminibus*) fußenden Auffassung nach, die er gleich im Anschluß hieran – kommentarlos, doch immerhin unter Verwendung der einheimischen Namen – mitteilt, stammen die Germanen von «Mannus», einem Sohn des «erdentsprossenen Gottes» *(deum Terra editum)* Tuisto, ab bzw. geben vor, daß die einzelnen Stämme Abkömmlinge der verschiedenen Söhne dieses ihres gemeinsamen Stammvaters seien. Die Gesamtbezeichnung «Germanen» soll, wie Tacitus weiter, und offenbar ebenfalls nach einheimischen Quellen, erläutert, erst jüngeren Datums sein: Ursprünglich hätten sie nämlich allein die Tungrer geführt; von diesen, die als erste den Rhein überquerten und in nähere Berührung mit den Galliern gerieten, sei sie dann seitens der letzteren nach und nach auf alle übrigen Germanen übertragen worden (c. 2) – ein Vorgang, dem bekanntlich ja auch zahlreiche andere Völkernamen ihre Entstehung verdanken.

Kap. 3 gibt Tacitus dann – und wohl nur der Vollständigkeit halber – noch die (kolonialrömische?) Auffassung wieder, daß einst auch «Herkules» und «Ulixes» (Odysseus) Germanien bereist hätten, eine Annahme, die sich im letzteren Falle (u. a.) auf die Entdeckung «einiger Grabdenkmäler mit griechischen Inschriften» stütze. Was er selbst davon hält, deutet er mit der abschließenden Versicherung an, es sei nicht seine Absicht, «das alles mit Beweisgründen zu bekräftigen oder zu widerlegen»; – ein jeder möge sich ganz «seinem eigenen Dafürhalten nach *(ex ingenio suo)* dafür oder dagegen erklären». Im darauffolgenden 4. Kapitel greift er dann seine zuvor schon kurz angesprochene These von der «Reinrassigkeit» der Germanen noch einmal auf und sucht sie, damit der Erörterung des Origo-Problems einen wirkungsvollen Abschluß verleihend, durch eine knappe, aber prägnante Charakterisierung der äußeren Erscheinung und physischen Konsistenz des germanischen Volkstums nunmehr konkret und mit überzeugender Anschaulichkeit zu begründen:

«Ich selbst trete den Meinungen derer bei, die glauben, daß die Völker Germaniens nicht durch Zusammenheirat aus anderen Völkern ungünstig beeinflußt
(infectos) wurden und *deshalb* ein eigenwüchsiger *(propriam)*, reiner *(sinceram)*
und nur sich selbst gleicher Menschenschlag *(tantum sui similem gentem)* sind.
Daher besitzen alle – und das bei dieser gewaltigen Bevölkerungszahl! – dasselbe
körperliche Aussehen: trotzige, blaue *(caerulei)* Augen, rotblondes *(rutilae)* Haar
und große Leiber, die freilich nur zum Angriff taugen. Bei mühsamer Arbeit
zeigen sie keine entsprechende Ausdauer *(patientia)*, und Durst und Hitze zu
ertragen sind sie gar nicht gewohnt, wohl aber Kälte und Hunger infolge des
Wetters und Bodens.»

Wie indirekt, aber doch mit Deutlichkeit anklingt, bewegt die Erörterung
sich im Grunde eng in den Grenzen der bereits von den Griechen entwik-
kelten und immer wieder verfochtenen, traditionellen Theorie, daß sich
die Herausbildung des physischen Habitus eines Volkstums im wesentlichen auf dreierlei Weise vollzieht: durch rein autochthone Entfaltung,
durch Zuwanderung (d. h. unter Wechsel der Umweltbedingungen!)
oder durch ethnische Mischung. Im Falle der Germanen tritt Tacitus für
die erstere Möglichkeit ein und sieht in ihr die Erklärung für ihre habituelle Einheitlichkeit; – mit anderen Worten: Je *ungestörter* der Wachs-
tumsprozeß eines Volkes verläuft, desto *homogener* wird dessen äußeres
Erscheinungsbild sein. Das Besondere jedoch, das den charakteristischen
Phänotyp eines Volkes ausmacht, ist, und hier greift Tacitus wieder auf
die anthropogeographische These zurück, wesentlich mit die Folge der
spezifischen Umweltbedingungen, denen das Volk während seiner Geschichte ausgesetzt war [69].

Im Anschluß an die Behandlung der Ursprungsfrage führt Tacitus
dann (c. 5) – sehr kurz und kursorisch – in die *Landeskunde* Germaniens
ein, wobei er gleich zu Anfang hervorhebt, daß sich das Landschaftsbild
zwar im einzelnen recht abwechslungsreich und verschieden gestaltet
ausnehme, im ganzen jedoch seiner Sümpfe und Urwälder wegen einen
überaus «schaurigen» Eindruck erwecke – der passende Hintergrund für
ein ungestüm-wildes Barbarenvolk wie die Germanen! Obstbäume, behauptet Tacitus weiter, gediehen nicht in Germanien, Getreide jedoch
komme gut voran und gewähre demzufolge auch einen relativ ertragrei-
chen Anbau. Im Mittelpunkt der Ernährungswirtschaft aber stehe, und
das verdient wieder besondere Beachtung, das Vieh *(pecus)*, das man in

---

69 Vgl. a. Germania, c. 29, u. Agricola, c. 11.

großer Menge halte und das, wiewohl es kleiner und weniger stattlich als das italische sei, «den einzigen und schönsten Reichtum» des Germanen darstelle. Der restliche – und überwiegende! – Teil des Kapitels ist Fragen von rein handelspolitischem Interesse gewidmet. Bedeutungsvoll erscheint in diesem Zusammenhang wieder der Hinweis auf die Geringschätzigkeit, mit der insbesondere die noch unberührteren Inlandstämme den Edelmetallen (Gold u. Silber) begegnen – ein Zug, der abermals (wie die Betonung der Viehwirtschaft) andeuten soll, daß die Germanen in die Völkerwelt des skythischen Nordens gehören!

Mit Kap. 6 tritt Tacitus dann in die Behandlung einzelner Phänomenbereiche ein. Er beginnt mit einer detaillierten Beschreibung der Bewaffnung und Rüstung, wobei wieder der Satz: «Ein Prunken mit der Ausrüstung gibt es nicht», besondere Aufmerksamkeit verdient, sagt einiges über die germanischen Pferde und die Art und Weise des Reitens und schließt mit einer Schilderung der Kriegführung, was für den Römer ja alles von großem Interese sein mußte und daher wohl auch nicht ohne Bedacht an den Anfang des spezielleren Teiles gestellt war. Im übrigen ist wieder deutlich erkennbar, daß Tacitus bevorzugt herausgreift und der Erwähnung für würdig befindet, was ihm ungewöhnlich, weil *abweichend von der römischen Praxis*, und daher *typisch* erscheint. Sonst macht das Ganze einen überaus sachlichen Eindruck und verrät eigentlich keinerlei Tendenz oder Stilisierungsbestreben. Um so deutlicher meint man eine derartige Absicht dagegen aus der Schilderung des germanischen Schlachtgesangs heraushören zu können, die Tacitus bereits früher, bei Erwähnung der Herkules-Mythe (c. 3), eingelegt hatte, deren Wiedergabe des thematischen Zusammenhangs halber jedoch besser erst an dieser Stelle erfolgt; sie lautet:

«Es gibt bei ihnen auch noch Lieder *(carmina)*, durch deren Absingen, den sogenannten ‹*barditus*›, sie ihren Mut anfeuern und den Ausgang eines bevorstehenden Kampfes allein schon aus dem Klang deuten. Denn sie erregen Schrecken oder haben selber Angst, je nachdem der Gesang der Kämpferreihe war; sie sehen hierin ja nicht lediglich Stimmen als vielmehr den Einklang ihres Mannesmuts. Sie haben es dabei vor allem auf ein rauhes Tönen und dumpfes Hervorstoßen abgesehen; darum halten sie ihre Schilde vor den Mund, damit die Stimme durch den Widerhall voller und wuchtiger anschwillt.»

Ähnlich wie es in der Absicht des Poseidonios lag, die einzelnen Bereiche der Kelten-Kultur nur als wechselnde Ausdrucksformen der besonderen Psyche des Volkes zu deuten, versucht offensichtlich auch Tacitus hier,

am Beispiel des Schlachtgesangs das Spezifische der germanischen Wesensart, die enge Verbindung von wildwütigem Ungestüm und rasch er-
regbarer Angst, möglichst anschauungsvoll zur Geltung zu bringen.

Kap. 7–8 geht Tacitus auf die politische Führung und Sozialordnung
ein, beides wieder unter dem Hauptaspekt – bzw. als Voraussetzung – der
besonderen germanischen Kriegstüchtigkeit betrachtend und teils wohl
auch ganz gezielt den entsprechenden römischen Verhältnissen als posi-
tivere Antithese gegenüberstellend:

«Ihre Könige *(reges)* nehmen sie auf Grund edler Abkunft *(ex nobilitate)*, ihre
Heerführer *(duces)* auf Grund persönlicher Tapferkeit. Doch besitzen die Könige
keine unumschränkte oder willkürliche Gewalt, und die Heerführer befehlen weniger durch ihre Machtbefugnis als durch ihr Beispiel, eben durch die Bewunderung, wenn sie einsatzfreudig sind, wenn sie sich hervortun, wenn sie vor der
Front ihren Mann stehen. Übrigens ist keinem erlaubt, jemanden hinrichten oder
fesseln oder auch nur schlagen zu lassen; das dürfen bloß die Priester *(sacerdoti-
bus)*, aber nicht so, als führten sie eine eigentliche Bestrafung auf Anordnung des
Heerführers durch, sondern gleichsam nur das Gebot der Gottheit *(deo)*, die, wie
sie glauben, den Kriegern beisteht» (c. 7).

Die Gefolgschaft im Kriege ist also nicht das Ergebnis nackter Befehlsgewalt, wie sie die Beziehung zwischen Herren und Knechten bestimmt,
sondern geschieht eher aus einer Art freiwilliger Verpflichtung heraus,
die der einfache Krieger auf Grund des Beispiels, das ihm sein Heerführer
gibt, diesem gegenüber empfindet und die zwischen beiden ein persönliches Treueverhältnis schafft. Einen anderen, noch wichtigeren und
ebenfalls auf persönlicher Bindung beruhenden Grund für die Tapferkeit
der Germanen sieht Tacitus darin, daß sie in verwandtschaftlich organisierten Verbänden und unmittelbar vor den Augen ihrer engsten Angehörigen kämpfen:

«Darin liegt aber der entscheidende Ansporn zur Tapferkeit, daß nicht eine zufällig zusammengewürfelte Masse den Reitertrupp oder den Keil bildet, sondern die
Siedlungsgemeinschaften *(propinquitates)* und Sippen *(familiae)*. Auch sind ihre
Lieben *(pignora)* ganz in der Nähe; von dort ist das Schreien der Frauen, von dort
das Weinen der Kinder zu hören. Sie sind für jeden die heiligsten Zeugen, sie die
größten Lobspender: zu ihren Müttern, zu ihren Frauen kommen sie mit ihren
Wunden, und diese scheuen sich nicht, die Verletzungen zu zählen und zu untersuchen, ja sie bringen den Kämpfenden Stärkung und Ermutigung.
Schon manche Kämpferreihe, die bereits wich und wankte, ist, wie die Überlieferung weiß, von den Frauen wieder zum Stehen gebracht worden durch ihr ständi-
ges Bitten, durch das Entgegenhalten der Brüste und den Hinweis auf die nahe

Gefangenschaft; diese empfinden sie weit unerträglicher und schrecklicher in Hinsicht auf ihre Frauen [als die eigene], so sehr, daß man sich solche Stämme *(civitatum)* wirksamer verpflichten kann, die unter den Geiseln auch adelige *(nobiles)* Mädchen stellen müssen» (c. 7–8).

Für die Germanen, will Tacitus sagen, ist der Krieg nicht etwa ein notwendiges Übel, ein Handwerk oder gar ein Geschäft, also eine Tätigkeit, die ihnen äußerlich wäre, sondern ein willkommenes Mittel, ihre besonderen Tugenden der Tapferkeit, Treue und Verantwortlichkeit gegenüber der Familie und Sippe zur Entfaltung zu bringen, d. h. ist *Ausdruck der spezifischen Psyche des Volkes.* Die zuletzt angesprochene hervorgehobene Stellung der Frauen in der germanischen Gesellschaft (von Tacitus mit einer Empfehlung für die Politik gegenüber den Germanen verknüpft!) wird dann noch weiter durch den Hinweis bekräftigt, daß man ihnen ganz allgemein auch die Gabe der Hellseherei zuschreibe und daher dem Urteil namentlich jener, die sich hierin besonders hervorgetan hätten, große Bedeutung beimesse[70]. Dennoch aber – dies wieder ein Seitenhieb auf die römische Praxis – verehre man sie nicht «auf kriecherische Weise *(adulatione)*» oder halte sie gar für höhere Wesen, sondern bezeuge ihnen lediglich eine höhere Achtung (c. 8). Mit diesem Hinweis ist schon der Übergang zur Religion der Germanen vollzogen, die das Thema der beiden anschließenden Kapitel (9–10) bildet.

Unter den Göttern soll wieder, – ganz so, wie es Caesar auch von den Galliern behauptet hatte, «Merkur» (zweifellos Wodan) die höchsten Ehren genießen; ihm allein würden auch «zu bestimmten Festen» Menschen, den anderen dagegen, von denen Tacitus nur «Herkules» (hier Donar), «Mars» (Ziu) und «Isis» (!) erwähnt, lediglich Tiere geopfert. Ein typischer Topos (mit Idealisierungstendenz), geboten in der Absicht zu zeigen, daß die Barbaren noch im Besitze eines unverfälschteren, der urzeitlichen Gottesanschauung noch näher stehenden Glaubens sind, ist wieder der Hinweis:

«Übrigens finden sie es unvereinbar mit der Erhabenheit der Himmlischen, die Götter in Wände einzuschließen und sie den Zügen des Menschenantlitzes irgendwie nachzubilden; sie weihen Waldlichtungen und Haine und bezeichnen mit göttlichen Namen nur jenes geheimnisvolle Wesen *(secretum illud)*, das sie allein in ihrer Ehrfurcht schauen» (c. 9).

70 Das alles entspricht in etwa auch der Schilderung Caesars: vgl. De bello Gallico I 50 f.

An sonstigen Phänomenen des religiösen Bereichs behandelt Tacitus nur mehr das Orakelwesen, das er allerdings sehr ausführlich und teils unter einer bis ins einzelne gehenden Darstellung der verschiedenen Verfahren beschreibt, da es sich, wie er ansprechend zur Begründung hervorhebt, bei den Germanen einer Beachtung wie bei kaum einem anderen Volk erfreue – d. h.: weil er es für ein *besonderes Wesensmerkmal* des germanischen Volkes und daher für wichtig zu seinem Verständnis erachtet (c. 10).

Kap. 11–15 faßt Tacitus eine Reihe der seiner Auffassung nach bedeutendsten Institutionen des öffentlichen Lebens ins Auge, darunter vor allem: die Volksversammlung (das Thing), die Gerichtsbarkeit und das Gefolgschaftswesen, die er auch hier wieder sichtlich bemüht ist, als lediglich wechselnde Ausdrucksformen der spezifisch germanischen Daseinsideale der Kriegstüchtigkeit, Treue, Freiheit und sozialen Gleichwertigkeit zu erweisen. «Über weniger wichtige Angelegenheiten», heißt es z. B., «entscheiden die Fürsten, über wichtigere [jedoch] alle gemeinsam» (im Thing); zwar haben die Adeligen das Recht, als erste in der Volksversammlung zu sprechen, doch wird die Entscheidung über die Annahme dessen, was sie empfehlen, nicht auf Grund ihres Ranges, sondern der Überzeugungskraft ihrer Argumente gefällt: «Das Gewicht seines [eines adeligen Redners] Rates *(auctoritate suadendi)* gilt dabei mehr als die Befugnis zu befehlen» (c. 11).

Ganz besonders deutlich aber wird das, worauf es Tacitus ankommt, in seiner Schilderung des Gefolgschaftswesens, deren ungewöhnliche Breite (c. 13–15) schon allein anzeigt, welche Bedeutung er gerade dieser Institution innerhalb der germanischen Gesellschaftsordnung beimaß. Im folgenden ein Auszug, der nur das Wesentliche zusammenfassen soll:

«Es bedeutet Ansehen *(dignitas)*, es bedeutet Macht *(vires)*, immer von einer zahlreichen Schar ausgesuchter junger Leute umgeben zu sein; im Frieden ist das eine Ehre *(decus)*, im Krieg ein Schutz. Und nicht nur beim eigenen Stamm *(gente)*, sondern auch bei den Nachbarstämmen *(civitates)* ist jeder bekannt *(nomen)* und ist berühmt *(gloria)*, wenn er durch die Anzahl und Tapferkeit seines Gefolges herausragt; solche Leute werden nämlich von Gesandten umworben und durch Geschenke geehrt, und sehr oft schlagen sie Kriege allein schon durch ihren Ruf nieder.
Wenn es zum Kampf gekommen ist, dann ist es eine Schande *(turpe)* für den Gefolgsherrn, sich in der Tapferkeit übertreffen zu lassen, eine Schande für das Gefolge, es dem Gefolgsherrn an Tapferkeit nicht gleichzutun. Schimpf und Vor-

wurf fürs ganze Leben *(infame in omnem vitam ac probrosum)* vollends bringt es,
den Gefolgsherrn zu überleben und die Schlacht zu verlassen; ihn zu schirmen,
ihn zu schützen, auch die eigenen tapferen Taten seinem Ruhm zuzuschreiben, ist
ja Hauptpflicht des Treueschwurs[71]. Die Gefolgsherren kämpfen für den Sieg, die
Gefolgsleute für ihren Herrn» (c. 13–14).

Das Gefolgschaftswesen baut sich mithin auf der Basis der Freiwilligkeit
und der Verpflichtung zur Treue auf; seine Bewährung vor allem im
Krieg garantiert Ansehen, Ehre und Macht, sein Bruch zählt zu den ver-
achtetsten Schimpflichkeiten; letzten Endes jedoch findet es seine Erfüllung nicht in sich selbst, sondern dient wiederum nur dem höheren Ziel
der *Steigerung der Wehrtüchtigkeit.* Und da sie sich diesem ihrem
höchsten Ideal in einem so beherrschenden Maße verschreiben, sind die
germanischen Männer, wie Tacitus weiter – und in augenfälliger Übereinstimmung mit den Nachrichten Caesars – ausführt, auch nur wenig
geneigt, sich häuslichen Geschäften zu widmen, wie etwa «den Boden zu
pflügen» oder sich bei der Erntearbeit zu beteiligen (c. 14). All das wird
vielmehr «den Frauen und den Alten und überhaupt den Schwächsten
aus der Hausgemeinschaft *(familia)* überlassen». Sie selbst geben sich
während der Zeit, da der Krieg einmal ruht, bestenfalls mit der Jagd ab,
die übrigen Tage mit nichts anderem als «Essen und Schlafen» verbringend – «ein merkwürdiger Widerspruch in ihrem Wesen *(mira diversi-
tate naturae)*», stellt Tacitus mit einiger Verwunderung fest, «da doch
dieselben Menschen so das Nichtstun lieben und das Ruhigsein hassen»
(c. 15)[72].

Von der öffentlich-äußeren Sphäre des Daseins tritt Tacitus Kap. 16ff
in das Privatleben der Germanen ein. Er beginnt, ethnographisch sinnvoll und sicherlich wohlüberlegt, mit dem Siedlungswesen, der Anlage
und baulichen Konstruktion der Häuser (bzw. Gehöfte) und einem Blick
auf die Speicher zur Aufbewahrung der (vegetabilischen) Nahrungsmittel (c. 16). Kap. 17 wird mit der Beschreibung der Tracht der Kreis um
den Menschen selbst, dem sich Tacitus auf diese Weise, sehr geschickt,
Schritt für Schritt nähert, noch enger gezogen. Entgegen der bisherigen, traditionell-ethnographischen Praxis erfolgt die Behandlung der
Tracht hier also erstmals getrennt von dem sonst damit in der Regel
verbundenen Eingehen auf die Waffenausstattung und Kriegsgarnitur,

71 Nach Caesar? Vgl. De bello Gallico VI 23!
72 Vgl. Caesar: De bello Gallico IV 1. VI 21; 22; 28.

und dies wohl aus der Überlegung heraus, daß eben beide Repräsenta-
tionen zweier (und gerade bei den Germanen) sehr wesentlich voneinander geschiedener Lebensbereiche sind, d. h. im einen Falle der mehr
nach außen gerichteten, politisch-kriegerischen und im anderen mehr
der innerethnischen, das private Alltagsdasein betreffenden Sphäre
entsprechen. Anders als Caesar stellt Tacitus fest, daß die Kleidung
nur bei den entlegeneren Inlandstämmen überwiegend aus Fellen,
sonst aber, jedenfalls bei den Germanen an Donau und Rhein, in der
Regel aus Textilien besteht. Sie ist durchgehend einfach und schmucklos gehalten und trägt – dies nun in Übereinstimmung mit der Schilderung Caesars – ihrer Leichtigkeit wegen (Unterkleider werden nur
von den wenigen Wohlhabenderen getragen) auch wieder zur Abhärtung bei.

Ebenfalls Caesar entspricht, daß die Germanen, wie Tacitus gleich zu
Beginn des folgenden 18. Kapitels, mit dem er nun in die Behandlung der
engeren Sphäre des Privatlebens eintritt, vermerkt, eine sehr «strenge
Eheauffassung» besitzen. Diese aber ist zur Hauptsache wieder an dem
wahrhaft alles beherrschenden *Ideal der Wehrtüchtigkeit* orientiert, dem
ein Mann eben nur dann vollauf gerecht zu werden vermag, wenn ihn
seine Gattin dabei unterstützt. In diesem Sinne sind schon die Geschenke, die man bei der Vermählung austauscht, keine bloßen Gefällig-
keitsgaben, sondern Ausdruck der beiderseitigen Verpflichtung, im Geiste dieses Ideals zusammenzustehen und füreinander zu leben. So erhält
die Frau insbesondere

«Rinder, ein aufgezäumtes Pferd, einen Schild mit Speer und Schwert. Auf diese
Gaben hin wird sie zur Gattin genommen, und sie bringt auch ihrerseits dem
Manne irgendeine Waffe zu; das gilt ihnen als stärkste Bindung, das als geheimnisvolle Weihe, das als göttlicher Schutz für die Ehe. Damit die Frau nicht glaube,
sie stehe außerhalb der Welt männlich-tapferen Denkens und außerhalb der
Wechselfälle des Krieges, wird sie schon durch die Wahrzeichen gleich bei Beginn
ihrer Ehe daran gemahnt, daß sie als Gefährtin in Mühsal und Gefahr kommt,
bereit, dasselbe Schicksal im Frieden wie im Kriege zu tragen und zu wagen;
darauf deutet das Rindergespann, darauf das angeschirrte Pferd, darauf die über-
gebenen Waffen. In dieser Gesinnung habe sie zu leben, in dieser auch in den Tod
zu gehen; was sie empfange, das müsse sie makellos und in Ehren ihren Söhnen
weitergeben, das müßten dann ihre Schwiegertöchter empfangen und wiederum
auf die Enkel vererben.»

Und *darum (ergo)*, heißt es Kap. 19 dann weiter, sind sie auch auf eine
untadelige Eheführung bedacht und lassen sich durch nichts in ihrer

Keuschheit[73] und Treue gegenüber dem Gatten beirren. Daß Tacitus gerade hier sehr viel leuchtendere Farben aufträgt, als sie den Tatsachen entsprochen haben dürften, ist ebenso deutlich wie seine Absicht, damit zugleich den Kontrast zwischen der noch reineren und «gesünderen» Sittlichkeit der Barbaren und der durch Luxus und Üppigkeit so verderbten Moral des hochzivilisierten Kulturvolks der Römer möglichst wirkungsvoll zur Geltung zu bringen. Wie sehr ihm, der ja auch die Geschichtsschreibung als *moralisch-pädagogischen* Auftrag verstand, in der Tat daran lag, enthüllen einzelne Sätze, in denen er ganz konkrete Bezüge herstellt und sozusagen direkt wird: In Germanien, hebt er z. B. hervor, «lächelt niemand über Laster, und verführen und sich verführen lassen heißt man nicht ‹Zeitgeist›», und «mehr vermögen dort gute sittliche Anschauungen *(boni mores)* als anderswo gute gesetzliche Bestimmungen *(bonae leges)*» – alles Auffassungen, die letztlich natürlich die *Deszendenztheorie* zur Voraussetzung haben. Von *ethnologisch* größerer Bedeutung jedoch ist sein sichtlich auch hier wieder angestrebtes Bemühen, die einzelnen Züge der Germanen-Kultur als *bedingte Äußerungsformen eines zentralen, ethnotypischen Sinnbezugs* erscheinen zu lassen.

Das gleiche gilt auch für die Behandlung der Kindererziehung, die Tacitus, wieder sehr sinnvoll, unmittelbar anschließend auf die Erörterung des ehelichen Zusammenlebens folgen läßt (c. 20) und in der er zu zeigen versucht, daß die besonderen Tugenden der Germanen letztlich nur das konsequente Ergebnis ihrer Erziehung sind; denn diese geschieht zum einen (noch!) auf eine ganz ungekünstelt-*natürliche* Weise und trägt dadurch ebenso zur Abhärtung wie zur Festigung der Gesundheit und Keuschheit bei und hat zum anderen das Ziel, allen, ungeachtet ihrer unterschiedlichen Herkunft, das Bewußtsein der sozialen Gleichwertigkeit zu vermitteln, indem sie kein Kind benachteiligt oder bevorzugt, sondern für alle gleich gilt:

«Die Kinder, nackt und schmutzig, wachsen sich in jedem Haus zu diesen Gliedern, zu diesen Leibern aus, über die wir uns wundern. Ein jedes nährt die eigene Mutter an ihrer Brust, und keines wird Mägden oder Ammen überlassen. Einen Herrensohn kann man an keinerlei Verzärtelung bei der Erziehung vom Sohn eines Knechtes unterscheiden: sie treiben sich zwischen dem gleichen Vieh, auf demselben Erdboden herum, bis das Reifealter die Freigeborenen absondert und

73 Vgl. Caesar: De bello Gallico VI 21.

männliche Tüchtigkeit ihnen Geltung verschafft. Erst spät erwacht bei den jungen Leuten die Liebe, und deshalb ist ihre Jugendkraft unverbraucht. Auch die Mädchen werden nicht zu eilig vermählt; dieselbe Jugendfrische und ähnlich hoher Wuchs auch bei ihnen. Zueinander passend und gesund treten sie in die Ehe, und die Kraft der Eltern spiegelt sich in den Kindern wider.»

Es folgen einige Anmerkungen zur Verwandtschaftsordnung (besondere Stellung des Mutterbruders!) sowie zum Erb- und Nachfolgerecht, die bereits zum Thema des nächsten Abschnitts (c. 21) überleiten, in dem Tacitus (nur ganz pauschal) auf die Verpflichtungen eingeht, die der einzelne gegenüber seiner Sippe besitzt (Blutrache!), und dabei auch, wohl wegen ihrer gemeinschaftsbildenden Bedeutung, sehr ausführlich und lobend der Gastfreundschaft gedenkt[74], einer Institution, in der er unverkennbar wieder eine typische Ausdrucksform des germanischen Volkscharakters erblickte.

Kap. 22–24 sind verschiedenen Bereichen des alltäglichen Daseins gewidmet, wobei Tacitus abermals nach dem Grundsatz verfährt, bevorzugt zu berücksichtigen, was ihm *besonders typisch* erscheint. In diesem Sinne lenkt er z. B. die Aufmerksamkeit auf die *Trinkgelage* und ihre eminente Bedeutung für das gesamte Gesellschaftsleben, ja die Politik der Germanen:

«An den Tag eine Nacht beim Trinken anzuhängen ist für niemand ein Vorwurf. Vielfach gibt es dann, wie eben unter Betrunkenen, Händel, die nur selten mit bloßen Schimpfereien, öfter mit Totschlag und Verletzungen enden. Aber auch über gegenseitige Versöhnung von Feinden, über die Anknüpfung verwandtschaftlicher Bande und über Berufung von Fürsten, schließlich über Krieg und Frieden beraten sie meist bei solchen Gelagen *(conviviis)*, weil sich angeblich das Herz zu keiner anderen Zeit leichter für aufrichtige Gedanken erschließt oder für hohe erwärmt. Dieser Menschenschlag ohne Arglist und Schläue öffnet immer noch die Geheimnisse der Brust bei zwanglosem Scherz; darum ist die Gesinnung aller unverdeckt und offen. Am folgenden Tag wird die Sache nochmals behandelt, und jede Zeit kommt ganz zu ihrem Recht: Sie beraten, wenn sie sich nicht zu verstellen wissen, sie beschließen, wenn sie nicht irren können» (c. 22)[75].

In der Ernährung, der Tacitus nur wenige Worte schenkt, waltet *Mäßigung* vor:

74 Vgl. Caesar: De bello Gallico VI 23.
75 Vgl. Historien IV 14. Annalen I 50.

«Die Speisen sind einfach: wildwachsende Früchte *(agrestia poma)*, frisches Wildbret oder Sauermilch *(lac concretum)*; ohne feinere Zubereitung, ohne würzende Zutaten vertreiben sie den Hunger.»

Auch hier also wieder der Hinweis, daß die Germanen zur Hauptsache von *Fleisch und Milchprodukten* leben. Im Trinken dagegen legen sie sich weniger Zurückhaltung auf und lassen damit eine Schwäche erkennen, die für die Römer, wie Tacitus sich zu bemerken beeilt, von einiger Bedeutung sein könnte: käme man ihr nämlich entgegen «und wollte herbeischaffen, soviel sie begehren, würde man sie durch ihre Untugenden *(vitiis)* ebenso leicht besiegen wie mit Waffen» (c. 23).

An Schauspielen kennen sie nur eine Art Waffentanz, und dieser wird «nicht zwecks Erwerb oder Verdienst» (wie die Spiele im römischen Zirkus) betrieben, sondern soll lediglich der Unterhaltung des Publikums *(voluptas spectantium)* dienen. Ernster jedoch geht es beim Würfelspiel zu; und hier bringt Tacitus eine Beobachtung an, die seiner Urteilsfähigkeit ein hohes Zeugnis ausstellt, indem er einen Charakterzug der Germanen ins Licht rückt, der auch für ihre Nachfahren noch von einiger Gültigkeit ist. Sie widmen sich nämlich, wie er verwundert bemerkt, dem unterhaltsamen Spiel mit geradezu tierischem Ernst und zögern, wenn sie in Bedrängnis geraten, nicht, ihr Leben und ihre Freiheit zum Pfand einzusetzen. Geht die Partie dann tatsächlich zu ihren Ungunsten aus, so stehen sie keinen Augenblick an, die Konsequenzen zu ziehen:

«Der Verlierer geht freiwillig in die Knechtschaft; auch wenn er jünger, auch wenn er kräftiger ist, läßt er sich binden und verkaufen. Derart ist ihre Sturheit *(pervicacia)* in einer verkehrten Sache; – sie selbst nennen es ‹Treue›» (c. 24)!

Hieran anknüpfend geht Tacitus Kap. 25 auf die Stellung der Sklaven (und Freigelassenen) ein und betont, daß sie im allgemeinen eine gute und gerechte Behandlung erfahren, ja ihnen sogar eine gewisse, begrenzte Unabhängigkeit eingeräumt wird («jeder Sklave leitet sein eigenes Anwesen, seinen eigenen Hausstand»). Bezeichnend für den Charakter der Germanen ist wieder, daß man die Regel nur in Fällen von Wut oder Jähzorn durchbricht und sich dann auch wohl so weit zu vergessen vermag, daß man einen Sklaven erschlägt.

Kap. 26 bringt eine kurze Beschreibung des Bodenbaus, der nach dem Prinzip der sog. «Feldgraswirtschaft» erfolgt und im ganzen – jedenfalls in den Grenzen der herrschenden Gesellschaftsordnung – auf einem gerechten System der Landverteilung basiert: «Das Ackerland wird je nach der Anzahl der Bebauer von der Gesamtheit im Wechsel in Nutzung genommen, und dann verteilen sie es unter sich nach der Rangfolge *(secundum dignationem)*». Bodenspekulationen und Wuchergeschäfte mit Landbesitz, ein Übel, das in Italien zahlreiche Bauern in eine immer tiefere Verschuldung verstrickte oder gar zur Aufgabe ihres Hofes zwang, sind, wie Tacitus nicht ohne Nachdruck hervorhebt, bei den Germanen unbekannt; und damit sei ihnen, meint er, «besser vorgebeugt, als wenn sie verboten wären».

Eine Schilderung des Bestattungswesens endlich schließt Kap. 27 den *allgemeinen* Teil der Germanen-Ethnographie ebenso passend wie wirkungsvoll ab. Noch einmal klingen die Züge an, die nach Tacitus den Charakter und die Kultur des Volkes mit auf das wesentlichste bestimmen, werden die *Mäßigung*, das *kriegerische Ethos* und die *Schlichtheit* der Germanen beschworen:

«In Beisetzungen gibt es keinerlei Gepränge, allein darauf wird geachtet, daß die Leichen berühmter Männer mit bestimmten Holzarten verbrannt werden. Den Stoß des Scheiterhaufens überladen sie nicht mit Decken und Duftstoffen; jedem werden seine Waffen beigegeben, manchen wird auch das Pferd in den Feuerbrand gelegt. Über dem Grab erhebt sich ein Rasenhügel; die Ehrung durch hochragende, kunstvolle Denkmäler verschmähen sie, weil das für die Abgeschiedenen nur eine Last sei. Das Jammern und Weinen lassen sie bald, Schmerz und Trauer erst spät. Frauen ziemt laute Klage, Männern nur stilles Gedenken.»

Den Abschluß des Ganzen bildet dann wieder eine Formel, wie sie uns bereits aus der älteren Ethnographie geläufig ist: «Das waren die mir zugänglichen allgemeinen Nachrichten über Ursprung und Sitten *(moribus)* der Germanen insgesamt».

Wir haben es also bereits in diesem ersten Teil der «Germania» mit einer geschlossenen ethnographischen Monographie zu tun, die nicht zuletzt auch durch ihre wohldurchdachte, planvolle Komposition beeindruckt und dem Ideal einer modernen Ethnographie schon recht nahe kommt; – ihm voll zu entsprechen bleibt ihr vor allem insofern versagt, als sie noch allzusehr auf der Auswahl bestimmter, nicht aber dem Willen zur Berücksichtigung möglichst aller verfügbaren Phänomene basiert, und dies, weil Tacitus eben weniger die Wirklichkeit abzubilden als ein *Idealgemälde* zu schaffen versucht, vor dessen lichtvollem Hintergrund sich die Verderbtheit der römischen Zivilisation nur um so düsterer abzeichnen sollte. Besonders hervorgehoben zu werden verdient jedoch, um es noch einmal zu sagen, daß er, wie vor ihm Poseidonios und in etwa auch Caesar, bemüht ist, die einzelnen Erscheinungen nicht isoliert, sondern als wesensmäßig miteinander verbundene, *integrale Bestandteile des größeren Ganzen der Gesamtkultur* zu betrachten und in dieser selbst wiederum nur *den Ausdruck der spezifischen Ethnopsyche* der Germanen zu sehen.

Im zweiten Teil der «Germania» (c. 28–46) wendet sich Tacitus dann, wie schon zu Eingang erwähnt, der Behandlung *einzelner* Gruppen zu. Worauf es ihm hierbei in der Hauptsache ankommt, macht er in einem eigenen Hinweis deutlich, der – in der heutigen Zählung – dem 27. Kapitel noch als Nachsatz angehängt ist und wieder eine sehr geschickte Überleitung zum Nachfolgenden bildet:

«Jetzt will ich die Einrichtungen und Gebräuche *(instituta ritusque)* der einzelnen Stämme, *soweit sie anders sind (quatenus differant),* darstellen, ferner, welche Völkerschaften aus Germanien in Gallien eingewandert sind.»

Im wesentlichen beschränkt er sich jedoch, von Westen nach Norden, dann Osten und endlich Nordosten (Baltikum) voranschreitend, auf die Umschreibung der Sitze, die Siedlungsgeschichte (einschl. der Wanderbewegungen), die Erörterung der Ursprungsfrage sowie die Feststellung der ethnischen Zugehörigkeit (zur germanischen oder keltischen Völkerfamilie) der einzelnen von ihm ins Auge gefaßten Gruppen. Verschiedentlich, wie im Falle der Chatten und namentlich Sueben (c. 30 f u. 38 ff), baut er die Betrachtung auch zu regelrechten Stammesethnographien aus. Den Abschluß des Ganzen bildet (c. 45–46) ein Überblick über die Völker im hohen Nordosten Germaniens, darunter die Ästier, Venether (Wenden bzw. Slawen) und Fennen (Finnen?)[76], von denen wir hier erstmals Genaueres erfahren und deren Erwähnung uns zeigt, in welchem Maße sich der ethnographische Gesichtskreis der Antike inzwischen, etwa seit Poseidonios oder selbst Caesar, ausgeweitet hatte.

Freilich beginnen sich die Verhältnisse dort erst in Umrissen abzuzeichnen, deren Konturen noch vage und kaum näher bestimmbar erscheinen, so daß Tacitus nur zögernd bereit ist, sich ein Urteil zu bilden:

---

76 Die Beschreibung dieser letzteren (c. 46) macht eher den Eindruck, als sei sie auf die Vorfahren der *Samen* gemünzt, und wird daher heute auch mehr für diese in Anspruch genommen. Unter den Ästiern sind neueren Erkenntnissen nach nicht, wie man auf den ersten Anschein hin anzunehmen geneigt ist, die Esten, sondern offenbar indogermanische Balten-Gruppen (Litauer, Letten u. Altpreußen) zu verstehen.

«Ob ich die Stämme *(nationes)* der Peukiner, Venether und Fennen zu den Germanen oder zu den Sarmaten rechnen soll, weiß ich nicht recht, obschon sich die Peukiner, die manche auch ‹Bastarner› nennen, in Sprache, Lebensform *(cultu)*, Siedlungsweise und Hausbau wie Germanen verhalten... Ihr Aussehen gleicht sich durch Mischehen merklich den unschönen Zügen der Sarmaten an» (c. 46).

Und hier vor allem, im *Grenzbereich* der beiden großen Völkergruppierungen der Germanen und Sarmaten, wird deutlich, was sonst in der «Germania» nur mehr oder weniger ausgesprochen mit anklingt, daß Tacitus bei seinen Darstellungen offenbar von dem *theoretischen Modell einer Art «Volkskulturkreise»* ausging (ohne sich dessen allerdings ganz bewußt zu sein und es dementsprechend dezidiert zum Ausdruck zu bringen): Die Summe der Züge, die er im ersten Teil (c. 1–27) als typisch für die Germanen herausgestellt hatte, bildete in diesem Sinne für ihn das wesentliche Ganze oder den Wesensbestand der «germanischen Volkskultur»; diese besaß ihre reinste Ausprägungsform in jenen Bereichen, die noch unberührt von Außeneinflüssen waren, also im tieferen Inneren des Landes; in den Grenzgebieten dagegen, wo sie sich zunehmend den Einwirkungen anderer «Volkskulturkreise» ausgesetzt sah, zersetzte sie sich allmählich bzw. ging Kontaktmetamorphosen ein: so beispielsweise, wie Tacitus Kap. 28 ff mehrfach durchblicken läßt, am Rhein, wo der germanische in den keltischen «Volkskulturkreis» überzugehen begann, ja neuerlich auch in immer stärkerem Maße unter den Einfluß der römischen Zivilisation geriet, und eben im Nordosten Germaniens, im Grenzbereich zu den Sarmaten. Hier haben Mischehen zwischen den benachbarten Völkern zwar zu gewissen Übereinstimmungen in ihrem äußeren Erscheinungsbilde geführt, doch sind die Abweichungen in der Sprache und Lebensweise noch deutlich genug, um ihre unterschiedliche Herkunft und Kulturzugehörigkeit zumindest noch in etwa erkennen zu lassen. Am sichersten ist sich Tacitus bei den Venethern; denn obwohl sie «vieles von den Sitten *(multum ex moribus)*» der Sarmaten übernommen hätten, rechne man sie doch

«besser zu den Germanen, *weil* sie feste Häuser bauen, Schilde tragen sowie rüstig, rasch und gern auf den Füßen sind; das ist alles verschieden bei den Sarmaten, die ihr Leben auf Roß und Wagen verbringen» (c. 46).

Wie hieraus ersichtlich, bedient Tacitus sich, um eine Scheidung zwischen Völkern in ethnographischen Übergangszonen treffen zu können, des *Vergleichs* und legt dabei, neben der *Sprache* und der *Lebensführung*

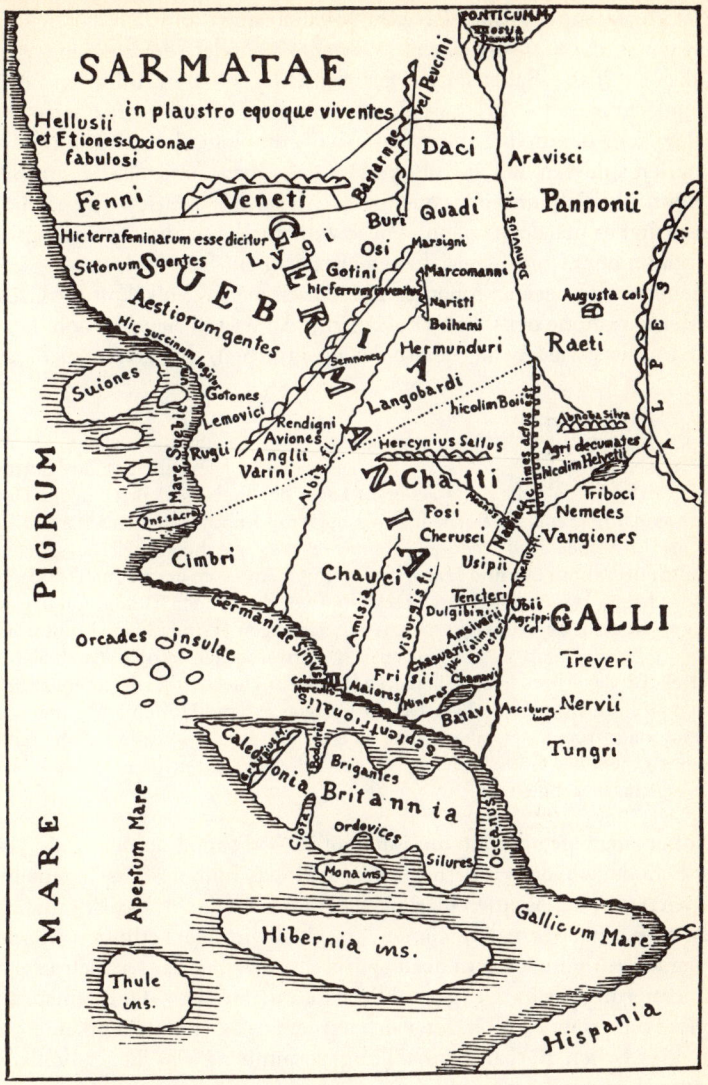

Abb. 16 Die Völkerverteilung Germaniens nach Tacitus

ganz allgemein[77], großes Gewicht offenbar auch auf die Übereinstimmungen in der *materiellen Kultur*, wie insbesondere der Siedlungsweise und der Art der Behausung. Den Ausschlag für die Zuordnung einer Gruppe zu einem «Volkskulturkreis» gibt die *Dichte* der (formalen) Koinzidenzen, das heißt: die wichtigsten ethnologischen Bestimmungskriterien bildeten für Tacitus bereits das *Form-* und das *Quantitätskriterium*! Bleibt dies alles auch zunächst noch im Ansatz begriffen, so berechtigt es uns doch, wenn man so will, durchaus, ihn als einen ersten Vorläufer der «Kulturkreislehre» zu bezeichnen.

Jenseits des germanischen (und sarmatischen) «Volkskulturkreises», an der Peripherie der Ökumene, beginnt dann, und sichtlich bereits mit den Fennen, wieder die Sphäre der eigentlichen, der *extremen Barbaren*:

«Bei den Fennen ist ihre Tierhaftigkeit *(feritas)* absonderlich, abstoßend ihre Dürftigkeit *(paupertas)*: keine Waffen, keine Pferde, kein Zuhause, als Nahrung Kräuter *(herba)*, als Kleidung Felle, als Lager der Erdboden; ihre einzige Hoffnung sind ihre Pfeile, die sie mangels Eisen [!] mit Knochenspitzen schärfen. Von ein und derselben Jagd leben die Männer ebenso wie die Frauen; diese ziehen nämlich überallhin mit und beanspruchen ihren Anteil an der Beute. Die kleinen Kinder haben keinen anderen Unterschlupf vor den wilden Tieren und den Regengüssen als irgendein Geflecht aus Baumzweigen [Windschirm!], unter dem man sie birgt. Dahin ziehen sich auch die Erwachsenen zurück, das bildet die Unterkunft der Alten. Und doch halten sie das für glückhafter, als unter der Feldarbeit zu stöhnen, sich mit Hausbau abzuplagen und mit Hoffen und Bangen aus eigener oder fremder Habe Umsätze zu erzielen. Sorglos gegenüber Menschen, sorglos gegenüber Göttern, haben sie das Schwerste erreicht: ganz ohne jeden Wunsch auszukommen» (c. 46).

Erinnert man sich der älteren Randvölker – «Ethnographien», wie etwa der Schilderung der Hyperboreer, so stellt das Bild, das uns Tacitus hier entwirft, zweifellos einen merklichen Fortschritt dar, da es nicht nur eine Reihe durchaus ernstzunehmender, glaubwürdiger ethnographischer Angaben enthält, sondern auch spürbar den Willen zu sachlich-exakter Informierung verrät. Der gedankliche Rahmen freilich, der es umspannt, bleibt konventionell, d. h. setzt sich wieder aus den drei Hauptkategorien der klassischen Barbarenvorstellung zusammen: Das Leben vollzieht sich noch fast auf der Ebene des tierischen Daseins und erzieht damit zu

---

77 Vgl. a. Kap. 28 u. 43.

einer problemlos-*natürlichen*, wie selbstverständlichen Anspruchslosigkeit, deren Folge wiederum der den Barbaren eigene *Idealzustand sorg-
los-heiterer Zufriedenheit* ist.

Wie seit alters schon liegt auch hier der Idealisierung der reinen
– und das heißt vor allem: den Ursprüngen noch näheren – Barbaren
am Rande der Welt wiederum nur ein tiefer *Kulturpessimismus*, der
Zweifel am Wert der Errungenschaften eines hochzivilisierten Lebens,
zugrunde. Und damit rundet sich die ethnologische Gesamtkonzeption
des Tacitus wirkungsvoll ab: Um den Zentralbereich der mittelmeerischen Hochkulturen mit ihrem Mittelpunkt Rom gruppieren sich, in
quasi konzentrischer Folge, sekundäre (Kelten u. a.), tertiäre (Germanen, Sarmaten u. a.) usw. «Volkskulturkreise», deren stetigem, vom
Zentrum zur Peripherie hin kontinuierlich voranschreitendem Gefälle
an Zivilisationsniveau, das sie rein äußerlich charakterisiert, im Innern
ein wachsendes Maß an moralischer Integrität und Stärke entspricht:
bei den fernen Fennen allein noch in lauterer Unschuld bewahrt, lebt die
ursprüngliche Sittlichkeit bereits in Germanien nur mehr bei den unberührteren Gruppen im tieferen Hinterland so gut wie unangefochten
fort, befindet sich dann in den Konträumen an Donau und Rhein und
erst recht bei den Kelten schon ganz im Verfall begriffen und ist bei den
Römern endlich, den Trägern der am höchsten entwickelten Zivilisation, bis auf einige wenige Reste lediglich noch in der Erinnerung an die
Ahnen erhalten.

Weiter als bis zu den Fennen reichen die Kenntnisse des Tacitus nicht;
was darüber hinaus liegt, verschwimmt schon, wie er im Schlußsatz der
«Germania» anmerkt, im Zwielicht der mythischen Fabelwelt: «Alles
weitere ist nun schon Märchen *(fabulosa)*: daß die Hellusier und Oxio-
nen Gesicht und Antlitz von Menschen, aber Leib und Glieder von Tieren
haben. Das will ich als unerforscht in der Schwebe lassen» (c. 46) – ein
löblicher Vorsatz, der um so mehr Anerkennung verdient, als es die sonstigen Ethnographen der damaligen Zeit an seiner Beherzigung weitgehend fehlen ließen und vor allem die Späteren dann sogar eher die gegen-
teilige Praxis bevorzugen sollten.

Wie schon zu Anfang erwähnt, hat Tacitus, im Rahmen des «Agricola»
(De vita Iulii Agricolae, c. 10–17), auch eine – kleinere – Länder- und
Völkerkunde Britanniens verfaßt. Der «Agricola» war seine Erstlings-
schrift, erschienen im gleichen Jahr wie die «Germania» (98 n. Chr.) und
geschrieben zur Rechtfertigung und zum Ruhme seines Schwiegervaters
Cn. Iulius Agricola und seiner Verdienste während seiner Statthal-

terschaft in Britannien (77–84 n. Chr.). Und um die Voraussetzungen, die seines Erachtens zum Verständnis für das Wirken dieses von ihm so verehrten Mannes erforderlich waren, zu schaffen, sah Tacitus sich wieder, ganz wie es der gängigen historiographischen Tradition entsprach, genötigt, der reinen Ereignisdarstellung eben den besagten *Exkurs* über die länder- und völkerkundlichen Verhältnisse Britanniens einzulegen. Im Vergleich zur «Germania» zwar sehr viel geraffter, weniger profiliert und auch ärmer an ethnologischer Reflexion, läßt er jedoch die Meisterschaft, die Tacitus dort dann entfalten sollte, und nicht zuletzt auch, was die Strenge und Wohlüberlegtheit der Komposition anbelangt, schon im Ansatz erkennen.

Kap. 10 beginnt, – nach einem einleitenden, bescheidenen Hinweis des Autors, daß er mit seinem Exkurs nur die Absicht verfolge, die bisherigen Vorstellungen über Britannien anhand der neueren, von den Römern erworbenen Kenntnisse zu korrigieren und zu vervollständigen, mit einem allgemeinen Überblick über die Lage, Gestalt und Größe der Insel; der Beweis für ihre Inselnatur, setzt Tacitus stolz hinzu, sei erstmals von einer römischen, auf Geheiß des Agricola unternommenen Flottenexpedition erbracht worden, welche die Nordküste Schottlands umfahren, dabei die Orkneys entdeckt und erobert und «von der Ferne auch Thule [wohl die Shetland-Inseln] gesehen» habe. Mit Kap. 11 hebt dann die *Ethnographie* der Britannier an. Angesichts des trotz aller neueren Entdeckungen noch recht dürftigen Kenntnisstandes ist Tacitus nur sehr zögernd zu Schlußfolgerungen bereit, begnügt sich aber gleichwohl nicht allein mit der bloßen Vermittlung von Fakten, sondern stellt durchaus auch Überlegungen etwa über Zusammenhänge kulturhistorischer Art an, die ihn bereits als den scharfsinnigen ethnologischen Denker erweisen, als der er uns dann, mehr noch, in der «Germania» entgegentritt. Am Anfang wird zunächst wieder die Ursprungsfrage erörtert:

«Wer die ersten Bewohner Britanniens waren, ob Eingeborene oder Eingewanderte *(indigenae an advecti)*, ist zu wenig erforscht. Ihre äußere Erscheinung *(habitus corporum)* ist verschieden, und man kann draus seine Schlüsse ziehen. Das rötlich blonde Haar *(rutilae comae)* und der kräftige Gliederbau der Bewohner Kaledoniens [= Schottlands] verrät germanische Abkunft. Die bräunliche *(colorati)* Gesichtsfarbe der Silurer [im SW Britanniens], ihr meist krauses Haar *(torti plerumque crines)* und die Tatsache, daß ihr Wohnsitz Spanien gegenüberliegt, machen es glaublich, daß die alten Hiberer hinübergesetzt waren und diese Gegend in Besitz genommen hatten. Die den Galliern zunächst Wohnenden sind ihnen auch ähnlich, sei es, daß der starke Einfluß der gemeinsamen Abkunft *(durante originis vi)* anhält oder daß das in den einander gegenüberliegenden Ländern gleiche Klima auch die Körpergestaltung beeinflußt hat. Indessen kann man im ganzen gesehen annehmen, daß sich die Gallier der benachbarten Insel bemächtigten: Man kann bei beiden einen gemeinsamen Götterkult und den gleichen Aberglauben feststellen *(eorum sacra deprehendas, superstitionum persuasione).* Auch ihre Sprache *(sermo)* unterscheidet sich nicht wesentlich. Sie sind gleich tollkühn im Heraufbeschwören von Gefahren, wie ängstlich darauf bedacht, sich ihnen zu entziehen, wenn sie über sie hereingebrochen sind[78]. Doch zeigen die Britannier trotzigeren Mut, weil sie ein langer Frieden noch nicht verweichlicht hat.»

Die Frage der Abkunft wird also hier zugunsten der Einwanderungshypothese entschieden. Zu ihrer Stütze führt Tacitus neben Überlegungen geographischer Art bemerkenswerterweise vor allem Übereinstimmungen in der Physis, der Religion und der Sprache sowie im Volkscharakter (in dem wiederum deutlich noch der *thymos*-Begriff des Poseidonios mit anklingt) an, denen gegenüber auch das anthropogeographische Moment, das bei den Früheren (auch Poseidonios) häufig eine so wesentliche Rolle bei der Herkunftsbestimmung spielte, sichtlich untergeordnet erscheint, indem es nur mehr am Rande erwogen wird – das Hauptgewicht der Beweisführung ruht unverkennbar auf der *ethnologisch-vergleichenden* Reflexion!

Im folgenden 12. Kapitel geht Tacitus auf die Kriegführung ein, deren Stoßkraft jedoch durch die Uneinigkeit, die unter den einzelnen Stämmen *(nationes)* herrsche, sehr wesentlich beeinträchtigt sei. Und wie später in der «Germania» (c. 33) verfehlt er es auch hier nicht, auf den Gewinn hinzuweisen, den die römische Kolonialpolitik aus diesem Umstande ziehen könnte:

«Für uns aber ist bei mächtigen Völkern nichts vorteilhafter als ihre Zerrissenheit, die sie nichts gemeinschaftlich unternehmen läßt. Nur selten halten zwei oder drei Stämme *(civitatibus)* zur Abwehr einer gemeinsamen Gefahr zusammen. So kämpfen sie nur einzeln für sich und werden insgesamt besiegt.»

An diese, von unserem heutigen Standpunkte aus sehr bedenkliche Empfehlung, die nur wieder einmal die enge und für die Römer so typische Veflechtung ethnographischer mit politischen Interessen verrät, schlie-

---

78 Vgl. die übereinstimmende Charakterisierung der Gallier bei Caesar: De bello Gallico III 19 und der Germanen in der Germania, c. 3.

ßen sich einige wenige Bemerkungen über das Klima, die unterschiedliche Dauer der Tage und Nächte gegenüber den Verhältnissen in den
Mittelmeerländern, die Ertragsfähigkeit des Bodens, den Anbau und
Reichtum an Metallvorkommen verschiedenster Art an – letzteres abermals mit dem Hinweis glossiert: «eine lohnende Beute für den siegreichen Unterwerfer!» Den Abschluß endlich bildet eine kurze Charakterisierung der britannischen Perlfischerei. Und damit endet zugleich auch
der eigentlich ethnographische Überblick.

Der Exkurs selbst schließt Kap. 13–17 mit einem Abriß der Erobe-
rungs- und Kolonialgeschichte der Insel, d. h. der Geschichte Britanniens *überhaupt*: Denn der antiken, schon mehrfach erwähnten Auffassung nach, die hier wieder ganz deutlich zum Ausdruck gelangt,
waren die Barbaren *geschichtslos* und traten erst in dem Augenblick in
die Geschichte ein bzw. wurden zu historischen Größen, in dem sich
ihre Geschicke mit denen der Hochkulturvölker des Mittelmeerraumes
verflochten, die eben, ihrem hypertroph-ethnozentrischen Selbstver-
ständnis entsprechend, die Überzeugung vertraten, als einzige wirklich Geschichte zu machen. Die zu Beginn von Kap. 13 gegebene ein-
leitende Bemerkung zu diesem Abriß stellt abermals eine nicht
mißzuverstehende Empfehlung an die Adresse der Kolonialbürokratie
dar:

«Willig nehmen die Britannier Aushebungen, Abgaben und die ihnen von unserer Herrschaft auferlegten Lasten auf sich, wenn dabei Gewalttaten unterbleiben.
Diese ertragen sie schwer, da ihre bisherige Unterwerfung nur ihren Gehorsam,
aber noch nicht ihre Unterwürfigkeit herbeiführte.»

Wegen der Mißachtung dieser Tatsache seien auch die meisten der früheren Unternehmungen, angefangen von denen des Caesar, entweder fehl-
geschlagen oder auf erhebliche Schwierigkeiten gestoßen, wie Tacitus
dann im einzelnen demonstriert – zweifellos mit in der Absicht, damit
zugleich sehr wirkungsvoll auf die im folgenden (c. 18 ff) geschilderte
Tätigkeit des Agricola vorzubereiten, der eben entschieden verständiger
vorging und dem es dadurch gelang, erstmals Ordnung in die Verhältnisse des Landes zu bringen und die Britannier vollends unter das Joch
der Römer zu beugen.

Endlich sei noch ein Blick auf die letzte größere geschlossene ethnographische Abhandlung des Tacitus geworfen: seinen Exkurs über die Juden
im V. Buch der «Historien» (c. 2–8). Zu Beginn wird wieder die Origo-
Frage erörtert und zunächst (c. 2) eine Reihe von Überlieferungen vorge-

führt, denen zufolge die Juden (Iudaei) einmal kretischen[79] oder ägyptischen, dann äthiopischen, assyrischen oder solymischen[80] Ursprungs
gewesen sein sollen. Tacitus begnügt sich damit, sie lediglich aufzuzählen, und vermeidet es, persönlich Stellung zu nehmen, da sie ihm allesamt wohl zu vage erschienen. Die Mehrzahl der Autoren jedoch, fährt
er dann (c. 3) fort und gibt zu erkennen, daß dies auch seiner Ansicht
entspreche, stimme darin überein, daß die Juden die Abkömmlinge
ägyptischer Aussätziger seien, die «König Bocchoris» auf Geheiß eines
Orakelspruchs des Landes verwiesen und in die Wüste getrieben habe.
Und dort nun, heißt es weiter, warf sich Moses (Moyses) zum Führer
(dux) über die Verzweifelten auf und versicherte sich ihrer Gefolgschaft, indem er behauptete, der ihnen «vom Himmel» bestimmte Ret-
ter zu sein:

«Sie gaben ihre Zustimmung, und ohne etwas vom Lande zu wissen, traten sie
ihren Marsch einem unbekannten Schicksal entgegen an. Doch nichts quälte sie
so furchtbar wie der Wassermangel, und schon waren sie dem Verschmachten
nahe auf der weiten Ebene niedergesunken, als eine Herde wilder Esel, die von der
Weide kam, auf einen von einem Haine beschatteten Felsen zulief. Moses folgte
der Spur der Herde und entdeckte, wie er aus dem Gras, das den Boden bedeckte,
mutmaßte, reiche Wasseradern; das war ihre Rettung, und nachdem sie ununterbrochen sechs Tage gewandert waren, besetzten sie am siebten Tag nach Vertreibung der Einwohner das Land; und da erbauten sie Stadt und Tempel [zu Jerusa-
lem].»

Moses, der uns hier weniger als gottesfürchtiger Patriarch denn als
schlauer Volksverführer entgegentritt, sann nun darauf, wie er seine
Machtposition, die er in den Zeiten der Not erlangt hatte, auch unter den
neuen Bedingungen zu behaupten imstande sein könnte, und beschloß zu
diesem Zweck, aus dem Haufen vertriebener Ägypter, der ihm durch die
Wüste gefolgt war, ein eigenes, selbständiges Volk zu schaffen, als dessen
Begründer er sich dann ein Anrecht auf die Führung zusprechen durfte.
Ein eigenes Volk aber ist, wie im vorausgegangenen schon mehrfach zur
Sprache kam, der antiken, spätestens seit Herodot traditionellen Auffas-
sung nach, zu der sich Tacitus ja auch bereits in der «Germania» (c. 4)

79 Wegen der Namensähnlichkeit der «Idäer» am kretischen Ida-Gebirge mit den «Iu-
däern».
80 Die Solymer waren eine alte, wohl autochthone Bevölkerung SW-Kleinasiens. Das
Tertium comparationis bildete hier die Bezeichnung der Stadt Jerusalem: Hiero*so-
lyma*.

bekennt, eine Gemeinschaft von Menschen, «*die nur sich selbst gleicht*» (Germ., c. 4: «*gens tantum sui similis*»), also in allem von den übrigen Völkern abweicht. Um sein Ziel zu erreichen, mußte Moses daher als erstes eine ganz neue Lebensordnung ersinnen, durch welche die Juden sich von allen anderen Menschen entsprechend abzuheben vermochten:

«Um sich die Herrschaft über das Volk *(gentem)* für die Zukunft zu sichern, führte Moses ein ganz neues Brauchtum *(novos ritus)* ein, das dem der übrigen Sterblichen entgegengesetzt ist. Dort ist alles unheilig, was bei uns heilig ist; andererseits ist bei ihnen erlaubt, was bei uns ein Greuel ist. Das Bild des Tieres, das ihnen einen Ausweg aus der Irre gezeigt und sie vor dem Verderben gerettet hatte, errichteten sie in einem Heiligtum, um es zu verehren; den Widder schlachten sie, gleichsam um den Hammon [= Ammon] zu verhöhnen; auch der Stier wird geopfert, da die Ägypter ihren Apis verehren. Sie enthalten sich des Schweinefleisches in Erinnerung an die Plage, die darin bestand, daß sie der Aussatz entstellt hatte, von dem dieses Tier befallen wird. Durch häufiges Fasten legen sie von ihrer früheren großen Hungersnot noch jetzt ein Bekenntnis ab, und als Erinnerung daran, wie sie das Getreide gierig aufgerafft hatten, wird das ungesäuerte jüdische Brot noch heute beibehalten. Als Ruhetag wählten sie, so sagt man, den siebten Tag, weil ihnen dieser das Ende des Elends brachte; und als sie am faulen Nichtstun Geschmack bekamen, weihten sie ebenso das siebte Jahr dem Nichtstun [u. a. m.]» (c. 4).

Ein Großteil der genannten Institutionen wird also mit den Erlebnissen während der Vertreibung und der Durchwanderung der Wüste in Verbindung gebracht, womit Tacitus wohl nur hervorheben will, daß sie *bewußte Schöpfungen* – eben des Moses – sind. Die gegenüber dem Britannier-Exkurs im «Agricola» und der «Germania» auffallend hervorgehobene Berücksichtigung des religiösen Brauchtums in der Betrachtung rechtfertigt sich dadurch, daß gerade dieser Bereich ihres Lebens es ist, in dem sich die Juden am deutlichsten von den übrigen Völkern unterscheiden und der sie daher, – immer wieder nach der Maxime: das Besondere für das *Typische* eines Volkes zu halten, auch am besten zu *charakterisieren* vermag. Und das gleiche gilt für das folgende 5. Kapitel, in dem Tacitus nur die obige Schilderung fortsetzt und dabei zwar zum Teil auch die profane Sphäre berührt, sein Hauptaugenmerk jedoch weiterhin auf die religiösen Erscheinungsformen richtet. Und deren Verurteilung, grundgelegt bereits in der einleitenden Feststellung: «Dort ist alles unheilig, was bei uns heilig ist; andererseits ist bei ihnen erlaubt, was bei uns ein Greuel ist», tritt hier nun noch schärfer zutage, ja gelangt mit einer geradezu leidenschaftlichen Vehemenz zum Ausdruck, wie man sie sich eigentlich nicht mehr allein aus dem Kultursubjektivismus des Römers zu erklären vermag:

«Diese Kultbräuche *(ritus)* werden, mag ihre Einführung auch durch noch so absurde Gründe veranlaßt worden sein, durch das ehrwürdige Alter gerechtfertigt. Die übrigen Einrichtungen *(instituta)* sind unheimlich und abscheulich und bekamen durch ihre Unnatur Geltung; denn jeder Taugenichts, der den Kult seiner Väter verachtete, brachte seine Beiträge und Spenden zu den Juden; das war eine Quelle für die wachsende Macht der Juden, weil sie unter sich starr auf Treu und Glauben bestehen und immer bereit sind, Mitleid zu üben, während sie gegen alle Nichtjuden eine gehässige und feindselige Haltung einnehmen. Sie speisen jeder an seinem Tisch, sie schlafen jeder für sich, und obwohl dieses Volk der Wollust besonders frönt, enthalten sie sich des Geschlechtsverkehrs mit Frauen anderer Rassen *(alienigenarum)*; unter ihnen selbst ist alles erlaubt; sie haben die Beschneidung *(circumcidere)* der Geschlechtsteile eingeführt, um sich durch dieses besondere Merkmal kenntlich zu machen... Sie glauben an die Unsterblichkeit der Seelen derer, die auf dem Schlachtfeld fallen oder [von den Römern] hingerichtet werden. Daher stammt ihre Leidenschaft für die geschlechtliche Fortpflanzung und ihre Todesverachtung. Anstatt die Toten zu verbrennen, ziehen sie es vor, diese wie die Ägypter zu bestatten *(condire)*; sie beachten dieselbe Sorgfalt beim Bestatten; über die Unterwelt haben sie dieselben religiösen Vorstellungen, aber ganz entgegengesetzte über den Himmel. Die Ägypter verehren sehr viele Tiere und Bildnisse aus Menschen- und Tiergestalt. Die Juden glauben nur an *eine* Gottheit *(numen)* und stellen sich diese nur im Geiste vor. Ruchlose Menschen sind, so glauben sie, alle, die Götterbilder aus vergänglichem Stoff oder nach dem Ebenbild des Menschen verfertigen. Jenes höchste Wesen *(summum illud)* ist ewig und weder vorstellbar noch vergänglich. Daher errichten sie keine Götterbilder in ihren Städten, geschweige denn in den Tempeln. Sie verweigern diese Schmeichelei den Königen, diese Ehre den Kaisern. Weil aber ihre Priester *(sacerdotes)* Flöten- und Paukenspiel erschallen ließen, sich mit Efeu bekränzten und man eine goldene Rebe im Tempel fand, waren einige der Meinung, Bacchus werde von ihnen verehrt, der Bezwinger des Morgenlandes; aber ihre Riten *(institutis)* passen dazu ganz und gar nicht. Bacchus hat ja festliche und fröhliche Riten *(ritus)* eingeführt, die Bräuche *(mos)* der Juden [jedoch] sind abgeschmackt und schäbig *(absurdus sordidusque)*.»

Sehen wir von der allzu persönlich und emotional gestimmten Beurteilung der jüdischen Lebensauffassung und Glaubenswelt einmal ab, so bleibt auch hier, wenngleich eigentlich nur mehr im Ansatz, wieder das Bemühen erkennbar, die einzelnen Phänomene jeweils nur als unterschiedliche Ausdrucksformen des einen, ihnen einheitlich zugrunde liegenden besonderen jüdischen Volkscharakters erscheinen zu lassen, dessen wesentliche Eigenart Tacitus in einem *übersteigerten Ethnozen-*

tralismus begründet sieht, der letzten Endes auf Moses zurückgeht: Denn dadurch, daß dieser den Juden, um sie zu einem eigenen und «nur sich selbst gleichen» Volk zusammenzuschmieden, eine ganz neuartige Lebens- und Vorstellungsordnung schuf, die sie von allen übrigen Völkern der Welt unterschied, stärkte er ihr Identitäts- und Selbstbewußtsein in der Tat so erheblich, daß sie auch heute noch in all ihren Äußerungsformen nur darauf bedacht sind, *ihre Besonderheit zu behaupten,* ja aus ihr den Anspruch ableiten, nicht nur anders als die übrigen Menschen, sondern ihnen auch überlegen zu sein und daher mit zynischer Mißachtung begegnen zu können. Allerdings hat Tacitus diesen Gedanken hier schon nicht mehr mit der gleichen, einheitlichen Konsequenz wie im Fall der Germanen (oder gar so überzeugend wie Poseidonios in seiner Kelten-Ethnographie) in die Darstellung umzusetzen vermocht. Auch mußte sein persönlicher und so erklärter Abscheu vor dem Judentum das Bild in einer sehr einseitigen Weise verfärben. Und dies wiederum weckt den Verdacht, daß er vielleicht auch bei seiner Ethnographie der Germanen nicht ganz so objektiv vorging, wie es den Anschein hat, und der Eindruck des distanzierten, auf eine möglichst sachgerechte Wiedergabe des Faktenmaterials bedachten Betrachters hier eher dadurch entsteht, daß er für die Germanen und die Art ihres Lebens eine gewisse Sympathie empfand und daher mit seinem Urteil hintanhielt oder sich, wenn überhaupt, nur in lobendem Sinne zu äußern geneigt war. Dennoch aber stellt auch die Charakterisierung der Juden ein gleichwohl imponierendes Zeugnis für sein Bemühen dar, die Lebensart oder Kultur eines Volkes vor allem *aus seiner Psyche heraus* zu erklären.

Im Anschluß hieran gibt Tacitus (c. 6–7) einen Überblick über die Geographie Palästinas, indem er im einzelnen zunächst wieder seine äußeren Grenzen umschreibt, dann auf die Witterungsverhältnisse, die landschaftliche Gliederung, die Beschaffenheit und Ergiebigkeit des Bodens, die Vegetation und den Anbau eingeht, mehr nebenbei auch eine Anmerkung zur physischen Konsistenz der Einwohner einfließen läßt («die Menschen sind körperlich sehr widerstandsfähig und ausdauernd in Strapazen») sowie ferner – und dies sehr ausführlich – das Tote Meer und die dortige Asphaltgewinnung beschreibt – alles freilich in ganz regelloser Folge aneinanderreihend. Kap. 8 endlich schließt der Exkurs nach einer flüchtigen Notiz zur Siedlungsweise der Juden und der äußeren Anlage ihrer Hauptstadt Jerusalem, mit einem Abriß der politischen Geschichte des Volkes von den Assyrern bis auf die Zeit vor Ankunft der Römer.

Fassen wir zum Abschluß zusammen, so werden wir, zunächst einmal ganz allgemein, als erstes festhalten dürfen, daß Tacitus ohne Zweifel ein *Ethnograph* von sehr hohem Range, ja sicherlich einer der bedeutendsten der Antike war und es zudem durchaus auch verstand, aus dem, was er beobachtete und wiedergab, *ethnologische* Schlüsse zu ziehen (obgleich er davon nur wenig Gebrauch gemacht hat), daß er dabei aber noch stark von den ihm von Hause aus eigenen, römischen Wert- und Idealvorstellungen bestimmt blieb und stellenweise sogar die Ergebnisse seiner ethnographischen Forschung unmittelbar den Interessen der Kolonialpolitik seines Volkes dienstbar zu machen versuchte.

Auf der anderen Seite aber ist nicht zu bestreiten und verdient ebenso beachtet zu werden, daß er die Objektivität gleichwohl zur *Idealforderung* seiner wissenschaftlichen Arbeit erhob und zweifellos auch ehrlich bemüht war, ihr in seinen Darstellungen, in der Geschichtsschreibung sowohl wie in der Ethnographie, nach besten Kräften gerecht zu werden. Schon im «Agricola» gibt er mit Nachdruck die Versicherung ab, seinen Exkurs zur Länder- und Völkerkunde Britanniens «sachlich und glaubwürdig» *(rerum fide)* abfassen zu wollen (c. 10), ein Ziel, das er trotz aller herkunfts- und interessebedingten Einschränkungen seiner Urteils- und Vorstellungsfähigkeit (über die er sich nicht im klaren war) sichtlich auch in der «Germania» verfolgte, indem er sich insbesondere etwa allem Ungesicherten und Vagen gegenüber äußerst skeptisch und zurückhaltend verhielt. Etwas allein um des Aufsehens und der Effekthascherei willen *(miraculi causa)* wiederzugeben, ist ihm, wie er einmal in den «Annalen» (XI 27) beteuert, ein Greuel. Welche Schwierigkeiten es freilich mitunter bereitet, die Wahrheit, deren Kenntnis erst die Voraussetzung zu einer objektiven Darstellung bildet, einwandfrei zu ergründen, weiß er nur allzugut: «So sehr ist gerade das Bedeutendste zweifelhaft», beklagt er an einer anderen Stelle in den «Annalen» (III 19), «indem einige wie immer auch Gehörtes für ausgemacht halten, andere das, was wahr ist, in das Gegenteil verdrehen und so sich dann beides bei der Nachwelt weiterverbreitet». Und dem zu wehren, d. h. den Überlieferungen und Quellenberichten mit schonungsloser Kritik entgegenzutreten und nur das auch der Wiedergabe für würdig zu halten, was wenigstens einigermaßen gesichert und glaubhaft erscheint, stelle demzufolge denn auch eine der wichtigsten Anforderungen an die Geschichtsschreibung (und damit desgleichen an die Ethnographie) dar, wie er abermals in den «Annalen» (IV 11) hervorhebt – alles nicht zuletzt auch nach der berühmten, im I. Kapitel derselben Schrift formulierten Maxime, *«sine ira et studio»*,

also ohne Gehässigkeit und Parteilichkeit, an seine Aufgabe herantreten
zu wollen.

An seinen – wie schon mehrfach hervorgehoben: recht sparsamen –
ethnologischen Überlegungen fällt auf, daß er der früher so beherrschenden These von der quasi naturgesetzlichen Wechselbeziehung zwischen
Umwelt und Mensch kaum mehr Beachtung schenkt. Statt dessen treten,
wie schon bei Caesar (und aus den Erfahrungen der Römer als Kolonial-
macht durchaus erklärlich), immer stärker *historische* Faktoren wie Völkerwanderungen (einzelne germanische und keltische Gruppen, Britannier u. Juden), Überlagerungsprozesse (Kelten, Germanen, Britannier
usw. durch Römer) und Entlehnungsvorgänge (Völker des baltischen
Raumes) als bestimmende Kräfte der Lebensgestaltung und kulturellen
Entwicklung in den Vordergrund der Betrachtung. Zugrunde liegt die
Modellvorstellung von ursprünglich homogenen «Volkskulturkreisen»,
die infolge eines oder mehrerer der soeben genannten Prozesse miteinander in Berührung bzw. Wechselbeziehung geraten und so durch Kontaktmetamorphose, also *Assimilierung* oder *Akkulturation*, allmählich kleinere oder größere Umwandlungen erfahren. «Reine», d. h. allein aus
ihren eigenen Voraussetzungen und Bildkräften heraus zur Entfaltung
gelangende «Volkskulturkreise» vermochten sich daher lediglich in ab-
gelegeneren, von Außeneinwirkungen noch unberührten Bereichen, wie
im Inneren Germaniens und Britanniens oder an der Peripherie der Ökumene (Fennen), zu behaupten.

Mit dem Auftreten der Römer nun nahm die Entwicklung einen neuen
Verlauf: Die früher in den verschiedensten und immer wieder wechselnden Richtungen erfolgenden Akkulturationsprozesse unter den diversen
«Volkskulturkreisen» begannen sich jetzt, wie auf einen Magnetpol zu,
mehr und mehr auf einen einzigen, gemeinsamen Mittelpunkt hin zu
ordnen, und zwar um so stärker, je näher die einzelnen Völker diesem,
dem zentralrömischen Hochzivilisationsareal lagen. Die Folge war eine
stetige, freilich rein ergologisch-technische Evolution mit retardierender
Intensität und abnehmendem Gefälle zur Peripherie des Einflußberei-
ches hin, der jedoch gleichzeitig eine ebenso stetig voranschreitende Zerstörung der bei den Barbaren noch von der Urzeit her nahezu ungebrochen fortbestehenden Sittlichkeit parallel lief. Das klingt u. a. auch noch
sehr deutlich in einem Passus in den «Annalen» (III 26) an, wo Tacitus
auf die Entstehung des Rechts und der Herrschaftsinstitutionen eingeht
und dazu folgendes ausführt:

«Die ältesten Menschen lebten, da noch keine böse Lust sie trieb, ohne Vorwurf und Verbrechen, darum auch ohne Strafe oder Beschränkungen; weder Belohnungen waren nötig, da das Gute aus eigenem Triebe erstrebt wurde, noch brauchte, da man nichts Ungehöriges begehrte, irgend etwas mittels Furcht verboten zu werden. Aber als verlorenging der Gleichheitssinn *(aequalitas)* und an der Stelle bescheidener Genügsamkeit *(modestia)* und Schamhaftigkeit *(pudore)* Ehrgeiz *(ambitio)* und Gewalt *(vis)* sich geltend machten: da wuchs die Alleinherrschaft *(dominationes)* empor und hielt sich bei vielen Völkern lange; einige zogen sogleich, oder als sie der Könige überdrüssig geworden waren, Gesetze *(leges)* vor. Diese waren bei noch rohem Sinn der Menschen anfangs einfach, und namentlich hat der Ruf verherrlicht die der Kreter, welche Minos, die der Spartaner, die Lykurgos, und die, welche nachher mit mehr Berechnung schon in größerer Zahl Solon für die Athener verfaßte. Über uns hatte Romulus nach Willkür geboten; sodann band Numa das Volk durch Religionsgebräuche *(religionibus)* und göttliches Recht *(divino iure)*, auch wurde von Tullus und Ancus manches aufgebracht; aber vorzugsweise war Servius Tullius Stifter der Gesetze, denen auch die Könige Folge zu leisten hatten.»

Sonst jedoch werden Fragen der kultur- oder geistesgeschichtlichen Entwicklung von Tacitus eigentlich nur nebenbei und mehr indirekt angesprochen und kaum eigens zum Gegenstand tiefer gehender und allgemeinerer Überlegungen oder gar Spezialabhandlungen gemacht.

Sein eigentliches Interesse galt eben der Ethnographie, der lebendigen ethnographischen Wirklichkeit, und zwar insbesondere derjenigen Völker, mit denen sich die Römer unmittelbar auseinanderzusetzen hatten. Und dabei nun tat er, wennschon formal noch weitgehend von den Traditionen (und teils auch Klischeevorstellngen) der klassisch-griechischen Völkerkunde beherrscht, doch insofern einen neuen und wichtigen Schritt in Richtung auf die *Verselbständigung der Ethnographie* hin, als er sie sichtlich *von der Geographie zu lösen* bemüht war (der er ja auch als Anthropogeographie bereits nur mehr eine geringfügige Bedeutung beimaß); denn in all seinen ethnographischen Darstellungen, vor allem aber in der «Germania», spielt die Landeskunde – wie ganz ähnlich übrigens auch schon bei Caesar – eine auffallend untergeordnete Rolle, d. h. wird lediglich noch insoweit angesprochen, als sie zum Verständnis der Lebensentfaltung und Geschichte eines Volkes absolut unerläßlich erscheint – und sinkt damit erstmals, wenn man so will, zu einer «*ancilla ethnographiae*» herab. Und diesem Desinteresse des Tacitus an geographischen Fragen wird man es nicht zuletzt auch zuschreiben dürfen, daß er – und vermutlich sogar wider besseres Wissen! – noch immer an der uralten Vorstellung von der *Scheibengestalt* der Erde festhält.

Aber nicht nur um der wissenschaftlichen Vermittlung von Fakten willen trieb Tacitus Ethnographie: sie war ihm auch Mittel zum Zweck, ein Medium, durch das er in gewissem Sinne zwar auch einen politischen, vor allem jedoch einen moralisch-erzieherischen Einfluß glaubte ausüben zu können. Und diese Absicht entspricht wieder nur der Maxime, die er sich auch als Geschichtsschreiber gesetzt hat: «Ich glaube, es bestehe darin die Hauptaufgabe der Annalistik, daß Verdienste nicht verschwiegen bleiben und Schlechtigkeit in Wort und Tat sich vor der Nachwelt und vor Schande fürchte» (Annalen III 65). Daher die Schärfe, mit der er das Judentum, das seinen Idealen so ferne stand, geißelt, und das begeisterte Lob, das er – mit Blick auf das eigene Volk – den Germanen und den noch weiter abliegenden Barbaren wegen ihrer vermeintlich noch urtümlich-reinen und darum hohen Moral und ihrer selbstzufriedenen Genügsamkeit spendet. Das verleitete ihn freilich dazu, eine gewisse Auswahl zu treffen und das Schwergewicht der Betrachtung jeweils auf ganz bestimmte Phänomenbereiche zu legen, was wiederum seine Objektivität beeinträchtigen mußte und ihn der Gefahr der *Typisierung* aussetzte – eine Gefahr, die er selbst allerdings nicht als solche anerkannt hätte: Denn seiner Auffassung nach vertrug sich die typisierende Darstellungsweise insofern durchaus mit seinem Objektivitätsideal, als sie die Wirklichkeit nicht verfälschte, sondern lediglich in verdichteter Form, quasi als Konzentrat der rein ausdrucksmäßigen Vielfalt einer Kultur, zur Anschauung brachte, d. h. als er die Objektivität mehr im *qualitativen* denn im quantitativen Sinne verstand. Gleichwohl vermochte ihn dieses an sich durchaus zu vertretende und achtbare Objektivitätsverständnis doch nicht davor zu bewahren, der in jeder Typisierung immer mit angelegten Tendenz zu einseitiger – und hier vor allem: *idealisierender* – Verzeichnung zu erliegen. Und wenn sein Idealbild von den Barbaren auch bereits sehr viel konkretere Züge besitzt als bei Älteren, so bleibt es doch *der Idee nach* eine reine Fiktion, ein Relikt aus uralter, noch wesentlich aus dem Mythos schöpfender Zeit, das einen zwar erklärlichen, aber doch seltsamen Widerspruch zu der Anschauungswelt der so nüchternen, ja pragmatischen Ethnographie der Römer und ihres größten Repräsentanten, des Tacitus, darstellt.

8. Strabo von Amaseia (ca. 63 v. Chr. – 19 n. Chr.)

Für eine, man könnte sagen: «systematische Ethnographie», wie sie Tacitus in die Wege zu leiten versuchte, war die Zeit noch nicht reif, weil es zum einen noch an der einstellungsmäßigen Voraussetzung fehlte und zum andern die durch die Griechen geschaffene Tradition die Geister noch zu mächtig beherrschte. Für letzteres ist gerade das Werk des kleinasiatischen Griechen Strabo ein lehrreiches Beispiel, dem die Ethnographie wieder nur als Teil der umfassenderen und ihre eigentliche Grundlage bildenden Geographie galt. Beide vereinend, unternahm dieser letzte bedeutendere Repräsentant der deskriptiv-phänomenologischen (gegenüber der mathematisch-astronomischen) Geographie, auch hierin klassischen Vorbildern folgend, noch einmal den großangelegten Versuch, das gesamte länder- und völkerkundliche Material der Antike, von den Nachrichten in den Gesängen Homers bis auf die jüngsten Entdeckungen der Römer, zu einer einheitlichen, *universalgeographischen* Erdbeschreibung zusammenzufassen. Das glückte ihm allerdings nur zum Teil. Zwar zeigt sich die Darstellung noch, wenn auch schon nur mehr streckenweise, von dem großen, zündenden Geiste der griechischen Gelehrsamkeit erfüllt, doch vermißt man bereits merklich die Kraft, über die bloße Synopse hinaus zu einer tatsächlichen Synthese zu kommen. Die Fülle des gebotenen Materials verwirrt eher und erdrückt, als daß sie dazu beitrüge, die Konturen des Bildes schärfer hervortreten zu lassen. An die Stelle zwingender Ursachenverknüpfung, die den Anspruch auf Universalität wissenschaftlich überzeugend hätte rechtfertigen können, tritt stellenweise schon sehr deutlich die rein additive, auf eine vorwiegend *kartographische* Darstellung abzielende Deskription der römischen Geographie, die bloß aneinanderreiht, statt zu entwickeln. Poseidonios, dem es noch in erster Linie um die Kausalität der Erscheinungen ging, wird gerade dieses seines Ideals wegen von Strabo des «Aristotelisierens» geziehen: «Denn des Erforschens der Ursachen und des Aristotelisierens (τὸ Ἀριστοτελίζον) ist viel bei ihm, was die Unsrigen wegen der Verborgenheit der Ursachen (αἰτιῶν) vermeiden» (II 3, 8). Und so bewegt sich Strabo, ein Kind seiner Zeit, gleich Polybios, in dem er denn auch sein großes Vorbild verehrte, als ein Wanderer zwischen zwei Welten, ohne die Kraft zu besitzen, sie in seinem Herzen und Geist zum Einklang zu bringen; es bleibt ein Riß, der seine Persönlichkeit wie sein Werk durchzieht, eine Unvereinbarkeit, die in der Folge dann auch bei anderen, und dort gar noch unüberbrückbarer, in Erscheinung treten wird.

Nicht unwesentlich für das Verständnis seines Werkes ist, daß Strabo mit seinen geographischen auch historiographische und vor allem philosophische Interessen verband und hierin nicht nur eine Liebhaberei, sondern eine notwendige Voraussetzung der wissenschaftlichen Erkenntnis ganz allgemein sah: «Zu der Beschäftigung des Weltweisen (φιλοσόφου)», sagt er in diesem Sinne einmal,

«gehört unseres Erachtens, wenn irgendeine andere Wissenschaft, so namentlich auch die Geographie, die zu betrachten wir uns jetzt vorgenommen haben. Daß wir aber nicht falsch urteilen, ist aus vielen Gründen klar. Denn diejenigen, welche sich zuerst mit ihr zu befassen den Mut hatten, waren, was auch Eratosthenes sagt, Männer wie Homer, Anaximandros von Milet und Hekataios, der Landsmann desselben, ferner Demokritos, Eudoxos, Dikaiarchos, Ephoros und viele andere, sodann nach diesen Eratosthenes, Polybios und Poseidonios, sämtlich Philosophen; und vielseitige Gelehrsamkeit (πολυμάθεια), durch welche allein dieses Ziel zu erreichen möglich ist, ist keines andern Sache als eines Mannes, der die göttlichen und menschlichen Dinge erforscht, deren Wissenschaft (ἐπιστήμην) man eben Weltweisheit (φιλοσοφίαν) nennt» (I 1, 1; vgl. 1, 22 f).

In der Praxis blieb er dem Anspruch allerdings einiges schuldig; ihm zu entsprechen hätte es eines Mannes vom Genie des Eratosthenes oder Poseidonios bedurft. Strabo ging bereits das Vermögen wie die Kraft dazu ab; er war auch hierin ein Kind seiner Zeit, doch zeichnet ihn immerhin aus, daß er den Anspruch als solchen verfocht und sich zumindest bemühte, ihn auch in die Tat umzusetzen.

Neben den höheren, philosophischen Erkenntnisinteressen, die Strabo mit der Geographie verband, setzte er ihr indessen, dem Zeitgeist entsprechend, auch unmittelbar praktisch-pragmatische Ziele: Sie soll einmal, ganz allgemein, zu Belehrung des gebildeten Publikums dienen und zum andern, konkreter, der Regierung und den Behörden verläßliche Unterlagen für die Innen- wie die Außenpolitik, die Verwaltung (insbes. in den «Provinzen»), die Wirtschaft, den Handel und die Kriegführung liefern. Aus dieser Gesamteinstellung heraus wollte Strabo die Ökumene denn auch zuallererst als *Schauplatz des Menschen und seiner Geschichte* aufgefaßt wissen:

«Besonders aber scheint die gegenwärtige Betrachtung durch jene Behauptung unterstützt zu werden, daß der größere Teil der Geographie von *politischem Nutzen* (πρὸς τὰς χρείας τὰς πολιτικάς) sei. Denn der Schauplatz der Taten ist das Meer und die Erde, die wir bewohnen; für die kleinen ein kleiner, für die großen ein großer; der größte aber ist das Ganze, welches wir eigentlich die bewohnte Erde nennen, so daß diese wohl auch der Schauplatz der größten Taten sein dürfte. Die größten unter den Heerführern aber sind die, welche über Land und Meer zu herrschen vermögen, indem sie Völker und Städte unter eine Gewalt und Staatsverfassung vereinigen. Es ist also offenbar, daß die ganze Geographie die Unternehmungen des Feldherrn unterstützt, indem sie die Länder und Meere sowohl innerhalb als außerhalb der ganzen bewohnten Erde darstellt. Eine solche Darstellung aber ist für solche, für die es einen Unterschied macht, ob diese Dinge sich so oder anders verhalten, ob sie bekannt oder unbekannt sind. Denn besser werden sie ja wohl alles ausführen, wenn sie wissen, wie groß ein Land ist, wie es eben liegt und welche Verschiedenheiten es hat sowohl in seiner Atmosphäre als in sich selbst. Da aber der eine hier, der andere dort seine Herrschaft hat und jeder von seinem Herde und seinem Sitze aus Kriegstaten unternimmt und den Umfang seiner Herrschaft erweitert, so können weder diese Eroberer noch auch die Geographen von allem Kenntnis besitzen, sondern werden manche Gegenden genauer, manche weniger genau kennen... Das, was einem näher liegt, das muß man genauer kennen und ausführlich beschreiben: denn dies ist uns auch *dem Nutzen nach* näher. Daher hätte man sich nicht zu verwundern, wenn ein anderer Geograph mehr für die Inder paßte... Denn wie käme es dem Geographen bei den Indern zu, auch die Orte der Böotier so genau aufzuführen wie Homer? Uns aber kommt es zu; die Orte bei den Indern jedoch im einzelnen aufzuzählen, keineswegs. Denn *der Nutzen führt nicht darauf*, und dieser ist doch der *Hauptmaßstab solcher Art Kenntnisse»* (I 1, 16; vgl. II 5, 4–5, 34 u. 43).

Hier tritt also der politische Pragmatismus bereits, in einer Offenheit, die geradezu provozierend erscheint, als erklärtes Programm auf und würdigt die große und an sich anerkennenswerte Bedeutung, die dem Menschen und seiner Geschichte innerhalb der geographischen Betrachtung eingeräumt wird, nur zum Ausdruck bloßer Machtinteressen herab. Dadurch ist einerseits zwar das Erkenntnisinteresse, dem sich Strabo verpflichtet fühlt, klar definiert, auf der anderen Seite aber zugleich auch die enge Begrenzung umschrieben, innerhalb deren sich sein Urteilsvermögen nur zu entfalten vermochte. Und letzteres tritt noch markanter hervor, wenn man hinzunimmt, daß er die naturwissenschaftlichen Aspekte der Geographie, also die Behandlung geometrischer, physikalischer oder astronomischer Fragen, für absolut zweitrangig hielt und der Erledigung von Spezialisten empfahl, deren Aufgabe es lediglich sei, den eigentlichen, d. i. den historisch-philosophisch orientierten Geographen mit ihren Forschungen in die Hände zu arbeiten (vgl. II 5, 1–2). Daher auch die wiederholten und scharfen Angriffe auf Eratosthenes (so insbes. I 2, 2 ff u. I 3, 2 f) und andere, die gleich ihm diesen Fragen den Vorrang einräumten.

Überhaupt war sich Strabo der Richtigkeit seines Standpunkts so sicher, daß er mehr oder weniger an allen seiner Vorgänger, auch jenen, deren Einstellung und Arbeitsweise ihm eigentlich entsprach, Aussetzenswertes fand, ja sie nicht selten gar ohne viel Federlesens der Unwissenschaftlichkeit, gröbsten Ignoranz oder auch schlichtweg des Unvermögens zieh. Der Eifer und Aufwand, den er dabei entfaltete, weckt den Verdacht, daß er mit seinen Polemiken nicht nur zum Siege der Wahrheit beitragen wollte, sondern wohl auch dem kleinmütigen Bedürfnis nachkam, seinen Scharfsinn und sein besseres Wissen gegenüber den Verirrungen der Älteren nur um so strahlender in Erscheinung treten zu lassen.

Mit Stolz behauptet er auch, der Forderung namentlich des Polybios[81], möglichst ausgedehnte Reisen zu unternehmen, um ein möglichst umfassendes und verläßliches, weil zur Hauptsache auf die eigene Anschauung gegründetes Bild zu gewinnen, nach besten Kräften entsprochen zu haben:

«Ich bin aber gegen Westen von Armenien zu den Orten Tyrrheniens neben Sardinien gekommen, gegen Süden vom Pontos Euxeinos bis an die Grenzen Äthiopiens; und es möchte sich wohl unter den übrigen Geographen nicht einer finden, der in den genannten Gebieten viel weiter gekommen wäre als ich» (II 5, 11).

Das stimmt wohl im ganzen auch; jedenfalls darf man als so gut wie gesichert annehmen, daß er Kleinasien, Griechenland und Italien bereiste, Sardinien, Elba und Korsika besucht hat und sich – im Gefolge seines Freundes und Gönners Aelius Gallus – eine Zeitlang auch in Ägypten aufhielt. Allerdings scheint er dabei nicht sehr gründlich vorgegangen zu sein und kaum mehr als flüchtige Eindrücke gesammelt zu haben, da seine Darstellung doch insgesamt nur recht wenige Passagen enthält, die mit Sicherheit auf eigener Anschauung fußen. Von ausgesprochenen Forschungsreisen, wie sie etwa Polybios oder Poseidonios unternahmen, wird daher in keinem Falle die Rede sein können. Demzufolge lag die Versuchung nahe, sich in vielem auf bloßes Hörensagen zu stützen – was er auch offen zugibt, jedoch nicht als Mangel gelten läßt, sondern, wohl in dem unguten Bewußtsein, daß man ihm daraus einen Vorwurf machen könnte, mit sehr beredten Worten verteidigt, ja als Informationsquelle sogar noch höher als die Autopsie eingeschätzt wissen will:

81 Polybios III 48; 59.

«Das meiste jedoch stelle auch ich gleich jenen nur nach dem Hörensagen (ἀκοῇ) zusammen, sowohl die Gestalt und Größe als die übrige natürliche Beschaffenheit in bezug auf Art und Umfang, [und zwar] auf dieselbe Weise, wie der Verstand aus den Anschauungen die Begriffe zusammensetzt... So aber verfahren auch die wißbegierigen Männer; indem sie denen gleichsam als Sinnenorganen glauben, welche Länder, wohin der Zufall sie führte, sahen und bald diese, bald jene Teile der Erde durchstreiften, vereinigen sie die Anschauung der ganzen bewohnten Welt zu einem Gemälde, wie ja auch die Feldherren alles selbst tun und doch nicht überall zugegen sind, sondern das meiste durch andere verrichten, indem sie den Boten glauben und nach den gehörten Nachrichten die Befehle zweckmäßig versenden. Wer aber meint, daß nur die etwas wissen, die es sahen, der hebt die Urteilskraft des Gehörs auf, welches für die Erkenntnis viel nützlicher ist als das Auge» (II 5, 11).

Sehr viel mehr allerdings als den Eindrücken, die ihm Auge und Ohr zu vermitteln vermochten, verdankt Strabo schriftlichen Quellen. Doch litt der Gewinn, den ihm der Fleiß, mit dem er dabei anerkanntermaßen zu Werke ging, brachte, wieder insofern eine nicht unerhebliche Beeinträchtigung, als er seine Vorlagen, trotz aller Freude an der Kritik, nicht so sorgfältig und bedacht genug auswertete und häufig auch ganz bedenkenlos ältere mit neueren und verläßliche mit unzuverlässigen korrelierte, ohne eine entsprechende Abstimmung vorzunehmen. Im besonderen stützte er sich auf Homer, Ktesias, Nearchos, Megasthenes, Eratosthenes, Polybios, Timagenes und Poseidonios. Unter den jüngeren Autoren gab er – was wieder bezeichnend für seine ganze Einstellung ist – den Historikern gegenüber den Geographen entschieden den Vorzug.

Zur Hauptsache schöpfte Strabo also aus zweiter Hand; das beeinträchtigte zwar die Originalität seiner Darstellung, erwies sich aber als um so wertvoller für die Nachwelt: Denn nicht selten zählen seine Zitate fremder Autoren zu dem wenigen, was wir aus deren sonst ganz verlorenen Schriften noch an unmittelbarem Textgut besitzen!

Strabos eigentliche Hauptschrift waren, bezeichnenderweise, die «Historischen Erinnerungen» (Ἱστορικὰ ὑπομνήματα), also ein *Geschichtswerk*, dessen überwiegender Teil (XLIII Bücher umfassend) die neuere Entwicklung zum Gegenstand hatte und, wie sich aus seinem Sondertitel «Die Geschehnisse nach Polybios» (Τὰ μετὰ Πολύβιον) ergibt, die «Historien» des Polybios fortsetzen sollte. Dem traditionellen Aufbauschema entsprechend hatte Strabo der Darstellung wieder eine Fülle von Exkursen verschiedenen, vor allem aber länder- und völkerkundlichen Inhalts eingelegt, von denen uns jedoch, wie von der Schrift überhaupt, nur wenig erhalten geblieben ist. Soweit aus den Resten ersichtlich, scheint es sich insgesamt um ein recht farbloses und zur Hauptsache rein kompilatorisches Werk gehandelt zu haben.

Seinen Ruhm über die Zeiten hinweg verdankt Strabo daher auch nicht ihm, wie er wohl gehofft haben mag, sondern allein seiner «Erdbeschreibung» bzw. «Geographie» (Γεωγραφία), deren XVII Bücher uns denn auch nicht von ungefähr noch vollständig erhalten sind. Mag man jedoch hier noch so sehr seinen Fleiß und sein ehrliches Bemühen, sich so umfassend wie möglich zu informieren, auch die im ganzen gelungene, wohlüberlegte und übersichtliche Gliederung des Stoffes bewundern und dankbar quittieren, daß er uns manches wertvolle Textstück aus den verlorenen Schriften seiner Vorgänger überliefert hat, so hilft das doch nicht über die schwerwiegenden *inneren* Mängel hinweg, die jedenfalls den Gehalt des Darstellungsganzen sehr empfindlich beeinträchtigen und schon oben in Kürze charakterisiert worden sind: Es fehlt an der tieferen Durchdringung des Stoffs, der Ursachenforschung und damit der wichtigsten Voraussetzung zur echten, inhaltlich legitimierten Synthese. Der Leser wird mit einer Fülle von Material überhäuft, das zumeist nur lose aneinandergestückt und nach rein äußerlichen Gesichtspunkten gegliedert erscheint. Noch schwerer aber wiegt das Auswahlprinzip, basierend auf der ebenso offen wie dezidiert geäußerten Absicht, die Darstellung vor allem darauf abstimmen zu wollen, was zum einen der allgemeinen Belehrung diene und zum anderen den staatspolitischen Interessen entspreche:

«Überhaupt aber muß diese Schrift eine gemeinfaßliche (κοινόν) und auf gleiche Weise den Staatsbürger berücksichtigende (πολιτικόν) und dem Volke nützliche (δημωφελές) sein» (I 1, 22; vgl. 23).

Wie geradezu ängstlich genau er es damit nahm und wie sehr er darauf bedacht war, sich nicht die Gunst seiner Leserschaft zu verscherzen, erhellt aus einer Reihe von Stellen, in denen er der Befürchtung Ausdruck gibt, manche Erwartungen möglicherweise enttäuscht, die eine oder andere allgemein anerkannte Ansicht verfehlt oder die Langmut des Lesers vielleicht über Gebühr beansprucht zu haben (so z. B. VIII 3, 3. XIII 1, 1).

Im folgenden sei zunächst kurz der thematische Aufbau des Werkes skizziert. Es beginnt mit einer sehr ausführlich gehaltenen generellen Grundlegung der Geographie (B. I–II), in der Strabo vor allem auch die Gelegenheit wahrnimmt, sich kritisch mit seinen Vorgängern und dem von ihnen Geleisteten auseinanderzusetzen. Den Abschluß dieses einleitenden Teiles bildet eine geraffte Gesamtübersicht über die Erde (II 5, 14–43), in der die einzelnen, später dann gesondert zu behandelnden Themenbereiche zunächst einmal ganz allgemein und im Zusammenhang angesprochen werden. Darauf tritt Strabo in die eigentliche Darstellung selbst ein, deren Fortgang sich in die folgenden Abschnitte gliedert: Iberien (B. III); Gallien, Britannien, Alpenländer und ligurische Küste (B. IV); Italien und Sizilien (B. V–VI); Germanien, Donauraum und Skythien (B. VII); Griechenland (B. VIII–X); Kaukasien, Innerasien, Medien und Armenien (B. XI); Kleinasien (B. XII–XIV); Indien bis Iran (B. XV); Mesopotamien, Syrien, Phönizien, Palästina, Persischer Golf, Arabien und Rotes Meer (B. XVI); Ägypten, Äthiopien und Libyen (B. XVII). Zu Beginn der einzelnen Hauptabschnitte (bzw. Bücher) wird in der Regel eine kurze Zusammenfassung des Vorausgegangenen und eine Vorschau auf das im folgenden zu Behandelnde – beides zumeist nur in einem einzigen Satze – gegeben. Den Einschüben geographisch-ethnographischen Inhalts in dem Geschichtswerk entsprechen hier zahlreiche Exkurse *historiographischer* Art, zu denen dann häufig auch noch verschiedenerlei Zwischenbemerkungen, kleinere Erörterungen spezieller Probleme und immer wieder Polemiken treten, was die Kontinuität und den Zusammenhang des Darstellungsganzen teils sehr erheblich beeinträchtigt.

Positiv ist jedoch anzuerkennen, und darin besteht, jedenfalls in ethnologischer Hinsicht, eine der Hauptstärken des Werkes, daß Strabo die Geographie, umfassender als andere, stets und bewußt als *Einheit* von Länder- und Völkerkunde begreift, ja, wie noch gesondert zu zeigen sein wird, der Herausarbeitung des Beziehungszusammenhangs von Umwelt, Mensch und Geschichte eine geradezu zentrale Bedeutung beimißt. Infolgedessen sah er sich vor die Notwendigkeit gestellt, eine möglichst umfassende und vielfältige, eben die Geographie mit der Ethnographie und Geschichte verbindende Art der Betrachtung zu wählen. Seine Darstellung ist daher deutlich von dem Bestreben getragen, neben den Belangen der ersteren immer auch die der beiden letzteren Wissenschaften mitzuberücksichtigen.

In der äußeren Disposition der einzelnen Abschnitte ließ sich Strabo, wie ja auch die meisten seiner Vorgänger schon, wieder vom Kompositionsprinzip der alten Periploi leiten, d. h. baute die Darstellung jeweils von der Küste her auf. Im übrigen wußte er das auch zu begründen:

«Es ist schwer, bei so vielen, größtenteils unberühmten und im inneren Lande gelegenen Orten nirgends die Ordnung zu verlieren. Das Küstenland hat in dieser Beziehung einen Vorteil: teils sind die Orte bekannter, teils bestimmt das Meer die Reihenfolge besser, weshalb auch wir [unsere Wanderung jeweils] von dorther [zu beginnen] versuchen» (IX 2, 21; vgl. II 5, 18).

Strabo zweifelte nicht an der Kugelgestalt der Erde. Den festen Teil ihrer Oberfläche faßte er, gleich Eratosthenes, als eine einzige, in westöstlicher Ausdehnung sich erstreckende «mantelförmige» und rings vom Weltmeer umflutete Insel auf; entgegen Eratosthenes, der sich für eine Scheidung der Erdoberfläche in zwei große Bereiche, einen nördlichen und einen südlichen, eingesetzt hatte, hielt er jedoch an ihrer älteren Einteilung in die drei klassischen Kontinentaleinheiten Europa, Asien und Libyen (bzw. Afrika) fest (vgl. insbes. I 4, 7 f); lediglich für Asien erkannte er das eratosthenische Gliederungsprinzip an und schied es – durch den Gebirgszug des Taurus als Teiler – in eine südliche und eine nördliche Hälfte, wobei er zur letzteren auch Armenien und Medien schlug (vgl. XI 1, 1 ff). Den Vorzug vor allen Bereichen der Erde aber gab er dem Mittelmeerraum, da dort die Entwicklung nicht nur am besten überschaubar, sondern auch *am weitesten fortgeschritten* sei (II 5, 18).

Die kulturgeschichtliche Entwicklung der Menschen und Völker eines gegebenen Raumes aber wurde seiner Auffassung nach, wie bereits angedeutet, sehr wesentlich von *anthropogeographischen* Faktoren mitbestimmt. Waren es im Grunde auch keine neuen, ja zum überwiegenden Teil nur die Anschauungen des Poseidonios, die er hier aufgriff und lediglich weiter auszugestalten und klarer zu fassen versuchte, so muß ihm doch zugute gehalten werden, daß ihm nicht nur das letztere recht überzeugend gelang, sondern daß er dadurch zugleich auch einer der wichtigsten ethnologischen Theorien der Antike, in einer Zeit, da die theoretische Diskussion zunehmend verflachte, zu erneuter Beachtung und Anerkennung verhalf. Als sein besonderes Verdienst aber ist zu bezeichnen, daß er die Anthropogeographie nicht mehr so eng wie ehedem faßte, d. h. nur in dem Sinne verstand, als würden die Geschicke der Menschen so gut wie allein von den Voraussetzungen und Kräften ihrer geographischen Umwelt bestimmt, sondern – und allem Anscheine nach noch entschiedener, als dies bereits Poseidonios getan hatte – die Überzeugung vertrat, daß eine ähnliche, wenn nicht gleichrangige, die geographischen Faktoren teils ergänzende, teils einschränkende Einflußnahme auf die Entwicklung auch *der Geschichte*, bzw. den von ihr ausgelösten Prozessen, zuzubilligen sei.

Die größte Bedeutung unter den geographischen Entwicklungsdeterminanten maß Strabo der Gliederung und Gestalt der Landschaft – genauer: dem *Gegensatz zwischen Ebene und Bergwelt*, zu. Während weitläufige, weniger differenzierte (und zudem meist noch fruchtbare) Räume, also breite Flußtäler oder Ebenen etwa, die einen flüssigen Verkehr, dadurch gute Kontaktmöglichkeiten und den Austausch von Erfahrungen gewährleisteten, die Entstehung friedlicher, prosperierender und damit zugleich auch kulturell entwickelter Gesellschaften begünstigen würden, so sein leitender Gedanke, trügen stärker gegliederte, durch mannigfache natürliche Schranken in sich gebrochene oder isolierte Landschaftsbereiche, wie namentlich Gebirgsregionen und Inseln, zur Stagnation der Entwicklung, ja zu Degeneration und Verwilderung der Sittlichkeit bei. So etwa im Falle der nordwestiberischen Gebirgspopulationen:

«Ihr unbändiges und wildes (ἀγριῶδες) Wesen rührt nicht allein vom Kriege her, sondern auch von ihrer entfernten Lage (ἐκτοπισμόν); denn weit ist zu ihnen der Weg zur See und zu Land. Da sie nun so unvermischt blieben, haben sie das umgängliche und menschenfreundliche Wesen verloren... Die Rauheit der Gegend und der Gebirge ist so groß, daß es ganz erklärlich erscheint, wenn ihre Verwilderung (ἀτοπίαν) noch zunimmt» (III 3, 8).

Ähnlich steht es mit den Bewohnern von Korsika, einer Insel also, die zudem noch von schroffen und nur sehr schwer zugänglichen Gebirgsregionen beherrscht wird: Sie leben überwiegend vom Raube und «sind roher als wilde Tiere» (ἀγριωτέρους θηρίων, V 2, 7). Und ebenso vermochten sich auch die Bevölkerungen der südkaspischen Küstengebirge nur zu «räuberischen und streitbaren» Menschen (ἔθνη, λῃστρικὰ καὶ μάχιμα) zu entwickeln (XI 7, 1). In Räumen, die beide Landschaftstypen umschließen, also sowohl wilde, unzivilisierte und kriegerische Bergpopulationen wie friedliche, arbeitsame, «gesittetere» und zu Trägern höherer Kulturen berufene Bauernbevölkerungen beherbergen, hängt die Geschichte zur Hauptsache davon ab, wie es gelingt, die so gegensätzlichen Kräfte miteinander in Einklang zu bringen. Aus der Konzeption selbst heraus folgt schon, daß eine gedeihliche Entwicklung nur möglich ist, wenn die fortgeschritteneren Tieflandbewohner dabei die Führung übernehmen. Das war beispielsweise bei Europa (hier gemeint: der westl. Mittelmeerraum) der Fall:

«Von den bewohnbaren Strichen sind zwar die kälteren und gebirgigeren Gegenden von Natur aus schwer zu bewohnen; bei einer guten Staatswirtschaft jedoch kann auch sparsam bevölkertes, nur von Räubern besuchtes Land milder gemacht werden. So leben auch die Griechen, obgleich sie nur Berge und Felsen bewohnen, recht angenehm wegen der Sorgfalt, die sie auf Staatsverwaltung, Künste und die übrigen Bedürfnisse des Lebens verwenden. So bekamen auch die Römer viele Völker unter ihre Herrschaft. Diese waren zum Teil von wilder Natur, weil ihre Heimat entweder rauh war oder hafenlos oder kalt oder aus irgendeiner anderen Ursache für viele unbewohnbar. Sie aber brachten diejenigen, die vorher keinen Verkehr miteinander hatten, in gegenseitige Verbindung und lehrten die wilderen nach einer Staatsverfassung (πολιτικῶς) leben. Was aber von Europa eine milde und gemäßigte Lage hat, da sind die Menschen von selbst zu einem solchen Leben geneigt; denn in einem wohlhabenden Lande ist alles friedliebend, in einem unwirtlichen hingegen streitbar und mannhaft. Beide Teile erhalten voneinander gewisse Vorteile: der eine hilft mit Waffen, der andere mit Natur- und Kunsterzeugnissen und mit sittlicher Bildung (ἠθοποιίαις). Augenscheinlich ist aber auch der Nachteil, wenn sie sich gegenseitig nicht unterstützen. Jedoch sind die, welche die Waffen haben, etwas mehr im Vorteil; sie müßten denn durch die Menge [der anderen] überwältigt werden.

Auch für eine solche Verschiedenheit ist dieser Erdteil sehr günstig. Denn es wechseln in ihm allenthalben Ebenen mit Gebirgsgegenden ab, so daß überall Ackerbau, Staatsorganisationen und Streitkräfte bestehen können. Der größere Teil der Bewohner ist für den Frieden, so daß dieser das Übergewicht hat, indem die Regierungen diesen von jeher besonders begünstigt haben, zuerst bei den Griechen, später bei den Makedonen und Römern. Europa ist daher für Frieden und Krieg gleich kräftig: reich an streitbarer Menge, an Ackerbautreibenden und an Städtebewohnern» (II 5, 26).

Was für «Europa» ganz allgemein gilt, muß erst recht auf den Zentralbereich der römischen Weltmacht zutreffen. Strabos Versuch, deren Entstehung als natürliche Folgeerscheinung der besonderen geographischen (und klimatischen) Voraussetzungen Italiens zu erweisen, stellt zugleich das lehrreichste, weil am gründlichsten durchexerzierte Beispiel seines Anthropogeographieverständnisses dar; er bildet, sicherlich nicht ohne Bedacht auf die Wirkung, den Abschluß seiner Beschreibung der Apenninenhalbinsel:

«So groß also und so beschaffen ist Italien. Nachdem wir vieles [darüber] gesagt haben, wollen wir jetzt die Hauptursachen (τὰ μέγιστα ἐπισημανούμεθα) andeuten, wodurch die Römer sich zu solcher Höhe erhoben haben. Die eine ist, daß Italien nach Art einer Insel durch die rings herum befindlichen Meere beschützt wird, nur wenige Teile ausgenommen, welche aber selbst auch von schwer zu übersteigenden Gebirgen wie von einer Mauer umgeben sind. Die zweite ist, daß es größtenteils hafenlos, die vorhandenen Häfen aber groß und bewundernswert sind. Von diesen Umständen aber ist der erstere vorteilhaft in bezug auf Angriffe von außen her, der letztere hingegen förderlich für Gegenangriffe und den Überfluß an Handelswaren. Die dritte ist, daß das Land vielen Verschiedenheiten der Luft und des Klimas unterworfen ist, wodurch Tiere und Pflanzen und überhaupt alles zum Leben Nützliche eine große Mannigfaltigkeit hat, sowohl in bezug auf bessere als schlechtere Beschaffenheit. Seine Länge nun erstreckt sich zumeist von Norden nach Süden; eine Zugabe zu dieser Länge aber ist noch Sizilien, das selbst so groß und einer so großen Länge gleichsam als Teil angefügt ist. Gute und schlechte Temperatur der Luft aber wird nach Kälte und Hitze und den Zwischenstufen zwischen diesen beurteilt, so daß infolgedessen das jetzige Italien, das in der Mitte der beiden äußersten Klimate liegt und eine so große Länge hat, an den meisten [Vorzügen] der gemäßigten Zone, und zwar in den meisten Erscheinungen, Anteil haben muß. Dieser Vorzug aber wurde ihm auch noch auf andere Weise zuteil. Denn da sich das Apenninengebirge durch seine ganze Länge hinzieht, zu beiden Seiten aber Ebenen und fruchtbare Hügel übrigläßt, so gibt es keinen Teil des Landes, der nicht *die Vorteile einer Gebirgsgegend und einer Ebene zugleich* genösse. Dazu füge noch die Größe und Menge der Flüsse und Seen, außerdem aber die von der Natur zur [Förderung der] Gesundheit an vielen Orten bereiteten Quellen warmen und kalten Wassers und besonders den Reichtum an allerlei Metallen. Den Überfluß an Holz und an Nahrungsmitteln für Menschen und Zuchtvieh aber, den es darbietet, und die Trefflichkeit der Früchte kann man nicht einmal würdig genug schildern. Weil es endlich inmitten der größten Völker (ἐθνῶν) und zwischen Hellas und den besten Teilen Asiens liegt, so ist es teils dadurch, daß es die umliegenden Völker an Kraft und Größe übertrifft, zur Oberherrschaft (ἡγεμονίαν) gut geeignet, teils durch seine Nähe in den Stand gesetzt, sich mit Leichtigkeit Gehorsam zu verschaffen» (VI 4, 1).

Wo derart günstige Voraussetzungen jedoch fehlen und es nicht gelingt, den grundlegenden Antagonismus zwischen ärmeren, streitbaren Gebirgspopulationen und reicheren, friedlichen Ebenen- bzw. Tieflandbevölkerungen zu einem gedeihlichen Ausgleich zu bringen, kann die Geschichte nur eine stetige Folge teils latenter, teils offener Konflikte sein; – und deren Entfaltungsprozeß wird sich immer, bleibt die Ausgangslage die gleiche, auf die nämliche oder doch eine ähnlich verlaufende Weise vollziehen: Die Aggression geht von den *Bergvölkern* aus, die Kriegszüge ins Tiefland hinein unternehmen, um sich gewaltsam in den Besitz der ihnen verwehrten und dort reichlich vorhandenen Güter zu setzen (vgl. insbes. XIV 5, 6). Ja, Strabo verallgemeinert den Gedanken noch dahin, daß gesegnetere Landschaften überhaupt eine bewegtere Geschichte besäßen, da ihre Reichtümer nicht nur die Einwohner der ihnen unmittelbar benachbarten Bergländer reizen, sondern auch die Habgier fernerer (und mächtigerer) Völker herausfordern würden: so sei das fruchtbare Mysien z. B. zuerst von den Troern und später dann u. a. auch

von den Griechen, Kimmeriern, Persern, Makedonen und Galatern überfallen und ausgeraubt worden (XII 8, 6 f). Selbst Inseln kann ein derartiges Schicksal ereilen – sofern sie nur reich genug sind und die Mühe des
Angriffs lohnend erscheint (vgl. III 5, 1: Balearen). Unwirtliche und un-
ergiebige Gegenden dagegen vermögen niemandes Raublust zu wecken,
so daß sie nur selten auch den Besitzer wechseln und ihre Geschichte sehr
viel ruhiger und ereignisloser verläuft (vgl. XVI 2, 36: Umgebung von
Jerusalem).

So wird die Geschichte eines geographischen Raumes wesentlich von
dessen Gliederung und Ausstattung mitbestimmt. Und daraus folgt, daß
*in Räumen, in denen ähnliche Voraussetzungen herrschen, auch die Ge-
schichte ähnlich verläuft* bzw. die Menschen, die sowohl die Schöpfer wie
die Geschöpfe dieser Geschichte sind, eine ähnliche Lebensweise besitzen: so z. B. im Falle der Armenier und Meder, deren «Sitten (ἔϑη) größtenteils übereinstimmen, *weil* (διὰ τό) auch ihre Länder einander ähnlich
sind» (XI 13, 9; vgl. III 2, 15). Wie Poseidonios schon, nur noch um einiges differenzierter als dieser, sucht Strabo also die Ökumene in bestimmte, ihrer geographischen Beschaffenheit sowie, daraus folgend,
ihrer Kultur und Geschichte nach in sich bedingte, daher geschlossene
und nach außen hin abgrenzbare Einheiten aufzugliedern, d. h. setzt
abermals zu einer Art *anthropogeographischer Typenlehre* an und greift
damit seinerseits (und bereits konkreter als Poseidonios) den Konzeptionen Carl Ritters (1779–1859) und Adolf Bastians (1826–1905) von den
räumlichen «Individualitäten» bzw. «Geographischen Provinzen» voraus.

Sein wichtigstes Gliederungsprinzip bildete dabei, wie gezeigt, der seiner Meinung nach grundsätzliche Antagonismus, oder besser: das Spannungsverhältnis zwischen den (reicheren) Tieflandarealen und den ihnen
benachbarten (ärmeren) Bergregionen. Nun spielt ein ganz ähnlicher
Zusammenhang auch in der Kulturentwicklungslehre Platons, und vor
allem in deren letzter Fassung in den «Gesetzen» (III 1–5), eine Rolle –
freilich mit einem sehr wesentlichen Unterschied: Die Bewohner der
Berge sind die *verarmten* Reste einstiger, von einer gewaltigen Flutkatastrophe gegen Ende des vorausgegangenen Weltzeitalters hinweggeraff-
ter, ursprünglich höher stehender Tieflandpopulationen, also Träger
einer historisch älteren Kultur, die (rezenten) Bevölkerungen der Ebenen
dagegen Nachkommen einzelner Gruppen von diesen, die nach und nach
wieder von den Bergen heruntersteigen, sich aufs neue in den Tieflän-
dern ansiedelten und dort dann alsbald, auf Grund der sehr viel günstige-

ren Voraussetzungen, abermals höhere Lebensformen zu entwickeln vermochten – die somit ein jüngeres Alter als die Kulturen der Bergpopulationen besitzen; das heißt: es handelt sich hier also nicht, wie bei Strabo, um eine synchronische Konstellation, sondern ein *diachronisches* Abfolgeverhältnis. Strabo zitiert zwar (XIII 1, 25) – und billigt demnach wohl auch – die Auffassung Platons, macht aber nicht den Versuch, beide Systeme, etwa im Sinne einer allgemeinen Entwicklungslehre, aufeinander abzustimmen. Schließlich soll in diesem Zusammenhang nicht unerwähnt bleiben, daß dem Kriterium von der geschichtsbestimmenden Wechselbeziehung zwischen Tief- und Hochlandkulturen auch in der neuzeitlichen Länder- und Völkerkunde noch einmal ein sehr entschiedener Verfechter erstand, und zwar in keinem Geringeren als dem großen Geographen Carl Ritter, der es allerdings wieder mehr im platonischen Sinne begriff: «Wir folgen», sagt er einleitend zur Behandlung Armeniens im 10. Teil seiner «Erdkunde» (S. 285 f), «unserm herkömmlichen Gange der Untersuchung, von den Höhen zu den Tiefen, von den Quellen zu den Mündungen fortschreitend, weil dies die geographische Bahn ist, welche die Natur selbst nicht bloß dem Laufe der Gewässer, sondern *allem übrigen und selbst auch dem Entwicklungsgange der Völkerschaften* auf ihren Stufenlandschaften vorschrieb». Möglich, daß Ritter sich hierin von Strabo anregen ließ, der ihm, wovon noch die Rede sein wird, immerhin als der bedeutendste Geograph des Altertums galt.

Im übrigen aber faßte Strabo die Anthropogeographie, wie bereits angedeutet, alles andere als rein mechanistisch (also etwa im hippokratischen Sinne) auf. So vermerkt er z. B. ausdrücklich, daß sowohl die Mauretanier (XVII 3, 7) als auch die Numider (XVII 3, 15), – diese jedenfalls bis auf die Zeit Massinissas (ca. 240–148 v. Chr.), sich trotz ihrer so gesegneten und wohlausgestatteten Sitze nicht über das Nomadendasein zu erheben vermochten. Letzteren, und das ist eine Beobachtung, die alle Achtung verdient, gelang der Aufstieg zu einer entwickelteren Lebensweise erst und allein *auf Grund der schöpferisch-tatkräftigen Initiative eines einzelnen überragenden Führers* – eben des Massinissa, der die Numider insbesondere *zum Bodenbau* zwang und damit eine der wichtigsten Voraussetzungen für ihre sehr rasch dann erfolgende (kulturelle wie machtpolitische) Aufwärtsentwicklung schuf (XVII 3, 15). Die geographische Beschaffenheit eines Raumes kann nach Strabo also nur im Sinne einer allgemeinen Rahmendisposition zu verstehen sein, die den Entwicklungsprozeß zwar in etwa, aber doch nicht ausschließlich und mit quasi gesetzesmäßiger Strenge bestimmt; der Mensch hat, sofern er nur über die erforderliche Befähigung und den Willen dazu verfügt, durchaus die Möglichkeit, Einfluß auf seine Geschicke zu nehmen, ja vermag, wie im Fall Massinissas, seine traditionelle Lebensordnung sogar von Grund auf umzugestalten. Daraus folgt, daß sich Strabo nicht nur der Bedeutung des *endogenen* Kulturwandels für die Geschichte vollauf bewußt ist, sondern auch einräumt, daß sich bei gleichen geographischen Voraussetzungen *unterschiedliche* Entwicklungen vollziehen können: sofern nur ein entsprechender Impuls erfolgt, d. h. *historische* Kräfte zur Geltung gelangen, handle es sich nun um die schöpferische Initiative eines einzelnen oder einzelner weniger Menschen derselben Gruppe oder Einwirkungen von außen, also *exogene* Faktoren. Eine Innovation aber, die auf diese Weise in die Wege geleitet ist und sich durchzusetzen vermocht hat, festigt sich dann und wird weiterentwickelt – auch dies eine bedeutsame Einsicht – *durch Anpassung* (bzw. «Gewöhnung», ἔθει) *und Übung* (ἀσκήσει), d. h. also auf Grund wesentlich gesellschaftlicher Faktoren:

«Auch die meisten Künste (τέχναι), Fertigkeiten und Beschäftigungen gedeihen, wenn nur jemand den Anfang macht, unter jedwedem Breitenstriche. Etwas freilich kommt es auch auf die Breitenstriche an, so daß einiges den Völkern von Natur (φύσει) eigen ist, anderes durch Gewöhnung und Übung. Denn nicht von Natur sind die Athener Freunde der Gelehrsamkeit, die Lakedaimonier aber nicht und ebensowenig die [jenen] noch näher wohnenden Thebaner, sondern vielmehr durch Gewöhnung. Desgleichen sind die Babylonier und Ägypter nicht von Natur Philosophen, sondern durch Übung und Gewöhnung. Selbst die Eigenschaften der Pferde, Rinder und anderer Tiere rühren nicht allein von der Örtlichkeit, sondern ebenfalls von der Übung her» (II 3, 7).

Umwandlungen auf Grund exogener Faktoren, also Akkulturationsprozesse, sind für Strabo vor allem die Folge gewaltsamer Kontakte, d. h. vollziehen sich im wesentlichen im Zusammenhang mit Eroberungen bzw. Überlagerungsvorgängen, wobei die stimulierende Wirkung in der Regel von der überlegenen Kultur ausgeht; – Massinissa lernte von den Karthagern und Römern (XVII 3, 15), und die Perser orientierten sich am Vorbild der (von ihnen unterworfenen) Meder:

«Denn der jetzt so genannte ‹Persische Rock› (στολή), der Eifer für das Bogenschießen und Reiten, die Bedienung und der Schmuck der Könige und ihre fast göttliche Verehrung von seiten der Untertanen ist von den Medern zu den Persern übergegangen, und daß dies wahr sei, erhellt besonders aus der Kleidung. Denn ein Turban, ein Spitzhelm, ein Filzhut, Leibröcke mit Ärmeln und Beinkleidern sind zwar in so kalten und nördlichen Gegenden wie den medischen eine passende Tracht, in südlichen hingegen durchaus nicht. Die Perser haben ihre Wohnsitze überwiegend am Roten Meer[82], südlicher als die Babylonier und Susier, und [erst] nach Unterjochung der Meder erwarben sie auch einiges an Medien grenzende Land dazu. Aber die Sitten (ἔϑη) der Besiegten erschienen den Siegern so edel und der königlichen Würde entsprechend, daß sie es sich gefallen ließen, statt [wie bisher] halb nackt und leicht bekleidet zu gehen, Weiberröcke zu tragen und sich in Mäntel einzuhüllen» (XI 13, 9).

Als Stoiker war Strabo letzten Endes jedoch zutiefst von der Überzeugung durchdrungen, daß sowohl die Schöpfung wie auch alles Geschehen auf Erden nur die Verwirklichung eines übergeordneten, göttlichen Planes, d. h. seit Anbeginn von der Vorsehung vorherbestimmt sei.

Strabos *ethnographische* Schilderungen schöpfen, wie schon zu Eingang bemerkt, in der Hauptsache – und weitgehend wörtlich – aus literarischen Quellen bzw. den Beobachtungen anderer; seine eigenen Beiträge beschränken sich überwiegend nur darauf, daß er dort, wo neuere Informationen ihm dies geraten erscheinen ließen, Tilgungen oder Ergänzungen, Korrekturen und Umdeutungen vornahm. Eine wesentliche Folge dieses seines Mangels an persönlicher Anschauung war, daß er gelegentlich der Neigung zur *Typisierung* erlag, und dies am ehesten natürlich im Falle der ferneren Völker, die auch ihm noch nicht anders, als es der ethnographischen Anschauung der Antike seit alters entsprach, als Vertreter einer rein *nomadischen* Lebensweise galten. Und Nomaden, sagt er einmal ganz allgemein (XVII 3, 15), «müssen natürlich von einfacher Lebensart (εὐτελεῖς) und größtenteils Wurzel- und Fleischesser sein, auch sich von Milch und Käse ernähren». Und in ebendiesem Sinne charakterisiert er denn auch die Skythen, die klassischen Nomaden des Altertums:

«Sie leben von ihren Herden, von Milch und Käse, besonders von Stutenkäse, und wissen nichts von Vorratssammeln oder Kleinhandel, es sei denn dem Austausch von Ware gegen Ware» (VII 3, 7; vgl. 3, 17).

Fast die nämlichen Züge schreibt er dann auch als bezeichnende Indizien ihrer Kultur den Sueben sowie ihren Nachbarn im mittleren Donauraum zu:

82 Darunter verstand man in der Antike im erweiterten Sinne auch den Indischen Ozean mit dem Arabischen *und* Persischen Meerbusen – oder sogar auch diesen allein: letzteres ist im obigen Falle gemeint.

«Es ist ein allgemeines Charakteristikum aller Völker in diesem Teile der Welt, daß sie leicht wandern, weil sie den Boden nicht bestellen [!] oder gar Nahrung auf Vorrat lagern, sondern in Hütten (καλυβίοις) [Zelten?] leben, welche nur zeitweilige Bauten sind. Sie leben zum größten Teil von ihren Herden, wie es Nomaden tun, so daß sie in Nachahmung der Nomaden ihren Hausrat auf ihre Wagen laden und mit ihren Tieren umherziehen, wie sie es immer für das beste halten» (VII 1, 3).

Gleichwohl war Strabo doch kritisch (und gut informiert) genug, um mit der Typisierung nicht auch eine Idealisierung der nomadischen Lebensart zu verbinden; im Gegenteil: Er wirft insbesondere den älteren Schriftstellern vor, daß sie «von gewissen Rossemelkern (Hippemolgen), Milchessern (Galaktophagen) und Habelosen (Abiern)» als den «rechtlichsten Menschen gefabelt» hätten (die es nirgendwo gebe), obwohl ihnen die Grausamkeit gerade der Skythen doch mit Sicherheit bekannt gewesen sein müsse, da sie sonst schwerlich auf den Einfall gekommen sein könnten, das Pontische Meer mit dem (ursprünglich üblichen) Epitheton Ἄ-ξενος, «das ungastliche», zu versehen (VII 3, 7). In Wahrheit handle es sich um nichts weiter als eine uralte, ehemals allgemein gängige, rein sagenhafte Vorstellungsform (κοινὴ φήμη, VII 3, 9), die freilich «auch heute noch bei den Hellenen» Vertrauen genieße: «Denn wir halten sie [die Skythen] für die geradesten und am wenigsten arglistigen Menschen und für viel sparsamer und genügsamer, als wir es sind». Dieser Eindruck, hebt Strabo mit Überzeugung hervor, täusche jedoch und könne bestenfalls nur von einer sehr bedingten, relativen Gültigkeit sein, da die Nomaden wie fast alle Barbaren – und hier klingt wieder die *Deszendenztheorie* an! – bereits weitgehend dem *demoralisierenden Einfluß der Hochzivilisationen* erlegen seien. Hat doch, sagt er,

«die bei uns herrschende Lebensweise (βίος) den Übergang zum Schlechteren schon fast über alle [Völker] ausgedehnt, indem sie Schwelgerei und Wollüste und überhaupt tausend Ränke der Habsucht einführt. Viel dieser Verderbnis ist denn auch zu den Barbaren hingedrungen, sowohl zu den übrigen als im besonderen auch zu den Nomaden. Denn seitdem sie sich auf das Meer hinauswagen, sind sie, Seeraub treibend und die Fremden ermordend, [ständig] schlechter geworden und nehmen, mit vielen verkehrend, an deren Verschwendung und Kleinhandel teil. Dies scheint nun zwar zur Verfeinerung (εἰς ἡμερότητα) zu führen, verdirbt aber die Sitten (ἤθη) und bewirkt statt der eben genannten schlichten Geradheit [nur] Hinterlist» (VII 3, 7).

Letzten Endes gibt das düstere Gemälde also nur wieder der offenbar sehr allgemeinen Auffassung Ausdruck, daß die Völker der (westlichen) Mittelmeerwelt von allen Menschen zwar die höchste Entwicklungsstufe erreicht, sich zugleich damit aber einem unaufhaltsamen Verfallsprozeß ihrer Sittlichkeit überantwortet haben, dessen verheerende Erscheinungen sich nun, zusammen mit den Segnungen der Hochzivilisation, allmählich, *auf dem Wege der Diffusion*, den Barbaren bis hin zu den fernsten Völkern am Rande der Ökumene mitteilen.

Die näheren Zusammenhänge dieses weitgreifenden Akkulturationsprozesses interessierten Strabo jedoch nicht; ihm genügte es, auf die Tatsache als solche hinzuweisen. Und überhaupt läßt er vielfach erkennen, daß er es nur kaum der Mühe für wert hält, sich mit den eigentlichen, d. h. noch mehr oder weniger unberührten Naturvolkkulturen gründlicher auseinanderzusetzen – und dies nicht zuletzt aus der Befürchtung heraus, daß sein Publikum dafür kein sonderliches Interesse besitze. Scheut er sich doch, seinen Lesern schon allein die Namen der barbarischen Völker zu nennen, nur um ihnen die Unbequemlichkeit ihrer schwierigen Artikulation zu ersparen! Alles aber, was ferne lag und sich seinen Blicken und seiner Kenntnis weitgehend entzog, glaubte er gleich ganz außer Betracht lassen zu können oder schenkte ihm nur geringe Aufmerksamkeit; denn «Fernes», sagt er einmal (XI 6, 4), «ist schwer zu erhellen (τὸ δὲ πόρρω δυσέλεγκτον)». Immerhin bewog ihn diese Reserve dazu, den wunderbaren und von anderen allzu leichtgläubig aufgenommenen Dingen, die man sich von den fernen Ländern und Völkern erzählte, nur mit größter Skepsis entgegenzutreten und insbesondere den beliebten Berichten von der Existenz bizarr gestalteter Wesen am Rande der Welt auf das gründlichste zu mißtrauen, von denen am unbedenklichsten gefabelt zu haben er namentlich jenen Autoren, die sich mit Beschreibungen Indiens hervorgetan hatten (wie vor allem Megasthenes!), vorwarf:

«Denn diese sind es, welche von Lappohrigen, von Mund- und Nasenlosen, von Einäugigen, Langbeinigen und Rückwärtsgefingerten erzählen. Sie wärmten auch den homerischen Kampf der Kraniche mit den Pygmäen auf[83], die sie drei Spannen lang machen. Sie erwähnen auch goldgrabende Ameisen, spitzköpfige Pane und Schlangen, die Rinder und Hirsche samt Hörnern und Geweih verschlingen» (II 1, 9).

---

83 Ilias III 3–7.

Im Grunde also ist Strabo die Bedeutung der Naturvolkkulturen gerade für die *Gesamtgeschichte* der Menschheit, die doch auch im Zentrum seines Interesses stand, nicht zum Bewußtsein gelangt; – vielleicht wäre sie es, hätte er nur Poseidonios mit mehr Verständnis gelesen!

Der nüchterne, ja pragmatische Rationalismus, der das ganze Denken Strabos beherrscht, prägt sich auch in seiner Mythenauffassung aus, der zufolge die Mythen der sonderlichen Gewohnheit der «Alten» entstammen, ihre Anschauungen von der Natur (ἐννοίας φυσικάς) nicht direkt, sondern auf *allegorische* Weise zum Ausdruck zu bringen:

«Ich habe mich dazu verführen lassen», sagt er im Anschluß an die Behandlung der Daktylen, «auf diese des näheren einzugehen, obgleich ich die Mythen gar nicht liebe, denn ihre Tatsachen gehören vielmehr zu dem Gebiet der Theologie. Theologie aber muß alte Meinungen (δόξας) und Mythen (μύθους) untersuchen, weil die Alten ihre physischen Anschauungen auf rätselhafte Weise ausgedrückt und sie immer mit mythischen Elementen vermischt haben. Es ist nicht leicht, diese Rätsel zu lösen, aber wenn wir die Menge der Mythen betrachten, die zuweilen miteinander übereinstimmen, manchmal aber auch einander widersprechen, so könnte es leichter möglich sein zu erraten, was die darunter liegende Wahrheit ist. Zum Beispiel reden wahrscheinlich die Leute von dem Herumirren in den Bergen, von religiösen Eiferern und gar selbst von Göttern und von ihrem göttlichen Wahnsinn aus demselben Grunde, wie sie dazu gebracht werden zu glauben, daß die Götter in den Wolken wohnen und durch Zeichen voraussagen. Nun ist das Suchen nach Metallen, das Jagen und das Suchen nach nützlichen Dingen deutlich in nahem Zusammenhang mit einem Herumirren durch die Berge, während Gaukelei (ἀγυρτικόν) und Magie (γοητεία) eng verbunden sind mit religiösem Rasen, Götterverehrung und Divination» (X 3, 23).

Der Name der Myrmidonen auf Ägina, führt Strabo an einer anderen Stelle (VIII 6, 16) aus, sei von dem Wort *myrmex* (μύρμηξ), «Ameise», abgeleitet und von den Ägineten sich selbst beigelegt worden, weil sie ursprünglich, da ihre Insel noch eine überwiegend steinige Oberfläche besaß, «wie die Ameisen grabend, gutes Land auf die Felsen trugen, um Bodenbau treiben zu können, und weil sie aus Mangel an Ziegeln in Gruben (ὀρύγμασιν) wohnten». Und entsprechend sollen die Überlieferungen von der Unterweltsfahrt des Theseus und seines Freundes Peirithoos sowie auch der Glaube, daß die Dioskuren Schutzgötter der Seeleute seien, nichts anderes als der allegorische Ausdruck dafür sein, daß die Genannten – nach Strabo alle ehemals sterbliche Menschen! – zu ihren Lebzeiten sehr weite Reisen (im letzteren Falle zur See) unternommen hatten (I 3, 2; vgl. a. X 2, 19).

Neue, wesentlich weiterführende Gedanken hat also auch Strabo nicht eigentlich zu entwickeln vermocht. Voll anerkennenswert jedoch sind sein Bemühen, dem historischen Aspekt in der Länder- und Völkerkunde zu größerer Geltung zu verhelfen, und die unbestreitbaren Fortschritte, die er auf dem Gebiet der Anthropogeographie erzielte, indem er sie weniger eng und schematisch als seine Vorgänger (auch Poseidonios noch) faßte und wohl als erster auch konsequent den Versuch unternahm, typische geographische Räume, wie insbesondere Berg- und Tieflandbereiche, nicht nur als solche herauszuarbeiten, sondern vor allem auch in ihrer *Beziehung zueinander* zu sehen und ihr spezifisches Spannungsverhältnis als eine der *wichtigsten Determinanten der historischen Entwicklung* zu erweisen. Und damit gelang ihm immerhin ein nicht unwesentlicher Schritt auf dem Wege zu einer *anthropogeographischen Grundlegung der Geschichte.*

9. Pomponius Mela (1. Jh. n. Chr.)

Trotz aller Unzulänglichkeiten und Mängel, die das Werk Strabos ohne Zweifel besitzt und die es bereits deutlich vom Geist seiner Zeit gezeichnet erscheinen lassen, stand es doch noch, gemessen an vergleichbaren Schriften derselben und vor allem der folgenden Zeit, auf einem beachtlich hohen Niveau, und dies dank des fühlbar ernsten Bemühens, mit dem Strabo dem zwar schon verblassenden, aber doch noch immer lebendigen griechischen Wissenschaftsideal zu entsprechen bestrebt war. Dies tritt besonders deutlich vor Augen, wenn man seiner «Geographie» die nur um wenige Jahrzehnte später entstandene Erdbeschreibung bzw. «Chorographie» (De chorographia od. a. De situ orbis) des Pomponius Mela gegenüberstellt: Ließ Strabo sich zumindest noch in etwa davon leiten, seinen Stoff nach gewissen, von ihm sogar theoretisch begründeten inhaltlichen Kriterien einem allgemeineren Zusammenhang einzuordnen und der Verbindung wie dem Wechsel der einzelnen Erscheinungen eine innere Kausalität oder Gesetzmäßigkeit abzugewinnen, so bietet die Darstellung des Pomponius Mela kaum mehr als eine ihrer äußeren Gliederung nach zwar sehr exakt aufgebaute, aber doch rein additive Faktenkompilation, die von keinem tiefer liegenden Erkenntnisinteresse, sondern nur mehr dem Wunsche bestimmt scheint, eine möglichst gut überschaubare, leicht lesbare und nicht zuletzt auch allgemeinbildende Übersicht zum Gebrauch (und nach dem Geschmack) des damaligen

Durchschnittslesers zu liefern. Hinzu kommt, daß Pomponius Mela, vor allem was gerade auch die rein ethnographischen Schilderungen aus der Welt der Barbaren angeht, die Hauptmasse seines Stoffs aus literarischen, und zwar überwiegend älteren und selbst ältesten Quellen schöpfte. Namentlich freilich erwähnt er, – dem antiken Usus gemäß, die Gewährsleute nicht oder nur gelegentlich einmal zu nennen, lediglich Hanno (III 90; 92), Homer (III 45) und Cornelius Nepos (III 45; 90); doch läßt sich ermitteln, daß er im Grunde – direkt oder indirekt – so ziemlich alles benutzte, was unter den alten Geographen Rang und Namen besaß – so u. a. vor allem: Hekataios von Milet, Herodot, Aristoteles, Nearch, Megasthenes, Apollonios Rhodios, Eratosthenes, Polybios, Poseidonios, Varro, Sallust, Livius, Caesar und Strabo. Infolgedessen vermag er auch kaum Neues zu bieten, ja baut seine Darstellung teilweise auf gänzlich veralteten Materialien auf, so daß es, zumal bei der Kritik- und Sorglosigkeit, mit der er offensichtlich seine Quellenauswertung betrieb, nicht selten zu Anachronismen, Mißverständnissen, Unkorrektheiten und überhaupt fehlerhaften Behauptungen kommt und sich im ganzen ein unstimmiges und verschiedentlich sogar einhellig falsches Bild ergibt.

Wichtig ist die Chorographie des Pomponius Mela – der übrigens gebürtiger Spanier aus Tingentera in der (südspanischen) Provinz Baetica war (vgl. II 96) – jedoch in *formgeschichtlicher* Hinsicht: Sie stellt das ältest erhaltene Werk dieser Art in lateinischer Sprache und damit das erste voll greifbare Beispiel einer Literaturgattung dar, wie sie von nun an im lateinischen Schrifttum bis ins Mittelalter hinein, ja auch noch darüber hinaus, *das* Genus zumindest der universalen Erd- und Völkerbeschreibungen bilden sollte.

Seiner äußeren Anlage nach entspricht das Werk noch in etwa dem Aufbau der alten Periodoi, wofür insbesondere auch die Beibehaltung des *Periplous-Prinzips*, also die Orientierung der einzelnen Darstellungsabschnitte am Küstenverlauf (vgl. I 2), recht bezeichnend ist. Das reicht, wie bei Homer schon und auch bei Späteren immer wieder, bis in die sprachliche Formulierung hinein, führt zu stereotypen Wendungen wie «segelt man jedoch die Küste entlang…» (II 44) oder «fährt man [zu Schiff] von dort nach…» (II 45; vgl. I 24. II 89. III 1) usw. Auch werden die verschiedenen – und sehr zahlreichen – Digressionen über die Verhältnisse im tieferen Hinterland, ganz wie bei den alten Periploi, zumeist von der Küste her aufgebaut. Genaugenommen handelt es sich hier jedoch nur mehr um ein rein literarisches Formelement, das seinen ur-

sprünglichen, in erster Linie von praktischen, d. h. navigationstechnischen Zwecken bestimmten Bedeutungsgehalt im Grunde längst eingebüßt hat: So fehlen z. B. die für den klassischen Periplous unerläßlichen
Entfernungsbestimmungen nahezu ganz und finden sich auch kaum nähere Orientierungsangaben oder Hinweise auf den Charakter der Küsten, die Möglichkeit zur Trinkwasser- und Nahrungsaufnahme, die
Strömungs- und Witterungsverhältnisse und dergleichen anderes mehr.

Worauf es dem Autor in der Hauptsache ankommt, läßt sich bereits
aus den wenigen, sehr allgemein gehaltenen Einleitungssätzen ersehen,
die – bezeichnend genug! – nicht etwa den Versuch einer tieferen Begründung oder gar einen Hinweis auf den beabsichtigten, höheren Erkenntniswert des Unternehmens enthalten, sondern sich allein in einer
Definierung des Themas, einem Lamento über die Schwierigkeiten seiner Behandlung, der recht vagen Versicherung, daß die Lektüre sich
lohne, und endlich einer nur ganz im groben gegebenen Vorausschau auf
den Darstellungsablauf erschöpfen:

«Eine Geographie des Erdkreises *(orbis situm)* will ich geben, doch trägt dies Unternehmen mancherlei Hindernisse in sich und ermöglicht nur schwer eine ele-
gante Darstellung; beruht es doch fast nur auf der Aufzählung der Namen von
Völkern *(gentium)* und Örtlichkeiten [!] sowie deren recht verzwickter Anordnung, der nachzugehen eine mehr weitschweifige als dankbare Aufgabe ist.
Trotzdem verdient eine solche Beschreibung, sich ihr zuzuwenden und sie kennenzulernen. Wenn auch nicht durch die geistreiche Schreibweise des Verfassers,
so doch durch die Betrachtung an sich, lohnt es aufmerksamen Lesern ihre Mühe.
Im Verlauf meiner Schrift werde ich mich über mein Thema ausführlicher und
mehr im einzelnen verbreiten, zunächst jedoch eine möglichst klare und knappe
Übersicht geben. Und zwar will ich zuerst sprechen über die Gestalt *(forma)* des
Ganzen, seine Hauptteile, deren Aussehen und Bewohner im einzelnen, sodann
weiter über all die Länder und Küsten des Mittelmeeres sowie des Ozeans, wie sie
das Meer bespült und umflutet. Hinzufügen will ich auch die Merkwürdigkeiten
(memoranda) [!] dieser Gegenden und ihrer Bewohner» (I 1–2).

Zunächst also gibt Pomponius Mela – in ganz groben Strichen – einen
Gesamtüberblick über Gestalt und Gliederung der Erdoberfläche, der für
uns insofern Interesse besitzt, als er dabei auch auf die Verteilung der
Klimazonen eingeht und bereits anklingen läßt, daß er in der Natur der
Witterungsverhältnisse einen sehr wesentlichen Faktor für die Entfal-
tung des menschlichen Lebens erblickt:

«Inmitten [der Welt] erhebt sich die Erde *(terra)*; allenthalben vom Meer umgür-
tet, wird sie durch dies in zwei Hälften, Hemisphären genannt, von Ost nach West

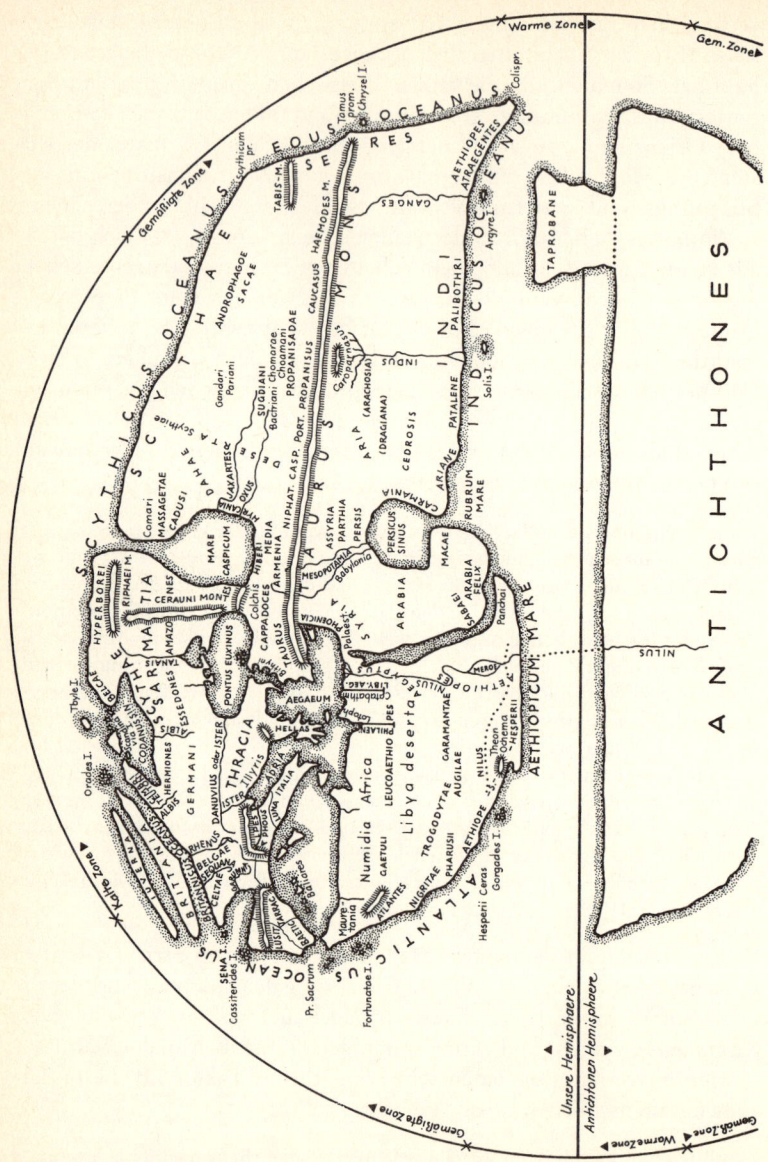

Abb. 17 Das Erdbild des Pomponius Mela (Rekonstruktionsversuch)

geteilt und in fünf Zonen geschieden: In der mittleren droht uns Verderben durch die Gluthitze, in den beiden äußersten durch den Frost; die übrigen sind bewohnbar, sie haben zwar die gleichen Jahreszeiten *(anni tempora)*, doch machen sich diese nicht in gleicher Weise bemerkbar. Die eine Hemisphäre bewohnen die Antichthonen, die andere wir. Die Beschaffenheit jener ist uns wegen der Glut der dazwischen liegenden Zone nicht bekannt, von unserer Hemisphäre jedoch kann man eine Beschreibung geben. Sie erstreckt sich von Ost nach West; infolge dieser ihrer Lage übertrifft sie in der Länge um ein gut Stück ihre höchste Breite. Sie wird völlig vom Ozean umgeben und empfängt aus ihm vier Meere: eines im Norden [das Kaspische Meer], zwei im Süden [der Persische Golf und das Rote Meer], das vierte im Westen [das Mittelmeer]» (I 4–5).

Nach einem näheren Eingehen auf die einzelnen Abteilungen des letzteren und ihre Bezeichnungen (I 6–7) schließt dann der Überblick (I 8) mit der klassischen Gliederung der bekannten Hemisphäre in die drei Erdteile Afrika (zw. dem Nil und der Straße von Gibraltar), Europa (zw. der Straße von Gibraltar und dem Don bzw. Tanais) und Asien (alles Land östlich von Don und Nil).

In den Grundzügen handelte es sich also noch um das alte eratosthenische Weltbild; – noch immer wird das Kaspische Meer nicht als Binnengewässer, sondern als Arm des (nördlichen) Ozeans aufgefaßt (vgl. Abb. 18)! Immerhin bleibt jedoch die *Kugelgestalt der Erde* gewahrt: Jedenfalls darf dies, wenngleich der Autor es nicht unmittelbar ausspricht, aus der Annahme zweier Hemi*sphären* bzw. dem Postulat, daß der unseren, «oberen», eine weitere, «untere», Ökumene auf der südlichen Halbkugel gegenüberliegt, die von *Anti*chthonen, also «Gegenbewohnern» (entspricht den älteren Begriffen «Antipoden» u. «Antöken»), eingenommen wird, erschlossen werden.

Vielleicht der gewinnendste Zug des Werkes ist sein überaus klar gegliederter Aufbau, der immerhin zeigt, daß Pomponius Mela seinen Stoff beherrschte und auch eine Gabe zur Systematik besaß – die allerdings, da ihm ein tieferes Verständnis für die Kausalität der Zusammenhänge in Natur und Geschichte fehlte (oder als Problem nicht bewußt war), rein äußerlich blieb; gleichwohl hebt sie die Schrift doch sehr positiv von den späteren Chorographien ab, bei denen man weitgehend beides vermißt. Im folgenden nun ein Abriß der Gliederung, der neben dem Einblick in den Aufbau und die Themenverteilung des Ganzen zugleich auch einen Eindruck von Umfang und Kenntnisbereich der damaligen Länder- und Völkerkunde vermittelt:

Es wird also tatsächlich die gesamte (bekannte) Ökumene überblickt. Bei dem an sich – jedenfalls im Verhältnis zum Kreis der Betrachtung – recht bescheidenen Umfang der Schrift konnte sich Pomponius Mela daher, zumal sein Informationsmaterial für weite Bereiche noch allzu lückenhaft war, häufig nur auf die allgemeinsten Angaben beschränken, so daß sich seine Darstellung, wie schon erwähnt, vielfach in einer dürren Aneinanderreihung der ihm am wichtigsten scheinenden Fakten, und das heißt konkret: in einer bloßen Namensaufzählung der bedeutendsten Berge, Gewässer, Völker, Städte, Befestigungsanlagen, Heiligtümer usw. erschöpft und im Grunde mehr wie die *Beschreibung einer Erdkarte* ausnimmt. Eine gewisse Abwechslung schafft lediglich die seit alters für die antike Länder- und Völkerkunde so charakteristische und auch von Pomponius Mela wieder mit Sorgfalt geübte Hervorhebung alles irgendwie *Merkwürdigen*, zu dessen besonderer Berücksichtigung er sich im Schlußsatz der oben wiedergegebenen Einleitung (I 2) ja überdies auch eigens verpflichtet hatte. Wo es an derartigen Nachrichten fehlt, glaubt er sich kürzer fassen zu können; so im Falle der ostafrikanischen Küste, deren kursorische Behandlung (III 81–88) er mit dem lakonischen Hinweis begründet: «Im übrigen stoßen uns auf unserem Wege nach Osten, den Küsten entlang, keine weiteren Merkwürdigkeiten *(nihil memorabile)* auf» (III 89) – wie er sie etwa von den Äthiopern noch in einiger Ausgiebigkeit zu berichten gewußt hatte. Es lohnt daher kaum, ausführlicher zu werden und dadurch die Langmut des Lesers nur über Gebühr auf die Probe zu stellen. Sonst wäre vielleicht noch hervorzuheben, daß er ein besonderes Interesse für die Entstehung bzw. Gründungsgeschichte der – bedeutenderen – Städte bekundet; auch hier läßt er es sich jedoch in der Regel mit einem knappen Hinweis genügen, etwa der Art: «Halicarnasos ist eine Kolonie der Argiver» (I 85); «Lampsacum erhielt seinen Namen von den Phokäern» (I 97); «Berühmt ist Änos, eine Gründung des flüchtigen Äneas» (II 28); oder «Forum Iuli, eine Kolonie der Octavanen» (II 77 u. v. a. St.).

Ähnlich klar wie das Ganze sind auch die Einzelabschnitte gegliedert; den größeren von ihnen, also den ausführlicheren Länderbeschreibungen, liegt dabei in der Regel ein im wesentlichen übereinstimmendes Aufbauschema zugrunde, dessen Konzept jedoch allein von dem Gesichtspunkt bestimmt scheint, ein möglichst umfassendes Bild zu vermitteln. So setzt sich die Schilderung Thrakiens (II 16–33) z. B. zunächst aus einer Bestimmung der Lage und Größe des Landes, dann Angaben zum Klima, der Bodenbeschaffenheit und den Bedingungen der

Nahrungsgüterproduktion, einer kurzen Notiz zum Äußeren und den auffallendsten Wesenszügen der männlichen Bevölkerung, weiter einer Aufzählung der wichtigsten Flüsse und Gebirgsmassive, einer Schilderung der allgemeinen Lebenstätigkeit und des Brauchtums sowie endlich einer Liste der bekanntesten Ortschaften mit jeweiligen Hinweisen auf die Kultur- und Überlieferungsgeschichte zusammen; – und im Prinzip ganz entsprechend sind auch die Landesbeschreibungen von Nordafrika (I 25–48), Ägypten (I 49–60), Westgallien (III 16–24), Germanien (III 25–32) und anderen ausführlicher behandelten Ländern aufgebaut.

Eine stärkere Berücksichtigung des eigentlich *ethnographischen* Betrachtungsbereichs, auf den es uns hier zur Hauptsache ankommt, setzt sich, erwartungsgemäß, zum überwiegenden Teil nur bei der Behandlung der ausgesprochenen Barbarengebiete (wie etwa Nordwesteuropas und Skythiens) durch. Allein auch hier, wo sich unter Umständen noch am ehesten die Möglichkeit zu einer lebendigeren und farbigeren Schilderung bot, machen sich die oben bereits in bezug auf das Ganze besprochenen Mängel geltend: Die Darstellungen sind zwar im einzelnen wieder sehr klar – und abermals weitgehend auf übereinstimmende Weise – gegliedert, bringen aber kaum wesentlich Neues, reihen die verschiedenen Phänomene rein additiv, in Form einer bloßen Faktenrevue, aneinander, ohne Zusammenhänge sichtbar werden zu lassen, schematisieren bisweilen bis zur Stereotypisierung und erscheinen im ganzen auch wieder sehr deutlich von dem Bestreben des Autors geprägt, dem Geschmack seiner Zeit entgegenzukommen, und das heißt nicht zuletzt: vor allem Phänomene zu berücksichtigen, von denen er annehmen durfte, daß sie das Interesse des Publikums in besonderem Maße zu fesseln vermochten. Im übrigen wirft schon ein Satz wie: «Es gibt auch wohl einige Unterstämme sowie Flüsse im Land der Kantabrer, jedoch können wir deren Namen in unserer Sprache nicht wiedergeben» (III 15) – der auffallend an fast gleichlautende Passagen bei Strabo erinnert (und möglicherweise von ihm inspiriert ist), ein bezeichnendes Licht auf die Ansprüche, die Pomponius Mela an seine ethnographische Berichterstattung stellte.

Im folgenden nun einige Proben derselben; zunächst die Völkerbeschreibung der Provinz «Cyrenaica» (NO-Libyen):

«Diese Küsten [der Provinz «Cyrenaica»] werden hier von Menschen bewohnt, die im ganzen unsere Lebensgewohnheiten angenommen haben, nur daß sie einige durch die Sprache und Götterverehrung unterscheiden, denen sie als den Göttern ihrer Väter dienen und nach Sitte der Väter *(patrio more)* ihre Verehrung darbringen. In ihrer nächsten Nachbarschaft gibt es keine Städte *(urbes)*, jedoch Gehöfte *(domicilia)*, die ‹*mapalia*› heißen. Ihre Lebensweise *(victus)* ist rauh und ohne jede Bequemlichkeit: Die Vornehmeren *(primores)* hüllen sich in weite Umwürfe *(sagis)*, das gemeine Volk in die Felle wilder Tiere oder der Haustiere *(pecudum)*. Sie schlafen und essen auf nacktem Boden und fertigen ihre Gefäße aus Holz oder Rinde an. Als Getränk dienen Milch und Saft wilder Beeren, als Speise meist das Fleisch von Wildbret. Ihre Viehherden *(gregibus)* nämlich schonen sie nach Möglichkeit, da dies ihr einziger Reichtum ist. Die Bewohner des Binnenlandes sind noch ungesitteter *(incultius)*; sie schweifen unstet umher und folgen ihren Herden *(pecora)*. Wenn diese durch den Trieb nach Nahrung weitergeführt werden, so entfernen auch sie sich samt ihren Hütten *(tuguria)*, und da, wo der Tag endet, bringen sie die Nacht zu. Obwohl sie nach Sippen *(in familias)* allenthalben, ohne Gesetzmäßigkeit, zerstreut sind und daher in keiner Weise gemeingültige Beschlüsse fassen, so sind sie doch, weil der einzelne zugleich mehrere Frauen hat und daher auch mehr Kinder und sonstige Anverwandte besitzt, nirgends nur zu wenigen beisammen. Von ihnen verfluchen die, die jenseits der Wüste wohnen sollen, die Atlanter, die Sonne beim Aufgang und beim Untergang als ein Gestirn, das ihnen selbst wie ihrem Lande nur Verderben bringt[84]. Der einzelne hat keinen besonderen Namen. Sie essen kein Fleisch; auch erscheinen ihnen nicht während des Schlafes, wie den anderen Menschen, Traumbilder. Die Trogodyten [so!] besitzen keinerlei Schätze; ihre Sprache ist mehr ein Zischen als ein artikuliertes Sprechen; sie kriechen in Höhlen und nähren sich von Schlangen. Bei den Garamanten gibt es sogar Hornvieh *(armenta)*, das mit seitwärts gerichtetem Halse weidet, da es durch seine nach dem Boden gerichteten Hörner verhindert wird, mit vorwärts geneigtem Halse Nahrung aufzunehmen. Keiner von ihnen hat eine bestimmte Frau. Diejenigen Kinder nun, die sie als die ihrigen aufziehen möchten, erkennen sie aus der Zahl derer, die bei dem so ungeregelten Beischlaf der Eltern allenthalben ohne Kenntnis der Herkunft geboren werden, auf Grund einer äußerlichen Ähnlichkeit an. Die Augiler halten nur die Seelen der Abgeschiedenen für Götter. Bei ihnen verschwören sie sich; sie befragen sie als Orakel und nehmen, wenn sie ihre Wünsche vorgebracht haben, sobald sie sich über die Grabhügel gelegt haben, die Träume als Antwort hin. Einer feierlichen Sitte gemäß stehen ihre Frauen in ihrer Brautnacht allen zum Beischlaf zur Verfügung, die sich ihnen mit einer Gabe nahen. Und während es dann als höchste Ehre gilt, mit recht vielen geschlafen zu haben, legt man für die Folgezeit den höchsten Wert auf Keuschheit[85]. Die Gamphasanten sind unbekleidet, kennen auch keinerlei Waffen; sie verstehen es weder Wurfgeschossen auszuweichen

---

84 Vgl. Herodot IV 184; zum folgenden IV 183.
85 Vgl. Herodot IV 172.

noch solche zu schleudern; daher fliehen sie vor jeder Begegnung und lassen sich
nur mit solchen in einen Verkehr oder ein Gespräch ein, die die gleiche Natur
haben[86]. Die Blemyer haben keine Köpfe, sondern tragen das Antlitz auf der
Brust. Die Satyrn haben, von ihrer äußeren Erscheinung abgesehen, überhaupt
nichts Menschliches an sich. Die Gestalt der Ägipanen ist die bekannte. So viel
über Afrika» (I 41–48).

Zugrunde liegt wieder das Bild von dem zentralen mediterranen Hoch-
kulturraum und den ihn rings umgebenden Barbarenkulturen, deren Zivilisationsniveau mit wachsender Entfernung zum Zentrum ständig an
Höhe verliert und endlich, an der Peripherie der Ökumene, in die primitivsten Formen des Daseins ausläuft, ein Bild, das auch hier unverkennbar nicht das Ergebnis, sondern die *Voraussetzung* der Betrachtung darstellt. Die küstennahen Völker weisen das höchste Zivilisationsniveau
auf: weil sie am stärksten dem Einfluß der Römer ausgesetzt sind; infolgedessen erübrigt es sich auch für Pomponius Mela, des näheren auf ihre
Lebensführung einzugehen – sie kann als bekannt vorausgesetzt werden.
Hauptmerkmal ihrer höheren, quasi römischen Zivilisation ist *das Leben
in Städten* (deren wichtigste P. M. I 40 aufgezählt hatte); daher gehören
die Bevölkerungen des tieferen Hinterlandes, die nur mehr über Gehöfte,
aber keine Städte verfügen, auch bereits einer niedrigeren Entwicklungsstufe an, was dann des weiteren noch durch den Hinweis auf ihre im
ganzen ärmere Daseinsweise: die einfache Art der Bekleidung, das Fehlen von Keramik und Möbeln, die magere Ernährung usw., unter Beweis
gestellt wird. Im eigentlichen Inneren des Landes kennt man dann überhaupt keine festen Wohnsitze mehr, dort leben *reine Nomaden*, die
«noch ungesitteter» sind, über keine andere gesellschaftliche Organisa-
tionsform als die Sippe bzw. Großfamilie verfügen und noch nicht einmal
Eigennamen besitzen. Endlich im tiefsten Süden, nahe der Peripherie der
bewohnten Welt, ist die unterste Stufe der menschlichen Daseinsent-
wicklung erreicht; hier hausen Geschöpfe, deren Sprache bereits an die
Lautäußerungen der Tiere erinnert, denen weder Kleidung noch Waffen
und nur erst die einfachsten Ansätze eines geregelten Zusammenlebens
bekannt sind und die zuletzt gar, wie die kopflosen Blemyer, die Satyrn
und Ägipanen, auch ihrer ganzen, physischen wie psychischen Beschaffenheit nach den Menschen immer unähnlicher werden.

Die Hauptkriterien, nach denen Auswahl und Beurteilung des Gebote-

86 Vgl. Herodot IV 174.

nen erfolgt, sind also zum einen der *Mangel*, nämlich der Mangel an dem, was *zum Besitztum der Kultur des Betrachters* gehört, und zum anderen das Bestreben, an positiv Vorhandenem bevorzugt herauszugreifen, was *besonders auffallend, fremdartig und delikat* erscheint, so daß sich die Darstellung zur Hauptsache nur aus einem Negativkatalog («sie haben keine Städte, keine festen Wohnsitze, keine Keramik, keine umfassende Sozialorganisation, keine Eigennamen, keinerlei Bekleidung ...» usw.) auf der einen und der Aufzählung einer Reihe von Merkwürdigkeiten (Gefäße aus Rinde, Verzicht auf Fleischgenuß, Verfluchung der Sonne, ungewöhnliche Bildung des Rindergehörns, Promiskuität, Kollektivdefloration usw.) auf der anderen Seite zusammensetzt.

Dieselben Grundsätze gelten im wesentlichen auch für die übrigen Barbaren-Beschreibungen; lediglich die Akzentsetzung kann im einen oder anderen Fall wechseln, wie bei der im folgenden wiedergegebenen Ethnographie der Germanen, wo die Ursache dafür aber wohl hauptsächlich darauf beruht, daß sich Pomponius Mela hier sehr eng an die Schilderung Caesars anschließt, also in seiner Darstellung von diesem abhängig ist:

«Germanien wird im Westen durch die Ufer des Rheins bis zu den Alpen hin abgeschlossen, im Süden durch die Alpen selbst, im Osten durch die benachbarten Stämme *(gentium)* der Sarmaten, auf der Nordseite durch die Küsten des Ozeans. Seine Bewohner sind ungefüge an Körper und Mut. Ihrer angeborenen Wildheit *(feritatem)* entsprechend, üben sie beides auf das eifrigste: ihren Mut durch Kampf, ihren Körper durch die Gewöhnung an Strapazen, insbesondere an Kälte. Nackt bleiben sie, bis sie mannbar sind. Ihre Kindheit dauert sehr lange. Den Männern dienen kurze, wollene Mäntel *(sagis)* oder Gewänder aus Baumbast *(libris arborum)* auch im härtesten Winter zur Kleidung. Nicht allein Ausdauer im Schwimmen haben sie, sondern sie betreiben es auch mit Lust. Mit ihren Nachbarn leben sie in Fehde, wobei sie die Gründe ganz willkürlich aufgreifen: nicht etwa aus Herrschsucht oder zwecks Erweiterung ihrer Landesgrenzen; denn nicht einmal das Gebiet, das sie besitzen, bestellen sie eifrig, sondern nur, damit die Marken ihrer Nachbarn als Wüstungen brachliegen mögen. Sie üben das Faustrecht *(ius in viribus)* aus, so daß sie sich auch des Straßenraubes nicht schämen. Nur den Gästen gegenüber sind sie gütig, mild gegen solche, die ihren Schutz anrufen. So roh und unzivilisiert ist ihre Lebensweise *(victu ita asperi incultique)*, daß sie auch rohes [!] Fleisch essen, entweder frisch geschlachtetes oder auch solches von wilden und zahmen Tieren, das sie, ohne die Haut abzuziehen, gefrieren lassen, dann mit Händen und Füßen bearbeiten und so zum Genuß wieder brauchbar machen» (III 25–28). Folgt 29–31 die Geographie des Landes, worauf das Ganze dann 32 mit dem lakonischen Hinweis abschließt: «Hier [im hohen NW] wohnen die Kimbern und Teutonen, jenseits von ihnen die Hermionen als die äußersten Stämme Germaniens».

Hier kommt es im wesentlichen darauf an, in wenigen Strichen das Bild eines *extrem barbarischen* (weil an der Peripherie der Ökumene siedelnden!) Volkes zu zeichnen; infolgedessen findet bevorzugt Berücksichtigung, was den beabsichtigten Eindruck am überzeugendsten zur Geltung zu bringen vermag: Der Leser erfährt insbesondere, daß die Germanen ein ungefüges, grobschlächtiges Äußere besitzen und daß dieser ihrer physischen Erscheinung ein wildes und zügelloses Wesen entspricht, das sie zu Streitsucht, Raublust und Kriegswütigkeit geneigt macht, daß sie den Unbilden ihrer rauhen Umwelt gegenüber außerordentlich widerstandsfähig – um nicht zu sagen: abgestumpft – sind, daß ihnen so gut wie jegliche Zivilisation abgeht, indem sie z. B. nur über die primitivste Kleidung verfügen, ja ihre Kinder sogar ganz nackt gehen lassen, und daß sie endlich – was auch für Pomponius Mela wieder eines der untrüglichsten Anzeichen für den äußersten Barbarismus darstellt – das Fleisch *roh* zu verzehren pflegen. Der großartige (wenn auch von Poseidonios entlehnte) Ansatz Caesars, dies alles und eine Fülle anderer Züge mehr, denen er bis ins Detail hinein nachspürt, von einem einheitlichen Gesichtspunkt aus, als Folge einer *inneren Kausalität*, nämlich als *Ausdruck der spezifischen Ethnopsyche* oder des Volkscharakters der Germanen zu begreifen, ist völlig verschüttet oder schimmert nur mehr als schwacher Abglanz der Vorlage durch. Was Pomponius Mela uns bietet, läuft auf nichts weiter als eine recht grobe – und überdies an den bekannten Klischees orientierte – *generelle Barbaren-Typisierung* hinaus, zielt also erst gar nicht auf eine Bestimmung des *genuin Germanischen* ab, und deckt sich daher auch mit manchem, was er bereits von den Bewohnern des tieferen Inneren von Nordafrika gesagt hatte (Tracht bzw. Fehlen derselben, Dominanz der Viehwirtschaft!) und ähnlich auch von anderen Barbaren, wie etwa den Sarmaten und Skythen (keine festen Wohnsitze, Dominanz der Viehwirtschaft, eine wilde, ungebändigte Wesensart!), berichtet[87].

Immerhin geht in diese sehr flachen und blutleeren Schematisierungen doch noch ein gewisses Maß an empirischer Wirklichkeit ein. Um so

87 Vgl. II 11 f. III 33 ff.

weniger verzeihlich erscheint, daß Pomponius Mela jedoch auch dort, wo
es ihm vollends an sicheren Nachrichten fehlte und ein gewissenhafterer
Ethnograph geschwiegen oder sich zumindest Zurückhaltung auferlegt
hätte, seine Darstellung unbeirrt weiterführte und dadurch gezwungen
war, sich mehr und mehr auf rein paraethnographische oder gar mythische Überlieferungen zu stützen, wie insbesondere im Falle der Terra
incognita am Rande der Welt, die er wieder mit den wunderlichsten Fa-
belgeschöpfen besetzt. So sollen, neben den bereits erwähnten Ble-
myern, Satyrn und Ägipanen, an der südlichen Peripherie von Afrika
auch ganz «stumme Völker» hausen,

«die sich statt der Sprache durch Gebärden verständigen; und zwar haben einige
wohl Zungen, ohne aber Töne hervorbringen zu können, andere besitzen keine
Zungen, bei noch anderen sind die Lippen sogar zusammengewachsen: diese haben unterhalb der Nase nur eine Röhre, durch die sie vermittels von Halmen
Getränke aufnehmen und, wenn sie Lust zum Essen haben, Körner der überall
wachsenden Getreidearten einzeln verschlucken können» (III 91)[88].

Und von nicht minder bizarr gestalteten Wesen ist auch im hohen Norden die Rede, wie z. B. den pferdefüßigen Hippopoden (von griech. *hip-*
pos, ἵππος, «Pferd», u. *pous*, πούς, «Fuß») und den schlappohrigen Pa-
nuatiern (von griech. *pan*, πᾶν, «ganz», u. *ouas*, οὖας, «Ohr»), die sich an
Stelle von Kleidern, die sie nicht kennen, in ihre riesigen Ohrlappen hüllen. «Diese Nachrichten», beeilt sich Pomponius Mela hinzuzufügen,
«finde ich, abgesehen von den fabulösen Darstellungen, auch bei Gewährsleuten, denen zu folgen kein Schaden sein kann» (III 56); – offenbar war er wohl doch nicht ganz frei von Bedenken!

Und ebenso pauschal und im ganzen kritiklos nahm er als einen weiteren, seit alters zum gängigen Vorstellungsbild von den Barbaren am
Rande der zivilisierten Welt gehörigen Zug schließlich auch deren *Ideali-*
sierung mit in seine Darstellung auf. So sagt er z. B. von den Hyperboreern an der ozeanischen Küste nördlich der Skythen:

«Die Einwohner haben höchst gerechte Sitten und leben länger und glücklicher
als nur irgend andere Menschen. Geben sie sich doch immer fröhlich feierlicher
Muße hin und kennen weder Krieg noch Zank . . . Als Wohnstätten dienen ihnen
Haine und Wälder. Wenn sie genug gelebt haben, stürzen sie sich heiteren Sin-

---

88 Möglicherweise handelte es sich hier um mißverstandene Nachrichten von Lippen-
verstümmelungen, wie sie in Afrika vor allem für den Nordkongoraum, Teile des
Westsudan, das Obernilgebiet und die Sambesigegend bezeugt sind.

nes, mit Blumengewinden umkränzt, selbst von einem bestimmten Felsen aus
kopfüber ins Meer. Das gilt bei ihnen als die herrlichste Todesart» (III 37).

Und mit ganz ähnlich verklärenden, ja teilweise sogar übereinstimmenden Zügen stattet er auch die ebenfalls hoch im Norden hausenden
Aremphäer aus, die er wie folgt charakterisiert:

«Diese haben höchst gerechte Sitten. Statt in Häusern wohnen sie in Hainen. Als
Nahrungsmittel dienen Beeren. Mann und Weib tragen den Kopf unbedeckt. Sie
gelten daher als heilig; und so wenig tut ihnen jemand von den sonst so rohen
Völkern *(tam feris gentibus)* etwas zuleide, daß für den, der zu ihnen geflüchtet
ist, das Land als eine Freistätte *(pro asylo)* gilt» (I 117).

Einen anderen, nicht minder typischen Zug der traditionellen Barbaren-
Idealisierungen hebt er an den – im Inneren Skythiens lokalisierten –
Satarchen hervor, von denen er rühmt, sie hätten «keinerlei Kenntnis
von Gold und Silber, dem Urquell allen Übels, treiben vielmehr Handel
durch Warenaustausch» (II 10); – letzteres, hier in Form des sog. «stum-
men Handels», wird dann wieder auch den Serern, Bewohnern der östlichen Peripherie der Welt (vgl. I 11. III 60), zugeschrieben, die Pomponius Mela ebenfalls als einen «überaus gerechten Menschenschlag *(genus
plenum iustitiae)*» charakterisiert (III 60).

Genügsamkeit bzw. Beschränkung auf das Lebensnotwendigste (ohne
Streben nach Mehrbesitz, Luxus und persönlicher Macht) sowie, daraus
folgend, heitere Friedfertigkeit und ein unanfechtbarer Gerechtigkeits-
sinn sind also die Hauptmerkmale eines idealen Daseins, wie es nur mehr
bei den fernsten Barbaren verwirklicht erscheint. Allein dies alles wird
nicht, wie wir es zuletzt insbesondere bei Tacitus sahen, aus dem Ge-
samtzusammenhang der Kultur eines jeden Volkes entwickelt und dann,
mit zwingender Konsequenz, als dialektische Antithese der eigenen,
hochzivilisierten Lebenswirklichkeit gegenübergestellt, was die Idealisierung des Barbarismus erst eigentlich rechtfertigen und logisch plausibel
machen würde, sondern, wie anderes auch, aus der Vorlage mitübernom-
men und lediglich hergezählt.

Bei alledem erscheint es nur allzu verständlich, daß Pomponius Mela
auch kaum irgendwelche, jedenfalls als solche mit Fug zu bezeichnenden
ethnologischen Reflexionen angestellt hat; die gelegentlich vorgebrach-
ten *anthropogeographischen* Überlegungen sind, um diesem Anspruch
gerecht werden zu können, viel zu unspezifisch und konventionell und
geben nur wieder, was längst zum geistigen Allgemeingut des Durch-
schnittsgebildeten zählte. So wird, um einige Beispiele anzuführen, der

wilde und trotzige Charakter der Thraker und ihr grobschlächtiges Äußere wieder mit Hilfe einer ebenso vordergründigen wie simplen Analogie von der rauhen Witterung und der Unwirtlichkeit ihres heimatlichen
Bodens abgeleitet (II 16 ff), sollen entsprechend auch die Sarmaten «wegen der größeren Rauheit ihres Klimas von wilderem Wesen» als die
ihnen der äußeren Ausstattung nach (Tracht und Bewaffnung) sehr ähnlichen Parther sein (III 33) und wird der Reichtum Phöniziens zur Hauptsache darauf zurückgeführt, daß «die fruchtbare Gegend durch zahlreiche schiffbare Flußläufe zugänglich ist», die einen regen Handelsverkehr
sowohl im Lande selbst wie mit den Überseeländern erlauben (I 68); Gallien dagegen besitzt nur wenige Städte (im Sinne von Zentren wirtschaft-
licher Prosperität), «weil es kaum über Häfen verfügt» (II 76) und daher
nicht in dem Maße die Möglichkeit hat, eine gewinnbringende Handelstätigkeit zu entfalten. Daß die Voraussetzungen der geographischen Lage
unter Umständen durch *geschichtliche* Faktoren ihre Wirksamkeit weitgehend einbüßen können, ist schon am Beispiel Nordafrikas deutlich geworden: soweit dort der römische Einfluß reicht, hat die autochthone
Einwohnerschaft ihre ursprüngliche Daseinsform aufgegeben und sich in
relativ kurzer Zeit fast zur Gänze *(maxime)* dem Lebensstil ihrer Kolo-
nialherren *angepaßt* (I 41). Derartige Akkulturationsprozesse vollziehen
sich natürlich am ehesten in den Kontaktbereichen zwischen der mediterranen Hochzivilisation und der Welt der Barbaren; in dem Maße, in dem
sich der Einfluß der ersteren abschwächt, setzen die Kräfte der letzteren
sich durch, gelangt der Barbarismus mehr und mehr zur Entfaltung.
Auch hierfür hatten die Verhältnisse in Nordafrika bereits ein Exempel
geliefert; weitere sind in der Schilderung Skythiens («tiefer im Binnenlande wird die Lebensweise der Einwohner rauher und das Land unkulti-
vierter», II 12) und Britanniens («je weiter sie vom Festland [bzw. Gallien
als sekundärem Einflußbereich der römischen Zivilisation] abwohnen,
desto weniger wissen sie von andersartigen Schätzen [als etwa Vieh]»,
III 51) enthalten.

Auch diese letzteren Beobachtungen stellen jedoch keineswegs neue
Einsichten dar, sondern wurden, wie aus den vorausgegangenen Kapiteln
zur Genüge hervorging, längst schon von anderen gemacht, ja zum Teil
sogar sehr viel schärfer und überzeugender zur Geltung gebracht und
mußten sich zudem einem jedem, der nur einigermaßen gut unterrichtet
war und die Geschehnisse seiner Zeit mit wachem Interesse verfolgte,
geradezu aufnötigen. Originalität oder gar Fortschritte in der Theoriebildung zählen also bestimmt nicht zu den Verdiensten des Pomponius

Mela. Aber so hoch hatte er sein Ziel ja auch gar nicht gesteckt; ihm kam
es, wie bereits eingangs vermerkt, nicht auf die Gewinnung neuer Erkenntnisse, also wesentlich *Ursachenforschung*, sondern vielmehr allein
darauf an, nichts weiter als ein Handbuch zu schaffen, das eine bequeme
und gute Übersicht bot und keine allzu hohen Anforderungen an das
Bildungsniveau seiner Leserschaft stellte – eine Intention, die nur zeigt,
wie bescheiden die Ansprüche, jedenfalls an die länder- und völkerkundliche Wissensvermittlung, zur damaligen Zeit schon geworden waren.

10. Gaius Plinius Secundus der Ältere (23–79 n. Chr.)

Eine Chorographie ganz im Stile des Pomponius Mela hat, etwa zur selben Zeit, auch der ungleich berühmtere C. Plinius Secundus verfaßt. Ihr
Beispiel liefert uns noch einmal mehr die traurige Bestätigung dafür, daß
Werke dieser Art keine Ausnahme, sondern – wie sich dann auch noch im
weiteren zeigen wird – durchaus typisch für die Behandlung der Länder-
und Völkerkunde zur Kaiserzeit sind.

Plinius, zunächst Soldat bzw. Kavallerieoffizier, später hoher Verwaltungsbeamter (u. a. Prokurator von Syrien u. Hispania Tarraconensis)
und vorübergehend offenbar auch als Anwalt tätig, war, wie sein Neffe
und Adoptivsohn Gaius Plinius Caecilius Secundus der Jüngere (ca.
62–114 n. Chr.) voller Bewunderung bezeugt, ein außerordentlich vielseitig interessierter, sehr scharfsinniger und vor allem ungeheuer fleißi-
ger Mann (er las und exzerpierte sozusagen in allen Lebenslagen). Einen
überwältigenden Beweis zumindest für die erstere und letztere Tugend
stellt dann auch in der Tat sein als einziges zur Gänze erhaltenes Werk,
die «Naturgeschichte» (Naturalis historia), dar, eine aus Hunderten von
griechischen und römischen Quellen jeder Art kompilierte, nach Sach-
gruppen geordnete Enzyklopädie nahezu aller nach damaligem Verständnis zur Naturkunde gehörigen Wissensbereiche von stattlichen XXXVII
Büchern Umfang. Und einen Teil dieses gewaltigen Kompendiums bildet
nun auch die besagte Chorographie[89], zwar keine Einzelschrift also, aber
dennoch durchaus ein in sich geschlossenes, eigenständiges Ganzes dar-
stellend. Unter den Quellen, die er hierfür, jeweils im Anschluß an die
Inhaltsübersichten (s. B. I) zu den einzelnen Abschnitten (bzw. Büchern)

89 Buch III–VI.

und säuberlich nach römischen und «ausländischen» (in der Hauptsache griechischen) Autoren geschieden, anführt, dürfte er besonders ausgiebig die einschlägigen Schriften Varros (De ora maritima u. B. VIII–XIII der Antiquitates) ausgeschöpft haben, auf die sich ja auch Pomponius Mela – den er übrigens ebenfalls als Gewährsmann nennt – weitgehend stützte, so daß die auffallenden, teils sogar wörtlichen Übereinstimmungen, die sich zwischen den Chorographien beider feststellen lassen, wohl wesentlich auf das Konto dieser ihrer gemeinsamen Vorlage gehen. Die statistischen Angaben, über die er in einem bemerkenswert reichen Ausmaß verfügt, scheint er den Akten der unter Augustus (30 v. Chr. – 14 n. Chr.) und Claudius (41–54 n. Chr.) durchgeführten Vermessungen und Erhebungen entnommen zu haben; und weitere Auskünfte werden ihm endlich auch wieder auf mündlichem Wege, durch Befragungen von Kaufleuten, Seefahrern, Beamten der Provinzialverwaltungsbehörden, Militärs und dergleichen Informanten mehr, in einem sicherlich ebenfalls sehr erheblichen Umfange zugeflossen sein.

Darüber hinaus aber boten ihm seine Auslandsaufenthalte als Soldat und später dann als hoher Verwaltungsbeamter gute Gelegenheit, auch persönliche Beobachtungen anzustellen. Dies trifft in besonderem Maß auf Germanien zu, wo er sich – in beiderlei Eigenschaft – über etliche Jahre hin aufhielt und vor allem den Westen, von den Alpen bis an den Unterrhein und die Nordseeküste, gründlicher kennengelernt hat. Die reichen Erfahrungen, die er gerade hier, und namentlich als junger Kavallerieoffizier, zu sammeln vermochte, bildeten dann die Grundlage zu seinem großen, XX Bücher umfassenden Werk über die «Germanenkriege» (Bella Germaniae), mit dessen Niederschrift er, wie uns wieder sein Neffe bezeugt[90], bereits in Germanien, also noch ganz unter dem Eindruck des Erlebten stehend, begann. Daß auch und gerade diese Schrift verlorengegangen ist, erscheint um so schmerzlicher, als Plinius hier, wie aus verschiedenen Partien der «Naturgeschichte», die ihr offensichtlich entlehnt sind, insbesondere aber aus der «Germania» des Tacitus, für die sie zu großen Teilen die unmittelbare Vorlage darstellt, hervorgeht, neben der Behandlung der kriegerischen Ereignisse, die natürlich im Vordergrund der Darstellung stand, eben sehr stark auch auf die Landes- und Völkerkunde und Fragen der Kulturgeschichte Germaniens einging und sich dabei, nach allem zu schließen, als ein ebenso

90 Plinius d. J.: Epistulae III 5.

interessierter wie scharf beobachtender und gewissenhafter Berichterstatter erwies.

Diese Vorzüge mußten in der «Naturgeschichte», in die er nur wenig
an eigener Anschauung einbringen konnte, notwendigerweise ganz in
den Hintergrund treten. Dafür bemühte er sich hier mit einem um so
gewaltigeren Arbeitsaufwand, alles, was nur irgend in der Geschichte
von anderen erforscht und erdacht war, zusammenzutragen; – allein dieser, an sich löbliche Fleiß überstieg seine Kräfte und schlug ihm geradezu
zum Verhängnis aus, indem er der aufgetürmten Materialmassen, zu
deren Bewältigung es in der Tat eines Aristoteles bedurft hätte, nicht
mehr oder nur in einem sehr unzureichenden Maße Herr zu werden vermochte. Von der Fülle der ihm aus allen Quellen zuströmenden Fakten
quasi erdrückt, zieht er sich häufig auf die Position des bloßen Registra-
tors zurück, zählt lediglich auf und liefert ermüdende Listen von Namen,
Größenangaben und Phänomenen jeder Art, statt eine geordnete Systematik zu geben, wie sie gerade für ein Unternehmen wie dieses so wün-
schenswert wie notwendig gewesen wäre. Droht ihm sein Stoff über den
Kopf zu wachsen, läßt er das eine oder andere auch fort, wobei er jedoch
nicht immer sauber genug zwischen Wesentlichem und Unwesentlichem
zu scheiden weiß, so daß mitunter der Zusammenhang merklich leidet
und ihm gelegentlich gar, wie im Falle der Beschreibung Äthiopiens oder
der ostarabischen Küstenregion, die Darstellungsfolge ziemlich durch-
einandergerät – ganz zu schweigen auch davon, daß es bei der Kritik- und
Wahllosigkeit, mit der er im allgemeinen seine Gewährsleute abschrieb,
nicht ausbleiben konnte, daß ihm eine Menge von Fehlern – falsche Iden-
tifizierungen, Verwechslungen, Anachronismen und dergleichen mehr –
unterlief. Völker, die er in seinen Quellen in unterschiedlicher Schreibweise aufgeführt fand, zählt er (und das gleiche gilt entsprechend auch
für geographische Größen) nicht selten gesondert auf, so daß manche,
mit nur geringfügig veränderter Namensform, zweimal, ja dreimal verzeichnet erscheinen. In anderen Fällen, wie bei der Beschreibung des
Raumes zwischen dem Kaukasus und der Mäotis (Asowsches Meer), dem
er eine unverhältnismäßig große Einwohnerschaft von annähernd 50
Völkern zuweist (VI 7), sitzt er offensichtlich einer Verwechslung von
Völker-, Stammes- , Clan- oder auch Orts- und Gebietsbezeichnungen
auf.

Eine weitere empfindliche Schwäche ist dann auch wieder seine Vor-
liebe für Kuriositäten, die bei ihm, mehr noch als bei Pomponius Mela,
bei dem sie im ganzen doch noch eher gedämpft erscheint, mitunter gera-

dezu exzessive Formen annimmt und dadurch nicht selten die sachliche
Information ganz in den Hintergrund drängt. Schon in der Vorrede an
den Kaiser rühmt er sich, in seinem Werk an die «20000 *merkwürdige
Gegenstände* gesammelt» zu haben – «weil denn Schriften, wie Domitius
Piso sich ausdrückt, Schatzkammern, nicht bloße Bücher, sein sollen». Es
ist daher, wie er an einer späteren Stelle (XVII 1) einmal offen heraus
formuliert, sein Prinzip, «nicht das schon allgemein Bekannte und als
ausgemacht Geltende zu berühren, sondern nur das Unsichere und Bezweifelte *(incerta atque dubia)*, worin man sich im Leben am meisten
täuscht; denn in überflüssigen [!] Dingen sorgfältig erscheinen zu wollen, ist nicht unsere Sache». Und zu den ungesicherten und zweifelhaften
Erscheinungen, die seiner Auffassung nach ein besonderes Interesse verdienen, gehören dann eben, um hier nur einige Proben zu geben, Phänomene wie die, daß bestimmte äthiopische Gruppen «einen Hund zum
Fürsten haben» (VI 35), manche Gänse «auch Sinn für Weisheit» verraten, indem sie sich einem Philosophen anschließen und ständig bemüht
sind, ihm recht nahe zu sein (X 26), oder die Trauben im Inneren von
Afrika «größer als neugeborene Kinder werden» (XIV 3). Damit dem Leser derartige Kostbarkeiten nur ja nicht entgehen, hat Plinius die Stellen,
an denen sie besonders reichlich zusammengetragen sind, in seiner Inhaltsübersicht zu den einzelnen Büchern (B. I) noch eigens hervorgehoben.

Die Chorographie B. III–VI zielt, wie schon aus der einleitenden Vorausschau (B. I) hervorgeht, auf eine rein deskriptiv-statistische Erfassung der jeweiligen «Lagen *(situs)*, Völker, Meere, Städte, Häfen, Berge,
Flüsse und Maße *(mensurae)*» ab, und dabei sollen, wie Plinius gleich zu
Beginn (III 1) erklärt, auch

«nur die bloßen Namen der Orte [u. der übrigen Realien] mit möglichster Kürze
aufgeführt werden, indem ich ihre Berühmtheit und deren Ursachen bis an den
gehörigen Ort [die einschlägigen Abteilungen der späteren Bücher] verspare, da
für jetzt nur von dem Ganzen die Rede ist. Ich bitte dies so zu verstehen, daß ich
hier die nackten Namen, wie sie vor allen Taten bei ihrer Entstehung waren,
aufzähle, so daß dies zwar nur eine Art Namenverzeichnis ist, aber ein Namenverzeichnis der Welt und der Gegenstände der Natur».

Grundlage der Darstellung bildet das in allgemeinerer Hinsicht bereits in
B. II entwickelte Weltbild: Die Erde, von *Kugelgestalt* (II 2; 64f; 71ff;
112) und in der Mitte des Weltalls ruhend gedacht (II 64f; 69), zerfällt –
ganz wie bei Pomponius Mela – in eine «obere» (nördliche) und eine

«untere» (südliche), von «Antipoden» bewohnte (II 65) Ökumene (bzw. Hemisphäre), die durch ein breites Band des die Erde «in ihrem mittleren Umfang rings umgürtenden Ozeans» voneinander geschieden sind (II 66 f); die «obere», bekannte, deren Flächenausdehnung (wie desgleichen wohl auch bei der «unteren») von Osten nach Westen etwa das Doppelte der von Norden nach Süden beträgt (II 112), gliedert sich wieder in die drei klassischen Erdteile Afrika (zw. dem Nil und der Straße von Gibraltar), Europa (zw. der Straße von Gibraltar und dem Don / Tanais) und Asien (alles Land östlich von Don und Nil; III 1). Als erstes wird Europa behandelt, – und das mit vollem Bedacht: darf es doch, wie Plinius schwärmt, als «die Amme des über alle Völker siegreichen Volkes, das schönste aller Länder» gelten (III 1). Und was auf Europa im ganzen zutrifft, ist erst recht für Italien, seine Heimat und das eigentliche Mutterland des Römischen Weltreichs, gültig. Kein Zweifel, daß es für Plinius *im Zentrum* der (nördlichen) Ökumene liegt (vgl. II 80) und auf Grund dieser seiner bevorzugten Lage die besten Voraussetzungen für eine optimale Lebensentfaltung besitzt, daß es demzufolge auch «unstreitig das tapferste aller Völker auf der ganzen Erde» beherbergt (VII 41) und endlich aus alledem heraus prädestiniert war, die Herrschaft über die Welt anzutreten – deren Legitimierung auch er also wieder, sich des uralten Zirkelschlusses bedienend, der schon in der vorausgegangenen Zeit nahezu immer die eigentliche ideologische Basis eines politischen Vorherrschaftsanspruchs abgab, *aus dem Ethnozentrismus* ableitet! Im Grunde, meint er an einer Stelle, die teilweise schon wiedergegeben wurde und hier nun zur Gänze ihren Platz finden soll, sei es daher unangemessen, nur mehr oberflächlich, wie er es müsse, von Italien zu handeln, einem Lande,

«welches zugleich Pflegling und Vater aller anderen Länder ist, einem Lande, das nach dem Rate der Götter ausersehen ist, den Himmel selbst noch zu verherrlichen, die zerstreuten Staaten zu einem Ganzen zu verbinden, die Sitten zu veredeln, die so verschiedenen und rohen Sprachen so vieler Völker durch Anwendung der Umgangssprache zu vereinigen, mündlichen Verkehr und Veredlung der Menschen selbst herbeizuführen, – kurz: das gemeinsame Vaterland sämtlicher Völker der Erde zu werden ... Die Stadt Rom in ihm, sie allein schon, sie, dieses so herrlichen Nackens würdige Haupt, in welch einem Werke müßte man sie beschreiben? Und wie Kampaniens Küste an sich und jene glückliche, gesegnete Anmut, wo offenbar die Natur sich ihres Werkes vor allem gefreut hat? Und nun die belebende, ununterbrochen gesunde Luft, die Milde des Klimas, die fruchtbaren Gefilde, die sonnigen Hügel, die ungefährlichen Wälder, die schatti-

gen Haine, die reichausgiebigen Baumpflanzungen, der Anhauch so vieler Berge,
die große Fruchtbarkeit der Felder, der Wein- und Ölgärten, die ausgezeichneten
Vliese der Schafe, die feisten Nacken der Rinder, die vielen Seen, der Wasserreichtum so vieler Flüsse und Quellen, die das ganze Land durchrieseln, die vielen
Meere und Häfen und dieser Busen, der dem Verkehr der Länder von allen Seiten
her geöffnet ist, und das Land, das sich, als wollte es die Sterblichen noch unterstützen, zuvorkommend in die See hinausdehnt! . . . Selbst die Griechen, dieses in
Selbstlob so ausschweifende Volk, erkannten Italiens Bedeutung an, indem sie
einen kleinen Teil desselben [den Süden] gerade deshalb Großgriechenland nannten» (III 6).

Nach der Behandlung Europas, die noch im ganzen am ausführlichsten
gehalten ist und sich über die beiden ersten Bücher der Chorographie
erstreckt (III–IV), wendet sich Plinius als nächstem Nordafrika zu
(V 1–8), geht dann auf Asien (V 9– VI 32) und darauf Äthiopien und das
Innere von Afrika über (VI 33–35), gibt einen Überblick über die Inseln
vor den afrikanischen Küsten (VI 36–37), stellt endlich eine Berechnung
über den Flächeninhalt der drei Erdteile und der sie umspülenden Meere
an (VI 38) und schließt mit einer Aufzählung der einzelnen Breitenkreise
der nördlichen Hemisphäre (VI 39). Eine – nur sehr flüchtig skizzierte –
Einteilung der *gesamten* Erdoberfläche in *Klimazonen* hatte Plinius
schon an früherer Stelle (II 68) geboten und sich dabei wieder der älteren
Auffassung angeschlossen und *fünf* (also nicht sechs oder sieben): nämlich zwei kalte (polare), eine heiße (äquatoriale) und dazwischen, als die
beiden einzigen für Menschen bewohnbaren Striche, zwei gemäßigte Zonen unterschieden.
    Ihrer äußeren Anlage nach sind die einzelnen Darstellungsabschnitte
wieder zumeist nach der Art eines *Periplous* aufgebaut, d. h., die Betrachtung erstreckt sich immer zuerst auf die Küstengebiete und greift
dann von hier aus, Schritt für Schritt, auf das tiefere Hinterland über.
Inhaltlich bieten sie, wie schon angemerkt und wie es ja auch der oben
bereits wiedergegebenen, in der Einleitung zu B. III ganz klar ausgesprochenen Absicht des Plinius entsprach, kaum mehr als ein «Namenverzeichnis» der jeweiligen Landschaften, Völker, Orte, Gebirge, Flüsse,
Seen, Tier- und Pflanzenvorkommen sowie auch einzelner kultureller
Besonderheiten und überhaupt alles dessen, was immer ihm an Phänomenen erwähnenswert schien. Für *ethnographische* Schilderungen mit dem
Ziel, ein ebenso umfassendes wie treffendes Bild von den Daseinsverhältnissen, der Kultur und der ganzen Lebenswirklichkeit eines fremden Volkes zu geben, konnte in einem Rahmen wie diesem kein Platz sein, so daß in

dieser Hinsicht Belangvolles nur gelegentlich und mehr nebenbei einmal einfließt. Um nur ein Beispiel – und zwar ein absolut typisches Beispiel – dafür zu liefern, welch dürftige Rolle die Ethnographie in der «Naturgeschichte» des Plinius noch spielt, sei im folgenden ein Ausschnitt aus der Beschreibung des südlichen Kaukasusvorlandes wiedergegeben:

«Die ganze Ebene vom Kyros [der Kura] an hat das Volk der Albaner in Besitz, dann die Iberer, welche der Fluß Alazon [der Alazan] von ihnen trennt, der vom Kaukasischen Gebirge in den Kyros herabströmt. Die angesehensten Städte sind in Albanien Kabalaka, in Iberien Harmastis, am Flusse, und Neoris; dann folgt die Landschaft Thasie und Triare bis zu den Paryadrischen Bergen hin. Jenseits sind die Kolchischen Einöden, an deren nach den Keraunischen Gebirgen hin gewandten Seiten die Armenochalyber wohnen, und der Landstrich der Moscher an dem in den Kyros fließenden Iberus [der Iori]. Unterhalb derselben wohnen die Sakassaner und dann an dem Flusse Absarus [?] die Makronen. So sind die Ebenen und die Abhänge besetzt. Wiederum in der Nachbarschaft Albaniens wohnen an der ganzen Vorderseite des Gebirges die wilden Stämme der Silver, unterhalb die der Lubiener und nicht weit davon die Didurer und Sodier» (VI 11).

Daß Plinius allerdings – und namentlich dort, wo er aus eigener Anschauung schöpfte – durchaus auch mehr zu geben vermochte, zeigt eines der wenigen ethnographischen Bruchstücke aus den «Germanenkriegen», eine Schilderung von den ärmlichen Daseinsverhältnissen der Wattenmeerbevölkerung (Chauken) an der nordwestlichen Nordseeküste (zw. Elbe- u. Wesermündung), die er jedoch nicht hier, in der Chorographie, sondern erst später, bei Behandlung der Bäume und ihrer Nutzung, wiedergibt:

«Zwar haben wir schon mehrere Völker *(gentes)*, die in so dürftigen Verhältnissen leben, an der Küste des östlichen Weltmeeres genannt; aber auch im Norden haben wir derartige gesehen, und zwar unter den Chauken, die man die größeren und die kleineren nennt. Dort überflutet der Ozean in gewaltigem Strom zweimal innerhalb eines Tages und einer Nacht einen unabsehbaren Landstrich, so daß er den ewigen Kampf der beiden Elemente verhüllt und es unentschieden läßt, ob dieser Raum dem Festlande oder dem Meere angehöre. Dort wohnt dies arme Volk auf Hügeln oder künstlich nach Maßgabe der höchsten Fluten aufgeworfenen Anhöhen [sog. Warfen oder Wurten], auf welchen es Hütten errichtet, Schiffenden ähnlich, wenn die Flut ringsum alles mit Wasser bedeckt, und Schiffbrüchigen, wenn dieses sich wieder verlaufen hat, und macht um seine erbärmlichen Behausungen her auf die mit dem Meere fliehenden Fische Jagd. Sie können weder Vieh halten noch von Milch leben wie ihre Nachbarn, ja, nicht einmal mit wilden Tieren kämpfen, da es weit ringsum kein Gebüsch gibt. Das Garn zum Knüpfen ihrer Netze für den Fischfang flechten sie aus Seegras und Binsen, und indem sie die mit den Händen aufgegriffenen Erdschollen [= Torf] mehr an der Luft als an der Sonne trocknen, kochen sie mit Erde ihre Speisen und wärmen damit auch ihren durch Nordwind starren Körper. Ihr Getränk ist nur Regenwasser, das sie in Gruben im Vorderhause aufbewahren. Und dennoch sagen diese Völker, sie würden Sklaven, sofern sie heute vom römischen Volke überwunden werden sollten! So ist es denn in der Tat vollkommen wahr, daß die Natur gar vielen das Leben nur erhält, um sie zu strafen» (XVI 1).

Es handelt sich also um eine durchaus als solche zu bezeichnende Ethnographie, die sich sehr positiv von der obigen Darstellung aus der Chorographie unterscheidet und zwar nur einen flüchtigen, lediglich die äußere Erscheinungswelt erfassenden Eindruck wiedergibt, aber doch detailliert genug ist und so viel Wesentliches enthält, daß im ganzen ein rundes und vor allem auch sehr lebendiges Bild vom Dasein dieser chaukischen Wattenmeerfischer entsteht – das nicht zuletzt auch um so überzeugender wirkt, als Plinius sich deutlich bemüht hat zu zeigen, daß ein *kausaler Zusammenhang* zwischen der Besonderheit dieser Lebensgestaltung und den Bedingungen der lokalen geographischen Umwelt besteht!

In der «Naturgeschichte» jedoch verfolgte er, wie gesagt, andere Ziele. Inwieweit er hier noch Ethnographisches zu berücksichtigen gedachte, enthüllt eine Absichtserklärung, die er im 1. Kapitel des VII. Buches abgibt, das von der allgemeinen Beschaffenheit (der physischen Anthropologie, der «Schicksalskunde» und der Psychologie) des Menschen handelt:

«Auch wollen wir uns hier nicht mit den unzähligen Sitten und Gebräuchen beschäftigen, deren Mannigfaltigkeit fast so groß ist wie die geselligen Vereine der Menschen überhaupt. Einiges glaube ich jedoch nicht übergehen zu dürfen, besonders was die vom Meere entfernt Lebenden betrifft, indem ich nicht zweifle, daß man darunter manches gar *Wunderbare* und für viele *Unglaubliche* finden wird. Wer hätte z. B. an das Vorhandensein von Äthiopern geglaubt, bevor er sie gesehen? Oder was erscheint nicht überhaupt wunderbar, wenn wir zuerst seine Bekanntschaft machen? Wie manches hält man für unmöglich, ehe es wirklich geschehen ist?»

Für wichtig und daher der Hervorhebung wert hält er sonach in erster Linie alles irgendwie Ungewöhnliche, Absonderliche und in hohem Maße Staunenerregende, nicht also *das Ganze* einer fremdvölkischen Lebensentfaltung – und dies nicht zuletzt wohl auch in der Hoffnung, sich dadurch der Aufmerksamkeit seiner Leser nur um so fester versichern zu können. Neben dem VIII., IX., X., XI. und XXXI. Buch ist das VII. mit am reichsten an dergleichen Erscheinungen (Nachrichten von Verwandlungen von Männern in Frauen und umgekehrt, eigenartigen Krankheiten und Wunderheilungen, der Auferstehung Scheintoter usf.), die häufig die sachlicheren Erörterungen (etwa über Schwangerschaft, Wachstum und Lebensdauer) geradezu überwuchern. In der Chorographie, also den Büchern III–VI, findet dasselbe Bestreben Ausdruck in dem besonderen Interesse (und gläubigen Vertrauen), das Plinius den Berichten von monströs gebildeten – und meist wieder in den peripheren Bereichen der Ökumene hausend gedachten – Völkern entgegenbringt. Einige von ihnen sind uns bereits von Pomponius Mela her bekannt, so hoch im Norden die pferdefüßigen Hippopoden und die schlappohrigen Panuatier (bzw. Panotier, wie Plinius schreibt), die ihre Leiber mit nichts anderem als ihren riesigen Ohrlappen umhüllen (IV 27); im Inneren von Afrika dann die Satyrn, bocksbeinigen Ägipanen, kopflosen Blemmyer (hier so!) mit dem Gesicht auf der Brust, krummfüßige Himantopoden, die sich nur durch Kriechen fortzubewegen vermögen, und andere – deren Aufzählung mit der aufschlußreichen Feststellung schließt: «Weiter finde ich von Afrika nichts, was erwähnenswert wäre» (V 8; vgl. VI 35). An den «äußersten Grenzen Äthiopiens», das bedeutet: an der südöstlichen Peripherie des Kontinents, sollen, wie Plinius, und z. T. wieder in Übereinstimmung mit Pomponius Mela, an anderer Stelle berichtet, Bevölkerungen leben, die keine Nasen, Oberlippen oder Zungen besitzen; «einige atmen sogar, da ihnen der Mund zugewachsen ist und die Nase fehlt, durch eine Öffnung, durch welche sie zugleich auch das Getränk vermittels eines Haferrohrs einsaugen und die Körner des dort wildwachsenden Hafers als Nahrung zu sich nehmen» (Lippenverstümmelung?); andere verständigen sich nur durch Gebärden, da ihnen die Kenntnis der Sprache abgeht, und wieder andere haben Hundsköpfe oder laufen wie Tiere auf allen vieren umher (VI 35). Auch im Nordosten (Skythien) und Südosten (Indien) der Ökumene weiß Plinius – allerdings nicht mehr in der Chorographie selbst, sondern erst im darauffolgenden VII. Buch – derartige Monsterwesen namhaft zu machen, so schon im Pontosgebiet ein Volk (die Thibier), dessen Angehörige in dem einen Auge zwei Pupillen und in dem anderen «das Bild eines Pferdes» besitzen und angeblich so leicht sind, daß sie, selbst wenn sie Kleider tragen, im Wasser nicht untergehen können, oder höher im Norden, jenseits der «menschenfressenden» Skythen, «wilde Menschen, deren Fußsohlen nach hinten gewandt sind», ferner auch die bekannten, in einem beständigen Kampf mit den Greifen befindlichen, einäugigen Arimaspen und in Indien dann wieder Hundsköpfige, mit Klauen bewehrt und sich durch

Gebell, statt durch Sprechen, verständigend, Mundlose (Astomer), Schlappohrige, Straußfüßler (Struthopoden), Einschenklige (Monokoler), auch «Fußschattner» (Skiapoden) genannt, «weil sie bei stärkerer Hitze, auf dem Rücken an der Erde liegend, sich mit dem Schatten ihres einen Beines Kühlung verschaffen», Menschen ohne Hals, deren Augen sich an den Schultern befinden, und dergleichen noch viele andere mehr – alles Geschöpfe, welche, wie Plinius den Überblick abschließt, die «erfinderische Natur sich zum Spiele, uns aber zum Staunen erschuf» (VII 2).

Weit weniger Aufmerksamkeit hat er dagegen dem zweiten seit alters für die Randvölker-«Ethnographie» so charakteristischen Thema, der *Idealisierung* der einfachen Lebensweise jener den verderblichen Einflüssen der Zivilisation entrückten Barbaren, gewidmet. Im Grunde werden eingehender eigentlich nur die Arimphäer (hier so!) und Hyperboreer an der nördlichen Peripherie der Ökumene in diesem Sinne gewürdigt, die beide ja auch schon bei Pomponius Mela in diesem Zusammenhang aufgeführt sind, mit dessen Schilderung die des Plinius auch wieder weitgehend übereinstimmt. So heißt es von den ersteren z. B.:

«Sie wohnen in Wäldern, leben von Beeren und halten langes Haar wie bei Männern so auch bei Frauen für unschicklich. Sonst sind ihre Gebräuche mild. Daher sollen sie auch für heilig und selbst bei den rohen benachbarten Völkerschaften für unverletzlich angesehen werden; und zwar nicht nur sie selbst, sondern auch diejenigen, welche sich zu ihnen geflüchtet haben» (VI 14).

Und vom Leben der Hyperboreer, in deren Schilderung immerhin ein leiser Zweifel anklingt («wenn wir es glauben wollen»), entwirft Plinius ein noch verklärteres Bild, das sich geradezu wie eine paradiesische Idylle ausnimmt:

«Hinter diesen Gebirgen [den Ripäischen] und jenseits des Nordostwindes lebt, wenn wir es glauben wollen, ein glückliches Volk, die Hyperboreer, sein langes Leben, durch sagenhafte Wunder berühmt. Hier sollen die Pole der Welt und die Grenzen der Sternbahnen sein, mit sechs Wochen langer Beleuchtung und ununterbrochenem Lichte von der rückläufigen Sonne... Nur einmal im Jahre, zur Zeit des Sonnenstillstandes, geht ihnen die Sonne auf und nur einmal, am kürzesten Tage, unter. Die Landschaft ist sonnig, hat eine glückliche Wärme und ist frei von allem schädlichen Windhauch. Ihre Wohnungen sind Wälder und Haine. Die Verehrung der Götter verrichten sie teils einzeln, teils gesellig; Uneinigkeit und Kummer sind ihnen unbekannt. Den Tod finden sie nur, wenn sie aus Lebensüberdruß, nachdem sie geschmaust und sich noch einmal ihrem Alter entsprechend eine Güte getan, sich von einem gewissen Felsen ins Meer stürzen. Diese Art von Begräbnis halten sie für die glücklichste» (IV 26).

Beide Schilderungen besitzen hier jedoch nur mehr dekorative Bedeutung, sind endgültig zum rein *literarischen Topos* erstarrt; den Versuch, das Ideale derartiger Lebensweisen von innen heraus, etwa aus dem besonderen Aufbau der Daseinsorganisation, zu begründen, unternimmt Plinius nicht, obwohl ihm ein solcher Gedanke eigentlich hätte naheliegen können, da er sich gerne zum Anwalt der altrömischen Schlichtheit, Anspruchslosigkeit, Sittenstrenge und Rechtlichkeit macht und bemüht ist, alle neueren Errungenschaften der Zivilisation, die zu größerem Aufwand und Komfort in der Lebenshaltung und damit zu Verschwendungssucht, Unmäßigkeit und Verweichlichung geführt haben, als *Entartungserscheinungen* anzuprangern. Allein auch hierfür weiß er keine eigentliche Begründung zu liefern, etwa der Art, wie sie Tacitus durch die Herausarbeitung der grundlegenden Gegensätzlichkeit zwischen der römischen und der germanischen Lebensauffassung zu erbringen versucht hatte; sein Kulturpessimismus ist wieder kaum mehr als eine literarische Attitüde, wie sie dem damaligen Zeitgeist entsprach.

Wie wenig er an exakter ethnographischer Kenntnis – bzw. deren Vermittlung – interessiert ist, zeigt sich ferner auch darin, daß er, wie wir das gleichfalls schon bei Strabo und Pomponius Mela feststellen konnten, Völker, deren Namen allzu fremdartig klingen und der Aussprache Schwierigkeiten bereiten, am liebsten ganz übergeht: so etwa im Falle der zahlreichen kleineren Völkerschaften Illyriens, auf deren Aufzählung er verzichten zu können glaubt, da ihre Namen «teils kaum erwähnenswert, teils nicht gut auszusprechen» seien (III 25)[91]. Auch die Origo-Frage, von Herodot bis Tacitus hin einer der gängigsten Topoi der antiken Ethnographie, wird nur mehr gelegentlich und höchstens am Rande angeschnitten und dabei zumeist mit einem einzigen lakonischen Hinweis erledigt, in der Art wie: «Sie [die Pikentier] stammen, infolge eines wahrhaft heiligen Gelübdes, von den Sabinern ab» (III 18); «nach Cato gehen die Veneter auf die Trojaner zurück» (III 23), oder, ein wenig ausführlicher: «Die Umbrer werden für das älteste Volk Italiens gehalten, und zwar glaubt man, die Griechen hätten sie ‹Ombrer› [von griech. *ombros*, ὄμβρος, «Regen»] genannt, weil sie bei der durch Regengüsse veranlaßten Überschwemmung aller Länder verschont geblieben seien» (III 19; vgl. a. 21). Nur ausnahmsweise wird eine solche Herkunftsbestimmung auch einmal quasi *ethnologisch* begründet: «Daß die Keltiker

91 Entsprechend III 3. V 1; 19. VI 10.

aus Lusitanien [entspricht in etwa dem heutigen Portugal] von den Keltiberern hergekommen sind, erhellt aus ihren Opfergebräuchen, ihrer
Sprache und den Namen ihrer Städte, die im Bätischen durch Nebenna-
men bezeichnet werden» (III 3).

Tiefer gehende ethnologische Reflexionen aber, etwa über die Entstehung und Entwicklung einzelner oder komplexer kultureller Erscheinungen, sucht man in der «Naturgeschichte» erst recht so gut wie vergebens
– wobei freilich zu berücksichtigen ist, daß dies auch nicht eigentlich der
Konzeption des Werkes entsprach, das ja in erster Linie als eine rein in-
formative Übersicht über den Kenntnisstand der «Naturwissenschaften», also eine Art Enzyklopädie, angelegt war. Das wenige, was sich in
dieser Hinsicht anführen ließe, übersteigt denn auch kaum den Rahmen
dessen, was längst zum gängigen Geistesgut der Gebildeten zählte: so
insbesondere die wieder mehrfach verfochtene Grundthese der Anthropogeographie, daß zwischen der geographischen Disposition (vor allem
dem Klima) eines gegebenen Raumes und der physischen und kulturellen
Entwicklung seiner Einwohnerschaft ein kausaler Zusammenhang walte.
Am allgemeinsten und auf das Ganze der Erde bezogen hat Plinius sie in
B. II, und zwar in unmittelbarem Anschluß an die Behandlung der Astronomie, formuliert; dort heißt es:

«Nächst diesen Verhältnissen am Himmel ist nun sogleich zu erwähnen, was
damit in Verbindung steht. Daß die Äthioper durch die Glut der nahen Sonne
versengt und fast wie verkohlt geboren werden, mit wolligem Bart und Haupthaar, unterliegt keinem Zweifel; ebensowenig aber, daß in der entgegengesetzten
Weltgegend die Menschen eine weiße, eisige Haut und lange blonde Haare haben.
Diese sind trutzig und starr wie ihr Klima, jene, wie selbst ihre Schenkel beweisen,
beweglich. Bei jenen werden die Säfte nach der Eigenschaft der Wärme nach den
oberen Teilen getrieben, bei diesen infolge der sich senkenden Feuchtigkeit nach
den unteren. Hier kommen schwerfällige Tiere vor, dort mannigfaltige Tierge-
stalten, besonders geflügelte, und erzeugen sich vielerlei Arten Vögel. Der
Wuchs ist in beiden Regionen schlank, hier vermöge der aufwärts treibenden
Wärme, dort infolge der nährenden Feuchtigkeit. In der Mitte der Erde aber befindet sich durch heilsame Mischung von beidem ein für alles fruchtbarer Strich,
mäßige Körpergröße, eine große Dämpfung auch in der Farbe, die Sitten sind
mild, die Sinne scharf, die Geister schöpferisch und fähig, die ganze Natur zu
erfassen. Hier gibt es auch geordnete Staaten, wie sie bei den entferntesten Völkern niemals gewesen sind, und letztere haben sich auch nicht einmal jenen
unterworfen, so daß sie weit getrennt und infolge der Eigentümlichkeit ihres unfreundlichen Himmels vereinsamt wohnen» (II 80).

Nur im Zentrum der Erde, d. i. *in Italien*, von dessen Vorzugsstellung bereits oben, bei Behandlung der Chorographie, die Rede war und dessen einzigartige Lage, ideale Beschaffenheit und Überfülle an allem, was die Natur an Segnungen zu spenden vermag, Plinius dann gegen Schluß seines Werkes noch einmal auf das überschwenglichste rühmt (XXXVII 77), konnte die Menschheit daher denn auch ihre höchste Entwicklungsstufe erreichen, vermochte ein Volk zu erstehen, das, «unstreitig das tapferste aller Völker auf Erden» (VII 41), dazu bestimmt war, die Herrschaft über die gesamte Welt zu erringen. Zur Peripherie hin dagegen müssen, je extremer die geographischen Bedingungen werden, in zunehmendem Maße Verarmungs- oder Entartungserscheinungen auftreten, wie etwa in Indien, wo Pflanzen, Tiere und Menschen infolge der ungewöhnlichen Feuchtigkeit, Wärme und Fruchtbarkeit des Bodens sehr viel größer als anderswo sind (VII 2), oder «an den äußersten Grenzen» Äthiopiens, wo die überstarke Hitzeeinwirkung bei Tieren wie Menschen zu einer Fülle «monströser Bildungen» führt (VI 35). Die besondere Entwicklung im Zentrum, das im weiteren Sinne dann natürlich den gesamten Mittelmeerraum mit einschließt, wird von Plinius mehr oder weniger als *Akkumulation von Erfindungen* aufgefaßt, unter deren Schöpfern sogar noch eine Reihe von Göttern und Heroen genannt sind:

«Das Kaufen und Verkaufen lehrte Vater Liber; derselbe erfand auch die königliche Auszeichnung, die Stirnbinde [das Diadem] und den Triumphzug. Ceres lehrte den Getreidebau, während man früher von Eicheln lebte; auch lehrte sie in Attika das Mahlen und Backen ... Auch gab sie die ersten Gesetze; nach der Meinung anderer tat es Rhadamanthus. Das Schreiben war, so glaube ich, ursprünglicher Besitz der Assyrer; andere freilich, wie Gellius, sagen, daß es von Merkur bei den Ägyptern, andere, daß es bei den Syrern erfunden worden sei ... Ziegelgebäude und Häuser errichteten zuerst zwei Brüder zu Athen, Euryalos und Hyperbios; früher hatte man Höhlen statt Häuser. Gellius läßt Toxius, einen Sohn des Caelus, den Erfinder der Häuser mit Lehmwänden sein, zu denen er das Muster von den Schwalbennestern nahm ... Die Dachziegel erfand Kinyras, Agriopas' Sohn, desgleichen auch die Erzgruben, beides auf Zypern, so auch die Zange, den Hammer, den Hebel und den Amboß ... Webereien fertigten die Ägypter, Wolle färbten in Sardes die Lyder zuerst. Die Spindel zur Wollarbeit erfand Kloster, Sohn der Arachne, Linnen und Netze Arachne, die Kunst des Walkens der Megarenser Nikias, das Schuhmacherhandwerk der Böotier Tychios ... Den ältesten königlichen Staat hatten die Ägypter den ersten volkstümlichen die Einwohner von Attika nach dem Tode des Theseus. Der erste Gewaltherrscher war Phalaris zu Agragantum. Die Leibeigenschaft erfanden die Lakedaimonier [usw. usw.]» (VII 57 ff).

Es handelt sich also hier wieder um eine rein additive Faktenkompilation ganz nach Art der alten *Heurematakataloge*, ohne daß nur irgend der Versuch gemacht wäre, die einzelnen «Erfindungen» in eine innere (genetische) Beziehung zueinander zu setzen und größere entwicklungsgeschichtliche *Zusammenhänge* aufzuzeigen; das einzig erkennbare Entwicklungsprinzip ist das eines simplen Vulgärevolutionismus: auf die aneignende folgt die produzierende Wirtschaftsweise, von der Unterschlupfsuche in Höhlen geht der Mensch zur Errichtung künstlicher Schutzvorrichtungen bzw. Behausungsformen über (vgl. a. XII 1 u. XVI 1) usw.

Wie alle Kultur aber geht endlich auch die *Religion*, oder besser: gehen ihre Ausdrucksformen auf menschliche Erfindung zurück. Orpheus entdeckte die Tierorakel, Delphos die Eingeweideschau, Amphiaraos die Feuermantik und andere die übrigen Arten der Wahrsagerei (VII 57); und das gleiche gilt für den Götterglauben, den Plinius teils *euhemeristisch* erklärt, also auf die Deifizierung bestimmter, hervorragender Persönlichkeiten der Vorzeit zurückführt (VII 56; 57. XXV 1. XXIX 1), teils für eine Übertragung der irdischen Verhältnisse auf die Jenseitswelt oder auch nur bloßes Phantasieprodukt hält:

«Wer auch Gott ist, Gott ist er, wenn er nur ein besonderes Wesen und irgendwo ist, ganz Bewußtsein ist, ganz Gesicht, ganz Gehör, ganz Leben, ganz Geist, ganz selbständig. Unzählige Götter aber zu glauben und sogar aus menschlichen Lastern abgeleitete wie Schamhaftigkeit, Eintracht, Verstand, Hoffnung, Ehre, Milde, Treue oder, wie Demokritos gelehrt hat, nur zwei, Strafe und Belohnung, streift an noch größere Torheit. Der schwache und bedrängte Sterbliche hat, seiner Hinfälligkeit eingedenk, das Ganze in Einzelheiten geschieden, damit jeder teilweise das verehren könne, dessen er am meisten bedarf. Daher finden wir bei dem einen Volke diese, bei dem anderen jene Namen und bei ebendenselben unzählige Gottheiten, indem man auch die Götter der Unterwelt in Gattungen verteilt und Krankheiten und sogar viele Seuchen als Götter annimmt, indem wir dieselben in banger Furcht uns günstig wünschen ... Aus diesem Grunde läßt sich begreifen, daß die Schar der Himmlischen noch größer ist als die der Menschen, da jeder einzelne durch Annahme von Junonen und Genien aus eigener Machtvollkommenheit sich eben so viele Götter macht, einige Völker aber auch Tiere und sogar manche unsaubere Dinge und vieles, das zu nennen man sich schämt, für Götter halten, indem sie bei stinkigen Zwiebeln und anderen ähnlichen Dingen schwören. Daß man Ehen unter den Göttern annimmt und doch in so langen Zeiträumen niemand von ihnen erzeugt wird, daß manche immer bejahrt und grau, andere Jünglinge und Knaben, schwarz von Farbe, beflügelt, lahm, aus einem Ei erzeugt und an abwechselnden Tagen lebend und sterbend sein sollen, das grenzt an kindischen Wahnsinn. Alle Schamlosigkeit aber übersteigt es, daß man ihnen Ehebruch untereinander andichtet, auch wohl Zank und Haß, und selbst Gottheiten der Diebereien und der Verbrechen aufstellt. Dem Sterblichen *ist Gott, wer dem Sterblichen hilft,* und dies ist der Weg zu ewigem Ruhme» (II 5).

In psychologischer Hinsicht und somit in letzter Instanz geht die Religion also auf *Angst und Pragmatismus* zurück. Daß Plinius auch hier der Auffassung war, daß sich die Entwicklung zumindest ihrer äußeren Ausdrucksformen gleich der der gesamten Kultur wieder auf *evolutionistische* Weise vollzog, deutet sich in verschiedenen Hinweisen an, wie z. B. dem, daß die ursprünglichen Kultstätten Haine gewesen und daraus dann später die verschiedenen Arten des Baumkults entstanden seien (XII 2).

Bei alledem aber scheint Plinius doch überzeugt gewesen zu sein, daß die Entwicklung der Menschheit nach einem übergeordneten – vielleicht sogar teleologisch gerichteten – Plane verlaufe; jedenfalls äußert er einmal die Ansicht, daß die gesamte Natur auf den Menschen hin angelegt, ja *um seinetwillen* geschaffen sei (VII 1).

11. Der Periplous des Erythräischen Meeres
(2. Hälfte des 1. Jhs. n. Chr.)

Wie in den vorausgehenden Darstellungen jeweils gezeigt werden konnte, blieben die ersten römischen Chorographien des Varro, Pomponius Mela und Plinius – sowie später die anderer auch – ihrem Aufbau nach noch sehr stark am Vorbild der alten Periploi orientiert. Freilich handelte es sich dabei um kaum mehr als ein bloßes Formelement. Daneben aber lebte nun gerade zu römischer Zeit auch der Periplous selbst, als eigenständige Literaturgattung, erneut wieder auf, veranlaßt zweifellos durch die große Bedeutung, die der Handel über See in zunehmendem Maße für die Römer gewann. Eines der besten, charakteristischsten Beispiele dafür und zugleich das erste uns erhaltene Werk seiner Art aus der Zeit nach Christi Geburt stellt der «Periplous des Erythräischen Meeres» (Περίπλους τῆς Ἐρυθρᾶς θαλάσσης) dar.

Über den Autor der Schrift, die aller Wahrscheinlichkeit nach irgendwann während der drei letzten Dezennien des 1. Jahrhunderts n. Chr. entstand, ist uns nichts Näheres bekannt. Fest steht lediglich (nach Hinweisen im Text), daß es sich um einen griechischen Kaufmann vermutlich aus Alexandrien oder auch Berenike gehandelt hat. Und daraus wird auch erklärlich, daß der Periplous eigentlich weniger Fragen der Navigationstechnik als vielmehr solche von vorwiegend kommerziellem Interesse zum Gegenstand hat, also wohl in ersten Linie als *Handelsführer*, als praktisches Informationshandbuch für den Kaufmann, und zwar vor allem für den Indienfahrer, gedacht war. Nicht sicher ist, ob er – wenigstens größtenteils – auf eigener Anschauung des Verfassers beruht oder nach den Angaben anderer zusammengestellt wurde; in jedem Falle aber darf als ausgemacht gelten, daß er zur Hauptsache aus lebendiger Erfahrung und Beobachtung schöpft, zumal er auch keinerlei Spuren einer Verarbeitung literarischer Quellen (Agatharchides!) verrät.

Das «Erythräische Meer», dessen Küstenbeschreibung das Thema des Periplous bildet, umfaßte nach dem damaligen Verständnis dieses Begriffs nicht nur das Rote Meer (griech. *erythros*, ἐρυθρός, = «rot») im eigentlichen Sinne, sondern darüber hinaus den gesamten südöstlichen, also den Indischen Ozean und den Persischen Golf. Die Darstellung beginnt mit der Heimat des Autors, der Westküste des Roten Meeres, die sie, vom Myos Hormos (beim heutigen Kosseir) ausgehend, nach Süden zu über das Kap Guardafui hinaus bis in die Gegend von Sansibar verfolgt (c. 1–18), um dann, abermals etwa auf der Höhe von Myos Hormos ansetzend, die gegenüberliegende arabische Küste des Roten Meeres um Südarabien herum zunächst bis zur Straße von Hormuz (c. 19–35), darauf die südpersische Küste und die Westküsten des Arabischen Meeres bis zur Südspitze Indiens am Kap Comorin abzuschreiten (c. 36–60) und endlich mit einigen, bereits unbestimmteren Nachrichten über Ceylon, die Ostküste Vorderindiens, die Halbinsel Malakka, Hinterindien und vielleicht sogar Südchina zu schließen (ca. 61–66).

Bei alledem bleibt der Blick immer fest auf die Küsten gerichtet; sie bilden im wahrsten Sinne des Wortes den Leitfaden des gesamten Darstellungsablaufs. Und ist damit bereits die formale Voraussetzung eines echten Periplous voll erfüllt, so wird auch der inhaltlichen aufs beste entsprochen, indem der Autor den Leser über die Beschaffenheit der verschiedenen Küstengebiete, anstehende Sandbänke, die Stärke der Gezeiten und die jeweiligen Landeverhältnisse informiert, auf wichtige Orientierungspunkte aufmerksam macht, Hinweise auf die Kapazität der Häfen gibt, die Versorgungsmöglichkeiten erörtert und dergleichen mehr von Interesse für die damalige Küstenschiffahrt mitteilt. So wird etwa, um nur einige wenige Beispiele anzuführen, ein unbedeutenderer Handelsplatz an der Westküste des Roten Meeres mit den Worten charakterisiert: «Der Ort besitzt keinen Hafen und bietet nur für Kähne (σκάφαις) Zugang» (c. 3); bei der Beschreibung der gegenüberliegenden arabischen Küste weist der Verfasser auf die besonderen Gefahren, die der Schiffahrt im Bereich südlich von Leuke Kome (gegenüber von Myos Hormos) drohen, hin und führt u. a. aus: «Überhaupt aber ist die Fahrt an diesem Teile des arabischen Festlandes gefahrvoll, das Land ohne Hafen, schwierig zum Ankern, unrein (ἀκάθαρτος [wohl: reich an Widrigkeiten]), durch Klippen und Springfluten unnahbar und insgesamt voller Tücken. Daher halten wir bei der Fahrt daselbst die Mitte des Meeres ein und beschleunigen noch bedeutend die Fahrt an dem arabischen Lande vorbei...» usw. (c. 20), und entsprechend wird vor dem Ankern im heutigen Golf von Cutch an der Nordwestküste Indiens mit den Worten gewarnt: «Der Meeresboden fällt an manchen Stellen steil in die Tiefe, an anderen ist er felsig mit scharfen Kanten, so daß die daneben liegenden Anker abgerissen werden, indem sie teils rasch abgeschnitten, teils in der Tiefe zermalmt werden» (c. 40; vgl. a. c. 24. 43 u. a. St.).

Die Hauptmasse der Angaben bezieht sich jedoch, wie schon einleitend angemerkt, auf den Handel, informiert also etwa über die Ein- und Ausfuhrbedingungen der einzelnen Häfen, Zollbestimmungen, das jeweilige Warenangebot, die Qualität und den Preis der Produkte, Absatzfragen usw. mehr. Infolgedessen stellt der Periplous zweifellos eine gar nicht zu überschätzende Quelle für die Geschichte der Handelsverbindungen – und damit der Kontakte überhaupt – zwischen der westlichen und der östlichen Welt während der römischen Kaiserzeit dar; – für die *Ethnographie* jedoch ist er praktisch bedeutungslos, weil eben die merkantilistischen Interessen des Autors, denen wir diese so wertvollen Informationen verdanken, so sehr seine Betrachtung beherrschen, daß er kaum mehr ein Auge für andere Dinge, wie etwa Fragen geographischer, ethnographischer oder kulturgeschichtlicher Art, besaß. Noch nicht einmal die Handelspartner werden einer Erwähnung, geschweige denn einer eingehenderen Charakterisierung, gewürdigt.

Die wenigen, nur ganz nebenbei einmal eingestreuten Vermerke von einiger ethnographischer Relevanz verraten daher denn auch nur die oberflächlichste Kenntnis und sind so allgemein und vage gehalten, daß sie, wenn überhaupt, lediglich einen sehr bedingten Aussagewert besitzen. So wird Kap. 7 z. B. die Bevölkerung in der Umgebung des heutigen Zeila (südl. Dschibuti) am Golf von Aden mit dem Bemerken charakterisiert: «Die Barbaren (βάρβαροι), die diese Gegend bewohnen, sind ziemlich ungesittet (ἀτακτότεροι)», und von den Bewohnern der kleinen Inseln vor der Piratenküste am Persischen Golf erfahren wir nichts weiter, als daß sie «schlechte (πονηροί) Menschen sind und nicht viel von Bildung erkennen lassen» (c. 34). Ein wenig ausführlicher, aber kaum inhaltsreicher – insbesondere, wenn man sich der entsprechenden, großartigen Schilderungen des Agatharchides erinnert! – ist die Beschreibung der Küsten- und Inlandbevölkerungen des östlichen Oberägypten (südlich von Berenike bzw. der heutigen Foul-Bai am Kap Ras Banas) gehalten:

«Hieran stößt rechts von Berenike die barbarische Gegend, und es gehört die Meeresküste den Ichthyophagen, die in Hürden (ἐν μάνδραις), in Engpässen errichtet, zerstreut leben, das Binnenland aber den Barbaren und hinter ihnen den Agriophagen [= «Wildfleischessern»] und Moschophagen [= «Kalbfleischessern»] [92], die von Alleinherrschern (κατὰ τυραννίδα) regiert werden» (c. 2).

Kaum wesentlich mehr bietet endlich auch ein Passus über die Bevölkerungen Arabiens, wiewohl er im ganzen noch umfangreicher als der vorhergehende angelegt ist, ja eigentlich den größten im engeren Sinne ethnographischen Exkurs des Gesamtwerkes darstellt:

«Nach diesem Orte [Leuke Kome] erstreckt sich sofort ohne Unterbrechung das arabische Land, das sich der Länge nach weithin am Erythräischen Meere ausdehnt. Verschiedene Völkerschaften (ἔθνη) wohnen in demselben, von denen sich die einen nur einigermaßen, die anderen aber gänzlich ihrer Sprache nach unterscheiden. Das daselbst am Meere gelegene Land ist gleichfalls [wie im Falle des gegenüberliegenden Oberägypten] von Hürden der Ichthyophagen hin und wieder besetzt, die nach innen zu gelegenen Striche aber werden, nach Dörfern und Weideplätzen (κώμας καὶ νομάς) gesondert, von schlechten, zwiesprachigen Menschen (πονηζοῖς ἀνθζωποις διφώνοις) bewohnt, von denen die vom Kurse in der Mitte des Meerbusens Abgekommenen teils ausgeplündert, teils auch die Schiffbrüchigen zu Sklaven gemacht werden. Deshalb werden sie auch fortwährend von den Königen Arabiens und deren Vasallen in die Sklaverei abgeführt» (c. 20).

Wie namentlich aus dem letzteren Teil des Exkurses sehr deutlich hervorgeht, findet, wie alles andere, auch die Ethnographie nur insofern Berücksichtigung, als sie für die speziellen Belange der Schiffahrt von Bedeutung erscheint: Der Verfasser warnt vor den besonderen Gefahren, die dem Seefahrer bzw. Handelsreisenden von seiten der Küstenbevölkerung drohen. Es handelt sich also in erster Linie um reine *Zweckinforma-*

---

92 Im letzteren Falle dürfte es sich also um Rinderhirten, bei den «Agriophagen» wohl um Jägergruppen handeln.

tionen; alles, was keinen unmittelbaren Bezug zu den praktischen Be-
dürfnissen der Kauffahrteischifferei hat, interessiert nicht und bleibt daher außerhalb der Betrachtung. Das Verständnis für die Bedeutung einer
zweckfreien Forschung war verlorengegangen, und so verstand man es
auch nicht mehr, die neuen und großartigen Möglichkeiten, die der so
florierend sich entfaltende Handel mit Süd- und Ostasien der ethnographischen Erkenntnis gerade damals in einem Maße wie selten zuvor bot,
zu sehen und auszuschöpfen.

12. Flavius Arrianos (ca. 95–175 n. Chr.)

Der gleiche Mangel an einem echten, über die rein praxisbezogene Betrachtung hinausführenden, lebendigen Interesse an der Ethnographie,
und das heißt vor allem dem Wunsch, sich allein um der wissenschaftlichen Erkenntnis willen mit der andersartigen Lebenswirklichkeit fremder Volkstümer auseinanderzusetzen, tritt spürbar auch bei einem weiteren Werk der Periplous-Gattung dieser Zeit: dem um nur wenige Dezennien später entstandenen, von Flavius Arrianos verfaßten «Periplous des
Pontischen Meeres» (Περίπλους Εὐξείνου Πόντου), in Erscheinung.
Und das mutet an sich um so erstaunlicher an, als derselbe Autor in anderen Schriften durchaus ein derartiges Interesse verrät und überhaupt ein
recht vielseitig gebildeter Mann – wenngleich nicht unbedingt auch ein
origineller Denker – war.

Einer vornehmen Familie aus Nikomedia in Bithynien (NW-Klein-
asien) entstammend, fühlte er sich zunächst zur Philosophie hingezogen
und studierte bei Epiktet (ca. 50–135 n. Chr.), dessen Vorlesungen er so
gewissenhaft mitschrieb, daß andere später, nach dem Tode des Philosophen, der nichts Schriftliches hinterlassen hatte, keine Bedenken trugen, die Skripten unter dessen Namen herauszugeben – freilich wider
den Willen Arrians, der die Grundzüge der Philosophie seines Lehrers
dann noch einmal in einem eigenen «Handbüchlein» (Ἐγχειρίδιον
Ἐπικτήτου) zusammenfaßte. Von diesen besinnlichen Studien riefen
ihn jedoch alsbald andere Aufgaben ab. Er trat in den Staatsdienst ein und
legte hier, namentlich unter Hadrian (117–138 n. Chr.), dessen unein-
geschränkte Gunst er genoß, eine glänzende Laufbahn als Beamter und
Militär zurück, die ihn bis zur Konsulatswürde aufsteigen ließ. Und im
Zusammenhang damit wandte sich sein Interesse nunmehr konkreteren,
unmittelbarer an den Erfahrungen seiner praktischen Tätigkeit orien-

tierten Fragenbereichen zu, was seinen Niederschlag etwa in einer Schrift über die «Kunst der Taktik» (Τέχνη τακτική), vor allem aber einer Reihe von historiographischen Werken, teils mit starkem Bezug auf die politische Gegenwartsproblematik, fand, darunter einer «Geschichte der Partherkriege» (Παρθικά) unter Trajan (98–117 n. Chr.), einer «Alanengeschichte» ('Αλανική) und einer – gleich diesen bis auf einige wenige Hinweise oder Fragmente leider verlorenen – «Geschichte Bithyniens» (Βιθυνιακά) von den Anfängen (nach mythischer Überlieferung!) bis auf die Eingliederung des Landes in das Römische Reich (74 v. Chr.).

Erhalten hat sich dagegen eine – bewußt an Xenophon orientierte, daher die Wahl des Titels – «Anabasis Alexanders» ('Ανάβασις 'Αλεξάνδρου), in der die Geschichte der Feldzüge des großen Königs im Orient dargestellt ist, sowie, als Anhang (vgl. Anabasis V 5) oder besser: geographisch-ethnographischer Kommentar dazu, eine Art Landeskunde von Indien, die «Indike» ('Ινδική). Letztere Schrift kann jedoch nicht eigentlich als originale Schöpfung Arrians gelten, da sie im Grunde nur aus einer Kompilation von Berichten älterer Autoren, wie insbesondere des Nearch und Megasthenes, besteht, bei deren Behandlung auch bereits die wichtigsten ihrer ethnographischen Passagen zum großen Teil wiedergegeben wurden. Sie darf daher hier, trotz ihres für unseren Zusammenhang an sich einschlägigen Inhalts, mit Fug übergangen werden.

Auch der «Periplous des Pontischen Meeres», der immerhin, wenigstens zu großen Teilen, auf eigenen Beobachtungen beruht, kann nur in formaler Hinsicht, als für die damalige Zeit typisches Produkt seiner Gattung, Anspruch auf Interesse erheben. Den äußeren Anlaß zur Abfassung der ihrem Umfang wie Inhalt nach im übrigen recht bescheidenen Schrift bot Arrian eine militärische Inspektionsreise, die er bei seinem Amtsantritt als Statthalter der Provinz Kappadokien längs der Nordostküste seines Verwaltungsbereichs von Trapezus (Trapezunt/Trabzon) bis Sebastopolis (beim heutigen Poti an der Rion-Mündung) unternommen hatte. Der Bericht vom Fahrtverlauf dieser Expedition ist den Kapiteln 1–11 zugrunde gelegt, so daß auch nur dieser Abschnitt – zumindest zum Teil – auf persönlicher Anschauung und Erkundigung fußt und als im engeren Sinne originaler Beitrag Arrians zum Darstellungsganzen gelten kann. Den Stoff zur Beschreibung der übrigen Küstenabschnitte schöpfte er wieder zur Hauptsache aus schriftlichen Quellen, und zwar vor allem offenbar aus dem «Periplous des Inneren Meeres» (Περίπλους τῆς ἐντὸς θαλάσσης) des Menippos von Pergamon (1. Hälfte des 1. Jhs. n. Chr.). Dank der besonderen literarischen Gaben, über die er anerkannterweise verfügte, gelang es ihm jedoch insgesamt, das Ganze wie aus einem Guß erscheinen zu lassen.

Ihrer inhaltlichen Zusammensetzung nach läuft die Darstellung wieder zur Hauptsache auf eine bloße Aufzählung von Fakten und Informationen hinaus, wie sie eben für einen traditionellen Periplous typisch sind. Allerdings fällt auf, daß der geographische oder allgemein länderkundliche Aspekt gegenüber der Berücksichtigung der rein navigationstechnisch-nautischen Fragen deutlich stärker als etwa im «Periplous des Erythräischen Meeres» in den Vordergrund der Betrachtung tritt. Wir erfahren, um nur die Hauptpunkte aufzuführen, welche Flüsse und in welcher Entfernung voneinander ins Meer einmünden, inwieweit sie schiffbar sind und welche Windverhältnisse an den einzelnen Küstenabschnitten herrschen, werden über die Lage der wichtigsten Städte, auch hier unter Angabe ihrer jeweiligen Distanz voneinander, weiter die Landemöglichkeiten und die Beschaffenheit der Häfen, die Existenz von Handelsemporien und militärischen Stützpunkten informiert, erhalten verschiedentlich, sofern es sich jedenfalls um griechische Gründungen handelt, Aufschluß über die Entstehungsgeschichte der Städte und empfangen nicht zuletzt auch zahlreiche Hinweise auf irgendwie bedeutsame Heiligtümer, Tempel oder andere hervorragendere Baudenkmäler sowie, gegebenenfalls, ihre Beziehung zur griechischen Sagenwelt.

Nur ein einziges Kapitel enthält auch Angaben zur Ethnographie, die sich zudem nur auf den Küstenabschnitt, den Arrian selbst befahren hatte, beziehen und daher auch an den Schluß des Teiles, der auf seinem eigenen Fahrtbericht fußt, gestellt sind (c. 11). Die Art ihrer Wiedergabe entspricht ganz dem Stil ethnographischer Informationsvermittlung, wie er uns bereits von Pomponius Mela und Plinius her vertraut ist und die damaligen Ansprüche eben offenbar voll befriedigt zu haben scheint:

«Die Völker (ἔθνη), an deren Gebiet wir vorübergesegelt sind, waren folgende: Die unmittelbaren Nachbarn der Trapezuntier sind, wie auch Xenophon berichtet[93], die Kolcher. Diejenigen aber, von denen er sagt, sie seien am meisten kriegerisch und den Trapezuntiern am feindlichsten gesonnen, nennt er Driller, ein Volk, das mir mit den Sannern identisch zu sein scheint. Und in der Tat sind sie auch bis zum heutigen Tage äußerst streitbar und erklärte Feinde der Trapezuntier geblieben. Sie wohnen in befestigten Siedlungen und unterstehen keiner königlichen Herrschaft (ἔθνος ἀβασίλευτον). Schon seit alters den Römern steuer-

93 Anabasis V 2.

pflichtig, kommen sie zur Zeit ihrer Verpflichtung nicht nach und leben ganz dem Raub. Mit göttlicher Hilfe werden sie jedoch ihrer Schuldigkeit Genüge leisten müssen – oder wir werden sie vernichten [!]. Auf die Driller folgen die Machelonen und Heniocher, deren König (βασιλεύς) Anchialos ist, und auf die Machelonen und Heniocher die Zydreiten, die dem Pharasman untertan sind. Nach den Zydreiten kommen die Lasen, deren König Malassas ist, der sein Königtum von Dir[94] empfing. Auf die Lasen folgen die Apsilier. Dort herrscht Julian, der von Deinem Vater eingesetzt wurde. Nächst ihnen siedeln die Abasken. Ihr König Rhesmagas verdankt wiederum Dir seinen Thron. Dann kommen die Saniger, wo sich auch Sebastopolis befindet. Ihr König Spadagas erhielt die Herrschaft von Dir» (c. 11).

Man spürt, daß der Text, dessen unmittelbar ethnographische Informationen im Grunde nur in einer *Aufzählung der einzelnen Völker und ihrer Siedlungsgebiete* bestehen, wohl mehr als eine Art Bestandsaufnahme gedacht war – und diesem Zweck sollte ja auch die Inspektionsreise, aus deren Aufzeichnungen er hervorging, sicherlich in erster Linie dienen. Gleichwohl ist bezeichnend genug, daß Arrian doch nicht mehr aufzunehmen für nötig hielt als eben das, was *im Interesse der römischen Kolonialpolitik* lag, die er damals ja auch *ex officio* vertrat; – die Ethnographie hatte keine andere Aufgabe mehr, als Zuträgerdienste für die koloniale Verwaltungspraxis oder die außen- und militärpolitischen Planungsbehörden zu leisten.

13. Dionysios der Perieget (1. Hälfte des 2. Jhs. n. Chr.)

Neben dieser ihrer für die politischen Interessenbelange der Römer zweifellos wichtigen und naheliegenden Funktion einer rein praxisbezogenen Informations- und Datenvermittlung erfüllte die Länder- und Völkerkunde, jedenfalls für die aufgeschloseneren Kreise des Bürgertums und zunehmend zu späterer Zeit, jedoch noch einen weiteren, sehr viel harmloseren Zweck, nämlich den, zur *allgemeinbildenden Belehrung*, wenn nicht gar gehobeneren Unterhaltung beizutragen. Eines der ersten und zugleich typischen Beispiele dafür ist die seinerzeit sehr beliebte und vielgelesene «Erdbeschreibung» (Περιήγησις τῆς οἰκουμένης) eines uns sonst nicht näher bekannten Dionysios mit dem Beinamen «der Perie-

---

94 Hadrian, an den der Periplous in Form eines Briefes gerichtet ist.

get», die der ganzen Anlage nach wieder die Tradition der klassisch-römischen Chorographien (insbes. eines Pomponius Mela und Plinius)
fortsetzt, inhaltlich jedoch selbst hinter deren – an sich schon recht niedrigen – Ansprüchen noch um einiges zurückbleibt. Durchaus keinen
Hehl daraus machend, welchen Absichten seine Darstellung dienen soll,
bekennt der Verfasser in aller Freimütigkeit:

«Jetzo will ich die Bildung des sämtlichen Landes erzählen,
Daß, sahst du es auch nicht, im Geist dir ein deutliches Bild sei:
Denn das macht dich geehrt, und mit Ehrfurcht blicket man auf dich,
Magst du den noch Unbelehrten das einzelne jedes erklären» (170–173).

Um seinen trockenen Stoff gefälliger aufzubereiten, kleidet er ihn in die
Form eines Lehrgedichts (in Hexametern), ein Stilmittel, das zwar seiner
Absicht, die Belehrung auf eine möglichst bequeme und annehmliche
Weise darzubieten, trefflich entgegenkommt, der Sache selbst gegenüber
jedoch häufig zu Gewaltsamkeiten führt, so etwa, um hier zunächst nur
dies eine Beispiel zu nennen, wenn er, aus Sorge, den Rhythmus seiner
Verse zu stören, darauf verzichtet, bei der Aufzählung der Völker die
gehörige Reihenfolge einzuhalten. Die Schönheit der Sprache und das
Bestreben, die Darstellung ebenso anschaulich wie abwechlungsreich zu
gestalten, nehmen sein Hauptinteresse gefangen, so daß der Gegenstand
der Betrachtung, auf den es ihm eigentlich in erster Linie ankommen
sollte, eine untergeordnete Bedeutung erhält und mehr Wert auf seine
literarisch-formale Behandlung als die konkrete Faktizität seines Infor-
mationsgehaltes gelegt wird. Aus diesem Grunde glaubt Dionysios auch,
sich nicht um Vollständigkeit bemühen zu müssen, und setzt statt dessen
seinen Ehrgeiz wieder mehr darein, das Interesse des Lesers durch Mythen und Wundergeschichten, Schilderungen merkwürdiger Begebenheiten und seltsamer Erscheinungen sowie anderes mehr dergleichen zu
fesseln.

Bei einer Zielsetzung dieser Art konnte Dionysios ferner auch leicht
auf eigene Forschungsreisen verzichten. Er gibt ungeniert zu – und das
ist nicht nur für seine, sondern die Einstellung der damaligen Zeit überhaupt bezeichnend genug, daß seine Darstellung nicht aus eigener Anschauung schöpfe und er sich in vielem seiner Phantasie überlassen bzw.
dem «Geist der Musen» anvertraut habe, «welche vermögen ohn' um-
schweifende Irr' auch viel zu messen der Salzflut, Berg' auch und festes
Land und der Stern' ätherische Laufbahn» (707–717). Das heißt, er
mußte – mit Ausnahme dessen, was er der Gunst der Musen verdankte –

sein Material wieder zur Gänze schriftlichen Quellen entnehmen, wobei
er jedoch, jedenfalls in der Mehrzahl der Fälle, nicht auf die Original-
werke selbst zurückgegriffen, sondern sich vielmehr zur Hauptsache aus
den bequemer erreichbaren neueren Kompilationen und Handbüchern
bedient haben dürfte. Unmittelbar scheinen nur Dichter, wie Homer,
Hesiod, Aratos, Kallimachos und namentlich Apollonios von Rhodos, benutzt zu sein, deren Lektüre auch nicht ganz ohne Einfluß auf die formale
und stilistische Gestaltung der «Erdbeschreibung» des Periegeten blieb.
Wie dem aber auch sei, fest steht jedenfalls, daß Dionysios sich, sei es nun
direkt oder nur indirekt, in den länder- und völkerkundlichen Partien
seines Werkes (neben Homer!) zur Hauptsache auf Hekataios und Herodot, Pseudo-Skylax, Eratosthenes und Poseidonios – auf die beiden letzteren vor allem in bezug auf die Erdeinteilung – gestützt hat. Das bedeutet, daß seine Darstellung zum überwiegenden Teil – und ganz sicherlich
in ethnographischer Hinsicht – einem *veralteten* Kenntnisstande entsprach und er demzufolge kaum wesentlich Neues zu bieten vermochte.
Da er weiter auch offenbar nur sehr flüchtig las, eine bestimmte, ihm für
seine Zwecke eben ausreichend erscheinende Auswahl betrieb und sichtlich nicht über die Voraussetzungen verfügte, seinen Quellen mit der
gehörigen Kritik zu begegnen, unterliefen ihm zudem noch eine Fülle
von Irrtümern, Verwechslungen, Anachronismen und anderen Fehlern,
wie wir sie schon – und in der Regel aus den nämlichen Gründen – bei den
im vorausgegangenen behandelten Autoren immer wieder feststellen
konnten. Bei der Schilderung Italiens (365–406), die überhaupt einen
recht verworrenen Eindruck macht, bleibt die Ostküste ganz außer Betracht. Die Kelten werden nur mit einem flüchtigen Hinweis auf ihre
Sitze gestreift (288 f), und ebenso rasch und oberflächlich gleitet die Darstellung über Britannien hinweg (566–569). In Griechenland (407–446)
versäumt Dionysios Athen zu erwähnen, geschweige denn, mit einigen
wenigen Worten seine historische Bedeutung zu würdigen. Schwierigkeiten macht ihm auch die Lokalisierung der Inseln: Rhodos z. B. läßt er
vor der ägyptischen Küste liegen (504 f), und von Zypern meint er, es
werde vom «pamphylischen Pontos umwogt» (508)! Für Persien gibt er
eine politische Gliederung an (1066–1070), wie sie unter den Achämeniden, also um rund 400 Jahre zuvor, bestand, und in Skythien weiß er zur
überwiegenden Mehrzahl keine anderen als die bereits von Herodot dort
erwähnten Völker zu nennen (650–798), von denen etliche, wie die Kimmerier (169.681) und Bebryker (805), mit Sicherheit schon längst nicht
mehr existierten. Endlich fehlen auch eine Reihe wichtiger Landschafts-

bezeichnungen, wobei die Ignorierung etwa Liguriens, Numidiens, Kariens und Palästinas besonders unverständlich und schwer verzeihlich erscheint. Das aber, was Dionysios uns an positiven Angaben bietet, erschöpft sich zumeist wieder nur in einer kaum mehr als namentlichen Erwähnung und Aufzählung der einzelnen, von ihm der Aufmerksamkeit für würdig befundenen Landschaften, Gebirgszüge, Flüsse, Völker, Städte usw. und bildet daher insgesamt, trotz des rhythmischen Schwunges der Sprache, eine recht magere Kost; mehr Leben und Farbe gewinnt die Darstellung erst, wenn von Mythen und Mirakeln die Rede ist.

Bei all diesen schwerwiegenden, inhaltlichen Mängeln besitzt das Werk jedoch immerhin den formalen Vorzug eines sehr klar gegliederten, gut überschaubaren Aufbaus. Nach einer kurzen einleitenden Vorbemerkung (1–2), in der Dionysios verheißt, neben der Erde, dem Meer, den Flüssen und Städten auch die «zahllosen Stämme der Menschen besingen» zu wollen, wird uns zur allgemeinen Orientierung zunächst ein Überblick über die Gestalt, das Ausmaß und die Einteilung der Ökumene geboten (3–57), beginnend mit den Worten:

«Denk ich Okeanos auch, des tief hinströmenden; denn er
Kränzet das sämtliche Land, gleich einer unendlichen Insel
Rings umflossen, doch nicht als gerundeter Kreis: nach den Seiten
Geht in des Helios Bahn es enger in Spitzen zusammen,
Gleich der Schleuder gedehnt. Obschon das Ganze nur eines,
Teilten die Menschen es doch sich ab in dreifache Festen:
Libya erst, Europa darauf, dann Asia ordnend» (3–9).

Die Grenzen zwischen den einzelnen Erdteilen bilden eine von Gades (Cádiz) durch das Mittelmeer bis zur Nilmündung hin verlaufend gedachte Linie, die Europa von Libyen scheidet, sowie der Tanais (Don) und eine weitere, den Hellespont mit der Nilmündung verbindende Linie, die Europa und Libyen von Asien trennen (10–18). Dionysios merkt jedoch an, daß andere die Kontinente nach Landengen scheiden und so als Grenze zwischen Europa und Asien den kaukasischen Isthmus und als Grenze zwischen Asien und Libyen die Landenge von Suez ansetzen (19–25). An diese Erörterung schließt sich als nächstes die Behandlung des Ozeans und seiner vier großen «Einbuchtungen» in den zentralen Festlandbereich der Ökumene an, also des Mittelländischen Meeres, des Persischen und Arabischen Golfes und des Kaspischen Meeres (27–57) – dessen Binnencharakter auch Dionysios noch immer unbekannt ist. Es folgt ein im ganzen recht flüchtiger und allgemein gehaltener Überblick über die Länder, Meeresteile und Inseln des westlichen Mittelmeerraumes bis hinauf zum Pontischen Meer (58–169) und darauf dann endlich, als der eigentliche Hauptgegenstand der Periegese, die eingehendere Beschreibung der drei Erdteile Libyen (174–269), Europa (270–447) und Asien (620–1165) samt der Inselwelt des Inneren und Äußeren Meeres (447–619). Müßig zu sagen, daß die Darstellung wieder weitgehend, wenn auch nur rein formal, nach der Art eines Periplous angelegt ist. Schließlich den «Abgesang» bildet ein Lobpreis der Götter (1169 ff), denen die Welt und die Menschen ihre Entstehung und ihr Dasein verdanken.

Die *ethnographischen* Partien, mit denen Dionysios sein zu Eingang gegebenes Versprechen, auch von den «zahllosen Stämmen der Menschen» zu handeln, einlöst, nehmen dabei, im Verhältnis zum Ganzen, einen recht breiten Raum der Darstellung ein. Allein, dies ist auch ihr einziger Vorzug; denn die großen Schwächen des Werkes, von denen oben schon allgemein die Rede war, machen sich hier, wo es nicht mehr um rein geographisch-topographische Fakten, wie Flüsse, Seen, Inseln, Gebirgszüge, Ebenen und dergleichen, sondern um Menschen und ihre Kulturen, also lebendige Größen, geht, noch gravierender geltend, so vor allem, wenn Dionysios sich, wie im folgenden, durchaus typischen Falle, lediglich damit begnügt, die Völker beim Namen zu nennen und ihren Siedlungsbereich zu bestimmen:

«Hier Germanen, darauf die Sarmaten, Geten, Bastarner,
Auch das unendliche Land der Daker, die kühnen Alanen,
Taurier dann, die bewohnen die ragende Bahn des Achilleus.
Schmal zugleich und lang, bis hin an die Mündung des Sees selbst[95]
(Oberhalb dieser erstreckt sich der Stamm roßreicher Alanen):
Dort sind die Melanchlainer und Männer, genannt Hippemolgen,
Neurer und Hippopoden, Geloner auch und Agathyrsen» (304–310).

Besonders bezeichnend für die Sorglosigkeit der Darstellung ist, daß Dionysios Völker aus Quellen des verschiedensten Alters zusammenfaßt und bedenkenlos nebeneinanderstellt: die Mehrzahl findet sich bereits bei Herodot erwähnt, die «Hippemolgen» («Rosselmelker») gehen sogar bis auf Homer zurück, die «Hippopoden» («Pferdefüßler») gehören vollends ins Reich der Fabel (übrigens das einzige Volk dieser Art, das D.

95 Der Mäotis.

anführt), und die Alanen wiederum waren der mittelmeerischen Welt erst vor knapp 100 Jahren bekannt geworden. Noch schwerwiegender aber erscheint, daß wir nichts vom Leben und Dasein all dieser Völker erfahren!

Ein wenig substanzreicher in dieser Hinsicht ist einzig die Beschreibung der Masäsylier und Massylier – wildbeuterischer «Nomaden» im Nordwesten von Afrika – gehalten, die zwar ebenfalls kaum konkrete Details, aber doch immerhin eine Spur von Leben enthält und wenigstens einen vagen Eindruck vom Dasein der betreffenden Gruppen vermittelt:

«Aber den äußersten Winkel, den Säulen[96] nahe, bewohnen
Hier am westlichen Rande des Lands die maurusischen Völker.
Diesen nach breiten sich aus der Nomaden (Νομάδων) zahllose Stämme,
Dort, wo der Masäsylier Hord' und der Massylier Scharen
Weidend ziehen umher mit Kindern durch Feld und durch Waldung,
Suchend, das Leben zu fristen, sich kümmerlich elende Beute.
Denn nicht lerneten sie mit dem Pflug zu teilen das Erdreich,
Niemals höreten sie das lustige Knarren des Wagens
Noch der Rinder Gebrüll, wenn heim zur Stallung sie kommen,
Sondern sie weiden, wie Wild, unbedacht von den Bäumen des Waldes,
Haben nie Ähren gesehen und nimmer gehöret von Ernte» (184–194).

Theoretische Erwägungen werden so gut wie nirgendwo angestellt. An zwei Stellen (965 f, 1110 f) klingt lediglich die simple Auffassung an, daß dunkler Teint eine Folge starker Hitze bzw. intensiver Sonnenbestrahlung sei. Selbst der Kulturpessimismus, sonst eines der beliebtesten Themen der Dichter und Ethnographen der Römerzeit, wird nirgends beschworen; – im Gegenteil: Dionysios rühmt, wo sich die Gelegenheit bietet, die Errungenschaften der Zivilisation als wahre Segnungen für die Menschheit, die einen echten Fortschritt darstellen, und preist Rom, das in seinen Augen die Höchstform der zivilisatorischen Entwicklung verkörpert, in diesem Sinne einmal als «das Prachthaus meiner Gebieter, Mutter sämtlicher Städte der Erd' und des Reichtumes Wohnsitz» (355 f). Und demzufolge müssen ihm auch, wie ja bereits aus dem Beispiel der Masäsylier und Massylier hervorging, wieder die Völker, die jenseits der römischen Reichsgrenzen leben, in dem Maße, in dem sie dem engeren Einflußbereich der Hochzivilisation entrückt sind und ihrer Güter ermangeln, als *zunehmend barbarisch* erscheinen, als arme und

96 D. i. der Straße von Gibraltar.

elende Menschen (vgl. a. 486 f), verdammt, ein trostloses und mehr oder
weniger tierartiges Dasein zu führen.

Merkwürdig, und nicht eigentlich von der letzteren Voraussetzung
her erklärlich, ist die kühle, an Gleichgültigkeit grenzende Distanziertheit, mit der Dionysios die Barbaren betrachtet; man meint, er schildere
Wesen, die irgendwo, weitab der eigenen Daseinswelt, in einer Art un-
wirklich-traumhaften Sphäre leben – und das zu einer Zeit, da das Römische Reich mit seinen größten Umfang besaß und man wie selten zuvor
die Gelegenheit hatte, mit den verschiedensten barbarischen Völkern in
enge Berührung zu treten. Ein seltsamer Widerspruch, der indessen
keine singuläre Erscheinung darstellt, sondern, wie noch zu zeigen sein
wird, bei den späteren Autoren eher noch schärfer hervortritt, und zwar
fast in dem nämlichen Maße, in dem die Barbaren dann ihrerseits zur
Offensive auf das Reich anzusetzen und zunehmend zu einer ernsten
Bedrohung für seine Existenz zu werden beginnen. Dem Ethnologen
drängt sich die Auffassung auf, daß weniger falsch gemacht worden und
einiges, wenn nicht das Schlimmste sogar, zu vermeiden gewesen wäre,
hätte man noch wie einst, zu Caesars und Tacitus' Tagen, das Interesse
und die Bereitschaft besessen, sich gründlicher mit der Lebensart der Barbaren auseinanderzusetzen und seine Lehren daraus zu ziehen.

Den Ansprüchen seiner und der folgenden Zeit jedenfalls genügte, was
Dionysios bot, vollauf; ja mehr noch: man maß seiner «Erdbeschreibung» eine so große und grundsätzliche Bedeutung bei, daß man sie nicht
nur mehrfach kommentierte und immer wieder ins Lateinische über-
setzte, sondern – und vor allem offenbar ab dem 4. Jahrhundert – sogar
zum *Hauptlehrbuch des Geographieunterrichts in den Schulen* erhob!

14. Klaudios Ptolemaios (ca. 100–178 n. Chr.)

Eine weitere traurige Bestätigung für die schwindende Bedeutung der
Ethnographie liefert der große Klaudios Ptolemaios. Er war freilich in
erster Linie Mathematiker, vor allem Astronom, und beschäftigte sich
daher auch, wie schon ein Blick auf seinen Schriftenkatalog lehrt, zum
überwiegenden Maße mit Problemen der Astronomie sowie Fragen verschiedener physikalischer Spezialdisziplinen (so etwa der Harmonik und
Optik). Für unseren Zusammenhang kommt zunächst nur seine *geographische* Hauptschrift, die «Geographische Anleitung» (Γεωγραφικὴ
ὑφήγησις), in Betracht.

Das Werk, aus VIII Büchern bestehend, ist wesentlich, wie schon im Titel angezeigt, als Einführung, und zwar als Einführung in die darstellende – und das will heißen: in die *kartographisch*-darstellende – Geographie gedacht. Buch I bringt, um eine kurze Inhaltsübersicht zu geben, zunächst die theoretische Grundlegung des Ganzen; Buch II–III wird dann die eigentliche Darstellung mit Europa eröffnet, Buch IV über Afrika («Libyen») weitergeführt und Buch V–VII mit der Behandlung Asiens abgeschlossen; Buch VIII endlich rundet den Überblick noch einmal mit einer zusammenfassenden Betrachtung ab und leitet zum Schluß mit einer kommentierenden Beschreibung der dem Text ursprünglich beigegebenen – im Original jedoch leider verlorenen – 26 Spezialkarten (10 für Europa, 4 für Afrika, 12 für Asien) zu der eigentlichen Grundlage und Hauptsache des Ganzen, dem Kartenwerk, über.

Für die ganze Auffassung und Zielsetzung der ptolemäischen Geographie – und damit indirekt eben auch der *Ethnographie* – ist bezeichnend und verdient daher sehr beachtet zu werden, was Ptolemaios gleich zu Beginn seiner einleitenden theoretischen Grundlegung sagt; dort definiert er nämlich die Geographie wie folgt: «Die Geographie ist die Nachbildung des gesamten bekannten Teiles der Erde *mittels Zeichnung* samt alledem, was gewöhnlich im Zusammenhang mit ihm dargestellt wird» (I 1, 1); sie achtet, heißt es weiter, «mehr auf das *Größenverhältnis* als auf die Beschaffenheit [des einzelnen], da sie in allen Fällen auf das *richtige Verhältnis der Entfernungen* Bedacht nimmt» (I 1, 4). Zur Bestimmung der Distanzverhältnisse dienen ihr dabei topographische Größen wie insbesondere «Meeresbusen, große Städte, Völker [!], bemerkenswertere Flüsse und was sonst unter jedem Gesichtspunkte besonders erwähnenswert ist» (I 1, 1). Das Hauptschwergewicht liegt also ganz eindeutig auf der *Kartographie*, und demzufolge bildet denn auch, wie Ptolemaios eigens hervorhebt (I 1, 5), notwendig die Mathematik (bzw. Astronomie) die wichtigste Hilfswissenschaft der Geographie.

Im folgenden werden dann die praktischen Konsequenzen daraus gezogen, d. h. im einzelnen die Richtlinien entwickelt, die bei der Zusammenstellung und Auswertung des geographischen Datenmaterials, wie es etwa die Reiseberichte liefern, zu beobachten sind. Im Vordergrund steht für Ptolemaios dabei natürlich immer wieder die Frage der genauen Lagebestimmung bzw. der exakten Fixierung der einzelnen topographischen Größen mit Hilfe des durch die Längen- und Breitengrade gebildeten Koordinatensystems (I 2 ff). Bemerkenswert – gerade für die damalige Zeit – erscheint die Empfehlung, das gewonnene Bild stets an den

neuesten Nachrichten zu überprüfen, da sich die Situation durch historische Umwälzungen oder infolge von Naturkatastrophen ständig verän-
dern könne (I 5. I 17, 2 ff).

Ptolemaios wertete alles aus, was ihm nur irgend an älteren und neueren Darstellungen, Seefahrtberichten, Handelsitinerarien oder sonstigen
Reisebeschreibungen (und wohl auch mündlichen Nachrichten) zugänglich war (vgl. I 17, 2–5; 19. VIII 1, 1), wozu ihm die Welthandelsstadt
Alexandrien, wo er lebte und wirkte, wieder die günstigsten Voraussetzungen bot; auch von den Erkenntnissen, die im Zusammenhang mit den
jüngsten Eroberungskriegen der Römer, wie insbesondere den Feldzügen
gegen die Daker, Markomannen und Quaden im nördlichen Balkanraum
unter Domitian (81–96 n. Chr.), Nerva (96–98 n. Chr.) und Trajan
(98–117 n. Chr.), gewonnen wurden, scheint er nicht unwesentlich pro-
fitiert zu haben. Selber gereist, jedenfalls in wissenschaftlicher Absicht,
dürfte er dagegen wohl kaum sein (vgl. I 19 u. VIII 1, 1).

Entsprechend den Zielen, die Ptolemaios mit der Geographie verband,
mußte es ihm im darstellenden Teil seines Werkes weniger auf detaillierte, lebensvolle Beschreibungen als vielmehr die Bereitstellung eines
zwar möglichst umfassenden, aber doch in erster Linie nach rein *statistischen Kriterien* zusammengestellten bloßen *Zahlen- und Datenmaterials* ankommen, wie es für seine Zwecke eben die relevanteste Beweis-
kraft besaß. Infolgedessen läuft, was er dort bietet, im wesentlichen auf
ein registermäßiges Aneinanderreihen des einzelnen, auf mehr oder weniger rein tabellarische Aufzählungen etwa der Flüsse, Ortschaften,
Berge und Küstenvorsprünge jeweils mit Angabe ihrer Länge und Breite,
auf Grade und Gradzwölftel genau berechnet, hinaus. Dabei konnte es
freilich, bei aller angestrebten Exaktheit, nicht ausbleiben, daß ihm wieder eine Fülle von Irrtümern, Mißverständnissen und Anachronismen
unterlief, daß er Fehler beging, die letzten Endes eben vor allem darin
begründet lagen, daß er es mit der Ethnographie und Geschichte (bzw.
Kulturgeschichte) allzuwenig genau nahm und ihre Daten, die doch
«Ausdrucksgestalten» einer *bewegten, lebendigen Wirklichkeit* sind,
glaubte nicht anders denn als mathematisch-statistische Größen behandeln zu können. So verwechselte er z. B. nicht selten Landschafts- mit
Völkernamen, führt Völker auf, die es zu seiner Zeit bereits längst nicht
mehr gab, wie die (italo-keltischen) Senonen im umbrisch-adriatischen
Küstengebiet (dem Ager Gallicus, zw. den heut. Flüssen Montone u.
Esino), die 283 v. Chr. von den Römern vernichtend geschlagen worden
waren und seitdem praktisch zu existieren aufgehört hatten (III 1, 19;

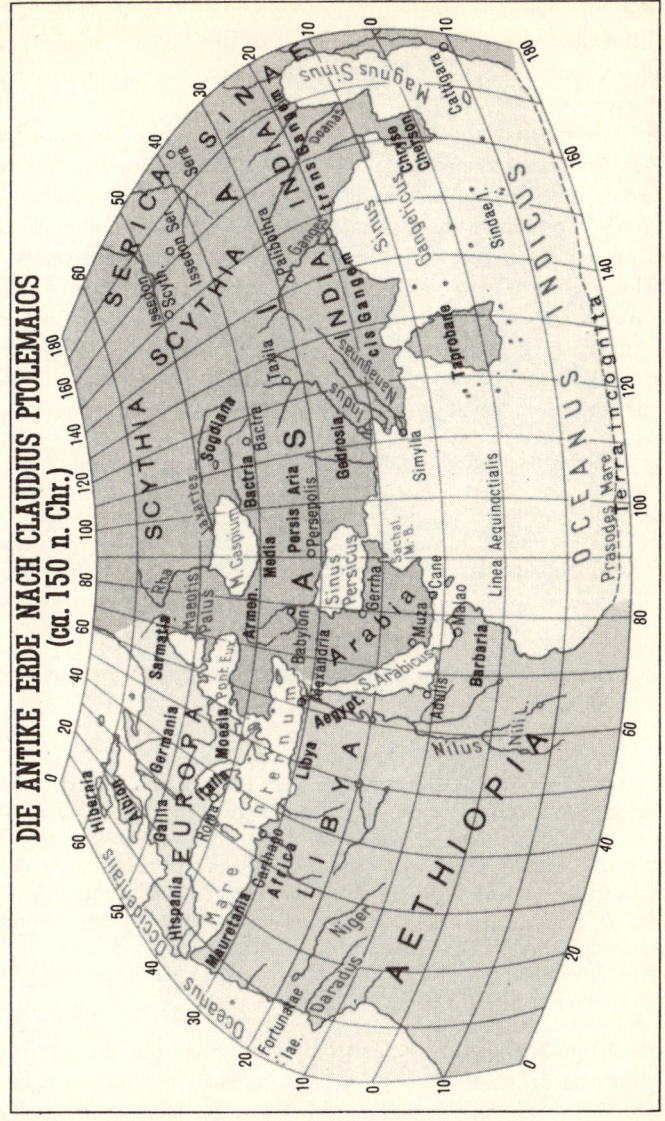

Abb. 18 Die Erdkarte des Klaudios Ptolemaios

44), oder gibt veraltete Landesgrenzen an, wie im Falle der (römischen) Provinz Arabia, deren Umfang er nach den Ausmaßen des alten Nabatäerreiches (vor 106 n. Chr.) bestimmt (V 16), und vieles andere dergleichen mehr.

Seine – wenn man so hoch greifen will – im engeren Sinne *ethnographischen* Angaben entsprechen natürlich nur der Gesamtkonzeption des Werkes, d. h. erschöpfen sich in der Regel wieder in bloßen Aufzählungen von Völkernamen, die ihm zudem nicht selten, wie namentlich in Osteuropa (Sarmatien u. Skythien), infolge falscher Lokalisierung, irrtümlicher Zuordnungen oder überhaupt einer allzu flüchtigen Quellenauswertung, arg durcheinandergeraten sind. Wie bescheiden in der Tat seine Ansprüche gegenüber der Ethnographie und die Zwecke, die er mit ihr verbindet, sind, geht mit aller Deutlichkeit aus einer Erklärung hervor, mit der er sein Verfahren wie folgt zu begründen versucht:

«Sonst werden wir, entsprechend dem von Anfang an festgehaltenen Programm, die Anleitung nur so weit ausführen, als dies *zur Kenntnis der Lage und Einzeichnung der Orte* von Nutzen ist, und die mannigfaltigen Einzelheiten in den Berichten über die Eigentümlichkeiten der Völker (τῶν περὶ τὰς ἰδιοτροπίας τῶν ἐθνῶν ἱστορηθέντων) beiseite lassen, es sei denn, daß irgendeine der allgemein verbreiteten Ansichten einer kurzen und angemessenen Bemerkung bedürfte» (II 1, 7).

Das Ergebnis sieht dann, um ein Beispiel aus der Geographie von Germanien zu geben, etwa folgendermaßen aus:

«Das Land längs des Ozeans bewohnen jenseits der Brukterer die Friesen bis zum Flusse Amisia [Ems]. Hinter ihnen sitzen die kleinen Chauken bis zur Weser, dann die großen Chauken bis zur Elbe, dann bis zur Landenge der kimbrischen Halbinsel die Sachsen. Die Halbinsel selbst aber oberhalb der Sachsen bewohnen im Westen die Singulonen, dann die Sabalingier, dann die Kobander, jenseits von diesen die Chalen und noch jenseits dieser mehr im Westen die Phunusier, mehr im Osten die Charuden, am nördlichsten von allen aber die Kimbern. Hinter den Sachsen wohnen vom Flusse Chalusus bis zum Flusse Syebos die Pharodiner, dann die Sidiner bis zum Flusse Viadua [Oder?] und jenseits von ihnen die Rutiklier bis zum Weichselstrom» (II 11, 7).

Eine derartige Nichtachtung der lebendig-ethnographischen Wirklichkeit konnte natürlich nicht ohne Auswirkungen auf die Beziehungen und erst recht dann die sich zunehmend intensivierenden Auseinandersetzungen zwischen den Völkern der «zivilisierten Welt» des Mittelmeerraumes und den «Barbaren» bleiben.

Nun kann man Ptolemaios ein Interesse an ethnographisch-kulturhistorischen Fragen aber doch nicht vollends absprechen, nur finden sie sich bei ihm in einem ganz anderen Zusammenhang als im Rahmen der Geographie erörtert. Der nüchterne Naturwissenschaftler beschäftigte sich nämlich, was uns heute befremdlich erscheinen mag, für seine Zeit jedoch absolut nichts Ungewöhnliches darstellt, sehr eingehend (wie wieder ein Blick auf seinen Schriftenkatalog lehrt) auch mit der *Astrologie* und wurde von hier aus notwendig auf die Frage der *siderischen Bedingtheiten der menschlichen Entwicklungsgeschichte* geführt. Wie er u. a. bereits im II. (einzig erhaltenen) Buch seines Werkes «Phasen der Fixsterne und Zusammenstellung der Wetterzeichen» (Φάσεις ἀπλανῶν ἀστέρων καὶ συναγωγὴ ἐπισημασιῶν) darlegt, sind die Bewegungen der Planeten und vor allem des Mondes als wesentlich verantwortlich für die Veränderungen in den Witterungsverhältnissen – und damit für das Klima überhaupt – zu betrachten; je stärker die Leuchtkraft eines Gestirns, desto größer sein Einfluß. Ergo mußten sie, nach den Grundsätzen der klassischen Anthropogeographie, die nach wie vor galten, ihren Einfluß (mittelbar) auch auf die Geschicke der Menschen bzw. *den Gang der Kulturgeschichte* ausüben! Und den Versuch, dies des genaueren darzustellen, unternimmt Ptolemaios dann in seinem astrologischen Hauptwerk (insbes. B. II), der «Tetrabiblos» (Τετράβιβλος).

Hier unterteilt er die Völker zunächst einmal (II 2) ganz allgemein, «zum einen nach den Parallelkreisen und den Weltwinkeln, zum andern nach dem Stand bezüglich der Ekliptik und der Sonne», in solche der südlichen, solche der nördlichen und solche der gemäßigten Breiten. Die ersteren, die «Äthioper», haben eine sonnenverbrannte, dunklere Haut, besitzen krauses und dichtes Haar, ein «spitzes Gesicht», kurzgliedrige Leiber und «infolge der beständigen Hitze in ihren Gegenden noch wilde Sitten (τοῖς ἤθεσιν ὡς ἐπὶ πᾶν ἄγριοι)». Die Bewohner der nördlichen Breiten dagegen, die «Skythen», sind von hellerer Körperfarbe, hohem und schlankem Wuchs und haben langes, wallendes Haupthaar, weisen aber gleichwohl auch ihrerseits, hier allerdings «infolge der immerwährenden Kälte», nur «wenig entwickelte Sitten (ἄγριοι τοῖς ἤθεσι)» auf. Die Völker der mittleren, gemäßigten Zonen endlich, also die Einwohner der Mittelmeerländer, verfügen, entsprechend den bei ihnen herrschenden ausgeglichenen Witterungsverhältnissen (bzw. Besonderheiten der Gestirn-Konstellationen), in allem über ein *harmonisches Mittelmaß*, sind weder zu klein noch zu groß von Statur, haben eine mittlere Körperfarbe und zeichnen sich durch «mildere Sitten (τοῖς ἤθεσιν ἥμεροι)» aus; nach Süden zu zeigen sie sich, «da ihr Scheitelpunkt dem Zodiak und den Planeten näher liegt», im allgemeinen talentvoller und von rascherer Auffassungskraft, besitzen größere Gaben zum Forschen und zur religiösen Inspiration, sind aber zugleich auch verschlagener, während die mehr nach Osten zu lebenden über einen offeneren Charakter und festere, «männliche Seelen» verfügen, «da der Osten seiner Natur nach der Sonne angehört», und die im Westen wiederum eines zwar unzugänglicheren, aber im ganzen zarteren und weichlicheren Wesens sind – denn «dieser Teil wird dem Monde zugeschrieben». Die idealen Menschen, in denen sich eine wache Intelligenz, schöpferisches Ingenium und eine lebendige Religiosität mit einem trefflichen Charakter verbinden, wachsen demnach im Südosten des Mittelmeerraumes auf, dort also, wo Ptolemaios zu Hause war! Und überhaupt liegt dem ganzen System sicherlich nur wieder das alte ethnozentrische Schema von der Zivilisationspyramide zugrunde, deren Spitze die Mittelmeervölker und deren Basis, sowohl in «vertikaler» (entwicklungsgeschichtlicher) wie in «horizontaler» (räumlicher) Hinsicht, die Barbaren jenseits des Mittelmeerraumes bilden: je weiter vom Zentralareal entfernt, d. h., je mehr zur Peripherie hin die letzteren leben, desto weniger entwickelt, «niedriger» muß auch die ganze Art ihres Daseins sein!

Die in den drei großen Klimabereichen herrschenden *allgemeineren* Witterungsverhältnisse weisen nun, wie Ptolemaios weiter ausführt, je nach den wechselnden landschaftlich-geographischen Voraussetzungen (Steppen, Gebirge, Küstengebiete usw.) natürlich auch ganz bestimmte *regionale Differenzierungen* auf, und diesen entsprechend machen sich dann, innerhalb der einzelnen Landschaftstypen, auch wiederum *«verschiedene Eigentümlichkeiten in den Anlagen der Völker»* bemerkbar: Ebenen etwa begünstigen die Entstehung von Viehzüchter- und Reiterkulturen, Küstenbewohner werden zu Seefahrervölkern, und Gruppen, die in besonders gesegneten Landschaftsstrichen leben, bilden, «da ihnen die Fruchtbarkeit ihres Vaterlandes alles reichlich in den Schoß wirft», gemeinhin die Neigung zu einem friedlichen, ruhig-behäbigen Dasein aus.

Nach diesem allgemeineren, nur in ganz groben Strichen skizzierten Globalaufriß seiner «klimatologischen Ethnographie» tritt Ptolemaios dann (II 3) in die konkrete Betrachtung ein und versucht, die Wesensmerkmale der einzelnen Bevölkerungsgruppen Europas, Asiens und Afrikas (bzw. der vier Weltquadranten, die hier als Einteilungsprinzip zugrunde gelegt sind) je nach der Lage ihrer Sitze zu den vier Trigona im

Tierkreis (die den vier Weltquadranten entsprechen) und deren Planetenherrschern nun des genaueren zu bestimmen. Als Beispiel sei seine Charakterisierung der «Libyer» angeführt (die in den vierten Quadranten fallen):

«Der letzte Quadrant umfaßt das Gebiet Libyen, wie man es mit einem gemeinsamen Namen bezeichnet. Es enthält die Länder Numidien, Karthago, [die Provinz] Afrika, Phazania, Nasamonitis, das Land der Garamanten, Mauritanien, Gätulien und Metagonitis. Die Lage dieses Quadranten geht nach der Winter-Abend-Seite, entspricht der Natur des Trigons der Winter-Abend-Seite und wird beherrscht von Mars und Venus in abendlicher Stellung, *weshalb* in diesen Gegenden auch oft, *infolge* dieser Gestirnverbindung, die Herrschergewalt geteilt ist zwischen einem Mann und einer Frau oder einem Bruder und seiner Schwester, so daß der Mann den Männern, das Weib dagegen den Frauen zu gebieten hat und diese Anordnung auch bei allen Nachfolgen gewahrt bleibt.

Diese Völker nun sind außerordentlich heiß von Natur und gierig nach dem Beischlaf mit Weibern, rauben sich ihre Ehegenossinnen, und in vielen Gegenden beschlafen zuerst die Könige alle neu in eine Ehe getretenen Frauen. Anderswo wieder gehören sie gemeinsam mehreren Gatten, und die Männer lieben es, sich in Weiberschmuck zu kleiden, *da* sie von Venus regiert werden. Trotzdem aber sind sie kühn, verschlagen bei Schurkereien, treiben Zauberei, betrügen, sind waghalsig und lachen über Gefahren *durch Mars*. Numidien, Karthago und Afrika sind mehr dem Krebs und dem Monde verwandt. *Aus diesem Grunde* ist ihre Lebensart gesittet (κοινωνικοί), zuvorkommender im Gedankenaustausch und in ihren Handelsgeschäften, und sie können ihr Leben unter einem Überfluß aller Dinge verbringen. Die Metagonier, Mauren und Gätuler gehören ihrer Natur nach unter den Skorpion und Mars. *In diesem Sinne* sind sie nun auch bei weitem häßlicher und widerwärtiger, sind ausgesprochene Fleischesser, achten Gefahren ebensowenig wie ihr Leben und reiben sich gegenseitig in Stammeskriegen auf.»

In ganz wesentlichen Zügen also sind die Charaktere – und damit zugleich die Geschichte – der Völker *vorherbestimmt*, d. h. entfalten sich mit quasi *gesetzesmäßiger* Unabdinglichkeit. Daraus aber folgt, daß sie auch *prognostizierbar* sein müssen; und diese Konsequenz zieht Ptolemaios dann auch in aller Ausführlichkeit in den folgenden Kapiteln (II 5–IV 10), in denen er im einzelnen angibt, wie solche Voraussagen – hier nun zur Hauptsache in bezug auf die Lebensschicksale einzelner Menschen und ihrer Familien (etwa in Hinsicht auf Zeugung, Geburt, Eheschluß, Krankheiten, Lebensdauer, Beruf, Reisen usw.) – anzustellen sind.

Alle «Eigenheiten der Beschaffenheit und der Neigungen der Bewohner der einzelnen Gegenden der Erde» – bis hin auf Erscheinungen wie Brautraub, *ius primae noctis* und Transvestismus, wie sie im obigen Text namhaft gemacht sind, «entsprechen mithin», lehrt Ptolemaios (II 2), «den Tierkreiszeichen» (bzw. Planeten). Waren die Menschen – resp. Völker – in der Geographie zum Bestandteil des topographischen Datenmaterials, zu rein statistischen Größen verkümmert, so werden sie hier nun, in ihrer *historischen* Wirklichkeit, nicht minder schematisch zu bloßen Produkten siderischer Konstellatinsrelationen erklärt, die kalkulierbar sind, ja sich sogar mit einiger Exaktheit berechnen lassen. Eine gründlichere Kenntnis der Geschichte (und nicht zuletzt auch der Ethnographie!) hätte Ptolemaios, so möchte man meinen, sehr leicht von den Absurditäten einer derartigen Auffassung überzeugen müssen; aber dazu fehlte es ihm, als Naturwissenschaftler und Repräsentant seiner Zeit, wohl einfach an den erforderlichen interesse- und einstellungsmäßigen Voraussetzungen. Schon die für diesen ganzen Zusammenhang entscheidende Frage, was eintritt, wenn eine Bevölkerung ihre angestammten Sitze wechselt, mit der sich Poseidonios, für den sich das Problem ja ähnlich stellte, noch auf das eingehendste auseinandergesetzt hatte, wird von Ptolemaios kaum angesprochen, geschweige denn ernsthaft diskutiert – und das erscheint um so bezeichnender, als er Poseidonios zweifellos gekannt haben muß.

So blieb denn der große, letztmalige Aufschwung der antiken Geographie für die *Völkerkunde* leider ganz unfruchtbar, ja trug sogar noch das Seine dazu bei, ihren Verfallsprozeß zu beschleunigen. Ihre Problematik war dem Interesse entrückt, ihre Bedeutung den Menschen in zunehmenden Maße nicht mehr begreiflich und wert, eigens befragt oder gar eingehender erörtert zu werden. Ein nicht unwesentlicher Anlaß zu dieser Entwicklung wird sicherlich mit in dem sich immer deutlicher abzeichnenden inneren Zerfall des Römischen Reiches mit den dafür typischen, sich von Tag zu Tag mehrenden Auflösungserscheinungen gesucht werden müssen: in wachsenden Wirren, Unruhen und einer stetig sich steigernden Unsicherheit, also einer Situation insgesamt, in der die Menschen zunehmend von der Sorge um ihr eigenes Dasein beansprucht wurden und insofern gleichgültiger werden mochten gegenüber allem, was sich außerhalb ihres engeren Interessenhorizontes begab.

Das alles vermag freilich nicht das unbestreitbar hohe Verdienst des Ptolemaios um die Förderung der *naturwissenschaftlichen Geographie*, und hier insbesondere der *Kartographie* (Vervollkommnung der hipparchischen Kegelprojektion!), das wir in diesem Zusammenhang nicht zu beurteilen haben, zu schmälern. Nicht zuletzt auch trug sein entschiedenes Eintreten für die *Kugelgestalt der Erde* sehr wesentlich mit dazu bei, diese so wichtige Erkenntnis der Griechen (teils gegen den Widerstand der frühchristlichen Gelehrten!) an die Nachwelt zu übermitteln.

15. Pausanias der Perieget (2. Jh. n. Chr.)

Neben den geographischen Literaturgattungen der Küsten- und Erdbeschreibungen, den alten Periploi und Periodoi, wie sie in den vorangegangenen Kapiteln behandelt wurden, entstanden zur römischen Zeit aber auch weiterhin noch Monographien einzelner Länder, in denen also gewissermaßen die periegetische Tradition ihre Fortsetzung fand. Das bekannteste – schon weil am vollständigsten überlieferte – Werk dieser Art bildet die «Beschreibung Griechenlands» (Περιήγησις τῆς Ἑλλάδος) Pausanias' «des Periegeten».

Pausanias war sich der literarischen Tradition, der seine Darstellung folgte, nicht nur durchaus bewußt, sondern versuchte sie auch mit aller Absicht und nach besten Kräften zu pflegen, indem er sich möglichst eng an dem Vorbild Herodots zu orientieren bemühte, in dessen Barbaren-«Logoi» die Periegese ihre erste Vollendung gefunden hatte. Freilich die Anforderungen, und namentlich die inhaltlichen Anforderungen, die man zur Zeit, als er seine «Beschreibung Griechenlands» niederschrieb, an eine Landesschilderung stellte, waren ganz andere als während der Blütezeit der altgriechischen Länder- und Völkerkunde. Die Anlehnung konnte sich daher im Grunde auch nur auf den äußeren Rahmen, das Kompositionsgerüst beschränken. Auswahl und Schwerpunktverteilung des Stoffs dagegen mußten weitgehend auf den Geschmack der Leserschaft abgestimmt werden, hatten mehr eine – freilich in recht bescheidenem Sinne – «allgemeinbildende», wenn nicht auch geradezu unterhaltende Funktion zu erfüllen und dienten kaum noch dem Ziel, Zusammenhänge deutlich zu machen bzw. die *Ursachen* der Erscheinungen und Geschehnisse aufzuhellen. Erkennbar ist lediglich das Bestreben, die gegenwärtigen Verhältnisse doch wenigstens in einem gewissen Maße *aus ihrer historischen Entwicklung heraus* zu begreifen, so daß die *lokale Kulturgeschichtsforschung*, wenn man diese anspruchsvolle Bezeichnung einmal gelten lassen will, denn auch einen recht breiten Raum in der Darstellung einnimmt. Die tragende Basis des Ganzen bildet gleichwohl die *geographisch-topographische* Deskription.

Seiner ganzen Anlage nach könnte man das Werk als einen Reiseführer bezeichnen. Das erste seiner zehn Bücher setzt ein mit der Beschreibung von Attika, wo der Reisende, den Pausanias führen will, gewissermaßen von See aus eintrifft und seine Durchwanderung Griechenlands aufnimmt. Von hier aus wird er zunächst nach Korinth (B. II) und darauf durch den Peloponnes geleitet, und zwar der Reihe nach durch Argos und Lakonien (B. III), Messenien (B. IV), Elis (mit Olympia, B. V–VI), Achaia (B. VII) und zuletzt Arkadien (B. VIII), kehrt dann nach Mittelgriechenland zurück, wo er vor allem Böotien (B. IX) und die Phokis (mit Delphi) besucht und endlich mit einer Besichtigung der Hafenstadt Naupaktos (heute Nafpaktos, ital. Lepanto) an der Südküste Ätoliens seine Rundreise abschließt (B. X). Durchgehend ist die Darstellung dabei so aufgebaut, daß Pausanias die einzelnen Örtlichkeiten, welche die Route berührt, soweit sie ihm nur irgend von Bedeutung erschienen, teils recht eingehend und insbesondere unter Berücksichtigung ihrer Kunstdenkmäler (Baulichkeiten, Standbilder, Gemälde u. dgl.) oder sonstigen bemerkenswerteren Sehenswürdigkeiten beschreibt und sehr häufig auch, wo immer sich ihm eine Gelegenheit dazu bot, zu mitunter recht umfänglichen Exkursen geographischen, historischen, kunstgeschichtlichen oder mythologischen Inhalts ausholt. Wenn man so will, handelt es sich also gewissermaßen um eine Art ersten «Baedeker» von Griechenland! Daß Pausanias, der selbst offenbar in Kleinasien (vermutlich Lydien) zu Hause war, wenigstens zu einem sehr großen Teil aus eigener Anschauung schöpfte, darf heute wohl als ausgemacht gelten, überhaupt scheint er auch sonst viel gereist zu sein und so außer seiner Heimat und Griechenland, wie sich aus einer Reihe von Hinweisen folgern läßt, u. a. Syrien, Palästina, Ägypten (bis Theben!), die Ammon-Oase (heute Siwa, nahe der ägyptisch-libyschen Grenze) und weite Teile Italiens gekannt zu haben. Noch bedeutsamer aber ist, daß er diese Reisen ganz offensichtlich *zu Studienzwecken* unternahm, sei es um Anschauungsmaterial für spätere Darstellungen zu sammeln oder Gelesenes und Gehörtes auf seinen Wahrheitsgehalt hin zu überprüfen. Dabei zog er dann sehr reichlich auch wieder mündliche Erkundigungen ein (vgl. V 11, 11), schöpfte manches auch nur aus dem bloßen Hörensagen (vgl. II 16, 3. VI 20, 7) und machte im übrigen natürlich ausgiebig – angefangen bei Homer! – auch von schriftlichen Quellen Gebrauch, die er mitunter jedoch recht eigenwillig zu handhaben pflegte, indem er sie nach Gutdünken kürzte, umdeutete oder auch einfach ungenau wiedergab. Im allgemeinen aber darf man ihn dennoch als einen – jedenfalls für die Verhältnisse seiner Zeit –

beachtenswert gewissenhaften Autor und so auch zuverlässigen Gewährsmann betrachten, der es durchaus verstand, sein unterschiedliches und vielschichtiges Material doch einigermaßen verständig aufeinander abzustimmen und durch eine im ganzen recht wohldurchdachte und nicht zuletzt auch literarisch gekonnte Komposition darstellerisch wirkungsvoll zur Anschauung zu bringen. Im Grunde kam es ihm ja, wie schon angedeutet, weniger auf eine wissenschaftlich exakte als mehr populäre Darstellung an, deren Ziel nicht erschöpfende Behandlung des einzelnen und Vollständigkeit um jeden Preis, sondern Hervorhebung alles irgendwie Reizvollen und Besonderen, auch Lehrreichen und namentlich Unterhaltenden sein sollte.

So gesehen kann es auch nicht weiter verwundern, daß unter den bevorzugt herausgestellten Denkwürdigkeiten wieder *Mirabilia* die überwiegende Mehrheit darstellen. Pausanias schöpfte hier natürlich zur Hauptsache aus der Literatur, d. h. insbesondere jenen von Kallimachos von Kyrene (ca. 300–240 v. Chr.) zur literarischen Gattung erhobenen und gerade zur römischen Zeit so überaus beliebt gewordenen *paradoxographischen Sammlungen*, deren Gliederung in bestimmte Gegenstandsgruppen er auch weitgehend beibehält: So finden sich neben Wundergeschichten über einzelne Sagengestalten (etwa VI 5, 2; 6, 4; 8, 2 u. 4; 9, 6; 11, 2; 14, 5 u. 18, 2), Propheten und Heilige (X 12), Riesen (I 35, 5 ff. VIII 29 u. 32) und Ungeheuer (IX 20, 4) sowie seltsamen Brauchtümern, Kulteinrichtungen (I 27, 2. II 34, 2 u. 35, 7) oder Baulichkeiten auffallenderer Art (etwa V 12. VIII 15; 16, 5; 38, 6. IX 38, 2. X 18) auch zahlreiche zoologische (III 25, 7. VI 26, 6. VIII 17, 3; 21, 2. IX 21, 2. X 4, 6), botanische (insbes. B. I, III, V, VIII u. X), meteorologische (II 34. VIII 38) und hydrologische Paradoxa (II 5, 3. III 24, 7. IV 35, 8 ff. V 7, 3–5. VIII 18, 4. IX 34, 4 u. a. St.) aufgeführt.

In der bloßen Beschreibung oder Wiedergabe des für mitteilenswert Befundenen fand Pausanias jedoch nicht allein sein Genügen. Er machte sich durchaus auch Gedanken über das, was er sah, hörte oder las, und nahm nicht alles bedenkenlos und ohne jede kritische Skepsis hin. Das betrifft insbesondere seine Einstellung gegenüber den *Mythen*. So bemerkt er z. B. einmal (IX 31, 7) gelegentlich der Erzählung von dem unglücklichen Jüngling Narziß, der sich in sein eigenes Spiegelbild (in einer Quelle) verliebte und darauf an unerfüllbarer Sehnsucht starb: «Das ist aber doch ganz und gar einfältig, daß jemand, der alt genug war, um sich zu verlieben, nicht hätte unterscheiden können, was ein Mensch und was der Schatten [bzw. das Spiegelbild im Wasser] eines Menschen sei»! Ein anderes Mal (VII 23, 7) trägt er die – im Prinzip freilich nicht neue – Auffassung vor, daß Asklepios die Luft und Apollon die Sonne repräsentiere. Von einer rein rationalistischen, d. h. hier also *naturmythologischen*, Mytheninterpretation kann bei Pausanias jedoch, jedenfalls später, gleichwohl keine Rede sein; an einer anderen Stelle (VIII 8, 3) nämlich äußert er sich, zwar inhaltlich unbestimmt, aber der Formulierung nach doch deutlich genug, wie folgt:

«Diese Sagen der Griechen schrieb ich beim Beginn meines Werkes größtenteils der Einfältigkeit zu; als ich aber bis zur Beschreibung von Arkadien [B. VIII] vorgerückt war, faßte ich darüber folgende Ansicht: Diejenigen, welche bei den Griechen für Weise galten, trugen ihre Lehren ehemals nicht geradeheraus, sondern in Bildern vor; und so vermute ich, daß auch die Sage von Kronos [von der zuvor die Rede war] irgendeine Weisheit der Griechen sei».

Den Versuch, dieser «Weisheit» des bestimmteren nachzuspüren, unternimmt er jedoch nicht, sondern speist den enttäuschten Leser mit dem unvermittelten Nachsatz ab: «In den Dingen, die sich auf das Göttliche beziehen, will ich mich an die Überlieferung halten.»

Die Mythen stellen also seiner Auffassung nach *metaphorisch-bildliche* Ausdrucksformen uralter Weisheitslehren dar und sind demzufolge adäquat auch nur *allegorisch* zu deuten. Möglicherweise ist hierin eine Beziehung zur Stoa zu sehen, wie sie sich ähnlich ja auch in der besonderen Bedeutung zu äußern scheint, die er den alten «Weisen» beimißt, die doch recht eigentlich den Urkönigen und Vorzeitheroen der stoischen Urgeschichtslehre entsprechen.

Auch sonst greift Pausanias, wo immer er einmal über die bloße Beschreibung hinaus in theoretische Reflexionen eintritt, nur auf älteres Geistesgut und überhaupt auf Gedanken zurück, wie sie bereits längst zur breiteren Allgemeinbildung des antiken Bildungsbürgers gehörten. So etwa im folgenden Falle, wo er nach uralter Weise das äußere Erscheinungsbild der Menschen und Tiere *auf die besondere Beschaffenheit ihrer geographischen Umwelt* zurückführt:

«Denn nicht allein der Mensch nimmt mit der Veränderung der Luft und des Landes eine verschiedene Gestalt an, sondern auch alles übrige dürfte dasselbe erfahren; so z. B. haben unter den Tieren die libyschen Nattern eine andere Farbe als die ägyptischen, und in Äthiopien nährt das Land schwarze Nattern nicht minder als [schwarze] Menschen» (IX 21, 6; vgl. VIII 29, 4).

Eigentlich völkerkundliche Ausführungen dürfen wir bei Pausanias schon von der besonderen Zielsetzung seines Werkes her, das sich ja mehr im *volkskundlichen* Rahmen bewegt, natürlich nur kaum erwarten. Dennoch schneidet er aber doch hier und da auch Fragen, die jedenfalls dem traditionellen Verständnis nach zum Themenbereich der Ethnologie gehörten, an, was dann zumeist in *Exkursen* geschieht, die bereits deutlich über den engeren Rahmen seines eigentlichen Betrachtungsfeldes hinausführen: So rollt er V 25, 6 z. B. die Besiedlungsgeschichte Siziliens auf, versucht sich X 38, 1 zu erklären, wie es kommt, daß ein Teil der Lokrer die Bezeichnung «ozolische» trägt, und widmet ein volles Kapitel des X. Buches (c. 17) der Beschreibung von Sardinien und Korsika, wobei er, ganz im Sinne einer klassisch-ethnographischen Monographie, neben der Geographie und den Bevölkerungsverhältnissen auch die Botanik, Zoologie und anderes dergleichen mehr sowie vor allem auch die Geschichte der Inseln zu berücksichtigen bemüht ist. Überhaupt läßt er nur selten die Gelegenheit verstreichen, bei Behandlung einer Landschaft oder Stadt auch jeweils auf deren besondere «Archäologie» (ἀρχαιολογία, also Besiedlungs- und Gründungsgeschichte) einzugehen, wie das seit alters ja ebenfalls zum traditionellen Bestand einer Ethnographie oder kulturgeschichtlichen Landesbeschreibung gehörte.

War Pausanias auch, wie schon gebührend hervorgehoben, sicherlich um einiges gewissenhafter als die Mehrzahl der übrigen geographisch-ethnographischen Autoren seiner Zeit, so blieb er doch immer noch leichtfertig und kritiklos genug, um sich einer recht erheblichen Anzahl von Ungenauigkeiten, Einstellungen, Versehen und Fehlern schuldig zu machen, die sich bei einer exakteren Quellenanalyse und einem gründlicheren Feldstudium noch mehr hätten einschränken lassen. So verwechselte er etwa, um nur einen seiner gröbsten Lapsus herauszugreifen, den Krieg der Römer gegen Perseus von Makedonien (179–168 v. Chr.) mit den Jahrhunderte früheren Perserkriegen (vgl. IX 32, 5)! Städte, die zu seiner Zeit bereits stark im Verfall begriffen oder gar längst in Schutt und Asche gesunken waren, beschreibt er, in naivem Vertrauen auf die ungebrochene Glaubwürdigkeit seiner älteren Quellen, noch so, wie sie sich dem Besucher während ihrer Glanzzeit dargestellt hatten. Immerhin bleibt jedoch sein besonderes und durchaus tiefgreifendes *kulturhistorisches Interesse* bedeutsam und anerkennenswert genug. Allein gerade hierdurch scheint er sein Publikum, dessen Geschmack er an sich doch, wie namentlich durch das Überangebot an paradoxographischen Einlagen, so sehr entgegenzukommen bemüht war, überfordert zu haben. Jedenfalls sieht es so aus, als sei seine Schrift ganz unbeachtet und ohne jedes Echo geblieben: abgesehen von späteren Erwähnungen bei einigen wenigen byzantinischen Autoren findet sie sich in der unmittelbaren Folgezeit einzig bei Aelian (Variae historiae XII 61) zitiert. Zweifellos waren die Ansprüche gesunken; auf der anderen Seite aber fehlte es den Menschen, wie bei Behandlung des Ptolemaios schon angemerkt, angesichts der immer unsichererer und bedrohlicher werdenden Lebensumstände und der bald darauf einsetzenden schweren Erschütterungen der mittelmeerisch-römischen Welt, eben ganz einfach auch an der erforderlichen Sorglosigkeit und Muße, sich in antiquarisch-kulturhistorische Betrachtungen zu versenken oder überhaupt irgendwelche schöngeistigen Interessen zu pflegen.

16. Rufius Festus Avienus (4. Jh. n. Chr.)

Ein letztes Beispiel für den Verfall der heidnisch-römischen Chorographie liefert die «Erdbeschreibung» (Descriptio orbis terrae) des Rufius Festus Avienus. Hielt es der Autor doch, der hoher Verwaltungsbeamter war und sogar zweimal das Prokonsulat (über die Prov. Africa u. Achaia, d. i. Griechenland) erlangte, also über gute Informationen verfügen mußte, zu einer Zeit, da die Auseinandersetzungen mit den Barbaren, vor allem am Rhein (mit Alemannen, Franken u. Sachsen) und an der Donau (mit Sarmaten, Goten u. Quaden; später Alanen u. Hunnen), immer schärfere und bedrohlichere Formen annahmen, für dringlicher, eine – versgerechte! – Übertragung der «Erdbeschreibung» des Dionysios Periegetes ins Latcinische herzustellen (die er zwar um etliche, geographisch wie ethnographisch aber ganz unwesentliche Zusätze erweiterte), statt den Versuch zu einer eigenen, zeitgemäßen Darstellung zu unternehmen!

Nicht viel anders steht es mit einem zweiten, bekannteren Werk des Verfassers: seiner «Küstenbeschreibung» (Ora maritima). Denn auch hier handelt es sich in der Hauptsache nur um eine – diesmal in jambischen Senaren gehaltene – Übersetzung, nämlich die Übersetzung eines verlorenen griechischen Periplous, der allem Anschein nach während des ersten Jahrhunderts v. Chr. entstand und bereits auf einer oder auch mehreren älteren, vielfach überarbeiteten Vorlagen fußte. Avienus behauptet, dann selbst noch eine Anzahl von Zusätzen gemacht zu haben und führt unter den Autoren, deren Schriften er diese entnahm, so berühmte Namen wie Skylax von Karyanda, Hekataios von Milet, Herodot,

Thukydides und, nicht zuletzt, auch Sallust auf, dessen Periegese des
Pontosraumes in den «Historien» (III 63 ff, Maurenbrecher) er offenbar
weitgehend seiner Beschreibung des mäotischen Küstengebietes zugrunde legte (32–50). Wichtig aber und Grund, seinem Werk überhaupt
erst eine gewisse Bedeutung zuzugestehen, ist der Umstand, daß es auch
Reste des verlorenen Periplous des Puniers Himilko enthält. Dieser Himilko hatte, vermutlich um zu erkunden, ob es eine Möglichkeit gäbe,
den teuren Binnenlandhandel des britannischen Zinns über Frankreich
und Spanien auf dem Seewege zu umgehen, um 500 v. Chr. – oder auch
schon einige Jahrzehnte früher – eine Schiffsexpedition in den Nordteil
des Atlantischen Ozeans unternommen, die ihn von Karthago aus durch
die Straße von Gibraltar zunächst um die Iberische Halbinsel herum und
dann die Westküste Frankreichs hinauf bis nach Britannien führte. Avienus gibt vor, Bruchstücke seines Reiseberichtes «in langer Arbeitszeit aus
uralten punischen Annalen *(ab imis punicorum annalibus)* ausgegraben»
zu haben (414 f) – fand sie in Wahrheit jedoch zweifellos schon in seiner
Vorlage vor, und zwar offensichtlich bereits in arg verstümmeltem Zustand; er selber tat dann noch ein übriges hinzu, indem er, aus Mangel an
Sachkenntnis, die Angaben des Puniers durch falsche Lokalisierungen,
Zuordnungen und dergleichen mehr so gut wie vollends verwirrte, so daß
der Quellenwert der fraglichen Partien, bei denen es sich auch nur um
einige wenige Verse, nämlich die Stellen 117–129, 380–389 und
406–413 handelt, sehr erheblich eingeschränkt ist. Für die Völkerkunde
sind sie ohnehin ganz ohne Bedeutung, da sie keinerlei ethnographische
Daten enthalten.

Die «Ora maritima» Avienus' bot in ihrer ursprünglichen Gestalt nur
eine Küstenbeschreibung «Europas» (im antiken Sinne), d. h. erfaßte,
mit den Britischen Inseln beginnend und dann an der gegenüberliegenden Festlandsküste von der äußersten Spitze der Bretagne (Pointe St.
Mathieu) aus in südlicher Richtung voranschreitend, zunächst die atlantischen Küsten, darauf, um die Iberische Halbinsel herum nach Massilia
(Marseille) und von dort aus nach Osten bis zum Hellespont (den Dardanellen) führend, die Südküsten der Mittelmeerländer und endete schließlich mit einem Periplous des Schwarzen Meeres und der Mäotischen See.
Erhalten ist jedoch nur der erste Teil mit der Beschreibung der Küstengebiete von Britannien bis nach Massilia.

Seinem Aufbau und der Art seiner Darstellung nach folgt das Werk
ganz dem seit alters gängigen Schema einer klassischen Küstenbeschreibung: Gewissenhaft werden die Entfernungen zwischen den einzelnen

topographischen Punkten vermerkt, werden Hinweise auf die Küstenge-
stalt, einmündende Flüsse, Vorgebirge und Inseln gegeben, die Häfen
verzeichnet und auf ihre Beschaffenheit hin charakterisiert sowie – denn
auch dies gehörte ja zur Ausstattung eines traditionellen Periplous – besondere Sehenswürdigkeiten (etwa Heiligtümer) erwähnt und die kü-
stenanwohnenden Völker genannt, nicht selten auch mit (freilich nur
ganz kursorischen) Angaben zu ihrer jeweiligen Lebensweise. Die Indi-
geten z. B., offenbar eine Jägergruppe, die im Küstenbereich nördlich von
Barcelona lebte, werden als «rauh *(asperi)*» und ein «unzivilisiertes, wildes Volk *(dura gens ferox)*» vorgestellt, «das sich nur für die Jagd und die
Lager des Wildes interessiert» (523–525). Nur um ein geringes detailrei-
cher, wenngleich doch noch immer allgemein genug, ist die Schilderung
der Berybracer (= Bebryker)[97] gehalten, die der Lokalisierung des Periplous nach im Innern Kataloniens nomadisierten: «Die Berybraces
schweiften dort, ein unzivilisiertes und wildes Volk *(gens agrestis et ferox)* mit zahlreichen Viehherden. Von Milch und fettem Käse nährten sie
sich in roher Art und verbrachten ihr Leben wie wilde Tiere» (485–489).
Hier handelte es sich also, wenn die Darstellung zutrifft, bemerkenswerterweise um eine Viehzüchtergruppe! Ausführlichere und mehr ins einzelne gehende Angaben, die freilich nur einen bestimmten Bereich der
Lebensführung betreffen, werden einzig zu den Östrymniern gemacht,
unter denen wir aller Wahrscheinlichkeit nach die alten Einwohner der
Kanalinseln zu verstehen haben:

«Am Fuße dieses Vorgebirges aber öffnet sich den Bewohnern der Östrymnische
Meerbusen, in dem sich die Östrymnischen Inseln erheben, weit zerstreut dalie-
gend und reich an Metall *(metallo)*, Bleisilber *(stanni)*[98] und Blei *(plumbi)*. Groß
ist hier die Kraft des Volkes *(gentis)*, verwegen sein Sinn, ausgezeichnet seine
Geschicklichkeit; von dem Bestreben, Handeln zu treiben, sind alle unaufhörlich
erfüllt, und auf genähten Kähnen durchfahren sie den weiten, stürmischen Sund
und die Wogen des tierreichen Ozeans. Denn sie verstehen nicht die Kiele aus
Fichtenholz und Ahorn herzustellen, sie bauen ihre bauchigen Schiffe nicht mit
Tannenholz, wie es sonst Brauch ist, sondern sie fügen sie erstaunlicherweise
dadurch zusammen, daß sie Felle miteinander verbinden, und auf solchem Leder
führen sie ihre vielen Fahrten über das gewaltige Meer durch» (94–107).

97 Zu unterscheiden von den (thrako-phrygischen) Bebrykern Altkleinasiens!
98 *Stannum* kann auch «*Zinn*» bedeuten, wie hier vielleicht richtiger zu übersetzen
ist.

Im übrigen werden natürlich auch wieder *Mirabilien* verzeichnet, wenngleich doch erstaunlicherweise weniger reichlich, als es sonst um diese Zeit üblich war, ein Vorzug, der jedoch nicht so sehr auf eine Absicht Avienus', sondern vielmehr auf seine Vorlage zurückgehen dürfte. Wie gemeinhin bei Küstenbeschreibungen dieser Art ist die Darstellung trokken und schmucklos und erschöpft sich im wesentlichen in der rein additiven Aneinanderreihung der einzelnen Daten bzw. Datenkomplexe, die hier zudem noch, wie schon gesagt, in der Mehrzahl nur einen sehr geringen Verläßlichkeitsgrad besitzen, da Avenienus, in Ermangelung der erforderlichen Voraussetzungen, offenbar vieles durcheinandergebracht, falsch eingeordnet und überhaupt wohl das meiste von dem, was er wiedergab, gar nicht mehr recht verstanden hat. Im ganzen ist so auch sein Werk nur wieder, wenngleich – oder gerade weil – es «nur eine Bearbeitung» darstellt, ein typisches Beispiel für die hoffnungslose Substanzauszehrung der Länder- und Völkerkunde seiner Zeit.

17. Ammianus Marcellinus (ca. 330–400 n. Chr.)

Nur einem einzigen Mann gelang es, schon fast an der Schwelle des Übergangs von der heidnischen zur christlichen Antike, die Entwicklung noch einmal aufzufangen – ohne daß freilich auch er es vermochte, sie aufzuhalten oder gar einen Neubeginn in die Wege zu leiten. Es war dies der Antiochener Ammianus Marcellinus, der letzte römische Historiograph von überragendem Rang. Anknüpfend an eine alte und für die Geschichte der Völkerkunde einmal so ungemein fruchtbare Tradition der antiken Geschichtsschreibung, suchte auch er seine Darstellung wieder mit zahlreichen *Exkursen* anzureichern (mehr vielleicht, als es die Gesamtkomposition vertrug!), und darunter eben vor allem auch solchen *geographisch-ethnographischen* Inhalts, in der gewohnten Absicht, dem Leser zum besseren Verständnis der geschilderten Ereignisabläufe jeweils den szenischen Hintergrund und die lokalen Voraussetzungen des Geschehens vor Augen zu führen. Und was er hier eben bietet, hebt sich tatsächlich sehr merklich von dem ab, was uns zur selben Zeit an Vergleichbarem in den Chorographien geboten wird.

Ammianus war geborener Grieche und entstammte einer der vornehmsten Familien Antiochias. Bereits im jugendlichen Alter trat er, sei es aus eigenem Antrieb oder auf Geheiß seiner Eltern, in den Kriegsdienst ein, wurde schon wenig später in das Elitekorps der kaiserlichen

Leibgarde (die *Protectores domestici*) übernommen und stieg dort alsbald zum persönlichen Adjutanten des Kavalleriegenerals *(Magister equitum)* Ursicinus auf, in dessen Begleitung er an Feldzügen in Italien, Gallien und Mesopotamien teilnahm, die ihm eine gute – und offenbar auch weidlich genutzte – Gelegenheit boten, Informationen, und namentlich auch solche länder- und völkerkundlicher Art, zu sammeln. Nach rund 15 Jahren, möglicherweise veranlaßt durch den Tod Julians «des Abtrünnigen» (361–363 n. Chr.), den er sehr verehrte, quittierte er dann den Heeresdienst und zog sich ins Privatleben zurück, zuerst nach Antiochia und später nach Rom, um sich fortan seinen historischen Studien zu widmen. Doch unternahm er – und augenscheinlich aus Bildungsgründen! – auch jetzt noch gelegentlich Reisen, von denen eine ihn bis nach Ägypten (vgl. XVII 4, 6. XXII 15, 1 u. 24; 16, 17) und eine andere nach Griechenland führte (vgl. XXVI 10, 15 u. 19). Auch seine Übersiedlung nach Rom nahm er auf dem beschwerlicheren Landwege vor, und nicht zum wenigsten in der Absicht, die Schlachtfelder des Gotenkriegs (in Thrakien) von 378 zu besuchen (vgl. XXII 8, 1. XXVII 4, 2. XXXI 7, 16). Überhaupt war er ein sehr vielseitig interessierter Mensch. Er bemühte sich um den Kontakt mit Gelehrten, las mit einer für seine Zeit jedenfalls ganz ungewöhnlichen Intensität und Ausgiebigkeit – und versäumte es freilich auch nicht, seine Belesenheit bei jeder sich bietenden Gelegenheit durch entsprechende Zitate unter Beweis zu stellen. Als Historiker zeichnet er sich, neben seiner soliden Sachkenntnis, die er seinem so gewissenhaften Literatur- und Feldstudium dankte, vor allem durch Unparteilichkeit, ein maßvolles Urteil und ganz besonders auch sein ernstes und ehrliches Bemühen um Wahrheit aus. Diese *(veritas)* und die Zuverlässigkeit *(fides)* bilden ihm, wie er nicht müde wird zu beteuern (vgl. XIV 6, 2. XV 1, 1. XVI 1, 3. XXXI 5, 10 u. 16, 9), das Haupterfordernis der Historiographie. Wo seine Quellen ihm unzureichend oder widersprüchlich erscheinen, gibt er seinen eigenen Beobachtungen oder den Aussagen anderer Augenzeugen, um die er sich nicht minder bemüht (vgl. XV 1, 1. XXIX 1, 24. XXXI 13, 6), entschieden den Vorzug. So sagt er in der Einleitung zur Beschreibung Thrakiens (in B. XXVII):

«Eine Beschreibung Thrakiens wäre leicht, wenn die alten Berichte sich gleichlautend zeigten; weil aber das auf ihren verschiedenen Angaben ruhende Dunkel einem Werke, das sich die Wahrheit zur Aufgabe gemacht hat *(opus veritatem professum)*, nicht förderlich ist, so begnüge ich mich mit einer Entwicklung dessen, was ich selbst gesehen zu haben mich erinnere» (XXVII 4, 2).

Dadurch entzieht er sich freilich auch der Mühe, das beklagte Dunkel zu lichten und die Widersprüche, etwa durch kritische Quellenanalyse, aufzulösen. Und auch sonst stellt er gelegentlich nicht gleichlautende Berichte einfach nebeneinander, ohne erst lange zu prüfen, welchem der höhere Verläßlichkeitswert und damit der Vorrang gebührt. Hier vermochte offenbar seine Kritikfähigkeit nicht mehr ganz mit seiner Belesenheit Schritt zu halten.

Seine «Res gestae» umfaßten ursprünglich 31 Bücher, von denen jedoch B. I–XIII verloren sind, und behandelten den Zeitraum von Nerva bis zum Tode des Valens (96–378 n. Chr.), sollten also offensichtlich das Geschichtswerk des Tacitus weiterführen. Für uns kommen dabei in erster Linie natürlich allein die Exkurse zur Länder- und Völkerkunde in Betracht. Daß Ammianus ihnen einige Bedeutung beimaß, ergibt sich schon daraus, daß sie, insgesamt genommen, immerhin einen recht breiten Raum einnehmen. Sieht man von kleineren Einschüben und verstreuten Notizen ab, so werden in größeren, geschlossenen «Monographien» im wesentlichen die folgenden Gebietseinheiten und Völkergruppen behandelt: Isaurier (XIV 2), «Sarazenen» (= Beduinen Vorderasiens, XIV 4), Südostkleinasien, Syrien-Palästina, Nordarabien und Zypern (XIV 8), Gallien und die Gallier (XV 9–12), Thrakien, die pontischen Küstengebiete und Südrußland samt Einwohnerschaften (XXII 8), Ägypten (XXII 15–16), Persien und die Perser (XXIII 6), noch einmal Thrakien und seine Bevölkerung (XXVII 4) sowie endlich Alanen und Hunnen (XXXI 2). Darüber hinaus lagen in den verlorenen Büchern, wie jedenfalls Hinweisen im erhaltenen Text nach zu schließen, noch eine Beschreibung Nordafrikas (vgl. XXIX 5, 16 u. 18) und eine weitere Römisch-Mesopotamiens vor (vgl. XIV 7, 21 u. 8, 7).

Bedauerlicherweise aber gründen sich nun ausgerechnet diese Partien des Werkes sehr viel weniger auf Autopsie und eigene Erkundung, als es sonst den Maximen Ammians entsprach, obwohl er doch zumindest in einigen Fällen gute Gelegenheit dazu gehabt hätte. Und dort, wo er sich tatsächlich auf persönlich in Erfahrung Gebrachtes stützt, geschieht dies zudem noch nicht selten in recht flüchtiger und unsystematischer Weise. Infolgedessen war er hier zur Hauptsache auf literarische Quellen angewiesen, die er immerhin, wie er selbst einmal andeutet (XVI 7, 8), mit dem ihm eigenen Fleiß und einiger Gründlichkeit ausgewertet zu haben scheint. Namen freilich nennt er so gut wie nicht. Doch läßt sich durch Textvergleiche ermitteln, daß er neben Timagenes – einen der wenigen Autoren, die er namentlich aufführt (für Gallien, vgl. XV 9, 2) – mit

einiger Sicherheit Sallust, Livius, Caesar, Pomponius Mela, Plinius, Ptolemaios und Avienus ausgeschöpft hat. Übereinstimmungen mit älteren
Quellen, wie etwa mit Herodot, sind ihm vermutlich nur indirekt durch
die Lektüre seiner römischen Gewährsleute vermittelt. Ergänzend dazu
zog er zweifellos dann auch wieder Karten, Archivunterlagen, Kriegs-
und Verwaltungsberichte und dergleichen anderes Dokumentenmaterial
mit heran.

Bei dem erwähnten Mangel an Kritikfähigkeit konnte die Rezeption
seiner Quellen allerdings auf kaum mehr als eine bloße Kompilation hin-
auslaufen – ein Vorgehen, das er anderen zum Vorwurf macht (vgl.
XVI 7, 9). An Eigenem scheint er nur einige geringfügigere Korrekturen
und kleinere Ergänzungen – eben dort, wo sich die Widersprüche zu den
neueren Erkenntnissen und den von ihm selbst angestellten Beobachtungen allzu deutlich bemerkbar machten – hinzugefügt zu haben. Infolgedessen gingen natürlich viele der Fehler, die bereits seinen Vorlagen
anhafteten, da auch diese ja schon sehr weitgehend auf Kompilation be-
ruhten, in seine Darstellung über. Hinzu kommt, daß er das eine oder
andere gelegentlich auch ein wenig auszuschmücken geneigt ist oder gar
Wissenslücken unter dem Anschein gesicherter Kenntnis mit frei Erfun-
denem schließt.

Gleichwohl ist ihm jedoch allein schon das zweifellos echte, große und
lebendige Interesse, das er allgemein an der Ethnographie und im einzelnen an den Brauchtumsformen nimmt, als besonderes Verdienst anzu-
rechnen. Noch bedeutsamer aber erscheint, daß er, anders als die Choro-
graphen unmittelbar vor ihm (etwa Avienus), nun endlich und erstmals
auch die im Zuge der Völkerwanderung neu ins Blickfeld der mittelmeerischen Welt gerückten Barbaren, wie namentlich die Ostgermanen, Alanen und Hunnen (die er vermutlich als erster erwähnt), nicht nur in die
Betrachtung mit einbezieht, sondern sie auch entsprechend ihrer Bedeutung für die Ereignisse seiner Zeit zu würdigen bemüht ist.

Seine Exkurse sollten, wie schon gesagt und seit alters in der Historiographie Tradition, vor allem der *geographisch-ethnographischen Grundlegung* und damit dem besseren Verständnis der einzelnen (größeren)
Handlungsabschnitte dienen; darauf weist er verschiedentlich auch ganz
deutlich in den Überleitungs- oder Einleitungssätzen hin (vgl. XIV 7, 21.
XV 9, 1. XXII 8, 1 u. 15, 1. XXVII 4, 1 u. a. St.). Ihre inhaltliche Ausstattung entspricht dabei dem üblichen Schema; lediglich die Breite, in der
das einzelne abgehandelt wird, kann variieren. So werden bei den Exkursen, die überwiegend länderkundlichen Charakters sind, wieder vor

allem die räumliche Ausdehnung (Bestimmung der Grenzen), die geographische Gliederung (Küstenverlauf, Flußläufe, Gebirgszüge usw.),
die Produkte, die wichtigsten Städte (mit Gründungsgeschichte, Lokal-
traditionen, Hinweisen auf besondere Sehenswürdigkeiten, auch Mirabilien, Größe, Handelsbeziehungen u. dgl. mehr) sowie die verschiedenen
Bevölkerungsgruppen und ihre Sitzeverteilung berücksichtigt. Handelt
es sich dabei, wie in der Mehrzahl der Fälle, um Reichsprovinzen, gibt
Ammianus auch einen Überblick über die einzelnen Verwaltungsbezirke
und schließt in der Regel mit einem kurzen Abriß der jüngsten Landesge-
schichte – d. h. der Eingliederung der Provinz ins Römische Reich. Bei
den Exkursen, die Ländern und Völkern außerhalb des Reiches gewidmet
sind, also den eigentlichen *Barbaren-Exkursen*, treten dagegen die im
engeren Sinne ethnographischen Fragen stärker in den Vordergrund der
Betrachtung. Besondere Schwerpunkte bilden hier die Ursprungsgeschichte und, wie schon hervorgehoben, die Brauchtumsformen im weitesten Umfang. Und das eben macht sie erst eigentlich so bedeutsam. Als
Beispiel dafür im folgenden die Beschreibung der Hunnen:

«Same und Ursprung des Unheils und Verderbens, das die Wut des Kriegsgottes,
alles mit Feuer und Flammen erfüllend, heraufbeschwor, ist, wie wir hören, in
folgendem zu suchen.
Das Vok der Hunnen *(Hunorum gens)*, aus alten Berichten nur wenig bekannt,
wohnt über den Mäotischen See hinaus gegen das Eismeer hin, und seine Wildheit *(feritas)* übersteigt alles Maß. Da alsbald nach der Geburt den Kindern tiefe
Einschnitte in die Wangen gemacht werden, damit der seinerzeit eintretende
Haarwuchs durch die Runzeln der Narben gehemmt werde, entbehren sie bis in
ihr Alter jeglicher Zierde des Bartes, gleich den Verschnittenen. Sie haben einen
gedrungenen, starken Gliederbau und dicken Nacken, eine abenteuerliche, lang-
gestreckte Gestalt, daß man sie für zweibeinige Tiere oder für plump zugehauene
Klötze, wie man sie auf Brücken angebracht findet, halten könnte.
Bei aller Häßlichkeit des Äußeren zeigen sie jedoch solche Abhärtung, daß sie weder des Feuers noch der Zubereitung einer Speise bedürfen, sondern von wilden
Wurzeln *(radicibus herbarum agrestium)* und halbrohem Fleisch aller möglichen
Tiere leben, das sie den Pferden auf den Rücken legen und, darauf sitzend, etwas
warm reiten.
Nie kommen sie unter das Dach eines Hauses, sondern meiden dasselbe gleich
dem Grab, das man auch im gewöhnlichen Leben sich fernhält. Nicht einmal eine
nur mit Schilfrohr gedeckte Hütte findet man bei ihnen. Unstet ziehen sie durch
Gebirge und Wald und gewöhnen sich von Kindheit an, Kälte, Hunger und Durst
zu ertragen. Auch außerhalb der Heimat betreten sie nie ohne die dringendste
Not ein Haus; denn sie glauben, unter einem Dach nicht sicher zu sein.
Ihre Bekleidung besteht aus Leinwand *(linteis)* oder zusammengenähten Fellen

von Waldmäusen, und sie tragen kein verschiedenes Kleid innerhalb und außerhalb des familiären Bereichs. Haben sie einmal den Hals durch einen solchen Leibrock von schmutziger Farbe gesteckt, so wird derselbe nicht eher abgelegt oder gewechselt, als bis er mit der Zeit in Lumpen und Moder zerfällt. Zur Kopfbedeckung bedienen sie sich einer Art gekrümmter Hüte oder Mützen *(galeris incurvis)*; die behaarten Beine schützen sie durch Ziegenfelle, und die Schuhe *(calcei)* schneiden sie sich nicht nach dem Fuße zu und sind deshalb im freien Gehen gehindert.

Aus diesem Grunde sind sie auch zum Fußkampf wenig geeignet, dagegen an ihren Pferden, die zwar ausdauernd, aber von häßlichem Aussehen sind, wie angeheftet und sitzen, wenn sie ein gewöhnliches Geschäft zu verrichten haben, zuweilen nach Frauenweise auf denselben. Tag und Nacht bringen sie auf ihnen zu, kaufen und verkaufen, essen und trinken reitend und überlassen sich, auf den schmalen Nacken des Tieres niedergebeugt, einem Schlaf, der so fest ist, daß selbst die bunten Träume nicht fehlen. Auch wenn sie über wichtige Angelegenheiten zu beraten ist, werden in diesem Aufzug die Verhandlungen geführt. Ohne durch königliche Gewalt beschränkt zu sein, begnügen sie sich mit der ungeordneten Leitung ihrer Oberen *(primatum)* und brechen sich durch alle Hindernisse Bahn. Durch einen Angriff bedroht oder gereizt, lassen sie sich zuweilen auch in einen förmlichen Kampf ein und stürzen sich in keilförmigen Massen unter fürchterlichem Kriegsgeschrei auf den Feind. Ungemein flüchtig und behend, sprengen sie auf einmal absichtlich auseinander und fallen in unordentlichen Haufen bald da, bald dort wieder frisch ein, um ein mörderisches Blutbad anzurichten. Wegen dieser außerordentlichen Eilfertigkeit sieht man auch niemals, daß sie die Erstürmung eines Walles oder eines feindlichen Lagers versuchen. Auch darum sind sie als die rüstigsten Krieger zu bezeichnen, weil sie aus der Ferne mit Pfeilen, die scharfe, aus Knochen gebildete und mit wunderbarer Kunst an den Schäften befestigte, aber abtrennbare Spitzen haben, und in der Nähe, ohne an sich selbst zu denken, mit dem Schwert *(ferro)* kämpfen und, vor jedem Schwerthieb sich sorgfältig in Acht nehmend, die Feinde mit zusammengedrehten Tuchfetzen so zu verstricken suchen, daß den des Gebrauchs ihrer Glieder beraubten Gegnern jede Bewegung zu Pferd oder zu Fuß unmöglich wird.

Niemand baut bei ihnen das Feld oder berührt je eine Pflugschar *(stivam)*. Ohne feste Wohnsitze, ohne Heimwesen und Gesetz *(lege)* oder bestimmte Sitte und Satzung *(victu stabili)* ziehen sie mit ihren Wagen *(carpentis)*, die ihnen zur Wohnung dienen, Flüchtigen gleich von einem Ort zum andern. Auf den Wagen weben die Frauen ihnen die garstigen Gewänder, pflegen des Umgangs mit ihren Männern, gebären ihre Kinder und behalten sie bei sich bis zu den Jahren beginnender Mannbarkeit. Keiner von ihnen kann auf Befragen den Ort seiner Heimat angeben; denn an dem einen ist er gezeugt, fern davon geboren und noch weiter weg erzogen worden.

Bei einem Waffenstillstand zeigen sie sich treulos und unzuverlässig *(infidi et inconstantes)*, bei jedem Windstoß, der neue Hoffnung zuführt, veränderlich *(mobiles)* und der blindesten Wut *(furori incitatissimo)* völlig untertan. Gleich unvernünftigen Tieren haben sie keine Kenntnis von dem, was sittlich gut oder schlecht ist *(honestum inhonestumve)*, sind in ihren Reden trügerisch und versteckt *(flexiloqui et obscuri)* und durch keine Achtung vor Religion oder Aberglaube *(religionis vel superstitionis)* gebunden, von unmäßiger Goldgier entbrannt und so wankelmütig und zum Zorn geneigt *(permutabiles et irasci faciles)*, daß sie manchmal an demselben Tage von ihren Bundesgenossen ohne äußere Veranlassung sich lossagen und ohne fremde Vermittlung sich wieder mit ihnen versöhnen» (XXXI 2, 1–11).

Ammianus konnte hier schlechterdings nur aus Augenzeugen- oder ersten Feldzugsberichten schöpfen; möglich auch, daß er selber schon Hunnen, etwa als Verbündete der Goten im Kampf gegen die Römer, gesehen oder gar persönlich kennengelernt hatte. Und daher wohl rührt auch die Frische und geradezu erregende Unmittelbarkeit des Ganzen, das ja doch weniger einer nüchtern-ethnographischen Deskription als vielmehr einer Charakterskizze entspricht, deren wie hastig hingeworfene Striche, deren Schwung und bizarre Lebendigkeit noch deutlich den schockartigen Eindruck verraten, den das Erscheinen der Hunnen auf die damaligen Mittelmeervölker – und namentlich jene, die es unmittelbar miterlebten – gemacht haben muß. Wie Spukgestalten, mit narbengezeichneten, fratzenhaften Gesichtern und Leibern gleich grob zugehauenen hölzernen Klötzen, in Lumpen oder zerschlissene, billige Felle gehüllt, hart, jeder zivilisierten Gesittung ermangelnd, achtlos gegenüber Göttern und Geistern, stürmen sie wie Gehetzte daher, mit ihren Pferden wie zu Zentauren verwachsen, voll wilden und leidenschaftlichen Ungestüms, tauchen ebenso plötzlich auf, wie sie sich wieder in die Unendlichkeit der Steppe verlieren, morden und brennen und lassen nichts als lähmenden Schrecken zurück. In der Tat: Es ist Ammianus gelungen, ein Bild zu entwerfen, das noch einmal an die große Gestaltungskraft des Poseidonios erinnert, eine «ethnographische *Ausdrucksgestalt*», in der alle Züge sich dem einen, übergeordneten Gestaltprinzip fügen und das einzelne, wie die Narbentatauierung, die Art der Tracht oder die Pfeilbewehrung, nur insofern Beachtung findet, als es dem «Gestaltideal» entspricht und die Prägnanz des Ganzen zu verstärken vermag. Freilich droht einer derartigen, notwendig *typisierenden* Ethnographie immer zugleich auch die Gefahr der Verzeichnung, und es hängt sehr von den Gaben des Autors ab, inwieweit sein Bild noch der Wirklichkeit im schuldigen Maße gerecht wird.

Das gleiche gilt im wesentlichen auch für den Alanen-Exkurs (XXXI 2, 17–25), nur daß hier die rein ethnographischen Informationen noch ein wenig reichlicher fließen und die Alanen selbst uns als im ganzen «milder in der Art ihrer Lebensgestaltung *(victu mitiores et cultu)* als die Hunnen» (XXXI 2, 21) vorgestellt werden – sie siedelten eben schon längere Zeit in engerer Nachbarschaft zur «zivilisierten Welt»!

Und darin klingt bereits die *Barbarenbeurteilung* Ammians mit an. Der Begriff *«barbari»* selbst findet sich vor allem auf die Germanen und natürlich auch Alanen und Hunnen, nur sehr selten aber auf nordafrikanische (vgl. XXIX 5, 18) oder mesopotamische Gruppen (vgl. XXIII 5, 2) und niemals auf die Perser angewandt. Barbaren stellen, auf eine summarische Formel gebracht, die *Negation des römischen Lebensideals* dar. Sie sind leidenschaftlich und grausam, unberechenbar, unstet und tückisch, erscheinen gleich wilden Bestien, die aus ihren Zwingern hervorbrechen (vgl. XXXI 8, 9) oder, vom Hunger getrieben, mordgierig über ihre ahnungslosen Opfer herfallen (vgl. XVI 5, 17) und deren Wut sich durch Blutgeruch noch erhöht (vgl. XXXI 15, 2). Weitere typische Kennzeichen sind, wie im Falle der Hunnen, wieder der *Rohfleischverzehr* und die vermeintliche *Religionslosigkeit*, uralte *Topoi* also, die uns auch in den Barbaren-Charakterisierungen der Folgezeit noch häufig begegnen. Und die Konsequenz aus alledem: Un-Menschen dieses Schlags gegenüber sind alle Mittel erlaubt, erscheinen moralische Skrupel unangemessen, dürfen Verträge gebrochen und darf schonungslos Gewalt angewandt werden (vgl. XXVIII 5, 1 ff).

Ansätze zu theoretisch-ethnologischer Reflexion finden sich bei Ammianus so gut wie gar nicht. Zum Mythos scheint er eine *rationalistische* Einstellung eingenommen zu haben: Das plötzliche Auftauchen feindlicher Truppen in seinem Rücken ruft Assoziationen an die «Sparten» (= die «Gesäten») der griechischen Überlieferung in ihm wach, jene geharnischten Recken, die binnen eines Augenblicks dem Boden, in den Kadmos die Zähne des von ihm erschlagenen Drachen ausgesät hatte, entsprangen und die eben, wie er meint, keine mythischen «Erdgeborenen», sondern ganz gewöhnliche Sterbliche waren, die nur «mit außerordentlicher Behendigkeit geboren wurden *(exuberanti pernicitate natos)*», ein Phänomen, das natürlich großes Erstaunen hervorrief und das die Alten dann später «ins Fabelhafte erhoben *(vetustate rem fabulosius extollente)*» hätten (XIX 8, 11). Und ähnliches deutete sich auch in seiner – zweimal ganz im Vorübergehen geäußerten – Auffassung der syrischen Adonien an, die er, sehr richtig, als symbolische Dramatisierung der Getreideernte begreift (XIX 1, 11. XXII 9, 15). Als Historiker endlich, so sollte man meinen, müßte er sich auch mit *Entwicklungsfragen* auseinandergesetzt haben. An einer Stelle (XIX 9, 9) klingt an, daß er einen *Zusammenhang zwischen der geographisch-klimatischen Disposition eines Raumes und der Physis seiner Einwohner* sah; irgendwelche Konsequenzen, etwa im Sinne einer, wenn auch nur ansatzweisen, anthropogeographischen Grundlegung der kulturellen Entwicklungsgeschichte der einzelnen und doch so verschiedenartigen Länder und Völker, zog er daraus jedoch nicht. Ihm galt der Gang der Geschichte im wesentlichen von zweierlei Kräften: einmal, und dies vor allem, dem Walten eines unerforschlichen «*Schicksals*» *(fatum, fortuna)*, und zum andern *dem Wirken einzelner überragender Persönlichkeiten*, bestimmt. Der Antagonismus zwischen Barbaren und «Zivilisierten», der die Entwicklungsfrage ja doch eigentlich geradezu herausforderte, wurde von ihm zwar gesehen und auch in aller Schärfe herausgestellt, nicht aber *begründet*. Die Divergenz war eben *nicht historischer*, sondern *essentieller* Art, bedurfte also keiner Begründung. Und so blieben die Welten auch für den bedeutendsten Ethnographen der ausgehenden Antike geschieden; nicht anders als für die Mächtigen seiner Zeit – und sehr zum Verhängnis der Völker, die ihnen anvertraut waren.

2. Von Plutarch bis Macrobius

Vorbemerkung

Der in zunehmendem Maß sich verhärtenden, ängstlich bemühten Abgrenzung der Mittelmeervölker nach außen, gegenüber der bedrohlichen Welt der Barbaren, lief im Innern des Römischen Reiches ein immer stärkerer Verschmelzungsprozeß der einzelnen, teils so ganz unterschiedlichen Lebensformen, Traditionen und Anschauungsweisen parallel. Die Umrisse einer einheitlich orientalisch-okzidentalischen Welt begannen sich abzuzeichnen. Bei der allgemeinen Unsicherheit freilich, die sich der Menschen infolge der wachsenden Bedrohung durch die Barbaren, der zunehmend heftigeren politischen Erschütterungen im Innern und der dadurch bedingten Verschärfung der sozialen Lage bemächtigte, waren es vor allem *religiöse* Ideen, die rasch eine über ihren ursprünglichen Geltungsbereich hinausgreifende, breitere Aufnahme fanden – Lehren, die einen Ausweg aus der Hoffnungslosigkeit, die eine friedliche Menschen- und Völkergemeinschaft und überhaupt Erlösung von allem Übel, wenn nicht hienieden, so doch im jenseitigen Leben verhießen. So flossen, aus den verschiedenartigsten lokalen Quellen gespeist, die mannigfaltigsten Vorstellungen, Anschauungsweisen, Doktrinen und Philosophien zusammen, entstand, unter dem schöpferisch-gestaltenden Zugriff überragender Geister, alsbald eine bunte Fülle vielfarbiger synkretistischer Glaubenssysteme, die dann teils wieder miteinander verschmolzen und zu neuen und größeren Bildungen führten, teils auseinanderfielen in eine Vielzahl kleiner und kleinster «häretischer» Untergruppierungen. Wo die Philosophie einen größeren Anteil an der Entwicklung besaß, bildeten sich Systeme mehr religionsphilosophisch-theosophischen Charakters heraus, wie namentlich in der Gnosis und im

Neuplatonismus, den bedeutendsten und wohl auch eindrucksvollsten
Schöpfungen dieser Art, die beide dann später auch wieder einen nicht
unerheblichen Einfluß sowohl auf die jüdische und christliche wie die
islamische Mystik ausüben sollten. Nur sehr wenigen all dieser religiösen oder religionsphilosophischen Heilslehren und Theosophien gelang
es jedoch, sich länger, wie beispielsweise die Isis- und Mithrasmysterien,
der Ebionitismus, Markionitismus, Montanismus und Manichäismus,
oder gar auf Dauer, wie das Christentum und der Islam, zu behaupten
und tatsächlich auch eine weltweite Geltung zu erlangen.

Die Fülle des neuartigen mythischen Vorstellungsgutes, die sich im
Zuge dieser Entwicklung auch über das Mutterland der abendländischen
Philosophie und seine gelehrigen Schüler in Rom, Alexandrien und
sonstwo ergoß, war indessen zu mächtig und das einstmals so scharf ge-
schliffene, leistungsfähige Instrumentarium der griechischen Wissenschaftlichkeit schon zu stumpf, als daß es gelingen konnte, dem Ansturm
mit ordnender Systematik oder gar nüchterner Ursachenforschung zu
begegnen. Auf der anderen Seite aber ließen die Fortschritte in der Aufklärung seit der Sophistik sich nicht mehr ganz rückgängig machen. Es
fiel den Menschen immer schwerer, die alten Mythen wörtlich zu
nehmen – und namentlich dort, wo sie nach Inhalt, Vorstellungsgut, Moral usw. in einen offenen Widerspruch zu den herrschenden zeitgenössischen Verhältnissen und Anschauungen gerieten. Infolgedessen wuchs
das Bedürfnis, nach Deutungsmöglichkeiten zu suchen, die sie auch weiterhin noch als sinnvoll und glaubhaft erscheinen zu lassen vermochten.
Und der Wunsch dazu mußte um so dringlicher werden, je mehr das
Christentum an Einfluß gewann und die Existenz der heidnischen Religionen – und damit die Identität ihrer Gläubigen – zu bedrohen begann.

Dabei bedurfte es nicht einmal der Entwicklung eigener, neuer Ideen,
da, im Ansatz zumindest, so ziemlich alle Möglichkeiten der Mythenexegese bereits von den älteren griechischen Denkern gesehen und durch-
geprobt worden waren, auf die man nur wahlweise zurückzugreifen
brauchte. Lediglich rein rationalistische Interpretationen, die ja darauf
hinausliefen, den religiösen Offenbarungsgehalt der Mythen überhaupt
in Frage zu stellen, die also das Glaubens- und Heilsbedürfnis der Menschen nicht zu stärken, sondern im Gegenteil nur zu erschüttern vermochten, konnten dabei natürlich nicht in Betracht kommen. So boten
sich denn in erster Linie die xenokratische und die stoische Mythendeutung an, die beide den alten Überlieferungen den vermeintlich tieferen

Sinn verliehen und so die Gültigkeit der heidnischen Religionen noch mit
am sichersten zu bestätigen schienen.[99] Ihre Wortführer waren natürlich
vor allem die Platoniker (bzw. «Neuplatoniker») und Stoiker selbst: so
u. a. etwa der römische Grammatiker und Philosoph Lucius Annaeus Cornutus (1. Jh. n. Chr.), ein Vertreter der jüngeren Stoa, der (in griechischer
Sprache!) ein «Handbuch der griechischen Theologie» (Ἐπιδρομὴ τῶν
κατὰ τὴν Ἑλληνικὴν θεολογίαν παραδεδομένων) verfaßte und die
darin behandelten Götternamen, Vorstellungen, Überlieferungen, heiligen Tiere und Pflanzen, rituellen Brauchtümer usw. mehr jeweils auf
stoisch-allegorische Weise zu interpretieren versucht – alles freilich, wie
er selbst eingesteht, nach älteren Vorlagen und im ganzen überdies recht
phantasielos. Die Mythen, heißt es da z. B., «die scheinbar von den Göttern überliefert werden», ließen sich im Grunde immer auf ganz bestimmte «Prinzipien» (στοιχεῖα) zurückführen und vermittelten so die
Überzeugung, «daß die alten Denker nicht die nächstbesten Menschen
waren, sondern fähig, die Natur des Weltalls zu verstehen, und bestrebt,
darüber in Bildern und Rätseln zu philosophieren»[100]. Athene etwa, meint
Cornutus in diesem Sinne, sei

«die Vernunft (σύνεσις) des Zeus, dasselbe wie die ihm innewohnende Vorse-
hung (προνοίᾳ), wie man ja auch Tempel der Vorsehenden Athene [d. i. der
Athene Pronoia] errichtet. Sie soll aus dem Haupte des Zeus geboren sein, viel-
leicht, weil die Alten meinten, der führende Teil unserer Seele habe hier seinen
Sitz, was ja später auch andere lehrten, vielleicht auch, weil der Kopf den obersten
Teil des menschlichen Körpers bildet, ebenso wie im Weltall der Äther, wo dessen
leitendes Prinzip und das Wesen der Vernunft wohnt ... Zeus erzeugte die
Athene, nachdem er die Metis[101] verschlungen hatte; denn weise und klug wie er
ist, hat er das Prinzip der Vernunft nirgend sonstwoher als aus seinem eigenen
Willen ... Wenn man sich die Athene bewaffnet denkt und erzählt, daß sie schon
so geboren sei, so soll dies zeigen, daß die Klugheit (φρόνησις), sich selbst genug,
zu den größten und schwierigsten Unternehmungen gerüstet ist»[102].

99 Cicero gibt in seinen Schriften «Vom Wesen der Götter» (De natura deorum) und
    «Von der Weissagung» (De divinatione) eine gute – und teils auch kritische –
    Übersicht über die zu seiner Zeit gängigsten Weisen der Mytheninterpretation.
100 Theologiae Graecae compendium, c. 35.
101 Eine Okeanide. Sie galt als die erste Gemahlin des Zeus und Personifikation der
    Klugheit. Zeus verschlang sie, weil ihm geweissagt war, sie werde ihm einen Sohn
    gebären, der ihn an Macht übertreffe und ihm die Herrschaft streitig machen
    werde.
102 Theologiae Graecae compendium, c. 20.

Cornutus war nur einer von vielen; seine Interpretationen entsprachen nur dem seinerzeit (und dann auch später noch) gängigsten Deutungstyp. Andere Wege des Zugangs zum Religions- und Mythenverständnis scheinen nur mehr von wenigen erwogen und ernsthaft erörtert worden zu sein – die überragende Ausnahme in dieser Hinsicht, ein Gelehrter, dem die Religions- und Mythenforschung denn auch sehr wesentliche – und teils bis heute noch anerkennenswerte – Impulse verdankt, war der akademische Philosoph Plutarchos von Chaironeia.

1. Plutarchos von Chaironeia (ca. 46–120 n. Chr.)

Plutarch darf ohne Zweifel als einer der belesensten und gebildetsten Geister der ausgehenden Antike gelten. Von unerschöpflichem Fleiß und nahezu allseitigem Interesse, suchte er zu studieren und zu verarbeiten, was ihm an wissenschaftlichem Schrifttum nur irgend erreichbar war, dabei gleichzeitig eine überaus reiche und vielseitige eigene Schriftstellerei entfaltend. Noch deren Reste zählen zu den umfangreichsten Beständen der gesamten heidnisch-griechischen Literatur, die wir aus der Feder eines einzigen Mannes besitzen – und machen doch nur ein gutes Drittel dessen aus, was Plutarch tatsächlich während seines langen Lebens geschrieben hat: Soweit noch zu sehen, verfaßte er nämlich rund 250 Schriften (mit etwa 300 Büchern)! Unmittelbar ethnologische Titel suchen wir darunter jedoch vergebens, bis auf die offenbar einzige Ausnahme der – allerdings leider verlorenen – «Ursachen barbarischer Lebensformen» (Αἴτια βαρβαρικά bzw. Quaestiones barbaricae). Dieses Werk scheint die ethnographische Ergänzung zu den entsprechend betitelten Abhandlungen «Ursachen griechischer Lebensformen» (Αἴτια Ἑλληνικά bzw. Quaestiones Graecae) und «Ursachen römischer Lebensformen» (Αἴτια Ῥωμαϊκά, bzw Quaestiones Romanae) gewesen zu sein und mit ihnen zusammen eine Trilogie gebildet zu haben. Demnach wäre anzunehmen, daß Plutarch darin, analog zu diesen, uns erhaltenen Schriften, eine Reihe ihm *besonders ungewöhnlich* erscheinender Brauchtümer, Institutionen und Glaubensformen barbarischer Völker – und darunter offenbar auch der Ägypter und Perser – zunächst einmal vorstellte und dann durch Angabe einer oder auch mehrerer möglicher «Ursachen» jeweils zu erklären versuchte. Wenn er dabei auch sicherlich zum überwiegenden Teil aus der Literatur geschöpft hat, so könnte er das eine oder andere doch auch durch eigene Beobachtung gewonnen oder bestätigt gefunden haben, da er, obschon den größten Teil seines Lebens in der ländlichen Abgeschiedenheit seiner böotischen Heimatstadt Chaironeia verbringend, etliche recht weite Reisen unternahm, die ihn vermutlich u. a. durch Kleinasien in den Orient bis nach Alexandrien (ob auch tiefer nach Ägypten hinein, ist ungesichert) und im Westen über Sizilien nach Italien bis Rom hinauf führten.

Das in den genannten drei Schriften sich deutlich bekundende Interesse an religiösen Fragen ist für Plutarch überhaupt bezeichnend und prägte eigentlich sein gesamtes Schaffen, einschließlich auch seiner philosophischen Schriftstellerei. Im Grunde war er ein zutiefst gläubiger Mensch und auch ehrlich bemüht, seinem Glauben entsprechend zu leben. Warmherzig, gütig und edelmütig, allezeit hilfsbereit und von unerschütterlichem Idealismus beseelt, suchte er seine Befriedigung nicht in äußeren, zeitlichen Erfolgen oder dem Ruhm gefeierter Gelehrsamkeit, sondern fand sein Genüge vielmehr in der Beschaulichkeit seines bescheidenen Kleinstadtdaseins in Chaironeia, wo er, umgeben nur von einer kleinen, erlesenen Schar von Schülern und Freunden, unangefochten von den Lockungen und Eitelkeiten der großen Welt, in aller Stille und ungestört seinen Arbeiten und Betrachtungen nachzugehen vermochte. Gleichwohl – und das ist wieder bezeichnend für seine Persönlichkeit – entzog er sich nicht seinen Pflichten als Bürger, indem er etwa ein öffentliches Amt, das man ihm antrug, durchaus übernahm und so beispielsweise einmal Leiter des Baureferats, ja selbst Bürgermeister (Ἄρχων ἐπώνυμος) von Chaironeia war. Wichtiger aber und noch aufschlußreicher für das Verständnis seines Denkens und seiner Einstellung ist die Tatsache, daß er darüber hinaus auch priesterlich in seiner Heimatstadt wirkte, ja später sogar für die Dauer von gut 20 Jahren eines der beiden (hochangesehenen) Priesterämter am – etwa eine Tagereise von Chaironeia entfernten – Apolloheiligtum zu Delphi bekleidete.

Kein Zweifel also, daß sich Plutarch der traditionellen griechischen Volksreligion aus tiefster Überzeugung verbunden fühlte. Zugleich Philosoph, mußte daher gerade ihm am Herzen liegen, ihr eine tiefere, philosophische Begründung zu verleihen, um so ihre «folkloristischen» Ausdrucksformen wieder nur als quasi hieroglyphische Zeichen verborgener Tiefsinnigkeiten erscheinen zu lassen. Als Akademiker lag ihm dabei die platonische (bzw. xenokratische) Mythen- und Religionsinterpretation natürlich am nächsten, doch ließ er sich daneben sehr stark auch von der ja nicht allzu fernen stoischen mitinspirieren, ja war überhaupt so wenig dogmatisch und einsichtig genug, sich auch Gedanken anderer Denker und Schulen, sofern sie ihm nur überzeugend erschienen, zu eigen zu machen, so daß er, abgesehen von dem von ihm zur Hauptsache vertretenen Platonismus, neben den schon genannten stoischen etwa auch aristotelisch-peripatetische und vor allem neupythagoreische Einflüsse (so insbes. in der Zahlensymbolik), ja selbst solche der skeptischen Philosophie verrät. Freilich vermochte er all diese teils so ganz unterschiedlichen und nicht selten auch einander widersprechenden Ideen und Konzeptionen, denen er sich so bereitwillig öffnete, und erst recht auch die Masse des Wissensstoffs, mit der er operierte, in keinerlei Weise zu einem einheitlichen, eigenständigen oder gar neuartigen Lehrsystem zu verschmelzen. Im Grunde kein origineller Denker, mangelte es ihm vor allem an den hierzu schlechthin unerläßlichen Gaben der gedanklichen Schärfe, schöpferischen Phantasie und Systematik. Mehr eklektischer Sammler als zur forschenden Analyse geneigt, trug er, besessen von einem schier universalen Interesse, an Fakten materieller wie geistiger Art, an Phänomenen, Vorstellungen und Informationen zusammen, was immer ihm der Mitteilung wert erschien – ohne jedoch, und dies vielleicht aus seinem Glauben heraus, die Neigung zu zeigen, den Dingen allzusehr auf den Grund zu gehen, so daß er auch dort, wo er einmal über die Referierung der Meinungen anderer hinaus seine eigene Auffassung äußert, eher vage und unbestimmt bleibt, statt klar und kompromißlos Stellung zu beziehen.

Typisch für die Arbeitsweise Plutarchs und zugleich auch von einigem *ethnologischen* Interesse ist zunächst seine Schrift «Über den Verfall des Orakelwesens» (Περὶ τῶν ἐκλελοιπότων χρηστηρίων bzw. De defectu oraculorum), in der er, nach platonischem Beispiel in Dialogform, die Natur der *Offenbarungserscheinungen*, ihre Ursprünge, Manifestationsweisen und die möglichen Gründe ihrer Wirksamkeitseinbuße erörtert. Den Ausgangspunkt der Auseinandersetzung bildet eben die Beobachtung, daß die Mantik offenkundig im Verfall begriffen ist und mehrere Orakel sogar bereits gänzlich verstummt sind. Die Gesprächspartner stimmen in dem Wunsch überein, die Ursachen dieser auffallenden Erscheinung zu ergründen. Man tauscht verschiedene Erklärungsversuche aus, die jedoch allesamt wieder verworfen werden (c. 4–9). Breiteren Anklang finden erst die Ausführungen des Kleombrotos, der, sich stützend auf die Dämonologie des Xenokrates (auf den er sich dabei auch eigens beruft), den Standpunkt vertritt, daß *die Dämonen* als Mittler zwischen Göttern und Menschen Träger des Orakelwesens seien und dessen Verfall daher nur dadurch erklärt werden könne, daß die Dämo-

nen diese ihre besonderen, mantischen Funktionen nicht mehr wahrnehmen würden bzw. sich aus der Orakelpraxis zurückgezogen hätten
(c. 9–15). Nach mehreren, teils kritischen, teils bejahenden Stellung-
nahmen und einem längeren, über den eigentlichen Gegenstand weit
hinausführenden Exkurs (über die Anzahl der Welten) wird dann die
Frage aufgeworfen, auf welche Weise die Geister denn wohl die Prophetie
in den Menschen zur Entfaltung zu bringen vermöchten. Man kommt zu
der Ansicht, dies sei ihnen möglich, weil sie als *Totenseelen* von der gleichen Substanz wie die Seelen der Lebenden seien und so mit diesen ohne
weiteres kommunizieren könnten. Das aber geschehe am leichtesten,
wenn sich die Seele des von den Geistern zur Prophetie auserkorenen
Menschen im Zustand mantischer Bereitschaft befände, also das wa-
chende, auf die Wahrnehmung sinnlicher Eindrücke und Erfahrungsda-
ten konzentrierte Bewußtsein außer Kraft gesetzt sei – wie vor allem in
der Verzückung, aber auch im Traum oder bei Eintritt des Todes
(c. 38–40). In den ersteren Zustand, der somit eine der wesentlichsten
Voraussetzungen des Orakelwesens bilde, gerate der Körper von sich aus
freilich nur selten; doch werde er – und hier schließt sich der «psychologischen» eine «naturwissenschaftliche» Begründung an (die übrigens
deutlich an die Orakel-Theorie des Lucretius erinnert) – an bestimmten
Stellen der Erdoberfläche, eben den berühmten Orakelstätten, in besonderer Weise ausgelöst und gefördert durch das Aufsteigen gewisser, der
Erde entströmender Dünste: Mit diesen gehe der «prophetische Strom
und göttliche Hauch» (τὸ μαντικὸν ῥεῦμα καὶ πνεῦμα θειότατον) in
den Organismus ein und bewirke so «in der Seele eine ungewohnte, selt-
same Verfassung, deren besondere Art genau zu beschreiben schwierig»
sei; vielleicht, wird die Vermutung geäußert, verhalte es sich auch so,
«daß infolge der Durchflutung mit Wärme bestimmte Öffnungen für das
Eindringen von Vorstellungen des Zukünftigen sich auftun, wie der ver-
dunstende Wein neben vielen anderen Regungen, die er hervorruft, abgelegene, verborgene Gedanken enthüllt». Es ließe sich, heißt es dann
weiter, auch denken, daß die Seele dabei «mit dem prophetischen Hauch
(τὸ μαντικὸν πνεῦμα) eine Verbindung und Verschmelzung von der Art
eingeht wie das Gesicht mit dem ihm wesensverwandten Licht. Denn
obschon das Auge die Kraft zu sehen hat, so ist es doch zu nichts nütze
ohne das Licht, und die prophetische Kraft der Seele bedarf wie das Auge
einer verwandten Kraft, die sie entzündet und schärft» (c. 40–42).

Der traditionelle Glaube, daß es echte Offenbarungen im Sinne von
Botschaften aus der jenseitigen Welt gibt, bleibt also unbestritten. Zur

Diskussion steht lediglich die Frage, auf welchem Wege diese Botschaften den Menschen erreichen. Als Mittler werden uns die Dämonen genannt; aber damit diese sich ihrem Adressaten verständlich zu machen vermögen, bedarf dessen Körper einer gewissen Präparation, und diese wird eben in ganz besonderer Weise durch *bestimmte Erdausdünstungen oder Gase*, also, wenn man so will, durch Prozesse rein chemisch-physikalischer Art, bewirkt. Und hier auch, in der Abhängigkeit von den gegebenen geologisch-geographischen Voraussetzungen, die ja jederzeit durch äußere Einwirkungen gestört oder gar gänzlich zunichte gemacht werden können, liegt die Verletzbarkeit des Orakelwesens, droht die Gefahr, die ein Orakel oder einen Propheten unter Umständen auch vollends zum Verstummen zu bringen vermag: «Denn es ist doch natürlich, daß außerordentlich starke Regengüsse sie [die Erdgase] auslöschen und daß sie von einschlagenden Blitzen zerstreut werden, vor allem aber, wenn die Erde erschüttert wird, zusammensackt und sich in der Tiefe verstopft, daß dann auch die Gase (ἀναθυμιάσεις) ihren Ort wechseln oder ganz zum Verschwinden gebracht werden» (c. 44).

Altgläubigkeit, platonisch-xenokratische Dämonologie, ein wenig «Psychologie» und endlich gar ein Schuß «Naturwissenschaften» fügen sich also, wie ungezwungen, zu einem Ganzen zusammen. Der Gefährdung freilich, die seitens einer Billigung gerade auch des letzteren Betrachtungsansatzes seinem eigentlichen Anliegen droht, ist sich Plutarch durchaus bewußt: Eine derartige Interpretationsweise lenke, je enger sie «mit physikalischen Begründungen verknüpft» sei, «um so mehr die Gedanken von den Göttern ab» und führe leicht «zu einer Argumentation über die Ursachen der Erscheinung» (c. 46) – was der Philosoph, charakteristisch genug, offenbar für unziemlich hält! Und so beeilt er sich denn auch zu versichern:

«Wir machen die Weissagung (μαντικήν) nicht zu etwas, das ohne Gott (ἄθεον) und ohne Vernunft (ἄλογον) ist, wenn wir ihr als Materie die Seele des Menschen und dazu den prophetischen Hauch (ἐνθουσιαστικὸν πνεῦμα) und die Erdausdünstung (ἀναθυμίασιν) wie einen Schlegel zum Musikinstrument zuweisen. Denn erstens gelten die Erde, welche die Dünste erzeugt, und die Sonne, die in der Erde jegliche Kraft zur Mischung und Veränderung hervorbringt, uns nach dem Glauben der Väter [!] als Gottheiten. Wenn wir sodann zweitens Dämonen (δαίμονας) dem Orakel als Vorsteher, Hüter und Wächter belassen, die in dieser Mischung wie in einer Harmonie die Saiten im rechten Augenblick bald nachlassen, bald anziehen, die allzu heftige Entrückung und Verwirrung verhüten und die Erschütterung so mäßigen, daß sie den Ergriffenen kein Leid noch Schaden zufügt, so wird man, denke ich, sagen dürfen, daß wir nichts Unvernünftiges noch Unmögliches tun» (c. 48).

Ist es Plutarch hier also doch wenigstens noch in etwa gelungen, die so verschiedenartigen Ansätze, deren er sich bedient, recht geschickt zu einer annähernd einheitlichen Orakel-Theorie zu kombinieren und dabei sein Hauptanliegen – den Nachweis, daß der «Glaube der Väter» tatsächlich die sinngebende, tragende Idee des Ganzen darstellt – zu wahren, so fiel sein Versuch, auf eine ähnlich kombinierend-eklektische Weise nun auch zu einem so gut wie totalen *Mythenverständnis* zu kommen, sehr viel weniger überzeugend aus. Den umfassendsten und zugleich auch tiefgreifendsten Ansatz hierzu unternahm er in seiner Schrift «Über Isis und Osiris» (Περὶ Ἴσιδος καὶ Ὀσίριδος bzw. De Iside et Osiride). Zwar zeigt er sich redlich bemüht, die einzelnen Auffassungen, die er hier vorträgt und diskutiert, zu ihrem Rechte kommen zu lassen – und vermittelt uns dadurch eben einen so wertvollen Einblick in Stand und Umfang der gelehrten Mytheninterpretation seiner Zeit –, doch geht ihm dabei die Kontrolle über das Ganze des Stoffs augenscheinlich ein wenig verloren, so daß ihm gelegentlich Unvereinbares neben-, ja durcheinander gerät und es zu Unklarheiten und selbst ausgesprochenen Widersprüchlichkeiten kommt und der erstrebte Ausgleich nicht mehr recht glücken will.

Bevor er sein Thema unmittelbar angeht, indem er den Leser zunächst einmal mit dem ganzen Komplex der Isis- und Osiris-Mythologie bekannt macht (c. 12–21), gibt er eine *allgemeine* Erklärung zum Mythenverständnis der Ägypter selbst ab (c. 11), mit der er aber sicherlich auch einen über diese hinausreichenden, generelleren Geltungsanspruch verbindet. Dabei sagt er u. a.:

«Wenn du[103] also hörst, was die Ägypter über die Götter erzählen: Irrfahrten, gliedweise Zerstückelungen und vieles Derartige, so mußt du des eben Gesagten gedenken und glauben, daß nichts davon als tatsächlich so geworden und getan erzählt wird. Denn sie nennen [z. B.] den Hermes [= Thot] nicht im eigentlichen Sinne ⟨Hund⟩, sondern sie gleichen nur die Wachsamkeit, Unermüdlichkeit und Verständigkeit des Tieres, das, wie Platon sagt[104], Freund und Feind durch Kennen und Nichtkennen unterscheidet, dem einsichtsvollsten der Götter an. Auch glauben sie nicht, daß der Sonnengott (Ἥλιον [= Re]) sich als neugeborenes Kind

103 Gemeint ist die Isispriesterin Klea, der die Schrift gewidmet ist.
104 Politeia 375 E–376 B.

aus der Lotosblüte erhebe, sondern sie stellen den Sonnenaufgang in dieser Weise nur dar, um die Entzündung der Sonne aus dem Feuchten anzudeuten [usw.]».

Der Mythos darf also zunächst einmal keinesfalls wörtlich genommen, sondern muß *sinnbildlich* verstanden werden; es wohnt ihm ein tieferer, *allegorisch verschlüsselter* Sinngehalt inne, den es herauszudeuten gilt.

Plutarch beginnt dann damit, indem er als ersten den *euhemeristischen* Interpretationsansatz bespricht (c. 22–24), den er freilich ablehnen muß, da er die Religion ja, oder doch zumindest große Teile ihres Überlieferungsgutes, in Frage stellt: «Denn so fehlt ja nicht viel», ereifert sich der gläubige Denker geradezu, «daß wir so gewaltige Namen aus dem Himmel auf die Erde versetzen und den fast allen Menschen schon von Geburt an innewohnenden ehrfürchtigen Glauben ausroden und vernichten» (c. 23). Aber Plutarch hat auch ernster zu nehmende, sehr vernünftige religionshistorische Gründe zur Hand: Was Euhemeros behaupte, argumentiert er, sei reine Phantasie und entziehe sich daher jeder Kontrolle; dort aber, wo eine exakt dokumentierte Überlieferung einsetze und eine gewissenhafte Überprüfung gestatte, biete sich ein ganz anderes Bild, als der Euhemerismus erwarten ließe: Weder Semiramis noch Sesostris, Kyros oder Alexander, die doch allesamt gewaltige Taten begangen und sich unsterbliche Verdienste errungen hätten, seien vergöttlicht worden. Und wenn tatsächlich einmal gewisse Herrscher, «von Hochmut und jugendlicher Torheit zugleich aufgeblasen, in ihren Seelen voll Übermut entflammt», wie Platon sage[105], «Beinamen von Göttern annahmen und sich Tempel erbauen ließen», so sei ihr Kult nur von kurzer Dauer gewesen und schließlich doch «nichts mehr als nur ihre Grabsteine und Grüfte» übriggeblieben (c. 23–24).

Triftiger erscheint Plutarch demgegenüber schon, die Götter – und hier bezieht er sich u. a. gerade auch wieder auf Xenokrates – für *große Dämonen der Vorzeit* zu halten und ihre Mythen dementsprechend im Lichte dieser ihrer ehemaligen Existenz als Dämonen zu deuten (c. 25–31). So mochte sich Isis z. B. nicht darein schicken, daß ihre Leiden und Mühen im Kampf mit dem Osiris-Gegner Typhon (= Seth) sowie überhaupt all ihre segensreichen Taten ganz der Vergessenheit anheimfallen sollten, und stiftete daher,

---

105 Leges 716 A.

«indem sie Bilder (εἰκόνας), Andeutungen (ὑπονοίας) und Nachahmungen (μιμήματα) der damaligen Leiden in die heiligsten Weihen einführte, eine Lehre der Frömmigkeit und zugleich einen Trost für Männer und Frauen, die sich in ähnlichem Unglück befinden. Sie selbst und Osiris, aus guten Dämonen zu Göttern gewandelt wie später Herakles und Dionysos, genießen daher ganz entsprechend miteinander vermengte Ehrungen von Göttern und Dämonen zugleich» (c. 27).

Typhon dagegen blieb der Dämon des Unheils und muß demzufolge durch begütigende Riten und Opfer in seinem Schadensdrange beschwichtigt werden (c. 30). Hier, wo es sich um eine ihm sympathische Auffassung handelt, begnügt sich Plutarch damit, die These lediglich wiederzugeben und sich zu ihrer Stütze nur auf einige klingende Namen – wie, neben Xenokrates, insbesondere Homer, Hesiod, die Pythagoreer, Empedokles und Platon – zu berufen. Seine eigentliche Quelle dürfte aber doch wohl Xenokrates sein.

Auf diese sehr glaubensgebundene, *platonisch-religionsphilosophische* Deutung läßt Plutarch dann recht unvermittelt die *naturmythologische* folgen (c. 32–40). Dabei unterscheidet er zwei, dem Grad ihrer gedanklichen Tiefe nach, wie er meint, voneinander zu sondernde Auffassungen, deren Vertreter in beiden Fällen wieder die Ägypter selbst gewesen sein sollen. Er beginnt mit der seines Erachtens oberflächlicheren Interpretationsvariante, der zufolge Isis *die Erde* repräsentiere und Osiris, ihr Gatte, *den Nil*, der die Erde mit seinem Wasser befruchte, während Typhon *das Meer* bedeute, das den Nil in sich aufnehme, ihn also – bis auf die Wasser, die in die Erde eingehen und die Isis «schwängern» – in seine Bestandteile auflöse[106] und somit vernichte (c. 32). «Die weiseren Priester jedoch», fährt er dann fort und leitet damit zur zweiten, seiner Meinung nach tiefsinnigeren naturmythologischen Auffassungsweise über,

«nennen nicht nur den Nil Osiris und nicht nur das Meer Typhon, sondern Osiris überhaupt die feuchtmachende Urkraft, die sie für das Prinzip der Zeugung und für die Wesenheit des Samens halten; Typhon aber nennen sie alles Trockene, Feurige und Ausdörrende und der Feuchtigkeit überhaupt Feindliche» (c. 33)

– was der zuvor referierten Ansicht, Typhon repräsentiere das Meer, einigermaßen widerspricht, gleich dieser aber anscheinend ebenfalls

---

106 Osiris wurde der Überlieferung nach von Seth (bzw. Typhon) *zerstückelt.*

seine Stütze in der einheimischen Überlieferung fand, da Seth nach ägyptischem Glauben auch als Gottheit der hochsommerlichen Hitze und Dürre gelten konnte. Und ganz konsequent wird dann von hier aus auch der Anschlag des Typhon auf Osiris als Sinnbild der alles versengenden Sommerdürre gedeutet,

«welche die Feuchtigkeit, die Erzeugerin und Förderin des Nils, überwindet und zerstreut; und seine [= des Typhon] Helferin, die Äthioperkönigin Aso, bedeutet dann die Südwinde aus Äthiopien: Denn wenn diese über die etesischen Winde, welche die Wolken gegen Äthiopien treiben, die Oberhand gewinnen und [so] verhindern, daß die den Nil aufschwellen lassenden Regengüsse losbrechen, dann läßt Typhon, die Macht behauptend, seine Glut sich entfalten, und, völlig zur Obmacht gelangt, stößt er den Nil, der sich aus Schwäche in sich selbst zusammenzog, niedrig und seicht ins Meer; denn die sogenannte Einzwängung des Osiris in den Sarg bedeutet wohl nichts anderes als das Verschwinden und Unsichtbarwerden des [Nil-]Wassers» (c. 39).

Isis aber suchte und fand den Osiris bekanntlich wieder, überwand seinen Gegner Typhon (hier vermißt man eine entsprechende Erklärung Plutarchs!) – vernichtete ihn jedoch nicht:

«Denn die Göttin, welche die Herrin über die Erde ist, ließ nicht zu, daß jene Naturkraft (φύσιν), die der Feuchtigkeit entgegengesetzt ist, völlig ausgelöscht werde, sondern sie löste und entließ sie [wieder], weil sie wollte, daß die Mischung [das Verhältnis der beiden Naturkräfte zueinander] erhalten bleibe; denn das Weltall konnte nicht vollkommen sein, wenn das Feurige aufhörte und vernichtet ward» (c. 40).

In die Behandlung des naturmythologischen Interpretationsansatzes hat Plutarch dann noch (c. 35–37), wieder ein wenig unvermittelt, einen recht breit angelegten *Vergleich zwischen dem Osiris- und dem Dionysos-Kult* samt ihren mythischen Traditionen eingeschaltet, mit dem er den Beweis zu erbringen versucht, daß beide im Grunde identisch sind, und der ebenso durch seine gründliche Akribie wie durch seine streng konsequente, schlüssige Gedankenführung beeindruckt und überhaupt eine beachtliche religionswissenschaftliche Einsicht verrät.

Der naturmythologischen folgt dann, sie ergänzend, die *astralmythologische* Deutung (c. 41–44). So werde Typhon etwa, referiert Plutarch, nach der Auffassung mancher Ägypter auch als Verkörperung *der Sonne* und ihrer zerstörerischen Hitzeentfaltung, und Osiris als göttlicher Repräsentant *des Mondes* und seiner besonderen Kräfte begriffen:

«Denn der Mond sei [= nach Ansicht dieser Ägypter], da er ein zeugendes und feuchtmachendes Licht besitze, sowohl der Fortpflanzung der Lebewesen als auch dem Wachstum der Pflanzen günstig, dagegen überhitze und dörre die Sonne mit ihrem ungemäßigten und heftigen Feuer alles aus, was wächst und blüht, macht einen Großteil der Erde durch ihre Glut überhaupt unbewohnbar und gewinnt auch oft die Oberhand über den Mond» (c. 41)

– so beispielsweise, wie Plutarch an späterer Stelle erläutert, wenn sie

«ihm gerade gegenübersteht, indem er dann in den Schatten der Erde hineinsinkt *wie Osiris in den Sarg;* andererseits aber verbirgt [auch] der Mond selbst als Neumond die Sonne und macht sie unsichtbar, doch ohne sie völlig zu vernichten – wie *auch Isis den Typhon nicht vertilgte*» (c. 44).

Die Beziehung des Osiris zum Monde werde, fährt Plutarch in seiner Darstellung dieser Auffassung fort, weiter auch aus der Überlieferung gefolgert, der Gott habe insgesamt *achtundzwanzig* Jahre – entsprechend also gewissermaßen den 28 Tagen des Mondmonats – gelebt (od. a. geherrscht) und sei bei seiner Tötung in *vierzehn* Teile zerstückelt worden, was wiederum mit der Anzahl der Tage in Übereinstimmung stehe, «während derer das Gestirn nach dem Vollmond bis zum Neumond abnimmt». Und endlich liefere auch der Kult des Osiris eine Reihe von Hinweisen, die zur Bestätigung der These beitragen könnten: So beispielsweise der Brauch, den zerstückelten Leichnam des Gottes in einer sichelförmigen Lade zu bestatten – «weil der Mond, wenn er der Sonne [= Typhon] nahekommt, sichelförmig geworden, sich verbirgt», d. h. stirbt (c. 42).

Beide, die naturmythologische wie die astralmythologische Mythendeutung scheinen zur damaligen Zeit überhaupt, und offenbar auch in Ägypten selbst, sehr im Schwunge gewesen zu sein; jedenfalls bezeugt das auch der ägyptische Priester und Stoiker Chairemon von Alexandrien (1. Jh. n. Chr.) – der die Entwicklung freilich als Geistlicher wie als stoischer Philosoph nicht gutzuheißen vermochte, da ein derartiges Verständnis der religiösen Traditionen seiner Auffassung nach die Gottesanschauung wenn schon nicht aufhebe, so doch verfälsche und irreführe.

Alle diese Interpretationsansätze, resümiert Plutarch dann in einer Art Zwischenbilanz (c. 45), seien zwar, weil zu eng gefaßt, als unbefriedigend und, jeweils für sich betrachtet, als verfehlt zu bezeichnen; zusammengenommen und vor allem religionsphilosophisch tiefer begründet, könnten sie jedoch durchaus eine brauchbare Lösung bieten. Dabei hätte man seiner Auffassung nach von der – für ihn als Platoniker natürlich festste-

henden – Tatsache auszugehen, daß, wie die Welt im ganzen, so auch
alles Leben, das in ihr zur Entfaltung gelange, «von zwei entgegengesetzten Prinzipien (ἀρχῶν) und zwei gegnerischen Kräften (δυνάμεων) her
gemischt [ist], von denen die eine [= Osiris] zum Rechten und Geraden
führt, die andere aber [= Typhon] widerstrebt und entgegenlenkt»
(c. 45). Zum Beweise dafür geht er im folgenden dann (c. 46–48) nacheinander den Zoroastrismus (c. 46–47), den «chaldäischen» Sternglau-
ben (c. 48) und die philosophischen Lehren der Griechen (c. 48) durch.
Sein Ergebnis ist, daß all diesen Anschauungssystemen tatsächlich die
Überzeugung von der Existenz *zweier einander antagonistischer Prinzipien* oder Geistmächte zugrunde liegt, deren «Mischung» die eigentliche
Voraussetzung darstellt für den Bestand der Welt samt allen Lebens in
ihr. Dabei wird dem guten Prinzip letzten Endes eine klare Dominanz
zugestanden. Eine völlige Vernichtung des bösen erscheint schon insofern nicht möglich, als es «in Fülle mit dem Körper (σώματι), in Fülle
auch mit der Seele (ψυχῇ) des Weltalls verwachsen ist und mit dem besseren [Prinzip] einen ständigen, harten Kampf führt». In der «Seele»,
handle es sich nun um die «Weltseele» oder die individuellen Seelen der
einzelnen Menschen, sind dabei, und hier setzt Plutarch nun zu seinem
eigenen, *platonisch-akademischen* Interpretationsvorschlag an,

«Verstand (νοῦς) und Vernunft (λόγος) als Führer und Herr alles Besten Osiris
[selbst]; in der Erde, in den Lüften, Wassern, im Himmel und in den Sternen sind
das Geordnete, Feststehende und in den Jahreszeiten, Mischungen und Umläufen
das Gesunde ein Ausfluß des Osiris und sein sichtbares Bild. Typhon dagegen ist
das Leidenschaftliche, Titanische, Unvernünftige und Unsinnige der Seele, und
im Körperhaften sind das Vergängliche, Krankhafte und durch Mißwuchs, Unwetter und Verdunkelungen der Sonne und Mondesfinsternisse Störende gewissermaßen Anstürme und Entfesselungen des Typhon» (c. 49).

Plutarch gibt also weder den naturmythologischen noch den astralmy-
thologischen Interpretationsansatz auf, sondern will beide lediglich als
*besondere Aspekte eines ihnen vorgeordneten, umfassenderen und zu-
gleich tiefer greifenden Deutungsprinzips* verstanden wissen.

Mit einbezogen auf ihre Weise in dieses kosmische Kräftespiel zwischen Osiris und Typhon (bzw. Seth) ist nun natürlich auch Isis. Plutarch
begreift sie als «den weiblichen und alle Zeugung aufnehmenden Teil der
Natur (φύσεως)», d. h., sie gilt ihm als Ausdrucksgestalt *der Materie*.
Beiden, Osiris wie Typhon, «zwar Gefäß und Stoff», ist ihr ein unstillba-
res Verlangen doch allein nach dem Repräsentanten des Guten (Osiris)

eingeboren, weshalb sie das Böse (Typhon), wiewohl ihm immer ausgesetzt bleibend, nach Kräften zu fliehen und abzuwehren bemüht ist. Dem
Guten aber sich öffnend, empfängt sie von ihm – und das heißt, in die
Sprache des Mythos übertragen: Isis ist Osiris in Liebe verbunden und
wird schwanger von ihm. Denn, kommentiert Plutarch seine Deutung,

«die Zeugung im Stoff (ἐν ὕλη) ist ja nur Abbild (εἰκών) dessen, was sich im
ideellen Sein (οὐσίας) vollzieht, und [entsprechend], was daraus hervorgeht, nur
eine Nachbildung (μίμημα) des [ideell und wahrhaft] Existierenden (τοῦ ὄντος).
Deshalb erzählen sie nicht ohne Grund, daß zwar die Seele des Osiris [= das
Prinzip des Guten] ewig und unzerstörbar sei, seinen Körper aber [= die stoffliche
Manifestation des Guten] Typhon oft zerreiße und vertilge, den Isis [dann] um-
herirrend suche und wieder zusammenfüge. Denn das [wahrhaft] Existierende
und nur Begriffliche [= Ideelle, – νοητόν] und Gute ist stärker als Vernichtung
und Wandel; nur die Bilder (εἰκόνας), Begriffe (λόγους) und Ideen (εἴδη) und
Ähnlichkeiten (ὁμοιότητας), die das [sinnlich] Wahrnehmbare und Körperhafte
aus ihm abformt und empfängt wie die Siegelringe im Wachs, die sind nicht von
Dauer, sondern es ergreift sie das Ungeordnete und Chaotische hier [= in der
Welt des Stofflichen], aus der Region oben vertrieben und mit Horus [dem Sohn
des Osiris und der Isis] kämpfend, den die Isis als ein Bild des nun Begrifflichen als
[sinnlich] wahrnehmbares Weltall gebiert. Deshalb erzählt man auch, daß er [=
Horus] von Typhon wegen unehelicher Geburt belangt wurde, als sei er nicht rein
und lauter wie sein Vater, das an sich unvermengte und leidenschaftslose Begriffliche selbst, sondern verfälscht von der Materie infolge des Körperhaften»
(c. 53–54).

In der großen kosmischen Auseinandersetzung, an der nun natürlich
auch Horus, als Kind des Osiris und der Isis, sehr wesentlich mitbeteiligt
ist, trägt dieser dann schließlich – bzw. im eigentlichen Sinne: das Gute
in ihm – den Sieg über den Erzfeind Typhon davon, vernichtet ihn jedoch
wieder nicht ganz, sondern beraubt ihn lediglich seiner Zeugungskraft
und damit des Quells seiner Stärke, indem er ihn entmannt: «Deshalb
soll in Koptos das Bild des Horus in der einen Hand das Schamglied des
Typhon halten». Dergestalt entscheidend im Kampf um die Vorherrschaft im Kosmos geschwächt, rast Typhon um so wilder hienieden, erschüttert die Erde, schlägt sie mit Dürre, löst Stürme und Unwetter aus,
ruft Seuchen hervor und verfinstert den Mond – was sich im Mythos, wie
Plutarch übersetzt, darin ausgedrückt finde, daß Typhon «das Auge des
Horus zerschlägt oder ausreißt und verschluckt» (um es dann später
«dem Helios» [d. i. dem Sonnengott Re] wieder zurückzugeben; c. 55).
    Im folgenden geht Plutarch dann mit der Erörterung seines Interpreta-
tionsvorschlages noch mehr in die Breite. Er bemüht sich, ihn mit Hilfe

ergänzender Deutungs- und Betrachtungsmethoden, wie der (den Pythagoreern entlehnten) Zahlensymbolik, vergleichender Untersuchungen zur Götterlehre der Ägypter und Griechen oder (recht gewagter) etymologischer Analysen, weiter abzusichern, ja versucht sogar, seine Gültigkeit an den Dichtungen Hesiods (Theogonie 116 ff) und Texten Platons (Symposion 203 B ff) zu erweisen (c. 56–63). Schließlich faßt er dann noch einmal (c. 64) zusammen:

«Es ist nicht richtig, Osiris oder Isis für Wasser oder Erde zu halten und den Typhon für Feuer, Hitze und Meer, sondern, wenn wir überhaupt alles, was hierin ohne Maß und Ordnung ist, sei es durch Zuviel oder Zuwenig, dem Typhon zuteilen, dagegen das Wohlgeordnete, Gute und Nützliche als Werk der Isis und das Bild (εἰκόνα), Nachahmung (μίμημα) und Prinzip (λόγον) des Osiris verehren und schätzen, dann dürften wir nicht fehlgehen.»

D. h.: Es wäre zu oberflächlich, Wasser, Feuer und Erde unmittelbar für Erscheinungsformen der Götter zu halten; sie entsprechen ihnen nur der Art ihrer Wesensäußerung nach und sind daher lediglich als Symbole für sie zu verstehen – und damit zugleich als *Gleichnisformen und Zeichen der rein geistigen Vorgänge in der Welt des ideell-transzendenten Seins.* Wenn irgendwo, bewegt sich Plutarch vor allem hier in Gedankengängen, die so sehr aus dem Geiste der griechisch-platonischen Philosophie entwickelt erscheinen, daß sie der genuin ägyptischen – und überhaupt orientalischen – Anschauung mit ihrer unmittelbaren, sinnfälligen Bildhaftigkeit wohl nur kaum gerecht werden konnten. Gleichwohl bleibt das Bestreben, die orientalische (bzw. hier bereits *hellenistische*!) Mythologie – und damit zugleich natürlich auch die eigene griechische sowie die religiöse Überlieferung ganz allgemein – durch tiefsinnige Ausdeutung in die anspruchsvollere Gedankenwelt der philosophischen Spekulation zu integrieren, um sie dadurch den Bedrohungen durch Rationalismus und Aufklärung zu entziehen, und bleibt auch die dem zugrunde liegende Voraussetzung, daß die geistigen Äußerungsformen aller Menschen den *gleichen Grund- oder Strukturprinzipien folgen* und daher auch auf die *gleiche Weise* interpretiert werden können, für Plutarch und mit ihm die altgläubigen Philosophen der damaligen Zeit allgemein (insbes. die Platoniker, Stoiker u. Neupythagoreer) bezeichnend und aufschlußreich genug.
Man sollte meinen, daß Plutarch, um einen wirkungsvollen Abschluß zu erzielen, seine Betrachtung mit dieser letzteren, religionsphilosophisch vertieften und ihm am umfassendsten und treffendsten erschei-

nenden Deutung gewissermaßen gekrönt, also abgeschlossen hätte. Allein, wie schon die bisherige Themenabfolge wenig Systematik verriet, so schließt er mit der Behandlung eines Interpretationsansatzes (c. 65–71), den er noch weniger als die zu Beginn referierten billigt – der aber dafür um so mehr das *Interesse des Ethnologen* beanspruchen darf: Handelt es sich bei dieser Art der Überlieferungsdeutung, die dem Zeugnis des Philosophen zufolge (c. 65) bemerkenswerterweise sogar recht viele Anhänger zählte, doch bereits um eine echt *«folkloristische»*, also *kulturhistorische* Mytheninterpretation. Plutarch indessen empfand ihre Vertreter nur als «lästige» (φορτικοῖς) Zeitgenossen, die ihre Freude daran hätten,

«alles, was diese Götter [Isis, Osiris u. Typhon] betrifft, mit den jahreszeitlichen Veränderungen der Atmosphäre oder mit dem Pflügen, Aussäen und Aufsprießen der Feldfrüchte in Beziehung zu setzen und [beispielsweise] zu behaupten, daß Osiris begraben werde, wann das Korn (καρπός) ausgesäet in der Erde verborgen wird, daß er aber wieder auflebe und wieder erscheine, wann die Keimung beginnt» (c. 65).

Nach Plutarchs Meinung liegt dieser Ansicht der Fehler zugrunde, die Gaben der Götter mit diesen selbst zu identifizieren. Es unterscheide sich daher, wer diesen Standpunkt teile, «in nichts von jenen, die Segel, Seile und Anker für den Steuermann, Aufzug und Einschlag für den Weber und den Becher Honigtrank oder Gerstenschleim für den Arzt halten» (c. 66). Um das des näheren zu erläutern (woran ihm offenbar sehr viel liegt), greift er im folgenden bis auf die Anfangsetappen der religiösen Vorstellungsbildung zurück. Ursprünglich, doziert er in bester Übereinstimmung mit der Religionsentstehungslehre der Stoa, waren die Menschen allesamt im Besitz einer ungetrübt reinen Gottesanschauung; erst späteres «Ungeschick» führte allmählich zu deren Verdunkelung und löste mehr und mehr die Herausbildung irriger religiöser Vorstellungen und Praktiken aus:

«Und zwar unterscheiden wir [usprünglich] nicht andere Götter bei anderen Völkern, auch nicht ungriechische und griechische oder südliche und nördliche; sondern, wie Sonne und Mond, Himmel, Erde und Meer allen Menschen gemeinsam sind, von jedem aber anders benannt werden, so gibt es auch nur eine einzige göttliche Vernunft (λόγου), die dies in Ordnung brachte, nur eine einzige waltende Vorsehung und Dienste leistende, über alles gesetzte Mächte. Ihnen wurden aber bei den verschiedenen Völkern, dem Brauchtum entsprechend (κατὰ νόμους), verschiedene Ehren und Benennungen zuteil, und man verwendete geheiligte Symbole (συμβόλοις), die bald nur dunkel, bald klarer das Denken auf das Göttliche hinwenden – freilich nicht ohne Gefahr: denn manche glitten, völlig vom rechten Weg abgeirrt, in Aberglauben (δεισιδαιμονίαν) aus, während andere, ihn wie einen Sumpf fliehend, wieder unvermerkt wie in einen Abgrund in die Gottlosigkeit (ἀθεότητα) stürzten» (c. 67).

Im Zuge dieser Entwicklung, die also nach dem Verlust des ursprünglichen, wahren Wissens der Urzeitmenschen zu einer wachsenden, stetig sich steigernden Differenzierung in den religiösen Anschauungsformen und Praktiken führte, kam es u. a. dann auch zu den folgenden Fehlbildungen:

«Zu derselben Zeit nämlich, da sie [= die ersten Menschen] teils die Baumfrüchte reifen und wieder vollständig vergehen sahen, teils andere Früchte, ärmlich noch und geringfügig, selbst aussäten, die Erde nur mit den Händen furchend und wieder daraufwerfend und sie in Ungewißheit niederlegend, ob sie wieder sichtbar werden und ihre Vollendung erreichen würden, taten sie vieles wie bei Begräbnis und Trauer. Sie trugen aber auch kein Bedenken, die Geschenke und Erzeugnisse der Götter selbst zu benennen, da sie sie des Nutzens wegen ehrten und feierten, so wie wir von einem, der die Schriften Platons kauft, sagen, er kaufe den Platon, und von einem, der die Stücke des Menander aufführt, sagen, er spielt den Menander. Die Späteren aber faßten das ungeschickt und töricht auf, übertrugen die Schicksale der Früchte auf die Götter und nannten das Hervorkommen und das Verschwinden der notwendigen Nahrung nicht nur Entstehen und Untergang von Göttern, sondern glaubten das auch, sich mit unsinnigen, ungebührlichen und verworrenen Meinungen anfüllend, obwohl sie die Sinnlosigkeit des Umstandes vor Augen hatten» (c. 70).

Eine – hier vor allem – *agrarmythologische* Vorstellungsbildung ist zwar nicht abzustreiten, wurde aber ursprünglich eher spielerisch, um der äußeren Analogie im Lebensschicksal von Pflanze (Tier) und Mensch willen, vollzogen und erst von späteren Generationen dann, fälschlich, mehr und mehr ernstgenommen und auch auf die Gottesanschauungen ausgedehnt. Irrige Vorstellungen von den Vorgängen in der Natur können also durchaus auf eine Weise wie diese entstehen – sagen jedoch nichts über das wahre Wesen der Götter und die transzendente Wirklichkeit ihres Waltens im Kosmos aus, da sie sie nicht zu erreichen vermögen. Plutarch bricht somit auf halber Strecke seinen Gedankengang ab: Die Konsequenz aus seinen Überlegungen vollends zu ziehen und auch die Gottesanschauungen selbst nur als Ausdrucksformen – etwa – der agrarmythologischen Vorstellungsbildung zu deuten, d. h. die Existenz der Götter überhaupt in Frage zu stellen, verwehrt ihm sein Glaube.

Um nun der ursprünglichen Wahrheit durch die Fülle und Mannigfaltigkeit der abergläubischen Vorstellungs- und Anschauungsformen
hindurch wieder nahe zu kommen, gilt es «vor allem, die aus der philosophischen» – d. h. natürlich: der platonisch-akademischen – «Betrachtung erwachsende Vernunft (λόγον)» zu Hilfe zu nehmen «und alles
einzelne von dem, was hier [in der traditionellen Religion] gelehrt und
getan wird, fromm zu durchdenken, damit wir nicht durch anders geartete Auffassung dessen, was das Brauchtum (οἱ νόμοι) in richtiger
Weise bezüglich der Opfer und Feste bestimmte, fehlgehen» (c. 68).
Diese philosophische Betrachtung aber führt u. a., und damit gelangt
Plutarch nun endlich ans Ziel des Exkurses, auch zu der Überzeugung,
daß es eben falsch ist, die Götter mit ihren Gaben zu identifizieren und
diese statt jener zu verehren, und daß es daher auch nicht Kore sei, die
in den Hades fahre, sondern daß es sich hier lediglich um ein – fälschlich
auf die Göttin bezogenes – Sinnbild des Saatguts handle, das man während der Aussaat unter die Erde bringe; und ganz das gleiche gelte auch
für die Überlieferung der Phryger, daß «der Gott» (τὸν θεόν) während
des Winters «schlafe, im Sommer aber wach sei», oder den Glauben der
Paphlagonier, «daß er im Winter gefesselt und eingesperrt sei, im Frühling jedoch losgelassen werde und seine Bewegungsfreiheit zurücker-
lange»: Beide Vorstellungen bezögen sich ebenfalls wieder nur auf die
Aussaat, das Aufsprießen, die Reife und Ernte der Feldfrüchte, nicht
aber konkrete Geschicke der Götter selbst (c. 69–70). Für die Erklärung
der volksabergläubischen Vorstellungsformen besitzt die «folkloristische» (bzw. kulturhistorische) Mythendeutung also durchaus einen gewissen Aufschlußwert; über die eigentlichen Gehalte der Religion und
das wahre Wesen der Götter jedoch vermag sie nichts auszusagen.

An seine Erörterung der Mytheninterpretationstheorien hat Plutarch
dann zum Schluß seines Werkes noch eine Studie über den für fremde
Beobachter immer wieder so staunenerregenden ägyptischen Tierkult
angehängt (c. 71–76). Auch hier verfährt er dabei wieder so, daß er eine
Anzahl (wohl nicht alle!) der offenbar gängigsten Thesen, die bisher zur
Erklärung des Phänomens vorgebracht wurden, der Reihe nach – kritisch
– referiert. An den Anfang stellt er den, gleich zu Beginn als solchen
gebrandmarkten Irrglauben der Ägypter selbst, die heiligen Tiere für
Götter zu halten (c. 71). Darauf geht er, ganz kurz nur, auf die Auffassung ein, die Götter hätten sich vor alters in diese Tiere verwandelt,
hätten nur ihre Gestalt angenommen, um sich auf diese Weise den Nach-
stellungen des Typhon (bzw. Seth) zu entziehen, oder – eine andere, eben-

falls nur ganz beiläufig abgehandelte These – es handle sich hier um die Tiere, in denen sich die Seelen der Toten bevorzugt zu reinkarnieren pflegten, beides Deutungen, die Plutarch auf das entschiedenste ablehnt (c. 72). Breiter werden dann drei weitere Interpretationsvorschläge erörtert, denen zufolge die Tierverehrung auf ganz bestimmte, historisch-konkrete Ereignisse in der Vergangenheit, ja im letzteren Falle sogar auf eine bewußte Setzung ganz im Sinne des Kritias (u. des Epikureers Hermarchos von Mytilene) zurückgehen soll. Die Befürworter des einen, referiert Plutarch, seien der Ansicht,

«Osiris habe bei seinem großen Feldzuge seine Heeresmacht in viele Abteilungen eingeteilt ... und habe allen tiergestaltige Feldzeichen (ἐπίσημα) gegeben, von denen jedes einzelne der Sippe (γένει) der [unter ihm] zusammengeschart Gewesenen heilig und verehrungswürdig wurde. Die anderen aber behaupten, die späteren Könige seien, um die Feinde in Schrecken zu setzen, in den Schlachten mit goldenen und silbernen Tierkopfmasken (προτομάς) erschienen. Noch andere endlich berichten, einer der klugen und verschlagenen Könige habe, da er merkte, daß die Ägypter, von Natur leichtsinnig und zu Wechsel und Umsturz geneigt, durch gemeinsames Handeln und Planen infolge ihrer großen Zahl eine schwer zu bekämpfende und schwer zu bändigende Macht besaßen, dadurch, daß er ihnen [jenen] Aberglauben (δεισιδαιμονίαν) wies, unter sie einen ewig währenden Anlaß zu endloser Entzweiung gesät. Denn da die Tiere, von denen er den einen diese, den anderen jene zu ehren und heilig zu halten befahl, sich gegeneinander böse und feindselig betragen und ihrer Natur nach eines das andere frißt, wurden sie, ohne es zu merken, in die Feindschaften der Tiere hineingezogen und befehdeten einander, indem jeder seine Tiere schützte und es übel aufnahm, wenn sie geschädigt wurden» – wofür Plutarch auch ein Beispiel noch aus der jüngsten Zeit anführt (c. 72).

Wieder eine andere, siebte Auffassung besteht in dem Glauben, «die Seele Typhons selbst sei in diese Tiere aufgeteilt», was man, wie Plutarch meint, wohl so zu verstehen habe, «daß jede vernunftlose und tierische Naturanlage ein Teil des bösen Dämons ist: Um diesen zu besänftigen und zu begütigen, pflegen und verehren sie diese Tiere» (c. 73). Endlich achtens aber könne man den ägyptischen Tierdienst auch auf den *Nutzen*, den die Tiere den Menschen gemeinhin bringen, sowie die tiefere, *symbolische* Bedeutung (τὸ συμβολικόν), die in ihren unterschiedlichen Wesenseigentümlichkeiten zum Ausdruck gelange, zurückführen. Bei einigen, wie den Schafen und Rindern, sei es ja ohne weiteres ersichtlich, «daß man sie der Brauchbarkeit (χρείας) und des Nutzens (ὠφελείας) wegen zu verehren begann», bei anderen dagegen liege die Ursache für ihre Heilighaltung eben in der *Symbolkraft ihrer Erscheinung* und damit

dem Erkenntnisgewinn, den diese den Menschen vermittle. So stelle
z. B. das Krokodil, da es keine Zunge besitze, ein «Ebenbild Gottes»
(μίμημα θεοῦ) dar, denn die göttliche Vernunft bedürfe, um sich auszudrücken, keinerlei akustisch artikulierter Sprache. Die Brillenschlange
entspreche, «weil sie nicht altert und sich ohne Glieder leicht und ge-
schmeidig bewegt», dem gleitenden Kreisen der Sterne bzw. der Zeit.
Und das Wiesel endlich symbolisiere, da es durch das Ohr empfange und
durch das Maul gebäre[107], die Entstehung der Sprache (c. 74–75). Zwar
muten auch Plutarch diese Deutungsversuche mitunter ein wenig gesucht an (vgl. c. 75), doch findet das Prinzip als solches natürlich seine
vollste Billigung, ja gilt ihm als der noch am meisten vertretbare Ansatz –
sofern man es bei der bloßen Exegese beläßt und eben nicht auch so weit
geht, die Symbole (bzw. die «Signifikanten», um mit den Strukturalisten
zu sprechen), in diesem Falle also die Tiere, statt dessen, was sie symbolisieren, was ihr Sinngehalt, ihre «Botschaft» (bzw. ihr «Signifikat») ist,
zum Gegenstand der Verehrung zu machen (c. 76).

Bei der Vielfalt der wissenschaftlichen Interessen Plutarchs muß man
es für doppelt erstaunlich halten, daß er sich anscheinend nur kaum mit
Fragen der *Ur- und Entwicklungsgeschichte* des Menschen bzw. seiner
Kultur befaßt hat. Mag sein, daß er glaubte, hier alles bereits im wesentlichen durch Platon und Poseidonios als gelöst betrachten zu dürfen; mag
sein auch, daß der ihm wichtigere religionsphilosophische Aspekt, also
das Interesse speziell an der Entstehung und Entwicklung *der Religion,* so
sehr seine Geschichtsbetrachtung beherrschte, daß demgegenüber alle
sonstigen Entwicklungsfragen ganz in den Hintergrund treten mußten.
Nur in einem Falle: in den beiden Traktaten seiner Schrift «Über den
Fleischgenuß» (Περὶ σαρκοφαγίας bzw. De esu carnium), geht er tatsächlich einmal unmittelbar auf die Anfänge und ersten Etappen der
menschlichen Entwicklungs- bzw. Kulturgeschichte ein – freilich auch
hier nur ganz kursorisch und ohne eigentlich Neues zu bieten. Ziel der
Schrift war, den Verzehr von Fleisch als zutiefst verabscheuenswert und
verwerflich zu erweisen, und so sah sich Plutarch gleich zu Beginn des
ersten Traktats (c. 2) vor die Frage gestellt, wie es denn überhaupt dazu
kam, daß die Menschen neben der Pflanzenkost auch den Fleischgenuß

---

107 Eine in der Antike weit verbreitete Ansicht: vgl. Aristoteles: De generatione ani-
     malium III 6. 756b, 13 ff (kritisch dazu!), Antoninus Liberalis: Metamorphosen,
     c. 29, und Physiologus, c. 21.

kennen- und schätzen lernten; und das veranlaßte ihn dann, sich des
näheren mit den *Ernährungsverhältnissen in der Urzeit* auseinanderzusetzen. An sich, so beeilt er sich zu versichern, waren die Menschen
damals (zunächst jedenfalls) noch reinen Gemüts und frei von allen Be-
gierden und unlauteren Leidenschaften. Allein, da man weder den Pflan-
zenanbau noch die Viehzucht kannte, reichte die Nahrung nur selten aus,
so daß in der Regel bitterster Mangel herrschte – «zu einer Zeit», wie
Plutarch sehr anschauungsvoll zu schildern weiß, «wo man Schlamm
(ἰλύς) aß und Baumrinde nagte und wo es ein Glück war, frischkeimen-
des Gras oder eine saftige Wurzel zu finden». Und aus dieser *Notsituation* (ἀπορία) heraus nun kamen die Menschen auf den Gedanken, auch
die Tiere zur Nahrung zu nutzen – d. h.: die bisherige *reine Sammelwirtschaft* durch die *Jagd* zu ergänzen. Und nachdem man sich an die Fleischkost einmal gewöhnt hatte, behielt man sie, aus nichts anderem als bloßer
Genußsucht, auch weiterhin bei, selbst als die Ernährung infolge fort-
schrittlicherer Wirtschaftsmethoden längst als gesichert gelten durfte.
Ursprünglich, heißt es im zweiten Traktat (c. 4) dann noch ergänzend
– und teils auch ein wenig abweichend – dazu, seien nur wilde und schaden-
stiftende Tiere und später von den gezähmten allein diejenigen getötet
und verzehrt worden, die von den Opfergaben gefressen hatten. Einmal
an das Töten und die Fleischkost gewöhnt, so Plutarch auch hier, habe
man dann immer mehr Geschmack an beidem gefunden und bald auch so
friedfertige und nützliche Tiere wie Rinder, Schafe, Hühner, Gänse und
Tauben nicht mehr verschont – um endlich zuletzt sogar Hand an den
Menschen zu legen.

Wirklich neu ist an dieser ganzen Auffassung nichts. Die Tendenz, die
Menschen der Urzeit zu unverderbt reinen, sittlich fehllosen Geschöpfen
zu idealisieren und alles Übel in der Welt auf das Töten – zuerst der Tiere,
dann der Menschen – und den in der Folge mit steter Beschleunigung
voranschreitenden Verfall der Moralität zurückzuführen, ist uns, abgesehen von mythischen Voranlagen (Paradieses- u. Sündenfallmythen),
literarisch spätestens seit Hesiod vertraut. Die *Not* als den wesentlichsten
Entwicklungsimpuls im urzeitlichen Kulturentstehungsprozeß zu betrachten, zählt seit den Sophisten zum festen Bestandteil zumindest der
rein rationalistisch begründeten Urgeschichtstheorien, und kein geringeres Alter besitzt, wieder abgesehen von mythischen Voranlagen (sog.
«Kulturmärchen» bzw. «Kultursagen»), auch die Gliederung der primä-
ren Entwicklungsetappen nach den jeweils charakteristischen Wirtschaftsformen des *Sammelns, der Jagd und des Bodenbaus* (bzw. der

552   Von Plutarch bis Macrobius

Viehzucht). Die verbindende These endlich, daß die ersten Menschen zwar von ungetrübt lauterem Wesen, dabei aber recht elend, weil noch ohne alle kulturellen Hilfsmittel waren, ist uns bereits auch für Dikaiarchos bezeugt. Plutarch gibt also im Grunde nur ein – sehr gedrängtes und arg verkürztes – Resümee längst gängiger und zum Allgemeingut des Gebildeten zählender Ideen aus dem Fundus der klassisch-griechischen Urgeschichtslehre. Und auch in seiner *Barbarenbeurteilung*, die gelegentlich einmal ganz beiläufig anklingt, schließt er sich an eine ältere, diesmal die stoische Auffassung an und vertritt den – freilich nichtsdestoweniger sehr sympathischen – Standpunkt, daß es grundsätzlich nur *eine* Art Menschen gebe, daß einer des andern Bruder sei und Unterschiede nicht in der ethnischen Abkunft, sondern allein in der sittlichen Qualifikation des einzelnen oder der Völker gesucht werden dürften[108].

War Plutarch also, jedenfalls was seine ethnologisch relevanten Ansichten anlangt, zwar nicht gerade ein origineller Denker, so stellt doch seine ebenso gründlich wie umfassend gehaltene Auseinandersetzung mit den verschiedenen Interpretationsansätzen zur Deutung der Isis- und Osiris-Mythologie zweifellos einen sehr anerkennenswerten und bedeutsamen Beitrag zur Mythenforschung dar – für uns nicht zuletzt auch insofern, als uns hier die Gelegenheit geschenkt wird, auf breitester Basis Einblick in Theorie und Praxis der Religions- und Mytheninterpretation zur damaligen Zeit zu nehmen.

Zwischenbemerkung

Im vorausgehenden war schon die Rede davon, daß die Menschen der einmal so blühenden Mittelmeerländer nun, gegen Ausklang der Antike hin, in ihrer zunehmend erschütterten Welt sich immer unsicherer und unbehauster fühlten, daß ihre Hoffnungen sich mehr und mehr fort aus der bedrohlichen Wirklichkeit auf religiöse Verheißungen richteten, aufgehend in einer allgemeinen Erlösungssehnsucht, und daß alles dies dann in rasch wachsendem Maße zu immer weiter ausgreifenden, überregionalen Verschmelzungsprozessen der verschiedenartigsten Glaubenssysteme, Kulte und religiösen Institutionen in Orient und Okzident führte. Und mit am tiefsten nun, am durchgängigsten, nachhaltigsten und über-

---

108 So insbesondere De Alexandri Magni fortuna aut virtute I 6.

zeugendsten auch fand diese Entwicklung ihren Ausdruck im *Neuplato-nismus*, der letzten großen heidnisch-philosophischen *Bewegung*, wie man geradezu sagen kann, in der die Synthese zwischen griechischer Geistigkeit und orientalischer Religiosität noch mit am glücklichsten gelungen erscheint. Im Grunde könnte man den Neuplatonismus natürlich auch als den Ausdruck, ja sozusagen den ideologischen «Überbau» des römisch-spätantiken *Weltstaatbewußtseins* begreifen. Von seinen Nachwirkungen über die Gnosis bis weit in die jüdische, christliche und islamische Mystik hinein war ja bereits ebenfalls kurz die Rede; darüber hinaus lebt Gedankengut des Neuplatonismus bis heute in zahlreichen «neugnostischen» Theosophien, wie etwa der Anthroposophie, noch fort und erfährt überhaupt überall dort sehr häufig eine rasche Wiederbelebung, wo man bestrebt ist, traditionelle Glaubens- und Vorstellungsformen gegenüber dem «zersetzenden» Einfluß wissenschaftlich-rationalistischer Aufklärung zu rechtfertigen und zu behaupten.

Als Heimat des Neuplatonismus hat nicht von ungefähr Alexandrien zu gelten – eine der bedeutendsten Welthandelsmetropolen der damaligen Zeit, die seit den Ptolemäern immer mehr auch zum eigentlichen Zentrum der antiken Gelehrsamkeit aufstieg und schon auf Grund ihrer Lage die besten Voraussetzungen zur Begegnung und Auseinandersetzung morgen- und abendländischen Gedankenguts bot. Und dabei handelte es sich eben einmal vor allem um den *Platonismus* selbst, der etwa seit der Zeit um Christi Geburt eine mächtige Renaissance erlebte und stetig an Geltung und Einfluß gewann, dann Ideen der *stoischen* Religionsphilosophie (insbes. den stoischen «Pantheismus»), die Ideale der *pythagoreischen* Lebensführung und nicht zuletzt eben auch die verschiedenartigsten Strömungen aus dem weiten Bereich der *hellenistisch-orientalischen Erlösungslehren*. Auf diesem vielschichtigen Fundament hatte bereits der jüdische Philosoph und Alexandriner Philon (1. Hälfte des 1. Jhs. n. Chr.) aufgebaut und sollten nur wenig später auch zwei der bedeutendsten frühchristlichen Kirchenlehrer: die Alexandriner Clemens (2. Jh.) und Origenes (ca. 185–254), wenigstens zu einem sehr wesentlichen Teil, ihr Lehrgebäude errichten. Und gerade die Auseinandersetzung mit dem Christentum war es dann nicht zuletzt auch, welche die heidnischen Philosophen davon überzeugte, daß es, um bestehen zu können, unbedingt notwendig sei, gewissermaßen alle guten Kräfte zusammenzufassen und einen wirksamen Gegenentwurf zu der neuen Erlösungslehre zu schaffen, um ihr den mit immer größerem Nachdruck erhobenen Anspruch, der einzig wahre und allein Heil verheißende

Glaube zu sein, gründlich streitig zu machen. Und das Ergebnis dieses Bemühens eben war der *Neuplatonismus*, eine Philosophie mit stark religiösem Akzent und eindeutigem Erlösungsanspruch, deren Glaubensaspekt in dem Maße mehr und mehr in den Vordergrund trat, als das Christentum an Boden gewann.

In diesem Sinne bildete es immer weniger das Ziel der Erkenntnis, Einsicht etwa in den Aufbau und die Zusammensetzung der stofflichen Welt, in die Gesetzmäßigkeit des Naturgeschehens, in das Wesen und die Bestimmung des Menschen bzw. seine Geschichte oder, unmittelbarer auf Fragen der Ethnologie bezogen, in die Ursachen für die Unterschiedlichkeiten in der kulturellen Entwicklung und Lebensführung der einzelnen Völker zu gewinnen, sondern richtete sich vielmehr das Bestreben darauf, Aufschluß vor allem über die Beschaffenheit und das Los des unsterblichen Teiles des Menschen zu erhalten, über die Seele also, ihr Verhältnis zur Körperlichkeit bzw. ihren Anteil am Göttlichen und ihr Schicksal im universalen Heilsgeschehen bis hin zur ersehnten Erlösung – dem Aufgehen in der reinen Geistigkeit Gottes. Hierzu aber, so meinte man, bedurfte es mehr als lediglich eines scharfen, in philosophischer Denkdisziplin geschulten Verstandes und eines möglichst umfassenden Erfahrungs- und Kenntnisschatzes: Der Aufschluß, auf den es hier ankam, ließ sich, jedenfalls in letzter Instanz, allein in konzentrierter Versenkung und der dadurch bewirkten, *mystischen Gottesschau* gewinnen, d. h. konnte nur das Geschenk eines Offenbarungserlebnisses sein. In den Genuß dieser höchsten, in der ekstatischen Schau sich erfüllenden Form der Erkenntnis aber vermochte nur zu gelangen, wer einen untadeligen, lauteren Lebenswandel führte, sich von aller Sünde und Verunreinigung möglichst freihielt und so seine Seele bereits hienieden aus den Verstrickungen der Sinnenwelt zu lösen begann. Plotin, dem bedeutendsten Vertreter des Neuplatonismus, soll das Erlebnis ganze vier Mal zuteil geworden sein, Porphyrios, wie er selbst bezeugt, nur ein einziges Mal, vier Jahre vor seinem Tode[109]. – So verliert sich die griechische Geistigkeit, der kühne Rationalismus der klassischen Zeit, der die Erkenntnis einmal, in den Realwissenschaften wie in der Philosophie, auf höchste Höhen getragen und die Fundamente für eine weitreichende Entwicklung geschaffen hatte, zuletzt in der Sehnsucht nach ekstatischer Weltentrückung, klingt aus in orientalischer Offenbarungsmystik.

109 Vita Plotini, c. 23.

Da der Neuplatonismus wesentlich eine – durchaus auch im positiven Sinne! – reaktionäre Erscheinung war, indem er zur Hauptsache ja aus älterem Geistesgut schöpfte und dieses gegenüber neueren Ideen und Lehren, wie denen des Christentums etwa, zu rechtfertigen und zu behaupten versuchte, mußte in ihm auch der Exegese der traditionellen religiösen Anschauungen, der mythischen Überlieferungen und selbst der klassisch-philosophischen Texte (Platon!) wieder eine besondere Bedeutung zukommen. Als probatester Interpretationsansatz bot sich dabei natürlich auch hier die bereits früher in ähnlichen Situationen (von der Stoa z. B.) und zuletzt von Plutarch erfolgreich angewandte Methode der *religionsphilosophischen Allegorese* an, mit der sich die häufig schier unüberwindlich erscheinenden Diskrepanzen, ja Widersprüche unter den einzelnen Überlieferungen und Vorstellungsweisen noch am ehesten ausgleichen und einem einheitlichen Sinnzusammenhang anpassen und einordnen ließen. Wesentlich neue Wege wurden dabei nicht beschritten; eher ist eine Entwicklung in Richtung auf eine Systematisierung und Vereinheitlichung der verwandten Interpretationsmethoden zu erkennen, die freilich persönliche Schwerpunktsetzungen einzelner Gelehrter nicht ausschloß.

Plotinos von Lykopolis (ca. 205–270 n. Chr.), der – wie schon gesagt – bedeutendste Vertreter des Neuplatonismus und zugleich letzte große Philosoph des heidnischen Altertums, machte dabei keine Ausnahme, ja er ging sogar so weit, nicht nur den alten Mythen durch allegorische Ausdeutung einen tieferen, religionsphilosophischen Sinn zu verleihen, sondern auf die gleiche Weise auch nach einer Rechtfertigung für die *Magie* und *Mantik*, ja selbst den *Bilderkult* (die «Idolatrie») zu suchen. An sich erklärter Monotheist, fand er doch eine Legitimierung für den Polytheismus – indem er, ganz im Sinne der xenokratischen Dämonologie, die Ansicht vertrat, daß die Götter der Volksreligion als durchaus existente, aber nur eben niedere Geistmächte (verschiedener Abstufung) zu verstehen seien. Breiteren Raum jedoch nahmen diese Bemühungen dann erst von seinem Schüler Porphyrios an im Neuplatonismus ein.

2. Porphyrios von Tyros (ca. 234–305 n. Chr.)

Von Hause aus Syrer (sein ursprünglicher Name lautete Malkos oder Malchos), hatte Porphyrios einen wesentlichen Anteil an der «Orientalisierung» der griechischen Philosophie: Die für den Neuplatonismus an

sich schon typische religiöse Gewichtung des Philosophierens erhielt bei
ihm eine geradezu beherrschende Geltung, ja es war auch wohl ganz unmittelbar sein Bestreben, den heidnischen Glauben mit Hilfe der Philosophie zu reformieren und gewissermaßen zu «rehabilitieren», um ihn so
eben auch für kritischere Geister wieder akzeptabel zu machen. Das
mochte ihm um so dringlicher erscheinen, als sich zu seiner Zeit bereits
die Gefahr, die den alten Religionen von seiten des Christentums drohte,
immer deutlicher abzuzeichnen begann – eine Entwicklung, die ihn dann
auch wiederum dazu bestimmte, seine Aufgabe nicht nur in der Verteidi-
gung jener, sondern ebensosehr auch in der entschiedenen Abwehr der
neuen Lehre zu sehen. Und in dieser letzteren Hinsicht nicht weniger als
in der ersteren ausgesprochen geschickt, wuchs er alsbald zum gefürch-
tetsten und tatsächlich wohl auch gefährlichsten Gegner der jungen Kirche heran. Von scharfem Geiste und überragender Gelehrsamkeit, wie
ihm selbst ein Augustinus einzuräumen bereit war[110], wandte er als erster die Argumente, deren sich die Christen zur Bekämpfung des Heidentums bedienten, mit Konsequenz auch gegen *deren eigene Überlieferungen* (so vor allem die Bibel!) und Lehre an – eine Lehre, die ihm, wie er es
einmal in einer an seine spätere Frau Marcella gerichteten Schrift verach-
tungsvoll formulierte, als nichts anderes denn ein «barbarischer Toll-
wahn» (βαρβαρικὸν τόλημα) erschien[111]. Das trug ihm natürlich, abgesehen von der nobleren Beurteilung durch Augustinus (der ja auch sonst
in jeder Hinsicht die überragende Ausnahme darstellt), nicht nur die lei-
denschaftlichste Entrüstung, sondern auch eine Flut von Polemiken seitens seiner christlichen Kontrahenten ein, wie sie sonst keinem Christen-
gegner unter den antiken Gelehrten, weder vor noch nach ihm, zuteil
wurde.

In seiner Interpretation der alten, heidnisch-religiösen Glaubens- und
Vorstellungswelt nun, auf die es uns hier ja allein ankommt, ging Porphyrios allerdings keine neuen Wege. Neben der Dämonologie des Xenokrates, die auch ihm die plausibelste Erklärungsgrundlage für den Gei-
ster- und Götterglauben bot, blieb sein Hauptinstrument die – von ihm
freilich noch um einiges virtuoser als vor ihm gehandhabte – *philo-
sophisch-religionsphilosophische Allegorese*. So deutete er z. B. in seiner
Abhandlung «Über die Nymphengrotte in der Odyssee» (Περὶ τοῦ ἐν

---

110 De civitate dei X 32. XIX 22.
111 Epistula ad Marcellam, c. 18.

Ὀδυσσείᾳ τῶν νυμφῶν ἄντρου bzw. De antro nympharum) die von Homer (Od. XIII 102–112) geschilderte, den Najaden geweihte Felsengrotte auf Ithaka bis in kleinste Einzelheiten hinein als *Sinnbild für die Prä- und Postexistenz der Seele sowie ihr Verhältnis zu ihrem Körper und dem Kosmos im ganzen:* Zunächst einmal, so argumentiert er u. a. (c. 5f), ließe sie sich als Symbol der sinnlichen Welt auffassen – das deuteten ihre Dunkelheit und die sie durchströmenden, nimmer versiegenden Quellwasser an, in denen die stete Veränderlichkeit der Materie zum Ausdruck gebracht sei; daneben könne man in ihr aber auch eine Allegorie der unsichtbaren, weltimmanenten Naturkräfte sehen (c. 7), und endlich drittens wäre es ebenfalls möglich (wozu Porphyrios selbst sich entscheidet), sie als Sinnbild des Geistigen (der νοητὴ οὐσία bzw. des νοητὸς κόσμος) zu begreifen, wobei hier nun das Dunkel darauf hindeuten würde, daß sich das Geistige nicht mit den Sinnen wahrnehmen läßt, und die Felsenmaterie ein Ausdruck seiner Unwandelbarkeit und Ewigkeit wäre (c. 9f). Die Nymphen aber könnten – schon als Najaden – entweder als Wasserkräfte (τὰς τῶν ὑδάτων δυνάμεις) oder Seelen, die sich auf dem Wege zum Werden befinden (νύμφαι αἱ εἰς γένεσιν ἰοῦσαι ψυχαί), aufgefaßt werden (c. 10 u. 12).

Näher mit den eigentlichen Erscheinungsformen der Religion selbst befaßte er sich dann vor allem in seiner – leider wieder nur bruchstückhaft erhaltenen – Schrift «Über die Götterbilder» (Περὶ ἀγαλμάτων), in der es ihm insbesondere um das Verständnis der spezifischen Darstellungsweise der einzelnen Götter und ihrer typischen Attribute ging. Grundgedanke der Abhandlung war, daß die Götterdarstellungen, sei es in Idolform oder auf Malereien, niemals als mit den Gottheiten selbst identisch oder in einer engeren Beziehung stehend gedacht werden dürften, sondern immer nur eine vermittelnde, *symbolisch-zeichenhafte* Bedeutung besäßen. Der Sonnengott, heißt es da beispielsweise, werde in Ägypten in einem Schiff auf einem Krokodil abgebildet, weil ersteres die Bewegung der Sonne durch das Feuchte, bzw. den «Himmelsozean», und letzteres dessen Wasser unmittelbar versinnbildlichen solle – womit eben, in aller Kürze gesagt, zum Ausdruck gelange, «daß die Sonne durch den feuchten und süßen Luftraum ihren Umschwung vollzieht». Der Schöpfergott Chnum von Elephantine wiederum trage einen Widderkopf mit Ziegengehörn und sei mit einem blauen Anstrich versehen, um so in symbolischer Weise auf die Konjunktion von Sonne und Mond im Zeichen des Widders und die dabei vom Mond (als Vollmond) ausgeübte Anziehungskraft auf das (blaue) Wasser hinzudeuten – Interpretationen

also, die schon mehr als gesucht anmuten und den ernsthaften Willen, sich
zunächst einmal an den konkreten Tatsachen selbst zu orientieren, kaum
mehr erkennen lassen. Unmittelbar daneben jedoch finden sich dann gelegentlich wieder auch Ansätze zu einer, im ethnologischen Sinne, sehr viel
realistischeren: der *folkloristisch-kulturhistorischen* Mythendeutung,
die ja, nach dem bereits angeführten Zeugnis Plutarchs zu schließen,
überhaupt zur damaligen Zeit recht gängig gewesen zu sein scheint. Porphyrios nimmt sie u. a. für die Auslegung der Attis- und Adonis-Legende
in Anspruch:

«Attis und Adonis weisen beide auch eine deutliche Affinität und Analogie zur
Pflanzenwelt auf. Attis speziell entspricht den Blumen, die im Frühling aufblü-
hen und ihre Blütenblätter verlieren, noch ehe sich der Fruchtknoten gebildet hat.
Darum heißt es von ihm, daß er entmannt worden sei, bevor die Früchte den
Zeitpunkt erreichen, da die Befruchtung der Keimlinge erfolgt. Adonis dagegen
symbolisiert das Abschneiden der zur Reife gelangten Früchte» [112].

Sonst verdient noch der – allerdings in einer anderen Schrift mit dem
Titel «Über die Götternamen» (Περὶ θείων ὀνομάτων) unternommene
– Versuch des Porphyrios Beachtung, wenn nicht alle, so doch etliche
(höhere) Götter als im Grunde identische und nur äußerlich variierende
Erscheinungs- bzw. Ausdrucksformen *des Sonnengotts* zu erweisen –
d. h. also: einen bestimmten Bereich des Götterglaubens auf einheitlich
solarmythologische Weise zu deuten.

In vorgerücktem Alter scheint den wackeren Streiter für die Religion
der Väter dann jedoch eine gewisse Skepsis befallen zu haben. «Ich frage
mich», sagt er z. B. in seinem «Brief an Anebo» (Πρὸς ᾿Ανεβὼ ἐπι-
στολή), einen ägyptischen Priester, «ob es nicht etwa insgeheim einen
anderen Weg zum Glück gebe, der von den Göttern absieht; und ich bin
im Zweifel, ob man bei der göttlichen Seher- und Zauberkunst (ἐν τῇ
θείᾳ μαντικῇ καὶ θεουργίᾳ) auf die Meinungen der Menschen blicken
darf und ob nicht die Seele auf Grund eines zufälligen Vorganges sich zu
viel einbildet» [113]. Allerdings bezogen sich diese Zweifel nicht auf den
heidnischen Glauben an sich, sondern lediglich seine volkstümlicheren,
allzu gröblichen Ausdrucksformen und deren mißbräuchliche Interpretation. Die gängigen Vorstellungen von der Gottheit (τῷ θεῷ), meint er

112 Porphyrios bei Eusebios von Caesarea: Praeparatio evangelica III 11.
113 Epistula ad Anebonem Aegyptium, c. 46.

in diesem Sinne einmal, seien bisweilen von der Art, daß es geradezu gottloser sei, sie zu teilen, als etwa den Bilderkult zu vernachlässigen![114]

3. Ambrosius Theodosius Macrobius (um 400 n. Chr.)

Als letzter in der langen Reihe heidnischer Gelehrter und Philosophen, die von Bedeutung für die Geschichte der antiken Ethnographie und ethnologischen Theoriebildung waren, ist endlich Ambrosius Theodosius Macrobius noch, auch er Neuplatoniker, einer näheren Würdigung wert, ein Mann von nicht genau zu bestimmender, nach eigenem Zeugnis jedenfalls nichtrömischer Abkunft, der aber offenbar in Rom und Italien hohe Ämter und Würden innehatte.

Indessen, der lebensvolle, emphatische Schwung, der für die Schöpfer und ersten Jünger des Neuplatonismus so bezeichnend gewesen war, ist bei Macrobius bereits sichtlich verflogen. Er hat nichts mehr von einem Propheten, wie Plotin und auch Porphyrios noch, erscheint auch als Denker kaum nennenswert initiativ, sondern gibt in der Hauptsache lediglich wieder, vertritt mehr in gläubiger Anhängerschaft, was Größere vor ihm geleistet haben. Unter diesen verehrt er vor allem Platon und Plotin, die er die «Fürsten unter den Philosophen» nennt[115], sowie natürlich die Platoniker ganz allgemein und unter den Neuplatonikern wieder, neben Plotin, insbesondere auch Porphyrios, ferner, wie die Neuplatoniker ja überhaupt, Pythagoras und die Pythagoreer, aber auch Aristoteles und endlich die Stoiker, von denen er wieder am höchsten Poseidonios schätzt. Und durch diese Referenzen ist sein Standpunkt bereits ebensogut wie seine im Grunde eben ganz *rezeptive* Gelehrsamkeit ausgewiesen, die ihn nun einmal nicht über die Grenzen eines – wenn auch nicht ungeschickten und recht verständigen – Kompilatoren hinauswachsen ließ.

Für unseren Zusammenhang ist an seinem Wirken zunächst von Bedeutung, daß er den Weg aus den kosmischen Höhen neuplatonischer Gedankenflüchtigkeit zurück in die irdische Wirklichkeit fand und tatsächlich noch einmal den Versuch zu einer - freilich sehr knapp gefaßten und im wesentlichen nach mathematisch-geographischen Gesichtspunk-

114 Epistula ad Marcellam, c. 17.
115 Commentum ad Ciceronis somnium Scipionis I 8, 5. II 12, 7.

ten konzipierten – *Gliederungssystematik der Erdoberfläche* unternahm. Das geschah in seinem «Kommentar zu Ciceros Somnium Scipionis» (Commentum ad Ciceronis somnium Scipionis), der einzigen seiner Schriften, die uns vollständig erhalten ist. Dabei folgte er zwar seiner Vorlage (Cicero: De re publica VI 19–20), erweiterte sie aber, und anscheinend vor allem im Anschluß an Poseidonios, doch im ganzen nicht unwesentlich.

Zunächst geht er, um nur das Wichtigste zusammenzufassen, davon aus, daß die Erde als *kugelgestaltiger* Körper (vgl. a. I 16, 4 ff) inmitten des Weltalls schwebe, getragen und gehalten von der ausgewogenen Verteilung der Schwerekräfte im Kosmos (I 22). Ihre Oberfläche werde durch den Ozean, der den Erdball längs des Äquators gürtelartig umströme, in zwei Hemisphären geschieden, nämlich die uns bekannte, nördliche Ökumene und im Süden die Welt der Antipoden, die ihrerseits wiederum durch je einen Ozeanarm halbiert und so insgesamt in vier große Kontinentaleinheiten aufgeteilt seien: «Der Ozean, den gesamten Äquator umspannend, trennt uns von den Einwohnern der südlichen Hemisphäre *(australes homines)*, und seine nordsüdlichen Abzweigungen lassen auf beiden Erdhälften je zwei Inselflächen entstehen» (II 9, 5; vgl. allg. II 9, 1 ff). Den herrschenden Witterungsverhältnissen nach, heißt es ganz in gewohnter Weise dann weiter, sei die Erdoberfläche in ihrer Gesamtheit wieder in fünf Klimazonen gegliedert: zwei kalte im äußersten Norden und Süden (den Polkappen entsprechend), einen mittleren Hitzegürtel im äquatorialen Bereich und jeweils dazwischen zwei gemäßigte Zonen, wobei nur die beiden letzteren als bewohnbar zu gelten hätten (II 5, 10–12) – was empirisch jedoch lediglich für *unsere* Hemisphäre bewiesen sei; hier bildeten im Süden etwa Arabien, Ägypten, Äthiopien und Libyen und im Norden Skythien die äußersten Grenzbereiche des für Menschen bewohnbaren Raumes. Ob desgleichen auch die gemäßigte Zone auf der südlichen Erdhalbkugel besiedelt sei, wisse man zwar nicht, dürfe es aber doch wegen der gleichartigen Bedingungen voraussetzen (II 5, 16 ff. II 7, 19–20): «Wir müssen doch annehmen, daß die vermeintlichen Menschen dort dieselbe Luft wie wir einatmen, da beide Zonen dieselbe gemäßigte Temperatur besitzen. Auch ist es dieselbe Sonne, die bei ihnen untergeht, um bei uns aufzugehen, und bei uns untergeht, um bei ihnen aufzugehen; sie bewegen sich wie wir über die Erde hin und sehen den Himmel nicht anders als wir zu ihren Häupten» (II 5, 24).

Aller Wahrscheinlichkeit nach fertigte Macrobius zur Ergänzung seiner literarischen Darstellung auch *Karten* (od. Anschauungsschemata) an; jedenfalls waren Karten, die ursprünglich zur Erläuterung seines Textes dienen sollten, dann aber später auch auf andere Werke übertragen wurden, bis ins Mittelalter hinein unter der Bezeichnung «Macrobius»- oder «Zonenkarten» im Umlauf (s. Abb. 20).

So beachtenswert diese Leistung sowohl vor dem Hintergrund ihrer Zeit wie auch als Werk eines Neuplatonikers immerhin bleibt, so stellt sie doch wieder nichts anderes als lediglich die Neuaufbereitung längst bekannten, älteren Erkenntnisgutes dar (was zweifellos mit zu dessen Erhaltung und Sicherung beitrug und daher, in diesem Sinne jedenfalls, durchaus anzuerkennen ist). Für die Völkerkunde speziell fällt überdies dabei kaum etwas ab – es sei denn, man wollte Macrobius unterstellen, er habe unter seiner geographisch-zonalen Gliederung der Erdoberfläche implicite auch eine entsprechende rassische und kulturtypologische mitverstanden, etwa der Art: dunkelhäutige Wildbeuter (als Vertreter des «extremen Barbarismus») an der südlichen, hellhäutige an der nördlichen Peripherie der bewohnbaren gemäßigten Zone (usw.), was ja durchaus denkbar erscheint. Aber selbst dann trüge das Bild nur die seit langem bekannten Züge, wie sie uns spätestens von Hippokrates her vertraut sind. Stärker auch als bei den älteren Vorbildern tritt hier zudem, weil das Ganze nur in einigen wenigen großen Strichen skizziert ist, der starre *Schematismus* der antiken Raumgliederungen zutage: Handelte es sich bei Eratosthenes etwa noch um eine recht beachtliche Anzahl auch größenmäßig differenzierter Rechtecke (sog. «Sphragiden»), in die er die Erdoberfläche glaubte (nach mathematisch-geographischen u. astronomischen Kriterien) aufgliedern zu können, so genügt es Macrobius, von einer Einteilung der Erde in nur mehr *vier* große – offenbar flächengleiche – Kontinentaleinheiten auszugehen. Und von den Völkern, die diese Landquadranten bewohnen, ist bei ihm noch viel weniger als bei Eratosthenes die Rede: nämlich so gut wie gar nicht.

Ähnlich stellt sich die Situation auch in seiner *Geschichtsbetrachtung* dar; denn auch hier bildet er zunächst insofern eine erfreuliche Ausnahmeerscheinung, als er sich nicht nur überhaupt mit historischen Fragen, sondern noch einmal ganz ausgesprochen auch mit der *Problematik der Kulturentstehungs- und -entwicklungsgeschichte* befaßt (ebenfalls im Commentum ad Ciceronis somnium Scipionis); – nur, und darin stimmen eben seine historischen mit seinen geographischen Bemühungen überein, bediente er sich dabei auch hier wieder längst vertrauter, ja uralter Anschauungsmuster, ohne den erkennbaren Willen zu zeigen, nach eigenen Wegen, nach neuen Perspektiven oder auch nur nach einer ande-

Abb. 19 Erdkarte nach Macrobius aus dem Jahre 1485

ren Beurteilung des traditionellen Gedanken- und Vorstellungsguts zu suchen.

Die allgemeine, universalhistorische Rahmenkonzeption seiner Geschichtsauffassung konnte dabei für ihn als Platoniker natürlich nur die *Weltalterlehre* bilden. Er bemüht sich zu zeigen, daß es für ihre Richtigkeit tatsächlich auch nicht an Beweisen fehlt:

«In diesem Kapitel unserer Darlegungen wollen wir in aller Bescheidenheit eine Frage beantworten, welche die Gedanken vieler quält: das Rätsel vom Alter der Erde. Denn wer mag mit der Ansicht übereinstimmen, daß die Erde schon immer bestand, wenn uns die Historiker versichern, daß die Pflege *(cultum)*, Vervollkommnung *(emendationem)*, ja selbst die Erfindung von vielen Praktiken eines jungen *(recentem)* Datums sind, und die Überlieferungen und Fabeln der Alten von rohen *(rudes)*, ungeschliffenen *(incuria silvestri)* und in ihrer Wildheit tierähnlichen Menschen zu berichten wissen, die nicht die Kost, an der wir uns erfreuen, genießen, sondern zu Anfang sich noch von Nüssen und Beeren ernähren und erst später darauf kommen, ihren Unterhalt aus dem Feldbau zu bestreiten, oder wenn wir gar die Meinung vertreten, daß die Geschichte eine Folge von Zeitaltern darstellt, beginnend mit dem Goldenen und, in stetigem Verfall, über die Epochen der niederen Metalle bis zum letzten, dem Eisernen fortschreitend? Und – damit wir uns nicht allein auf Erzählungen berufen – wer würde nicht, angesichts der Tatsache, daß selbst die griechische Geschichte keine besonderen Ereignisse kennt, die weiter als 2000 Jahre zurückliegen, folgern, daß die Erde in einer nicht allzufernen Vergangenheit zu existieren begann?... Wenn die Welt von Anfang an bestand, warum wurde dann unsere jetzige Kultur *(cultus)* während der unzähligen Zeitalter nicht schon früher entwickelt? Warum nicht die Schrift, durch welche allein die Erinnerung an Vergangenes auf ewig bewahrt wird? Warum auch gelangen viele Erfahrungen erst so spät zu manchen Völkern, wie den Galliern, die den Anbau von Wein und Oliven erst erlernten, als die Römer bereits auf der Höhe ihrer Entwicklung standen, oder anderen, die von vielen Dingen, die sich bei uns schon als Segnungen erwiesen haben, noch überhaupt keine Kenntnis besitzen? All das scheint doch dem Satz von der Ewigkeit der Welt entgegenzustehen und nötigt uns mehr zu der Annahme, daß jede einzelne Bildung nach einem gegebenen Anfang der Welt erst nach und nach Gestalt gewann» (Commentum II 10, 5–9).

Gestalt gewann eben immer wieder aufs neue, nachdem ein Zeitalter durch die Verheerungen einer gewaltigen Naturkatastrophe zu Ende gegangen war und ein neues zu entstehen begann – daher das geringe Alter der entwickelteren kulturellen Errungenschaften und der Kultur überhaupt. Auf welche Weise genau sich der jeweilige Wiederaufstieg vollzieht, gibt Macrobius freilich nur mehr ganz allgemein und in engem Anschluß an Platon zu erkennen:

«Im Laufe der Geschichte nun gehen die Kulturen häufig völlig zugrunde, um
wieder neu zu erstehen, wenn die Überflutungen oder Brände [die das Ende eines
Zeitalters herbeiführen] sich gelegt haben ... Niemals jedoch erfassen eine Flut-
oder Brandkatastrophe alle Gebiete der Erde oder die gesamte Menschheit. Ägypten z. B. hat niemals, wie Platon im ‹Timaios›[116] bezeugt, Verheerungen dieser
Art erlebt und vermag daher in seinen Schriften und Denkmälern eine historische
Überlieferung von zahllosen Jahrtausenden zu bewahren. Einzelne Teile der Erde,
die der völligen Vernichtung entgehen, werden zu Keimstätten des aufs neue sich
kräftigenden Menschengeschlechts, und so kommt es, daß eine alte Welt junge
Bevölkerungen trägt, die keine Kultur besitzen, da ihre Traditionen in einer großen Naturkatastrophe verlorengingen. Sie ziehen über die Erde dahin, geben
dann allmählich ihre wilde, unstete Lebensweise auf und finden sich, einer natürlichen Neigung folgend, zu Gruppen und Gemeinschaften zusammen. Anfangs
führen sie noch ein schlichtes, anspruchsloses Dasein, ohne Arglist und Falschheit
zu kennen, sind noch Kinder des Goldenen Zeitalters. Je mehr sie jedoch in der
Entwicklung der Kultur und technischer Fertigkeiten *(ad cultum rerum atque
artium usus)* voranschreiten, desto rascher ergreift sie der Drang zum kräftemes-
senden Wettstreit, zunächst noch im guten Sinne, dann aber in krassen Neid sich
verkehrend; und daraus entstehen letztlich alle die Mißhelligkeiten, welche die
Menschheit in den folgenden Jahrhunderten zu erdulden hat. So viel von den
Wechselfällen der Geschichte, den Verheerungen und Erneuerungen, bei denen
die Welt doch unverändert bestehen bleibt» (Commentum II 10, 9–16).

Innerhalb der einzelnen Epochen vollzieht sich die Entwicklung also, jeweils von bestimmten Zentren ausgehend, die von der letzten Weltkata-
strophe mehr oder weniger unberührt blieben, auf *geradlinig-evolutionistische* Weise; fortschrittlichere Errungenschaften gelangen dabei
durch Diffusion allmählich über die engeren Nachbarbereiche der Zentren hinaus bis an die Peripherie der Ökumene. Allein, das sich im Zuge
dieser Entwicklung mehr und mehr akkumulierende *Privatbesitztum*
ruft alsbald Untugenden wie Neid, Mißgunst und Habgier hervor, die
immer schärfere Konflikte heraufbeschwören und schließlich zu einem
allgemeinen moralischen Niedergang führen, bis eine erneute Weltkata-
strophe die verderbte Menschheit wieder dahinrafft und alles von neuem
beginnt. Der an sich sehr bemerkenswerte Gedanke von einem unmittelbaren Kausalzusammenhang zwischen der Entstehung und ungleichen
Verteilung des Privatbesitztums und antisozialen Verhaltensweisen,
Konflikten, ja Kriegen, und zuletzt einem allgemeinen Sittenverfall ist

116 22 C–25 D.

dabei freilich alles andere als eine revolutionäre Entdeckung, sondern
war, um nur daran zu erinnern, schon immer, angefangen von Hesiod,
fester Bestandteil aller *Deszendenztheorien*, und damit auch einer jeden
Weltalterlehre (denn beide treten ja in der Antike stets im Zusammenhang auf).

Macrobius wäre kein Neuplatoniker gewesen, wenn er endlich nicht
auch ein besonderes Interesse an der philosophischen Interpretation der
alten Mythen und religiösen Traditionen genommen hätte. Müßig zu
sagen, daß er darin seinen Vorgängern – unter denen er namentlich dem
Porphyrios vieles zu danken scheint – an hintersinniger Spitzfindigkeit,
Einfallsreichtum und Phantasie kaum etwas nachgab. «Die heiligen
Wahrheiten», sagt er,

«liegen, eingehüllt in ehrwürdig umschreibende Bezeichnungen und in schick-
liche Brauchtümer gefaßt, unter einem Schleier pietätvoller Allegorie verborgen»[117].

So soll seiner Auffassung nach z. B. das Mythologem vom Toten-Fluß
Lethe, aus dem die Verstorbenen trinken, um ihr irdisches Dasein zu
vergessen, auf das Unvermögen der Seele hindeuten, sich ihrer himmlischen Herkunft zu erinnern; der schlammige Acheron, ein anderer
Unterweltsstrom, symbolisiert ihm die schmerzliche Erkenntnis began-
gener Sünden, und der Styx, der die Toten beim Überqueren zu verschlingen droht, gilt ihm als Abbild des Hasses und aller verwerflichen
Leidenschaften, von denen die Seele des Menschen so oft überwältigt
werde. In dem Geier (bzw. Adler), der immer aufs neue die Leber des
Prometheus zerfleischt, sieht er ein Sinnbild des bösen Gewissens, das
den Menschen nach jeder Verfehlung peinigt. Die quälende Sucht, Güter
um Güter aufzuhäufen, ohne das Erworbene doch recht genießen zu können, erscheint ihm in den Leiden des Tantalus angedeutet:

«Diejenigen, denen Essen vorgesetzt ist und die dennoch von Hunger gequält
werden und vor Hunger dahinschwinden, sind in Wirklichkeit Menschen, die
über der ständigen Gier nach mehr und mehr Besitztum ihre augenblickliche
Wohlfahrt vergessen, die reich und dennoch bedürftig sind, die innerhalb ihres
Reichtums das Elend der Armut erdulden, nicht wissend, wie sie ihre Besitztümer
genießen sollen, da sie ständig nach mehr verlangen» (Commentum I 10, 13).

---

117 Commentum ad Ciceronis somnium Scipionis I 2, 11.

Endlich das Bemühen des Sisyphus, einen Felsblock auf einen Berg hin-
aufzuwälzen, ohne daß es ihm doch jemals gelingt, soll jene Menschen
symbolisieren, die ihr ganzes Leben nutzlos mit zwar mühevollen, aber
völlig unsinnigen Unternehmungen zubringen (Commentum I 10,
10–15).

Unter den Göttern nahm auch für Macrobius wieder der *Sonnengott*
– Sol – einen übergeordneten, beherrschenden Rang ein, residierte er
doch inmitten des Alls (Commentum I 20, 1 ff), überwachte von dort aus
den Lauf der Gestirne (Saturnalia I 17, 3) und bildete so das zentrale Ordnungsprinzip im Kosmos (*mens mundi* bzw. *temperatio mundi*; Commentum I 20, 8; vgl. Saturnalia I 17, 3). Und wie Porphyrios sah auch
Macrobius in der Mehrzahl der Heroen und Götter im Grunde nur wieder verschiedenartige Erscheinungs- und Ausdrucksformen *des Sol*, d. h.
deutete sie (so u. a. Apollon, Liber, Mars, Merkur, Janus, Saturn, Jupiter,
Äskulap, Herkules, Horus, Ammon, Serapis, Adad, Adonis u. Attis) auf
übereinstimmend *solarmythologische* Weise (Saturnalia I 17–23).

Macrobius war sich, und das nimmt für ihn ein, durchaus des kompilatorischen Charakters seiner Schriften bewußt. Mehr wohl als der Drang
nach neuer Erkenntnis scheint, wie er in der Einleitung zu seinem Werk
«Saturnalien» zu erkennen gibt, der Vorsatz für sein Schaffen bestimmend gewesen zu sein, alles, oder doch das Wichtigste dessen, was er aus
dem Geisteserbe der Alten für erhaltenswert hielt, noch einmal zusammenzufassen und zu einem einheitlichen Gedankensystem zu verbinden.
Freilich war das wenig genug. Immerhin aber wurden auf diese Weise,
thematisch zumindest, die drei großen Gegenstandsbereiche, in denen
sich das ethnologische Denken in der Antike zur Hauptsache bewegt und
entfaltet hatte: Geographie (im weitesten Sinne), Kulturentstehungs-
und -entwicklungslehre und Religions- und Mythenkunde, ein letztes
Mal von heidnischer Seite im Zusammenhang angesprochen.

Indessen, der allgemeine Wissensverlust, das schwindende Interesse
an jeglicher Forschung und endlich, darüber hinaus, die Verflüchtigung
der Erkenntnis in gläubig-schwärmerische Offenbarungsmystik bestimmen auch bei Macrobius noch überdeutlich die Züge des Ganzen – runden sich so, zuletzt, zu einem düsteren, aber typischen Bilde, das spürbar
Untergangsstimmung verrät.

Nachwort

Nach einer nahezu tausendjährigen Geschichte hatte die Ethnologie formal wie inhaltlich an Profil gewonnen, ohne sich jedoch kontinuierlich fortentwickelt zu haben. Während der letzten Jahrhunderte war sie im Gegenteil, wie andere Wissenschaften auch, einem ständigen Niedergang erlegen.

Das änderte sich erst recht nicht, als das Christentum an Einfluß gewann und zuletzt, nach der entscheidenden Begünstigung durch Konstantin den Großen (306–337), zur Staatsreligion wurde. Allerdings wandelte sich nunmehr die Perspektive und verlagerten sich die Interessengewichte – oder richtiger: verschoben sich über der gleichbleibend blickbestimmenden ethnozentrischen Orientierungsgrundlage. Die alte Kulturvolk-Barbaren-Antithese ging über in den Antagonismus von «Gläubigen» und «Ungläubigen». Die römischen wie später die byzantinischen Christen betrachteten sich als die *Auserwählten Gottes*; der *Orbis christianus* war mit dem Kulturreich schlechthin identisch.

Eine neuartige Dynamisierung in den Beziehungen brachte indes der Missionsauftrag (Matthäus 28, 19 f). Er machte es notwendig, sich vorrangig mit den religiösen Glaubens- und Brauchtumsformen der «Heiden» auseinanderzusetzen, d. h. zum einen, ihre «Fehler» und «Mißdeutungen» des göttlichen Waltens in der Welt aufzuzeigen, zum andern, im Gegenzug, den Beweis für die Überlegenheit und Wahrhaftigkeit des eigenen Glaubens zu erbringen. Insofern überwog fortan, wenn man so will, der *religionsethnologische* Aspekt. Immerhin wurde dadurch vieles an vorchristlichen Glaubenstraditionen an die Nachwelt überliefert; denn neben den Mythen und der Götterverehrung hatten es die Kirchenlehrer vor allem auf die Magie, die Idolatrie, die Opferpraxis und den Kult abgesehen.

Neue Wege wurden dabei nicht eingeschlagen. Die Verfasser der einschlägigen Streitschriften bedienten sich der bewährten Mittel ihrer heidnischen Vorgänger. Bevorzugt fanden die Dämonologie der Platoniker (Xenokrates) und der Euhemerismus Verwendung. Eine gewisse Brückenfunktion erfüllte der stoische «Urmonotheismus», dem zufolge sich der alleine Weltengott einst allen Menschen offenbart, zunehmende Verderbnis, dann aber das Urwissen verdunkelt und zur Vergöttlichung bloßer Naturphänomene, d. h. zum Polytheismus samt Idolatrie und Opferunwesen geführt hatte. Christlich wurde das nun so gewendet, daß die Heiden weiterhin in der Verfinsterung lebten, die Christen aber, dank der erneuten Offenbarung und der Heilslehre Jesu Christi, zum ursprünglichen, wahren Glauben *zurückgefunden* hatten.

Kein nennenswertes Interesse dagegen nahmen die frühen Kirchenschriftsteller an Fragen der Erd- und Völkerkunde. Wo dergleichen – in einigen wenigen, meist sehr kursorischen «Erdbeschreibungen» etwa – zur Sprache kam, griff man gutgläubig auf ältere *römische*, also ihrerseits bereits äußerst unzuverlässige und überdies längst veraltete Vorlagen zurück. Erst im Hochmittelalter, als die Territorial- und Vormachtkriege der germanischen Völker in Mitteleuropa allmählich ein Ende fanden und man begann, sich den heidnischen Nachbarn im Norden – den Elbslawen und Skandinaviern – zuzuwenden, belebte sich das ethnographische Interesse noch einmal. Auch dabei folgte man den antiken Vorbildern. Die neuen, geographischen wie völkerkundlichen «Entdeckungen» im Norden gingen ein entweder in Länder- und Erdbeschreibungen oder wurden Geschichtswerken eingelegt, in beiden Fällen in der altüblichen *Exkursform*. Einschlägige Beispiele der ersteren Art stellen die «Chronik» Thietmars von Merseburg (975–1018) und die «Bischofsgeschichte der Hamburger Kirche» *(Gesta Hammaburgensis ecclesiae pontificum)* des Bremer Domherrn Adam von Bremen (11. Jh.) dar, gute der letzteren liefern verschiedene «Volksgeschichten», wie sie sich als Gattung mit dem erstarkenden Selbstbewußtsein der germanischen Völker ab dem frühen Mittelalter herauszubilden begannen – etwa die «Königsgeschichte der Goten, Vandalen und Sueben» *(Historia de regibus Gothorum, Vandalorum et Suevorum)* des Isidor von Sevilla (ca. 570–636), die «Langobardengeschichte» *(Historia Langobardorum)* des Paulus Diaconus (ca. 720–799) und die «Sachsengeschichte» *(Res gestae Saxonicae)* Widukinds von Korvey (ca. 925–1000). In den letzteren Werken fand immer auch noch die *origo*, also die Ursprungsgeschichte des Ethnos, ihre besondere Berücksichtigung, wie ehedem an den Anfang gestellt und gedacht vor allem, das hohe Alter, die edle (etwa göttliche oder halbgöttliche) Abstammung, die hervorragenden Gaben und die privilegierte Bestimmung des Titelvolkes in der Geschichte auszuweisen.

Merklich anders verlief die Entwicklung im ehemaligen Ostteil des Römischen Reiches, da hier, schon aus sprachlichen Gründen, das *griechische* Erbe dominierend blieb. Der Verfall der Wissenschaften in Westrom und seinen germanischen Nachfolgereichen wurde alsbald wieder aufgeholt. Bedeutende Bildungsstätten, wie die altehrwürdige Akademie in Athen und die Universitäten zu Antiochia, Berytos und namentlich Alexandria, an denen lange Zeit noch überwiegend heidnische Gelehrte unterrichteten, trugen das Ihre dazu bei.

Für die Geschichte der Ethnologie war ausschlaggebend, daß die Byzantiner sich rings von Völkern der unterschiedlichsten Sprach- und Kulturzugehörigkeit umgeben sahen, mit denen sie teils friedlich-diplomatische Beziehungen suchten, teils in kriegerische Auseinandersetzungen verwickelt waren, zudem einen weitreichenden Handel zu Land wie zu Wasser – bis an die ostafrikanische Küste, nach Indonesien und China – betrieben und die großen Traditionen der altgriechischen Geschichtsschreibung erfolgreich fortzusetzen vermochten. Ausnahmslos Historiker waren es denn auch, die noch einmal Bedeutendes in der Völkerkunde, wenn auch mehr in ethnographischer denn ethnologischer Hinsicht, leisteten. Unter ihnen sind vor allem hervorzuheben: Prokopios von Kaisareia (ca. 500–565), der als Sekretär und Rechtsberater Belisars an dessen Feldzügen in Nordafrika, Persien und in Italien gegen die Goten teilnahm und dabei beste Gelegenheit zu länder- und völkerkundlichen Studien hatte, die dann Eingang in sein großes Geschichtswerk, die «Historien» (bzw. den «Persischen», den «Vandalischen» und den «Gotischen Krieg») fanden, ferner Nikephoros Gregoras (ca. 1295–1360), dem wir wertvolle Nachrichten vor allem über die Steppenvölker Eurasiens verdanken, niedergelegt in seinem historiographischen Hauptwerk, der «Rhomäischen Geschichte», in der er bei der Gelegenheit auch die «Wellentheorie» Herodots zu den periodischen Vorstößen nomadischer Völker aus Innerasien aufgriff und in ihren genetischen Bedingungen zu präzisieren suchte (einer der wenigen *theoretischen* Beiträge der Byzantiner zur Ethnologie!), sowie zuletzt Laonikos Chalkokondyles (ca. 1432–1490), der in seinen «Historischen Darstellungen» vor allem den Aufstieg der Osmanen behandelte und dabei wieder auch Anlaß nahm, die wichtigsten der an der Entwicklung beteiligten Völker jeweils in ethnographischen Einzelbildern vorzustellen – von den Ägyptern über die Araber, Perser, Inder und Türken Innerasiens, die kaukasischen Iberer, die Russen, Polen, Litauer, Bulgaren, Serben u. a. mehr bis hin zu den Engländern.

Wie seit alters üblich, fand die Ethnographie auch bei allen byzantinischen Historiographen, die ihr Interesse schenkten, formal Berücksichtigung in *Exkursen*, die der Darstellung jeweils eingerückt waren, wo sich eine passende Gelegenheit bot. Inhaltlich blieb es bei den antiken Themenschwerpunkten; selten fehlte die Behandlung der *origo*, häufig ließen sich die Berichterstatter zur Hervorhebung besonderer, «exotischer» Auffälligkeiten verleiten, mischten Reales mit Mirakulösem. Erschwerend bei der Lektüre für den heutigen Leser wirkt allerdings, daß die Autoren so gut wie ausnahmslos, selbst Laonikos Chalkokondyles noch an der Schwelle zur Neuzeit, die Völker, von denen sie handelten, mit den Namen derer belegten, die dort *während der Antike* ansässig waren, also z. B. Goten, Hunnen und Petschenegen als «Skythen», die Rumänen als «Daker», die Russen als «Sarmaten», die Bulgaren als «Myser» oder «Thraker», die Ungarn als «Päonen» und die Serben als «Triballer» bezeichneten. Und unerschüttert blieb bis zuletzt auch die ethnozentrische Selbstüberhebung, der zufolge allein die Byzantiner Kultur in ihrer bestmöglichen Form verwirklicht hatten und alle, auch die nächsten Nachbarvölker, wie Perser, Russen oder Italiener, demgegenüber als nur mehr oder weniger minderentwickelte, kaum zivilisierte bis wilde Barbaren erschienen. Doch diese Art Optik ging nicht mit den Byzantinern zugrunde.

Bildnachweis

Abb. 1 Nach Meissner, 1920–25: I, Abb. 119, und: Aus Lehm und Gold. Über 7000 Jahre frühe technische Kultur. Stuttgart 1967, Sp. 602–604.

Abb. 2 Nach Samhaber, 9.

Abb. 3 Nach Meissner, 1920–25: I, 17 (Abb. 6).

Abb. 4 Nach Erman, 1934: 15 (Abb. 2 u. 3).

Abb. 5 Nach Gray, Tafel 18.

Abb. 6 Nach Moscati, 1966: 466, Karte II.

Abb. 7 Nach Herrmann, 1926: 173 (Abb. 13).

Abb. 8 Nach Ninck, 36 (Abb. 6).

Abb. 9 Nach Schefold, 161 (Abb. 2).

Abb. 10 Nach eigenem Entwurf.

Abb. 11 Nach Großer Historischer Weltatlas, hrsg. vom Bayerischen Schulbuch-Verlag, I: Vorgeschichte und Altertum. München [2]1954, Karte 8 d.

Abb. 12 Nach Schefold, 151.

Abb. 13 Nach Großer Historischer Weltatlas (s. o.), Karte 8 e.

Abb. 14 Nach Miller, 1898: 109 (Abb. 42).

Abb. 15 Nach Marti, 108/109 (Abb. 44).

Abb. 16 Nach Miller, 1898: 111 (Abb. 43).

Abb. 17 Nach Philipp, 1911–12: am Schluß beigeheftet. Zur besseren Übersicht geringfügig von mir verändert (d. Verf.).

Abb. 18 Nach Großer Historischer Weltatlas (s. o.), Karte 9 b.

Abb. 19 Nach Stahl, 214/215.

Zitierte Sekundärliteratur

Bin Gorion, Micha Josef: Die Sagen der Juden. Frankfurt a. M. 1962.

Capelle, Wilhelm: Die Vorsokratiker. Stuttgart 1940.

Erman, Adolf: Die Religion der Ägypter: ihr Werden und Vergehen in vier Jahrtausenden. Berlin & Leipzig 1934.

Gray, John: The Canaanites. London 1965.

Herrmann, Albert: Die Bedeutung Homers für die griechische Geographie. In: Zeitschrift der Gesellschaft für Erdkunde zu Berlin 61 (1926).

Lips, Julius: Die Anfänge des Rechts an Grund und Boden bei den Naturvölkern und der Begriff der Erntevölker. In: Wilhelm Koppers (Hg.): Festschrift P. W. Schmidt. Wien 1928. S. 485–494.

–: Die Erntevölker, eine wichtige Phase in der Entwicklung der menschlichen Wirtschaft. In: Berichte über die Verhandlungen der Sächsischen Akademie der Wissenschaften zu Leipzig, phil.-hist. Kl., 101, 1 (Berlin 1953): 1–18.

Machiavelli, Niccolò: Discorsi: politische Betrachtungen über die alte und die italienische Geschichte. Berlin 1922.

Marti, Otto: Die Völker West- und Mittel-Europas im Altertum. Baden-Baden 1947.

Meissner, Bruno: Babylonien und Assyrien. Bd. I. Heidelberg 1920.

Miller, Konrad: Mappaemundi: die ältesten Weltkarten. Heft 6. Stuttgart 1898.

Moscati, Sabatino: Die Phöniker: von 1200 vor Christus bis zum Untergang Karthagos. Zürich 1966.

Nestle, Wilhelm: Aristoteles: Hauptwerke. Stuttgart 1953.

–: Vom Mythos zum Logos: die Selbstentfaltung des griechischen Denkens von Homer bis auf die Sophistik und Sokrates. Stuttgart 1942.

Ninck, Martin: Die Entdeckung von Europa durch die Griechen. Basel 1945.

Philipp, Hans: Geographie des Erdkreises von Pomponius Mela. 2 Teile. Leipzig 1911–12.

Samhaber, Ernst: Knaurs Geschichte der Entdeckungsreisen: die großen Fahrten ins Unbekannte. München 1955.

Schefold, Karl: Die Bildnisse der antiken Dichter, Redner und Denker. Basel 1943.

Schurtz, Heinrich: Urgeschichte der Kultur. Leipzig & Wien 1900.

Stahl, William Harris (transl.): Macrobius: Commentary on the dream of
  Scipio. New York 1952.
Tylor, Edward B.: Die Anfänge der Cultur. Bd. I. Leipzig 1873.

Auswahlliteratur

Badi', Amir Mehdi: Les Grecs et les barbares: l'autre face de l'histoire. Lau-
  sanne 1963.
Christ, Karl: Römer und Barbaren in der hohen Kaiserzeit. In: Saeculum 10,
  3 (1959): 273–288.
Cole, Thomas: Democritus and the sources of Greek anthropology. O. O.
  1967.
Deichgräber, Karl: Die Ziele und Formen griechischer Völkerkunde, dargestellt am Beispiel ihrer Anfänge. In: Zeitschrift für Ethnologie 73 (1944):
  1–12.
Dieterich, Karl: Byzantinische Quellen zur Länder- und Völkerkunde
  (5.–15. Jhd.). Leipzig 1912.
Doblhofer, Ernst: Byzantinische Diplomaten und östliche Barbaren. Graz
  1955.
Ensslin, Wilhelm: Zur Geschichtsschreibung und Weltanschauung des Am-
  mianus Marcellinus. Aalen 1963.
Entretiens sur l'antiquité classique; Bd. 8: Grecs et barbares. Genève 1961.
Güngerich, Rudolf: Die Küstenbeschreibung in der griechischen Literatur.
  Münster i. Westf. 1950.
Haussleiter, Johannes: Der Vegetarismus in der Antike. Berlin 1935.
Heinze, Richard: Xenokrates. Hildesheim 1965.
Hopfner, Theodor: Plutarch: Über Isis und Osiris, II: Die Deutungen der
  Sage. Prag 1941.
Jüthner, Julius: Hellenen und Barbaren: aus der Geschichte des Nationalbe-
  wußtseins. Leipzig 1923.
Lechner, Kilian: Hellenen und Barbaren im Weltbild der Byzantiner – die
  alten Bezeichnungen als Ausdruck eines neuen Kulturbewußtseins. Mün-
  chen 1955.
–: Byzanz und die Barbaren. In: Saeculum 6, 3 (1955): 292–306.

Lovejoy, Arthur O. & George Boas: Primitivism and related ideas in antiquity. Baltimore 1935.

Manuwald, Bernd: Der Aufbau der lukrezischen Kulturentstehungslehre. Wiesbaden 1980.

Marg, Walter (Hg.): Herodot: eine Auswahl aus der neueren Forschung. Darmstadt 1962.

Merlan, Philip: Lucretius – primitivist or progressivist? In: Journal of the History of Ideas 11, 3 (1950): 364–368.

Norden, Eduard: Die germanische Urgeschichte in Tacitus Germania. Darmstadt 1959.

Ostrogorsky, Georg: Byzanz und die Welt der Slawen: Beiträge zur Geschichte der byzantinisch-slawischen Beziehungen. Darmstadt 1974.

Pfister, Friedrich: Tacitus und die Germanen. Stuttgart 1936.

Plischke, Hans: Von den Barbaren zu den Primitiven: die Naturvölker durch die Jahrhunderte. Leipzig 1925.

Reinhardt, Karl: Poseidonios. München 1921.

–: Kosmos und Sympathie: neue Untersuchungen über Poseidonios. München 1926.

–: Poseidonios über Ursprung und Entartung: Interpretation zweier kulturgeschichtlicher Fragmente. Heidelberg 1928.

Rosen, Klaus: Studien zur Darstellungskunst und Glaubwürdigkeit des Ammianus Marcellinus. Heidelberg 1968.

Spoerri, Walter: Späthellenistische Berichte über Welt, Kultur und Götter. Basel 1959.

Timpe, Dieter: Romano-Germanica: gesammelte Studien zur Germania des Tacitus. Stuttgart 1995.

Vogt, Joseph: Ammianus Marcellinus als erzählender Geschichtsschreiber der Spätzeit. Wiesbaden 1963.

–: Kulturwelt und Barbaren: zum Menschheitsbild der spätantiken Gesellschaft. Wiesbaden 1967.

Walser, Gerold: Rom, das Reich und die fremden Völker in der Geschichtsschreibung der frühen Kaiserzeit: Studien zur Glaubwürdigkeit des Tacitus. Basel 1951.

–: Caesar und die Germanen: Studien zur politischen Tendenz römischer Feldzugsberichte. Wiesbaden 1956.

Westphalen, Klaus: Die Kulturentstehungslehre des Lukrez. München 1957.

Woelk, Dieter: Agatharchides von Knidos: Über das Rote Meer; Übersetzung und Kommentar. Bamberg 1966.

Namenregister

Sachregister

rowohlts enzyklopädie

Eine Auswahl

rowohlts enzyklopädie

rowohlts enzyklopädie

Karl Vorländer
Geschichte der Philosophie
mit Quellentexten (495)
Band 1: Altertum (492)
Band 2: Mittelalter und Renaissance (493)
Band 3: Neuzeit bis Kant (494)

Engelhard Weigl
Schauplätze der deutschen Aufklärung
Ein Städterundgang (583)

Benjamin Lee Whorf
Sprache – Denken – Wirklichkeit
Beiträge zur Metalinguistik und Sprachphilosophie (403)

Lambert Wiesing
Die Sichtbarkeit des Bildes
Geschichte und Perspektiven der formalen Ästhetik (579)

Ursula Wolf
Die Suche nach dem guten Leben
Platons Frühdialoge (570)

Siegfried Zielinski
Audiovisionen
Kino und Fernsehen als Zwischenspiele in der Geschichte
(kulturen und ideen 489)

Volker Zotz
Geschichte der buddhistischen Philosophie (537)

Klaus E. Müller:

Kulturhistorische Studien zur Genese pseudoislamischer Sektengebilde in Vorderasien

1967. XII, 414 Seiten mit 4 Karten und 7 Tafeln (Studien zur Kulturkunde, Band 22). Kart. DM 154,–. *ISBN 3-515-00856-X*

Leo Frobenius:

Ethnographische Notizen aus den Jahren 1905 und 1906

Bearbeitet von **Hildegard Klein** (†)

1. **Völker am Kwilu und am unteren Kasai**. 1985. XXIV, 223 Seiten mit 555 Abbildungen, 27 Fotos und 3 Karten (Studien zur Kulturkunde, Band 80). Kart. DM 124,– *ISBN 3-515-04271-7*
2. **Kuba, Leele, Nord-Kete**. 1987. XX, 222 Seiten mit 437 Abbildungen und 5 Karten sowie 11 Fotos auf 10 Tafeln (Studien zur Kulturkunde, Band 84). Kart. DM 98,– *ISBN 3-515-04671-2*
3. **Luluwa, Süd-Kete, Bena Mai, Pende, Cokwe**. 1988. XXI, 268 Seiten mit 500 Zeichnungen, 15 Fotos und 12 Karten (Studien zur Kulturkunde, Band 87). Kart. DM 126,– *ISBN 3-515-04979-7*
4. **Kanyok, Luba, Songye, Tetela, Songo Meno/Nkutu**. 1990. XX, 224 Seiten mit 410 Zeichnungen, 4 Karten und 13 Fotos auf 8 Tafeln (Studien zur Kulturkunde, Band 97). Kart. DM 104,– *ISBN 3-515-05383-2*

Ulrich Braukämper:

Migration und ethnischer Wandel

Untersuchungen aus der östlichen Sudanzone. 1992. 318 Seiten (Studien zur Kulturkunde, Band 103). Kart. DM 88,–. *ISBN 3-515-05830-3*

Renate Wente-Lukas:

Handbook of Ethnic Units in Nigeria

With the Assistance of **Adam Jones**. 1985. VIII, 466 Seiten (Studien zur Kulturkunde, Band 74). Kart. DM 188,–. *ISBN 3-515-03624-5*

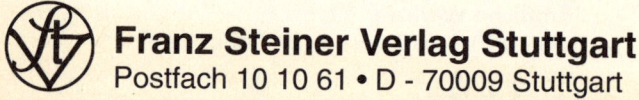 **Franz Steiner Verlag Stuttgart**
Postfach 10 10 61 • D - 70009 Stuttgart

Preisänderungen vorbehalten